古の日本（倭）の歴史

一介のゲノム科学者による新しい日本古代史

藤田 泰太郎

翔雲社

「古の日本（倭）の歴史」（Web 最新版）の書籍化に当たって

　2019 年 1 月、それまで自ら書き溜めていた日本古代史のメモをまとめた「古の日本（倭）の歴史」（初版）の Web 版（https://www.yasutarofujita.com ）を公開しました。初版公表以来 2 年経った 2021 年 1 月には改訂版、さらに 2023 年 6 月には最新版（https://www.yasutarofujita.com/about-1）を公開しました。この度書籍化した古の日本（倭）の歴史（一介のゲノム科学者による新しい日本古代史）は、Web 最新版を 3 分の 2 程度に縮減して、二つの主要テーマである「ゲノム科学が解明した日本人の成り立ち」（テーマ A）および「古の日本（倭）の歴史（前 1 世紀〜4 世紀）－天孫族（伽耶族）の系譜」（テーマ B）を主軸にして構成しています。 前者は Web 版（最新版）の第 1 部第 1 章に当たり、後者は第 3 部と第 4 部の前半に当たります。前者では、日本人には Y 染色体ハプロタイプ D 系統が特異的に集積（40%）していること、日本人の基盤となった縄文人（D 系統）の居住域は日本列島全域と南朝鮮（現在の韓国）であったことなどを述べます。後者は、皇統を軸にした紀元前 1 世紀から 4 世紀までの日本古代史を、信頼できる年代観を基に明らかにしようとする初めての試みです。皇統（天津神）の揺籃は南朝鮮の伽耶の西日本縄文人（倭人）であり、天孫降臨の年代は 1 世紀半ばであること、倭国最初（2 世紀）の大国は近江を中心し近畿・中部地方一円に広がる「大己貴の国」（都：伊勢遺跡）であり、2 世紀後半のニギハヤヒの東征により大己貴の国は分裂して邪馬台国（都：纒向遺跡）と狗奴国（都：稲部遺跡）とに分かれたことなどを述べます。

令和 6 年 9 月 1 日　藤田 泰太郎

はじめに

『古の日本（倭）の歴史』とは、縄文時代晩期に入る 3,000 年前頃からの気候の寒冷化により南朝鮮（南韓、現在の大韓民国）の倭人（西日本縄文人）が華北人、江南人と朝鮮人（高句麗系）の南下に圧迫され列島へと帰来する、すなわち任那が滅亡し日本（列島）と朝鮮（半島）が地政学的かつ文化的に分断されるまでの歴史と捉えられる。この帰来がスサノオ（素戔嗚尊）の出雲侵攻やその後裔者（神武・饒速日・崇神など）による度重なる東征を引き起こし、飛鳥時代に日本国が成立するまでの過程が倭の歴史で、その過程が記されたのが『古事記』と『日本書紀』（『記紀』）である。

『魏志倭人伝』には「3 世紀の古の日本（倭）には、女王卑弥呼の都とする邪馬台国があり、卑弥呼が死去すると塚がつくられ、100 人が殉葬された」とある。とはいえ、『記紀』には、邪馬台国や卑弥呼に関する記述が一切見られない。また、銅鐸を祭祀として用いたと思われる大国主の国（大己貴の国）も全く無視されている。奈良県桜井市には、2 世紀末から 3 世紀初めにかけて急速に発展した纒向遺跡がある。その遺跡内に最初の巨大な前方後円墳である箸墓（＝大市墓）が威容を見せる。この箸墓の被葬者は定かでないが、『日本書紀』の「箸墓伝承」や宮内庁の治定では、箸墓の被葬者を第 7 代孝霊天皇皇女の倭迹迹日百襲姫命としている。近年の考古学や文献史学の発展により、本著は、「邪馬台国はヤマト国で、邪馬台国の中核は畿内の大和にあり、その中心は纒向遺跡で、卑弥呼は 3 世紀半ばに亡くなり箸墓に葬られた」と考える畿内説を採る。従って、倭迹迹日百襲姫命が卑弥呼であると云う推察を起点に歴史を遡り、あるいは辿り、多くの様々な史料、文献、書物やインターネット（Net）情報並びに近年著しく発展した古代人の DNA 解析を含む考古学・人類学の膨大な知見を整合性をもたせるように統合することによって、旧石器時代から飛鳥時代までの『古の日本（倭）の歴史』Net 解説論文（https://www.yasutarofujita.com/）を構築した。

『古の日本（倭）の歴史』は、5 部構成、「第 1 部　旧石器時代・縄文時代　概略、第 2 部　弥生時代早期・前期・中期　概略、第 3 部　弥生時代後期（大己貴の国・邪馬台国）概略、第 4 部　古墳時代前期・中期　概略、第 5 部　古墳時代後期・飛鳥時代　概略」となっている。このうち、弥生時代後期・邪馬台国・古墳時代前期（神武から応神東征まで）については、文献史学的あるいは考古学的証拠が乏しいにもかかわらず、著者が推敲を重ねたうえでの直観に基づく、多くの未解明の歴史的事象を高い蓋然性を以て説明し得る斬新な歴史観を提示している。各部は、その時代の東アジアの情勢と倭の状況を解説し、個々の事象を図表・イラスト・写真を多く取り入れて説明する。その中に著者の見解を散在させている。これらの図表・イラストやその説明の多くは著書・文献・Net 情報から引用したものである。この『古の日本（倭）の歴史』という Net 解説論文で新たな知識が得られたり、あるいはインスピレーションを覚えられたら、この Net 解説論文を引用して頂ければ幸いである。

以上は『古の日本（倭）の歴史』初版（2019 年 1 月公表）の序論である。初版公表以来 2 年、2021 年 1 月には改訂版、さらに 2023 年 6 月には最新版（https://www.yasutarofujita.com/about-1）を公開した。（本歴史は PowerPoint（のちに PDF）ファイルとして公開しており、初版は 384 スライドから成り立っていたが、最新版は 501 スライドと内容を大幅に充実させた。）初版の公表以来 4 年余り、古代史に造詣が深い諸姉兄から数々の高説、異論あるいは貴重な歴史資料を頂き、改訂の参考にさせて頂いた。また、過去 4 年、自ら本歴史に関連する数十回の長文の Facebook（FB）投稿を行っており、これらの投稿は全て筆者（藤田泰太郎）のタイムラインにリストされている。これら FB 投稿を通じての同好の士との活発な議論・討議を重ね、本歴史をより洗練・充実させることが出来た。

縄文時代は、1 万年以上継続した持続可能な「森と水の文明」（狩猟、採取 / 栽培と漁撈）として世界に冠たるものである。この縄文文明を日本文化の基層となっていると捉え、かつヒトの DNA 解析を駆使して明らかにされた「日本人成立のモデル」を提唱した。さらに、これまで混沌としていた「紀元前 1 世紀より 4 世紀までの倭国の歴史」をイザナギ・イザナミから始まる天津神（すなわち皇統）の系譜として捉え、具体的な年代に基づく歴史として提示することが出来た。そして、この紀元前 1 ～ 4 世紀の倭国の歴史を天津神による倭国平定の歴史として再構築した。

『古の日本（倭）の歴史』の最新版も初版や改訂版と同様に、幾多の考古学的知見を忠実に反映しており、また日本国の正史と考えられる『記紀』をはじめ中国や朝鮮の正史と見なされる歴史書に記載の史実と解釈上の齟齬があるかと思うが、矛盾するところはない。かつ、ヒトの DNA 解析や人類学などの自然科学的知見とも充分に整合性がとれている。しかしながら、『記紀』の神代の記述（神話とされる）は、なんらかの史実を反映したものとは思うが、飛鳥時代の皇族や藤原氏をはじめとする有力氏族の都合のいいように改竄されていると思われる所が多々あることも事実である。

この度の最新版の公表で、『古の日本（倭）の歴史』の全貌をほぼ解明できたと考えている。しかし、『古の日本（倭）の歴史』の紀元前 1 ～ 4 世紀の倭国の歴史の構築に見られるように、自らのかならずしも完璧でない古代史の知見に基づいた直観と洞察により推察・構成した大胆な仮説を含み、すべてが実証されたものとはとてもいえない。将来、古代史研究者や考古学者により本歴史が順次実証されていくことを切に願っている。本最新版に対しても諸姉兄からの更なるご教授や意見を頂き、『古の日本（倭）の歴史』をさらに洗練・充実させることができれば幸甚の極みである。

令和 6 年 新春　藤田 泰太郎

目　次

「古の日本（倭）の歴史」（Web 最新版）の書籍化に当たって　　　　　　　　　　.............................. 002

はじめに　　　　　　　　　　　　　　　　　　　　　　　　　.............................003

第 1 部　旧石器時代・縄文時代　概略　　　　　　　　　① 05 〜 09.................005 － 009

第 2 部　弥生時代早期・前期・中期　概略　　　　　　　① 10 〜 14.................010 － 014

テーマ A　ゲノム科学が解明した「日本人の成り立ち」　Ⓐ 01 〜 34.................015 － 048

第 3 部　弥生時代後期（大己貴の国・邪馬台国）　概略　② 01 〜 06.................049 － 054

第 4 部　古墳時代前期・中期　概略　　　　　　　　　　② 07 〜 12.................055 － 060

テーマ B　古の日本（倭）の歴史（前 1 世紀〜 4 世紀）

　　　　　　　　　　　　－天孫族（伽耶族）の系譜　Ⓑ 001 〜 247...........061 － 307

第 5 部　古墳時代後期・飛鳥時代　概略　　　　　　　　③ 01 〜 06.................308 － 313

参考資料（著作、図説、その他）　　　　　　　　　　　　.................314 － 317

あとがき　　　　　　　　　　　　　　　　　　　　　　　　...............................318

（各部の「概略」に続く「本体（詳細）」は、『古の日本（倭）の歴史』（Web 最新版、https://www.yasutarofujita.com/about-1）を参照ください。）

第1部　旧石器時代・縄文時代　概略

第1部　旧石器時代・縄文時代
1．旧石器時代（260万年前〜1.6万年前）

　類人猿と区別される最初の人類が猿人であり約600万年前に誕生し、130万年前頃まで生存していた。原人（ホモ・エレクトス）は、180万年前頃に誕生し、アフリカからアジア（北京原人、ジャワ原人など）に広がり、約10万年前頃に滅びた。旧人（ネアンデルタール人やデニソワ人）の祖先は40万年前頃にアフリカで誕生したのち、20万年前頃に出アフリカを果たした。ネアンデルタール人は中東からヨーロッパへと広がり、デニソワ人はシベリアから東アジアの広範な地域に広がった。これら旧人は3万年前頃に滅びた。現生人類である新人は20万年前頃、アフリカの旧人より誕生し、7万年前頃に出アフリカを果たし、イラン付近を起点にして南ルート（イランからインド、オーストラリアへ）、北ルート（イランからアルタイ山脈付近へ）、西ルート（イランから中東・カフカス山脈付近へ）の3ルートで拡散した。すなわち南ルートをとった新人が東南アジアで北方と南方へ向かう集団に分かれ、前者は東アジアに広がった古モンゴロイドであり、後者がオーストラリアに入りオーストラロイドとなる。また、北ルートを取った集団がモンゴロイドとなり、西ルートの集団がコーカソイドとなった。これら3ルートの新人がイラン近傍でネアンデルタール人と交雑し、北ルートでアジアに向かった新人のうち東南アジアに向かい後にメラネシア人となった集団がデニソワ人と深く交雑したとみられている。尚、これら新人の集団が東アジアに到達したのは約4万年前といわれている。旧人は3万年前頃に滅びたと思われるが、新人がネアンデルタール人と共存したのは中東やヨーロッパでは数万年間、アジアでデニソワ人と共存したのは1万年程度と思われる。尤も、新人との接触だけが旧人の絶滅につながったわけではなく氷河期に入り気候の寒冷化もこの絶滅の原因のひとつと思われる。モンゴロイドはシベリアに進出し、先にシベリアに進出していたコーカソイドを圧倒し、さらにアメリカ大陸に進出した。南米に到達したのは1万年前といわれている。ヴェルム氷期（3万年前〜1.5万年前、最盛期は1.8万年前）は極めて寒冷な時代にあたり、この氷期を生き延びたのは新人である。

　日本列島には原人や旧人の子孫も少なからず生息していたと考えられる。列島への新人の移動であるが、7万年前に出アフリカを果たした新人の中で、南ルートを取った集団の一部は東南アジアより海岸沿いに東アジアに向かい、少数が日本列島に到達していたと思われる（古華南人）。北ルートの新人がヒマラヤ山脈沿いに東アジアに到達したのは4万年前である。北ルートで東アジアに広がった新人（古華北人）の主たるY染色体系統はD型と考えられ、華北から順次列島に進出していった。

　石器時代は、絶滅動物の存在と打製石器を使っていた時代の旧石器時代と現生動物の存在と磨製石器を使うようになった時代の新石器時代との二つに分けられる。旧石器時代は前期旧石器時代（260万年前〜30万年前）、中期旧石器時代（30万年前〜3万年前）と後期旧石器時代（3万年前〜1.6万年前）に分かれる。日本列島には前期旧石器時代の原人・旧人の骨や遺跡は見つからず、中期旧石器時代の砂原遺跡（出雲市）が最古（約12万年前）でそれに続くのが金取遺跡（遠野市）（8〜9万年前）であり、石器（ハンドアックスのような両面加工石等）や木炭粒が出土している。これらの遺跡は、旧人あるいは原人の残存者の活動の跡と見なされる。新人と思われる山下町洞人（沖縄、約3万2000年前の子供の大腿骨と脛骨）が国内最古級人骨の出土、さらに国内最古の全身骨格人骨（白保人）が出土した（約2万7000前、石垣島）。海洋民族（古華南人）の彼らは、南ルートで列島に到達し、さらに太平洋西岸、北岸を経てアメリカ沿岸に達していた可能性がある。3万年前の後期旧石器時代に入ると、新人の古華北人（Y染色体D2型（新D1a2a））が朝鮮半島経由（当時黄海は陸地化しており、必ずしも半島を経由する必要がない）でナイフ形石器を伴って断続的に日本列島に侵入してくる。その最大の集団の侵入は約2万年前であった。後期旧石器時代の遺跡は列島に広く分布し、神取遺跡（北杜市）からは台形石器と局部磨製石斧が出土した。港川人（1万7千年前の人骨、沖縄）や浜北人（1万6千年前の人骨、静岡）が出土、何れも新人の人骨化石と考えられている。後期旧石器時代には、良質の黒曜石を求めての丸木舟での交易も見られた。

2．縄文時代（1.6万年前〜2.8千年前）

　大平山元I遺跡から1.6万年前の最古の縄文土器と思われる「無文土器」の出土をもって縄文時代の始期とする。縄文時代は1万年以上継続した持続可能な「森と水の文明」（狩猟、採取/栽培と漁撈）として世界に冠たるものと考える。

　朝鮮半島では縄文時代草創期の1.2万年前から早期の終結時の7千年前まで遺跡が殆どなくなる。このことは、南下した古華北人が半島に留まらずに、ほぼ陸橋化した対馬海峡を通過し一気に列島にまで侵入していったためと思われる。

（1）縄文時代草創期（1.6万年前〜1.0万年前）

　大平山元I遺跡（青森）より世界最古級の縄文土器「無文土器」や世界最古の石鏃が出土。また、局部磨製石斧、尖頭器などを特徴とする神子柴文化が興る。1.3万年前、古バイカル人（D2（D1a2a））はクサビ型細石刃を携え、樺太経由で東日本に南下、東日本縄文人の基層となる。また、その頃、古華北人（D2（D1a2a））が半円錐形石核を西日本に伝え、西日本縄文人と称される。以下、草創期の出土物を列挙する。佐世保市の泉福寺洞窟から、約1.3万年前の豆粒文土器と約1.2万年前の隆起線文土器。神取遺跡（山梨）から隆起線文土器。鳥浜貝塚（福井）出土の漆の枝は世界最古の約1.2万年前のものである。

浦入遺跡（舞鶴市）から網漁に用いられた最古の打欠石錘。粥見井尻遺跡（松阪市）や相谷熊原遺跡（東近江市）から最古級の土偶（通称：縄文のビーナス）出土。

（2）縄文時代早期（1万年前～7千年前）
　縄文文化が定着する時代で伊豆諸島を一つの起点とするかなり広範囲な黒曜石などの海洋交易や漁撈の跡が認められる。早期の出土品を列挙する。浦入遺跡（舞鶴市）から桜皮巻き弓。垣ノ島遺跡（函館市）から幼子の足形や手形をつけて焼いた足形付土版や世界最古級の漆工芸品。雷下遺跡（市川市）から日本最古の丸木舟、夏島貝塚（横須賀市、最古級の貝塚）から撚糸文系土器や貝殻条痕文系土器が出土、沖合への漁撈活動を示す。栃原岩陰遺跡（北相木村）から人骨、ニホンオオカミの骨、精巧な骨製の釣針や縫い針。横尾貝塚（大分市）から姫島産黒曜石の大型石核や剥片、石材など、流通の拠点。上野原遺跡（霧島市、最古級の大規模な定住集落跡）から、貝文土器出土（貝文文化）。
　早期の終結時（7.3千年前）に鬼界カルデラ噴火があり、南九州・四国はアカホヤ火山灰に覆われ、貝文文化は消滅など、そこの縄文社会は壊滅した。生き延びた人々は北へと向い、そのうちのかなりの数の縄文人が当時殆ど無人であった南朝鮮（南韓）や沖縄に移住する。

（3）縄文時代前期（7千年前～5.5千年前）
　アカホヤ火山灰の打撃を受けた南九州の縄文人は生き残りをかけて西北九州、さらに南朝鮮に移住したと思われる。その頃から、西北九州と南朝鮮にかけての漁撈文化が栄えた。各地で沿岸漁業や交易が盛んになった。また、当時の南朝鮮に、縄文時代草創期の列島各地の隆起線文土器に酷似した朝鮮隆起線文土器が現れ、その後櫛目文土器が現れた。
　遼寧省の興隆窪文化と呼ばれる遺跡のうちの一つ査海遺跡（7千年前）の墓地から、耳に玉ケツを着けた遺体が発見された。玉匕（ぎょくひ）や玉斧などの玉製品が出土した。これらの興隆窪文化由来の玉は、桑野遺跡（福井）、鳥浜貝塚（福井）、清水上遺跡（新潟）、浦入遺跡など日本海側の遺跡を中心に、全国に分布している。
　前期は気候が温暖化し始め、西日本には照葉樹林文化が東日本にはナラ林文化が流入してきた。鳥浜貝塚からは、スギ材の丸木舟、浦入遺跡からは最古級の外洋航海用丸木舟、赤色漆塗り櫛、小型弓や櫂などが出土した。さらに、朝寝鼻貝塚（岡山市）からは日本最古の稲（熱帯ジャポニカ）のプラントオパールが見つかった。三内丸山遺跡（青森市）からは、大規模集落跡、住居群、倉庫群、シンボル的な3層の掘立柱建物、板状土偶などが出土し、栗栽培、エゴマ、ヒョウタン、ゴボウ、マメなどの栽培跡が見出された。また、千居遺跡（富士宮市）からは、富士信仰のためのストーンサークル、阿久遺跡（諏訪郡原村）からもストーンサークルが見つかる。その他、里浜貝塚（東松島市）は最大規模の貝塚で、そこの出土品から生業カレンダーが組まれた。さらに、栗山川流域遺跡群（千葉県

多古町）からはムクノキの外洋丸木舟が、真脇遺跡（石川県能登町、世界最古のイルカ漁の捕鯨基地）から、船の櫂、磐笛が出土している。
　縄文時代（とくに前期と中期）には、西日本地区（照葉樹林帯）の各地と中国江南地区の各地は、それぞれ互いに交流していたと考えられる。熱帯ジャポニカは長江下流域から渡来した。

（4）縄文時代中期（5.5千年～4.5千年前）
　縄文早期の1万年前に氷河期が終り世界の気候は温暖化し、7千年前の縄文前期初めから気温が上がり、前期の終了時から中期の初めに最も気温が高くなる、いわゆる縄文海侵が最高に達した。この現在より気温の高くなった時期をヒプシサーマル期と呼ぶ。縄文時代後期に入ると気候が冷涼化し始め、縄文時代晩期（弥生時代草創期）になると現在より気候が低い寒冷化期を迎えた。従って、ヒプシサーマル期の縄文時代中期初めが縄文文化の最盛期と捉えられる。
　気候が温暖化して青森市の三内丸山遺跡が最盛期を迎える。この遺跡の堀立柱建物の建築には股尺に関連しているといわれる縄文尺が用いられていた。馬高遺跡（長岡市）や野首遺跡（十日町市）で縄文土器の円熟期を代表する火焔型や王冠型土器が出土する。また土偶も最盛期を迎え装飾性が高くなる。出土品は多岐にわたり、耳飾、石棒、ヒスイ製玉類、配石遺構などが見つかる。一の沢遺跡（笛吹市）からは太鼓に用いられた有孔鍔付土器、人面装飾付土器、埋甕、笛吹ヒスイの装身具、土偶の「いっちゃん」などが出土。また、国宝「縄文のビーナス」が長野県棚畑遺跡から、国宝「縄文の女神」が山形県西ノ前遺跡から出土。茅野市の尖石遺跡からは列石、黒曜石の交易、焼畑農耕の跡などが見られる。尚、縄文時代前期に続き岡山県の姫笹原遺跡からイネのプラントオパールが見つかっている。これらのイネのプラントオパールの形状から品種は熱帯ジャポニカと考えられ、焼畑を代表とする粗放な稲作であると思われる。

（5）縄文時代後期（4.5千年～3.5千年前）
　ヒプシサーマル期が終わり気候の冷涼化が始まる。この冷涼化によりかなりの東日本縄文人の西日本への移住が始まる。後期末（3.6千年前）には殷王朝が成立している。
　三重県の丹生池ノ谷遺跡、天白遺跡や森添遺跡から辰砂による朱彩土器や朱が付いた磨石・石皿など出土。二子山石器製作遺跡（熊本）は石切り場・石器工房で、扁平打製石斧出土。智頭枕田遺跡（鳥取）から突帯文土器、大矢遺跡（天草市）からはオサンリ型結合釣針、土偶、岩偶が出土。大湯環状列石（秋田）のうちストーンサークルは万座と野中遺跡にあり、万座の方が日本で最大の日時計状組石である。忍路環状列石（小樽市）（ストーンサークル）に隣接する忍路土場遺跡の巨大木柱は、環状列石とも関連する祭祀的な道具であろう。蜆塚遺跡（浜松市）には円環状平地式の住居跡があり、首飾りや貝製腕輪を身

につけた人骨、勾玉や土器、鉄鏃が出土。また、真脇遺跡（能登町）には環状木柱列（ウッドサークル）があり、巨大な彫刻柱、土偶、埋葬人骨、日本最古の仮面が出土。チカモリ遺跡（金沢市）では掘立柱の環状木柱列が発掘された。

　稲（熱帯ジャポニカ）、アワ、ソバ、大豆などの栽培に基づく生活文化、さらに神道の基盤となる精神文化もまた、江南から持ち込まれたと考えられる。また、玉文化が沿海州から日本海を横断して持ち込まれた。さらには、褐鉄鉱などからの始原的な製鉄が始まったと思われる。尚、上代日本語となる古日本語（日本基語）は、南朝鮮と西日本一帯で縄文時代後期に成立したと思われ、少なくとも、水田稲作農耕技術の到来以前に既に成立していたと思われる。

（6）縄文時代晩期（3.3千年前〜2.8千年前）
　縄文時代晩期は、水田稲作の開始を始めとする弥生時代早期（3.0千年前〜2.8千年前）と終期を同じくするが、始期が300年早い。晩期になると気候が一層寒冷化する。この寒冷化は世界的規模で起こり、ゲルマンやアーリア民族が南下し、圧迫された民族の逃避や文明の崩壊が見られた。中国や朝鮮でも畑作牧畜民（中原の漢民族）の南下が始まり、晩期の始めに殷が滅び周が起こり、晩期の終期には周が滅び中国は春秋時代に入った。日本では東日本縄文人（原アイヌ人、蝦夷）の西日本への移住が起った。この移住により東日本と西日本の縄文人の一体化が進んだ。中国での漢民族の南下は江南人を圧迫し周辺地域に逃避させ、一部は朝鮮半島南部や西北九州や西部日本海沿岸に達した。この避難民が南朝鮮や日本に水田稲作をもたらした。

　晩期に入ると気候の寒冷化により東日本縄文人が西日本に移住したため東日本縄文文化は衰退に向かった。しかし、この衰退にもかかわらず繁栄を続けていたのが、東北北部から北海道西南部を中心とする、原アイヌ人を主体とする縄文文化の極めて高度に成熟した亀ヶ岡文化であった。

　晩期の主な遺跡・出土品は次の通りである。菜畑遺跡（唐津市）から水田用の温帯ジャポニカ種の直播きの最古の水稲耕作跡、山の寺式土器出土。板付遺跡（福岡市）からは最初期の環濠集落と水稲耕作跡と夜臼式土器出土。南溝手遺跡（総社市）からはイネのプラントオパール、最古級の籾痕のある土器、石鍬や石包丁が出土。原山支石墓群（島原市、原山ドルメン）は、国内の支石墓遺跡としては最古最大級のものである。大石遺跡（豊後大野市）から大規模な建物址、黒色磨研土器、打製石斧（耕具）や横刃型石器（収穫具）出土。伊川津貝塚（いかわづか）（田原市）からは、スガイ・アサリなどの主鹹貝塚、抗争の痕跡を遺す人骨、抜歯した人骨、甕棺、土偶、耳飾、石刀、石棒、石冠、勾玉、骨角器など出土。亀ヶ岡文化の亀ヶ岡遺跡（つがる市、集落遺跡）で著名な遮光器土偶が出土。山王囲遺跡（さんのうがこい）（栗原市）からは、土製耳飾りやペンダント、編布（本州初の発見）、籃胎漆器・櫛・腕輪・耳飾り・紐状製品、ヌマガイの貝殻に漆を塗った貝器が出土。

近年の人類学や考古学に必須なヒトDNA解析

　ヒトのDNA解析には、父系で遺伝するY染色体ハプログループ解析と母系で遺伝するミトコンドリアDNA解析および父・母系によらない核（ゲノム）DNA解析がある。DNA解析では、核、Y染色体、ミトコンドリアにある特定のSNP（1塩基変異）、反復配列や小規模の欠失を解析する。2003年にヒトゲノムの全塩基配列が決定されて以来、考古学や人類学の分野にも、縄文人・弥生人等の古代人や原人・旧人の太古人の遺伝形質の解明に、ミトコンドリアDNA解析やY染色体ハプロタイプ解析に加えて、核DNA解析が使われるようになった。しかし、現在人の核ゲノム解析は、細胞から無傷のゲノムDNAを取得することができるが、古代人や太古人の核DNAは大幅に損傷しており、5千年前のアイスマンのように古代から凍結されていたか、あるいは特殊な条件で保存されてきた人骨組織を除き、出土人骨（主として臼歯内組織、最近では頭骨（耳の奥））から核DNAを抽出するしか手段がなく核DNA解析ができる質と量のDNA標品を得ることは極めて困難である。とはいえ、2010年に特殊な条件で保存されたネアンデルタール人の骨組織から核DNAが抽出され、全ゲノム配列がほぼ決定された。また日本でも、縄文人や弥生人の核DNA解析が10例ほど報告されている。

　核DNAは細胞当たり2コピーが普通であるがミトコンドリアは数百コピーあり、サイズも核DNAの数千分の1である。従って、古代人や太古人の出土人骨からミトコンドリアDNAを極少量でも抽出できれば解析が可能となる。また、Y染色体ハプロタイプ解析もY染色体の一定領域を解析するだけであるので、核DNA解析に比べると少量のDNA標品で解析が可能である。従って、現在でも古代人や太古人のDNA解析ではミトコンドリアDNA解析の成績数が他のDNA解析を凌駕している。

（藤田泰太郎、柏亭セミナー「日本人の成り立ち」
YouTube https://youtu.be/2Ae8c5XKfLE 抜粋）

注）青（ブルー）の枠は第1部の概略ではなく、筆者の読者に留意して頂きたい見解を示している。その太さで筆者の見解の独自性の強さを示す。

時代表（旧石器時代～弥生時代）

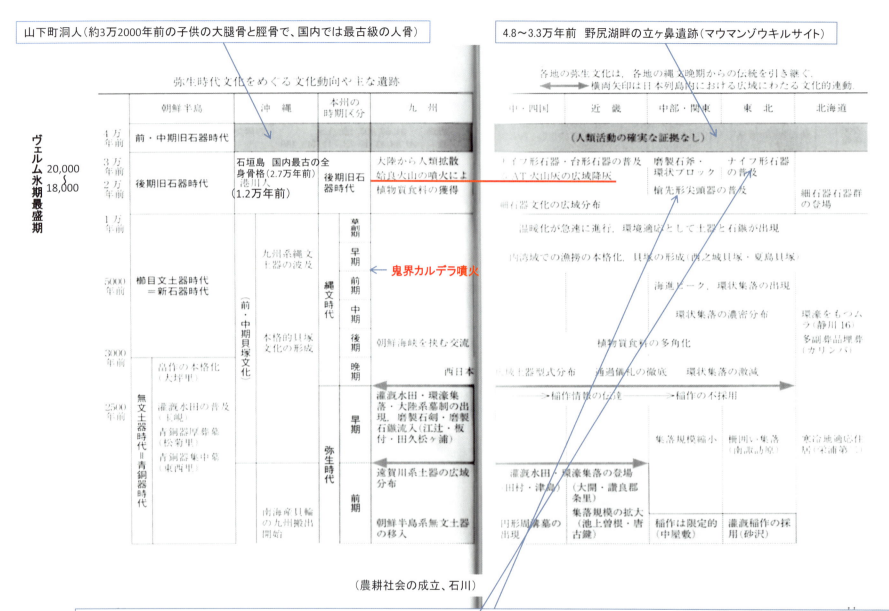

区分	年表	沖縄・南朝鮮・西日本（滋賀・奈良まで）	東日本（岐阜・三重から）
前期旧石器時代 （260万年－30万年前）	・原人（ホモ・エレクトス）、ジャワ原人、北京原人等		
中期旧石器時代 （30万年－約3万年前）	・4万年前クロマニヨン人（新人）出現 ・3万年前ネアンデルタール人やデニソワ人絶滅	・**砂原遺跡**（出雲市）（（約12万年前）中期旧石器時代の遺跡、玉髄製剥片、石核、石英製の敲石（ハンマー・ストーン）） ・**4万年前以降、海洋民族の古華南人が日本列島に進出、さらに千島列島沿いに北上。** ・3.6万年前、蒜山高原遺跡（真庭市）局部磨製石器 ・（沖縄）**山下町洞人**（約3万2000年前の子供の大腿骨と脛骨で、国内では最古級の人骨）	・マンモスが北海道まで、ヘラジカ、ヒグマ、野牛（バイソン）などはさらに本州まで南下 ・**金取遺跡**（岩手県遠野市）（8-9万年前）、石器と木炭粒出土 ・4.8～3.3万年前 野尻湖畔の立ヶ鼻遺跡（マウマンゾウキルサイト） ・井出丸山遺跡（静岡県沼津市）38000年前、神津島産と和田、霧ヶ峰産の黒曜石が出土 ・香坂山遺跡（佐久市）35000年前大型**磨製石斧** ・野川遺跡（調布市）（3.5～1.2万年前、黒曜石（伊豆諸島・神津島や長野県八ヶ岳が産地）や小型ナイフ形石器） ・神取遺跡（かんとり）遺跡（山梨県北杜市）（石器の槍先形尖頭器、石鏃、局部磨製石斧）
後期旧石器時代 （3万年前－1.6万年前） 縄文時代草創期 1万6千年前 －1万年前	・1.8万年前ヴェルム氷期最盛期 ・1万年前日本が完全に大陸から離れ島国に ・新人南アメリカ南端に達する。	・約2万9000年前から2万6000年前、**始良カルデラ噴火** ・（沖縄）白保人、約2万7千年前、石垣島「白保竿根田原（しらほさおねたばる）洞穴遺跡」、国内最古の全身骨格がほぼ揃った人骨 ・**2万年前、古華北人（D2(D1a2)）がナイフ型石器を携え、朝鮮経由で西日本、さらに一部は東日本へ。** ・港川人（みなとがわじん）、1万7000年前の新人 ・1.3万年前、古華北人（D2）が半円錐形石核を携え、西日本に進出。**西日本縄文人**と称される。 ・佐世保市の泉福寺洞窟（から、細石刃と共に、約13,000年前の豆粒文土器と約12000年前の隆線文土器が出土。 ・鳥浜貝塚（福井県）で出土した漆の枝は世界最古の約12600年前のもの。高度な漆工芸品の「**赤色漆の櫛**」も出土。 ・浦入遺跡（舞鶴市）（**網漁**に用いられた最古の打欠石錘、ウルシ村、爪形文系土器） ・粥見井尻遺跡（松阪市）（竪穴住居跡、**最古級の土偶**、隆起線文土器、讃岐岩の鏃） ・相谷熊原遺跡（東近江市）（竪穴住居跡、**最古級の土偶**（通称：縄文のビーナス）	・2万年前 岩手県花泉遺跡（ハナイズミモリウシ等のキルサイト） ・浜北人（浜松市浜北区）（1.6万年前、人骨化石） ・神子柴文化系（局部磨製石斧、尖頭器などを特徴）、青森県の大平山元Ⅰ遺跡から、隆線文土器より古い、1.6万年前（暦年較正年代法による）の最古の縄文土器と思われる「**無文土器**」や世界最古の石鏃が出土。 ・**1.3万年前、古バイカル人（D2(D1a2)）はクサビ型細石刃を携え、樺太経由で東日本に南下。東日本縄文人の基層となる。** ・神取遺跡（かんとり）遺跡（山梨県北杜市）（爪形文や表裏縄文土器、隆起線文土器、上ノ山式土器、粕畑式土器） ・大鹿窪遺跡（おおしかくぼ）（富士宮市）（**日本最古級の定住集落、集石遺構、配石遺構**）
縄文時代早期 （1万年前－7千年前）	・前7500年頃 － 前6100年 彭頭山文化（長江中流、稲栽培） ・7.3千年前鬼界カルデラ噴火	・浦入遺跡（舞鶴市）（**桜皮巻き弓**、押型文土器） ・坂倉遺跡（三重県多気町）（住居跡状の土坑および炉跡、押形文土器） ・横尾貝塚（大分市）（姫島産黒曜石の大型石核や剥片、石材の流通拠点） ・上野原遺跡（霧島市）（複合遺跡の最下層に**最古級の大規模な定住集落跡**、壺形土器、貝文土器） ・鬼界アカホヤ火山灰層、鬼界カルデラ噴火により南九州独自の貝文土器文化が消滅	・垣ノ島遺跡（かきのしま）（函館市）（幼子の足形や手形をつけて焼いた足形付土版、**世界最古の漆工芸品**） ・雷下遺跡（市川市）（**日本最古の丸木舟**） ・夏島貝塚（なつしま）（神奈川県横須賀市）（最古級の貝塚、単純な文様で底が尖った夏島式撚糸文系土器（BP9450）、撚糸文系土器、貝殻沈線文系土器、貝殻条痕文系土器、沖合への漁撈活動） ・居家以岩陰遺跡ー縄文時代早期のタイムカプセルー ・栃原岩陰遺跡（とちばら）（南佐久郡北相木村）（人骨、ニホンオオカミの骨、精巧な骨製の釣針、縫い針）出土人骨から復元された「相木人」の頭部復元模型）
縄文時代前期 （7千年前－5.5千年前）	・前5000～前3000 仰韶（彩陶）文化（黄河中流） ・ヒプシサーマル期 ・6千年前縄文海進ピーク ・興隆窪文化ー紅山文化（遼河）（前6200－5400年頃）（玉の文化）、玦（ケツ）状耳飾文化（日本）	・**朝鮮には、旧石器時代はヒトが疎で縄文時代早期には、全くヒトの気配がなくなる。鬼界カルデラ噴火の避難民（西日本縄文人）が南朝鮮に渡った。また、避難民の一群は沖縄に渡り貝塚文化（伊礼原遺跡など）を興した。** ・**西日本九州と南朝鮮の漁撈文化が興る。この頃、朝鮮隆線文土器が現れ、その後、櫛目文土器が現れた。前5000頃、** ・曽畑式土器、鬼界カルデラ噴火後の前期の標識土器で、櫛目文土器と製法が極めて似ている。 ・**西日本には照葉樹林文化が流入。** ・鳥浜貝塚（福井県若狭町）（スギ村の丸木舟） ・浦入遺跡（舞鶴市）（**最古級の外洋航海用丸木舟**、赤色漆塗り櫛、北白川下層式土器群、小型弓、羽島下層Ⅱ式土器、高台付木製容器、櫂） ・朝寝鼻貝塚（岡山市）（**日本最古の稲のプラントオパール**） ・洗谷貝塚（福山市水呑町）（縄文土器、サヌカイト）	・東日本にはナラ林文化が流入。 ・杉沢台遺跡（能代市）（**日本最大級の超大型住居**、フラスコ状土坑（貯蔵穴）、石錘、石匙） ・**三内丸山遺跡**（さんないまるやま）（青森県）（大規模集落跡、住居群、倉庫群、シンボル的な3層の掘立柱建物、板状土偶、栗栽培、エゴマ、ヒョウタン、ゴボウ、マメなどの栽培、衛星集落） ・千居遺跡（せんごいせき）（富士宮市）（前期末から中期・後期前半まで、富士信仰のための**ストーンサークル**） ・阿久遺跡（諏訪郡原村）（巨大環状集石群（**ストーンサークル**）、多数の土壙墓） ・里浜貝塚（さとはま）（宮城県松島市）（前期ー晩期、最大規模をもつ代表的貝塚、生業カレンダー） ・上掵遺跡（うわばば）（秋田県東成瀬村）（**日本最大の磨製石斧**、祭祀に使用か） ・栗山川流域遺跡群（千葉県多古市）（ムクノキの外洋丸木舟） ・真脇遺跡（**世界最古の捕鯨基地**）（石川県能登町）（イルカ漁、船の櫂（ヤチダモ材、磬（石）笛）
縄文時代中期 （5.5千年前－4.5千年前）	・前3000 ～ 前1500 竜山（黒陶）文化（黄河中流～下流）	・徳蔵遺跡（和歌山県みなべ町）（西日本では珍しい中期前半の集落遺跡） ・智頭枕田遺跡（鳥取県智頭町）（押形文土器、掘立柱建物跡、配石遺構、土坑群） ・姫笹原遺跡（岡山県美甘村）（**イネのプラントオパール**） ・田井遺跡（徳島県美波町）（石器などの工房跡、石器・土器・玦状耳飾りなど） ・宿毛貝塚（宿毛市）（土器・石斧・石錘・獣骨・魚骨それに人骨まで出土） ・**渇鉄鉱からの製鉄始まる**	・**三内丸山遺跡**（さんないまるやま）（青森県）（大規模集落跡、最盛期） ・馬高遺跡（長岡市）（火焔土器、土偶、耳飾、石棒、ヒスイ製玉類など） ・野首遺跡（十日町市）（竪穴住居、掘立柱建物跡、敷石遺構、配石遺構、**火焔型土器**や王冠型土器） ・**曽利遺跡**（長野県富士見町）（**水煙土器**、深鉢） ・一の沢遺跡（笛吹市）（有孔鍔付土器、人面装飾付土器、埋甕、ヒスイの装身具、土偶の「いっちゃん」） ・**渇鉄鉱からの製鉄始まる**
縄文時代後期 （4.5千年前－3.3千年前）	・気候の冷涼化 （かなりの東日本縄文人の西日本への移住が始まる） ・前1600 殷王朝の成立（黄河ー長江流域）青銅器の使用 ・前1400 殷（商）が殷墟（河南省安陽県）へ遷都 甲骨文字（卜辞）	・丹生池ノ谷遺跡（三重県多気町）、天白遺跡（松坂市）や森添遺跡（度会町）（辰砂（水銀朱）、朱彩土器や朱が付いた磨石・石皿など出土） ・向出遺跡（阪南市）（土壙墓どうつぼ（地面に穴を掘った墓）群、西日本最級の縄文墓地遺跡） ・二子山石器製作遺跡（熊本県合志市）（石器工房、石切り場、扁平打製石斧） ・智頭枕田遺跡（鳥取県智頭町）（住居跡、土坑群、遺物廃棄場、突帯文土器） ・大矢遺跡（天草市）（オサンリ型結合釣針、土偶、岩偶） ・本野原（もとのばる）遺跡（宮崎市）（九州では類例の少ない大規模な集落、広場を中心に、土坑、掘立柱建物、竪穴住居が環状に配置）	・忍路環状列石（おしょろ）（小樽市）（ストーンサークル、隣接する忍路土場遺跡の巨大木柱は、環状列石とも関連する祭祀的な道具なのか） ・大湯環状列石（秋田県鹿角市）（ストーンサークルは万座と野中遺跡にあり、万座の方が日本で最大、日時計状組石） ・蜆塚遺跡（しじみづか）（浜松市）（円環状平地式の住居群、首飾りや貝製腕輪を身につけた人骨、勾玉や土器、鉄鏃） ・真脇遺跡（石川県能登町）（環状木柱列、巨大な彫刻材、土偶、埋葬人骨、日本最古の仮面） ・チカモリ遺跡（金沢市）（掘立柱の環状木柱列（ウッドサークル）、堅いクリ材の木柱断面がカマボコ形・U字形） ・大森貝塚（おおもり）（品川区～大田区）（モース貝塚、土器、土偶、石斧、石鏃、鹿・鯨の骨片、人骨片）
縄文時代晩期 （3.3千年前－2.8千年前） 弥生時代早期 （3.0千年前－2.8千年前）	・気候の寒冷化 ・前1000 殷が亡び周王朝がはじまる（西周）―都ー鎬京 封建制度 ・前841 王が貴族に追放され共和が執政 ・前771 犬戎の侵入により西周が滅亡 ・前770 洛邑に遷都ー東周	・池島・福万寺遺跡（東大阪市、八尾市）（水田跡、イネ科植物のプラントオパール） ・南溝手遺跡（総社市）（**イネのプラント・オパール、最古の籾殻のある土器**、石鍬、石包丁） ・津雲貝塚（笠岡市）（多数の仰臥屈葬の抜歯した人骨（貝輪や腰飾り、鹿角製耳飾りの成人骨、石製首飾りをしている小児骨）、石鏃・削器・石錘・土偶・鹿角製釣糸等） ・板付遺跡（福岡市）（水稲耕作、最古の環壕集落、夜臼式土器） ・江辻遺跡（福岡県粕屋町）（**最初期の環壕集落**） ・原山支石墓群（島原市）（原山ドルメン、国内の支石墓遺跡としては最古最大級のもの） ・菜畑遺跡（唐津市）（**最古の水稲耕作遺跡**、直播き、山の寺式土器、ジャポニカ米） ・大石遺跡（豊後大野市）（大規模な建物址、黒色磨研土器、打製石斧（耕具）、横刃型石器（収穫具））	・**亀ヶ岡遺跡**（つがる市）（集落遺跡、遮光器土偶） ・加曽利貝塚（かそり）（千葉市）（世界でも最大級の大規模の貝塚、南貝塚の加曽利B式は指標土器） ・山王囲遺跡（さんのうがこい）（宮城県栗原市）（大洞C2式・大洞A式・大洞A式土器、土製耳飾りやペンダント、編布の本州初の発見、漆器は籃胎漆器・櫛・腕輪・耳飾り、紐状製品、ヌマガイの貝殻に漆を塗った貝器） ・青田遺跡（新潟県北辺川村）（土器・石器類、埋葬人骨（根根・樫木・壁材）、堰・茎状編み物・箱・漆器） ・山武姥山貝塚（さんぶうばやま）（千葉県横芝光町）（姥山式（姥山α'β'γ'δ'式）土器の標式遺跡・吉胡貝塚（よしご）（愛知県田原市）（土器・石器・骨角器の他に埋葬人骨が数多く出土） ・伊川津貝塚（いかわづ）（田原市）（スガイ・アサリなどの主鹹貝塚、抗争の痕跡を遺す人骨、食人？抜歯した人骨、甕棺、土偶、耳飾、石刀、石棒、石冠、勾玉、骨角器）

第2部　弥生時代早期・前期・中期　概略

第2部　弥生時代（早期・前期・中期）

　縄文時代を通じて、照葉樹林帯の西日本と南朝鮮（南韓）には同じ照葉樹林帯の江南からの陸稲等の穀類（水稲、きび、あわは、弥生時代早期（縄文時代晩期）以降に栽培）、豆類やイモ類の栽培が伝わった。西日本での陸稲は熱帯ジャポニカ（赤味を帯びた籾、赤飯）であった。江南からソバ、豆などの栽培技術や神道の基層となる精神文化の長期にわたる持続的な流入があった。弥生時代には、南朝鮮の倭人（西日本縄文人）の帰来があった。また、江南人、華北人や朝鮮人（高句麗系）の渡来があったが、縄文時代に確立した日本文化の基層、古日本語やY染色体型に大きく影響するほどの多人数の渡来はなかった。

1．弥生時代早期（先Ⅰ期）（BC1000年〜BC800年）

　縄文時代前期には岡山ブロックで陸稲熱帯ジャポニカの直播による焼畑を代表とする粗放な稲作が始まった。縄文中期にはこの粗放な稲作が有明海ブロックにもみられた。弥生時代は温帯ジャポニカの水田稲作の開始をもって始期とする。従って、紀元前1000年頃の菜畑遺跡（唐津市）や曲り田遺跡（糸島市）からの水田跡の発掘をもって弥生時代早期の始まりとする。この遺跡からは縄文時代晩期の突帯文土器も出土しているように、弥生時代早期と縄文晩期が重複している。弥生早期の始期は縄文晩期の始期より300年遅いが終期は同じである。この段階の水田稲作は南朝鮮から持ち込まれたものと見られるが、当時の南朝鮮は漢民族などの北方民族（華北人）の本格的な南下の前で、倭人（西日本縄文人）が多数を占めていた。その南朝鮮に山東半島を経由し水田稲作技術をもった江南より避難民が入り、南朝鮮で水田稲作が始まった。その技術が主として南朝鮮の倭人により北九州に持ち込まれたと思われる。ちなみに曲り田遺跡の近く新町遺跡の支石墓（朝鮮半島南西部に多く見られる墓形式）には縄文人が埋葬されていた。この突帯文土器段階の水田稲作は、松菊里型竪穴住居に居住して営まれていた。この住居を囲む環濠は、内蒙古由来と思われ、華北人の朝鮮半島南下によりもたらされた。この突帯文土器を伴う水田稲作は西日本に広がった。

　中国では弥生早期の始めに殷が滅び周が興ったが、早期の終わりに犬戎の侵入により周が滅び春秋時代が始まる。

2．弥生時代前期（Ⅰ期）（BC800年〜BC400年）

　春秋時代に入ると西戎（犬戎を含む）の中原への侵入が著しくなり、漢民族もまた東南に移り始める。これら華北の民（燕など）は朝鮮半島西岸をも南下した。漢民族は江南の東夷を圧迫するようになる。江南の流民は山東半島から南朝鮮に移ったが、流民の一部は西北九州や日本海西部沿岸に直接辿り着くようになる。土井が浜人は淮河辺りから渡来か。この流民が江南の水田稲作技術を直接倭にもたらしたと思われる。こうして、菜畑・曲り田段階に続く、板付遺跡に代表される新たな水田稲作段階に入る。そこで新来の温帯ジャ

ポニカと縄文以来の熱帯ジャポニカとが混雑し、耐寒性の温帯ジャポニカ（早生種）が生まれた。この耐寒性の稲が遠賀川式土器を伴い西日本一帯に急速に拡大し、さらに日本海沿いに青森にまで達した。また、この耐寒種は海人により逆に南朝鮮に持ち込まれたと思われる。この時期、江南から伝わったのは、土笛、環濠集落、石包丁（一部）、高床倉庫や神道体系などである。南朝鮮には見られない甕棺もまた長江中・下流域から直接北九州に伝わったと思われる。甕棺は弥生中期に専ら北九州で盛んに使用された。甕棺から銅剣・銅戈・石剣・石戈の切っ先が出土することが多い。農耕社会の成熟に伴い弥生人の争いが始まる。近畿地方では木棺埋葬地の周囲を区画し、土盛りした墳丘を築く墓（方形周溝墓）が登場した。

　中国は春秋時代から戦国時代に入る。鉄製農具も使用されるようになる。この時期、燕の民が朝鮮半島さらに列島に鉄を持ち込んだと思われる。春秋時代末に滅亡した呉の遺民や流民は九州や瀬戸内に渡来、一部は青銅器や鉄器を伴っていたと思われる。尚、BC473年の呉の滅亡時、呉太伯子孫の呉王夫差（呉の最後の王）の子「忌」は、東シナ海に出て、菊池川河口付近（現熊本県玉名市）に着き、菊池川を遡って現在の菊池市近辺に定住したと云う（『松野連系図』参照）。北九州の奴国の嫡流は呉太白の血流を引いていると思われ、また、奴国の墓制は甕棺墓であった。

3．弥生時代中期（Ⅱ－Ⅳ期）（BC400年〜AD50年）

　弥生中期初頭には水田稲作が日本全域に広がった。この余剰農産物の生産は弥生社会に身分・階級制をもたらし、土地や水を求める戦いが始まった。この戦いは弥生前期から始まっていたが、中期に入ると急に増加し始める。その証拠は石鏃や銅鏃や鉄鏃は、縄文時代の狩りに使用された石鏃より大型化して、人の殺傷に適したものになったことである。このように弥生時代中期には、激しい争いが始まり、「国」という小さな政治的まとまりが生まれた。続いて「国」と「国」の間にさらに激しい争いが始まり、さらに大きなまとまりであるブロックが生まれた。

　弥生中期に形成された種々の祭器の分布域は各ブロックの形成・配置に重要な示唆をあたえる。北部九州では、銅矛と銅戈、瀬戸内海東部沿岸では平型銅剣、畿内と東海では銅鐸、出雲地方ではこの地方特有の中細形銅剣や銅鐸が祭器として使用された。尚、弥生時代中期の戦いはブロック内部の争いであり、ブロックを超えた広域戦争は考えにくいことが次のことから類推される。すなわち、戦闘用石鏃は、大きさ、厚さ、形、成形、材質などが、それぞれのブロックごとに特色をもっている。石鏃の材料のサヌカイトでも産出地によって石質の違いがあるので、石鏃を拾ったとき、どのブロックの石鏃かを識別できる。またブロック別につくられた石鏃は入り混じっては出土しない。

　春秋・戦国の動乱による流民が倭に青銅器・鉄器などをもたらした。また、燕と倭との交易路は確立していて鉄器などがもたらされたと言われる。また、半島の南東部（辰韓と

弁韓）、北九州沿岸および山陰（出雲と丹後）は、漢により設置された楽浪郡の製鉄炉を中心に広域経済圏を形成し交易が行われていた。さらに、紀元前1世紀になると南朝鮮の倭人の一部が、華北人や朝鮮人（高句麗系）に圧迫され列島に帰来した。彼らも中国や朝鮮の文物をもたらしたと思われる。とはいえ、当時の南朝鮮はなお倭人が多数を占め、南朝鮮は倭の勢力圏といえるような状況になっていたと考える。

・中期前葉（II期）（BC400年～BC250年）
　越が滅亡し、銅鐸の原形と思われる銅鼓などの青銅器や鉄器が持ち込まれる。越の流民は呉からの流民を避け日本海沿岸の中央部の越に渡来か。さらに首長集団が九州北部に渡来、青銅器の本格的な流入と鉄器使用が始まる。一方、大国主は、出雲の玉造、銅精錬、砂鉄からの原初的な野ダタラ製鉄（日本海経由で伝わったか）を背景にして、日本海沿岸に銅、鉄、玉の文化圏を形成し、さらに渇鉄鉱からの製鉄に長ける多一族と協力し、西日本各地に進出し青銅器（聞く銅鐸）、鉄器と玉の出雲を中心とするネットワークを構築し始めた。このネットワークの中核の国を出雲古国と称する。

・中期中葉（III期）（BC250年～BC100年）
　呉の遺民は呉太伯子孫と称し、筑前に奴国を建てたと考える。奴国では埋葬に甕棺を用い、また中広形あるいは中細形の矛・戈を祭器に使用したと思われる。燕が朝鮮半島に進出し南朝鮮に真番郡を置く。しかし、斉に続き燕も秦により滅ぼされ、秦が中国を統一した。列島への青銅器・鉄器の流入がさらに盛んになる。北九州では甕棺が最盛期に入る。徐福が不老不死の薬を求めて出航、列島に到達か。日本各地（特に武蔵、氷川神社周辺）に徐福伝説あり、各地の大国主と集合したと考える。秦が滅び漢が建国される。漢により衛氏朝鮮が滅ぼされ、楽浪郡が設置される。倭国には大型の鉄製錬所はなく、弁韓、辰韓、筑紫、出雲や丹後の倭人は鉄鉱石を楽浪郡に供給していた。楽浪郡からの舶載の鋳造鉄器は通貨の代用品であり、鍛造鉄器の原料となる半製品である。ちなみに、中期前葉の鋳造鉄斧の出土地は、北九州が圧倒的に多いが、中期後葉になると中国地方や近畿北部での出土が多くなる。

・中期後葉（IV期）（BC100年～AD50年）
　大国主一族は日本各地に進出し、出雲を中心とする玉、青銅器「聞く銅鐸」と鉄器のネットワーク（大国主の国、出雲古国）を完成させた。出雲、摂津、大和で「聞く銅鐸」の製造が盛んで、摂津の東奈良遺跡から銅鐸鋳型出土。唐古・鍵遺跡でも銅鐸製造盛ん、また翡翠入りの渇鉄鉱が出土。
　倭は百余国に分かれ、楽浪郡に朝献する。漢の楽浪郡の設置や高句麗の建国などにより南朝鮮の倭人が圧迫され、一部は北九州や日本海沿岸に帰来。BC57年 新羅王室が始まった。『記紀』の皇統系譜と『三国史記』「新羅本記」の新羅王室系譜には不可思議な一致が見られる。（新羅王第1代 赫居世居西干は伊邪那岐（イザナギ）か。）イザナギ・伊邪那美（イザナミ）が伽耶の伊西国より丹後を経て近江に進出。『日本書紀』は、「イザナギ・イザナミ時代（紀元前1世紀）の倭国には三つの国（浦安（うらやす）の国、細戈の千足る国（くわしほこのちだるくに）、磯輪上の秀真国（しわかみのほつまくに））があった」と伝える。浦安の国は近畿・中部地方に広がる銅鐸の国と思われ、細戈の千足る国は北九州の奴国を指し、磯輪上の秀真国は中国地方の出雲と吉備をまとめた国と思われる。

　AD8年、漢が崩壊し新が起こる。さらに新が滅び、後漢が興る。紀元前後に第2代南解次次郎と思われる素盞嗚（スサノオ、須佐乃男）は伊西国よりまず大国主の勢力の及ぶ筑紫に侵攻して、伊都国を建てる。さらに肥前に進出し神崎の櫛名田姫を妻とし、伊都国に戻る。

　次いで、出雲に侵攻して、大国主（八岐大蛇）を倒す。スサノオの出雲侵攻により、出雲古国が崩壊し出雲の青銅器祭祀（銅剣、聞く銅鐸）が大量に埋納される（加茂岩倉遺跡・荒神谷遺跡）。（これ以降、出雲では銅鐸などの青銅器祭器を使わなくなる。）スサノオとアメノホヒは、出雲王朝を建てる。大国主はスサノオに敗れ、その子孫が丹後・若狭さらに近江に向かう。かくして大国主の銅鐸を主とした青銅器と鉄器のネットワークの拠点が出雲より近江に遷る（浦安の国へか）。

　紀元前後（AD1頃）の南海トラフ巨大地震（M9.0以上か）とそれに伴う大津波により、太平洋・瀬戸内海沿岸の弥生時代中期遺跡（池上曽根遺跡など）は壊滅的打撃を受けた。スサノオの筑紫・出雲侵攻とこの巨大地震による自然環境の激変がほぼ同時期に起きている。スサノオ（あるいはニギハヤヒ）のスサノオルート（石見から吉備に至る）での吉備進出と巨大地震による瀬戸内海沿岸地域の壊滅的被害とはなんらかの関連があると推察する。

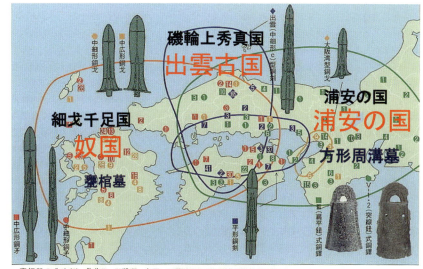

青銅器の分布(2)　弥生III・IV期頃。中国・四国地方では数種類の青銅器を使用している

（古代出雲文化展、Net）　藤田改変

弥生時代

その始期の実年代はいつか？　紀元前１千年前の水田発見
縄文晩期後半の水田発見：水田耕作用の温帯ジャポニカの伝搬

　福岡空港に程近い板付遺跡は、福岡平野を潤す御笠川と那珂川に挟まれた、水田耕地としてはまたとない適地である。1980年、板付遺跡の近くに縄文晩期の標準的な土器とされてきた突帯文土器の一種、夜臼（ゆうす）式土器よりも古い山ノ寺式といわれる土器の層から、水田址４枚や「水田稲作」に必要な道具がセットで発見された（菜畑遺跡）。板付遺跡よりも古い日本最古の水田址の発見である。その後も縄文晩期後半の水田址発掘が各地でつづき（曲り田遺跡など）、農耕は弥生時代からという常識は完全に否定された。いまや水田稲作の発生は縄文晩期後半からということが定説化し、縄文晩期後半を弥生時代に組み入れ、弥生時代前期の前に早期を設定しようという意見が強くなっている。事実、国立歴史民俗博物館（歴博）は弥生時代早期を使っている。

　歴博は、炭素14年代の更正（右図上）に基づき、朝鮮半島の年代観の見直しも含めた右下の年代表を提示した。実際、AMS法（加速器質量分析法）や年輪年代法など最新の技術や研究の成果を正面から受け止め、これまでに構築された学説を再構築し直すことが必要である。かくして、水田稲作のはじまりは菜畑遺跡の発見で300年ほど遡り、弥生時代早期という時代観を生み出し、C14測定技術の革新や年輪年代法研究の進歩は古年代の較正を精密なものとして弥生時代早期を3,000年前からという年代観をもたらした。

　弥生時代を2,300～1,800年前とするのと、3,000～1,800年前とするのとでは、弥生時代の期間が2倍以上違うことになる。この違いは歴史観を全く変えてしまうほどである。たとえば、水田稲作の列島全体への伝播速度は、前者では「一気に！」であり、後者では「ゆっくり」ということになる。そのようなことから、縄文時代までは従来の年代観を使用し、弥生時代早期からは新年代観を使う。

（藤田）

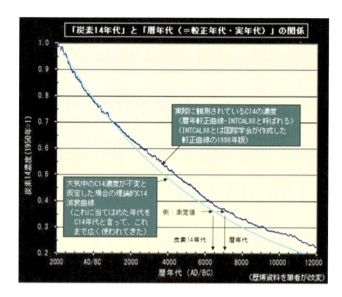

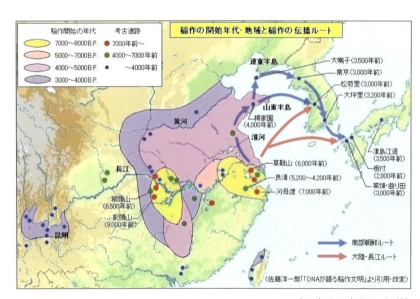

（日本人の起源、伊藤）

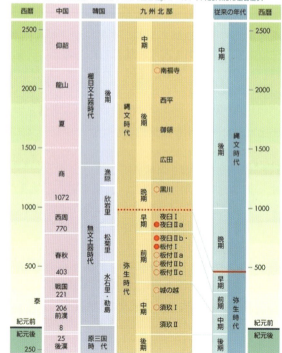

（日本人の起源、伊藤）

弥生時代早期・前期

区分	年表	南朝鮮・九州北部	山陰・瀬戸内東部・近畿・北陸・東海
早期前半 (BC1000)	前1100年頃、燕が建てられる。 前1027年　殷が滅び、周が始まる。	・縄文稲作（縄文時代中期から、陸稲、熱帯ジャポニカ、**プラントオパール**（有明海ブロックから広がる） ・**菜畑・曲り田**段階の稲作の伝搬（南朝鮮の倭人（縄文人）が渡来）	・縄文稲作（縄文時代前期から、陸稲、熱帯ジャポニカ、**プラントオパール**（岡山ブロックから広がる）
早期後半 (BC900) (BC800)	前841年　王が追放され、共伯和が執政。 前827年　周王朝復興	・**支石墓**は南朝鮮南西部・西北九州に集中して分布。**夜臼式土器**段階、稲作や磨製石器農具などとセットで朝鮮半島南部から九州西北部に伝播。しかし、「縄文人」が埋葬される。 ・**突帯文土器**段階の水田稲作、松菊里型竪穴住居。 ・**松菊里遺跡**を代表とする南朝鮮と北九州にある**環壕集落**は内蒙古から南下してきたものと思われる。	・**突帯文土器**段階の水田稲作と松菊里型竪穴住居の東進。
前期前葉 (BC800) (BC600)	前771年　犬戎の侵入、周滅亡。春秋時代始まる。 前552頃、孔子が生まれる。 諸子百家	・板付段階の稲作伝搬（**遠賀川式土器**作成・耐寒稲種開発）。熱帯ジャポニカと温帯ジャポニカが混雑し、耐寒性の稲（早生種）が開発され、この稲が南朝鮮と西日本一帯に急速に拡大した。 ・水田稲作農耕の長江中・下流域からの直接伝播か。池上曽根遺跡や唐古・鍵遺跡から出土した弥生米には、半島に存在しない中国固有の水稲の品種が混ざっていた。また、**石包丁**（一部）、**高床倉庫や神道体系**も長江中・下流域方面からの伝来と思われる。 ・**環壕集落**は長江流域から直接北九州に伝搬。	・**遠賀川式土器**・耐寒種の伝搬。 ・**環壕集落**、水田稲作技術などが瀬戸内海・近畿に拡散。 ・**土井が浜人**の渡来（淮河辺りからか）
前期中葉 (BC600) (BC500)		・**甕棺**もまた長江中・下流域から直接北九州に伝わる。南朝鮮には見られない。 ・北九州を中心に敷衍した青銅器の銅矛と銅戈もまた長江流域から伝来した可能性がある。	・**土笛**の伝搬（長江周辺からか）。土笛は弥生時代前期からから作られ始めた。最初に発掘されたのは、山口県下関の綾羅木（あやらぎ）遺跡で、その後、福岡県から島根県、そして京都府にかけて、日本海側で発掘されている。古代中国（「商」から「殷」の時代）に使われていた「陶塤」という楽器に似ている。「聞く銅鐸」に先んじる楽器と考えられる。
前期後葉 (BC500) (BC400)	前473年　呉の滅亡 前453年　晋が韓、魏、趙に三分。中国**戦国時代**始まる。 中国で鉄製農具の使用。 燕より、南朝鮮や北九州に鉄器が伝わる。	・滅亡した呉の遺民や流民が南朝鮮と北九州に渡来、一部**青銅器**や鉄器を伴っていたと思われる。 ・前473年、呉太伯子孫の呉王夫差（呉の最後の王）の子「忌」は、呉の滅亡時に東シナ海に出て、菊池川河口付近（現熊本県玉名市）に到達し、菊池川を遡って現在の菊池市近辺に定住したと思われる（「松野連系図」参照）。「忌」の子孫が奴国の中核になった可能性がある。 ・北部九州では、銅剣・銅戈・石剣・石戈の切っ先が棺内から出土することが多い。農耕社会の充実にともなう弥生人の争いの始まりと思われる。	・呉の遺民・流民の一部は山陰や瀬戸内海沿岸に向かった。一部、**青銅器**や鉄器を伴う。 ・近畿地方で木棺埋葬地の周囲を区画、さらに土盛りして墳丘を築く墓が登場した。これを**方形周溝墓**（ほうけいしゅうこうぼ）という。この墓は後の前方後方墳へとつながるという説もある。方形周溝墓は朝鮮半島を経由せず沿海州から伝わった可能性がある。 ・土笛が作られなくなる。

弥生時代中期

区分	年表	南朝鮮(南韓)・九州北部	山陰・瀬戸内東部・近畿・北陸・東海
中期前葉 (BC400) (BC250)	前344年 越の滅亡 この頃、燕が極盛期で、朝鮮半島に進出し、南朝鮮に真番郡を置く。	・首長集団、九州北部に渡来 　青銅器の本格的な流入と鉄器使用の開始	・江南からの青銅器の本格的流入 ・越の遺民は江南からの渡来人の多い北九州に定着せず、出雲や越の日本海側に定着した。この折、銅鐸が出雲にもたらされた可能性がある。 ・九州を含む西日本一円で縄文時代中期頃から渇鉄鉱からの製鉄が行われてきた。多一族が渇鉄鉱と辰砂(丹砂)の採掘に関わってきた。この頃大国主は、出雲の玉造、銅精錬、野ダタラ製鉄を背景にして、日本海沿岸の玉文化圏を支配下におき、さらに多一族と協力し、西日本各地に進出し青銅器(聞く銅鐸が主)と鉄器の出雲を中心とするネットワーク(大国主の国、出雲古国)を構築をし始めた。 ・市三宅東遺跡と烏丸崎遺跡(近江の玉つくり工房)
中期中葉 (BC250) (BC100)	前223年 楚の滅亡 前222年 燕の滅亡 前221年 斉が滅亡し、秦の始皇帝中国を統一　焚書坑儒 前219年 徐福、不老不死の薬を求め出航 前202年 前漢の建国(～後8) 前2世紀、南朝鮮に辰国が成立、縄文以来、南朝鮮には倭人が居住する。 前108年 衛氏朝鮮(前195～)亡び、前漢の楽浪郡設置	・燕・斉の滅亡で南朝鮮や北九州へ青銅器・鉄器の流入盛ん。 ・**甕棺**最盛期 ＜九州北部の遺跡―楽浪郡との交易＞ ・吉野ヶ里遺跡(環濠集落、厳重な防護施設、墳丘墓や甕棺、九州で最初に出土した銅鐸(福田型銅鐸(邪視文をもつ銅鐸出土) ・原の辻遺跡(中国鏡、戦国式銅剣、貨泉(新の銭貨)、トンボ玉、鋳造製品、無文土器、楽浪系土器、板状鉄など出土) ・三雲南小路遺跡・平原遺跡(弥生時代中期後半から終末期にかけて厚葬墓(こうそうぼ)(王墓)が連続して営まれていた。楽浪系の土器や石製の硯など出土) ・倭国には大型の鉄製錬所はなく、弁韓の鉄をとり、楽浪郡に供給していた。楽浪郡からの舶載の鋳造鉄器は通貨代用品であり、鍛造鉄器の原料となる半製品である。ちなみに、中期前葉の鋳造鉄斧の出土地は、北九州が圧倒的に多いが、中期後葉になると中国地方や近畿北部での出土が多くなる。	・燕・斉の滅亡で青銅器・鉄器の流入 ・徐福、列島に到達か。鹿児島、和歌山、関東平野を含む各地に徐福伝承がある。「徐福は「平原広沢(広い平野と湿地)」を得て、王となり戻らなかった」とのこと。「平原広沢」とは、富士山を仰ぎみる武蔵の国(氷川神社が中心)か。 ＜大型環濠集落・方形周溝墓・戦いの跡＞ ・下之郷遺跡(大規模多重環濠集落、戦の跡) ・朝日遺跡(環濠集落遺跡、強固な防御施設、方形周溝墓跡) ・池上・曽根遺跡(環濠大集落遺跡、巨大丸太くりぬき井戸、方形周溝墓、鉄製品の工房、高床式大型建物、ヒスイ製勾玉、朱塗りの高坏、イイダコ壺、石包丁、銅鐸の破片等出土) ＜楽浪郡と出雲との交易＞ ・山持遺跡(出雲市)は当時本土とのラグーンを形成し、その北側に当り天然の良港であった。この遺跡から楽浪土器が出土し、楽浪から出雲への交易の拠点となっていた。 ・出雲、摂津、倭で聞く銅鐸の製造が盛ん(東奈良遺跡(銅鐸鋳型)、唐古・鍵遺跡(銅鐸鋳型、ヒスイ入りの渇鉄鉱)。
中期後葉 (BC100) (AD50)	イザナギ・イザナミが伊西国より丹後を経て近江に進出? 前57年 新羅建国(始祖赫居世居西干、イザナギに当たる?) 前37年 朱蒙が高句麗建国 前18年 温祚が百済を建国 紀元前後 倭は百余国に分かれ、楽浪郡に朝献する。 スサノオ(新羅2代王南解次郎か)が新羅より出雲侵攻か? 8年 前漢滅亡、新建国(～23年) 25年 後漢の建国(～220年)	・前漢の楽浪郡の設置や高句麗の建国などにより南朝鮮の倭人が圧迫され、一部は北九州や西部日本海沿岸に戻る。 ・北九州にまで方形周溝墓広がる(伊都国 三雲南小路遺跡) ・スサノオは新羅よりまず大国主の勢力下の北九州に侵攻して、肥前神崎の櫛名田姫を妻とし、伊都国に戻る。さらに出雲に侵攻して、大国主(八岐大蛇)を倒す。その後、吉備に向うが本拠は伊都国におく。 ・平原遺跡1号墓から大型内行花文鏡出土。八咫鏡(伊勢神宮皇大神宮蔵)と同じサイズか?	＜丹後は鉄の大生産地となる＞ ・扇谷遺跡(高地性大環濠、鉄斧などの鉄製品やガラス玉等出土、対岸の途中ヶ丘遺跡とは互いに補完関係) ・奈具岡遺跡(水晶や緑色凝灰岩の大規模玉作工房跡)、鉄錐、鉄斧なら300個分はあろうという素材量の鉄片出土) ・日吉ヶ岡遺跡(方形貼石墓、王の墓、多量の管玉と大量の水銀朱出土)、方形貼石墓は山陰(出雲から丹後)に分布、遺跡があるのが加悦町で、伽耶に通じる。(大国主の玉文化ネットワーク形成と関連か?) ・スサノオの出雲侵攻により、出雲の青銅器祭祀(銅剣、聞く銅鐸)が大量に埋納される。(荒神谷遺跡 銅剣358本、銅鐸6個出土、加茂岩倉遺跡 銅鐸39個の出土) ・大国主はスサノオに敗れ、一族のアジスキタカヒコネらは丹後・若狭さらに近江に向かう。大国主の青銅器と鉄器のネットワークの拠点が出雲より近江に遷る(浦安の国へ)。 ・南海トラフ巨大地震が起こり、太平洋岸や瀬戸内海沿岸の弥生遺跡が壊滅的被害を受ける。

テーマ A

ゲノム科学が解明した「日本人の成り立ち」

要　約

　日本人は遺伝的に縄文人をベースにして成り立ってきた。まず、中期旧石器時代に出アフリカを果たした新人（ホモサピエンス）がヒマラヤ山脈の南回りで東南アジアに達し、一部（古華南人）が太平洋沿岸を北上し、台湾・沖縄経由で日本列島に達している（4万年前）。また、後期旧石器時代には南回りあるいは北回りで華北に達した古華北人（Y染色体D系統）が、大陸からほとんど陸橋化した海峡を通り断続的に列島に侵入してきた（2万年前）。また、多くの古華北人がバイカル湖周辺に北上し、古バイカル人（D系統）となり氷河時代の極寒期に南下し樺太経由で列島に侵入した（1.3万年前）。縄文人は縄文時代草創期に主として古バイカル人からなる東日本縄文人と、主として古華北人からなる西日本縄文人（倭人）とが、それぞれ東西に分かれて居住した。縄文時代早期末に鬼界カルデラ噴火があり、西日本縄文人の避難民が当時殆ど無人地帯であった南朝鮮と沖縄に避難した。従って、南朝鮮や沖縄の原住民は西日本縄文人であると云える。さらに、縄文時代後期・晩期の世界的な気候の冷涼化により南下した華北人（O系統）に圧迫された沿海州の民が日本海を横断して列島に侵入するとともに、東日本縄文人が西日本に移住し縄文人が均一化した。

　弥生時代になると江南人（O系統）が水田稲作技術を担い侵入してきたが、朝鮮半島からの渡来は基本的に西日本縄文人の帰来が主であった。しかし、弥生時代後期さらに古墳時代にはかなりの数の華北人、江南人や朝鮮人（高句麗系）の列島への侵入が見られた。飛鳥時代の任那、百済、高句麗の滅亡により相当数の華北人や朝鮮人の渡来があった。その後もかれらは断続的に渡来した。縄文時代末期に形成された本来の縄文人が、数千年を経た現在までの各時代に渡来して来た人口割合の低い華北人や江南人との混血を繰り返してきたと云える。かくして、現在日本人のY染色体ハプロタイプはD系統が40％でO系統が49％である。また、現在日本人は縄文人のゲノム形質を10％余りしか受け継いでいない。このことは、縄文人のゲノム形質は稲作農耕文化のもとでは大陸人（華北人・江南人）に比較してその保持率が低かったことが原因と思われる。日本語が縄文時代後期に西日本と南朝鮮で成立したとみなされるように、日本人は文化的および精神的に縄文人の気質や才覚を継ぎ、現在の日本人は基本的に縄文人から数千年に亘り連綿と発展してきたと見なすことができる。

（第1部の「概略」① 05 を参照）

テーマＡ：目次

1章　日本人形成のモデル

日本人形成のモデル（図1）Ⓐ03／縄文人、弥生人そして倭人Ⓐ06

2章　日本人の成り立ち

猿人・原人・旧人・新人Ⓐ07／ヴェルム氷期（3万年前〜1万年前）と汎世界的生物相の変動Ⓐ11／新人の拡散Ⓐ12／新人の日本列島への到達Ⓐ15／新人の分岐と縄文人の位置付けⒶ18／鬼界カルデラ噴火Ⓐ19／Y染色体ハプロタイプⒶ20／ミトコンドリアDNA解析Ⓐ21／核DNA解析Ⓐ23／韓国人の起源Ⓐ24／縄文時代晩期の世界的気候の寒冷化Ⓐ27／東日本縄文人の南下Ⓐ28／東日本縄文人（原アイヌ人、蝦夷）Ⓐ29／日本語の起源Ⓐ30／日本人ゲノムの多重構造Ⓐ32

1章　日本人形成のモデル

日本人形成のモデル（図1）

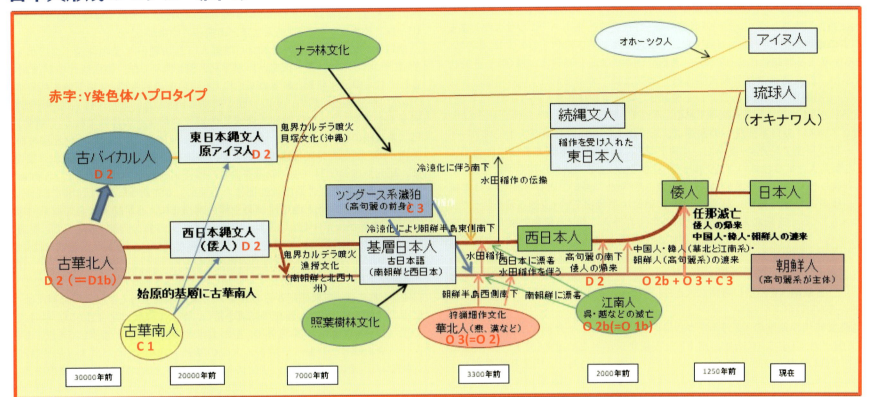

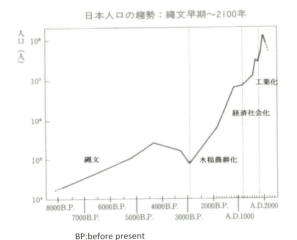

鬼頭宏（歴史人口学者）

BP:before present

日本人形成のモデル（図1）の説明

　日本列島には前期旧石器時代の原人・旧人の骨や遺跡は見つからず、中期旧石器時代の砂原遺跡（出雲市）が最古（約12万年前）でそれに続くのが金取遺跡（遠野市）（8〜9万年前）であり、石器（ハンドアックスのような両面加工石等）や木炭粒が出土している。これらの遺跡は年代的に新人（ホモサピエンス）の活動の跡とは思えず、旧人（デニソワ人か）あるいは原人の残存者の痕跡と見なされる。列島において新人の活動が本格化するようになるのは、3万年前に始まる後期旧石器時代になってからである。日本では旧石器時代に続く新石器時代を縄文時代と呼ぶが、縄文時代は世界最古級土器（縄文土器）が作られた1.6万年前を契機とし草創期に入る。この縄文文化は、1万年以上継続した持続可能な「森と水の文明」（狩猟、採取／栽培と漁撈）として世界に冠たる文明である。

　新人（ホモサピエンス）の日本列島への到達は、まず出アフリカ（7万年前）から南ルートを取った集団の一部が東南アジアより海岸沿いに東アジアに向かい、3.5万年前頃には列島に到達していた（古華南人、Y染色体ハプログループC1a1型か）。また、4万年前頃に北ルートで中央アジアに到達したY染色体D系統は、D1a1型（チベットに多い）とD1a2a型（日本特有）に分岐した。後者の集団は華北に移動し、さらに朝鮮半島経由でナイフ形石器を伴って断続的に列島に侵入してくる（古華北人）。その最大の集団の侵入は約2万年前で東北地方にまで達した。1.3万年前、古バイカル人（バイカル湖に達した古華北人）（D1a2a）は、クサビ型細石刃を携え、樺太経由で東日本に南下、東日本縄文人の基盤となる。その頃、古華北人が半円錐形石核を西日本に伝え、西日本縄文人と称される。従って、縄文人（西日本縄文人と東日本縄文人）は、古華南人を基層に古華北人と古バイカル人が重層し、3者が交雑して成立したと考えられる。

　朝鮮半島では縄文時代草創期の1.2万年前から早期の終結時の7千年前まで遺跡が殆どなくなり、新人の気配が絶える。このことは、南下した古華北人が半島に留まらずに、ほぼ陸橋化した対馬海峡を通過し一気に列島にまで侵入していったためと思われる。縄文時代早期と前期の境（7,300年前）に鬼界カルデラ噴火があり、南九州と四国の西日本縄文人は壊滅した。その災厄から逃れた西日本縄文人の一部は北へ向かい、当時殆ど無人であった南朝鮮（南韓）に渡り、漁撈文化を興した。このように、朝鮮半島の新石器時代の原住民は西日本縄文人と考えられる。

　縄文時代前期・中期には汎地球的に気候が温暖化して、三内丸山遺跡に代表されるような高度な縄文文化が花開いた。当時の本州、九州、四国、南朝鮮は江南と同じく、照葉樹林帯にあり江南の農耕文化の影響を強く受けた。雑穀類や豆類の栽培が始まり、西日本では熱帯ジャポニカの畑作も始まった。また、後世の神道に通じる精神文化もこのころに醸成された。しかし、縄文時代後期からの汎地球的な気候の冷涼化により世界的な狩猟・畑作民の南下が始まった。日本列島でも冷涼化により東日本の食糧事情が悪化し、東日本縄文人の南下が始まり、東西の縄文人の均一化が進んだ。この頃、均一化した高度な縄文文化を基盤とし、日本語の原型、古日本語（日本基語）が西日本と南朝鮮（核は北西九州か）で形成された。

　Y染色体型O系統は、1万年前に華南でO1a、O1bとO2型へ分岐した。O系統（とくにO2）の拡散力は凄まじい。縄文時代晩期に気候が寒冷化しはじめると、北方にいたO2型は華北に移動し始めた。O2型はさらに人口を増やし古モンゴルや古華北人のC系統（C2）やD系型（D1a2a）を圧倒した。さらに春秋・戦国時代になると華南のO1aとO1b型を圧迫した。

O1a型は台湾やフィリピンなどの島嶼部へ、O1b型はO1b1とO1b2型に分かれ、O1b1型は東南アジアへ、O1b2型は東に向かい南朝鮮や西日本へ逃れた。従って、弥生時代、呉や越などの滅亡により列島に渡来した江南人はO1b2型で、直接あるいは半島経由で列島に渡来した。その時期は弥生時代前期・中期と思われる。弥生時代の江南人の南朝鮮および西日本への流入は、南朝鮮ではO1b2型が優勢になったが、列島では倭人の古日本語やY染色体型（D1a2a）に大きな変動をもたらすほどの規模ではなかった。

　地球気候のさらなる寒冷化により朝鮮人（高句麗系Y染色体型C2）が半島東岸を南下、さらに華北人（O2、燕・漢など）が半島西側を南下した。弥生時代中期後葉の紀元前後になると、これらの民族移動と前漢の滅亡による楽浪郡の混乱により南朝鮮の西日本縄文人（倭人、D1a2a）が圧迫され始め、その一団が列島に帰来した。即ち、倭人の伊邪那岐・伊邪那美や素戔嗚の帰来、さらに瓊瓊杵や彦火明の筑前や丹後への降臨である。（実際、瓊瓊杵や饒速日（素戔嗚の後）の子孫のY染色体型はD1a2aであったという。）伊邪那岐から瓊瓊杵までの系譜、即ち伽耶での天孫族の降臨までの系譜は、新羅王室の初期系譜に酷似している。これは、紀元前後の伽耶（後の新羅を含む）は倭人（西日本縄文人）により政治的に支配されており、初期新羅王室の系譜は伽耶倭人王室の系譜であったことに起因すると考える。さらに、2世紀の後漢の弱体化と地球規模の気候の寒冷化による朝鮮人（高句麗系C2）の南朝鮮へのさらなる南下が、第8代新羅王阿達羅の王子の天日鉾の帰来を引き起こし倭国大乱の引き金となった。また、南朝鮮に伽耶の後継国の任那が成立し、邪馬台国時代には中国王朝や三韓との外交を担った任那・伊都国連合を形成した。

　4世紀末に応神王朝が成立する頃から任那を核とする南朝鮮への倭国の軍事進出が顕著となり、それに伴って南朝鮮からの渡来人の来倭が目立ってきた。応神朝には、葛城襲津彦や倭軍の精鋭の助けにより新羅の妨害を排し、かつて秦韓に居住していた弓月君（秦氏の先祖）の民（1万人以上）（Y染色体O2型が大半と思われる）が渡来してきた。その頃、海部（あまべ）や山部などの土木技術者、大陸の学芸・技術をもった漢人（あやびと）など（O2型）も渡来した。その後も倭国と任那との経済的・政治的繋がりが続き三韓の百済人、新羅人、高句麗人（O1b2、O2、C2の混成）が断続的に渡来した。7世紀に入ると任那が新羅に滅ぼされ、さらに百済が新羅・唐の連合軍により滅亡した。その後、白村江の戦いで倭国の南朝鮮での失地回復を試みたが、新羅と唐の連合軍により大敗した。さらに、高句麗が新羅・唐により滅ぼされるに至った。この朝鮮半島の動乱により、南朝鮮の倭人（D1a2a）の多くが帰来し、また百済や高句麗の遺民が大挙倭国に渡来した（O1b2、O2、C2）。ここに、縄文前期始期の7千年前から連綿と続いた緊密な倭国と南朝鮮の政治的・経済的交流が地政学的に分断された。それ以来、日本と朝鮮との交流や交易が大幅に縮小され、日本語と韓国語（南朝鮮の言語）も乖離し始め、お互いに独自な発展と国造りが進められた。しかしながら、その後も歴史時代の長年の断続的な中国・朝鮮からの渡来人の来日や豊臣秀吉の朝鮮出兵での多数の捕虜の連行等があり、現在の日本人のY染色体組成は（C系統（C1a1+C2）：D系統、D1a2a：O系統（O1b2：O2））＝8.5：40.8：（27.0：22.1）（比率%）と成っている。

　注目すべきことは、日本人のY染色体組成のO系統（O1b2とO2）の比率が49.1%に達することである。縄文時代前・中期の江南からの渡来者のY染色体系統はO型（O1b2）ではなく、日本人に少ないが有意なC1a1ではなかったかと類推する。何故なら、江南にO1b2系統が広がるのは地球の気候の寒冷化する縄文時代後期からと思われるからである。かくして、弥生時代になってからのO2型の拡大に圧迫された江南人（O1b2）が、倭国に小規模ながら断

続的に渡来し始めた。一方、O系統O2が日本（倭国）に渡来し始めたのは3世紀半ばの古墳時代からと思われ、古墳時代以降にO2型がO1b2型と共に日本に渡来したと推察する。かくして、古墳時代以降の渡来人の数は弥生時代の渡来人よりずっと多数と推測される。それ故に、O型（O2とO1b2）が現在の日本人のY染色体組成の比率でほぼ半数を占めるに至ったと考察する。

【アイヌ人】
縄文時代草創期1.3万年前、古バイカル人（Y染色体型D1a2a）がクサビ形細石刃石器を携え、バイカル湖畔より、樺太経由で南下、北海道・東日本に侵入し、東日本縄文人（原アイヌ人）になる。縄文文化の主たる担い手は、東日本縄文人であった。さらに、古墳時代、飛鳥・奈良時代の後の平安・鎌倉時代に、北方の諸民族が交雑したオホーツク人が北海道に侵入、日本人（東日本縄文人（原アイヌ人））と混ざりアイヌ民族とよばれるようになる。ちなみに、この時代に東日本縄文人（原アイヌ人）にはなかったミトコンドリアのハプログループYがオホーツク人によってもたらされ優勢となった。従って、現在のアイヌ人が北海道の原住民だとはいえない。

【オキナワ人（琉球人）】
3～4万年前に、古華南人（Y染色体型C1a1？）が南シナ海の海岸線を北上し、台湾から沖縄に至ったと思われる。しかし、この沖縄の古華南人は旧石器時代後期には衰退したと思われ、新石器時代の始まる7千年前頃まで沖縄には新人の活動の痕跡が殆ど無くなる。しかしながら、縄文時代早期と前期の境に起こった鬼界カルデラ噴火（7,300年前）の避難民（西日本縄文人、Y染色体型D1a2a）が、沖縄に渡ってオキナワ人の先祖となった。かくして、沖縄はちょうど7,300年前頃に新石器時代の始期である貝塚時代に入った。さらに南九州の倭人（D1a2a）が弥生時代以降に沖縄に移住することにより、現在のオキナワ人が成立した。

【日本人のY染色体ハプログループと核ゲノム解析】
日本人（アイヌ人と琉球人を含む）成立に至る民族移動をY染色体ハプログループの移動と捉え上述した。日本人形成に至る民族移動の結果、日本人のY染色体ハプロタイプは、（C系統（C1a1+C2）：D系統、D1a2a：O系統（O1b2：O2））=8.5 : 40.8 :（27.0 : 22.1）（比率%））となった。また、D系統ハプログループD1a2a型の分布は、（アイヌ：関東：西日本：沖縄＝87.5 : 48.2 : 26.8 : 55.6（%））となる。O系統（O1b2とO2）の比率は、日本人は49%であるが、西日本では61%に達する。また、朝鮮半島からのO系統（O1b2とO2）の移動ルートと思われる、北九州－瀬戸内海沿岸－近畿地方－東海地方から関東地方の太平洋岸において、O系統の頻度が顕著に高い。

新石器時代（縄文時代）の南朝鮮の原住民は、西日本縄文人であった。彼らのY染色体ハプロタイプはD型（D1a2a）であったが、江南人（O1b2）、華北人（燕や漢など、O2）や朝鮮人（高句麗系）（C2）の南下・侵攻により、南朝鮮の西日本縄文人のY染色体ハプロタイプD1a2a型が徐々にO2やC2型に移行したと思われる。さらに、紀元前後および任那滅亡時にはかなりの倭人（西日本縄文人、D1a2a）が倭国に帰来したと思われる。この民族移動のため、現在の韓国（南朝鮮）人のY染色体ハプロタイプD1a2a型の比率は、数%とかなり低いが、殆どD1a2a型が見られない中国人などの他の東アジア人に比較すると有意に高い。

核ゲノム解析は全ての染色体を解析の対象とするため、極めて多数の遺伝子配列情報を比較解析することができる。右図は東アジアにおける人類集団の遺伝的関係を示す。図a（核DNA解析でたどる日本人の源流、斎藤成也）で上側にずれているウイグル人、ヤクート人と同様なアイヌ人の上側へのずれは、アイヌ人への北方系民族の遺伝的形質の流入を推察させる。一方、下方で直線状に位置しているのが、アイヌ人、オキナワ人、ヤマト人と韓国人であり、アイヌ人がもっとも上方で、オキナワ人、ヤマト人、韓国人が続く。このずれは正しく縄文人の影響、すなわちアイヌ人がもっとも濃密に縄文人のDNAを受け継いでおり、それにオキナワ人、ヤマト人がつづき韓国人も弱いながら縄文人のDNAを含んでいると推察される。さらに、図bは、篠田らにより解析された、福岡や長崎の弥生人を含む人類集団の遺伝的関係を示すが、注目すべきなのは、韓国人は縄文人と大陸人の混血と思えることである。

斎藤氏と篠田氏の2研究グループが公表した東アジアの人類集団の遺伝的関係は、「韓国人は南朝鮮の倭人（西日本縄文人（原住民））と大陸人との混血である」という本稿の推察を裏付けるものである。また、「韓国人のY染色体ハプロタイプD1a2a型の比率は数%とかなり低いが、中国人などの他の東アジア人に比較すると有意に高い。」との結果とも合致する。さらに篠田らの南朝鮮の加徳島獐項遺跡人（縄文時代前期）は現在日本人の領域に入ることもこの推察と合致する。

縄文人のゲノムは、東日本縄文人と西日本縄文人とで有意な差があったと思われるが、縄文時代中期後葉にはかなり均一化していた。縄文時代後期・晩期には気候の冷涼化が進み、O2型の華北人が直接日本海を横断し若狭や越前に漂着した可能性がある。また弥生時代には江南からのO1b2型弥生人の渡来がかなりあったと思われるが、西日本縄文人が多数をしめる南朝鮮からのO系統の渡来は限られていた。古墳時代になると南朝鮮の百済の東の秦韓から秦人（華北人も含まれる）と思われる1万人にもおよぶという秦氏の渡来があった。飛鳥時代になると、任那、百済さらに高句麗の滅亡があり、西日本縄文人たる倭人の帰来に交じり、多数のO系統の華北人やC系統の朝鮮人（ツングース系）の渡来があった。平安時代には渤海からの流民（O2型と思われる）が日本海を横断して若狭や越前に到達していた。さらに、戦国時代の朝鮮出兵によりかなりの数の朝鮮人（当時はO系統が主）が連れてこられた。これらのO系統の民のそれぞれの流入人口は、当時の縄文人の子孫たる日本人の人口比率に比較すると低いが、総体とするとかなりの割合になる。さらに、重要なのは縄文人の形質を継ぐ日本人は、O系統の渡来人より農耕社会では繁殖率が若干低く数千年の時間の経過に伴い、現代日本人の縄文人ゲノムの割合10%余りにまで低下したと考える。一方、D1a2a型の現代日本人の男性は40%近くになる。これはD1a2a型の男性が日本の支配層を形成する傾向があったためと考える。

（参照：「日本人の成り立ち」YouTube、https://youtu.be/2Ae8c5XKfLE）

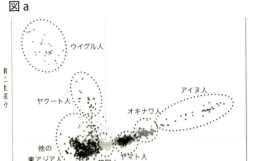

核ゲノムの主成分解析

縄文人、弥生人そして倭人

縄文人、弥生人そして倭人──縄文時代と弥生時代

　日本では旧石器時代に続く新石器時代を縄文時代と呼ぶが、これは1.6万年前の世界最古級土器（縄文土器）が出土したためである。この土器の発明を契機とする縄文時代は、1万年以上継続した持続可能な森と水の文明（狩猟、採取／栽培と漁撈）として、世界最古の漆工芸品、世界最古級の石鏃、打欠石錘、捕鯨、最古級の定住集落、玉造工房、丸木舟、沖合漁業、高度な造形美を備えた火焔土器や水煙土器、優美な女神の土偶等を生み出した、世界に冠たる文明と云える。

　新人（ホモサピエンス）の日本列島への到達は、まず出アフリカ（7万年前）から南ルートを取った集団の一部は東南アジアより海岸沿いに東アジアに向かい、少数が列島に到達していたと思われる（古華南人）。この古華南人の基盤の上に、4万年前頃に北ルートで東アジアに到達した古華北人（Y染色体D1a2a）が朝鮮半島経由でナイフ形石器を伴って断続的に列島に侵入してくる。その最大の集団の侵入は約2万年前であった。1.3万年前、古バイカル人（バイカル湖に達した古華北人、原アイヌ人）（D1a2a）は、クサビ型細石刃を携え、樺太経由で東日本に南下、東日本縄文人（原アイヌ人、蝦夷）の基層となる。その頃、古華北人が半円錐形石核を西日本に伝え、西日本縄文人と称される。従って、古華南人を基層に、古華北人と古バイカル人が入り、3者が混在して縄文人（西日本縄文人と東日本縄文人）が成立したと考えられる。

　朝鮮半島では縄文時代草創期の1.2万年前から早期の終結時の7千年前まで遺跡が殆どなくなる。このことは、南下した古華北人が半島に留まらずに、ほぼ陸橋化した対馬海峡を通過し一気に列島にまで侵入していったためと思われる。縄文時代早期と前期の境目（7,300年前頃）に鬼界カルデラ噴火があり、南九州と四国の西日本縄文人は壊滅した。その災厄から逃れた西日本縄文人は北へ向い一部は当時殆ど無人であった南朝鮮（南韓）に渡り、漁撈文化を興した。このように、朝鮮半島の新石器時代の原住民は西日本縄文人と考えられる。

　縄文時代前期・中期には気候が温暖化して、三内丸山遺跡に代表されるような高度な縄文文化が花開いた。当時の本州、九州、四国、南朝鮮は江南と同じく、照葉樹林帯にあり、江南の農耕文化の影響を強く受けた。穀類（水稲、きび、あわは、後期以降）、豆類やイモ類の栽培が始まり、西日本では熱帯ジャポニカ（赤味を帯びた籾、赤飯）の畑作も始まった。また、渇鉄鉱からの始原的な製鉄も始まったとされる。さらに、後世の神道に通じる精神文化もこのころに醸成された。このような縄文文化の高度化に伴い、西日本と南朝鮮で日本語の原型、古日本語（日本基語）が形成された。古日本語は、かなり早い時代に完成していたと考える。少なくとも、完成し尽くされた言語といわれる、サンスクリット語の成立時期、3000年前には、水田稲作農耕技術の到来以前に、日本基語は混合言語として既に成立していたと考える。なぜなら、1万年以上に及ぶ縄文文化が終結し、新しい水田稲作技術や青銅器などをもたらした江南からと思われる渡来弥生人の故郷が、上代日本語から全く推測できないという、異常としか言いようのない現象は、古日本語がよほど完成され、語彙も当時としてはそれほど借用しなくても済むほどに十分であったから、渡来人の言語を水稲技術関連語として以外に必要としなかった、という理由しか説明が付かない。

　長い縄文時代を通じて江南文化との交流は小規模であるが持続的に続いており、なにもこの交流は弥生時代に始まったものではない。しかし、気候の冷涼化による華北人の南下が江南からの渡来弥生人の南朝鮮や列島へ避難を促したのも事実である。しかしながら、弥生時代の江南人の流入は、縄文人を基盤とする倭人の古日本語やY染色体型（D1a2）に大きな変動をもたらすほどの規模ではなかったのも明らかである。さらに、縄文時代の長年の江南との文化交流により、熱帯ジャポニカの陸稲や雑穀・豆など栽培技術や神道に通じる精神文化の基盤が確立しており、渡来弥生人によってもたらされた水稲技術や青銅器などの金属文化が縄文人の生活・文化に根本な変革をもたらしたとは考えていない。ちなみに、弥生時代早期に江南から持ち込まれた水稲用温帯ジャポニカは、南朝鮮や列島では江南より気候が冷涼なため今ひとつ栽培に適さず、従来の熱帯ジャポニカと自然に交雑して耐寒性品種（早生種）ができ、一気に南朝鮮および列島全域に水田稲作が広がったと思われる。世界に冠たる縄文文化に続いて、単に弥生土器の出土地に因む弥生文化が興ったのではなく、縄文文化が継続的に発展して、紀元前数世紀に本格的な青銅器・鉄器時代に入り、さらに古墳時代に移っていったと考える方が、筆者の感性に響く。

　尚、倭族（あるいは倭人）は、中国で用いられ東夷等、ひろく東方の異民族をさす総称として用いられることがある。しかし、倭人は日本人（日本列島の住民）の古称として汎用されてきた（『漢書』など）。弥生人というと弥生時代に列島に住んでいた倭人をさすが、弥生人は渡来弥生人を指すと混同されていることが多い。筆者は、倭人はあくまで縄文人を基盤としており、弥生時代に列島に住んでいた倭人を弥生人と呼ぶのは適切でないと考える。弥生時代の列島の住民は渡来弥生人と倭人（縄文系）であり、渡来弥生人は、縄文系の倭人と交雑して数世代で倭人となる。

Facebook 藤田泰太郎タイムライン投稿
2020/1/31

わ（倭）、やまと（邪馬台）、そして日本（≒任那）

　縄文・弥生時代の列島および朝鮮南部の住民は、古代中国人に問われ、自分たちのことをなんと呼んでいたのであろうか。我・吾（わ）と自称したので、それが漢字の倭になったのではないか。後漢に成立した『説文解字』に〈倭は順（しなやか）なる貌（すがた）なり。人に従い委の声〉とある。転じて背が丸く曲がって低い人を指すといわれる。このように倭は必ずしも蔑称とはいえない。倭人は縄文人のように和を尊んでいて、戦いを好まない「和」を重んじる人柄であり、倭の「背が丸く曲がって低い人」とのイメージを嫌って、倭を和としたのではないか。

　『日本書紀』に、2世紀末に饒速日（ニギハヤヒ）が建てたヤマト国、「虚空見つ日本（倭）の国（「虚空見つ」は修辞句）」が記載されている。ニギハヤヒは南朝鮮出自のユダヤ系の倭人と思われ、ヤマトはヘブライ語に由来するともいわれている。この「ヤマト」に漢字が当てはめられ「邪馬台」とされた。ヤマトは、倭、大倭、大和、日本の和訓となった。このなかで日本だけが異質である。

　3世紀末に九州か任那から東遷した勢力（崇神を旗頭）は、大和の地に入ってからも、自らを「任那」と号したのではないか。「日本」の国号が初めてあらわれるのが10世紀成立の『旧唐書』、11世紀成立の『新唐書』にみられる「倭国伝」からである。したがって、倭王権が倭から日本に国号を変えたのは、唐代に入ってからと考えられる。朝鮮の古地名は、'本'は'那'で国邑を表す。また'日'は（nit）であり、'任'（nin）に音韻上重なるものである。ヤマト王権は任那滅亡にともなう新しい時代に対応して、国家的自立と自負を表明するため、「任那」の栄光の記憶を復活し、しかも天皇「日の御子」の治める国にふさわしく「日本」という国号を立てたのではあるまいか。このように考えると『旧唐書』にある「日本はもと小国であったが、倭国の地を併合した」という記述がよく理解できる。（古代日本異族伝説の謎、田中勝也）尚、『記紀』に「日の御子」とは天皇・大王を指すと記載されている。

　国名、民族名は他国民から問われた時の自称であることが多い。倭（わ）もこの範疇に入ると思う。アイヌ人は、アイヌ語でのヒト（アイヌ）を自称した故にアイヌと呼ばれた。「モンゴルでは、他民族と区別する自らをHunと呼んだ、漢もHanと自称した。」（FB情報）。奴国は海神（海人）族の国で、海神族を「ナ」と自称したのではないか。『魏志倭人伝』には2つの奴国が記述されている。一つは筑前の奴国で、もうひとつは邪馬台国や狗奴国に至る直前の奴国である。筑前の奴国の嫡流の和邇氏が近江湖西に遷り、新たな奴国を建てたと思われる。

（FB（Facebook）コメント、藤田）

2章 日本人の成り立ち

猿人・原人・旧人・新人　そのアフリカからの拡散

人類の拡散　出アフリカ

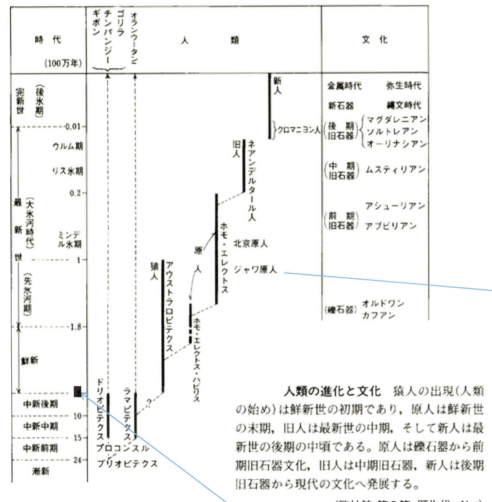

人類の進化と文化　猿人の出現（人類の始め）は鮮新世の初期であり、原人は鮮新世の末期、旧人は最新世の中期、そして新人は最新世の後期の中頃である。原人は礫石器から前期旧石器文化、旧人は中期旧石器、新人は後期旧石器から現代の文化へ発展する。

（啓林館 第2節 顕生代、Net）

「トゥーマイ猿人」と呼ばれるサヘラントロプスは直立していた可能性が高い。サヘラントロプス（学名：Sahelanthropus）は、約700万年から約680万年前のアフリカ大陸北中部（現在のサハラ砂漠の一角、チャド共和国北部）に生息していた霊長類の1属である。サヘラントロプス・チャデンシス（S. tchadensis）1種のみが知られている。

（Wikipedia抜粋）＋ 藤田

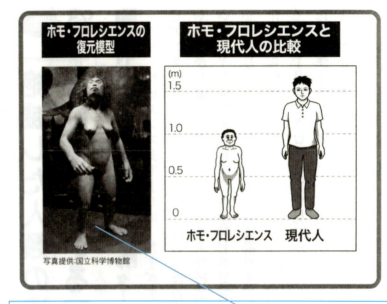

インドネシアで生き続けてきた原人の子孫
4万年前にネアンデルタール人が絶滅してから、地球上に存在するヒトは現生人類であるホモ・サピエンスだけとされてきた。しかし、2003年、新種の人類の化石がインドネシアのフローレス島で発見された。彼らは1万8000年前まで生きていたといわれている。彼らは発見地の名前からホモ・フロレンシエンスと名付けられた。上図のように原人以降の年代に生息していた人類としてありえないほど小型であった。彼らの頭の骨格が180万年前に生息していたジャワ原人に似ていることから、フローレス島に漂着したジャワ原人が100万年以上にわたって狭い孤島で独自の進化をとげた結果、身体も脳も小型化していったと考えるのが妥当だと述べている。

（ホモ・サピエンスの誕生と拡散、篠田謙一）＋ 藤田

アジアで第5の原人（ルソン原人）— 6万年前の比ルソン島
日本経済新聞 2019/4/11
　フィリピン・ルソン島の洞窟で見つかった歯などの化石が新種の原人と分かったとフランス国立自然史博物館などのチームが10日付の英科学誌ネイチャーに発表した。現生人類のホモ・サピエンス（新人）が到達する前にいたと考えられ、アジアでは北京原人などに続き5種類目となる。

フィリピン・ルソン島の洞窟で発掘された新種の原人の歯の化石（研究チーム提供）＝共同
化石は5万年前から6万7千年前のものと推定。

　アジアではこれまでに北京原人のほか、ジャワ原人、インドネシアのフローレス原人、台湾沖で化石が見つかった「澎湖人」が知られている。

（藤田）

テーマA　ゲノム科学が解明した「日本人の成り立ち」

原人

　ザンビア共和国のカランボ滝近い遺跡から、建造物に木材が使われていたことを示す世界最古の証拠（約47万6000年前の木造建造物の一部）が発見された。原人の木造建造物の証拠として注目されている。
GIZMODO（2023/10/02）
Nature News（2023/09/20）L. Barham et al. Evidence for the earliest structural use of wood at least 476,000 years ago

●骨格から復元した北京原人

日本に原人がいた？　旧石器捏造事件の故、現在では下の記述は疑問視されている。

　昭和59年以降調査された宮城県馬場壇A遺跡から14万年前と推定される地表面が検出され、100点を超える石器群と共に炉跡らしい遺構が検出された。宮城県では以前に座散乱木（ざざらぎ）遺跡からも約4万4千年前の石器が発見されており、原人・旧人段階の古さをもつ人類遺跡の証拠が多数上がっていた。しかし、その年代決定については批判もあったため、様々な理化学的年代測定法を採用し、先の14万年という数値が出てきた。
　いっぽう、出土した石器の「使用痕」を観察してみると動物の皮、骨を切断したり、角、骨を削ったあとが確認された。このような結果から、14万年前に少なくともこの日本列島の東北の地にナウマン象、カモシカなどを狩猟し、食用にしていた人類がいたことが明確になった。
　つまり、我国の人骨の出土状況は、山下町洞人（約3万2000年前）（前述）や港川人（約2万年前）が最古例であるが、遺物、遺構の発見状況は約14万年前までさかのぼることができるということである。この年代は中国大陸の原人遺跡とほぼ同年代の古さとなり、日本列島に住み着いた原人類たちはアジアでも早い段階の人々と言える。
（逆説の日本古代史、水野 祐 監修）

「出雲から国内最古の旧石器・12万年前の地層から出土」
読売新聞2009/09/30

　島根県出雲市の砂原遺跡で、中期旧石器時代（130,000年前〜35,000年前）の約120,000年前の地層から、国内最古級とみられる旧石器20点がみつかったと松藤和人・同志社大教授（旧石器考古学）を団長とする発掘調査団が発表した。
　調査団によると、国内最古とされてきた金取遺跡（岩手県遠野市、約80,000〜90,000年前）を約3万年さかのぼる可能性がある。日本列島で人が活動をはじめた起源を遡る貴重な資料になるという。日本の前・中期旧石器については、「旧石器捏造事件」で、存在がほぼ否定される事態に陥ったが、今回の発見は、同時代の研究を再構築するうえで貴重な成果となる。

【出土物】
　石英岩や流紋岩などからなる石器で、長さは5.2〜1.5センチ（石を繰り返したたきつけるなどして加工してある）石器、20点が見つかった。
（藤田）

　旧石器捏造事件は、日本各地で「〜原人」ブームを巻き起こした日本の前期・中期旧石器時代の遺物や遺跡だとされていたものが、発掘調査に携わっていた考古学研究家の藤村新一自ら事前に埋設した石器を自ら掘り出して発見したとする捏造だったと発覚した2000年の事件である。上高森遺跡をはじめ、座散乱木遺跡・馬場壇A遺跡・高森遺跡など、多くの遺跡が中期旧石器時代の史跡としての認定を取り消されたりした。現在、前期・中期旧石器時代の遺跡と公式に認定されているのは、砂原遺跡（出雲市）が最古（約12万年前）で玉随製剥片、石核、石英製の敲石（ハンマー・ストーン）などが出土している。それに続くのが金取遺跡（岩手県遠野市）（8-9万年前）で、石器（ハンドアックスのような両面加工石等）や木炭粒が出土している。

新人（ホモサピエンス）が日本列島に到達したのは4万年前である、従って、12万年前の砂原遺跡や8-9万年前の金取遺跡は、旧人のデニソワ人あるいは原人の残存者が残したものと推定できる。
（藤田）

最初に見つかったナイフ状の石器

旧人・新人（1）

ネアンデルタール人が描いた壁画か
新人が現れる前の欧州で独チーム「6万4000年以上前」

　現在の人類ホモ・サピエンス（新人）が現れる前の欧州で、旧人のネアンデルタール人が洞窟に絵を描いていたとの調査結果を、ドイツの研究チームが22日付米科学誌サイエンスに発表した。壁画などに表れる記号を扱う思考は人類進化の根本的な始まりと考えられ、新人の特徴とされてきた。動物や手形などの絵を描いていた旧人も高い知性を持っていた可能性があるという。

　研究チームは、スペインの3つの洞窟の壁に赤や黒の顔料で描かれた動物や直線、手形などを分析。顔料内のわずかな放射性物質を用いて年代を調べた結果、約4万年前との従来の解釈よりも古い、6万4千年以上前のものと判断した。欧州に新人が現れたのは4万5千～4万年前。研究チームは、スペインの壁画は新人が現れるよりも2万年以上前で、古くから欧州に進出していたネアンデルタール人によって描かれたと結論付けた。

（産経ニュース 2018/2/23 08:07）藤田加筆

現生人類（クロマニヨン人）とネアンデルタール人等との混血

　2010年ネアンデルタール人の核DNAの分析が完了した。ペーボ達は次世代シケンサーを使って解析したネアンデルタール人のゲノムのドラフトを発表したが、そのなかで、核DNAレベルで現生人類とネアンデルタール人が交雑している証拠が見つかった。出アフリカを成し遂げた集団が、中東のどこかでネアンデルタール人と交雑したと考えられる。混血の程度は2~5％と見積もられ、それほど大きいものではないので大規模な交雑があったとは考えられない。つまり、アフリカ人以外の現代人一人ひとりはネアンデルタール人の遺伝子を1.5~2.1％受け継いでいるが、全員が同じ部分を受け継いでいるわけではなく、多数の人々のもつネアンデルタール人由来のDNAを合わせると、ネアンデルタール人ゲノムの35~70％を再構築することができる。

　2010年には古代人のDNA解析によってもうひとつの画期的な成果が公表されてる。シベリア西部にあるデニソワ洞窟の5万年～3万年前の地層で出土した人骨の臼歯と手の指の骨からDNAを抽出し、そのゲノム解析の結果が報告された。この人骨はネアンデルタール人ともホモサピエンスとも異なる未知の人類のものだと結論付け、デニソワ人と呼ばれるようになった。この核ゲノム解析は約80万年前にデニソワ人とネアンデルタール人の共通祖先が現生人類と分岐し、それから後の約64万年前にネアンデルタール人とデニソワ人が分岐したことを示した。しかし、不思議なことにデニソワ人と東アジア人やヨーロッパ人との間には顕著な交雑が認められず、メラネシア人のゲノムの4~6％がデニソワ人固有のものと一致した。このことは交雑の起こった地域も東南アジアである可能性が強く、デニソワ人はシベリアに居住していたわけだから、デニソワ人はシベリアから東南アジアまで非常に広い地域に分布していたことを示すことになる。デニソワ人と東アジアあるいは東南アジアの原人との関連に興味が持たれている。（右図、次頁の図）

　また、サハラ以南アフリカ人の大規模なゲノム分析から、彼らのゲノムには2％程度の絶滅した人類のDNAが伝わっている。この未知の人類は70万年前に現生人類の祖先から分岐し、3万5000年前に前に中央アフリカでホモ・サピエンスと交雑したとされている。

（DNAで語る日本人起源論、篠田謙一）＋ 藤田

赤い線で描かれたスペインの洞窟壁画（研究チーム提供）

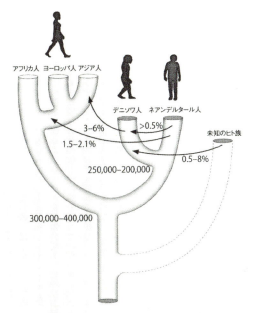

古代のゲノムと現生人類のゲノムとの比較によって明らかとなった、現生人類と2種の旧人（ネアンデルタール人およびデニソワ人）との進化的関係の概略図。枝分かれした場所に、ゲノムに基づいて算出された分岐年代を記してある。ヒト族のある系統から別の系統へ向かっている細い矢印は、過去にそれらのヒト族の系統に属する人どうしが交雑したことによる遺伝子流動を表している。デニソワ人のゲノムの中にきわめて古いDNAが見つかったことで、100万年以上前にヒトの系統樹から分かれた、現在のところ「未知の」古代のヒト族の系統とデニソワ人とが交雑した可能性が高まっている。

（ゲノム革命 - ヒト起源の真実、ユージン・E・ハリス、水谷淳（訳））

旧人・新人（2）

ホモ・サピエンスが旧人（ネアンデルタール人・デニソワ人）から受け継いだDNAと排除したDNA

　ネアンデルタール人とデニソワ人のゲノムとホモ・サピエンスのゲノムの比較研究が進むと、ホモサピエンスのゲノムの中には、ネアンデルタール人やデニソワ人から高頻度でDNAを受け取った領域と、全く伝えられなかった領域のあることがわかってきた

　これは、ネアンデルタール人やデニソワ人のゲノムの中に、ホモサピエンスが生きていくうえで有利になる遺伝子と不利になる遺伝子があることを意味する。数千世代の交雑の中で、生存に有利な遺伝子領域をもった個体は子孫を増やすが、不利な遺伝子領域をもった個体は子孫を残せなかった結果、このような状況が生まれてきたと考えられる。

　解析の結果、ネアンデルタール人からホモ・サピエンスに体毛や体色に関する遺伝子が受け継がれており、ユーラシアの環境に適応してきたネアンデルタール人との交雑が、ホモ・サピエンスの寒冷気候への適応を可能にしたことが指摘されている。また、デニソワ人との比較によって、デニソワ人由来の遺伝子のなかには免疫機能に関係したものがあることが示されている（TLR1, 6, 10）。チベット人の高地適応遺伝子もデニソワ人からもたらされたものであるとの指摘があり、極端に環境の異なる地域集団のゲノム解析が進めば、別の人類から引き継いだゲノムのカタログはさらに大きなものになっていくであろう。一般に、ホモ・サピエンスが出アフリカを成し遂げた後に、短期間で異なる環境に適応できたのは、ホモ・サピエンスの遺伝子変化のみによるものでなく、生物学的交雑によって促進されたと考えられうる。一方、ホモ・サピエンス集団から排除された遺伝子の中には、言語に関係すると考えられているFOXP2遺伝子を取り囲んでいる領域がある。この周辺領域には、ネアンデルタール人に由来するものが全く見られないことが分かった。そのため、言語に関する遺伝子領域がネアンデルタール人と我々との違いを生み出している可能性が指摘されている。さらに、旧人との比較で、脳で発現する遺伝子の中に排除された領域があることが分かった。我々の中には知能に優れたものが勝ち残る、という強い思いがあり、脳で働く遺伝子の差異については、今後も注目されるだろう。実は、排除された遺伝子の中にはX染色体上にあって精巣で発現するものがある。ネアンデルタール人由来のこの領域は、ヒトの生殖能力を低下させたと考えられるので、交雑によってホモ・サピエンスの集団にもたらされたものの、この遺伝子を受け継いだ個体では子孫を残すことが難しく、歴史の中で排除されていったらしい。
（ホモ・サピエンスの本質をゲノムで探る、人類の起源と進化、現代思想44巻5号、篠田謙一）＋　藤田

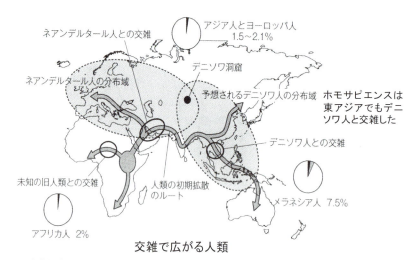

交雑で広がる人類

初期拡散で世界に広がった人類は，先に旧大陸に広がっていた原人の子孫たちと交雑することになった．図は予想される人類の初期拡散のルートと，旧人類との交雑の起こった地域を描いている．円グラフは，各集団がもつ旧人類のDNAの割合で，黒がネアンデルタール人，網かけはデニソワ人を示す．

（DNAで語る日本人起源論、篠田謙一）

デニソワ人のDNAの謎解明か、16万年前にチベット高地に適応研究
2019年5月2日　AFP BB News

　チベットの山岳地帯で見つかった初期人類デニソワ人の顎骨の化石から、人類はこれまで考えていたよりもはるかに早い時期に高地での居住に適応していたことが分かったとする論文が1日、英科学誌ネイチャーに掲載された。デニソワ人の化石がロシア・シベリア南部以外で発見された例はこれ以外になく、見つかった顎骨は少なくとも16万年前のものと思われる。専門家らは、現生人類（ホモ・サピエンス）の一部が低酸素の条件に耐えられるよう進化した謎を解く鍵になるとみている。

　シベリア南部のアルタイ山脈にあるデニソワ洞穴で発掘された指節骨の破片1個と臼歯2個のゲノム解析により、約8万年前のデニソワ人のものとされた。しかし、チベットの僧侶が30年近く前に地元でたまたま発見していた化石から、研究者らは今回、デニソワ人はこれまで考えられていたよりはるかに人数が多く、時代もはるか昔にさかのぼるとの結論を導き出した。

　論文の主著者で、独マックス・プランク進化人類学研究所のジャンジャック・ユブラン氏は、「個人的な見解では、これは私が立てていた作業仮説を裏付けている。人類（新人）がチベット高原に到達したのは約4万年前とみられるとされていた。しかし、35万年前から5万年前の中国および東アジアの（ヒト族の）化石はおそらく、ほぼ全てデニソワ人のものではないかという仮説」を主張している。

■シベリアのデニソワ人になぜ低酸素症を防ぐ遺伝子変異があるのか？

　研究者らは2015年、高地に住むチベット人と漢人には、血液に酸素を行き渡らせるヘモグロビンの生成量を調整する遺伝子「EPAS1」に変異がみられることを発見した。チベット人から見つかった変異は、ヘモグロビンと赤血球の生成量を大幅に抑制し、標高4000メートルを超える高地に行ったときに多くの人が経験する低酸素症の問題を防いでいる。この変異は、標高700メートル未満のシベリアで発見されたデニソワ人のDNAで見つかったものとほぼ同じだった。ユブラン氏は、その理由は誰にもつかめていなかったとして、「デニソワ人が高地に住んでいたことは知られていなかったため、この遺伝子（EPAS1）は彼らの生存にとっては不要だ（と考えられていた）からだ」と説明し、こう続けた。「だが今、その理由が分かった。このDNAは（シベリアの）デニソワ人のものではなく、チベットのデニソワ人のものだったのだ。」

（藤田加筆）

ヴェルム氷期（3万年前〜1万年前）と汎世界的生物相の変動

日本列島への新人の進出は4万年前である。氷期の終わりは1万年前で、それ以来ほぼ現在の海水位、即ち海岸線になる。

旧石器時代　ヴェルム氷期

　日本列島には前期旧石器時代の原人・旧人の骨や遺跡は見つからず、中期旧石器時代の砂原遺跡（出雲市）が最古（約12万年前）でそれに続くのが金取遺跡（遠野市）（8〜9万年前）である。新人が日本列島に到達したのは、4万年前と考えられているので、これらの遺跡は年代的に新人（ホモサピエンス）の活動の跡とは思えず、旧人（デニソワ人か）あるいは原人の残存者の痕跡と見なされる。

　33,000年前ごろを境に汎世界的に気候の激変があり、気候が寒冷化、乾燥化した。その結果、海面の低下が起こり、日本列島は大陸と陸続きに近い状況になった。（当然、樺太や北海道は大陸と陸続きになった。）

　日本海では30,000年前から27,000年前を境に暖かい対馬暖流（黒潮の支流）が流入しなくなった。そうすると水蒸気が大幅に減少し、雪雲が出来なくなり、ますます日本海側は少雨化・乾燥化したと考えられる。

　森林は後退し、草原とツガなどの樹林が散在する、今の北海道のような風景が出現していたのだろう。ちょうどそのとき動物相にも大きな変化が現れた。北方ユーラシアの草原に生息していた大型哺乳動物（オーロックス、バイソン、あるいはヘラジカ、馬など）が乾燥化・草原化した日本列島に南下してきた。マンモスも北海道まで南下して来ていたことが確認されている。

　時を同じくして33,000年前頃は、ヨーロッパも激変の時代であった。おそらく1万年間ぐらいは現生人類と共存したと思われる、ネアンデルタール人が遂に絶滅に至るのである。その原因は明らかではないが、寒冷化が関係したという見方がある。アジアでも、アジアの旧人達が同じ運命を辿ったのであろうか。一方、ホモ・サピエンス即ち現生人類は、この時期に画期的な石刃技法を獲得し、生存能力を高め、クロマニヨン人が西ユーラシアに急速に拡散する。東ユーラシアでもアジアの新人が、中国北部からシベリアや日本列島にも拡散している。

　次の20,000年前〜18,000年前は、花粉ダイヤグラムには表れていないが、ヴェルム氷期でも最も極寒の時代であった。ここでも技術の画期が訪れている。石刃技法が高度に成熟し、美麗に成形されたナイフ形石器文化がこの日本列島（除く北海道）で栄え、各地に多数の旧石器時代の遺跡を残した。さらに13,000年前頃大型動物のハンターの新人が細石刃をもって樺太経由で北海道に侵入してくる。

（藤田）

　古生物学の亀井節夫によると、ヴェルム氷期（7万年前〜1万年前）に、ユーラシア北部の亜寒帯に分布する「マンモス動物群」で、マンモスゾウはシベリアからサハリンをへて陸続きの北海道まで南下し、ヘラジカ、ヒグマ、野牛（バイソン）などはさらに本州まで南下していた。縄文時代前期・中期のヒプシサーマル期は温暖な気候であった（右下図）。

（藤田）

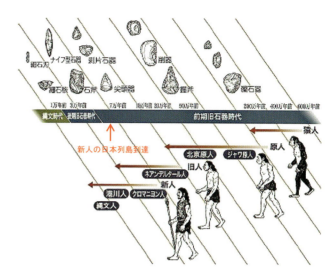

人類の誕生と石器の移り変わり
（島根県立古代出雲歴史博物館展示ガイド）

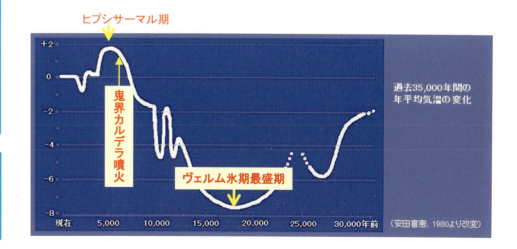

過去35,000年間の年平均気温の変化
（安田喜憲、1980より改変）

テーマA　ゲノム科学が解明した「日本人の成り立ち」

新人の拡散

新人の拡散（１）

> **人類（ホモサピエンス）の伝搬ルート**
> 崎谷満は人類のY染色体ハプログループおよびミトコンドリアDNAハプログループは出アフリカ（約7万年前）後、イラン付近を起点にして南ルート（イランからインド、オーストラリアへ）、北ルート（イランからアルタイ山脈付近へ）、西ルート（イランから中東・カフカス山脈付近へ）の3ルートで拡散したとしている。すなわち南ルートをとった集団がオーストラロイド、北ルートがモンゴロイド、西ルートがコーカソイド、非出アフリカがネグロイドということになる。
> （Wikipedia抜粋）藤田加筆

新人が拡散していった想定経路
（日本人の源流—核DNA解析でたどる、斎藤成也）

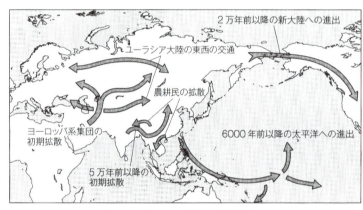

東アジアを中心とした集団の移動の模式図
（DNAで語る日本人起源論、篠田謙一）

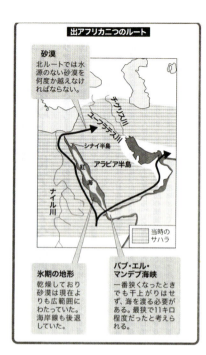

（ホモサピエンスの誕生と拡散、篠田謙一）

> 新人の出アフリカが一回だけだったのか、複数回あったのかについては、論争が繰り広げられている。アフリカから出ていく主なルートは、スエズ地峡を通ってレバント地方（現在のシリア、レバノン、イスラエル、ヨルダンのあたり）に移動して、そこから東西に分かれていくというものである。これに加えて、「アフリカの角」（ソマリア半島）とアラビア半島の西南端を結ぶ紅海の南口が狭いので、ここからなんらかの方法で渡ったのではないか。この場合、アラビア半島沿岸、ペルシャ湾、デカン半島沿岸、ベンガル湾と、海岸線を移動し、スンダランドから最終的にサフール大陸（パプアニューギニア、オーストラリア、タスマニアからなる）に到達したと想定される。
> 出アフリカの年代も重要である。7万～8万年前と6万～7万年前に出アフリカが2回起こったと言われているが、ある論文では出アフリカは7万2千年前に一回起こったという。実際にはいろいろな新人の小集団がほぼ同じ時期にアフリカからユーラシアへ移動していった可能性も高い。上と右の4図に過去20万年における新人の拡散経路を示す。20万年前にヒトがアフリカに誕生したあと、アフリカのなかで様々な集団に分かれていった。10万年前には、西アフリカ集団と東アフリカ集団に分かれた。さらに8万～6万年ほど前、東アフリカの集団の一部が出アフリカをはたし、現在の西アジアに進出した。まず、ネアンデルタール人の生き残りと混血し、それから1万年ほどあとの7万～5万年前に、ユーラシア大陸を海岸沿いに南東へ、あるいは大陸内を西へ、北東へと人々は分かれていった。
> （核DNA解析でたどる 日本人の源流、斎藤成也）＋（ホモサピエンスの誕生と拡散、篠田謙一）＋ 藤田

（ホモサピエンスの誕生と拡散、篠田謙一）

新人の拡散（2）

南米大陸のニグロイド

オーストラリアから南米大陸へ太平洋を渡ったアボリジニがいたと仮定する。南米大陸に黒人種がいた証拠が残っている限り、何らかの形で渡ったと考えなければならない。

ブラジル北東部のセラ・ダ・カピバラという渓谷に洞窟がある。そこには何千という岩絵が描かれている。何を描いたのか解るものもあれば、意味不明のものもある。この地で発掘を行なった考古学者は4万年前の地層から石器を発見し、さらに5万年前の地層から炭と動物の骨、そして炉のようなものを発見した。これは、モンゴロイドがアメリカ大陸にやってくる遥か以前に人と思われる生物がいたことを意味する。モンゴロイドがアメリカ大陸にやってきたのは12000年前から9000年前にかけてだと言われている。それよりも4万年以上も前に、この謎の人々は住んでいたことになる。この謎を解く手掛かりが、ブラジルの北東部と南東部の洞窟で発掘された多数の人骨によってもたらされた。これらの人骨(特に頭蓋骨)を調べた結果、この人々がモンゴロイドでもなくヨーロッパ系の人々でもなく、ニグロイドだと解った。この人々は今のアボリジニであり、6万年前にオーストラリアに辿り着いたらしい。この間数万年の時が過ぎており、さらにアフリカとは違う環境を経てきたため、元のニグロイドとは多少の違いが起きていた。このアボリジニ人の一部が舟でオーストラリアの東のニュージーランドに向かい、さらに南米大陸の海岸に住むようになったというのが新しい仮説である。オーストラリア内陸部の舟の岩絵もこのことを傍証している。ブラジルで発見された多数の人骨は、完全なニグロイドではなく、アボリジニとニグロイドの両方の特徴を備えているのはこのような経緯によると考えられる。

ところで、このブラジルの北東部と南東部の洞窟で発見された、ニグロイドの特徴を持つ人骨の年代は12000年前から9000年前のものなのだ。この時期はモンゴロイドがシベリアから、陸続きとなったベーリング海峡を越えてアラスカに入り、アメリカ大陸全体に広まった時期でもある。これは何を意味しているのだろう。モンゴロイドの人骨や遺跡は12000年以上前のものは何一つ発見されていない。その後わずか3000年の間に、モンゴロイドは南北アメリカ大陸全体に広がったと考えられている。ブラジルで発見された多数の人骨はこの時期、すなわち12000年前から9000年前のもので、これ以降彼らの人骨は全く発見されていない。もうお気付きだろう。アメリカ大陸にモンゴロイドがやって来た時期と、南アメリカでニグロイドが絶滅した時期がぴたりと重なるのだ。普通に考えれば、南米大陸のニグロイドはモンゴロイドによって絶滅させられた、と解釈できるだろう。
（南米大陸のニグロイド－現在未解決問題取扱所、Net 抜粋）＋ 藤田

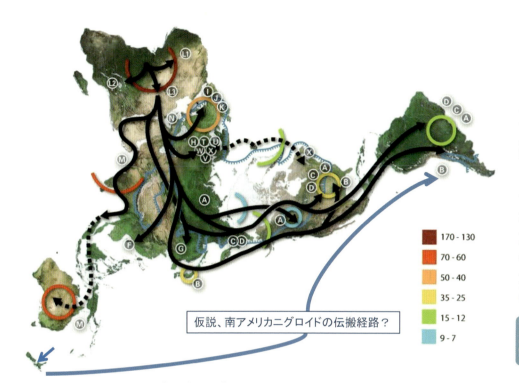

仮説、南アメリカニグロイドの伝搬経路？

ミトコンドリア DNA のハプログループの分布からから推定した人類伝播のルートおよび年代（出アフリカ -Wikipedia）

（「最初のアメリカ人」最新説と「北海道に日本祖人！」を探る、Net）

出アフリカ後、南ルートをとった新人（海洋民族）の一群は、東南アジアから北上して、台湾を経由して沖縄に入り日本列島に進出した（古華南人）。彼らの一部は、千島列島、カムチャッカ半島沿岸、アラスカ沿岸、北アメリカ西岸を経て南アメリカに至った可能性がある。所謂、昆布・ケルプハイウェイで、最初のアメリカ人（ニグロイド系）になったのか。　（藤田）

新人の拡散（3）

最初にシベリアに進出した集団

シベリア地方バイカル湖付近にあるマリタ遺跡がある。この2万4千年前の集落遺跡からは女性や鳥の小像、蛇やマンモスを線刻した護符、マンモスの牙製の彫刻品など芸術性の高さを示すものが出土している。現在より7~8度も低い最終氷期にも人類はこの地に定住していた。このマリタ遺跡から幼児2名の人骨が見つかっている。その幼児の人骨からDNAが抽出され、全ゲノム解析が行われた。その結果は驚くべきもので、このマリタ1号と名付けられた3~4歳の幼児のミトコンドリアDNAは、ヨーロッパの後期旧石器から中期石器時代の狩猟民にもっとも多いハプログループUであり、Y染色体DNAの系統は現在の西ユーラシアに基本的な系統で、アメリカ先住民の系統の根幹に位置するものだった。さらに、核ゲノムは基本的に西ユーラシア集団のものであり、東アジア集団との類縁性は認められなかった。このDNA解析から2万4千年前にシベリアに進出した人々はヨーロッパ系統に属する人たちだったと結論した。一方、現在のシベリア先住民には、古い時代に起源するヨーロッパ集団の遺伝的な影響は認められないから、この分析が正しければ最終氷期最寒期以降の東アジア集団の北方への進出は、この地域でヨーロッパ系集団の影響を一掃してしまったということになる。

このマリタ1号の研究ではさらにアメリカ先住民との近縁性が解析され、アメリカ先住民の祖先のもっていたゲノムのうち、14~38%はこの集団から由来すると推定されている。アメリカ先住民は基本的に東アジア集団と共通の遺伝子を持っているが、この結果はベーリング海峡を渡って新大陸に進出した集団が、どこかでこのシベリアに最初に進出したヨーロッパ系集団の遺伝子を取り込んだと考えられる。シベリアの後期旧石器時代集団と、最初に新大陸に到達した人たちが重なっていたために、現在のアメリカ先住民と西ヨーロッパ集団に遺伝的な共通性がみられることになる。実は1万年より古い北米の先住民人骨にはヨーロッパ的特徴があるとされており、これまで大西洋を介した交流があったという学説の根拠になっていたが、マリタ人骨の解析により、これはベーリング海峡の氷河期の陸橋を通じて伝わったものだという結論に変わると思われる。

（DNAで語る日本人起源論、篠田謙一）＋ 藤田

新人の北極圏からベージニアを通りアメリカ大陸への拡散

東シベリアまで広がったホモ・サピエンスは北上を続けた。ヒトは3万3000年前には北極圏の北極海から140キロほどの位置に存在するヤナRHS遺跡に到達していた。人類は3万年前までに、ベーリンジアとよばれるベーリング海峡の陸橋に進出するが、その後の最寒期にできた氷床に阻まれて取り残される。この分断されたのはコーカソイド系の人々と思われ、なんとか居住可能な環境のベージニアで生き残った。この集団は2万年以上前に舟を使って大陸の西海岸ルートを南下したと思われる。その頃はまだクローヴィス・ファーストと呼ばれるローレンタイド氷床とコルディラ氷床との間の無氷回廊ができる前で、1万5千年前にこのクローヴィス・ファーストを通ってクローヴィス型槍先尖頭器をもつモンゴロイドの集団が南下し、1万年前には南アメリカ南端に達した。

クローヴィス型槍先尖頭器は強力で先に南下したコーカソイド系の集団を滅ぼし、また出アフリカ後南ルートでオーストラリアからニュージーランドに達し、さらに5万年前に南アメリカに到達していたニグロイド系のアポリジニをも絶滅させたという説もある。

（ホモサピエンスの誕生と拡散、篠田謙一）＋ 藤田

最初のアメリカ人は誰か

1996年、ワシントン州のコロンビア川河岸でコーカソイド人種の頭蓋骨の特徴をもつ人骨が見つかった。（このコーカソイドをケネウイックマンと呼ぶ。）その腰骨には石器が突き刺さっていた。この人骨を炭素年代法で検査したところ、9300~9500年前の骨と判定された。このコーカソイド人種が1万年近く前に如何にして北アメリカ西岸に到達したかが大きな謎であった。（沈黙の神殿、大地舜）しかし、数万年前シベリアに進出したコーカソイド系のシベリア先住民がベーリング海峡を越えて北アメリカに達したが、その後モンゴロイドのアメリカ進出により、これら先住民は滅ぼされたのではないか。ワシントン州で見つかった人骨はこのコーカソイド系先住民が北アメリカから姿を消す最後の時期に当たるのではないか。尚、最初のアメリカ人は、南ルートを取った新人（ニグロイド系）で、東南アジア、太平洋西沿岸（日本を含む）、北沿岸を経て、アメリカ西部沿岸に達したのが最初のアメリカ人とする説がある。

（藤田）

（ホモサピエンスの誕生と拡散、篠田謙一）

新人の日本列島への到達

Y染色体ハプロタイプ解析

父系から息子に受け継がれるY染色体DNA
Y染色体ハプログループD系統の移動ルート

D系統D2（日本特有の型）のISOGG名称の変遷：D2(2006) ⇒ D1b(2014) ⇒ D1a2(2019) ⇒ D1a2a(2020)

Y染色体ハプロタイプ解析は、Y染色体の一定領域を解析するだけであるので、全染色体を対象とする核DNA解析に比べると少量のDNA標品での解析が可能となる。

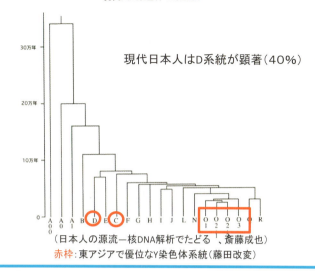

現代人Y染色体の系統樹

現代日本人はD系統が顕著（40%）

（日本人の源流―核DNA解析でたどる、斎藤成也）
赤枠：東アジアで優位なY染色体系統（藤田改変）

4万年前に、海洋民族の古華南人が台湾経由で、日本列島に到達した。その一群が、千島列島沿いに北上してアラスカ沿岸に至り、さらに南下し北アメリカに達した可能性がある。この古華南人が縄文人の基層となる。2万年前、古華北人（Y染色体D1a2a）が朝鮮半島経由（当時、黄海は陸地化しており、必ずしも半島を経由する必要がない）で東北にまで侵入、さらに1.3万年西日本に侵入し、<u>西日本縄文人</u>となる。また、1.3万年前、古バイカル人（D1a2a）が樺太経由で南下、<u>東日本縄文人</u>となる。　　　　　　　（藤田）

ホモ・サピエンスの世界拡散経路と東アジアの文化センターから日本列島への渡来経路

ホモ・サピエンス拡散経路をベースとして、3大文化センターから列島への渡来、流入経路を書き加えると、上図のようになる。文化センターは革新技術を生み出した地域を指す。例えば、華北文化センター（古華北人）ではナイフ形石器を発明し、バイカル湖文化センター（古バイカル人）ではクサビ形細石刃石器を発明した。（古華北人の一団が北上して古バイカル人になる。）南ルートで東南アジアに達した華南文化センター（古華南人）が、古華北人（2万年前）や古バイカル人（1.3万年前）より先に（4万年前）日本に達していたと思われる。この図は日本人の起源（http://www.geocities.jp/ikoh12/index.html Net 公開廃止、伊藤　俊幸（イトウ トシユキ））から引用した。
（日本人の起源、伊藤）＋藤田

D系統について

D2亜型（新D1a2）（縄文人）は、アイヌ、沖縄人で特に高く、本土日本人でもほぼ40%を占める最大グループである。崎谷は、この系統について、詳しく説明しているが、要約すれば次のとおりである。

❶ D2系統（D1a2）の移動ルート（ルート1）は、[北アフリカ→中東 →中央アジア→華北→朝鮮半島→西九州]と推定される（20,000年前）。しかしベンガル湾東部のアンダマン諸島に別のD祖形（D1a3）が認められ、南ルートから華北を含む東ユーラシア全域に広がったという説もある。

❷ D2系統（D1a2）の13,000年前の移動は、[バイカル湖→ 樺太→ 北海道→ 東北]と推定される。後期旧石器時代以降、20,000年前と13,000年前以外に、この日本列島に大規模な集団の流入があったというような文化的な痕跡は残されていない。

❸ 日本列島にはD2系統（D1a2）、チベットにはD1(D1a1)の"特異的な集積"が見られ、いまでもユーラシア東部に低頻度ながらD系統が広く分布している。このことは、かっては東ユーラシア全体に分布していたD系統が、その後進出してきたO系統によって圧迫され、チベットと日本列島以外では少数派になってしまったと、推測される。

❹ 新石器時代に、南朝鮮と西北九州に共通の漁撈民の文化の存在があるが、この民はD2系統（D1a2）のヒト集団であった可能性が高い。

❺ ウィルス疫学の日沼頼夫が指摘した、HTLV-Iウィルスキャリアが西九州で比較的多いことは、この地が、D2系統（D1a2）の移動ルート（20,000年前）で、今でもここに高頻度に蓄積していることを、整合性をもって説明できる。その後（弥生時代）、朝鮮半島では大規模にO系統のヒト集団が流入したため、D2系統（D1a2）は絶滅寸前まで追いやられた。その結果、朝鮮半島では、HTLV-Iウィルスキャリアもほとんど消滅した。

注）D1a2=D1a2a, D1a3=D1a2b

（DNAでたどる日本人10万年の旅、崎谷 満）＋藤田

日本列島への新人の流入　古華南人・古華北人・古バイカル人

（日本人の起源、伊藤）

日本列島には前期旧石器時代の原人・旧人の骨や遺跡は見つからず、中期旧石器時代の砂原遺跡（出雲市）が最古（約12万年前）でそれに続くのが金取遺跡（遠野市）(8-9万年前)であり、石器（ハンドアックスのような両面加工石等）や木炭粒が出土している。これらの遺跡は、旧人あるい原人の残存者の活動の跡と見なされる。新人と思われる山下町洞人（沖縄、約3万2000年前の子供の大腿骨と脛骨）の人骨出土が国内では最古級であり、南ルートで列島に到達した可能性がある。　　　　　　　　　　（藤田）

北ルートでアジアに到達し華北文化センターをたてた古華北人（Y染色体D2型）が、朝鮮半島経由でナイフ形石器を伴って断続的に日本列島に侵入してくる。その最大の集団の侵入は約2万年前であった。さらに、1.3万年前、古バイカル人（D2）はクサビ型細石刃を携え、樺太経由で東日本に南下。東日本縄文人の基層となる。また、同時期、古華北人（D2）が半円錐形細石核を携え、西日本に進出。西日本縄文人の基層となる。
（藤田）

古バイカル人　考古学の加藤晋平は著書『日本人はどこから来たか』（岩波新書）の中で「1万2千～1万3千年前に東日本を覆ったクサビ型細石核をもつ細石刃文化を担った人類集団の技術伝統は、バイカル湖周辺から拡散してきたものである。」とする。細石刃は革新的技術であり、各地で自然発生したとは考えにくく、バイカル湖近辺から、日本地域へ人の移動とともに技術が広がったと推測している。一方、大阪医科大学の松本秀雄は、抗体を形成する免疫グロブリンを決定する遺伝子（Gm遺伝子）頻度が民族ごとに固有の値となり、民族を示すマーカーとなるという仮定に基づき、東～東南アジアを中心に130の集団から約20,000人の血清資料を採集・調査した結果、日本人の起源は基本的に北アジアであり、特にシベリアのバイカル湖周辺の可能性が高いとした。この二説から、日本人の基層を成す一集団はバイカル湖周辺から列島に移ってきたと推察できる。
（Wikipedia抜粋）＋藤田

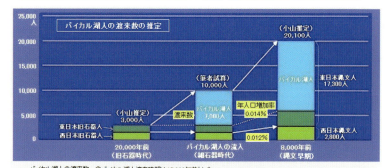

バイカル湖人の渡来数の計算手順
①バイカル湖人渡来時期は13,000年前とした。
②まず、20,000年前の人口を東日本、西日本とも1,500人とし、13,000年前まで増減しなかったと仮定した。すなわち、年人口増加率を0とした。
③細石器時代から縄文早期までの5,000年間、西日本縄文人の人口は1,500人→2,800人であるから、年間の人口増加率は0.012%という極めて低い数値である。
④同じ期間の東日本縄文人の年間人口増加率を、西日本より若干高い0.014%に設定すると、17,300人から逆算して、バイカル湖人の渡来数が7,000人となる。

（日本人の起源、伊藤）

列島への新人および文化の流入

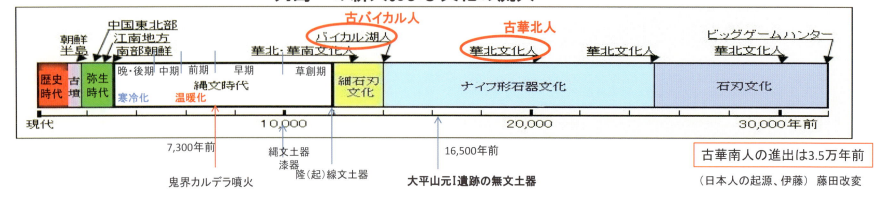

古華南人の進出は3.5万年前

（日本人の起源、伊藤）　藤田改変

D系統とO系統の移動と分布

D系統は、日本列島人に顕著に見出されている。その他の地域では、ユーラシア大陸の高地に住むチベット人と、インド洋のアンダマン諸島人だけがD系統のY染色体を高い頻度で持っている。これら地域的に大きく隔たった3集団がD系統をもっているので、この染色体の系統はかなり古い時代に生じたものと予想される。実際にD系統は出アフリカの前後に他の系統から分岐している。なお、D系統と最も系統的に近いのはE系統であり、この系統に含まれる人間の多くは、アフリカに分布している。
（日本人の源流—核DNA解析でたどる、斎藤成也）＋藤田

Y染色体ハプロタイプ解析（右図中参照）

❶ 日本列島におけるD系統は、東京の1例や場所不詳の1例をD1亜型(新D1a1)の散発例として、他はすべてD2亜型D1a2a(D1a2)である。それは、アイヌ、沖縄人で特に高く、本土日本人でもほぼ40％を占める最大グループである。列島におけるD系統ハプロタイプは、D2⇒D1b ⇒D1a2 ⇒D1a2a(ISOGGでの名称)と変遷している。瓊瓊杵（ニニギノミコト）のハプログループはD1a2a(D1b(D-M64.1))であると推測され、饒速日（ニギハヤヒ）のハプログループはD1a2a(D1b1c1(D-CTS1897))と推定されている(著名なY染色体 D系ハプログループ、Net)。

❷ O系統の移動ルートは、[北アフリカ→中東→東南アジア→華南→朝鮮半島（または西日本）]とされる。華南からの移動開始の時期は新石器時代で、10,000年程度前とD系統の移動よりかなり新しい。O系統は、東アジア南部にO2a(O1a)系統が、東アジア北部にO2b系統(O1b2)が、東アジア全域にO3(O2)が分布している。日本列島でD2(D1a2a)に並ぶ、高い頻度を示すO1b2とO3(O2)は、朝鮮半島では圧倒的に大きな集団を構成している。O2bは、O1b1（東南アジア）とO1b2（東アジア）とに分岐している。

❸ O2b(O1b1とO1b2)の最新共通祖先年代となると、僅か3,300年前で、華南で生じ東北に移動を開始し、南朝鮮および日本にたどり着いたのは2,800年ほど前からとされ、渡来系弥生人となる。O3(O2)（華北で生じ漢民族が主体）の朝鮮半島への進出もほぼ同時期と思われる。日本へのO3(O2)の進出は古墳・飛鳥時代であろう。従って、縄文時代には半島および列島へのO系統の進出はなかった。

❹ ミトコンドリアの解析では、日本人と韓国人の女性の相関性は極めて高い（80％）。
（日本人の起源、伊藤）＋藤田

O系統の移動ルートについては、O系統の祖先型が出アフリカ後南ルートで東南アジア（あるいは華南）に移動し、そこでO系統が発祥した（17,000年前）。O系統の華南でのO1(新O1a)、O2(O1b)とO3(O2)型への分岐の時期は1万年以上前と思われる。O1(O1a)とO2(O1b)型は華南で拡がり、O2(O1b)型はO2a(O1b1)とO2b(O1b2)型に分岐した。O3(O2)系統は気候の温暖化で北方のアルタイ山地・モンゴル高原に移動し、寒冷に適応し、さらにヒプシサーマル期に入り繁栄した。縄文時代後期に気候が寒冷化しはじめるとO3(O2)型は華北に移動し始めた。O3(O2)型はさらに人口を増やし古華北人やモンゴル人のD系統やC系統を圧倒した。さらに春秋・戦国時代になると華南のO1(O1a)とO2(O1b)型を圧迫した。O1(O1a)型は台湾やフィリピンなどの島嶼部へ、O2a型(O1b1)は東南アジアへ、またO2b型(O1b2)は東に向かい南朝鮮や日本列島西部に逃れた。従って、弥生時代、呉や越などの滅亡により列島に渡来した江南人はO2b(O1b2)型で、直接あるいは半島経由で列島に渡来した。その時期は弥生時代前期・中期と思われる。

華北人（O3(O2)型）は、河北、遼西、遼東さらに朝鮮半島北部に侵攻し、燕を建てた（前1,100年頃）。紀元前3世紀、燕は半島に進出し、南朝鮮に真番郡を置いた。紀元前2世紀には漢民族(O3(O2)型)が半島西北部を進出し楽浪郡を設けた。列島にO3(O2)型が進出し始めたのは、弥生時代後期さらに古墳・飛鳥時代と思われる。
（DNAでたどる日本人10万年の旅、崎谷）＋藤田

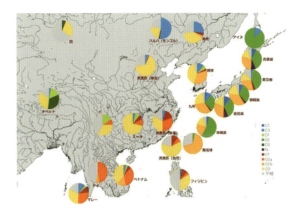

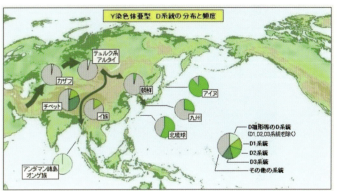

（日本人の起源、伊藤）

D系統の移動ルート　　O系統の移動ルート

新石器時代晩期までにおけるD系統の移動ルート

金属器時代（弥生時代）までにおけるO系統の移動ルート

（DNAでたどる日本人10万年の旅、崎谷満）

新人の分岐と縄文人の位置付け

出アフリカ後の新人（ホモ・サピエンス）の分岐図における縄文人の位置付け

縄文人の分岐

船泊遺跡（礼文島）船泊23号人骨の復元像

人骨の骨格にゲノムデータから得られた軟部組織に関する情報を加味して復元された像
（国立科学博物館）
（新版 日本人になった祖先たち、篠田謙一）

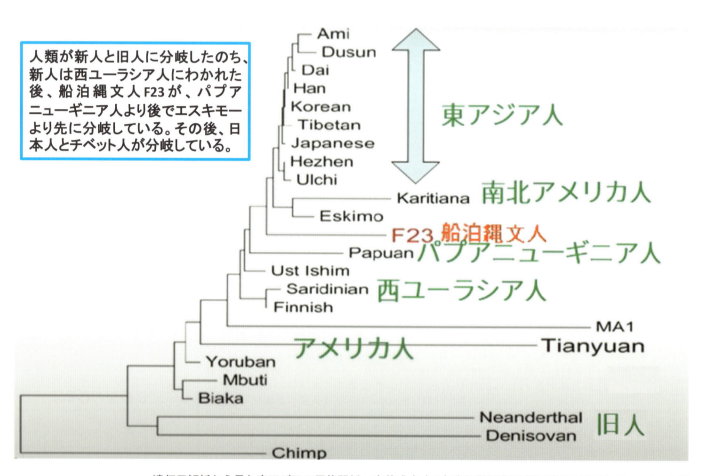

人類が新人と旧人に分岐したのち、新人は西ユーラシア人にわかれた後、船泊縄文人F23が、パプアニューギニア人より後でエスキモーより先に分岐している。その後、日本人とチベット人が分岐している。

遺伝子解析から見た東アジアの民族関係、斎藤成也（国立遺伝学研究所 集団遺伝研究室）Youtubeより

鬼界カルデラ噴火

縄文時代早期・前期の境（7,300年前）の鬼界カルデラ噴火

九州南部と四国の西日本縄文社会が壊滅し、この災厄の避難民（西日本縄文人（Dla2a）が当時殆ど無人化していた南朝鮮と沖縄に移住。

鬼界カルデラから噴出した火砕流の分布域（オレンジ色の部分）と
この噴火で降り積もった火山灰の厚さ分布

出典：町田・新井,「新編 火山灰アトラス」2003より

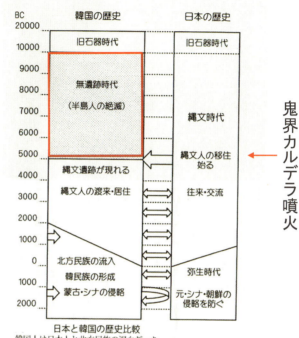

日本と韓国の歴史比較
韓国人は日本人と北方民族の混血だった
（韓国人は何処から来たのか、長浜浩明）

南朝鮮（韓国）の先住民は、縄文時代早期終末の鬼界カルデラ噴火の災厄から逃れるため半島に渡った倭人（西日本縄文人）であり、彼らはその後も北九州や日本海沿岸の倭人と密接な交流をしていた。　（藤田）

オキナワ人（琉球人）（Dla2a）の成立

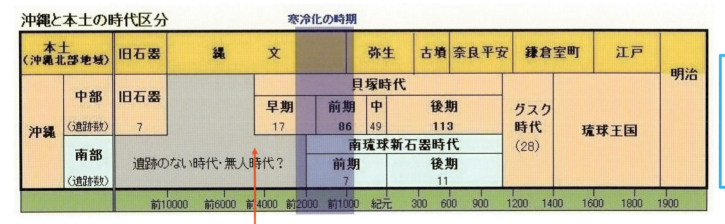

7,300年前　鬼界カルデラ噴火

オキナワ人（琉球人）は、7,300年前頃、ほとんど無人の沖縄に渡って貝塚時代をもたらした、鬼界カルデラ噴火の避難民（西日本縄文人）を先祖とする。さらに南九州の倭人が弥生時代以降に沖縄に移動することにより成立した。
（日本人の起源、伊藤）＋藤田

Y染色体ハプロタイプ

東アジアのY染色体ハプロタイプ

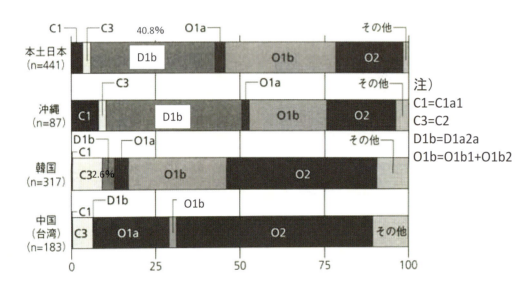

日本とその周辺のY染色体ハプログループの地域比較（Nonaka et al. 2007を改変）

| 漢族（中国） | C1+C3=6.0 | D1b=0.1 | O1a=9.6 | O1b=16.3 | O2=55.4 | その他＝10.8 |

（Wikipedia 抜粋　Y染色体ハプログループの分布（東アジア））

D系統ハプログループD2（＝D1b, D1a2a）型の分布は
（アイヌ：関東：西日本：沖縄＝
　87.5：48.2：26.8：55.6（％））となる。
O系統（O1b(=O1b2)とO2(=O3)の比率は、日本人は49％であるが、西日本では61％に達する。韓国人は、中国人などの東アジア人と比べると、D系統の比率が2.6％と有意に高い。これは、南朝鮮の原住民がD系統の西日本縄文人であったためであると思われる。
また、朝鮮半島からのO系統（O1bとO2）の移住ルートと思われる、北九州－瀬戸内海沿岸－近畿地方－東海地方から関東地方の太平洋岸において、O系統の頻度が顕著に高い。　　　　（藤田）

日本現代人と古代人のY染色体DNA解析の結語

　旧石器時代後期に、出アフリカを果たし南ルートをとって、東南アジアに達した新人の一部（古華南人C1）は大陸沿岸を北上して少人数で日本列島に至った（3.5万年前）。ついで、北ルートを取って、東アジアに到達した新人集団（古華北人）の一団は北上してバイカル湖岸に到達した（古バイカル人）。古華北人（D2=D1b=D1a2a）は朝鮮半島を経由して日本列島に進出し東北まで達した（2万年前）。その後、古バイカル人（D2）が樺太経由で南下し、東日本に侵入して、東日本縄文人（原アイヌ人、蝦夷）となった（1.3万年前）。古華北人系の縄文人は西日本縄文人となった。
　縄文時代早期末に7,300年前破局的な鬼界カルデラ噴火があり、その避難民（西日本縄文人、D2）が当時殆ど無人であった、南朝鮮と沖縄に渡った。従って、南朝鮮の新人の原住民は西日本縄文人であり、また琉球人の祖先もまた西日本縄文人ということになる。アイヌ人は、東日本縄文人と平安・鎌倉時代に北海道に移入したオホーツク人との混血である。
　縄文時代末に気候の寒冷化があり、東日本縄文人が南下し西日本縄文人と混ざった。弥生時代になると江南系の渡来人（O1b）が渡来してきたが、縄文人のY染色体型D2を大きく変動させる規模ではなかった。紀元前後には、中国人と朝鮮人の南下に圧迫され、南朝鮮の西日本縄文人（倭人）（D2）が帰来した。古墳時代から飛鳥時代にかけて、朝鮮半島から多数の中国人（O1bとO2）と朝鮮人（高句麗系）（C3）の渡来があった。
　これらの民族移動を彷彿とさせる、東アジア人のミトコンドリアDNA解析と核DNA解析の成績を次頁以降に示す。
　　　　　　　　　　　　　　　　　　　（藤田）

ミトコンドリアDNA解析

母系で受け継がれるミトコンドリアDNA解析

核DNAは細胞当たり2コピーが普通であるがミトコンドリアは数百コピーあり、サイズも核DNAの数千分の1である。従って、古代人や大古人の出土人骨からミトコンドリアDNAを極少量でも抽出できれば解析できる。かくして、現在でも古代人や太古人のDNA解析ではミトコンドリアDNA解析の成績数が他のDNA解析を凌駕している。

Y染色体ハプロタイプは父系遺伝であり、民族の集団が男性を中心に侵略的に新たな地に移動するとき、まず敵の男性を殺戮し残った女性を犯し、自分のY染色体ハプロタイプを男の子に伝える。そこで1世代遅れて、女性もまた自分の子供を連れて新たな民族移動に加わる。従って、Y染色体ハプロタイプに比べるとミトコンドリアハプロタイプは遅れて動き、さらに、女性はミトコンドリアハプロタイプの起源地に留まる傾向が強い。かくして、母系のミトコンドリアのハプロタイプの起源地は類推がある程度可能である。
（藤田）

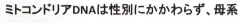
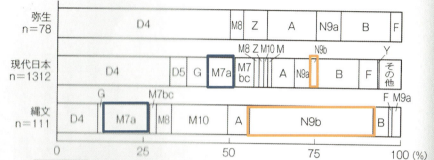

日本の現代人集団と縄文・弥生人のハプログループ頻度の比較
縄文は本土日本から出土したものを合計した。時代によってハプログループD4の頻度が大きく変化していることがわかる。
（DNAで語る日本人起源論、篠田謙一）

縄文人や弥生人のミトコンドリアDNA解析

縄文人のミトコンドリアDNA解析（右上図）でハプログループが決定できたのは、111個体で多いハプログループはN9bとM7aであった。北方系縄文人（古バイカル人系）はN9bで南方系の縄文人（古華北人系）はM7aである。

現代人でみると、M7aの人口に対する集積の最も大きいのはチベットで、その周辺のネパールやシッキムでも大きい。その他の地域では日本、韓国、モンゴルなど中国を取り巻く地域にもかなりみられる。このことからM7aの起源地は東南アジアにあり、最終氷期の末頃にそこから雲南－チベットと東アジアという、二つの異なる方向に拡散したと考えられている。東アジアに向かった集団の一部が朝鮮半島（当時黄海は陸地化しており、必ずしも半島経由とは云えない）を通って日本に流入したと思われる。

チベットには日本集団と近縁のハプログループの集積のあるものとして、Y染色体のハプログループD1（D1a1）が存在し、アンダマン島にはD3（D1a2b）が存在する。ハプログループD2（D1a2a）は日本では人口の3割程度を占めているが、朝鮮半島や中国にはほとんど存在しない。（韓国にはD1a2a型が僅かに認められる。）ハプログループDの祖先型がアンダマンなどの東南アジアの北西部地域にあると推定されている点でもM7aと同じなので、あるいは両者は一緒にうごいたのかもしれない。

現代日本人が縄文人と渡来弥生人の混合によって形成されたとして、現代人から縄文人と共有する遺伝的な要素を取り除くと、残った要素は渡来弥生人によってもたらされたと考えられる。すると、渡来弥生人と共通性が高いのは中国北東部や朝鮮半島の集団となる。このように渡来弥生人によってもたらされた要素は大陸の比較的狭い地域からもたらされた可能性が高い。
（DNAで語る日本人起源論、篠田謙一）＋ 藤田

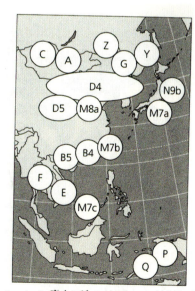

東南アジアから東アジアにかけての地域におけるミトコンドリアDNAハプログループの分布の中心地
（日本人になった祖先たち、篠田謙一）

アイヌ人のミトコンドリアDNA解析

現存のアイヌ人は、蝦夷（原アイヌ人）と平安・鎌倉時代に北海道に渡来したオホーツク人との混血！

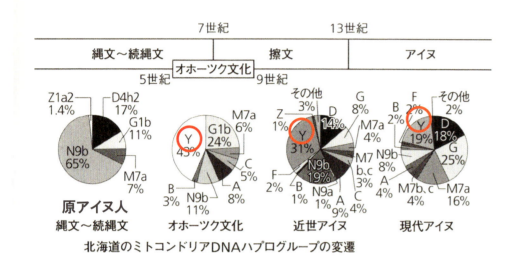

北海道のミトコンドリアDNAハプログループの変遷

上図は、北海道のミトコンドリアDNAハプログループの割合の、時代的な変遷を示したものである。東日本縄文人（原アイヌ人、蝦夷）にはなかったハプログループYがオホーツク人によってもたらされ、両者の交雑によってアイヌ人が誕生した様子が見て取れる。原アイヌ人のハプログループはオホーツク人より少ない。
（日本人になった祖先たち、篠田謙一）＋ 藤田

（「最初のアメリカ人」最新説と北海道に、日本祖人」を探る！ Net）

縄文時代草創期1.3万年前、古バイカル人がクサビ形細石刃石器を携え、バイカル湖畔より、樺太経由で南下、北海道・東日本に侵入し、東日本縄文人（原アイヌ人、蝦夷）になる。古華北人は2万年頃よりナイフ型石器を携え朝鮮半島経由で断続的に列島に侵入していたが、1.3万年前、西日本に半円錐形細石刃石器を持ち込み、西日本縄文人となる。縄文後期・晩期に東日本縄文人が南下し、西日本縄文人と混ざる。弥生人は倭人と呼ばれるようになる。さらに、古墳時代、飛鳥・奈良時代に入り、平安・鎌倉時代に、カムチャッカ半島、アムール川下流域、サハリンの諸民族が交雑したオホーツク人が、北海道に侵入、日本人（東日本縄文人（原アイヌ人、蝦夷））と混ざりアイヌ民族とよばれるようになる。この交雑はかなり大規模なもので、現在のアイヌ人が北海道の原住民だとはとてもいえない。
（藤田）

核DNA解析

韓国人は、倭人（西日本縄文人）と大陸人との混血か

東アジアにおける人類集団の遺伝的解析

次世代DNAシーケンサーの登場により、ごく少量の核DNAより膨大な塩基配列情報が得られるようになり、古代人のごく少量のDNAサンプルでの核DNA解析が可能となった。

　核ゲノム解析は全ての染色体を解析の対象とするため、極めて多数の遺伝子配列情報を比較解析することができる。東アジアにおける人類集団の遺伝的関係を示す主成分解析（図a,b）では、ウイグル人（祖先集団B）、ヤクート人と同様にアイヌ人もまた上側へずれている。このことは、アイヌ人へのウイグル人（北方系あるいはコーカソイド系）の遺伝的形質の流入を推察させる。一方、下方に直線状に位置しており遺伝的集団連関が認められるのが、アイヌ人（祖先集団A）、オキナワ人、ヤマト人と韓国人であり、アイヌ人がもっとも上方で、オキナワ人、ヤマト人、韓国人が続く。これは縄文人の影響を示す、すなわちアイヌ人がもっとも濃密に縄文人のDNAを受け継いでおり、それにオキナワ人、ヤマト人がつづき韓国人も弱いながら縄文人のDNAを含んでいると推察される。
（日本人の源流―核DNA解析でたどる、斎藤成也）

　さらに、篠田らにより解析された、福岡や長崎の弥生人を含む人類集団の遺伝的関係（次頁　図）で注目すべきなのは、韓国人は縄文人と大陸人の混血と思えることである。斎藤氏と篠田氏の2研究グループが公表した東アジアの人類集団の遺伝的関係から、「韓国人は南朝鮮の倭人（西日本縄文人（原住民））と大陸人との混血である」という結論に達する。

　縄文早期末の鬼界カルデラ噴火ののち、西日本縄文人が南朝鮮に避難した。それ以来、縄文時代晩期からの気候の寒冷化により、江南人、華北人、朝鮮人（ツングース系）が南下するまでは、南朝鮮は倭人（西日本縄文人）の居住地であった。そのため、縄文人の核DNAが現在の韓国人に有意に残っているのだと思う。尚、日本列島にのみ顕著にY染色体D型（D2(D1a2a)）が見られる。南朝鮮への江南人、華北人やツングース人の南下により、南朝鮮からD型（D1a2a）はほぼ排除されたとはいえ、僅かだが有意に残存している。
（藤田）

図a　東アジアにおける人類集団の遺伝的関係
（Jinamら 2012, Fig.3bより）

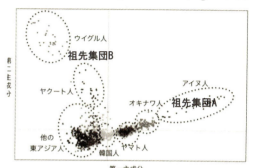

図b　アジア人6集団の個体ごとの混血解析結果
（Jinamら 2015, Suppl, Fig.2より）

集団	祖先集団AとBの割合
アイヌ人	99：1　～　51：49
オキナワ人	33：67　～　21：79
ヤマト人	21：79　～　13：87
韓国人	3：97　～　1：99
北方中国人	2：98　～　0：100
南方中国人	2：98　～　0：100

（日本人の源流―核DNA解析でたどる、斎藤成也）

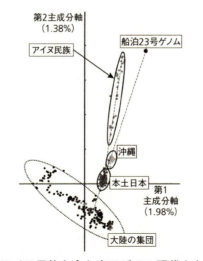

アイヌ民族を含む東アジアの現代人と船舶縄文人のSNPデータを用いた主成分分析

　右図は船泊縄文人（東日本縄文人）と現在のアイヌの人たち、そして東アジアの現代人集団のSNPをもとに行った主成分分析の結果を示したものである。アイヌの人たちが帯状に分布しているのは、本土日本人との間の混血の影響だと考えられるが、船泊縄文人はその延長上に位置しない。この船泊縄文人からのズレは、アイヌの人たちにオホーツク人のDNAが入っていると考えると説明できる。
（日本人になった祖先たち、篠田謙一）＋藤田

韓国人の起源

核DNA解析で明らかになった韓国人の起源（1）

－朝鮮半島に渡った縄文人－

NHK Eテレ：サイエンスZERO「弥生人DNAで迫る日本人の起源」2018年12月23日放映（解説：篠田謙一氏（国立科学博物館））

弥生人の核DNAが解析され、韓国人の核DNAの立ち位置が示された（主成分解析）（右図）。
● 縄文人は東アジアの集団とは別起源で、その集団は種々のアジア人集団とは一直線上には位置していない。
● 韓国人は、北方のツングース系民族が半島に南下したものに、大陸の諸民族が侵入し混血したものと思っていた。従って、東アジア人集団の一直線上の北京中国人あたりに位置すべきと思っていたが、奇妙なことに その一直線上から離れている。韓国人は東アジア人の出自 とは言い切れない、別の新しい混血集団。韓国人は、ルーツを異にする縄文人とルーツを異にする大陸人の交雑で生じた新しい若い集団。（異なる民族間の交雑による子供の核DNAは、両者の中間の位置にプロットされる。）

「韓国人は、縄文人と 大陸人の混血」が意味することは、半島は元々列島からの縄文人が、先住民として住み着いた土地であり、その後、大陸北方から他民族が侵入してきて先住の縄文人と交雑し、両者の核DNAを有する韓国人が誕生した、従って、弥生時代の半島人や半島系渡来人は先住の縄文人の末裔であり、縄文人の遺伝子を持っているということになる。

さらに、弥生人の核DNA分析の結果も図に示された。
1. 岩手の弥生人は、縄文人そのままで、弥生文化を受容した縄文人。
2. 九州（長崎、福岡）の弥生人は、渡来人の影響を受けて、下方に位置してる。福岡県那珂川市安徳台遺跡（弥生中期）の、朱に覆われた甕棺に埋葬された弥生人女性は、骨格などから典型的な弥生渡来人と思われていた。ところが核DNA分析では、渡来系遺伝子の他に 縄文人の遺伝子を持っていることが明らかになった。最近の篠田氏の研究によれば、安徳台遺跡の渡来系弥生人豪族の核ゲノムの特徴は現代日本人の範疇に収まるとのことである。

篠田謙一氏、「一般的に、渡来系の人ということになれば 朝鮮半島であるとか中国であるとかそういう人たちと同じ遺伝子を持っているんだろうと考えていたので、典型的な渡来人というのが、実はかなり縄文と混血しているという話になりますので、かなり意外な結果になった。」
（藤田）

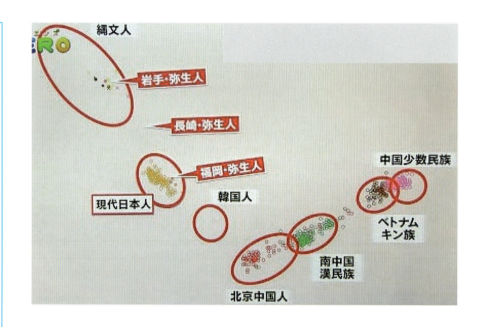

南朝鮮（韓国）の先住民は、縄文時代早期終末の鬼界カルデラ噴火の災厄から逃れるため半島に渡った倭人（縄文人）であり、彼らはその後も北九州や日本海沿岸の倭人と密接なと交流をしていた。縄文時代晩期からの気候の寒冷化により、江南人、華北人、秦人や朝鮮人（ツングース系）の南朝鮮への侵入が激しくなり、南朝鮮の倭人との交雑も進んだ。前頁の斎藤氏らや本頁の篠田氏らの現代と古代の東アジア人の核ゲノムの解析の結果は、南朝鮮の先住民は倭人（西日本縄文人）であることを明らかにした。尚、後漢の時代に、南朝鮮に居住する多様な中国人（彼らとの混血の進んだ倭人も含むか？）を韓人と称したことが、韓の呼称の始まりとの説がある。
（藤田）

核DNA解析で明らかになった韓国人の起源（2）

佐賀市の東名遺跡から出土した縄文時代早期人骨（7,800年前）についての核ゲノムの主成分解析の結果（●）を示す。東名遺跡人は典型的な縄文人域に入る。

（篠田ら　Anthropological Science 129:13）

南朝鮮の加徳島獐項遺跡（縄文時代前期、6,300年前）出土の西日本縄文人の人骨と安徳台遺跡の西北九州弥生人のゲノム解析をすると両者とも本土日本人に最も近い！

ゲノムからみる弥生時代人
渡来系弥生人は日本人の祖先か
ゲノム分析と歴史解釈（図a）　神澤秀明　国立科学博物館
ゲノムからみる弥生人（図b）　神澤秀明　YouTube

核DNA解析で明らかになった韓国人の起源（3）

北九州（安徳台、福岡）と山陰（青谷上寺地、鳥取）の弥生人のゲノムは、現在日本人のゲノムと峻別できない。

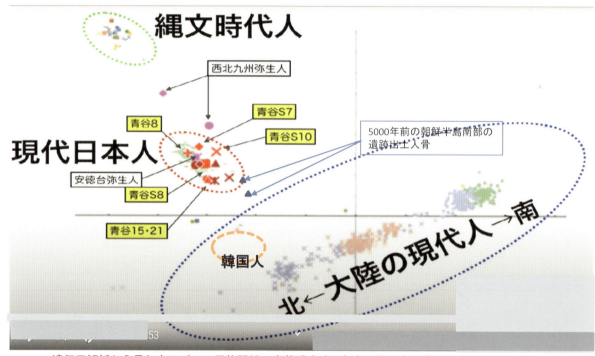

遺伝子解析から見た東アジアの民族関係　斎藤成也（国立遺伝学研究所 集団遺伝研究室）　Youtube より

倭国大乱の初期（弥生時代後期）に殺戮された渡来系弥生人と思われる青谷上寺地遺跡出土の人骨のゲノム解析は、5体（青谷8，青谷S7, S8, S10，青谷15・21）とも現在日本人ゲノムの分布範疇にあることを示した。さらに、注目すべきことに、5000年前の朝鮮半島南部の遺跡人骨もまた現在日本人ゲノムの分布範囲にあることが判明した。　（藤田）

篠田らが、南朝鮮の加徳島獐項遺跡（縄文時代前期）の人骨（前頁）、福岡県那珂川市安徳台遺跡（弥生時代中期）の典型的な渡来系弥生人骨（女性）（前頁）、および鳥取県青谷上寺地遺跡（弥生時代後期）の渡来人と思われる人骨（5体）の核DNA解析（主成分分析）を行ったところ、これらのすべての人骨の核ゲノムの特徴は現在日本人の範疇に入ることが明らかになった。この事実は、縄文時代および弥生時代の南朝鮮には倭人（西日本縄文人）が居住していたことを強く示唆する。　（藤田）

朝鮮半島では縄文時代草創期の1.2万年前から早期の終結時の7千年前まで遺跡が殆どなくなり、新人の気配が絶える。このことは、旧石器時代に南下した古華北人が半島に留まらずに、ほぼ陸橋化した対馬海峡を通過し一気に列島にまで侵入していったためと思われる。（当時の黄海はほぼ陸地化していたため、日本列島に渡来するの必ずしも朝鮮半島を経由する必要はない。）縄文時代早期と前期の境に鬼界カルデラ噴火（7,300年前）があり、南九州と四国の西日本縄文人は壊滅した。その災厄から逃れた西日本縄文人（倭人）の一部は北へ向い、当時殆ど無人であった南朝鮮（南韓）に渡り、漁撈文化を興した。このように、朝鮮半島の新石器時代の原住民は西日本縄文人と考えられる。従って、縄文時代前期の南朝鮮の加徳島獐項遺跡には西北九州の安徳台遺跡同様に西日本縄文人が居住していて、南朝鮮と西北九州は、経済的・文化的・ゲノム的に一体化していた。しかしながら、弥生時代の華北人と朝鮮人（高句麗系）の南下により南朝鮮の倭人が圧迫され一部は西北九州に帰来した。とはいえ、6世紀に倭国の勢力域であった任那が新羅に滅ぼされるまではなんとか南朝鮮の倭人社会は維持された。このように、加徳島獐項遺跡の西日本縄文人と同じく安徳台遺跡の西北九州弥生人もまた西日本縄文人の子孫と考えられ、ゲノム解析すると両者とも本土日本人に最も近いという結果を整合性をもたせて説明することが出来る。　（藤田）

縄文時代晩期の世界的気候の寒冷化

縄文時代晩期の寒冷化・乾燥化と世界の文明の変動と民族移動

縄文時代晩期の寒冷化・乾燥化と世界の文明の変動と民族移動

気候の寒冷化は当然のことながら日本列島だけで起こったものではない。世界的な気候の寒冷化が各地を襲った。縄文文化が森の季節の変化に歩調を合わせた自然－人間循環系の文化であったのと同様に、エジプト文明はナイル川の定期的洪水氾濫（河岸地帯の肥沃化）に歩調をあわせた、やはり自然循環系の文明であった。それゆえ気候の寒冷化がナイル地域の乾燥化を招き、ナイルの水位が下がって氾濫規模を縮小すると生産力が低下し、ツタンカーメンなどのエジプト新王国時代はこの時期に終焉した。またヨーロッパ大陸ではゲルマン民族の南下によりケルト人をライン川東岸から追い出した。地中海沿岸では民族移動の嵐が起こりミケーネ文明やヒッタイト帝国が崩壊した。インダス川流域ではアーリア民族が南下して先住のドラヴィダ人をインド南方に追いやった。まさに気候の寒冷化・乾燥化が世界各地で民族の南下や移動を誘発し、他の民族の逃避や文明の崩壊を引き起こしていたのである。

寒冷化がもたらした中国大陸の動乱と日本への影響

中国大陸も例外ではない。4,000年前、中国大陸では、北方の畑作牧畜民（黄河中流域の漢民族）が長江流域の江漢平原（湖北省）に南下した。その証拠に湖北省石家河遺跡(4,000年前)から三足土器が出土している。これはあきらかに長江流域のものではなく、中原（黄河中流域の平原地帯）のものである。気候の寒冷化・乾燥化はその後も繰り返し起こった。そのたびに北方民の長江流域への侵攻があった。特に3,000年前の寒冷化・乾燥化は厳しく、北方の民は大挙して長江流域に押し寄せた。度重なる北方民の侵入により、右図下のように長江流域を追われて雲南省や貴州省の山奥に逃れる民族も出てきた。（たとえば苗族がそれである。）長江流域の民が向かったのは中国の奥地ばかりではない。東南アジアにも向かったし、台湾島にも向かった。一部の民は日本海を横断して若狭・筑前に至った。また、東日本縄文人が南下し、西日本縄文人と混ざり縄文人が均一化した。（藤田）

（日本人の起源、伊藤）

石家河遺跡出土の三足土器

（日本人の起源、伊藤）

（日本人の起源、伊藤）藤田改変

東日本縄文人の南下

気候の寒冷化に伴う東日本縄文人の南下と沿海州からの渡来

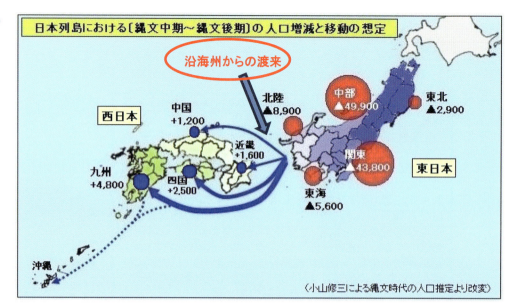

（日本人の起源、伊藤）

気候の寒冷化に伴い北方の畑作牧畜民に圧迫された沿海州の民の渡来と東日本縄文人の南下

　右図と右表は、縄文時代中期・後期に焦点を当てた人口動態である。中期と後期、すなわち気候最適期と寒冷化後で、地域毎に人口がどう変化したか。縄文時代の人口は、縄文中期にピークに達している。それも95％以上が東日本に偏在していた。その東日本（東北を除く）が冷涼化・寒冷化による森林の生産力の低下で、人口が半減してしまった。特に中部の山岳地域では3分の1以下に激減した。その一方で注目に値するのは、東日本に較べて極めて人口密度の低かった西日本で、低レベルながら人口が"倍増"したことである。特に四国などは、200人から2,700人へと13.5倍の規模に膨れ上がっている。また九州は実数においてほぼ5,000人に近い大幅な増加を示している。

　このような縄文後期における西日本地区の人口増加は、西日本が寒冷化しなかったからでも、照葉樹林の生産性が急に上がったからでもない。しかしながら、この時期に朝鮮北方の紅山文化が衰退し、北方の畑作牧畜民に圧迫された沿海州の民が日本海を横断して若狭や加賀へ渡来（漂着）したと云われる。この渡来に加えて、寒冷化により豊かな森を失ったことを実感した東日本縄文人が、西日本に南下・流入した結果でもあろうと考えられる。かくして、殆ど無人島であった四国地方に、或いはアカホヤ火山灰から再生した南九州の空白地帯に沿海州からの渡来人や東日本縄文人が流入したと考えられる。

　右表を作成した小山修三は、---東から西への人間の移動は考え難い。広葉樹林に適応した東日本縄文人は、照葉樹林が中心の西日本には生きられない---と著述している（縄文時代―コンピュータ考古学による復元、小山修三）。しかし、東日本縄文人の南下と沿海州の民の渡来を複合的に考慮すると、この西日本の人口増加を合理的に説明できる。

（藤田）

地方 (小山年代)	早期 (8千1百年前)	前期 (5千2百年前)	縄文時代 中期 (4千3百年前)	縄文時代 後期 (3千3百年前)	差	晩期 (2千9百年前)	弥生 (1千8百年前)	土師 (1250年前)
東北	2,000	19,200	46,700	43,800	▲2,900	39,500	33,400	288,600
関東	9,700	42,800	95,400	51,600	▲43,800	7,700	99,000	943,300
北陸	400	4,200	24,600	15,700	▲8,900	5,100	20,700	491,800
中部	3,000	25,300	71,900	22,000	▲49,900	6,000	84,200	289,700
東海	2,200	5,000	13,200	7,600	▲5,600	6,600	55,300	298,700
東日本	17,300	96,500	251,800	140,700	▲111,100	64,900	292,600	2,312,100
(構成比)	86.1%	91.5%	96.4%	87.8%	―	85.6%	49.2%	42.8%
近畿	300	1,700	2,800	4,400	+1,600	2,100	108,300	1,217,300
中国	400	1,300	1,200	2,400	+1,200	2,000	58,800	839,400
四国	200	400	200	2,700	+2,500	500	30,100	320,600
九州	1,900	5,600	5,300	10,100	+4,800	6,300	105,100	710,400
西日本	2,800	9,000	9,500	19,600	+10,100	10,900	302,300	3,087,700
(構成比)	13.9%	8.5%	3.6%	12.2%	―	14.4%	50.8%	57.2%
日本列島	20,100	105,500	261,300	160,300	▲101,000	75,800	594,900	5,399,800

※小山年代…小山氏独自の年代観による年代

（日本人の起源、伊藤）

東日本縄文人（原アイヌ人、蝦夷）

コーカソイド（あるいは北方系）のゲノム成分を含む

蝦夷とは水田稲作を拒否した東日本縄文人

東日本縄文人（原アイヌ人、蝦夷）の系統論

日本列島の南端と北端に居住する沖縄の人々とアイヌの人々が、形態的に似通っているということは、東京医学校のベルツも認めていた。

図aのように、東北北部にはアイヌ語の地名が数多く残っている。「内（ナイ）」はアイヌ語の"nay"で小さい川とか沢を意味し、「別（ベツ）」はアイヌ語の"pet"で大きい川を意味する。三内丸山（大字三内字丸山）の三内もアイヌ語地名の一つではないかと言う説もある。この地名に残る原アイヌ人（蝦夷）の痕跡は、歴史のうねりのなかで次第に北海道に退いていった、東日本縄文人（原アイヌ人）の無念の記憶なのかもしれない。

私はアイヌの民族衣装などに、縄文人の意匠に通じるものがあると感じるのである。図b右は土偶の模様から復元された縄文人の衣装であるが、アイヌの民族衣装と根元で繋がっていると感じる。また一時はコーカソイド（白人種）ではないかと言われた、アイヌ民族の風貌も東日本縄文人（＝古バイカル人、原アイヌ人、蝦夷））と同源ではないかと感覚的に思わせる理由である。図b上を見比べてほしい。奥深い眼窩、秀麗な鼻梁、豊かな口髭、どれをとってもコーカソイドに見劣りしないばかりでなく、よく似ているといって過言ではない。これはおそらく、<u>原アイヌ人が、ホモ・サピエンスがコーカソイドとモンゴロイドに分化した直後の古形を保っている</u>、すなわちアジア人化がまだ進んでいないタイプの人びとの子孫であり、それは持論である原アイヌ人（蝦夷）＝東日本縄文人＝古バイカル人という図式の証明でもあると考えるのである。

（藤田）

（図a　日本人の起源、伊藤）

（図b　日本人の起源、伊藤）

東日本縄文人（原アイヌ人、蝦夷）の選択

水田稲作文化は、東日本地域全域、当然、亀ヶ岡文化圏にも、その文化が波及する。このとき、東日本縄文人はどのような選択をしたであろうか。考えられることは三つある。

① 当時の最新技術であった水田稲作農耕技術を導入するという選択である。この水田稲作文化には、一種の統治思想と階級社会を包含していたから、その覚悟も必要であったに違いない。したがって、個々人や集落単位によって選択の可否はかなり分かれたようである。すなわち、東日本地区では西日本地区と違って、初期稲作文化は面的広がりをみせず、点状として分布する。

② 豊かな狩猟採集民という伝統的な生活スタイルを変えることは拒否するが、水田稲作文化と地域的に共存していく道を選択した人もいたと推測される。水田稲作文化が低地を好んだのに対し、この二つ目の選択をした人は山地などで、狩猟・採集などに従事したことであろう。たとえば、マタギと呼ばれる専門狩猟集団も、こうして発生したのかもしれない。推測を逞しくすれば、<u>アイヌとマタギとは、新しい文化との共存を拒否した原アイヌ人集団（＝次に説明する三つ目の選択をした、東日本縄文人）か、共存を許容した原アイヌ人集団かの違いなのであって、「マタギ」などの語彙も祖語を共有する</u>のかもしれない。

③ 従来からの伝統的生活スタイルを固守することは勿論、新しい文化スタイルやそれを先導する新しい集団との共存をも拒否した人びとである。彼らは稲作農耕に適しない、冷涼な地域、すなわち東北や北海道に次第に後退していった。<u>この三つ目の選択をした東日本縄文人が、のちに「蝦夷（えみし）」と呼ばれた人々である。彼らのうちの一部は擦文時代を経て、オホーツク文化とも融合し、独特なアイヌ文化、アイヌ民族が成立したと考えている。</u>

現在のアイヌ人は、東日本縄文人（原アイヌ人、蝦夷）と平安・鎌倉時代に北海道に侵入したオホーツク人とが交雑したものである。

（藤田）

弥生時代中期初頭には、水田稲作が九州、四国、および本州の全域（富士山を中心とする地域を除く）に広がった。しかし、この水田稲作を受け入れなかった縄文集団地域は、長野、静岡、山梨および関東地方の諸県を含み、その中核に富士山が聳え立つ。また、この地域は4世紀半ばの日本武尊の東征に頑強に抵抗した地域と一致する。さらに日本武尊は東征の終わりに狗奴国の中核（近江北部と美濃）が神奈備とする伊吹山で敗死する。この富士山と伊吹山の夫々を核とする二地域は夫々が狗奴国の中枢であったのではないか。

（藤田）

日本語の起源

古日本語（日本基語）は縄文時代後期に確立か

日本語の起源

　旧石器時代、当時のホモサピエンスがどの程度文法的に完成された言語を使っていたのか、言語学者の説明に接したことがない。しかし、既に高度な剥離技法などを使う石器が発明され、やがて人類史上初めて、化学的変化を伴う「土器」という製品を生み出した縄文人が、言語とは呼べないレベルの言葉しか使っていなかったとは考えられない。なぜなら、高度な石器や土器の製作技術やノウハウを、多くの人びとに広め、次世代に伝えていくためには、所謂"見様見真似"だけでは困難であり、かなりのレベルの言語的説明や、やり取り（質疑応答）をしなければならなかったと考えられるからである。すなわち、言語もそのレベルに達していたと考えるのが、自然であろう。

　古日本語（日本基語）は、かなり早い時代に完成していたと考える。少なくとも、完成し尽くされた言語といわれる、サンスクリット語の成立時期、即ち3,000年前の水田稲作農耕技術の到来以前に、日本基語は混合言語として既に成立していたと考える。なぜなら、1万年以上に及ぶ縄文文化が崩壊し、全く新しい、農耕技術や社会制度をもたらした江南からの弥生渡来人の故郷が、上代日本語から全く推測できないという、異常としか言いようのない現象は、日本基語がよほど完成され、語彙も当時としてはそれほど借用しなくても済むほどに十分であったから、渡来人の言語を農耕技術関連語として以外必要としなかった、という理由しか説明が付かない。しかも、農耕技術関連語をセットとして持ち込んだ、渡来人の出自集団（おそらく長江下流域の民族集団）は、現在においては既に消滅してしまったと思われる。

日本語成立の過程

1) 華北文化センターからナイフ形石器文化を伴って、プリミティブな原始ツングース系言語が朝鮮半島や日本列島（津軽海峡まで）に展開した。13000～25000年前のことである。（古華北人の侵入）

2) 12500～13000年前ごろ、荒屋型彫器を伴う、クサビ形細石器文化が、極東方面に怒濤のように押し寄せた。彼らは原始アイヌ系言語を使っていたらしい。（古バイカル人の侵入） 彼らは冷涼な気候を好み、日本列島では西日本縄文人と交雑することはあまりなかったのに対し、北部朝鮮では、ツングース系朝鮮人と交雑したようである。安本美典の分析では、「アイヌ語と日本語より、アイヌ語と朝鮮語の方が近い関係にある」という。崎山は、アイヌ語とツングース語とは系統が異なるというが、文法的、音韻的特徴に大差はない。（華北とバイカルの両文化センターは、もともと親子関係にあったから言語的にも大差はなかったと思われる。）

（日本人の起源、伊藤）

（日本人の起源、伊藤）

日本語の起源（つづき）

3) 6000年前、縄文前期のころ、同じツングース系の言語であった、古日本語と古朝鮮語は方言のレベルから別の言語に分裂したと、言語年代学から推測される。（南朝鮮が古日本語圏に入っていることに注目。）古日本語には、東アジアにおける位置的関係から、照葉樹林文化（雑穀）や古栽培民の文化（芋）、熱帯ジャポニカを含む文化などを持つ、様々な民族や集団が断続的に流入し、多くの南方系言語の語彙をもたらした。

4) 弥生時代、水田稲作農耕技術をもたらした渡来人は、予想以上に高度な古日本語を習得し、いわばその北部九州方言「倭人語」をもって勢力を拡大し、西日本一帯に遠賀川式文化圏を確立する。これにより倭人語は「日本祖語」といえる標準的存在となった。中部・関東地域でも農耕文化を受け入れた集団は、日本祖語を受け入れる。一方、旧東日本地区で、あくまで狩猟採集文化に拘った集団は、東北地方に後退し、独自の文化（東日本縄文文化）を継承していく。

5) 邪馬台国からヤマト王権が成立する時代、南部九州にも新しい文化を拒否して、南西諸島にスピンアウトした集団がいた。彼らが使っていた方言がより独立色を強め、琉球語（琉球方言）となった。一方、日本祖語は中国語から、文字という記録媒体を手に入れ、文化や思想語を大量に日本語の中に取り入れ、奈良時代に「上代（上古）日本語」が成立した。

以上が、日本人の成立と日本語の成立との整合性を考えたうえでの日本語論である。

縄文時代後期にメソポタミアを追われたシュメール人が日本に到達し、古日本語にシュメール語を持ち込んだといわれる。また、天孫降臨の時代（紀元1世紀）に伽耶経由でインドからタミール語が持ち込まれたとの説もある。さらに、秦の始皇帝の労役から逃亡してきた秦人あるいは秦の滅亡によって亡民となった秦人に、馬韓はその東の地を割いて与え住まわせ、秦韓と名づけたという。秦人は漢人以外の民族を総称することがあり、秦人にはユダヤ人やペルシャ人が含まれていた。この秦韓のユダヤ系の倭人（スサノオ、アメノヒボコや秦氏ら）が紀元前後から順次渡来し、倭語にユダヤ語の語彙を持ち込んだ形跡がある。　　　　　　　　　（藤田）

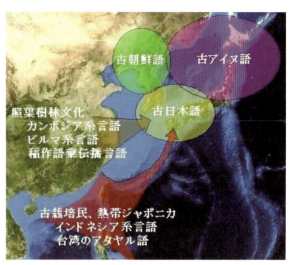

（日本人の起源、伊藤）

日本語諸語の中で西九州語の長崎語が日本語の古い言語体系を温存し、今も最古の上代日本語に見られる古い特徴を伝えている。西九州は言語的多様性が高く、日本語の揺籃の地とも考えられる。
（DNAでたどる日本人10万年の旅、崎谷 満）

日本語、朝鮮語、古アイヌ語（所謂、蝦夷が使っていた言語、現在の北海道アイヌ語とは区別される）は、近しい関係にある。これらの言語はアルタイ諸語からも区別される特異な言語群で、旧石器時代の古華北人の言語を基にした膠着語でSOVの語順である。また、朝鮮人はかつては半島北方や沿海州に住んでおり、縄文時代後期から華北人とともに南下し始めた、高句麗人がこの朝鮮人の主体である。従って、半島の西側を華北人が半島の東側を朝鮮人が南下した。南朝鮮の西日本縄文人（倭人）が交雑したのは、この華北人と朝鮮人である。飛鳥時代に任那が滅び、多くの倭人が列島に帰来した。半島と列島が文化的に分断されてから、半島は高句麗の朝鮮語が優勢になり現在に至ったと考えている。　　　　　　　　（藤田）

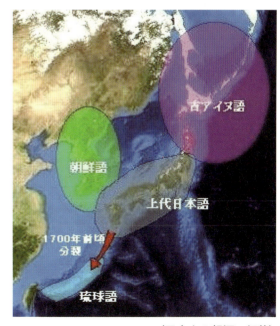

（日本人の起源、伊藤）

日本人ゲノムの多重構造

二重構造

埴原和郎は、1980年代に日本人集団の二重構造モデルを提唱した(『Anthropological Science』第102巻第5号)。このモデルの要点は次のとおりである。(藤田)
(1) 現代日本人の祖先集団は東南アジア系のいわゆる原モンゴロイドで、旧石器時代から日本列島に住み 縄文人となった。
(2) 弥生時代から8世紀ころにかけて北アジア系の集団が日本列島に渡来し、大陸の高度な文化をもたらすとともに、在来の東南アジア系(縄文系)集団に強い遺伝的ならびに文化的影響を与えた。
(3) 東南・北アジア系の2集団は日本列島内で徐々に混血したが、その過程は現在も進行中であり、日本人は今もheterogeneity、つまり2重構造を保っている。

現在、埴原和郎氏の二重構造モデルは、縄文人は東南アジア、東アジア、北アジアから渡来した旧石器人の交雑により成立したという点で、修正されている。、

三重構造

Ancient genomics reveals tripartite origins of Japanese populations 2021 Sci. Adv.
古代人ゲノム解析から、日本人集団が3種類のゲノム起源をもつ、つまり3重構造をもっていた

本研究では東大・太田さん、国立博物館・篠田さんが解読した縄文や弥生人のゲノムに加えて、新たに縄文人9人、そして解読が進んでいなかった約1,300年前の古墳時代人3人のゲノムを解析し、以下の結果を得た。
・9体の縄文人ゲノムが加わった結果、東ユーラシアに分布していた人類が日本に渡来し、その後大陸との交流なしに独自にゲノムを進化させたのが縄文人である。
・弥生人のゲノム解析は3人で、少ないという問題があるが、従来考えられていた東中国より、農耕が発達していなかった北東中国のゲノムに似通っている。縄文人のゲノムの比率が高いことから、渡来した人たちが徐々に同化していったことを示している。
・今回新た解析に加わった、古墳時代人のゲノムは現代日本人ゲノムとほぼ等しく、縄文人ゲノムと北東アジアのゲノムが交雑した弥生人ゲノムを3割強持っている。残りはそれまでの日本人に存在しなかった黄河流域の青銅器時代から鉄器時代人のゲノムである。弥生から古墳時代の間に大きなギャップがあり、これまでとは異なる大陸との交雑が急速に進んだ。
・発表された弥生人のゲノム解読カバー率が極端に低いことが問題で、今後、弥生・古墳時代人の解読を進めることの重要性を示唆した。

(中野洋文 + 藤田泰太郎、解説)

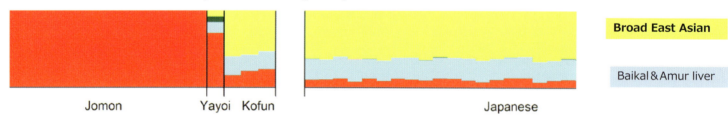

上記の三重構造説は、私が公表している、「古の日本(倭)の歴史」(最新版) https://www.yasutarofujita.com/about-1 、「日本人の成り立ち」(https://youtu.be/2Ae8c5XKfLE/)、「日本語の起源」Facebook藤田泰太郎タイムライン投稿(2023/3/9)と相容れない。さらに、縄文人の子孫しか保有しないATLウィルスを日本人のみが有しているという事実とも馴染まない。私は、あくまで日本人は縄文人ゲノムをベースにしていると思う。古墳時代に総計2万人という秦氏(純粋な漢民族ではない)の渡来があったというが、当時の日本の人口は百万人を超えており、とてもゲノム構造の大きな変動を引き起こすような交雑が起きたとは思えない。

縄文時代末期に形成された縄文人が、数千年を経た現在まで人口比率ではそう多くない華北人や江南人との混血を繰り返してきたと云える。現在日本人は縄文人のゲノム形質を10%余りしか受け継いでいないと云われる。このことは縄文人のゲノム形質は大陸人(華北人・江南人)に比較して、稲作農耕文化の元ではその保持率が低いためと思われる。日本語が縄文時代後期に西日本で成立したとみなされるように、日本人は文化的および精神的に縄文人の気質を継ぎ、日本人は基本的に縄文人から数千年に亘り連続的に連綿と変貌してきたと見なすことができる。

(藤田)

日本列島中央部の中央軸の存在、日本人の「内なる二重構造」

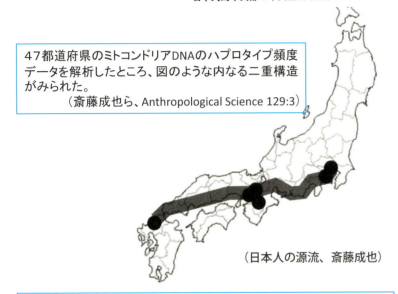

日本列島中央部の中央軸と周辺部分

47都道府県のミトコンドリアDNAのハプロタイプ頻度データを解析したところ、図のような内なる二重構造がみられた。
（斎藤成也ら、Anthropological Science 129:3）

（日本人の源流、斎藤成也）

　日本人の源流（斎藤成也）に記載の上図は日本列島中央部の中央軸と周辺部分を示す。九州北部から関東に至る中央軸の西部（大和まで）は、邪馬台国終焉までの南朝鮮からの渡来人（倭人の帰来人が主）の侵入と考えられる。これは、崇神東征までの東征（三島大明神、倭宿禰、ニギハヤヒおよび崇神）に当たると考える。崇神東征後の崇神王朝の時、ヤマト王権の東日本進出が始まり、応神東征後の応神王朝になるとヤマト王権の倭国支配が完成した。これに伴い中央軸が関東地方にまで伸びた。古墳時代から飛鳥時代までの南朝鮮からの渡来人は、倭人の帰来人、倭人と華北人、江南人や高句麗人との混血人さらに少数の華北人、江南人と高句麗人と考えられる。
　斎藤成也は、日本人（主として出雲人と東北人）のミトコンドリアDNA解析から、日本列島中央部の中央軸の存在、「内なる二重構造」を提唱している。（テーマB　Ⓑ001（091）参照）　　　　　　　　（藤田）

日本人ゲノムの多重構造

　縄文人の祖先は、3万年前ごろ、出アフリカした新人のうちオーストラリアに至る南ルートとった集団の一部が東南アジアから大陸海岸沿いに北に向かい日本に達していると思われる（古華南人）。さらに、北ルートをとった集団が中国西部に現れるのが4万年前頃で、朝鮮半島経由で列島に断続的に到達するのが2万年から1.3万年前とされている（古華北人）。さらに、華北から北上してバイカル湖に達し、氷河期の厳しい寒冷気候のため南下を始め列島に達したのは1.3万年前と言われている（古バイカル人）。このように、3方向からの新人集団が列島で混じり合い、その後の1万年の縄文時代の間に縄文人のゲノムが成立したものと思う。ただ、1万年間の縄文時代を通じて、日本や南朝鮮と同じ照葉樹林帯の江南や東南アジアからの少数ながらコンスタントな列島への渡来があったと思われる。彼らは列島に粗放畑作の熱帯ジャポニカや神道体系の基盤を持ち込んだ。さらに、弥生時代早期・前期に江南から南朝鮮経由あるいは直接に温帯ジャポニカの水田稲作が持ち込まれた。また、上代日本語の祖語となる古日本語は、完成し尽くされた言語といわれるサンスクリット語の成立時期（3,000年前）の縄文時代晩期には混合言語として既に成立していたと考える。
　このような縄文時代の江南あるいは東南アジアから小集団ながら持続的な渡来が日本人集団のゲノム構造にかなりの影響を与えた。さらに、弥生時代に南朝鮮に逃避した江南人、南朝鮮に南下してきた華北人や朝鮮人（ツングース系）に圧迫された縄文人の列島への帰来に伴うこれら大陸系集団の渡来があった（弥生時代・古墳時代）。任那・百済・高句麗滅亡に伴うかなりの数の大陸系集団の渡来（飛鳥時代）、さらに飛鳥時代以降の長年に亘る大陸系集団の渡来（秀吉の朝鮮出兵に伴う朝鮮人の日本への連行など）が、日本人ゲノムの二重構造を形成した。また、瀬戸内海航路を中心にした大陸系集団の移動および彼らの東海や南関東への進出が、日本人ゲノムの内なる二重構造を形成した。
　前頁で示すように、最近日本人の三重構造モデルが提唱された。このモデルでは、弥生渡来人に加えて、古墳時代に東アジアから大規模な渡来があり、現在日本人の形成に至ったと云う説である。実際、古墳時代に数万に上る、新羅の王族のアメノヒボコ集団の侵入や弓月の民（秦氏の祖先）の渡来があった。しかし、古墳時代の倭国は100万の人口を有しており、数万人程度のアメノヒボコや秦氏の渡来が日本人のゲノムの大規模な変動を起こしたとは考え難い。
（藤田）

滋賀県が最も渡来人が多い！

渡来人は四国に多かった？ ゲノムが明かす日本人ルーツ
日経サイエンス8月号 2021/6/24

　私たち日本人は、縄文人の子孫が大陸から来た渡来人と混血することで生まれた。現代人のゲノム（全遺伝情報）を解析したところ、47都道府県で縄文人由来と渡来人由来のゲノム比率が異なることがわかった。弥生時代に起こった混血の痕跡は今も残っているようだ。

　東京大学の大橋順教授らは、ヤフーが2020年まで実施していた遺伝子検査サービスに集まったデータのうち、許諾の得られたものを解析した。1都道府県あたり50人のデータを解析したところ、沖縄県で縄文人由来のゲノム成分比率が非常に高く、逆に渡来人由来のゲノム成分が最も高かったのは滋賀県だった。沖縄県の次に縄文人由来のゲノム成分が高かったのは九州や東北だ。一方、渡来人由来のゲノム成分が高かったのは近畿と北陸、四国だった。特に四国は島全体で渡来人由来の比率が高い。尚、北海道は今回のデータにアイヌの人々が含まれておらず、関東の各県と近い比率だった。　（Journal of Human Genetics, DOI:10.1038/s10038-020-00847-0）

　以上の結果は、渡来人が朝鮮半島経由で九州北部に上陸したとする一般的な考え方とは一見食い違うように思える。上陸地点である九州北部よりも、列島中央部の近畿などの方が渡来人由来の成分が高いからだ。大橋教授は「九州北部では上陸後も渡来人の人口があまり増えず、むしろ四国や近畿などの地域で人口が拡大したのではないか」と話す。

　近年の遺伝学や考古学の成果から、縄文人の子孫と渡来人の混血は数百〜1千年年ほどかけてゆっくりと進んでいったと見なされている。弥生時代を通じて縄文人と渡来人が長い期間共存していたことが愛知県の遺跡の調査などで判明している。どのような過程で混血が進んだのかはまだ不明で、弥生時代の謎は深まる一方だ。今回の解析で見えた現代の日本列島に残る都道府県ごとの違いは、弥生時代の混血の過程で起こった、まだ誰も知らない出来事を反映している可能性がある。書物にも残されていない日本人の歴史の序章は、ほかならぬ私たち自身のゲノムに刻まれているのだ。
（藤田加筆）

北九州が朝鮮からの渡来人の主な上陸地点とは必ずしもいえない。若狭や越前の方が朝鮮東海岸や沿海州からの渡来地となっていた。　（藤田）

沿海州からの渡来の規模は如何ほどか
旧石器時代に既に、隠岐などで産出の黒曜石が日本海を横断あるいは沿岸沿いにロシアの沿海州に運ばれていた。縄文時代にもナラ林文化圏の栽培作物が沿海州からリマン海流に乗り対馬海流を横切り若狭や越前などの日本海側に到達する、人的・文化的交流があった。また、興隆窪・紅山文化もまたこのルートで伝わった可能性が高い。弥生時代中期に匈奴の製鉄技術（野ダタラ）や中国北方の「オルドス式短剣」（双環柄頭短剣）もまた日本海を横断して渡来したと思われる。さらに、奈良・平安時代には朝鮮半島北方や沿海州に版図を持つ渤海からの使節団が日本海を横断して度々来日している。このように、朝鮮半島を経由しない日本海を横断する海路が存在したことは明らかである。実際、どれほどの渡来人が沿海州から列島に渡っているかは不明であるが、滋賀県や北陸地方に渡来人が多いという事実と関連している可能性が充分ある。
（藤田）

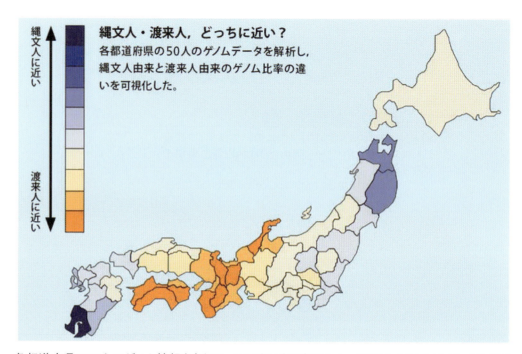

各都道府県の50人のゲノム情報をもとに、その違いを可視化した。縄文人由来のゲノム成分が多い県は青色で、渡来人由来のゲノム成分が多い府県はオレンジ色で表示されている。縄文人由来のゲノム比率が他県と比べて極めて高い沖縄県は地図に含んでいない

　縄文人は、東日本縄文人と西日本縄文人とに大別される。西日本縄文人は東アジアから半島南部のほぼ陸橋化した地帯を経由して渡来して来た。一方東日本縄文人は北方から樺太経由で渡来してきた。縄文時代後期に東日本縄文人と西日本縄文人はある程度混血して均一化したと云われている。しかしながら、現在のところゲノム解析されたのは東日本縄文人が多く、彼らのゲノム成分が縄文人のゲノム成分とされている。従って、西日本縄文人の中にある東アジア由来のゲノム成分は余り考慮されていない。

　縄文時代後期には、地球気候寒冷化に伴い半島北部あるいは沿海州から直接日本海を横断する渡来が多くなる。弥生時代なると江南からの渡来が多くなり、弥生時代後期になると半島南部からの倭人の帰来が増加する。古墳時代以降は華北人や高句麗人（朝鮮人）の渡来が多くなる。従って、上図の各都道府県人のゲノム情報をもとに明らかになった、縄文人と渡来人由来のゲノム成分の割合の変動は、弥生時代の渡来人のゲノム成分を反映しているのではなく、旧石器時代から現在までの各都道府県人形成の総和と考えるべきである。なかでも、小生の生まれ育った滋賀県が最も渡来人のゲノム成分が多いというのは若干の驚きだが、近江の歴史を鑑みるとさもありなんと思う。
（追記）南朝鮮と西北九州は倭人（西日本縄文人）の勢力圏として一体化していた。弥生時代の朝鮮半島からの渡来者は倭人が帰来したものが大部分である。一方、古墳時代から飛鳥時代にかけての渡来者の多くは、華北人や高句麗人である。彼らが大橋らの云う渡来人に当たると思われ、古墳時代中期の秦氏や飛鳥時代の百済や高句麗の滅亡に伴う遺民であり、彼らの少なからずのものは日本海を横断して直接北近畿（近江を核）に渡来、さらに四国へと移動したと思われる。　（藤田）

第3部　弥生時代後期（大己貴の国・邪馬台国）概略

第3部　弥生時代後期　（大己貴の国・邪馬台国）

1．弥生時代後期（Ⅴ期）（50年～200年）

a. 大己貴（オオナムチ）の国（仮称）の成立

『古事記』と『日本書紀』の内容としては、創作された物語である神話部分（神代）と史実に基づいて記されたという天皇の時代（人代）とに分けることができる。『日本書紀』には、「イザナギ・イザナミ時代に3つの国（浦安（うらやす）の国、細戈の千足る国（くわしほこのちだるくに）、磯輪上の秀真国（しわかみのほつまくに））があり、大国主（大己貴）は「玉牆の内つ国」（美称、大己貴の国）を建て、饒速日命（ニギハヤヒ）は「虚空見つ日本（倭）国」（邪馬台国（ヤマト国にあたる！）を建てた」とある。また、『記紀』の皇統譜と高麗が編纂した『三国史記』「新羅本紀」の新羅王家系図との間には、不思議な一致がみられる。『日本書記』の紀年を、宝賀・貝田推論⑧009の崇神即位AD315年、および神武～崇神10代（父子相続の場合一代は4半世紀、『海部氏勘注系図』と比較し10代）として考証したところ、神武天皇からの人代の始まる時期は1世紀半ばとなった。『三国史記』「新羅本紀」の新羅王家系図から類推される天孫降臨の時代（脱解王の御代）は1世紀半ばと推察され、両者とも弥生時代後期の始めと一致する。文献的には後期は、『後漢書』「東夷伝」によれば、「57年、倭の奴国王が後漢の光武帝に使いを送り金印を賜る」との事積から始まる。また、「107年、倭国王師升が朝貢し、生口160人を献上した」とある。さらに、「桓帝・霊帝の治世の間（146-189年）、倭国は大いに乱れ、互いに攻め合い、何年も主がいなかった。卑弥呼という名の一人の女子が有り、鬼神道を用いてよく衆を妖しく惑わした。ここに於いて共に王に立てた。」とある。『魏志倭人伝』には、「女王国ではもともと男子を王としていたが70～80年を経て倭国が相争う状況となった。争乱は長く続いたが、邪馬台国の一人の女子を王とすることで国中が服した。名を卑弥呼という。」とある。

大国主は、弥生時代中期後半には出雲古国（仮称）を中心にし西日本全域にわたる、玉、銅と鉄の青銅器を祭器とする国々のネットワークを構築していた。紀元前後に伽耶出自の素戔嗚尊（スサノオ、須佐乃男）が筑紫さらに出雲に侵攻し、出雲古国を滅ぼした（八岐大蛇退治に当たる？）。この時、銅鐸「聞く銅鐸」などの祭器の大量埋納があった（加茂岩倉・荒神谷遺跡）。スサノオに敗れた大国主の一族はこのネットワークの拠点を出雲より近江に遷す。（アメノホヒとスサノオは出雲王朝を建てるが、この王朝の支配権は大国主系の出雲人に移り、その後4世紀半ばまで連綿と繁栄した。）スサノオは筑紫に戻り伊都国を拠点にして、北九州と日本海側の中国地方西部を支配したと思われる。帥升（スイショウ）はスサノオの後継者か。

イザナギ・イザナミの時代の紀元前1世紀の近江には大国主のネットワークを構成する支国として浦安の国があった。紀元2世紀初め、大己貴と少彦名（スクナビコナ）は近江を核とし近畿・東海一円を束ねる大己貴の国（玉牆の内つ国（たまがきのうちつくに））を建てた。大己貴の国は、『魏志倭人伝』に「もともと男子を王としていたが70～80年を経て倭国が相争う状況となった」とある「男子を王とする国」で、その国都は近江の伊勢遺跡と考えられ、巨大な「見る銅鐸」を祭器にした。大己貴の国は2世紀末まで続くが倭国大乱での大国主の敗退により瓦解した。この瓦解により多数の「見る銅鐸」が三上山麓の大岩山中腹に埋納された。

前漢の楽浪郡の設置に伴い、紀元前2世紀初めの頃には、伽耶（任那の前身）、筑紫、出雲と但馬・丹後を覆う、広大な経済ネットワークが成立していた。『三国史記』「新羅本紀」や『三国遺事』によれば、倭人の瓠公（ここう）が新羅の3王統（朴氏、昔氏と金氏）の全ての始祖伝説に関わったとされる。新羅の始祖王は、朴氏の赫居世居西干（ヒョッコセコソガン、BC57-AD4）である。第2代南海次次雄（次次雄をスサングと発音、AD4-24年）の倭人の娘婿が第4代脱解王である。脱解王の二代前が南海次次雄で、天孫（瓊瓊杵（ニニギ、邇邇芸）と彦火明（火明（ホアカリ）、天火明）の二代前がスサノオである。南海次次雄がスサノオに当たると考えると、赫居世居西干が伊邪那岐（イザナギ）に当たる。朴氏の起源地は伽耶の伊西国とされる。伊西は古来イソと発音され、伊都イトとも訛る。従って、紀元前後にスサノオが筑紫に侵攻することにより、伊西国に因んで伊都国が建てられた。スサノオの孫（天孫）、すなわち、天之忍穂耳命の子が邇邇芸（ニニギ）と彦火明（ホアカリ）の兄弟で、兄のホアカリが脱解王に当たる。

『海部氏勘注系図』と天皇系図と勘注系図を比較すると、天皇系図の第4代懿徳天皇から第9代開化天皇までの系図とホアカリの三世孫倭宿禰から10世孫乎縫命まで（2代挿入）の系図がお互いに対応付けられる。従って、ホアカリは世代的に天皇系図の第1代神武天皇に当たる。皇統の系譜で日向三代が作為的に挿入されたと思われるので、世代的にニニギが神武に当たる。神武東征は倭国平定譚と考えられ、最初の東征は三島神の東征で、浦安の国の支国である葛城多氏王権（神武天皇から安寧天皇まで）を建てた。ホアカリの三世孫の倭宿禰が葛城王朝（大己貴の国の支国、懿徳天皇から孝安天皇まで）を建てた（ホアカリの東征）。第8代阿達羅尼師今（154-184年）の王子の延烏郎（天日槍（アメノヒボコ）か）が来倭、その時期（157年）はちょうど倭国大乱（146-189年）の真最中で孝安天皇の御代と思われる。

倭国大乱の前に、スサノオ（あるいはその子孫）が支配する伊都国が奴国を圧倒したと思われ、奴国の嫡流の和邇氏は丹後（あるいは若狭）から近江に遷ったと思われる。孝安天皇の同母兄に和邇氏祖の天足彦国押人命がいる。尚、後漢「中平」（184-190年）と紀年銘の鉄剣が和邇氏にわたる。卑弥呼は大国主の血筋を引く和邇氏の巫女と思われ、女王に共立され倭国大乱を鎮めた。

b. 倭面土（ヤマト）国の東遷と邪馬台（ヤマト）国（虚空見つ倭国（そらみつやまとのくに））の成立

紀元前後にスサノオが筑紫に侵攻して伊都国を建てた。スサノオはユダヤ系倭人と思われ、伊都国を倭面土（ヤマト、ヘブライ語か）国とも呼称した。このヤマト国はスサノオ

の後裔の饒速日（ニギハヤヒ）により石見から三次経由（スサノオルート）で吉備に遷った。さらに、2世紀半ばのニギハヤヒの東征（ヤマト国の東遷）により、近畿・中国・四国と中部地方西部を巻き込む倭国大乱が起った。この争いは「南朝鮮との鉄・銅・玉の交易により力を蓄えた、大己貴の国（玉牆の内つ国）を構成する近畿と中部地方西部の国々」と「吉備を中心とする瀬戸内海沿岸の国々」との間の大規模な内乱である。前者は大国主が率い少彦名（スクナビコナ）が加勢し、後者はニギハヤヒが瀬戸内海勢力をまとめ、天日槍（アメノヒボコ）と三島神の子孫が加勢した。アメノヒボコは、新羅より来倭して伯者・因幡を侵し、但馬に達した。その後、当時吉備勢力の支配下にあったと思われる播磨を南下し、新たな日本海から瀬戸内に至る「鉄の道」を構築し、淡路島の五斗長垣内遺跡を中心に、鉄製の武器をニギハヤヒに供給した。また、新羅王家からのアメノヒボコの将来物（珠、比礼や鏡など）をニギハヤヒに預けた。

　ニギハヤヒとアメノヒボコは瀬戸内海を東征し、摂津から大和川添いを遡り、桜井を拠点に大和と葛城を平定したと思われる。この大和侵攻では和邇氏も協働したと考える。その後、北上（木津川・宇治川を経由か）し、近江に侵攻した。ニギハヤヒと大国主は、近江湖南の伊勢遺跡にいたと思われる和邇氏の巫女で大国主の血筋の卑弥呼を共立し、纏向遺跡に遷した。ここに大和を核とし中国・四国・近畿に広がる倭面土（ヤマト）国ならぬ邪馬台（ヤマト）国が成立した。『日本書記』で、ニギハヤヒが称した「虚空見つ倭国」がこの邪馬台国に当る。倭国大乱での敗退の結果、大国主は近江湖南より伊吹山を仰ぎ見る湖東・湖北に後退したが、近江東北部・美濃・尾張を中心とする大己貴の国の後継国、狗奴国を建てた。スクナビコナはこの大乱で敗死したと思われる。大和を掌握したニギハヤヒは第7代孝霊天皇と同一人物と思われ、卑弥呼は孝霊天皇の養女となり、倭迹迹日百襲姫命と呼ばれるようになったと考える。また、ニギハヤヒは物部氏の祖であり、古来からの武器・武具庫である石上神宮を造営した。アメノヒボコは大乱の後、近江を経由して最終的に但馬に落ち着いた。

2．邪馬台国（2世紀末〜3世紀末）

　邪馬台国の実権はニギハヤヒ（孝霊天皇か）が握り、卑弥呼（倭迹迹日百襲姫命）が巫女として大型の銅鏡を用いた祭祀を執り行った。孝元天皇（孝霊天皇皇子で卑弥呼の異母弟）が実際の政務を担当した。『魏志倭人伝』に帯方郡から邪馬台（ヤマト）国への旅程が記されている。筑紫の不弥国までのルートは確定している。「倭人伝」の編者・陳寿は、邪馬台国が九州南方の台湾沖に位置すると誤解していたため、九州から南方に向かうを東方に向かうと正すと水行20日で投馬国（出雲国（出雲王朝、出雲東部が中心））に着く。次の水行10日で若狭（小浜湾）に着く。その後、小浜市神宮寺の「お水送り」のルートを取って琵琶湖経由で宇治川・木津川を経て、大和・纏向に向かう。このルートが水上交通が一般的であった当時としては一番蓋然性がある。本ルートは和邇氏が大和に進出したルートと思われる。

　邪馬台国の都の纏向（遺跡）は、後世の藤原京に匹敵する広がりを見せる。この遺跡は、大己貴の国の都で交通の要衝であった伊勢遺跡に比肩しうる要衝の地に位置する。従って、纏向は邪馬台国時代の政治の中核であるのみならず、当時の経済拠点の一つでもあった。

（大和は辰砂（水銀朱）の産地）　その証しは、各地から運び込まれた外来系土器の量の多さに示される。（外来系土器の出土数は全体の15〜30％に達する。）また、大和では産しない染料として使われる紅花が出土する。尚、ニギハヤヒが率いる吉備勢力が邪馬台国成立に重要な役割を果たしたことは次のことから推察出来る。吉備型甕が発展した庄内式土器（纏向の卑弥呼の時代の標識土器、九州北部まで拡散）が纏向遺跡から出土すること、吉備の楯築や宮山の弥生墳丘墓から出土する特殊基台が纏向遺跡の古墳から出土すること、さらにこれらの弥生墳丘墓から出土する弧帯文石（毛糸の束をねじったような弧帯文様が刻まれた石）の文様が纏向遺跡から出土する弧文円板のものに酷似していることなどが上げられる。また、「孝霊伝承」と云われる孝霊天皇とその皇子（吉備津彦）を主人公とした一群の伝承があり、吉備国から南北に延ばした線上に沿って分布している。尚、倭迹迹日百襲姫命は吉備津彦の同母姉とされている。さらに、天羽々斬剣（布都御魂剣、十握剣、十束剣）（スサノオが八岐大蛇を退治した剣）は吉備の石上布都魂神社にあったが、ニギハヤヒの東征で携行され、後に物部氏の総氏神の石上神宮に遷され、布都斯魂剣と呼ばれ祀られている。

　邪馬台国は、狭義の邪馬台国と広義の邪馬台国とに分けられる。狭義の邪馬台国はニギハヤヒの建てた虚空見つ倭国で、瀬戸内海沿岸諸国、因幡、但馬、丹後、丹波、播磨、摂津、山城、若狭、近江（湖南・湖西）、大和および紀伊を含む。大国主は、大己貴の国の後継国の狗奴国（近江（湖東・湖北）から美濃、さらに東山道、東海道や北陸道に広がり、大和、葛城や紀伊にも残存勢力）を建てる。尚、広義の邪馬台国は、狭義の邪馬台国と任那・伊都国連合とから成る。任那・伊都国連合とは任那（伽耶諸国）と伊都国を中心とする九州北部諸国とを併せて成立していた国家連合である。（任那は対馬に起こり、南朝鮮の倭人居住域を領した。）　狭義の邪馬台国が成立後、ニギハヤヒ勢力は中・四国全域を支配下におき、さらに任那・伊都国連合を勢力下においた。伊都国は穴門を支配し、瀬戸内海への出入りを監視していた。邪馬台国は、伊都国に一大率を常駐させ、北部九州と南朝鮮の行政・外交的を支配していた。

　大国主の大己貴の国では、巨大な「見る銅鐸」を祭器にしていた。近江の伊勢遺跡の近くの三上山の山麓の大岩山古墳群（野洲市）から24個の大型銅鐸が出土した。これらは2世紀末の邪馬台国建国時、すなわち倭国大乱の終焉時に、近江湖南にニギハヤヒ勢力が侵入し、伊勢遺跡が解体されたときに埋納されたと思われる。邪馬台国は銅鐸に代わって、銅鏡を祭器にした。2世紀前半までの漢鏡（内行花文鏡など）の出土数が、九州に圧倒的に多いのに対し、2世紀後半からは九州で減少し、九州より東での出土数と分布域が急速に増大する。また、卑弥呼は魏と交流する前の3世紀初め、公孫氏から独占的に入手した画文帯神獣鏡を支配下の首長に分配したが、その分布は畿内に集中していた。北部九州の玄界灘沿岸や、狗奴国に属すると想定される濃尾平野にはほとんど分布していない。卑弥呼、魏に使い（難升米・都市牛利ら）をおくった。魏は卑弥呼に「親魏倭王」の金印綬を授けた。銅鏡（三角縁神獣鏡か）100枚を賜り、威信材として邪馬台国を構成する国々に配布した。その後、この鏡を倭国内で生産するようになり、邪馬台国を継ぐ崇神王朝（ヤマト王権）が安定化するにつれ、三角縁神獣鏡の分布範囲は列島全域に飛躍的に拡大した。

　邪馬台国の中核の大和では箸墓古墳に至る前方後円墳の発展がみられた。前方後円墳

には、三角縁神獣鏡が副葬されることが多い。一方、狗奴国では近江北部が発祥の地と思われる前方後方墳が広がった。また、Ｓ字甕が近江東北部をふくむ狗奴国全域に広がっている。最近（2016年）、滋賀県の彦根市で纏向遺跡に次ぐ規模の邪馬台国時代の稲部遺跡が発掘された。稲部遺跡が狗奴国の都である可能性がある。

３．邪馬台国の終焉

『魏志倭人伝』に「卑弥呼が死去すると塚がつくられ、100人が殉葬された」とある。卑弥呼（倭迹迹日百襲姫命）が死去したのは249年の若干前（247年か）と『梁書』は伝える。宮内庁が箸墓に倭迹迹日百襲姫が葬られたとしているように、卑弥呼が箸墓古墳に埋葬されたのであろう。『魏志倭人伝』には「男王（開化天皇か）が立つが国中は不服で、交々相誅殺し、千余人が亡くなった。卑弥呼の宗女の臺（台）与を女王とすると国が収まる」とある。台与は、大国主系の狗奴国の近江の豊郷の出身と思われ、日子（彦）坐王（開化天皇皇子）の妃となった息長水依姫であろう。台与は掖邪狗らを魏に送る。また、台与は西晋（晋）に使いを送る（266年）。

崇神東征（神武東征譚の主要部分）は、開化天皇の御代（3世紀末）にあったと思われる。すなわち、吉野から宇陀に侵攻し大和へ侵入するところが要となる。崇神東征は、大彦が物部氏と結託して崇神天皇が率いる任那・伊都国勢力を大和に引き入れるクーデターであったと思われる。崇神軍は南朝鮮（半島南部）と北九州を束ねる任那・伊都国連合からの東征軍であり、中臣氏、大伴氏や久米氏、さらに隼人を同伴していた。崇神軍は大国主の子孫であるナガスネヒコ軍と激突する。この闘いで、物部氏を率いるウマシマジ（ニギハヤヒ（孝霊天皇）の子）がナガスネヒコを裏切り謀殺する。このため、ナガスネヒコ軍は一気に崩れ、崇神は大和侵入に成功する。崇神軍は　和邇氏を取り込み、大和の大国主勢力を一掃し、さらに葛城に向かい、賀茂氏を山城に追い落し、高倉下（ニギハヤヒの子の天香久山）を尾張に行かせた。また、出雲勢力を挟撃するため、ウマシマジを石見に派遣し物部神社を創建し、また天香久山を越後に行かせ弥彦神社を建てた。鎮魂祭は、皇居のほか、物部氏ゆかりの石上神宮、物部神社、弥彦神社で執り行われるが、この鎮魂祭は崇神東征で敗北した大国主を中心とする出雲勢力の鎮魂を図ったものであろう。この出雲の国譲り（葦原中国平定）で、最も功績のあった神は、中臣氏の祭神の建御雷で、それに続くのが物部氏の祭神の経津主神とされ、それぞれ鹿島神社と香取神社の軍神となっている。建御雷は、春日大社の祭神ともされ、飛鳥時代に権勢を振るった藤原氏（中臣氏の後継氏族）の出雲の国譲りでの活躍を顕示する目的で創作されたものであろう。

この崇神東征により、邪馬台国は終焉を迎え、ヤマト王権の崇神王朝（三輪王朝）が始まる。しかし、崇神東征の前から瀬戸内海勢力の大彦らと日本海勢力を束ねる日子坐王との間に政権抗争があり、垂仁朝に瀬戸内海勢力が政権をほぼ掌握したと思われる。狗奴国は、景行朝に最後の砦の伊吹山で日本武尊を敗死させたが、成務朝に滅んだと推察する。狗奴国の滅亡はヤマト王権が倭国全域を平定したことを意味する。『日本書紀』によれば、成務天皇は「国群に造長（国造のこと）を立て」たという。つまり、成務天皇の御代に列島の地域行政組織に「国」と「県」が設置されたのであり、国土統治の観点での大きな治績である。

倭国大乱および邪馬台国と狗奴国に関わる遺跡

－邪馬台国関連－

＜大和＞
・纏向遺跡（桜井市）（弥生時代末期から古墳時代前期にかけての集落遺跡、唐古・鍵遺跡の約10倍の規模、前方後円墳発祥の地、邪馬台国の中心地、卑弥呼の墓とされる箸墓古墳、掘立柱建物林立）

＜近江＞
・伊勢遺跡（守山市）（後期の国内最大級遺跡、大己貴の国の中心地、巨大祭祀空間、遺跡終焉とともに邪馬台国が誕生）
・大岩山古墳群（野洲市）（大岩山中腹から24個の大型銅鐸出土、弥生時代後期の倭国大乱終焉時に埋納か）

＜淡路・阿波＞
・五斗長垣内遺跡（淡路市）（弥生時代後期の国内最大規模の鉄器製造群落遺跡、鉄器製造施設跡が23棟、矢尻、鉄片、鏨（たがね）、切断された鉄細片など出土、倭国大乱／邪馬台国の時期に重なり、ニギハヤヒ勢力の軍事施設）
・舟木遺跡（淡路市舟木）（大型の鉄器工房跡を確認、鉄製品57点と工房を含む竪穴建物跡4棟が出土、南西約6キロにある国内最大級の鉄器生産集落）
・矢野遺跡（徳島市）（銅鐸が集落の中心から出土、最新式の大型銅鐸、鉄鏃、砂鉄入り瓶の出土）

＜出雲・伯耆＞
・妻木晩田遺跡（大山町・米子市）（弥生後期の古代出雲（出雲王朝）の中心地、墳丘墓（四隅突出型墳丘墓含む）、高地性集落、鉄器（農工具・武器）、破鏡等出土）
・西谷墳墓群（出雲市）（四隅突出型墳丘墓、水銀朱や弥生式土器が出土、出雲王朝の「王」が存在、碧玉製管玉、ガラス小玉とコバルトブルーのガラス製勾玉、鉄剣、土器のなかには吉備の特殊器台・特殊壺や北陸地方の土器に似ているもの出土）
・青谷上寺地遺跡（鳥取市）（倭国大乱時（？）の殺傷痕のある多数の人骨、邪馬台国初頭に消滅）

＜吉備＞
・楯築遺跡（倉敷市）（2世紀後半～3世紀前半の首長の双方中円墳、特殊器台・特殊壺の破片、鉄剣・首飾・ガラス玉・小管玉出土、日本最大級の弥生墳丘墓、弧帯文石と呼ばれる神石の伝世（弧帯文は纏向遺跡の弧文円板と共通）

－狗奴国関連－

＜近江・美濃＞
・稲部いなべ遺跡（彦根市）（纏向遺跡に次ぐ規模の大型建物跡、大規模鍛冶工房跡と大量の鉄関連遺物出土）
・荒尾南遺跡（大垣市）（弥生時代後期から古墳時代初期が盛期、銅鏃、儀杖などの威儀具、首長層の住まう遺跡、大型船が描かれた土器、土笛出土）
・林・藤島遺跡（福井市泉田町）（3世紀の翡翠の最先端工場、2000点の鉄器と1100点の鉄の工具、鍛冶（かじ）の跡が出土）

年表

弥生時代

前期

- 前771年 中国春秋時代始まる
- 前473年 呉の滅亡

前400

- 前453年 中国戦国時代始まる
- 前344年 越の滅亡
  - 首長集団、九州北部に渡来
  - 青銅器の本格的な流入と鉄器使用の開始
- 前221年 秦の始皇帝中国を統一
  - 焚書坑儒
- 前219年 徐福、不老不死の薬を求め出航
- 前202年 前漢の建国（～後8年）
- 前108年 楽浪郡設置
  - 楽浪郡の南の海には倭人が住んでいる。そこには100余りの小国が形成されており、彼らは楽浪郡に定期的に貢ぎ物をもってくる。『漢書地理志』
  - 紀元前2世紀、南朝鮮に辰国が成立、紀元後には三韓（馬韓、弁韓、辰韓）に分立、南朝鮮には主に倭人が居住

中期

- 前57年 新羅（辰韓）建国（赫居世居西干） イザナギ？ 近江に渡来
- 前37年 高句麗建国（東明聖王、朱蒙）
- 前18年 高句麗の始祖である朱蒙の三子温祚が百済を建国
- 紀元前後 このころ、倭は百余国に分かれ、楽浪郡に朝献
- 4～24年 新羅 南解次次雄（スサノオ？）来倭（伊都国を建てる）、出雲侵攻、大国主を近江に東遷させる。「聞く銅鐸」の大量埋納
- 8～23年 新
- 25年 後漢の建国（～220）
- 44年 辰韓・廉斯国の蘇馬諟が楽浪郡に入貢
  - 蘇は金に通じ、金氏や蘇我氏と関係？

50年 後期

- 57年 奴国王、後漢・光武帝に使いを送り、金印を賜る

南朝鮮には、江南人、華北人や朝鮮人（高句麗系）が南下し、先住民たる倭人（縄文人）を圧迫

双環柄頭短剣の鋳型出土

高島市安曇川町三尾里の上御殿遺跡（弥生時代から古墳時代）で、弥生時代中期から古墳時代前期（紀元前350～紀元後300年ごろ）に作られた、柄の頭部にリング状の装飾（環（わ））が二つ施された青銅製の短剣「双環柄頭（そうかんつかがしら）短剣」の石製の鋳型が出土したと発表した。中国北方で見られる春秋戦国時代（前770～前221年）の「オルドス式短剣」に類似する。国内で見つかったのは初めてで、朝鮮半島でも確認されていない。日本海を横断して直接到来か？
（日経2013/8/9）

弥生時代中期に双環柄頭短剣が日本海経由で列島にもたらされたということは、出雲の野ダタラ製鉄もまた沿海州から日本海経由でもたらされた可能性がある。（藤田）

出雲を中心とする大国主の鉄・銅・玉のネットワーク確立

日本の壱岐市の原の辻遺跡では楽浪郡の文物と一緒に弥生時代の出雲の土器が出土。また、出雲の山持遺跡から楽浪土器が出土。これらは、楽浪郡と壱岐、出雲の間の交流を示す。加茂岩倉遺跡や荒神谷遺跡のある出雲には、強大な国（出雲古国）があったと思われる。出雲が楽浪郡と深い関係を持ちながら、弁韓・辰韓・北九州・山陰・北近畿を覆う一大経済圏（大国主のネットワーク）を構築していたと思われる。
（藤田）

漢字の使用

筑前、豊前、出雲では紀元前数世紀の遺跡から、硯（すずり）が出土する。この出土は前漢が北朝鮮に楽浪郡を設置し、製鉄の拠点とした時期と一致する。当時、楽浪郡を中心とする鉄の交易ネットワークができたが、この鉄の商取引に楽浪郡に持ち込まれた漢字がつかわれたのではないのか。
（藤田）

新（王莽）の時代の銅鏡（方格規矩四神獣）が、豊岡市の森尾古墳（3世紀後半～4世紀前半）から出土。また貨泉（新のコイン）が丹後の久美浜町の函石浜で発見。

紀元前後（AD1頃）の南海トラフ巨大地震（M9.0以上か）とそれに伴う大津波により、太平洋・瀬戸内海沿岸の弥生遺跡（池上曽根遺跡など）は壊滅的打撃を受けた。

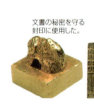

文書の秘密を守る封印に使用した。
国宝。一辺約2.3cm。福岡市博物館。
「漢委奴国王（かんのわのなのこくおう）」という文字が彫られており、「漢が認めた漢に従う倭の奴国の王」という意味。

年表

弥生時代 後期

100年

脱解王、脱解尼師今(だっかい にしきん)は、新羅の第4代の王(在位:57年 – 80年)であり、姓は昔(ソク)、名は脱解(タレ)。吐解尼師今(とかい にしきん、토해 이사금、トヘ・イサグム)とも記される。第2代の南解次次雄の娘の阿孝(アヒョ)夫人の婿。新羅の王族3姓(朴・昔・金)のうちの昔氏始祖。新羅初代王は朴赫居世で朴氏の祖。次次雄はスサングと発音され、スサノオに通じる。

天火明命(彦火明命、ホアカリ)はニニギの兄である。神武天皇はニニギにあたり、神武(崇神)東征は3世紀末のことと考える。神武東征の第1陣(1世紀半ば)は多氏を伴う三島神の東征か。(藤田)

ホアカリの三世孫倭宿禰命(懿徳天皇か)は丹(辰砂)を求めて大和に進出(ホアカリの東征)。丹後から由良川－加古川ルートから淡路島に出て、紀ノ川を遡ったと推測する「鉄の路の一つ」。イヒカ(倭宿禰の母)は神武東征譚に現れる。

天孫降臨 ニニギ・ホアカリ

脱解王は多婆那国(丹波国?)の王の子といわれ、脱解王の出身氏族である昔氏は倭国と交易していた倭人の氏族とされる。脱解王は天火明命に当たると考えている。さらに、初代金官王：首露王がニニギに当たる。ニニギたる首露王がインドより海路伽耶に伝わった仏教を筑紫にもたらした。

大国主、近江伊勢遺跡を核とする大己貴の国(玉牆の内つ国)を建国

大己貴の国

平原遺跡(伊都国)に内行花文八葉鏡出土、この頃伊都国が奴国を圧倒

奴国の和邇氏、筑前から近江・湖西に東遷

107年 倭国王、師升(スサノオか)等、後漢・安帝に使いを送る

157年 新羅第8代・阿達羅(あだちら)王の王子、延烏郎(アメノヒボコか)、来倭

184-190年の後漢「中平」と紀年銘の鉄剣、和邇氏にわたる

八咫鏡(伊勢神宮皇大神宮)は平原遺跡(伊都国)出土の行花文八葉鏡と同じサイズ

ニギハヤヒとアメノヒボコ協働して、吉備より大和に進出する。
和邇氏の巫女、卑弥呼を共立して、邪馬台国(虚空見つ倭国)建国。ニギハヤヒは孝霊天皇か！

```
孫天村雲命(天火     丹生都姫
明命の孫)           伊加里姫      丹(辰砂)産地
                    イヒカ
倭宿禰命            井光
天忍人命
```

倭国大乱は、気候が寒冷化したことによる高句麗(扶余)の南下が原因で引き起こされたと見られる。この頃から北関東以北で水稲栽培が見られなくなり、続縄文時代に先祖返りしたことと重なっている。(近江にいた弥生の大倭王、千城)

倭国大乱

146 – 189年 この頃、倭国乱れる

卑弥呼(17歳)を共立し、乱おさまる

邪馬台国(都：纏向遺跡)・狗奴国の建国(大己貴の国の分裂)：狗奴国は大己貴の国の後継国

200年

邪馬台国 (虚空見つ倭国－ニギハヤヒの国)

189年以降、公孫氏(燕の後裔)有力化

邪馬台国は任那・伊都国連合と邪馬台国(山陽・山陰・南海道と近畿西部)とからなり、伊都国に一大率を置く(任那は対馬に興り、南朝鮮の大半を勢力下に置いた)

3世紀初頭、公孫氏、楽浪郡を廃し、その南部に帯方群を置く、卑弥呼、公孫氏より画文帯神獣鏡を入手

「見る銅鐸」の大量埋納(大岩山古墳群)

220年 中国、三国時代始まる
238年 魏により公孫氏、滅亡

都市牛利：丹波大縣主由碁理か

239年 卑弥呼、魏に使い(難升米・都市牛利ら)を送り、親魏倭王に任じられ銅鏡百枚などを賜る

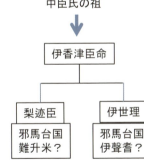

三角縁神獣鏡

画文帯神獣鏡は邪馬台国初期(3世紀初め～中頃)公孫氏より入手し、威信財として国内に配られたと思われる。239年魏王から贈られた銅鏡100枚は三角縁神獣鏡(時代区分4段階の最初のもの)と思われ、239年の魏・晋の交代期に製造。その後晋からの舶来に頼ったが、晋が滅び(420年)、倭国で製造するようになった。(邪馬台国から大和政権へ、福永)

```
           中臣氏の祖
              ↓
           伊香津臣命
          /        \
       梨迹臣      伊世理
       邪馬台国    邪馬台国
       難升米?     伊聲耆?
```

243年 倭王再び魏に使い(伊聲耆ら)を送る

245年 魏帝、難升米に黄幢を賜る

卑弥呼死す。男王が立つが収まらず、卑弥呼の宗女の臺(台)与(13歳)を女王とする

台与、魏に使い(掖邪狗ら)を送る

掖邪狗：和邇日子押人命？

晋(晋、しん、265-420年)は、中国の王朝の一つ。司馬炎が魏最後の元帝から禅譲を受けて建国した。

『旧唐書(くとうしょ)』には、日本(任那)は倭国の別種であると記載され、もともと小国であった日本が倭国を併合したとも記述されている。『新唐書』でも、日本は、古くから交流のあった倭国とは別と捉えられており、日本の王の姓は阿毎氏であり、筑紫城にいた神武(崇神か)が大和を征服し天皇となり、600年頃に初めて中国と通じたと記述されている。

266年 倭 台与、西晋(晋)に使いを送る
288-297年 西晋の陳寿、『魏志倭人伝』を書く

300年 任那・伊都国連合の崇神(神武)の東征により邪馬台国が崩壊；任那は音韻上、日本に通じる

315年 崇神即位

弥生時代後期の年表　（神武から崇神まで）

区分	年表	前ヤマト王権の王（天皇）	事項
AD50 浦安の国	・スサノオ、筑紫さらに出雲に侵攻、出雲古国滅ぶ。 ・天孫降臨（天火明命（ホアカリ、新羅本記第4代脱解王）と瓊瓊杵尊（ニニギ）。 ・脱解尼師今（脱解王）（57～80年）、新羅第4代（昔氏始祖）、丹後のホアカリに当たる！ 57年　奴国王、後漢・光武帝に使いを送り、金印を賜る。『後漢書倭伝』。 107年　倭国王、師升等（筑紫伊都国王？）、後漢・安帝に使いを送る。『後漢書倭伝』。	浦安の国の支国（葛城多氏王権） 1神武 2綏靖 3安寧	（弥生中期後葉から、近江下之郷遺跡～二ノ畔・横枕遺跡が中心か） ・神武天皇の妃の出自を考えると、三島神の東征が南朝鮮系倭人の摂津・大和への進出が神武東征の第1陣とも考えられる。この東征の時期はニニギやホアカリの降臨と同時期。この三島神の東征に、阿蘇山近辺で鉱物採取に当たっていた多氏が同伴したか。 ・第2代綏靖天皇は倭の最古の氏族、多氏の祖の神八井耳命の弟であり、多氏との関係が注目される。神武天皇から安寧天皇までは葛城多氏王権と考えられる。 ・「見る銅鐸」の製造始まる（近畿式、三遠式）。 ・三次発の四隅突出型墳丘墓が出雲から日本海沿岸に広がる。 ・奴国は伊都国に圧倒された。この頃、奴国の王族の和邇氏が若狭へ遷る。 ・師升は伊都国王で、スサノオの後裔とみる。
大己貴の国―玉牆の内つ国	・2世紀の第1四半世紀　大国主（大己貴）と少彦名、大己貴の国（玉牆の内つ国）を建国。 146年　倭国大乱（－189年）。 157年　新羅第8代・阿達羅（あだるら）王の王子、延烏郎（アメノヒボコ）、来倭。 158年　皆既日蝕（迎日湾～吉備）。 184-190年（中平）、後漢「中平」と紀年銘の鉄剣、和邇氏にわたる（後漢から戦勝祈願で賜るか）。	大己貴の国の支国（葛城王朝） 4懿徳 5孝昭 6孝安	（国都：近江伊勢遺跡） ・見る銅鐸の巨大化（近畿式のみになる）。 ・吉備に大型墳丘墓。 ・「海部氏勘注系図」によるとホアカリの三世孫の倭宿禰が大和に進出したとある。ホアカリを第1代天皇（神武）とみなすと、第4代の懿徳天皇が倭宿禰にあたる。さらに、第4代～第9代天皇は「海部氏勘注系図」に関係付けられる。 ・第4代～第6代天皇が葛城王朝（秋津洲）で、大己貴の国の支国と思われる。孝昭天皇はコトシロヌシか。 ・和邇氏が近江湖西に入り、さらに大和に入る。 ・吉備の特器器台が出雲に現れ、その後河内を経て大和に移動する。 ・日本海勢力（大国主と少彦名）は、新羅からの但馬、丹後、若狭への鉄のルートを築き、出雲、吉備と伊都国を除く本州中央部を勢力下に置いた。これに対しニギハヤヒに率いられた瀬戸内海勢力（吉備と巨文島系（三島神系）の海人）は、アメノヒボコ（新羅から渡来し因幡、但馬そして播磨を席巻）と合流し東征、大和・葛城を支配下に置いた。所謂ニギハヤヒの東征。 ・少彦名はこの倭国大乱で敗死か？ ・「見る銅鐸」の大量埋納（近江大岩山古墳群）。
邪馬台国―虚空見つ倭国	・190年頃　大己貴の国瓦解、卑弥呼を共立し倭国大乱収まる。邪馬台国建国。卑弥呼は倭迹迹日百襲姫命と思われる。 189年以降、公孫氏有力化。 ・3世紀初頭、公孫氏、楽浪郡を廃し、その南部に帯方群を置く。 ・邪馬台国、伊都国に一大率を置く。 220年　中国、三国時代始まる。 238年　魏により公孫氏、滅亡。 239年　卑弥呼、魏に使い（難升米・都市牛利ら）を送り、親魏倭王に任じられ（三角縁神獣鏡）銅鏡百枚などを賜る。 243年　倭王再び魏に使い（伊聲者ら）を送る。 245年　魏帝、難升米に黄幢を賜る。 247年　卑弥呼死す。箸墓に葬られる。 ・男王が立つが収まらず、卑弥呼の宗女の台（臺）与を女王とする。台与、魏に使い（掖邪狗ら）を送る。台与は息長水依姫（オキナガミズヨリヒメ）と思われる。 265年　晋（－420年）　司馬炎が魏最後の元帝から禅譲を受けて建国。 266年　倭、台与、西晋（晋）に使いを送る。 ・3世紀末、崇神東征。	邪馬台国 7孝霊 8孝元 9開化	（国都：纒向遺跡） ・ニギハヤヒ（物部の祖、吉備のスサノオの後裔）は、大国主と和邇氏と談判し和邇の巫女（卑弥呼）を伊勢遺跡から纒向遺跡に遷し邪馬台国を建て、倭国大乱を終結させた。孝霊天皇は「海部氏勘注系図」の日本得魂命に当たる。 ・孝霊伝承によると、吉備が美作、因幡、但馬、播磨、讃岐に勢力を拡大し、孝霊天皇の御代に大和の大部分を治めた。卑弥呼（倭迹迹日百襲姫）は、孝霊天皇の養女になったか。孝霊天皇はニギハヤヒで、大物主と思われる。 ・卑弥呼は、公孫氏より手に入れた画文帯神獣鏡を威信財として有力豪族に配ったが、その出土は畿内の古墳に限られている。 ・本州西部と四国を手中に治めたニギハヤヒと卑弥呼（邪馬台国）は伊都国と南朝鮮（任那・伊都国連合）をも勢力下においた。 ・帯方郡から邪馬台国への経路は日本海経由で、投馬国は出雲国（当時は出雲王朝）。 ・吉備由来の庄内式土器が大和から北九州に、狗奴国（大己貴の国の後継国か）由来のS字型甕が東国に広がる。 ・三角縁神獣鏡も威信財として国内に配った。魏滅亡後、晋からこの鏡を得ていたが、調達不能になり国内で製造した。 ・難升米と伊聲者は任那・伊都国連合にいた中臣氏の一族であり、都市牛利は丹波大縣主由碁理で披邪狗は和邇日子押人命か？また、大伴氏は新羅の昔氏を継いだ氏族か？ ・邪馬台国（卑弥呼）、狗奴国（男王卑弥弓呼）とは、まえまえから不和であった。当時、邪馬台国はたびたび狗奴国の侵攻を受ける。 ・吉備由来の前方後円墳が邪馬台国に、狗奴国（北東近江と美濃が中心の東日本）に前方後方墳広がる。 ・卑弥呼が死に箸墓に葬られる。男王立つが国中が不服で、こもごもあい誅殺した。当時千余人を殺しあった。 ・この抗争は卑弥呼の宗女の台与を女王とすることで収束する。 （近江の天の御影神の後の台与（息長水依姫か）は卑弥呼の姪とも言われる。台与は大国主の狗奴国の領域の近江の豊郷にいたと思われ、彦（日子）坐王の妻となる。） ・開化天皇の異母兄弟（大彦命）と大彦の子（武渟川別）、彦国葺、吉備津彦（瀬戸内海側）　と　開化天皇の異母兄弟（武埴安彦命）、開化天皇の皇子の日子（彦）坐王（日本海側）との間に抗争があった。狗奴国勢力は日本海側に加担したと思われ、東征してきた崇神勢力は瀬戸内海系を支援したと思われる。 ・武埴安彦と妻の吾田媛が謀反を起こした。吉備津彦が吾田媛を破り、一方、大彦命と彦国葺は武埴安彦を破った。 ・崇神勢力（大彦ら）が大和を制圧し、ウマシマジと天香久山に出雲を挟撃させる。
崇神王朝	・4世紀初め、邪馬台国亡び、崇神王朝（ヤマト王権）成立。	10 崇神	・四道（北陸、東海、西道、丹波）に四道将軍（大彦、武渟川別、吉備津彦、日子坐王）を派遣し各道を制圧する。 ・崇神元年は315年。崇神・垂仁朝になっても崇神（大彦ら）と台与・日子坐王系の対立は続く。

第4部　古墳時代前期・中期　概略

1．古墳時代前期（3世紀中頃〜4世紀）（邪馬台国末期＋崇神王朝（三輪王朝、崇神天皇〜仲哀天皇））

　古墳時代の始期は巨大な前方後円墳が造られ始めた時期とされる。従って、3世紀後半初めの最古級で巨大な前方後円墳である箸墓古墳の造営をもって古墳時代が始まったとする。箸墓古墳には邪馬台国の卑弥呼（孝霊天皇皇女の倭迹迹日百襲姫命か）が葬られている。前方部が途中から撥型（ばちがた）に大きく開く墳形であり、吉備様式の特殊器台が後円部に並んでいる。箸墓古墳に続く時期に造られた西殿塚古墳も箸墓の様式を踏襲しており、卑弥呼の後継者の台与の墳墓と考えられている。これら2基の邪馬台国終結期の前方後円墳に続くのが、崇神王朝の歴代天皇の巨大な前方後円墳で、行燈山古墳（崇神陵）、宝来山古墳（垂仁陵）、渋谷向山古墳（景行陵）と続く。崇神陵と景行陵は天理市・桜井市の大和・柳本古墳群にあり、垂仁陵は奈良市の佐紀盾列古墳群にある。崇神朝の後にヤマト王権に権力交替があったと思われる。景行天皇陵は天理市の柳本に造営されるが、垂仁天皇陵、成務天皇陵や神功皇后陵並びに垂仁天皇妃（日葉酢媛）陵などは、佐紀盾列古墳群にある。なかでも、日葉酢媛陵の墳形には丹後の古墳の影響が強く出ている。その後、所謂応神東征といわれる、応神天皇を掲げた神功皇后軍（神功皇后・武内宿禰・建振熊）の東征により仲哀天皇の皇子（香坂王・忍熊王）が誅殺される。この内乱により古墳時代前期が終わり、応神王朝（河内王朝）が始まる。

　3世紀半ば卑弥呼が亡くなり、邪馬台国は狗奴国の攻勢もあり混乱状態となり、男王（開化天皇か）を立てるが争乱状態となった。開化天皇の御子の日子坐王（『古事記』、『日本書紀』では彦坐王）は、妻の息長水依比売（台与か）を卑弥呼の後継にし、狗奴国との抗争を鎮めた。また、日子坐王（ヒコイマス）は、丹波道主王命（台与との子）とその娘の日葉酢媛命（垂仁の皇后）、狭穂彦と狭穂姫（日子坐王の子、狭穂姫は垂仁の皇后）、和邇氏らの三丹（丹後、但馬、丹波）・若狭・近江・美濃勢力（日本海系勢力、近江王朝）を纏め、開化天皇の異母兄弟の大彦の勢力（瀬戸内海系勢力、崇神王朝）と対抗したと思われる。その当時、丹後に巨大な前方後円墳が造られたが、これは日子坐王の権勢を反映したものと思う。垂仁朝に狭穂彦が反乱を起こしたが敗北し、妹の狭穂姫は兄に殉じた。この敗北の結果、日子坐王勢力は衰退していった。

　3世紀末の崇神東征により、邪馬台国の王権は伊都国・任那連合に奪取され、崇神王朝（ヤマト王権）が誕生する。宝賀・貝田推論⑧009によると、崇神即位は315年。しかし、日子坐王が束ねる日本海勢力（近江王朝）と近江北部・美濃を中核とし東日本に拡がる狗奴国の勢力（大国主勢力）が葛城など西日本諸国にも存在していた。葛城勢の武埴安彦王と妻の吾田媛が謀反を起こした。

　瀬戸内海勢力の吉備津彦が吾田媛を破り、大彦命と彦国葺命は武埴安彦を破った。この争いの結果、崇神天皇と大彦は安定した政権基盤を築いた。崇神天皇は、北陸道、東海道、西道（山陽道）と丹波（山陰道）のそれぞれに大彦、武渟川別（大彦の子）、吉備津彦および丹波道主王（日子坐王の子）を派遣し諸国を平定した。また、出雲神宝を管理していた出雲振根の不在中に弟の飯入根が神宝を奉献する。出雲振根は怒って飯入根を殺す。ヤマト王権は吉備津彦と武渟河別を派遣して出雲振根を誅殺（出雲神宝事件）。崇神朝につづく垂仁朝の五大夫は、彦国葺命（和邇氏）、武渟川別（阿倍氏）、大鹿嶋（中臣氏）、十千根（物部氏）および武日（大伴氏）であり垂仁天皇を支えた。

　崇神の御代に疫病が流行り政情が不穏になり、天皇は御殿で天照大神（卑弥呼をも表象）と倭大国魂神（大国主の荒魂）の二神を祀ったが、政情は回復しなかった。そこで、大田田根子を祭主として大物主神（大国主の和魂）を祀り、市磯長尾市を祭主として倭大国魂神を祀ることで、疫病がはじめて収まり、国内は鎮まった。また、神託により垂仁天皇の皇女倭姫命が天照大神を祀る伊勢神宮内宮を創建している。さらに、垂仁天皇と狭穂姫の間の誉津別皇子が物言わないのは、出雲大神の祟りと思われた。天皇は皇子を出雲に遣わし、大神を拝させると皇子は話せるようになった。大国主は国譲りに応じる条件として「我が住処を、皇孫の住処の様に太く深い柱で、千木が空高くまで届く立派な宮を造っていただければ、そこに隠れておりましょう」としていたが、これに従って出雲大社が造られ、大国主の祟りが鎮まった。また、垂仁朝に皇祖神たる天照大御神を祀る伊勢神宮が造営された。

　景行朝に日本武尊は西征し、熊襲建を謀殺する。さらに東征し、駿河、相模と上総を制し、反転して尾張から伊吹山に向かい神の化身と戦うが深手を負い大和への帰途亡くなる。これは、伊吹山は狗奴国の神奈備で狗奴国の残存勢力のために敗死したと考える。狗奴国は成務朝に日本武尊の御子の稲依別により滅ぼされ、ここにヤマト王権による倭国平定が完遂した。

　ヤマト王権による倭国平定が終わる4世紀後半になると倭国軍の南朝鮮への展開が活発化する。中国は五胡十六国の大分裂時代で、この時期、高句麗や百済も華北や江南へ進出する。倭国軍が百済と高句麗に進出する中、369年、百済王世子奇生は倭王に友好のため七支刀を送る。384年には、新羅からの朝貢がなかったので、葛城襲津彦が新羅討伐に派遣された。391年は、倭国は百済・新羅を臣民化し、409年、高句麗に攻め込むが広開土大王（好太王）に大敗する。これらの倭国軍の南朝鮮への侵攻が、神功皇后の「三韓征伐」に当たると考える。応神天皇を掲げた神功皇后軍により仲哀天皇の皇子（香坂王・忍熊王）が謀殺される。この内乱の終結により応神王朝が誕生する。

2．古墳時代中期（4世紀末から5世紀、応神天皇〜武烈天皇）

応神天皇の東征により、応神王朝が樹立された（宝賀・貝田推論Ⓑ009によると、応神即位は390年）。応神東征とは、河内の物部氏や中臣氏と結託した大山祇神やスサノオの流れを汲む息長氏出自の応神天皇の宇佐神宮からの東征である。成務朝の倭国の平定および応神東征により、倭国は隆盛期を迎え、倭国軍が強力な武力を背景に南朝鮮に進出するとともに、壮大な前方後円墳の建造を含む大土木事業が活発化する。また半島や中国との交流も日本海経路ではなく主として瀬戸内海経路をとるようになる。最大級の前方後円墳は、河内の古市・百舌鳥古墳群の誉田御廟山（応神陵）、大仙（仁徳陵）や上石津ミサンザイ（履中陵）で、その当時地方の有力豪族（吉備、日向や毛野）も巨大な前方後円墳を築造した。

5世紀半ばに、允恭天皇（即位441年）は、氏姓の乱れは国家の混乱を招く原因になりかねないと考え、氏・姓の氏姓制度を整えた。この允恭の施策によって、貴族・百姓の身分的序列化が成し遂げられた。5世紀末には、倭国の勢力下にある南朝鮮の栄山江流域に前方後円墳群が造られた。また、古墳の石室が竪穴式から横穴式に変遷する。古墳時代後期（6世紀）になると古墳の規模は縮小へと向かった。

応神天皇の母の神功皇后の「三韓征伐」のように、応神王朝になる頃から倭国軍の朝鮮半島進出が盛んになった。それに伴って半島からの渡来人が目立ってきた。応神朝には、百済より和邇吉師（王仁）が渡来し、『論語』と『千字文』をもたらす。また、葛城襲津彦や倭軍の精鋭の助けにより新羅の妨害を排し、弓月君（秦氏の先祖）の民が百済より渡来した。この頃、海部（あまべ）、山部などの土木技術者も渡来した。これら渡来人の助けで大堤や巨大古墳を築くなどの大型の土木工事が行われた。仁徳朝（即位414年）には、大阪湾沿岸部の河内平野一帯で、池・水道・堤などの大規模な治水工事が行われた。また、難波の堀江の開削を行って、現在の高麗橋付近に難波津が開かれ、当時の瀬戸内海物流の一大拠点となった。

5世紀後半につくられた倭製の土師器、青銅器、巴形銅器あるいは滑石の祭器が、伽耶と称される南朝鮮の慶尚南道や全羅南道の墳墓や集落遺跡から発見されている。一方、倭においても、伽耶製の陶質土器や筒形銅器、さらに鉄艇と呼ぶ半島製の鉄製の短冊形の鉄素材の出土量が急増している。さらに、応神王朝では、従来の古墳に埋められた埴輪などの素焼きの土師器に加えて、ろくろを使い成形し高温で焼く須恵器が造られ始めた。

大阪府の陶邑窯跡群で生産された須恵器が、前方後円墳分布域の北端と南端にまで運ばれている。また、牧畜が一般化し、平郡氏が王権の馬の管理に携わった。

倭の五王と雄略天皇（即位465年）

応神王朝の倭の五王とは、『宋書』倭国伝などに記された、中国南朝に遣使した倭王「讃、珍、済、興、武」（『梁書』では讃＝賛、珍＝彌）を指す。この5人が歴代天皇の誰にあたるかを、『古事記・日本書記』から推定すると、済＝允恭天皇、興＝安康天皇、武＝雄略天皇と考えられる。しかし、残る讃、珍については、讃＝応神天皇または仁徳天皇あるいは履中天皇、珍＝仁徳天皇または反正天皇など諸説がある。以下、倭の五王の外交年表。413年、讃 東晋・安帝に貢物を献ずる（『晋書』安帝紀、『太平御覧』）。421年、讃 宋に朝献し、武帝から除綬の詔をうける。おそらく安東将軍倭国王（『宋書』夷蛮伝）。425年、讃 司馬の曹達を遣わし、宋の文帝に貢物を献ずる（『宋書』夷蛮伝）。430年宋に使いを遣わし、貢物を献ずる（『宋書』文帝紀）。438年、倭王讃 没し、弟珍 立つ。この年、宋に朝献し、自ら「使持節都督倭・百済・新羅・任那・秦韓・慕韓六国諸軍事安東大将軍倭国王」と称し、正式の任命を求める（『宋書』夷蛮伝）。4月、宋文帝、珍を安東将軍倭国王とする（『宋書』文帝紀）。443年 済 宋・文帝に朝献して、安東将軍倭国王とされる（『宋書』夷蛮伝）。451年、済 宋朝・文帝から「使持節都督倭・新羅・任那・加羅・秦韓・慕韓六国諸軍事」を加号される（『宋書』倭国伝）。7月、安東大将軍に進号する（『宋書』文帝紀）。462年、宋・孝武帝、済の世子の興を安東将軍倭国王とする（『宋書』孝武帝紀、倭国伝）。477年、興没し、弟の武立つ。武は自ら「使持節都督倭・百済・新羅・任那・加羅・秦韓・慕韓七国諸軍事安東大将軍倭国王」と称する（『宋書』夷蛮伝）。478年、武 上表して、自ら開府儀同三司と称し、叙正を求める。順帝、武を「使持節都督倭・新羅・任那・加羅・秦韓・慕韓六国諸軍事安東大将軍倭王」とする（『宋書』順帝紀）（「武」と明記したもので初めて）。479年、南斉の高帝の王朝樹立に伴い、倭王の武を鎮東大将軍（征東将軍）に進号（『南斉書』倭国伝）。502年、梁の武帝、王朝樹立に伴い、倭王武を征東大将軍に進号する（『梁書』武帝紀）。

讃（履中天皇か）、珍（反正天皇か）や武（雄略天皇）は、自らを「使持節都督倭・百済・新羅・任那・加羅・秦韓・慕韓七国諸軍事安東大将軍倭国王」と称し、宋の皇帝に正式に任命を求めている。皇帝は、百済だけは倭国の支配下であると認めず、他の南朝鮮は倭国の領域であることを認めている。このことは、南朝鮮は縄文時代前期から倭人（西日本縄文人）が住み、倭の勢力下にあったが、百済だけは後年、漢や魏の強い影響下にあったことを、倭王のみならず南朝の皇帝もまた認識していたからだと考える。

5世紀後半の応神王朝の政変は雄略天皇（倭王武）の登場と関係すると思われる。雄略天皇は、平群氏、大伴氏や物部氏の力を背景にした軍事力で専制王権を確立した。天皇の次の狙いは、連合的に結び付いていた地域国家群をヤマト王権に臣従させることであった。葛城、吉備などの諸豪族を制圧したことが『記紀』から窺える。西都原古墳群（宮崎県）では、5世紀前半になって女狭穂塚古墳や男狭穂塚古墳のような盟主墳が出現するが、これら盟主墳は5世紀後半以降途絶える。河内の王家と密接な関係のあった淀川水系有力首長系譜（大阪三島の安威川、長岡や南山城の久世系譜）が、5世紀前半に盟主墳を築き全

盛期を迎えるが5世紀後半にはこれらの系譜は断絶する。この政変により、新たな系譜が巨大な前方後円墳を築き始める。熊本県菊池川流域の江田船山古墳の系譜、埼玉県の稲荷山古墳の系譜、群馬県の保渡田古墳群の系譜などである。とりわけ、江田船山古墳と稲荷山古墳からは獲加多支鹵大王（ワカタケル大王、雄略天皇）の文字を刻んだ鉄剣が出土している。なかでも、稲荷山古墳からの鉄剣には、古墳の被葬者オワケの7代前はオオヒコノミコトと記されており、大彦命は崇神朝の四道将軍の一人である。雄略天皇の武威が関東・九州におよんでいたと推定される。その後の武烈天皇は、大伴金村に命じて恋敵の平群鮪を殺害し、その父真鳥の館に火を放って焼き殺してしまう。ここに平群氏は討滅される。

対外的には、462年、倭軍が新羅に攻め込んだが、将軍の紀小弓が戦死してしまい敗走した。475年、高句麗が百済を攻め滅ぼしたが、翌年、雄略大王は任那から久麻那利の地を百済に与えて復興させた。この他、呉国（宋）から手工業者・漢織（あやはとり）・呉織（くれはとり）らを招き、また、分散していた秦民（秦氏の民）の統率を強化して養蚕業を奨励した。479年、百済の三斤王が亡くなると、入質していた昆支王の次子末多王に筑紫の兵500人をつけて帰国させ、東城王として即位させた。兵を率いた安致臣・馬飼臣らは水軍を率いて高句麗を討った。このように、雄略朝では、倭国は百済と協力し新羅に当たり、また高句麗の圧迫に対抗した。

武装男子立像（群馬県太田市出土）東京国立博物館蔵、国宝

曽我遺跡（そがいせき）、5世紀後半から6世紀前半までの期間に営まれた大規模な玉造りの集落（古代の造幣局？）。（古代史　旧石器時代〜律令国家までの写真と地図で解説、成美堂出版）

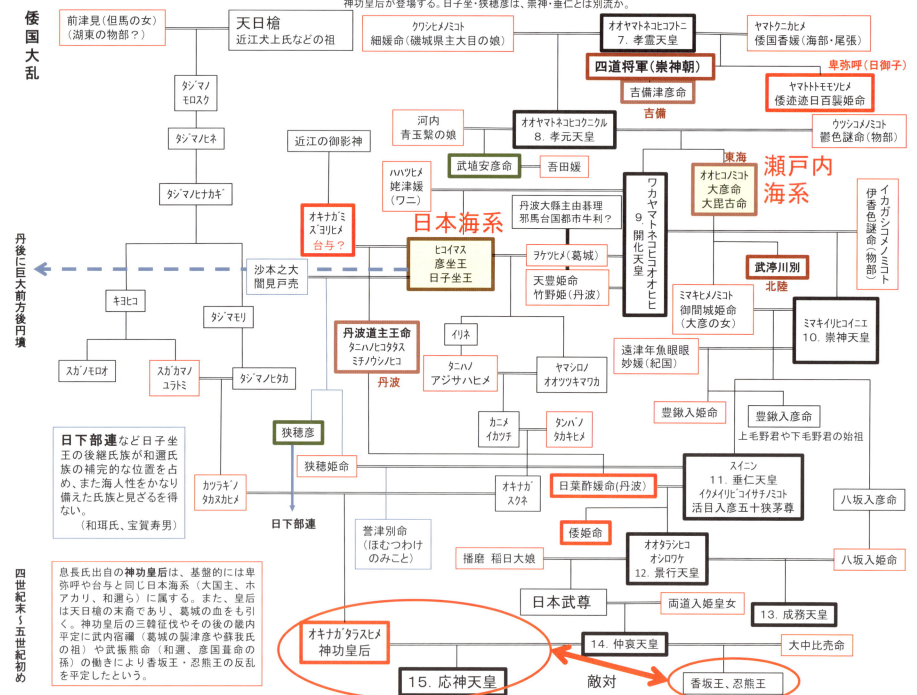

区分	年表　　　（宝賀・貝田推論Ⓑ009による即位年）	歴代天皇	事項
古墳時代・三輪王朝	・崇神（神武）東征　　　（崇神即位315年） 317　西晋滅ぶ ・武埴安彦と吾田媛の反乱 ・出雲神宝事件 五胡一六国時代	10 崇神	・1世紀半ばのニニギ降臨（3世紀末の崇神東征も）の折、同伴したのは、天児屋命（中臣氏祖、製鉄神）、天太玉命（忌部氏祖）、天忍日命（大伴氏、佐伯氏祖）、天久米命（久米氏の祖）。中臣氏、大伴氏と忌部氏は南朝鮮の出自か。崇神東征の中核は、中臣氏、大伴氏と久米氏であろう。崇神東征には久米人や隼人が同伴した。 ・葛城勢の武埴安彦（タケルハニヤスヒコ）王と妻の吾田媛（アタヒメ）が謀反を起こした。吉備津彦が吾田媛を破り、一方、大彦と彦国葺（ヒコクニブク）は武埴安彦を破った。この争いの結果、崇神天皇と大彦は安定した政権基盤を築いた。 ・四道将軍の大彦を北陸に、武渟川別を東海に、吉備津彦を西道に、丹波道主を丹波に派遣した『日本書記』。『古事記』では孝霊朝のとき、吉備津彦を吉備に派遣したとある。また丹波には日子坐王を派遣した。 ・崇神天皇のとき、出雲の神宝を天皇に献上した弟の飯入根（いいいりね）を兄の振根がだまし討ちにする。振根は朝廷の派遣した吉備津彦と武渟川別に殺された。 ・大田田根子を祭主として大物主神を祀り、長尾市を祭主として倭大国魂神を祀ることで、疫病は収まり、国内は鎮まった。
	（垂仁即位332年） ・狭穂毘古の反乱 ・出雲大社の創建 ・伊勢神宮内宮の創建	11 垂仁	・五大夫（垂仁朝）：彦国葺（和邇氏の祖）、武渟川別（阿倍氏の祖）、大鹿嶋（中臣氏の祖）、十千根（物部氏の祖）、武日（大伴氏の祖） ・狭穂彦（日子坐王の子）が反乱を起こし、妹の狭穂姫は兄に殉じた。 ・垂仁天皇と狭穂毘売の間の誉津別皇子が物言わぬは、太占で出雲大神の祟りとわかった。天皇は皇子を曙立王、菟上王とともに出雲に遣わし、大神に拝させると皇子はしゃべれるようになった。出雲大社を創建した。 ・垂仁天皇の皇女倭姫命は、天照大神の御杖代として大和国から伊賀・近江・美濃・尾張の諸国を経て伊勢の国に入り、神託により皇大神宮（伊勢神宮内宮）を創建した。
	（景行即位342年） ・倭建尊（日本武尊）の東征・西征 ・倭建尊、伊吹山（狗奴国の最後の砦？）で敗死 346　百済建国（正式） 357　新羅建国（正式）	12 景行	・日本武尊のみならず景行天皇自身も美濃・九州に遠征したと伝えられている。 **日本武尊西征**　・日本武尊（倭建尊）、九州の熊襲建兄弟の討伐を命じられる。九州に入った小碓命は、熊襲建の宴に美少女に変装して忍び込み、宴たけなわの頃にまず兄建を斬り、続いて弟建に刃を突き立てた。その後、倭建命は出雲に入り、出雲建の太刀を偽物と交換して太刀あわせを申し込み、殺してしまう。（『日本書記』の出雲神宝事件と重なる。） **日本武尊東征**　・西方の蛮族の討伐から帰るとすぐに、景行天皇は重ねて東方の蛮族の討伐を命じる。倭比売命は倭建命に伊勢神宮にあった神剣、草那芸剣と袋とを与える。倭建命はまず尾張国造家に入り、美夜受比売（宮簀媛）と婚約をして東国へ赴く。相模の国で、野中で火攻めに遭う。草那芸剣で草を刈り掃い、袋の火打石で迎え火を点けて逆に敵を焼き尽くす。相模から上総に渡る際、走水の海の神が波を起こして倭建命の船は進退窮まった。そこで、后の弟橘比売が自ら命に替わって入水すると、波は自ずから凪いだ。倭建命は東国を平定して、長野県を経て、倭建命は尾張に入る。尾張に入った倭建命は美夜受比売と結婚する。 ・伊勢の神剣をもたず、伊吹山の神を素手で討ち取ろうと、出立する。素手で伊吹の神と対決した倭建命の前に、白い大猪が現れる。神の化身で、大氷雨を降らされ、命は失神する。弱った体で大和を目指したが、三重県亀山市で亡くなる。倭建尊は白鳥となって、大和を指して飛んだ。白鳥は伊勢を出て、河内の国に留まり、やがて天に翔った。 ・伊吹山の神は八岐大蛇ともいわれ、大国主のことと思われる。したがって、倭建命は大国主の狗奴国の最後の砦の伊吹山で戦い敗死したか。
	（成務即位357年） ・狗奴国の滅亡、倭国平定	13 成務	・「境を定め邦を開きて、近淡海に制したまいき」（『古事記』）とは、「伊吹山（狗奴国の最後の砦か）を制し、近江をヤマト王権の支配下に置くことにより、全国統一をほぼ果たし諸国の境を定めた」のことと思う。
	（仲哀即位377年） 372　百済王世子奇生、倭王旨のために七支刀を作る（石上神宮所蔵） 三韓征伐（372～409） ・百済、倭国と共に高句麗を破る ・倭国は第16代の新羅王訖解尼師に国書を送り国交断絶、首都金城を包囲攻撃 382　葛城襲津彦を遣わして新羅を撃たせる	14 仲哀 神功皇后	・神功皇后はアメノヒボコ、ヒコイマス、葛城氏、息長氏の血を引き実質的に倭国を平定した。 ・神功皇后は夫の仲哀天皇の九州熊襲征伐に随伴した。仲哀天皇が熊襲の矢で落命、神功皇后はその遺志を継いで熊襲征伐を達成した。その後神宮皇后は三韓征伐に向かった。 ・三韓征伐は、神功皇后が新羅出兵を行い、朝鮮半島の広い地域を服属下においたとされる戦争を指すと思われる。 ・三韓征伐後、応神天皇を掲げ東征する神功皇后軍に対抗して、応神天皇の異母兄の香坂皇子と忍熊皇子が畿内で反乱を起こしたが、武内宿禰や武振熊命の働きによりこの反乱を平定した。かくして、神功皇后がヤマト王権を掌握し、応神王朝への道を開いた。

年表（古墳時代前期末～古墳時代中期）

高句麗・百済、遼西および呉越の地を支配。倭も関与か？（古代日本異族伝説の謎、田中勝也）

— 372　百済王世子奇生、倭王旨のために七支刀を作る（石上神宮所蔵）
　　　　百済の太子、礼成江右岸を占領
　　　　百済、倭国と共に高句麗を破る

— 382　新羅からの朝貢がなかったので、襲津彦が新羅討伐に派遣された。

4世紀後半、百済より和邇吉師（王仁）渡来、『論語』と『千字文』をもたらす。書物文首らの祖、もとは楽浪郡出身か。
（漢字公伝）（実際の伝来は紀元前1、2世紀で楽浪郡からか）

— 390　**応神天皇即位**
— 391　倭、百済と新羅を臣民化

400　　　　　　　　　　）**好太王碑**

— 409　倭、好太王に大敗
— 413　讃、東晋・安帝に貢物を献ずる。
— 414　高句麗　広開土王碑建立
— 420　宗の建国（～479）
— 425　讃、宋に朝献し、武帝から除綬の詔をうける。おそらく安東将軍倭国王。（『宋書』夷蛮伝）
— 438　珍、宋に朝献し、自ら「使持節都督倭・百済・新羅・任那・秦韓・慕韓六国諸軍事安東大将軍倭国王」と称し、正式の任命を求める。（『宋書』夷蛮伝）
— 451　済、宋朝・文帝から「安東将軍」に加え「使持節都督倭・新羅・任那・加羅・秦韓・慕韓六国諸軍事」を加号される。（『宋書』倭国伝）
— 477　武、自ら「使持節都督倭・百済・新羅・任那・加羅・秦韓・慕韓七国諸軍事安東大将軍倭国王」と称する。（『宋書』夷蛮伝）
— 479　南斉の高帝、王朝樹立に伴い、倭王の武を鎮東大将軍（征東将軍）に進号する。（『南斉書』倭国伝）

500

— 502　梁の武帝、王朝樹立に伴い、倭王武を征東大将軍に進号する。（『梁書』武帝紀）

— 507　**継体天皇即位**

— 527　筑紫国造磐井の反乱

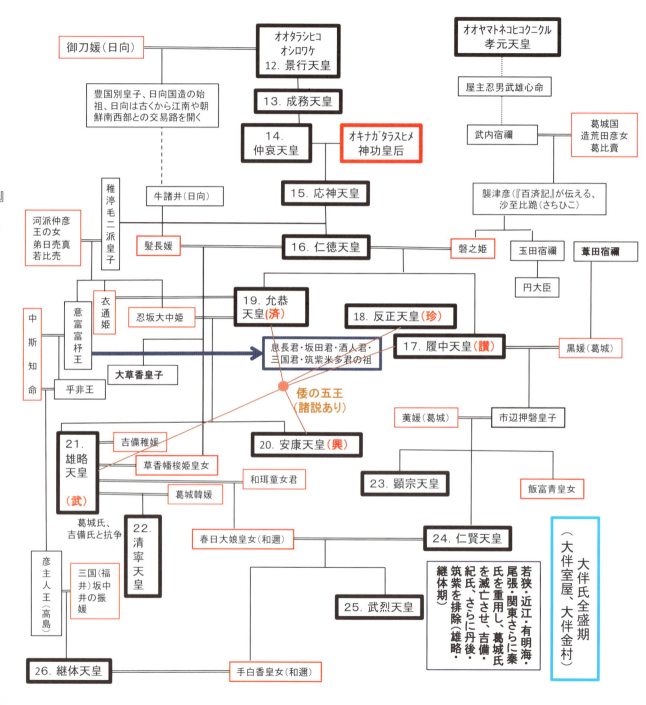

テーマB

古の日本（倭）の歴史（前1世紀～4世紀）－天孫族（伽耶族）の系譜

要　約

　『記紀』の天皇系図と『海部氏系図』を比較検討すると初代神武天皇から第9代開化天皇までの系図と『海部氏系図』の初代彦火明命から十世孫の乎縫命までの系図を並列させることができる。特に第4代懿徳天皇から開化天皇までの系図は三世孫の倭宿禰から十世孫の乎縫命の系図と高い整合性をもって並列できる。従って、倭宿禰が大和・葛城に侵入して、懿徳天皇になって葛城王朝を建てたと思われる。史学会では第2代綏靖天皇から第9代開化天皇までを欠史八代として、公式にはその実在性を認めていない。第10代崇神天皇は「御肇國天皇」とされ「初めて国を治めた天皇」と解釈され、崇神天皇の実在性は学会で認められている。宝賀・貝田推論Ⓑ009によると崇神即位はAD315年とされ、また『古事記』に記載の崇神天皇の没年はAD316年である。このように、崇神天皇は3世紀末から4世紀前半の天皇と考えられる。そこで、『記紀』の崇神天皇から神武天皇までの世代数9代と『海部氏系図』の世代数11代との平均の10代とし、父子相続の場合の一代を四半世紀（25年）とすると、神武天皇や彦火明命の活躍した年代は1世紀半ばとなる。また、「日向三代」Ⓑ100は恣意的に挿入された可能性が高いので削除すると、天孫の瓊瓊杵は神武天皇や彦火明と同世代となる。天孫降臨の時代を1世紀半ばとすればスサノオの世代は二代遡った紀元前後となり、イザナギ・イザナミの世代は紀元前1世紀となる。

　『日本書紀』には、イザナギ・イザナミの時代の倭国には、「細戈千足国」、「磯輪上秀真国」と「浦安の国」があったとされる。各々、奴国、出雲古国および近畿の浦安の国に当たると推察できる。紀元前後に大伽耶のスサノオが筑紫に侵攻し伊都国を建て、さらに出雲に侵攻して大国主（八岐大蛇）を殺害して出雲古国を崩壊させ、アメノホヒと共に出雲王朝を建てた。敗残の大国主一族（アジスキタカヒコネら）はスクナビコナと合流して東遷し、丹後、さらに近江に至った。大己貴（大国主の別名）はスクナビコナと協力して、近畿・中部地方に広がる、近江湖南を核とする「大己貴の国」を建てた。

　神武天皇は架空の人物と考えられ、神武東征とは三島神、ホアカリ（彦火明）、ニギハヤヒ、そして崇神の東征に至る、倭国平定と捉えることができる。三島神は多氏を伴い大和・葛城に侵攻して葛城多氏王権（神武⇒安寧）を建てた。ホアカリの三世孫の倭宿禰が大和・葛城に侵攻して大己貴の国の支国の葛城王朝（懿徳⇒孝安）を建てた。さらに、スサノオの後のニギハヤヒ（孝霊天皇か）とアメノヒボコが大吉備に集結して東征を開始、河内から大和・葛城に侵攻し、さらに北上して大己貴の国の都（伊勢遺跡）を侵し、大己貴の国を邪馬台（ヤマト）国（都：纏向遺跡））と狗奴国（都：稲部遺跡）に分裂させた。ニギハヤヒと大己貴は卑弥呼を共立して邪馬台国の女王にした。邪馬台国は西に拡大し任那を含む西日本一円を勢力下にし、狗奴国は東日本へと拡大した。3世紀半ば卑弥呼が亡くなると邪馬台国と狗奴国との闘争が激しくなるが、台与を女王に立て内乱を鎮めた。邪馬台国では北近畿勢力（台与の夫、日子坐王）と瀬戸内海勢力（大彦）との抗争があった。大彦らは、瓊瓊杵の直系の子孫で任那・伊都国連合の王であるミマキイリビコイニエを東征させて北近畿勢力を圧倒して、ヤマト王権（崇神王朝）を建てた（崇神東征）。崇神王朝は景行朝にほぼ倭国全域を支配下におき、成務朝には狗奴国を滅ぼし倭国全域を制圧した。神功皇后は三韓征伐後の大和への帰還の際、息長氏の直系の応神天皇を立て、応神王朝を建てた。

（第3部と第4部の「概略」と年表などを参照してください。）

　まず、第1章「古の日本（倭）の歴史（前1世紀～4世紀）－天孫族（伽耶族）の系譜（図2Ⓑ004）とその説明」を読んで頂き、さらに次の「目次」を参考にお互いに関連している「章」と「論考」を把握し、それらを有機的に読み合わせてください。併せて、邪馬台国時代（2世紀末～3世紀）の人物群像（図3Ⓑ136）も参照してください。

テーマ B：目次

1章　古の日本（倭）の歴史（前1世紀〜4世紀）－天孫族（伽耶族）の系譜　Ⓑ004
　　　古の日本（倭）の歴史（前1世紀〜4世紀）－天孫族（伽耶族）の系譜（図2）

2章　『日本書紀』と『古事記』（紀年と国産み、神産み）　Ⓑ006
　　　『日本書紀』と『古事記』（歴代天皇）／『日本書紀』の紀年と宝賀・貝田推論／『日本書紀』と『古事記』の考察（1）／イザナギ・
　　　イザナミ（国産み、神産み）／倭国の神々

3章　論考1〜4　Ⓑ023
　　　論考1　『日本書紀』に記載された弥生の国々（近江の古代史）／論考2　出雲とヤマト／論考3　スサノオ（素戔鳴）の足跡／
　　　論考4　卑弥呼（日御子？）の系譜

4章　大国主と海神（海人）族（奴国、出雲古国⇒出雲王朝）　Ⓑ040
　　　江南（国津神（海神族）の源郷）／奴国：海神（海人）族の国／大国主／宗像三女神／猿田彦／大国主とアジスキタカヒコネの東遷
　　　／スクナビコナ／出雲古国⇒出雲王朝

5章　天津神の渡来（『記紀』の神代、天孫降臨）　Ⓑ058
　　　天津神の現郷（伽耶）／高天原と神々の渡来／「新羅本記」スサノオ（＝南海次次雄）・天孫［ホアカリ（＝脱解王）と瓊瓊杵（＝首
　　　露王）］／イザナギ・イザナミ（伊西国から渡来）／イソ（伊西）・イト（伊都）・イセ（伊勢）／スサノオ／天津神の国（伊都国）

6章　近江の古代史（浦安の国⇒大己貴の国）　Ⓑ079
　　　近江の古代史／浦安の国⇒大己貴の国／近江の弥生遺跡と凄さ／大己貴の国の中枢（都：伊勢遺跡と下鈎遺跡）／湖西・新たな奴国
　　　（和邇氏）・中平太刀・卑弥呼／湖北・伊吹山／近江の鍛冶工房

7章　天孫降臨から葛城王朝崩壊まで　Ⓑ098
　　　天孫降臨（1世紀半ば）から葛城王朝崩壊まで／日向三代（作為的挿入）、瓊瓊杵＝神武／神武東征／三島神の東征（葛城多氏王権、
　　　神武→安寧）／ホアカリの東征（葛城王朝（大己貴の国の支国）、懿徳→孝安）／『海部氏勘注系図』／ホアカリ（倭宿禰）の東征／
　　　アジスキタカヒコネと事代主／二つの葵祭・葛城王朝の瓦解（ニギハヤヒの東征・崇神東征）

8章　論考5〜8　Ⓑ126
　　　論考5　奴国の東遷、帥升はスサノオか；スサノオが筑前に伊都国（倭面土（ヤマト）国）を建国、ニギハヤヒが大和に邪馬台（ヤ
　　　マト）国を建国／倭面土国（伊都国）⇒邪馬台国（畿内）／論考6　吉備が東進・拡大し、邪馬台（ヤマト）国になった／論考7
　　　アメノヒボコと倭国大乱との軌跡－邪馬台国（ヤマト国）建国前夜／論考8　スクナビコナ（少彦名）、アメノヒワシ（天日鷲）、ア
　　　メノワカヒコ（天稚彦）、ヤタガラス（八咫烏）は、同一神か

9章　邪馬台国の成立と終焉　Ⓑ135
　　　1．邪馬台国時代（2世紀末〜3世紀）の人物群像（図3）

２．邪馬台国の源郷（吉備）／楯築遺跡／吉備の秦氏／庄内式土器／ニギハヤヒ（孝霊天皇、大物主）のアメノヒボコを伴う東征（倭国大乱）／布都御魂剣の変遷／アメノヒボコ（阿達羅王子、系譜、但馬から播磨へ、五斗長垣内遺跡、出石神社）／アメノワカヒコ（少彦名）の死／大己貴の国の分裂⇒邪馬台国と狗奴国／卑弥呼を共立しての邪馬台国の誕生／邪馬台国（都：纒向遺跡、西日本全域を支配）／邪馬台国への行程／狗奴国（大己貴の国の後継国、都：稲部遺跡、Ｓ字甕、東日本に拡散）／卑弥呼の死、台与の即位（３世紀半ば）⇒箸墓古墳／崇神東征（３世紀末、神武東征譚の主要部分）／長髄彦（ナガスネヒコ）；大国主の子孫／邪馬台国の終焉／大和の出雲勢力の鎮魂と挽歌（賀茂氏の山城への後退、出雲挟撃、鎮魂祭、出雲国造神賀詞）

10章 考察（藤原氏の隆盛と物部氏の凋落）と論考9～12　Ⓑ191

　　　『日本書紀』と『古事記』の考察（２）／藤原氏の隆盛と物部氏の凋落の『記紀』への反映（石上神宮と春日大社）／論考9　大祓（中臣の祓）と素戔嗚命の天津罪；藤原氏による専制の確立／論考10　卑弥呼（倭迹迹日百襲姫）は神武天皇妃の媛蹈鞴五十鈴姫である！／論考11　『記紀』の真相（１）八岐大蛇伝説は、『記紀』神話の根幹をなすもの／論考12　『記紀』の真相（２）神武天皇はニギハヤヒか

11章 近江王朝と崇神王朝、並びに前方後円墳の変遷　Ⓑ205

　　　近江王朝（日子坐王）と崇神王朝（大彦）／ヤマト王権を支えた豪族／卑弥呼と台与（息長水依姫か）／日子坐王、近江王朝（但馬、丹後、若狭、近江、山城、美濃を含む）を建てる。日子坐王の勢力は垂仁朝まで維持／前方後円墳の変遷

12章 崇神王朝（倭国平定）Ⓑ219

　　　崇神王朝／崇神朝（邪馬台国の終焉、四道将軍の派遣）、出雲神宝事件（出雲王朝の終焉）／大物主神（ニギハヤヒ）と大国主の祟り、鎮花祭／垂仁朝（五大夫による統治、出雲大社と伊勢神宮の創建）／景行朝（日本武尊の西征・東征、伊吹山の狗奴国勢力により敗死）／成務朝（狗奴国の終焉、倭国全域を平定）／仲哀・神功朝（三韓征伐）

13章 応神王朝の成立　Ⓑ235

　　　応神王朝の成立／ヤマトの陸の軍神（宇佐神宮）／ヤマトの海の軍神（住吉大社）／倭国軍の南朝鮮への進出、秦氏の渡来／息長氏考、息長氏の系譜

14章 論考13　Ⓑ245

　　　論考13　『日本書紀』の作為・改竄・粉飾・潤色

1章　古の日本（倭）の歴史（前1世紀～4世紀）－天孫族（伽耶族）の系譜

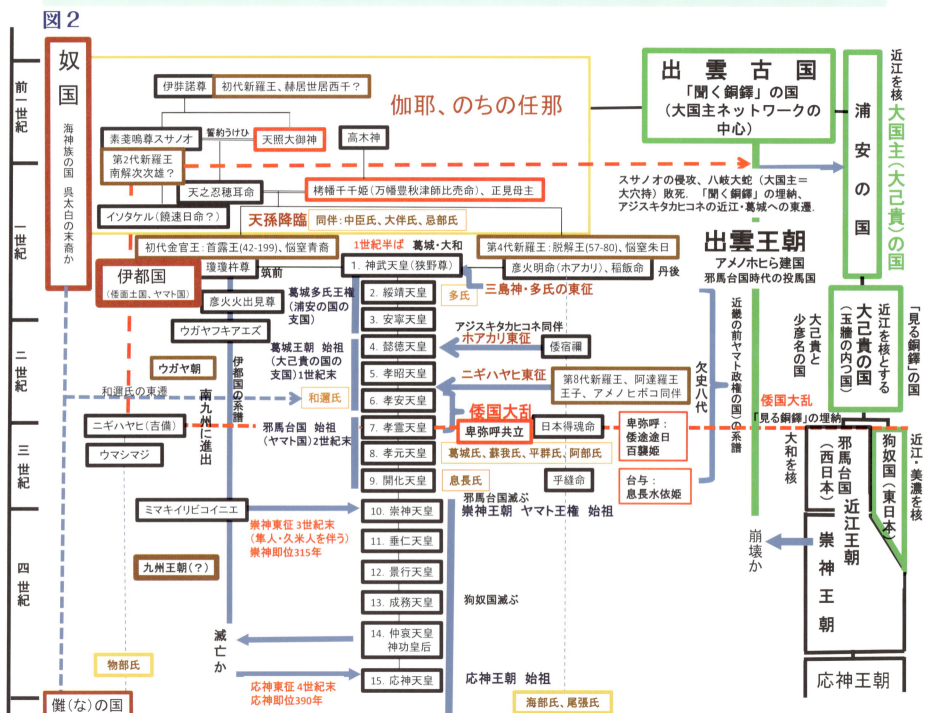

図2

古の日本（倭）の歴史（前１世紀～４世紀）－天孫族（伽耶族）の系譜　（図２）の説明

　弥生時代中期の紀元前２世紀の倭国には、中国の春秋時代の末（BC473年）に滅亡した呉の遺民の子孫（呉太白の末裔）が筑前に建てたという海神（海人）族の雄国の「奴国」、戦国時代のBC344年に滅亡した越の遺民の血脈を引くという大国主により建国されたという「出雲古国（仮称）」さらに出雲の流れを汲み農・産業の雄国の近江を中心とする「浦安の国」の３大国が存在した。このうちの「出雲古国」が、大国主（大穴持）の支配した、鉄、銅、玉のネットワークの中心の国である。紀元前108年、前漢により楽浪郡が設置された。楽浪郡の製鉄所は、当時の倭国にはない大規模製鉄の技術を持っていた。楽浪郡の鋳造鉄器は通貨代用品であり、鍛造鉄器の原料となる半製品である。海神族の出雲の大国主は、楽浪郡の鋳造鉄器を得るための鉄、銅と玉の交易ネットワーク（出雲古国を中心に、伽耶、筑紫、出雲、丹後・近江を覆う）を発展させた。楽浪郡の鋳造鉄器を含む交易品は、洛東江の水運を利用して伽耶北部の大伽耶（高霊加羅、大邱南の伊西国を含む）に集積されたと考えられる。これら鋳造鉄器等の交易品は、洛東江を南下すると大加羅（金海加羅、金官国）に至り、筑紫に運搬される。一方、大伽耶に集積した交易品は、斯蘆国（後の金城、慶州）の外港から出雲や丹後に向かう。紀元前後の大伽耶の素戔嗚（スサノオ）の筑前進出により伊都国が建国され、さらに出雲侵攻により、出雲古国は壊滅、大国主は敗死した。このため、大国主のネットワークの中心が出雲から近江へと遷り（アジスキタカヒコネらの東遷）、近江を核とする浦安の国を継ぐ、玉牆の内つ国（大己貴の国（仮称）、実際は狗奴国と称されたか）が建てられた。尚、出雲古国の滅んだ出雲には、スサノオと高天原から派遣されたアメノホヒにより出雲王朝（仮称）が建てられた。その後、出雲王朝の支配権は天津族より大国主一族の出雲残留者の出雲人に移ったが、この王朝は崇神朝まで連綿と栄えた。
　図２は天孫族の系譜を示している。天孫・瓊瓊杵尊（ニニギ）の兄は彦火明命（ホアカリ）である。『記紀』の神武―開化天皇（１－９代）の系図と『海部氏勘注系図』の彦火明－平縫命（１－11代）の系図とを整合性をもたせて並列させることができる。『日本書紀』の天皇系図の紀年に宝賀・貝田推論Ⓑ009を適用すると崇神即位は西暦315年となる。（瓊瓊杵から神武の系譜（日向三代）Ⓑ100は作為的に挿入されたと考えると、瓊瓊杵と神武が同世代人あるいは同一人となる。）神武から開化まで９代、また彦火明命から平縫命まで11代となる。両方の世代数の平均を取ると10代で、父子相続の場合一代を四半世紀（25年）とすると瓊瓊杵（神武）および彦火明の即位は西暦65年となる。この年代は、金官国初代首露王（即位42年）や第４代新羅王脱解王（即位57年）と同年代である。尚、『新撰姓氏録』は、新羅の祖（昔氏の祖、脱解王）は稲飯命（神武の兄）だとしている。かくして、稲飯（脱解）が彦火明に当たるとすると、その弟の神武は瓊瓊杵に当たる。すなわち、瓊瓊杵（神武）と首露王は同一世代で、彦火明（稲飯）と脱解王は同一人となる。伽耶の伝説『釈利貞伝』によれば「正見母主には悩室青裔と悩室朱日の二人の息子があり、悩室青裔は金官国の初代首露王になり、悩室朱日は大伽耶の王（脱解王）となった」とのことである。正見母主は、高木神の娘の栲幡千千姫（万幡豊秋津師比売命）であるとすると、天孫（瓊瓊杵と彦火明）は伽耶の出自となり、それぞれ伊都国と丹後国に降臨したことになる。以上より、天孫降臨の年代は１世紀半ばと結論する。また、新羅王室の系譜は大伽耶（伊西国を含む）の王の系譜となり、新羅王初代赫居世居西干は伊弉諾（イザナギ）、第２代新羅王南解次次雄は素戔嗚尊（スサノオ、天神）、第４代脱解王（彦火明（天孫））は悩室朱日と考えられる。（即ち、脱解王の二代前が南海次次雄（スサング）で、天孫（瓊瓊杵と彦火明）の二代前がスサノオである。）尚、このように、新羅王室の初期系譜は大伽耶（伊西国を含む）の系譜であり、後世新羅となる辰韓の斯蘆国の系譜に移行したものと考える。
　神武東征とは天津族による倭国平定譚であり、神武・ホアカリ・ニギハヤヒ・崇神東征を集合したものであると考える。１世紀半ばの神武東征は多氏を伴った三島神の東征とみる。神武から始まる天皇系図の２、３代の綏靖と安寧は、浦安の国の支国（葛城多氏王権（仮称））の王であろう。彦火明は１世紀半ばに丹後国に降臨した。２世紀初め、三世孫の倭宿禰が東征（ホアカリの東征）

し、近江の玉牆の内つ国（大己貴の国（仮称））の支国である葛城王朝（仮称）を建てた（倭宿禰は４代懿徳に当たる）。２世紀後半、吉備や筑前で力を蓄えた素戔嗚の後の饒速日（ニギハヤヒ）は、アメノヒボコ（天之日矛、天日槍、第８代新羅王阿達羅王の王子）を伴い東征し、倭国大乱を引き起こした。ニギハヤは大己貴の国を崩壊させ、大国主と共に卑弥呼を共立して大和に邪馬台（ヤマト）国を建てた。ニギハヤヒは孝霊天皇（邪馬台国始祖）と同一人であり、卑弥呼は孝霊天皇皇女の倭迹迹日百襲姫命であろう。倭国大乱により、大国主の建てた玉牆の内つ国（大己貴の国）は、ニギハヤヒの邪馬台国（西日本）と大己貴の国の後継国の狗奴国（東日本）に分裂した。大己貴の国を継いだ狗奴国は成務朝に滅びたと思われる。
　神武から開化までが前ヤマト王権で、（神武―安寧が大国主の浦安の国の支国、懿徳―孝安が大己貴の国の支国、孝霊－開化がニギハヤヒの邪馬台国）の系譜を辿る。３世紀末に、瓊瓊杵（ニニギ）の嫡流の崇神は、久米人、隼人等を同伴して九州より東征し大和に入り（崇神東征）、ニギハヤヒの建てた邪馬台国を引き継いだ。崇神朝以降がヤマト王権となる（崇神王朝、三輪王朝）。崇神即位は西暦315年。尚、開化朝に北近畿を束ねる日子坐王の近江王朝が成立したが、４世紀中頃、崇神勢力との抗争に敗れ衰退した。
　一方、瓊瓊杵は伊都国に降臨しウガヤフキアエズ朝（ウガヤ朝）を建てた。ニニギから神武に至る「日向三代」から始まるウガヤ朝の系譜は、伊都国王の系譜に当たり、３世紀末には崇神（ミマキイリビコイニエ）に至る。崇神は東征し大和に入り（崇神東征）、ニギハヤヒの建てた邪馬台国を引き継いだ。また、崇神朝に出雲王朝が滅ぼされた。さらに、４世紀末、仲哀天皇・神功皇后によりウガヤ朝を継いだ九州王国（？）も滅ぼされた。神功皇后は八幡神（応神）と住吉神と共に大和へ帰還した。この応神東征により、スサノオの直系の息長氏がヤマト王権を掌握する（応神王朝、河内王朝）。応神即位は西暦390年（宝賀・貝田推論）。
(Facebook 藤田泰太郎タイムライン投稿 2022/10/28 最終改訂）

（参照：前掲の第３部と第４部の「概略」および後掲の「論考１～13」、邪馬台国時代（２世紀末～３世紀）の人物群像（図３）Ⓑ136）

伊西国と斯蘆国

　紀元前後、倭人の国の伽耶の北西には馬韓、北東には秦韓（辰韓）があった（下図）。大伽耶（高霊加羅）と伊西国は、それぞれ洛東江の西岸と東岸に位置していた。とはいえ、当時の大伽耶は伊西国を含むと思われる。斯蘆国は後の新羅の都（金城）で、現在の慶州である。２世紀に高句麗の南下が始まるまでは、伊西国と斯蘆国は敵対関係にはなかったため、伊西国は斯蘆国を経由して日本海岸に至ることができ、経済的に出雲や丹後に結びついていたと思われる。しかしながら、斯蘆国は高句麗の影響で国力を伸ばし、伊西国と競合関係になった。３世紀末には筑前の伊都国（伊西国の分国か）と協働して海陸から斯蘆国を囲んだが反撃された。その後、斯蘆国は伊西国を滅ぼし、356年に新羅が建てられ、その都（金城）となった。

（藤田）

Ⓑ006

2章　『日本書紀』と『古事記』（紀年と国産み、神産み）

『日本書紀』と『古事記』（歴代天皇）Ⓑ 007 ／『日本書紀』の紀年と宝賀・貝田推論 Ⓑ 009
／『日本書紀』と『古事記』の考察（1）Ⓑ 011 ／イザナギ・イザナミ（国産み、神産み）Ⓑ 014
／倭国の神々Ⓑ 018

　古の日本（倭）の歴史（前1世紀～4世紀）－天孫族（伽耶族）の系譜（図2）の理解を高めるた
め、歴代天皇（図表）を示し、『日本書記』の紀年に代え実年代を推定し、さらに『記紀』の考察によ
り、図2を複合的に把握できるようにしている。著者の推定した実年代によるとイザナミ・イザナギ
の来訪は弥生時代中期後葉（紀元前1世紀）と思われる。従って、イザナミ・イザナギが産み出した
日本列島はその当時の島々と思われる。また、彼らが産み出した神々は、紀元前1世紀にはすでに列
島に存在した神々であろう。

参照：第3部概略、年表等② 01、
古の日本（倭）の歴史（前1世紀～4世紀）－天孫族（伽耶族）の系譜　（図2）　Ⓑ 004

『日本書紀』と『古事記』（歴代天皇）

歴代天皇の漢風諡号

淡海 三船（おうみ の みふね、722-785）は、大友皇子の曽孫。

『釈日本紀』所引「私記」には、三船が神武天皇から元正天皇までの全天皇（弘文天皇と文武天皇を除く）と 15 代帝に数えられていた神功皇后の漢風諡号を一括撰進したことが記されている。

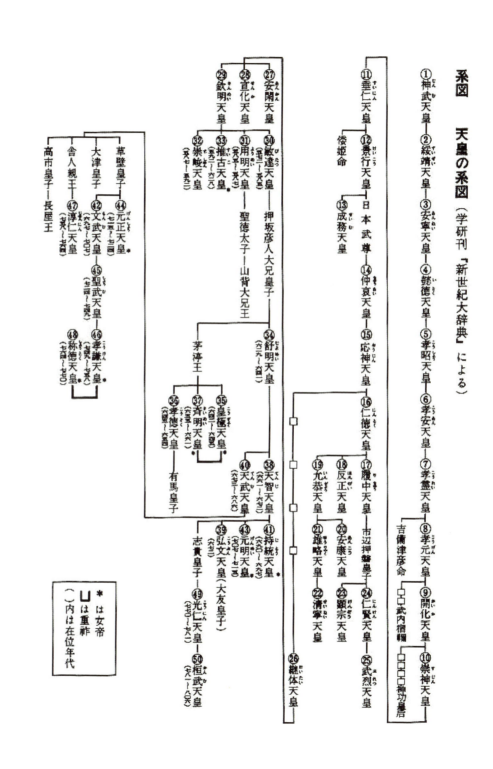

系図　天皇の系図（学研刊『新世紀大辞典』による）

歴代天皇と宮

B008

神武即位（天孫降臨）1世紀半ば

崇神即位 AD315

応神即位 AD390

継体即位 AD507

B009 参照

代数	天皇	読み	在位	本名(いみな)	読み	古事記	日本書紀・続日本	読み	推定地	記事	天皇
1	神武	じんむ	BC660~BC585	神日本磐余彦	かむやまといわれひこ	白檮原宮	橿原宮	かしわらのみや	奈良県橿原市畝傍町		神武
2	綏靖	すいぜい	BC581~BC549	神渟名川耳	かんぬなかわみみ	葛城高丘宮	葛城高丘宮	かつらぎのたかおかのみや	奈良県御所市森脇		綏靖
3	安寧	あんねい	BC549~BC511	磯城津彦玉手看	しきつひこたまてみ	片塩浮穴宮	片塩浮孔宮	かたしおのうきあなのみや	奈良県大和高田市三倉堂		安寧
4	懿徳	いとく	BC510~BC477	大日本彦耜友	おおやまとひこすきとも	軽境岡宮	軽曲峡宮	かるのまがりおのみや	奈良県橿原市大軽町		懿徳
5	孝昭	こうしょう	BC475~BC393	観松彦香殖稲	みまつひこかえしね	葛城掖上宮	掖上池心宮	わきのかみのいけこころのみや	奈良県御所市池之内		孝昭
6	孝安	こうあん	BC392~BC291	日本足彦国押人	やまとたらしひこくにおしひと	室秋津島宮	室秋津島宮	むろのあきつしまのみや	奈良県御所市室	秋津島は後に大和の枕詞になる	孝安
7	孝霊	こうれい	BC290~BC213	大日本根子彦太瓊	おおやまとねこひこふとに	黒田廬戸宮	黒田廬戸宮	くろだのいほとのみや	奈良県磯城郡田原本町黒田		孝霊
8	孝元	こうげん	BC214~BC158	大日本根子彦国牽	おおやまとねこひこくにくる	軽境原宮	軽境原宮	かるのさかいはらのみや	奈良県橿原市大軽町		孝元
9	開化	かいか	BC158~BC98	稚日本根子彦大日日	わかやまとねこひこおおひひ	春日伊邪河宮	春日率川宮	かすがのいざかわのみや	奈良県奈良市子守町		開化
10	崇神	すじん	BC97~BC30	御間城入彦五十瓊殖	みまきいりひこいにえ	師木水垣宮	磯城瑞籬宮	しきみずがきのみや	奈良県桜井市金屋	三輪王朝の始祖 四道将軍	崇神
11	垂仁	すいにん	BC29~70	活目入彦五十狭茅	いくめいりひこいさち	師木玉垣宮	纏向珠城宮	まきむくのたまきのみや	奈良県桜井市穴師		垂仁
12	景行	けいこう	71~130	大足彦忍代別	おおたらしひこおしろわけ	纏向之日代宮	纏向之日代宮	まきむくのひしろのみや	奈良県桜井市穴師	全国支配の確立期、ヤマトタケル	景行
							高穴穂宮		滋賀県大津市坂本穴太町		
13	成務	せいむ	131~190	稚足彦	わかたらしひこ	高穴穂宮	高穴穂宮	たかなほのみや	滋賀県大津市坂本穴太町		成務
14	仲哀	ちゅうあい	192~200	足仲彦	たらしなかつひこ	穴門豊浦宮	穴門豊浦宮	あなとのとゆらのみや	山口県下関市長府宮の内	神功皇后	仲哀
						筑紫訶志比宮	橿日宮	かしひのみや	福岡県福岡市東区香椎町		
15	応神	おうじん	270~310	誉田別	ほむたわけ	軽嶋之明宮	明宮	あかるのみや	奈良県橿原市大軽町	三輪王朝に替わり、河内王朝の始祖	応神
							難波大隈宮	なにわのおおすみのみや	大阪府大阪市東区		
16	仁徳	にんとく	313~399	大鷦鷯	おおさざきの	難波之高津宮	難波高津宮	なにわのたかつのみや	大阪府大阪市東区	讃	仁徳
17	履中	りちゅう	400~405	去来穂別	いざほわけ	伊波礼之若桜宮	磐余稚桜宮	いわれのわかさくらのみや	奈良県桜井市池之内		履中
18	反正	はんぜい	406~410	多遅比瑞歯別	たじひのみずはわけ	多治比之柴垣宮	丹比柴籬宮	たじひのしばがきのみや	大阪府松原市上田町	珍	反正
19	允恭	いんぎょう	412~453	雄朝津間稚子宿禰	おあさづまわくごのすくね	遠飛鳥宮		とおつあすかのみや	奈良県高市郡明日香村	済(確)	允恭
20	安康	あんこう	453~456	穴穂	あなほ	石上之穴穂宮	石上穴穂宮	いそのかみのあなほのみや	奈良県天理市田町	興(確)	安康
21	雄略	ゆうりゃく	456~479	大泊瀬幼武	おおはつせのわかたける	長谷朝倉宮	泊瀬朝倉宮	はつせのあさくらのみや	奈良県桜井市黒崎	武(たけ)(確) 471年、稲荷山古墳の鉄剣(治天下)	雄略
22	清寧	せいねい	480~484	白髪武広国押稚日本根	しらかのたけひろくにおしわかやまとね	伊波礼之甕栗宮	磐余甕栗宮	いわれのみかくりのみや	奈良県桜井市池之内		清寧
23	顕宗	けんそう	485~487	弘計	をけ	近飛鳥宮	近飛鳥八釣宮	ちかつあすかやつりのみや	奈良県高市郡明日香村八釣		顕宗
24	仁賢	にんけん	488~498	億計	おけ	石上広高宮	石上広高宮	いそのかみのひろたかのみや	奈良県天理市石上		仁賢
25	武烈	ぶれつ	498~506	小泊瀬稚鷦鷯	こはつせのわかささき	長谷之列木宮	泊瀬列城宮	はつせのなみきのみや	奈良県桜井市出雲		武烈
26	継体	けいたい	507~531	男大迹	おおど		樟葉宮	くすばのみや	大阪府枚方市樟葉	天皇の後継がなく、越前から迎えられ即位(応神天皇五世の)	継体
							筒城宮	つつきのみや	京都府京田辺市多々羅	527年、筑紫国造磐井の反乱	
							弟国宮	おとくにのみや	京都府長岡京市		
						伊波礼之玉穂宮	磐余玉穂宮	いわれのたまほのみや	奈良県桜井市池之内		
27	安閑	あんかん	531~535	広国押武金日	ひろくにおしたけかなひ	勾之金箸宮	勾金橋宮	まがりのかなはしのみや	奈良県橿原市曲川町	武蔵国造の乱	安閑
28	宣化	せんか	535~539	武小広国押盾	たけおひろくにおしたて	檜坰廬入野宮	檜隈廬入野宮	ひのくまのいりのみや	奈良県高市郡明日香村檜前		宣化
29	欽明	きんめい	539~571	天国排開広庭	あめくにおしはらきひろにわ	師木嶋大宮	磯城嶋金刺宮	しきしまのかなさしのみや	奈良県桜井市外山	562年、任那の滅亡	欽明
30	敏達	びだつ	572~585	渟中倉太珠敷	ぬなくらふとたましき		百済大井宮	くだらおおいのみや	奈良県桜井市		敏達
						他田宮	訳語田幸玉宮	おさだきたまのみや	奈良県桜井市戒重(かいじゅう)		
31	用明	ようめい	585~587	橘豊日	たちばなのとよひ	池辺宮	磐余池辺双槻宮	いわれのいけべなみつきのみや	奈良県桜井市池之内		用明
32	崇峻	すしゅん	587~592	泊瀬部	はつせべ	倉椅柴垣宮		くらはしのみや	奈良県桜井市倉橋		崇峻
33	推古	すいこ	592~628	額田部	ぬかたべ	豊浦宮		とゆらのみや	奈良県高市郡明日香村豊浦	603年、冠位十二階 604年、憲法十七条	推古
						小墾田宮	小墾田宮	おはりだのみや	奈良県高市郡明日香村豊浦・橿原	607年、遣隋使	
34	舒明	じょめい	629~641	息長足日広額	おきながたらしひひろぬか		飛鳥岡本宮	あすかおかもとのみや	奈良県高市郡明日香村小山		舒明
							田中宮	たなかのみや	奈良県橿原市田中町		
							厩坂宮	うまやさかのみや	奈良県大軽町		
							百済宮	くだらのみや	奈良県桜井市吉備		
35	皇極	こうぎょく	642~645	宝	たから		飛鳥板蓋宮	あすかいたぶきのみや	奈良県高市郡明日香村岡	645年、大化の改新(乙巳の変)	皇極
36	孝徳	こうとく	645~654	天万豊日	あめよろずとよひ		飛鳥板蓋宮	あすかいたぶきのみや	奈良県高市郡明日香村岡		孝徳
							難波長柄豊碕宮	なにわのながらのとよさきのみや	大阪府大阪市東区法円坂町		
							後飛鳥岡本宮	のちのあすかおかもとのみや	奈良県高市郡明日香村小山		
37	斉明	さいめい	655~661	宝	たから		飛鳥川原宮	あすかかわはらのみや	奈良県高市郡明日香村川原	皇極天皇重祚	斉明
38	天智	てんじ	668~671	天命開別	あめのみことひらかすわけ		近江大津宮	おうみおおつのみや	滋賀県大津市南滋賀町	663年、白村江の戦で惨敗	天智
39	弘文	こうぶん	671~672	大友	おおとも		近江大津宮	おうみおおつのみや	滋賀県大津市南滋賀町	672年、壬申の乱 弘文天皇は日本書紀から削除されている	弘文
40	天武	てんむ	673~686	大海人	おおあま		飛鳥浄御原宮	あすかきよみはらのみや	奈良県高市郡明日香村飛鳥		天武
41	持統	じとう	690~697	鸕野讃良	うののさらら		飛鳥浄御原宮	あすかきよみはらのみや	奈良県高市郡明日香村飛鳥		持統
							藤原宮	ふじわらのみや	奈良県橿原市	藤原京は日本最初の都城	
42	文武	もんむ	697~707	軽	かる		藤原宮	ふじわらのみや	奈良県橿原市	701年、大宝律令なる	文武
43	元明	げんめい	707~715	阿閇	あへ		藤原宮	ふじわらのみや	奈良県橿原市	710年、平城京に遷都	元明
							平城宮	ならのみや	奈良県奈良市	712年、太安麻呂、古事記を撰る	
44	元正	げんしょう	715~724	氷高	ひたか		平城宮	ならのみや	奈良県奈良市	720年、舎人の親王ら、日本書紀を撰上	元正
45	聖武	しょうむ	724~749	首	おびと		平城宮	ならのみや	奈良県奈良市	749年、東大寺の大仏開眼	聖武
							恭仁宮	くにのみや	京都府相楽郡加茂町		
							紫香楽宮	しがらきのみや	滋賀県甲賀郡信楽町		
							難波宮	なにわのみや	大阪府大阪市東区		
							保良宮	ほらのみや	滋賀県大津市国分		
							由義宮	ゆげのみや	大阪府八尾市八尾木		
46	孝謙	こうけん	749~758	阿倍	あべ		保良宮	ほらのみや	奈良県奈良市		孝謙
47	淳仁	じゅんにん	758~764	大炊	おおい		平城宮	ならのみや	滋賀県大津市国分		淳仁
48	称徳	しょうとく	764~770	阿倍	あべ		平城宮	ならのみや	奈良県奈良市	孝謙天皇重祚	称徳
49	光仁	こうにん	770~781	白壁	しらかべ		平城宮	ならのみや	奈良県奈良市	光仁天皇(天智の孫)の即位は天武系から天智系に交替	光仁
50	桓武	かんむ	781~806	山部	やまべ		長岡宮	ながおかのみや	京都府向日市鶏冠井町	794年、平安京に遷都	桓武
							平安宮		京都府京都市上京区		

天皇の本名(いみな)の「足(タラス)」は、「平らげる」とか「征服する」との意味であるとする。(大国主対物部氏、藤井耕一郎)
例えば、孝元天皇のヤマトタラスヒコクニオシヒトは、「ヤマトを平らげたヒコクニオシヒト」の意であろう。

古代天皇と宮の一覧表 - Biglobe　　www2u.biglobe.ne.jp/~itou/tennou.pdf

『日本書紀』の紀年と宝賀・貝田推論

古代天皇の治世時期の推定

世代	継承順	天皇名	事件	推計式の理論値（西暦年）	書紀の太歳	その比定値(A)	採用値（西暦年）	《参考》貝田氏の推計値（西暦年）	備考
①	1	神武（手研耳命）	東遷開始元年／崩御年（元年）／元年	175／196	甲寅 174／(辛酉) 181	174／181	174／175／崩194	174／175／(194)／195	・神武元年は「太歳」としては記入されない。
②	2 3	綏靖 安寧	（手研耳命）／元年	196	己卯 199／庚辰 200／癸丑 233	199／200／233	199／195／203	195／203	・己卯は綏靖が手研耳命を射殺した年の太歳。おそらく、手研耳命の即位年か。空位3年も摂政時期か。
③	4	懿徳	〃	224	辛卯 211	211	212	213	
④	5 6	孝昭 孝安	〃	245	丙寅 246／己丑 269	246／269	233／242	221／242	
⑤	7 8	孝霊 孝元	〃	274	辛未 251／丁亥 267	251／267	267／286	267／286	・3世紀後葉から古墳築造開始。
⑥	9 10	開化 崇神	〃	302	甲申 324／甲申 324	324／324	300／315	300／315	
⑦	11 12	垂仁 景行	〃	331	壬辰 332／辛未 371	332／371	332／342	332／357	
⑧	13	成務（神功）	（元年）	359	辛未 371	371	357／372	372	◎372年夏に神功皇后征新羅か？
⑨	14 15	仲哀 神功 応神	摂政元年／崩御年／元年	380	壬申 372／辛巳 381／己丑 389／庚寅 390	372／381／389／390	377／崩386／390	387／389／407	・神功39年にも太歳己未が記載されるが、事情不明。・倭五王の遣使記事 倭王賛の遣使(413)、421、425
⑩	16	仁徳	元年／崩御年／崩御年	409	癸酉 433	433	崩413／414／崩435	417	
⑪	17 18 19	履中 反正 允恭	元年／〃／〃／崩御年	430	庚子 460／丙午 466／壬子 472	460／466／472	435／438／441／崩462	439／442／445	欠名倭王の遣使430 倭王珍の遣使438/4月 倭王済の遣使443、451 欠名倭王の遣使460
⑫	20 21	安康 雄略	元年／〃／崩御年	466	甲午 451／丁酉 457	451／457	462／465／崩487	466／467／479	世子興の授爵462/3月 倭王武の遣使478 (倭王武の叙位479、502)
⑬	22 23 24 25 26	清寧 顕宗 仁賢 武烈 継体	元年／〃／〃／〃／崩御年／元年	495／531	庚申 480／乙丑 485／戊辰 488／己卯 499／丁亥 507	480／485／488／499／507	488／493／496／507／崩514／515／崩534	480 以下(A)に同じ	
⑭	27 28 29	安閑 宣化 欽明	〃／〃／崩御年	531／(567)	甲寅 534／丙辰 536／庚申 540／辛卯 571	534／536／540／571	534／536／540	534	

記入要領：
⑦推計式 $(174.7+13.0Gi+7.8\Sigma Ni)$ の値を四捨五入する。
◎天皇の崩御年＝その次の天皇の即位年として記入する。
書紀の太歳：理論値に近い干支の年を記入。採用値と同じ数値をでくくる。
採用値：天皇の崩御年＝その次の天皇の即位年（元年の前年）として記入。端数切捨て。
参考貝田：天皇の崩御年＝その次の天皇の即位年として記入。小数点以下は切捨て。

「神武東征」の原像、宝賀寿男　（p.223）

『日本書紀』の紀年；宝賀・貝田推論

『日本書記』の全1360年に及ぶ紀年の作成には、暦の関係者ばかりではなく、数学の関係者も参画していたと考えられる。旧暦の暦法は時代により変遷しており、1ツキが15日または30日、1トシが6か月であった。貝田氏は、「日付記事の分析により、1年の長さが、仁徳紀以前は実際の4倍に、履中紀から雄略紀までの間は実際の2倍に伸びており、太陰暦で読めるのは清寧紀以降である。」という。（古代天皇長寿の謎―日本書紀の謎を解く―、貝田禎造）言い換えれば、仁徳紀以前は4倍年歴で、履中紀から雄略紀までは2倍年歴で記載されている。この貝田氏の推論を鑑みると、神武東征の開始は西暦174年となり、崇神元年は西暦315年となる。しかし、応神元年は『日本書記』の太歳を考慮し、西暦390年とする。（「神武東征」の原像、宝賀寿男）

邪馬台国の台与が西晋に使節を送ったのは西暦266年である。これは邪馬台国崩壊後の崇神元年の半世紀近く前であり、なんとか理解可能である。しかるに、神武東征の時期は摂津の河内潟の時代に当たると思われ、貝田推論より1世紀以上遡る。また、綏靖天皇から開化天皇までは、所謂、欠史八代と言われるほど事績が殆どない。さらに、神武東征（天孫降臨と同時期）は新羅王4代の脱解（天火明）の時代で1世紀半ばのことと考える。従って、開化紀以前までにも4倍年歴を当てはめるのはかなり無理があると思う。私見では綏靖天皇から開化天皇までは大和・葛城の前ヤマト王権と考えており、崇神東征から始まる任那・伊都国出自の崇神らを核とするヤマト王権の崇神王朝以後の皇統とは異にすると考える。ヤマト王権以前は一代を四半世紀（父子相続の場合の平均値）と推算する方が天孫降臨の妥当な年代観（1世紀半ば）を与える。　　（藤田）

注）古代から「ユダヤ暦」には春（西暦の三月）と秋（西暦の九月）に正月が年に　2回ある。古代の日本には「ユダヤ暦」のほうが先に伝わっていた可能性がある。（FB情報、入口紀夫）

『日本書記』の天皇系図と『海部氏勘注系図』の比較検討

天孫・瓊瓊杵尊（ニニギ）の兄は彦火明命（ホアカリ）である。（瓊瓊杵から神武の系譜（日向三代）は作為的に挿入されたと考えると、瓊瓊杵と神武が同世代人あるいは同一人となる。）『記紀』の神武－開化天皇（1-9代）の系図と『海部氏勘注系図』の彦火明－乎縫命（1-11）の系図とを並列させることができる。（『記紀』の懿徳－開化天皇（4-9代）と『海部氏勘注系図』の倭宿禰－乎縫命（4-11）は、特に整合性・合理性をもたせて並列できる。）

『日本書紀』の天皇系図の紀年に宝賀・貝田推論を適用すると崇神即位は西暦315年となる。神武から開化まで9代、また彦火明命から乎縫命まで11代である。両方の代の数の平均は10代で、一代を四半世紀（25年）とすると瓊瓊杵（神武）および彦火明の即位（すなわち、天孫降臨の時期）は西暦65年となる（1世紀中頃）。この年代は、金官国初代首露王（即位42年）や第4代新羅王脱解王（即位57年）と同年代である。　　（藤田）

『古事記』と違い『日本書記』では、仁徳天皇以前の天皇の在位が異様なほど引き延ばされている

右図のように、歴代天皇の没年は『古事記』と『日本書紀』でかなり差がある。『古事記』での39代推古天皇から10代崇神天皇までの没年をプロットすると直線上に乗り、崇神天皇の没年は316年である。宝賀・貝田推論によると崇神即位は315年となり、<u>崇神天皇の在位は4世紀前半とみられる</u>。一方、『日本書紀』では、神武天皇を辛酉革命説で紀元前7世紀に設定されたため、仁徳天皇以前の歴代天皇の実年代は、『古事記』とは年代が遡るにつれてかけ離れていく。　　　　　　　　（藤田）

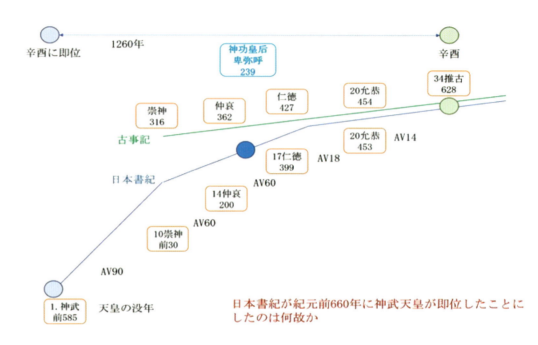

日本書紀は女帝神功皇后を3世紀（邪馬台国の卑弥呼の年代）、神武天皇を辛酉革命説で紀元前7世紀に設定（【社会人のための日本史】(YouTube)）。

欠史八代（第2代綏靖天皇～第9代開化天皇）

　歴史学者の津田左右吉が、この「欠史八代」に加えて第14代仲哀天皇までの実在性を疑問視した「欠史十三代」説を唱えたことから始まった。戦前は不敬罪にあたるとして有罪判決になったが、戦後では古代史学の主流な考え方になった。その後、第10代崇神天皇以降の実在性が高まり、今日では「欠史八代」として「実在しない」という説をとっている。とはいえ、欠史八代の天皇が存在しないことを科学的に実証することは、殆ど不可能であり、この説は史学会の権威主義によりもたらされたものと考える。
　紀元前後から2世紀末に亘り、三島神、倭宿禰、ニギハヤヒの各々が建てた前ヤマト王権の国々（葛城多氏王権、葛城王朝、および邪馬台国）の王が、第2代綏靖天皇～第9代開化天皇である。（初代神武天皇は架空の天皇と思われる。）崇神天皇は崇神東征（一種のクーデター）により邪馬台国を引き継ぎ、ヤマト王権（三輪（崇神）王朝）を建てた。綏靖天皇から開化天皇までの八代は、これらの天皇の事績が極めて乏しい故をもって欠史八代といわれる。しかしながら、この乏しさは、神武東征譚に前ヤマト王権の国々の建国譚が含まれ、邪馬台国時代の天皇（孝霊～開化）の事績の一部が崇神と垂仁天皇の事績に組み込まれたためと思われる。　　　　　　（藤田）

『日本書紀』と『古事記』の考察（1）

古の日本（倭）の歴史（前1世紀～4世紀）－天孫族（伽耶族）の系譜　（図2の説明）Ⓑ005および論考1
（『日本書紀』に記載された弥生の国々（近江の古代史）Ⓑ024を読み合わせてください。

『古事記』と『日本書紀』の違い

　『古事記』と『日本書紀』は共に7世紀に天武天皇の命令によって編纂された書物です。しかし、何故わざわざ2つに分ける必要があったのかわからない。そもそも『古事記』と『日本書紀』に違いはあるのでしょうか。まず、『古事記』ですが、これは天皇家による支配を正当化するために国内向けに書かれたもので、日本人に読みやすいように漢文体を組み替えた「日本漢文体」が使われています。そもそも、『古事記』以前にも歴史書として500年代に編纂された『帝記』といわれる天皇の系譜が書かれたものや『旧辞』（きゅうじ）という伝承を記した書物はあったのですが、修正に次ぐ修正を重ね歴史書としての真実味は失われてしまいました。その他の歴史書も焼けてなくなっていましたから「正しい歴史書を後世に残さなければならない」という理由で天武天皇は歴史書の編纂を命じました。

　以上は、表向きの理由で、本当はもっと天皇による支配に正当性を持たせようとしました。都合の悪いところは消してしまおうというのが目的だったのではないかと一般的にはいわれています。従って、天皇の先祖はアマテラスという女神となっていて、日本列島を生んだのはイザナギとイザナミです。そのイザナギの左目から生まれたのがアマテラスで、その子孫が初代天皇の神武天皇となります。イザナギの左目から生まれたアマテラスが天皇の先祖なのだから天皇による支配は当然であると考えられました。

　さて、この『古事記』は『帝記』『旧辞』らを参考にし天武天皇の命によって編纂され（最初の編纂は誰だか不明）、稗田阿礼（ひえだのあれ）という極めて記憶力のいい人物に暗記させました。この稗田阿礼という人物は男か女かもわかりません。『古事記』の序文に「一人の舎人（とねり・役職）がおり、その氏は稗田、名は阿礼。年は28歳。生まれつき聡明な人で、一度目に触れたものは即座に暗誦し一度聞いた話は心に留めて忘れることがなかった。そこで天武天皇は阿礼に仰せ下されて、「帝皇の日継」と「先代の旧辞」を誦み習わせた。」と書かれているだけです。もしかしたら、稗田阿礼という人物は記憶力が抜群だったので、すでに焼けてなくなってしまった書物なども頭に入っており、編纂に大きくかかわっていた可能性があります。

　その後、天武天皇が突然亡くなったため、『古事記』の編纂は中断しました。およそ30年経った711年に元明天皇によって再開され、稗田阿礼に口述させた内容を太安万侶（おおのやすまろ）によって執記、編纂させました。

　一方の『日本書紀』。こちらも天武天皇によって命じられ、川島皇子（かわしまのみこ）ら6名の皇族、6名の官人らによって681年から編纂がはじまりました。『古事記』の編纂はすでに始まっていたので稗田阿礼がまとめた資料をもとに編纂は進められたと思われます。

　『古事記』が全3巻であるのに対して『日本書紀』は30巻＋系図1巻という多さでした。『古事記』の完成が712年ですが、その頃はまだ『日本書紀』は完成していませんでした。『日本書紀』の内容を見ると藤原氏の地位の高さが強調されている部分がありますので藤原氏をはじめとする有力者の意見が重視されたと思われます。720年に天武天皇の子である舎人親王（とねりしんのう）によってまとめられ、やっと完成しました。

（日本書紀と古事記の違い、Net）藤田加筆

崇神王朝（三輪王朝）に先行する弥生の国々

　『日本書紀』に崇神王朝の前の前ヤマト王権（国）と思われる3つの国が記載されている。紀元前後～3世紀の弥生の国々（近畿）は、イザナギ・イザナギの時代に近江にあったと思われる「浦安の国」、大国主（大己貴命）が近江に建てた「大己貴の国（玉牆の内つ国）、さらにニギハヤヒが大和に建てた「虚空見つ日本（倭）国（邪馬台（ヤマト）国）」である。また、葛城・大和の前ヤマト国は、浦安の国の支国（葛城多氏王権）、大己貴の国の支国（葛城王朝）、そして邪馬台国である。尚、大己貴もニギハヤヒも、代々の彼らを称する人格の総称（世襲名）と考えている。また、『記紀』に記されている神武東征譚は、大山祇神（三島神）、ホアカリ、ニギハヤヒ、崇神、応神の東征を集合した「倭国平定譚」と捉える。

　また、第2代綏靖天皇から第9代開化天皇までの天皇は事績が殆どないことを事由に欠史八代と言われる。とはいえ、崇神王朝までの前ヤマト王権の国々（葛城多氏王権、葛城王朝、邪馬台国）の建国譚の大部分は神武東征譚に含まれ、かつ邪馬台国の天皇（孝霊天皇、孝元天皇、開化天皇）の事績は、崇神天皇や垂仁天皇の事績に含ませている。『記紀』の編者は、神武天皇と崇神天皇とがあたかも同一人物であるかのように見せかけるため欠史八代の天皇があたかも存在しなかったかのように装った。

（藤田）

神武と崇神

　『日本書紀』における神武天皇の称号「始馭天下之天皇」と崇神天皇の称号である「御肇國天皇」はどちらも「はつくにしらすすめらみこと」と読める。「初めて国を治めた天皇」と解釈するならば、初めて国を治めた天皇が二人存在することになる。これについては、神武の称号にみえる「天下」という抽象的な語は崇神の称号の「国」という具体的な語より形而上的な概念であるため、本来は崇神が初代天皇であったが後代になって神武とそれに続く八代の系譜が付け加えられたとの説がある。私見では、南朝鮮出自の倭人で最初に大和に進出したのが神武天皇（三島神か）であり、一方、皇統の嫡流（ニニギの子孫）が初めて大和に進出したのが崇神天皇である。崇神天皇の即位をもってヤマト王権の始まりと見なす。

（藤田）

天津神あるいは天孫族は、南朝鮮（南韓）出自だが、彼らは南朝鮮の倭人（西日本縄文人）だと考える。というのは、朝鮮半島は1.2万年前から7,000年前までほぼ無人で、新石器人が居住し始めるのは縄文時代前期からである。縄文時代早期と前期の境に鬼界カルデラ噴火があり、九州南部と四国の西日本縄文人はほぼ壊滅した。この災厄からの避難民（西日本縄文人）の一群が南朝鮮に移り住み着いたのが新石器人の居住の始まりだと考えられる。故に南朝鮮の現住民は倭人（西日本縄文人）だと言える。4,000年前地球の寒冷化が始まり、華北人や朝鮮人（高句麗系）の南下が始まる。また、華北人に追われた江南人が海路南朝鮮に逃避してきた。倭人はこれら民族に圧迫され次第に南下し、一部は列島に帰来するようになった。とはいえ、紀元前後までは弁韓と辰韓は倭人の勢力が優勢であった。そのころ、天孫族の実質的な祖のスサノオもまた北九州に帰来し、伊都国を建てた。スサノオの後のニギハヤヒが邪馬台国を建てたのが2世紀末頃で、その頃対馬の倭人が南朝鮮に侵入して、倭人の居住域を占領して建てた国が任那である。任那と伊都国を中核とする北九州の国々との連合が任那・伊都国連合であり、この連合は倭人の国の連合と解すことができる。この連合の長と思われる、天孫の瓊瓊杵の嫡流の崇神（ミマキイリビコイニエ）が、3世紀末に東征して邪馬台国を乗っ取りヤマト王権を樹立した。これらのことをまとめると皇統の嫡流の瓊瓊杵の系統が1世紀半ばから2,000年間続いた。即ち、倭国は万世一系の天皇家の支配のもとにあったといえる。
（藤田）

瓊瓊杵尊と天火明命は、各々金官国の首露王と大伽耶（伊西国を含む）の脱解王か！

　『記紀』の系図群、『海部氏勘注系図』と『但馬の国風土記』に記載の天火明（ホアカリ）の系図、さらに『新撰姓氏録』の「稲飯命（神武天皇の兄）、新羅の祖」との記述、さらに『新羅本記』の新羅王室系譜をお互い並べ、考証すると次のことがわかる。（Ⓑ065参照）

　1. 皇統の祖から瓊瓊杵（ニニギ）への系図は、それに続く神武天皇からの天皇系図と直接に繋がる。従って、瓊瓊杵が神武天皇に当たる。（瓊瓊杵から神武の系譜（日向三代）は作為的に挿入されたと考えると、瓊瓊杵と神武が同世代人あるいは同人格となる。）かくして天火明は瓊瓊杵の兄で稲飯命に当たる。尚、前述のように天孫降臨の時期は1世紀半ばと推察できる。

　2. 新羅王室は3氏（朴、昔、金氏）からなり、この3氏の始祖伝承のすべてに倭人の瓠公が関わっている。日本の系図群と『新羅本記』の系図を比較すると次のことがわかる。狗邪韓国（金官国）の初代首露王と瓊瓊杵尊（あるいは神武天皇）は同世代人で、第4代新羅王（脱解王）は天火明命あるいは稲飯命にあたる。天火明命と瓊瓊杵尊、稲飯命と神武天皇は各々兄弟である。即ち、彼らは、すべて1世紀半ばの同世代人である。

　さらに、伽耶には「アマテラスに比定されることもある正見母主に二人の息子、悩窒朱日と悩窒青裔が生まれ、悩窒朱日は大伽耶国（伊西国を含む）の国王に、悩窒青裔は首露王で金官国の初代王となった」という伝説がある。そこで、正見母主は高木神の娘、栲幡千千姫（万幡豊秋津師比売命）と考えると 天之忍穂耳命と正見母主に二人の息子（悩窒朱日と悩窒青裔）が生まれたことになり、悩窒朱日は第4代新羅国王の脱解王（天火明）で大伽耶の王となり、悩窒青裔は金官国初代王の首露王（瓊瓊杵）となる。従って、新羅王室系譜（初期）は大伽耶（伊西国）王の系譜であると推定され、新羅王初代赫居世居西干は伊弉諾、第2代王南解次次雄はスサノオ、第4代脱解王（彦火明（ホアカリ））は悩窒朱日（瓊瓊杵の兄）と考えることが出来る。また、第8代阿達羅王の王子が天日槍（アメノヒボコ）に当たり、倭国大乱の時に来倭した。尚、金官国や大伽耶国は倭人の国であったと考える。
（藤田）

出雲（大国主）と大和（天孫族）

　隠岐島（黒曜石の産地）を含む出雲は、西日本有数の火山県であり、温泉や種々の鉱物資源（玉、銅や鉄）に恵まれていた。縄文時代より、出雲は隠岐の黒曜石を持ち込み、また、メノウからの玉造りが栄えていた。大国主は弥生時代中期に、出雲の銅鉱を基盤とする青銅器（銅鐸に代表される）と褐鉄鋼と砂鉄を基盤とする鉄器のネットワークを西日本一帯に張り巡らせた。紀元前108年、前漢により楽浪郡が設置されたが、楽浪郡の製鉄所は、当時の倭国にはない大規模製鉄の技術を持っていた。『魏志韓伝』には、「倭人等は伽耶（弁辰）の鉄鉱石を採掘し、楽浪郡に供給していた」とある。楽浪郡からの舶載の鋳造鉄器は通貨代用品であり、鍛造鉄器の原料となる半製品である。出雲の大国主は、楽浪郡の鋳造鉄器を得るための交易ネットワーク（伽耶、筑紫、出雲、但馬・丹後）を構築した。このネットワーク構築前の弥生中期中葉の鉄器の出土は、北九州が圧倒的に多いが、中期後葉になると中国地方や近畿北部での出土が多くなる。

　紀元前後、伽耶（大伽耶の伊西国）からの渡来者のスサノオの北九州および出雲への侵攻により、大国主勢力が駆逐された。スサノオによって退治された八岐大蛇（ヤマタノオロチ）は出雲の大国主のことと思われる。また、殺されたヤマタノオロチの尾から草薙剣が出てきたが、これは当時の出雲で野ダタラによる砂鉄からの製鉄が行われていたことを示唆する。

　ヤマタノオロチ伝説は出雲の須佐郷での出来事に矮小化されているが、元来この伝説はスサノオの北九州から出雲勢力の駆逐に伴ってもともと肥前神崎の姫巫女であった櫛名田姫を、征服者として妻にしたのではないか。それに伴い櫛名田姫は神崎の櫛田宮から博多の櫛田神社に遷ったのではないか。伊都国に近い博多の櫛田神社の祭神は以前には櫛名田姫であり、スサノオと誓約した天照大神とも考えられる。

　スサノオの出雲侵攻により、大国主はスサノオに敗れ、青銅器祭器（銅剣、「聞く銅鐸」）が大量に埋納される（加茂岩倉遺跡・荒神谷遺跡）。それ以後、出雲では青銅器を祭器とする祭祀は行われなくなった。大国主は日本海側を東に勢力圏のネットワークの核を移した。丹後・若狭、さらに近江に向かう。かくして、大国主の青銅器と鉄器のネットワークの拠点が出雲より近江に遷る。そして、近江の伊吹山を中心とする地域（伊富岐神社の祭神にヤマタノオロチも挙げられている）を拠点にして、大国主は大己貴の国（国都：近江湖南の伊勢遺跡）（玉牆の内つ国：近畿・中部地方一円を勢力下）を建てた。ニギハヤヒによって引き起こされた倭国大乱により大己貴の国が瓦解した。その際、大己貴の国の祭器の大型青銅器祭器（巨大な「見る銅鐸」）が伊勢遺跡の近くの三上山の山麓の大岩山古墳群（野洲市）に埋納された。かくして、大己貴の国は、ニギハヤヒの邪馬台国（国都、纏向遺跡）と大己貴の国の後継国の狗奴国（国都、稲部遺跡か）に分裂した。崇神東征により邪馬台国が崩壊した後も狗奴国は生き残ったが、成務天皇の時代に完全に滅びた。（藤田）

海神（海人）族と星辰信仰

　『儺（な）の国の星』は、真鍋大覚氏（物部氏の末裔）の著作で、その続編が「拾遺」である。儺国は奴国（なこく）と思われる。奴国は『後漢書』「東夷伝」や『魏志倭人伝』にあらわれる倭人の国で、崇神朝以降のヤマト王権時代の儺県（なのあがた）、現在の福岡市付近に存在した。奴国は、阿曇氏、和邇氏等の海神族の国と見なされている。海神族は、航海の道標とする、太陽信仰、月信仰とともに星座を利用した星辰信仰をもっていた。（真鍋氏の著作は奴国の星辰信仰を解説する。）星辰信仰の中核はオリオン座の三つ星で夜間の航海の絶好の目標となった。かくして、海神族の神々は、オリオン座の三つ星に因んで三神となる。志賀三神は、底津綿津見神（そこつわたつみのかみ）、仲津綿津見神（なかつわたつみのかみ）、表津綿津見神（うはつわたつみのかみ）で、住吉三神は、底筒男命（そこつつのおのみこと）、中筒男命（なかつつのおのみこと）、表筒男命（うわつつのおのみこと）である。宗像三女神は、多紀理毘売命（たきりびめ）（沖津宮）、市寸島比売命（いちきしまひめ）（中津宮）、多岐都比売命（たぎつひめ）（辺津宮）である。さらに、海神族と思われる猿田彦が伊勢の阿邪訶の海で漁をしていた時、比良夫貝（ひらふがい）に手を挟まれ、溺れ死ぬ。この際、海に沈んでいる時に「底どく御魂」、猿田彦が吐いた息の泡が昇る時に「つぶたつ御魂」、泡が水面で弾ける時に「あわさく御魂」という三柱の神が生まれた。この三柱の神は志賀三神や住吉三神と類似している。海神族のオリオンの三つ星である三神（底・中・上の星）が、海から次々に昇って来ると読み取れる。

　瀬戸内海に浮かぶ大三島には大山祇神社が鎮座する。大山祇神社は三島神社や大山祇神社の総本社で、山神社の総本社ともされる。祭神は大山祇神であるが、和多志大神や三島大明神（三島神）を別名とする。『伊予国風土記』によると、和多志大神は百済から渡来したとある。伽耶南岸の島嶼部の巨文島はかって三島と呼ばれた、三つ島（オリオン座の三つ星のアナログ）からなる巨文島がある。巨文島が、和多志大神すなわち大山祇神の起源地ではあるまいか。このことは大山祇神もまた海神族であることを示唆している。大山祇神の娘、コノハナサクヤヒメは瓊瓊杵尊の妻となり山幸彦を産んだ。このように、大山祇神は皇統の要の位置を占めている。物部氏の祖神の饒速日（ニギハヤヒ）は実質的な皇統の祖である素戔嗚命の御子神とされる。尚、大山祇神社の神職の越智氏は物部氏の一族とされている。

　論理をかなり飛躍させるが、イザナギの禊ぎで最後に産まれた三貴神（三貴子）（天照大御神、月読命、素戔嗚命）は、太陽信仰、月信仰と星辰信仰の表れではあるまいか。天照大御神に高天原を、月読命には夜の国を、素戔嗚命には海原を委任した。紀元前後に渡来した素戔嗚命の子神がニギハヤヒ（物部の祖神）である。2世紀後半、ニギハヤヒの子孫（吉備で力を蓄える）は大和に東征（ニギハヤヒの東征）して邪馬台国を建てた。従って、邪馬台国の祭祀は、海神族の太陽・月・星辰信仰に基づく物部氏の祭祀と考えられる。ちなみに、東征したニギハヤヒの息子、宇摩志麻遅命（物部氏の祖、ウマシマジ）の不可解な名の由来だが、『儺の国の星』では、ウマシマジは銀河を表す「うましのみち」から由来しているとする。これも物部氏の星辰信仰に起因していると思われる。邪馬台国の物部氏の祭祀は、邪馬台国を継いだ崇神王朝に引き継がれた。

（藤田）

猿田彦と卑弥呼と和爾氏

　国津神の猿田彦（サルタヒコ）は、サルタヒコを祭神とする神社の数や広がりを考えると、同じ国津神の大国主と並ぶ弥生時代の大神と考えられる。猿田彦、大国主、和邇氏も海神（海人）族と考えられる。和邇氏は海神族の国（奴国）の嫡流的存在であり、安曇氏も大流派で、猿田彦もまた海神族と思われる。1世紀末、スサノオの伊都国に圧倒された奴国の嫡流の和邇氏や猿田彦が近江・湖西に遷った。和邇氏は近江の湖西を根拠地とし、猿田彦は湖西の白鬚神社の祭神であり、また伊勢神宮内宮の近くには猿田彦神社がある。また、卑弥呼は湖西の和邇氏の巫女ではないかと思われている。猿田彦もまた和邇氏および天照大御神（卑弥呼か）と関係がある。

　邪馬台国の女王の卑弥呼は孝霊天皇の皇女の倭迹迹日百襲姫と思われ、その陵墓は箸墓古墳とされている。卑弥呼の母親の倭国香媛（やまとのくにかひめ）は孝霊天皇の妃で、倭迹迹日百襲姫と吉備津彦は御子で姉弟。彼女の出自について、安寧天皇の曽孫で、淡路島出身の蠅伊呂泥（はえいろね）、またの名、意富夜麻登玖邇阿礼比売命（おほやまとくにあれひめのみこと）と記されている『古事記』。彼女の名前は神武天皇の名前「神倭伊波礼毘古命（かむやまといはれびこのみこと）」に類似している。卑弥呼は、倭国の大井媛として、中国の魏に使者を送り、倭国の王として認められた。

　卑弥呼（倭迹迹日百襲姫）は、年少時に讃岐国に派遣され、雨乞いや水路開削などの功績を残した。讃岐の国の一宮は田村神社であり、田村神社の祭神はもともと猿田彦であったがいつの頃からか、倭迹々日百襲姫命、五十狭芹彦命（吉備津彦命）、天五十田根命、天隠山命を加えて五柱となっている。

（Copilot, Microsoft Edge）＋ 藤田

『記紀』の時代的背景

　奈良時代の貴族は、ヤマト王権の歴史をどのように捉えていたのだろうか。それはなかでも『古事記』の上巻の序文にあらわれている。『古事記』上巻の序文には、神代に記された神話のあらましと、推古天皇までの歴代の天皇とその治績があげられている。注目したいのはそこに選ばれた天皇とその事績は、神武・崇神・仁徳・成務・允恭天皇の5人とその事績である。神武天皇と崇神天皇はともに「はつくにしらすスメラミコト」すなわち「はじめてこの国を統治した天皇」と評価されている。次の仁徳天皇は「聖帝」と伝承されたとあり、漢風諡号に儒教的徳目「仁」と「徳」を用いて表現されている。それ故、天皇史のうえで「偉大な天皇」として選ばれたことは納得できる。

　問題は、成務天皇と允恭天皇である。必ずしも馴染のある天皇ではなく、この二人の天皇が選ばれたことには、『古事記』が撰述された時代の歴史観があらわれているはずである。『古事記』序文に成務天皇は「境を定め邦を開きて、近淡海に制したまいき」、允恭天皇は「姓を正し氏を択びて、遠飛鳥にしらしたまいき」と書かれている。成務は『日本書紀』によれば「国群に造長（国造のこと）を立て」たという。つまり列島の地域行政組織に「国」と「県」が設置されたのであり、国土統治にうえで大きな治績と評されたのである。一方、允恭天皇は、氏・姓の氏姓制度を整えた。允恭の施策によって、貴族・百姓の身分的序列化が成し遂げられた。

（ヤマト王権、吉村武彦）

イザナギ・イザナミ（国産み、神産み）

イザナギ・イザナミ（国産み）（1）

　国産み（くにうみ）とは、日本の国土創世譚を伝える神話である。イザナギとイザナミの二柱の神は天の橋にたち矛で混沌をかき混ぜ島をつくる。そして、『古事記』などではその後二神で島を産んだのである。なお、国生みの話の後には神産み（かみうみ）が続く。『古事記』によれば、大八島は次のように生まれた。

　伊邪那岐（イザナギ）・伊邪那美（イザナミ）の二柱の神は、別天津神（ことあまつがみ）たちに漂っていた大地を完成させるよう命じられる。別天津神たちは天沼矛（あめのぬぼこ）を二神に与えた。伊邪那岐・伊邪那美は天浮橋（あめのうきはし）に立ち、天沼矛で渾沌とした大地をかき混ぜる。このとき、矛から滴り落ちたものが積もって淤能碁呂島（おのごろじま）となった。二神は淤能碁呂島に降り、結婚する。まず淤能碁呂島に「天の御柱（みはしら）」と「八尋殿（やひろどの、広大な殿舎）」を建てた。ここで、（伊耶那岐命が）妹の伊耶那美命に「あなたの身体は、どのようにできていますか」と問うと、伊耶那美命は「私の身体には、成長していないところ（女陰のことを示す）が1ヶ所あります」と答えました。そこで、伊耶那岐命は「私の体には、成長して、成長し過ぎたところ（男根のことを示す）が1ヶ所あります。そこで、この私の成長し過ぎたところで、あなたの成長していないところを刺して塞いで、国土を生みたいと思います。生むのはどうですか。」と述べました。伊耶那美命は「それはよいことでしょう」と申しました。

　伊邪那岐は左回りに、伊邪那美は右回りに天の御柱を巡り、出会った所で伊邪那岐が「あなにやし、えをとこを」と伊邪那岐を褒め、伊邪那岐が「あなにやし、え娘子（をとめ）を」と伊邪那美を褒め、二神は性交する。しかし、女性である伊邪那美の方から男性の伊邪那岐を誘ったために、ちゃんとした子供が生まれなかった。二神は、最初に産まれた子供である水蛭子（ひるこ）を葦舟に乗せて流してしまい、次にアハシマが産まれた。水蛭子とアハシマは、伊邪那岐・伊邪那美の子供の内に数えない。二神は別天津神のもとに赴き、なぜちゃんとした子供が生まれないのかを聞いた。すると、占いによって、女から誘うのがよくなかったとされた。そのため、二神は淤能碁呂島に戻り、今度は男性の伊邪那岐から誘って再び性交する。

　ここからこの二神は、大八島を構成する島々を生み出していった。産んだ島を順に記すと下のとおり。
1. 淡道之穂之狭別島（あはぢのほのさわけのしま）：淡路島
2. 伊予之二名島（いよのふたなのしま）：四国 胴体が1つで、顔が4つある。顔のそれぞれの名は以下の通り。
　愛比売（えひめ）：伊予国、飯依比古（いひよりひこ）：讃岐国、大宜都比売（おほげつひめ）：阿波国（後に食物神としても登場する）、建依別（たけよりわけ）：土佐国
3. 隠伎之三子島（おきのみつごのしま）：隠岐島 別名は天之忍許呂別（あめのおしころわけ）
4. 筑紫島（つくしのしま）：九州 胴体が1つで、顔が4つある。顔のそれぞれの名は以下の通り。
　白日別（しらひわけ）：筑紫国、豊日別（とよひわけ）：豊国、建日向日豊久士比泥別（たけひむかひとよじひねわけ）：肥国、建日別（たけひわけ）：熊曽国
5. 伊伎島（いきのしま）：壱岐島 別名は天比登都柱（あめひとつばしら）
6. 津島（つしま）：対馬 別名は天之狭手依比売（あめのさでよりひめ）
7. 佐度島（さどのしま）：佐渡島
8. 大倭豊秋津島（おほやまととよあきつしま）：本州 別名は天御虚空豊秋津根別（あまつみそらとよあきつねわけ）

　以上の八島が最初に生成されたため、日本を大八島国（おおやしまのくに）という。二神は続けて6島を産む。
①吉備児島（きびのこじま）：児島半島 別名は建日方別（たけひかたわけ）、②小豆島（あづきじま）：小豆島 別名は大野手比売（おほのでひめ）、③大島（おほしま）：周防大島 別名は大多麻流別（おほたまるわけ）、④女島（ひめじま）：姫島 別名は天一根（あめひとつね）、⑤知訶島（ちかのしま）：五島列島 別名は天之忍男（あめのおしを）、⑥両児島（ふたごのしま）：男女群島 別名は天両屋（あめふたや）。

（Wikipedia 抜粋）藤田加筆

天瓊を以て滄海を探るの図（小林永濯・画、明治時代）

イザナギ・イザナミ（国産み）(2)

オノゴロ島

オノゴロ島の所在地

1. 淡路島南海上の沼島。沼島は空から見ると勾玉のような神秘的な形をした離島で、淡路島の南海上4.6km先に位置している。沼島の海岸線には奇岩や岩礁が多く見られ、東南海岸には、矛先のような形をした高さ約30mの屹立する巨岩「上立神岩（かみたてがみいわ）」がそびえ立ち、国生みの舞台を思わせる象徴的な存在となっている。この上立神岩は、神話に登場する「天の御柱」とも言われ、イザナギノミコトとイザナミノミコトの二神が降り立ったと伝わっている。 (Wikipedia抜粋)

2. オノゴロ島は隠岐。『古事記』で隠岐島の別名は天之忍許呂別（あめのおしころわけ）で、「あめの」と「わけ」を取ると「おしころ」となり、「オノゴロ」に通じる。「おしころ」や「オノゴロ」の清音である「オノコロ」は、「お」であるところの「ころ」となり、慶尚道方言を考えると、「遠い島」となる。また、『古事記』では隠岐の島後がオノゴロジマで、島前がオキノミツゴノジマを指すと思われる。(スサノオの来た道、朴炳植)

この説は伊西国出自のイザナギ・イザナミが日本海（隠岐）経由で丹後に入り、さらに近江に至ったと考える私見を支持するものである。 （藤田）

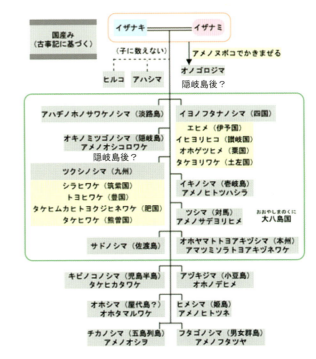

国生み（Wikipedia）

国産みは、中国南部、沖縄から東南アジアに広く分布する「洪水説話」に似た点が多いとされる。この説話は宗像や和邇などの海神（海人）族によって持ち込まれたものと考える。とはいえ、淡路島からの国産みは、応神王朝（河内王朝）が建てられ、河内に中臣氏と物部氏が拠点を置いていたことと深く関係している。すなわち、『記紀』の編纂は、藤原氏（中臣氏出自）の藤原不比等と物部氏の石上朝臣麻呂が主導したことと関連があると思う。 （藤田）

多賀大社（たがたいしゃ）は、滋賀県犬上郡多賀町多賀にある神社である。伊邪那岐命（イザナギ）・伊邪那美命（イザナミ）の二柱を祀り、古くから「お多賀さん」として親しまれた。『古事記』の写本のうち真福寺本には「伊邪那岐大神は淡海の多賀に坐すなり」との記述がある。 (Wikipedia抜粋)

多賀大社の祭神は伊邪那岐大神ですが、御霊屋には大国主が祀ってあります。また、『多賀神社史』（昭和8年）には「反正天皇3年（5世紀半ば）に木菟臣勅（平群木菟宿禰）を奉じて伊弉諾尊の降臨地を検し」とあります。『記紀』の編纂（8世紀始め）以前は近江・多賀が伊弉諾尊の降臨地と認識されていたということになります。 （FB情報、澤田 順子）

イザナギ・イザナミは伽耶の伊西国から、隠岐ー丹後ー近江のルートで渡来したと考えている。伊弉諾神宮は淡路島からの国生み神話の故に創建されたのか。 （藤田）

伊弉諾神宮（いざなぎじんぐう）は、兵庫県淡路市多賀にある神社。祭神は、伊弉諾尊と伊弉冉尊の二柱。『日本書紀』・『古事記』には、国産み・神産みを終えた伊弉諾尊が、最初に生んだ淡路島多賀の地の幽宮（かくりのみや、終焉の御住居）に鎮まったとあり、当社の起源とされる。 (Wikipedia抜粋)

神産み（1）　イザナギ・イザナミの誕生

紀元前1世紀に半島から列島に渡来したイザナキとイザナミが生んだ神々は、彼らが渡来する前にすでに列島にいた神々であろう。

てんちかいびゃく
天地開闢
（古事記に基づく）

凡例
男神
女神
独り神

別天津神

別天津神（ことあまつかみ）は、『古事記』において、天地開闢の時にあらわれた五柱の神々を云う。『古事記』上巻の冒頭では、天地開闢の際、高天原に以下の三柱の神（造化の三神という）が、いずれも「独神（ひとりがみ）」（男女の性別が無い神）として成って、そのまま身を隠したという。

天之御中主神（あめのみなかぬしのかみ）- 至高の神
高御産巣日神（たかみむすひのかみ）- 征服や統治の神
神産巣日神（かみむすひのかみ）- 生産の神

その次に、国土が形成されて海に浮かぶくらげのようになった時に以下の二柱の神が現われた。この二柱の神もまた独神として身を隠した。

宇摩志阿斯訶備比古遅神（うましあしかびひこぢのかみ）
天之常立神（あめのとこたちのかみ）

これら五柱の神を、天津神の中でも特別な存在として「別天津神」と呼ぶ。別天津神の次に神世七代の神が現れた。
（Wikipedia抜粋）藤田加筆

アメノミナカヌシ
タカミムスビ
カミムスビ
ぞうかさんしん
造化三神

ウマシアシカビヒコチ
アメノトコタチ
ことあまつがみ
別天津神

神世七代

神世七代（かみのよななよ）とは、日本神話で天地開闢のとき生成した七代の神の総称。またはその時代をいう。神代七代とも書き、天神七代ともいう。陽神（男神）と陰神（女神）がある。

初めは抽象的だった神々が、次第に男女に分かれ異性を感じるようになり、最終的には愛を見つけ出し夫婦となる過程をもって、男女の体や性が整っていくことを表す部分だと言われている。

『古事記』では、別天津神の次に現れた十二柱七代の神を神世七代としている。最初の二代は一柱で一代、その後は二柱で一代と数えて七代とする。
1.国之常立神（くにのとこたちのかみ）
2.豊雲野神（とよぐもぬのかみ）
3.宇比邇神（うひぢにのかみ）・須比智邇神（すひぢにのかみ）
4.角杙神（つぬぐいのかみ）・活杙神（いくぐいのかみ）
5.意富斗能地神（おおとのじのかみ）・大斗乃弁神（おおとのべのかみ）
6.淤母陀琉神（おもだるのかみ）・阿夜訶志古泥神（あやかしこねのかみ）
7.伊邪那岐神（いざなぎのかみ）・伊邪那美神（いざなみのかみ）
　（左側が男神、右側が女神）
（Wikipedia抜粋）藤田加筆

クニノトコタチ
トヨクモノ
ウヒチニ　スヒチニ
ツノグヒ　イクグヒ
オホトノジ　オホトノベ
オモダル　アヤカシコネ
イザナキ　イザナミ
かみよななよ
神世七代

神産み（2）　三貴子の誕生

三貴子：アマテラスオオミカミ、ツクヨミ、スサノオ

弥生時代 中・後期

記紀（神産み）

テーマB 古の日本（倭）の歴史（前1世紀～

077

4世紀）―天孫族（伽耶族）の系譜

神産み （文中略あり）

大八洲国やその他の小さな島々を産んだイザナギ・イザナミは次に神々を産んだ。ここで産まれた神は家宅を表す神、および風の神・木の神・野の神といった自然にまつわる神々である。

大事忍男神（おほことおしをのかみ）、石土毘古神（いはつちびこのかみ）、石巣比売神（いはすひめのかみ）、大戸日別神（おほとひわけのかみ）、天之吹男神（あめのふきおのかみ）、大屋毘古神（おほやびこのかみ）、風木津別之忍男神（かざもつわけのおしをのかみ）、**大綿津見神**（おほわたつみのかみ）、速秋津日子神（はやあきつひこのかみ）、速秋津比売神（はやあきつひめのかみ）。

速秋津日子神と速秋津比売神は以下の神々を産んだ。沫那藝神（あはなぎのかみ）、沫那美神（あはなみのかみ）、頬那藝神（つらなぎのかみ）、頬那美神（つらなみのかみ）、天之水分神（あめのみくまりのかみ）、国之水分神（くにのみくまりのかみ）、天之久比奢母智神（あめのくひざもちのかみ）、国之久比奢母智神（くにのくひざもちのかみ）、志那都比古神（しなつひこのかみ）、久久能智神（くくのちのかみ）、**大山津見神**（おほやまつみのかみ）、鹿屋野比売神（かやのひめのかみ）別名は野椎神（のづちのかみ）。

大山津見神と野椎神は以下の神々を産んだ。天之狭土神（あめのさづちのかみ）、国之狭土神（くにのさづちのかみ）、天之狭霧神（あめのさぎりのかみ）、国之狭霧神（くにのさぎりのかみ）、天之闇戸神（あめのくらどのかみ）、国之闇戸神（くにのくらどのかみ）、大戸惑子神（おほとまとひこのかみ）、大戸惑女神（おほとまとひめのかみ）、鳥之石楠船神（とりのいはくすぶねのかみ）別名は天鳥船（あめのとりふね）、大宜都比売神（おほげつひめのかみ）、火之夜藝速男神（ひのやぎはやをのかみ）別名は火之炫毘古神（ひのかがびこのかみ）別名は火之迦具土神（ひのかぐつちのかみ）。

火の神・迦具土神を出産したとき女陰が焼け、イザナミは病気になった。病に苦しむイザナミの吐瀉物などから次々と神が生まれた。金山毘古神（かなやまびこのかみ、イザナミの吐瀉物から生まれる）、**金山毘売神**（かなやまびめのかみ、イザナミの吐瀉物から生まれる）、波邇夜須毘古神（はにやすびこのかみ、イザナミの大便から生まれる）、波邇夜須毘売神（はにやすびめのかみ、イザナミの大便から生まれる）、彌都波能売神（みつはのめのかみ、イザナミの尿から生まれる）、和久産巣日神（わくむすひのかみ、イザナミの尿から生まれる）、和久産巣日神には以下の一柱の子がいる。豊宇気毘売神（とようけびめのかみ）。

イザナギはイザナミの死に涕泣したが、この涙から神がまた生まれた。泣沢女神（なきさわめのかみ）、イザナギはイザナミを出雲国と伯伎（伯耆）国の境にある比婆（ひば）の山（現在の島根県安来市）に葬った。妻を失った怒りからイザナギは迦具土（加具土）神を十拳剣で切り殺した。この剣に付着した血からまた神々が生まれる。なお、この十拳剣の名前は「天之尾羽張」（あめのをはばり）別名を伊都之尾羽張（いつのをはばり）。石折神（いはさくのかみ）、根折神（ねさくのかみ）、石筒之男神（いはつつのをのかみ）以上、三柱の神は十拳剣の先端からの血が岩石に落ちて生成された神々である。甕速日神（みかはやひのかみ）、樋速日神（ひはやひのかみ）、**建御雷之男神**（たけみかづちのをのかみ）別名は建布都神（たけふつのかみ）別名は豊布都神（とよふつのかみ）以上、三柱の神は十拳剣の刀身の根本からの血が岩石に落ちて生成された神々である。

（Wikipedia 抜粋）藤田加筆

黄泉の国

イザナミの病と死によって生まれた神々

イザナギはイザナミを取り戻そうと黄泉国へ赴いた。黄泉に着いたイザナギは、戸越しにイザナミに「あなたと一緒に創った国土はまだ完成していません。帰りましょう」と言ったが、イザナミは「黄泉の国の食べ物を食べてしまったので、生き返ることはできません」と答えた（注：黄泉の国のものを食べると、黄泉の住人になるとされていた。これを「黄泉竈食ひ（よもつへぐい）」という）。さらに、イザナミは「黄泉神と相談しましょう。お願いですから、私の姿は見ないで下さいね。」といい、家の奥に入った。イザナギは、イザナミがなかなか戻ってこないため、自分の左の角髪（みずら）につけていた湯津津間櫛（ゆつつなくし）という櫛の端の歯を折って、火をともして中をのぞき込んだ。するとイザナミは、体は腐って蛆がたかり、声はむせびふさがっており、蛇の姿をした8柱の雷神（八雷神）がまとわりついていた。雷神の名は以下の通り。

大雷（おほいかづち、イザナミの頭にある）、火雷（ほのいかづち、イザナミの胸にある）、黒雷（くろいかづち、イザナミの腹にある）、折雷（さくいかづち、イザナミの陰部にある）、若雷（わかいかづち、イザナミの左手にある）、土雷（つちいかづち、イザナミの右手にある）、鳴雷（なるいかづち、イザナミの左足にある）、伏雷（ふすいかづち、イザナミの右足にある）

おののいたイザナギは逃げようとしたが、イザナミは自分の醜い姿を見られたことを恥じて、黄泉醜女（よもつしこめ）にイザナギを追わせた。イザナギは蔓草（つるくさ）を輪にして頭に載せていたものを投げ捨てた。すると葡萄の実がなり、黄泉醜女がそれを食べている間に逃げた。しかしまだ追ってくるので、右の角髪（みずら）につけていた湯津津間櫛（ゆつつなくし）という竹の櫛を投げた。するとタケノコが生え、黄泉醜女がそれを食べている間に逃げた。イザナミはさらに、八柱の雷神と黄泉軍にイザナギを追わせた。イザナギは十拳剣で振り払いながら逃げ、ようやく黄泉の国と地上の境である黄泉比良坂（よもつひらさか）の坂本に着いたとき、坂本にあった桃の実を三つ投げたところ、追ってきた黄泉の国の悪霊たちは逃げ帰っていった。ここでイザナギは、桃に「人々が困っているときに助けてくれ」と言って、意富加牟豆美命（おほかむずみのみこと）と名づけた。最後にイザナミ本人が追いかけてきたので、イザナギは千人がかりでなければ動かないような大岩で黄泉比良坂をふさぎ、悪霊が出ないようにした。その岩をはさんで対面してこの夫婦は別れることとなる。このときイザナミは、「私はこれから毎日、一日に千人ずつ殺そう」と言い、これに対しイザナギは、「それなら私は人間が決して滅びないよう、一日に千五百人生ませよう」と言った。これは人間の生死の由来を表している。このときから、イザナミを黄泉津大神（よもつおほかみ）・道敷大神（ちしきのおほかみ）とも呼び、黄泉比良坂をふさいだ大岩を道返之大神（ちかへしのおほかみ）・黄泉戸大神（よみとのおほかみ）ともいう。なお、『古事記』では、黄泉比良坂は出雲国の伊賦夜坂（いふやのさか；現在の島根県松江市の旧東出雲町地区）としている。

禊祓と三貴子（神）の誕生 （文中略あり）

イザナギの禊によって生まれた神々（『古事記』に基づく）

イザナギは黄泉の穢れから身を清めるために、竺紫（つくし）の日向（ひむか）の橘の小門（をど）の阿波岐原（あはきはら；現在の宮崎県宮崎市阿波岐原町）で禊を行った。水の底で身を清めると二神が生まれた。底津綿津見神（そこつわたつみのかみ）、底筒之男神（そこつつのをのかみ）、水の中程で身を清めると二神が生まれた。中津綿津見神（なかつわたつみのかみ）、中筒之男神（なかつつのをのかみ）水の表面で身を清めると二神が生まれた。底筒之男神・中筒之男神・上筒之男神は墨江（住吉大社）の三柱の大神（住吉三神）である。

左の目を洗うと**天照大御神**（あまてらすおほみかみ）が生まれた。右の目を洗うと月読命（つくよみのみこと）が生まれた。鼻を洗うと建速須佐之男命（たけはやすさのをのみこと）が生まれた。イザナギは最後に三柱の貴い子を得たと喜び、天照大御神に首飾りの玉の緒を渡して高天原を委任した。その首飾りの玉を御倉板挙之神（みくらたなのかみ）という。月読命には夜の食国（をすくに）を、建速須佐之男命には海原を委任した。

（Wikipedia 抜粋）藤田加筆

倭国の神々

倭国の神（1）

大綿津見（オオワタツミ）— 海神（海人）族の王（海の神）
綿津見（ワタツミ）— 住吉三神

大綿津見神（オオワタツミ、オホワタツミ）
　日本神話にみえる神の名。ワタは海、ワタツミとは海の霊を意味する。ワタの語源はさだかではないが、うみ、うなばらなどが自然としての海を想起させるのに対し、霊的なもののすみかとしての海を意味するようである。ワタツミノカミをまつる神社はいくつかあるが、とくにオオワタツミノカミとは、海底の宮殿に住み、海の幸また農の水を支配する神格として『記紀』の海幸・山幸の話に登場する神を指す。兄の海幸彦に借りた釣針を失った山幸彦（瓊瓊杵尊(ににぎのみこと)の子）が、針を求めて訪れたのが綿津見の宮であった。
（ことバンク）

ワタツミ（Wikipedia抜粋）
　イザナギが黄泉から帰って禊をした時に、ソコツワタツミ（底津綿津見神）、ナカツワタツミ（中津綿津見神）、ウワツワタツミ（上津綿津見神）の三神が生まれ、この三神を総称して綿津見神と呼んでいる。この三神はオオワタツミとは別神である。この時、ソコツツノオノミコト（底筒男命）、ナカツツノオノミコト（中筒男命）、ウワツツノオノミコト（表筒男命）の住吉三神（住吉大神）も一緒に生まれている。
（藤田加筆）

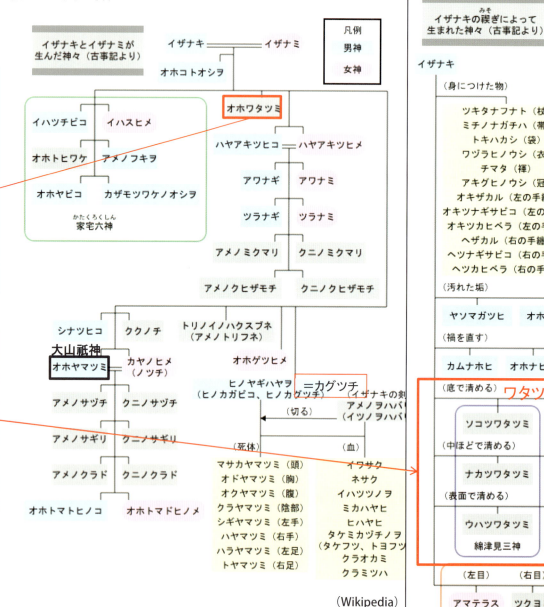

大山祇神　山の神　三島神

オオヤマツミ（オホヤマツミ、大山祇神、大山積神、大山津見神、三島神）は、日本神話に登場する神。別名　和多志大神、酒解神。『日本書紀』は「大山祇神」、『古事記』では「大山津見神」と表記する。

神話での記述
『古事記』では、神産みにおいて伊弉諾尊と伊弉冉尊との間に生まれた。『日本書紀』では、イザナギが軻遇突智を斬った際に生まれたとしている。

オオヤマツミ自身についての記述はあまりなく、オオヤマツミの子と名乗る神が何度か登場する。八岐大蛇退治において、素戔嗚尊（すさのを）の妻となる奇稲田姫（くしなだひめ）の父母、足名椎命・手名椎命（あしなづち・てなづち）はオオヤマツミの子と名乗っている。その後、スサノオの系譜において、オホヤマツミ神の娘である神大市比売神（かむおほいちひめ）との間に大年神と倉稲魂尊（うかのみたま）をもうけていると記している。また、クシナダヒメとの間の子、八嶋士奴美（やしまじぬみ）は、オオヤマツミの娘の木花知流姫（このはなちるひめ）と結婚し、布波能母遅久奴須奴（ふはのもぢくぬすぬ）を生んでいる。フハノモヂクヌスヌの子孫が大国主とされる。

天孫降臨の後、瓊瓊杵尊はオオヤマツミの娘である木花之開耶姫と出逢い、オオヤマツミはコノハナノサクヤビメとその姉の磐長姫を差し出した。ニニギが容姿が醜いイワナガヒメだけを送り返すと、オオヤマツミはそれを怒り、「イワナガヒメを添えたのは、天孫が岩のように永遠でいられるようにと誓約を立てたからで、イワナガヒメを送り返したことで天孫の寿命は短くなるだろう」と告げた。

解説
神名の「ツ」は「の」、「ミ」は神霊の意なので、「オオヤマツミ」は「大いなる山の神」という意味となる。別名の和多志大神の「わた」は海の古語で、海の神を表す。すなわち、山、海の両方を司る神ということになる。大山祇神社が島に存在することもあり、三島信仰では海神としての性格が強くなっている。

また、木花之開耶姫が彦火火出見尊（ひこほほでみ）を生んだことを喜んだオオヤマツミが、天甜酒（あめのたむざけ）を造り神々に供げたとの記述もあることから、酒造の神・酒解神ともされている。このほか、軍神、武神としても信仰されている。

一般に、山の神と云えば女神だが、大山祇神は『古事記・日本書紀』ともに男神である。ただし、『日本書紀』では女神と読める箇所がある。山の神であるオオヤマツミは林業や鉱山関係者に崇拝され、山から下りてきて恵みをもたらすともされることから里山農業では田の神ともされる。ユネスコの無形文化遺産に登録された石川県奥能登地方の農神事アエノコトで迎える田の神はオオヤマツミであるとされる。

（Wikipedia抜粋）藤田加筆

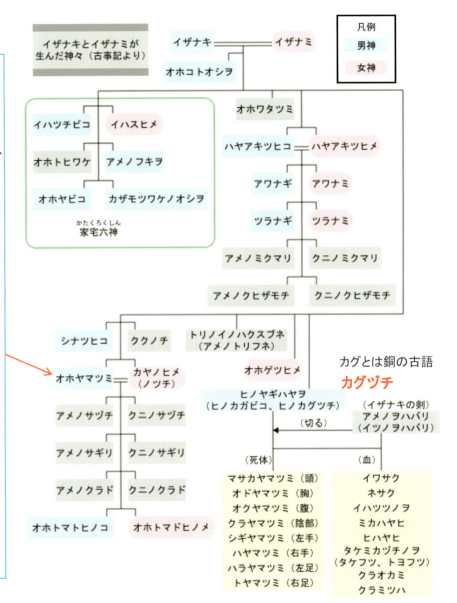

弥生時代 中・後期　記紀（神産み）　三島大明神

テーマB　古の日本（倭）の歴史（前1世紀～　4世紀）―天孫族（伽耶族）の系譜

倭国の神々（2）

菊理媛＝瀬織律姫＝豊受大神（縄文の女神？）、そして大宜都比売（食物の女神）

白山信仰

　白山神社の本社は加賀国石川郡の白山比咩神社で、加賀一の宮であった。奥宮は白山最高峰の御前峰山頂にある。

　崇神天皇7年に、白山を仰ぎみる遥拝所が創建されたと伝えられる。祭神は菊理媛尊（白山比咩大神）、伊邪那岐尊（伊弉諾命）、伊邪那美尊（伊弉冉命）の三柱であった。その後、717年（養老元年）に、修験者泰澄が加賀国（当時は越前国）白山の主峰、御前峰（ごぜんがみね）に登って瞑想していた時に、緑碧池（翠ヶ池）から十一面観音の垂迹である九頭龍王（くずりゅうおう）が出現して、自らを伊弉那美尊の化身で白山明神・妙理大菩薩と名乗って顕現したのが白山修験場開創の由来と伝えられ、以後の白山信仰の基となった。翌718年（養老2年）に、泰澄は御前峰に社を築き、白山妙理大権現を奉祀した。平安時代には、加賀・越前・美濃の3国に禅定道が設けられ、「三箇の馬場（ばんば）は、加賀の馬場、越前の馬場、美乃の馬場也」（三馬場）と呼ばれた。そして、神仏習合により、820年（天長9年）には、それぞれの馬場に、白山寺、平泉寺、長滝寺の神宮寺が建立された。
（Wikipedia抜粋）藤田加筆

室堂から望む白山奥宮と御前峰（Wikipedia）

白山の三馬場と禅定道（Wikipedia改）

　白山比咩神社の主祭神「白山比咩神」の実体は菊理媛（くくり媛）とされる。久保田氏は「日本の宗教とは何か」の中で白山から流れでる手取川が曲流する淵にある船岡山に白山信仰の源流があるとする。その根拠は、船岡山には縄文遺跡があり、白山比咩が最初に鎮座したのはこの地であった。聖地の船（舟）岡山という地名には北陸と丹後・但馬との共通性が見られる。丹後の大江山の南麓にある「元伊勢」のうち、豊受大神を祭る外宮は舟岡山という小丘に鎮座する。白山主神の菊理媛神は、『記紀』にわずかに見えるのみで、冥界という異境訪問をしたイザナギとその妻神イザナミの仲を取りもつ役割を果たすが、その実体は明確ではない。白山神が広く分布する北東日本海沿岸地域には、なぜか海神（海人）系の石部（磯部）神社が古社として多く分布する。これらの諸問題の検討から「**菊理媛＝瀬織律姫**」と所見が得られ、同時にこれが**豊受大神**ではないかとの推論にいたった。東北地方に見られる「おシラさま」も瀬織律姫に通じる。
（越と出雲の夜明け、宝賀寿男）＋藤田

「祓戸の大神四神」

瀬織津比咩（セオリツヒメ）、速開津比咩（ハヤアキツヒメ）、気吹戸主（イブキドヌシ）、速佐須良比咩（ハヤサスラヒメ）は、個人や社会の禍事【まがごと】と罪【つみ】、穢れ【けがれ】を祓ってくださる祓いと禊ぎ【みそぎ】をつかさどる神々。瀬織津比咩は川の神、速開津比咩は海の神、気吹戸主は息吹の神、速佐須良比咩は地底の神である。「祓戸の大神四神」の名前は『古事記』や『日本書紀』に直接登場しないが、いくつかの古い文献にはその名が見られ、なぞの多い神々とされている。

　神道の最高祝詞である『大祓詞』には「高山の末短山の末より、さくなだりに落ちたぎつ速川の瀬に坐す瀬織津比売という神、大海原に持ち出でなむ」とある。勢いよく流れ下る川の力によって人々や社会の罪穢れを大海原に押し流してしまう、川に宿る大自然神であることがわかる。
（佐久奈度神社由緒記、Net）

オオゲツヒメ（オホゲツヒメ、大宜都比売、大気都比売、大宜津比売神、大気津比売神）。

オオゲツヒメという名称は「大いなる食物の女神」の意味。

概要

『古事記』においては、まず伊邪那岐命と伊邪那美命の国産みにおいて、一身四面の神である伊予之二名島（四国）の中の阿波国の別名として「大宜都比売」の名前が初めて表れる。そしてその直後の神産みにおいて、どういうわけか他の生まれいづる神々に混じり、ほぼ同名といえる「大宜都比売神」が再度生まれている記述がある。更に高天原を追放された須佐之男命に料理を振る舞う神としても登場するが、これらが同一神か別神かは不明。

説話

高天原を追放された須佐之男命（スサノオ）は、空腹を覚えて大気都比売神に食物を求め、大気都比売神はおもむろに様々な食物を須佐之男命に与えた。それを不審に思った須佐之男命が食事の用意をする大気都比売神の様子を覗いてみると、大気都比売神は鼻や口、尻から食材を取り出し、それを調理していた。須佐之男命は、そんな汚い物を食べさせていたのかと怒り、大気都比売神を殺してしまった。すると、大気都比売神の頭から蚕が生まれ、目から稲が生まれ、耳から粟が生まれ、鼻から小豆が生まれ、陰部から麦が生まれ、尻から大豆が生まれた。これを神産巣日御祖神が回収した。

　また島根県石見地方に伝わる伝説には、大気都比売神の娘に乙子狭姫がおり、雁に乗って降臨し作物の種を地上に伝えたとする。

起源

殺害された者の屍体の各部から栽培植物、とくに球根類が生じるという説話は、東南アジアから大洋州・中南米・アフリカに広く分布している。芋類を切断し地中に埋めると、再生し食料が得られることが背景にある。オオゲツヒメから生じるのが穀物であるのは、日本では穀物が主に栽培されていたためと考えられている。
（Wikipedia抜粋）藤田加筆

Ⓑ021

豊受大神　　（トヨウケビメ＝ウカノミタマ（宇迦之御魂神、倉稲魂命）、伊勢神宮外宮や稲荷神社などで祀られる）

伊勢神宮外宮の主祭神の豊受大神は、元伊勢籠神社から遷ったと見なされている。豊受大伸の別名と考えられるウカノミタマを祀る小津神社が滋賀県守山市にあり、近傍に弥生時代後期の伊勢遺跡があることとの関連性が注目される。

豊受大神

　丹後一宮元伊勢籠神社（このじんじゃ）の奥宮真名井神社では豊受大神を主祭神として、天照大神・伊射奈岐大神（いざなぎおおかみ）・伊射奈美大神（いざなみおおかみ）・罔象女命（みづはのめのみこと）・彦火火出見尊（ひこほほでみのみこと）・神代五代神（かみよいつつよのかみ）をお祀りしています。豊受大神は別名を天御中主神（あめのみなかぬしのかみ）・国常立尊（くにとこたちのみこと）・御饌津神（みけつかみ）とも云い、倉稲魂命（うかのみたま）・宇迦之御魂（うかのみたま）・保食神（うけもちのかみ）・大宜津比売命（おおげつひめのみこと）なども同神と考えられています。
(奥宮 真名井神社 - 丹後一宮 元 伊勢 籠神社（このじんじゃ）京都、Net)
　伊勢神宮の外宮は、豊受大御神（ウカノミタマと同神）をお祀りしています。豊受大御神は内宮の天照大御神のお食事を司る御饌都神（みけつかみ）であり、衣食住、産業の守り神としても崇敬されています。この外宮ではウカノミタマを倉稲魂命と表記し、御倉神として祀られている。
(Wikipedia)
・真名井（マナイ）と云う言葉は、元々はアイヌ語が語源で、水の出る/ある沢と云う、つまり溢れ出る水のことで水源、湧水、泉、沢、川のことを指している。なので現在の日本には特別な清浄な水に先住民族から引き継がれた言葉が「真名井」と云う名で残っていると云うことなのだろう。
(FB投稿、ムサーフル)

ウカノミタマ

　ウカノミタマは、日本神話に登場する神（女神）。『古事記』では宇迦之御魂神、『日本書紀』では倉稲魂命と表記する。名前の「ウカ」は穀物・食物の意味で、穀物の神である。また、伏見稲荷大社の主祭神であり、稲荷神（お稲荷さん）として広く信仰されている。ただし、稲荷主神としてウカノミタマの名前が文献に登場するのは室町時代以降のことである。伊勢神宮ではそれより早くから、御倉神（みくらのかみ）として祀られた。
　『古事記』では、スサノオの系譜において登場し、スサノオがクシナダヒメの次に娶ったカムオオイチヒメとの間に生まれている。同母の兄に大年神（おおとしのかみ）がいる。『日本書紀』では、神産みの第六の一書において、イザナギとイザナミが飢えて気力がないときに産まれたとしている。飢えた時に食を要することから、穀物の神が生じたと考えられている。
　平安時代の『延喜式』（大殿祭祝詞）には、トヨウケビメの別名ともされる屋船豊宇気姫命（やふねとようけひめのみこと）が登場するが、この女神について祝詞の注記では「これ稲の霊（みたま）なり。世にウカノミタマという。」と説明している。
　ウカノミタマは、伏見稲荷大社（京都市）などの全国の稲荷神社で祀られているほか、ウカノミタマを祀る神社として、以下のような例がある。
・小津神社（滋賀県守山市）平安後期に制作された、ウカノミタマの神像（重要文化財）を祀る。垂髪（たれがみ）の女神の座像で、片膝を立て、手に宝珠を持つ。木製で像高50cm。
(右欄参照)
・小俣神社（三重県伊勢市）伊勢外宮の境外摂社。神道五部書の『御鎮座本紀』では、トヨウケ大神に随行してきた「ウカノミタマ稲女神」を祀ると記される。
・上社（三重県伊勢市）合祀により、4座の宇迦之御魂神を祀る。
(Wikipedia抜粋) 藤田加筆

式内社　近江國野洲郡 小津神社
御祭神
宇迦之御魂命

　滋賀県守山市にある。守山駅の北西5Kmほどの杉江町に鎮座。広い参道を北西に数十m進むと左手に当社の三之宮の本殿がポツンと鎮座。参道を右手（北東）に曲がって、さらに進むと砂利の広い境内。境内の中央部に拝殿があり、拝殿の後方、垣の中に国指定重要文化財の流造桧皮葺三間社の美しい本殿がある。
(小津神社（守山市）、Net) ＋ 藤田

小津神社本殿
　浜街道に面した大きな鳥居をくぐって馬場を進むと、本殿がある。この本殿は、三間社流造（さんげんしゃながれづくり）になっている。約500年前に焼けた後、約450年前に再建されている。丸や四角い柱が使われている。
(国重要文化財)（ふるさと守山デジタル資料集、Net）

木造宇迦乃御魂命坐像（もくぞううかのみたまのみことざぞう）
　小津神社の大切な御神像で、わが国の3大神像の一つと言われるほどすぐれた彫刻で、約50cmの大きさです。平安時代の作。　（国重要文化財）（ふるさと守山デジタル資料集、Net）

倭国の神々（3）
五男三女神（宗像三女神と王子五柱の男神）の誕生

アマテラスとスサノオ（スサノヲ）の誓約
（アマテラスとスサノオのうけひ）
『古事記』や『日本書紀』に記される天照大神（アマテラス）と建速須佐之男命（スサノオ、『日本書紀』では素戔嗚尊）が行った誓約（占い）のこと。

『古事記』
　伊邪那岐命（イザナギ）が建速須佐之男命（スサノオ）に海原の支配を命じたところ、建速須佐之男命は伊邪那美命（イザナミ）がいる根の国（黄泉の国）へ行きたいと泣き叫び、天地に甚大な被害を与えた。イザナギは怒って「それならばこの国に住んではいけない」と彼を追放した。

　スサノオは、姉のアマテラスに会ってから根の国へ行こうと思い、アマテラスが治める高天原へ昇る。すると山川が響動し国土が皆震動したので、アマテラスはスサノオが高天原を奪いに来たと思い、武具を携えて彼を迎えた。

　スサノオはアマテラスの疑いを解くために、宇気比（誓約）をしようといった。二神は天の安河を挟んで誓約を行った。まず、アマテラスがスサノオの持っている十拳剣（とつかのつるぎ）を受け取って噛み砕き、吹き出した息の霧から以次の三柱の女神（宗像三女神）が生まれた。この三姉妹の女神は、アマテラスの神勅により海北道中（玄界灘）に降臨し、宗像大社の沖津宮、中津宮、辺津宮、それぞれに祀られている。

多紀理毘売命 - 別名：奥津島比売命（おきつしまひめ）。沖津宮に祀られる。
多岐都比売命 - 中津宮に祀られる。
市寸島比売命 - 別名：狭依毘売命（さよりびめ）。辺津宮に祀られる。

　次に、スサノオが、アマテラスの「八尺の勾玉の五百箇のみすまるの珠」を受け取って噛み砕き、吹き出した息の霧から以下の五柱の男神が生まれた。
左のみづらに巻いている玉から **正勝吾勝勝速日天之忍穂耳命（アメノオシホミミ）**
右のみづらに巻いている玉から **天之菩卑能命（アメノホヒ）**
かづらに巻いている玉から **天津日子根命（アマツヒコネ）**
左手に巻いている玉から **活津日子根命（イクツヒコネ）**
右手に巻いている玉から **熊野久須毘命（クマノクスビ）**

　これによりスサノオは「我が心清く明し。故れ、我が生める子は、手弱女を得つ。」と勝利を宣言した。
（Wikipedia抜粋）　藤田加筆

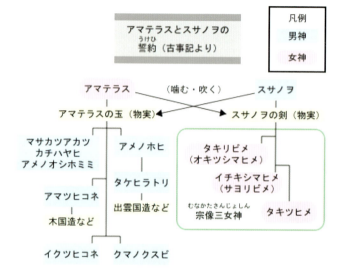

アマテラスとスサノオの誓約（解説）
　『古事記』では天照大神（アマテラス）は、後に生まれた男神は自分の物から生まれたから自分の子として引き取り、先に生まれた女神は建速須佐之男命（スサノオ）の物から生まれたから彼の子だと宣言した。建速須佐之男命は自分の心が潔白だから私の子は優しい女神だったといい、天照大神は彼を許した。

　日本全国にある天真名井神社、八王子神社などでは、宗像三女神と、王子五柱の男神を五男三女神として祀る。
（Wikipedia抜粋）　藤田加筆

3章　論考1〜4

論考1　『日本書紀』に記載された弥生の国々（近江の古代史）Ⓑ024／論考2　出雲とヤマト
Ⓑ027／論考3　スサノオ（素戔嗚）の足跡Ⓑ032／論考4　卑弥呼（日御子？）の系譜Ⓑ038

　イザナミ・イザナミが来訪した紀元前1世紀の倭国には、細戈千足（くわしほこのちだる）国、磯輪上秀真（しわかみのほつま）国、浦安（うらやす）の国の三か国が存在した。細戈千足国は筑紫の奴国、磯輪上秀真国は出雲古国（出雲と吉備を含む）に当たり、そして浦安の国は近江を中心とする近畿にあったと考えられる。紀元前後に大伽耶のスサノオが筑紫に侵攻し伊都国を建て、さらに出雲を侵し出雲古国を崩壊させた。敗残の大国主一族（アジスキタカヒコネら）は東遷して丹後さらに近江へと至った。少彦名はこの東遷に同行したと思われる。2世紀に入ると大己貴（大国主の別称）と少彦名は浦安の国の後継国の大己貴の国（玉牆の内つ国）を建てた。この国は近江・湖南を中心に近畿・中部地方一円に広がり、「見る銅鐸」を祭器とした。スサノオの後のニギハヤヒは、出雲から吉備に移り、2世紀後半にアメノヒボコを伴って東征し、大己貴の国の支国と思われる葛城王朝を倒し、さらに北上して大己貴の国の都の伊勢遺跡を侵し大己貴の国を崩壊させた。ニギハヤヒは、卑弥呼を共立して纒向を都とする邪馬台国を建てた。一方、大己貴は大己貴の国の後継国の狗奴国を建てた。また、宗像三女神を始祖とする卑弥呼の系譜について論じる。

参照：第3部概略、年表等②01
古の日本（倭）の歴史（前1世紀〜4世紀）－天孫族（伽耶族）の系譜　（図2）　Ⓑ004

論考１　『日本書紀』に記載された弥生の国々（近江の古代史）

大和の邪馬台国に先行する近江の大己貴（おおなむち）の国（玉牆の内つ国）（Ⓑ 079 参照）

『日本書紀』の記述より次のように類推できる。【大和の纏向遺跡を都とする「邪馬台国」の先行国は、近江・湖南の伊勢遺跡を都とする「大己貴の国（玉牆の内つ国）」であり、さらにその先行国の「浦安の国」も近江・湖南の野洲川流域にあった。】

『日本書紀』神武天皇 31 年夏、天皇の御巡幸の際、国名として「秋津洲」の名がみえる。それに続いて次の記載がみられる。

＊＊＊＊＊＊＊＊＊＊＊＊＊＊＊＊＊＊＊＊

【昔、伊弉諾尊目此国曰、「日本者浦安国。細戈千足国。磯輪上秀真国。」復、大己貴大神目之曰、「玉牆内国」。及至饒速日命乗天磐船而翔行太虚也、睨是郷而降之、故因目之曰「虚空見日本国」矣。】

＊＊＊＊＊＊＊＊＊＊＊＊＊＊＊＊＊＊＊＊

（現代語訳）昔、伊弉諾尊がこの国を名付けて「日本（ヤマト）は、浦安（うらやす）の国、細戈千足（くわしほこのちだる）国、磯輪上秀真（しわかみのほつま）国」とされた。また、大己貴大神が名付けて「玉牆の内つ国」といわれた。饒速日命は、天の磐船に乗って大空を飛び廻り、この国を見てお降りになり、「虚空見つ日本（ヤマト）の国」といわれた。

以上の『日本書紀』の弥生の国々の記述は、単に弥生時代の日本国の美称を羅列したものでなく、ヤマト王権（崇神朝）以前に実際に存在した国々を時系列で記載したものと考える。また、1 世紀半ばの神武東征譚の主要部分は、3 世紀末の崇神東征譚であろう。この巧妙に仕組まれた『日本書紀』の記述を理解するために、紀元前1世紀から4世紀の天孫族（伽耶族）の系譜（図2 Ⓑ 004）を参照のこと。天孫降臨は1世紀半ばの出来事で、崇神即位は西暦315年となる。かくして、神武朝（崇神朝）の国名は「ヤマト」となり、それに先行するのが、饒速日命（ニギハヤヒ）の建てた「虚空見つ日本（ヤマト）の国」で、『魏志倭人伝』に3世紀の国と記載されている「邪馬台（ヤマト）国」に当たる。（このヤマトが『記紀』における国名としてのヤマトの初出である。）その前の国が、2世紀初めに大己貴の建てた「玉牆の内つ国」（大己貴の国（仮称）、実際は狗奴国？）で、さらにその前の紀元前1世紀の伊弉諾の時代には、このような大きな国は存在せず、西日本に「浦安の国、細戈千足国、磯輪上秀真国」が並立していたと思われる。

上述の国々の記載を時系列で換言すれば、紀元前1世紀の伊弉諾時代には、「浦安の国、細戈千足国、磯輪上秀真国」があった。「浦安の国」は近江・湖南を核とする大国主の国の一つと考えられ、近畿一円に広がっていた。「細戈千足国」は九州北部の筑紫国（倭の奴国か）を指し、「磯輪上秀真国」は出雲と吉備と考えられる。2世紀の初めに、大己貴と少彦名が力を合わせて、近畿、東海地方に広がる「玉牆の内つ国」を建てた。この国は近江・湖南の伊勢遺跡を国都とした「見る銅鐸」の国であり、「大己貴の国」と名付ける。この「大己貴の国」に続くのが、ニギハヤヒが2世紀末の倭国大乱の終結時に卑弥呼を女王として共立して建てた「虚空見つ日本の国」で、大和の纏向遺跡を都とする「邪馬台（ヤマト）国」に当たる。ヤマト国に続くのがヤマト王権（崇神王朝）であり、纏向遺跡を都として受け継いだ。

『日本書紀』巻第三、神武天皇（神日本磐余彦天皇）「東征出発」の項の次の記述に注目したい。【塩土の翁が「東の方に良い土地があり、青い山が取り巻いている。その中へ天の磐舟に乗って、とび降ってきた者がある。その者は饒速日であり、その土地はこの国の中心で、大業をひろめ天下を治めるにはよい土地であろう。」そこで、天皇は自ら諸皇子・舟軍を率いて、東征に向かわれた。】この神武東征譚の端緒「東征出発」は、崇神東征の発端と思われ、神武天皇ならぬ崇神天皇が、ニギハヤヒの建てた大和・纏向遺跡を国都とする「虚空見日本（ヤマト）の国」（「邪馬台（ヤマト）国」）を引き継ぎ、ヤマト王権（崇神朝）を建てた。

天孫降臨と神武東征の時期は1世紀半ばと一致、崇神即位は、315年（図2Ⓑ 004）。また、天孫降臨の時期の神武東征は三島神（三島湟咋耳命か）の東征に当たるとしている。この東征で成立したのが葛城多氏王権で神武から安寧天皇の三代に当たる。これに続くのがホアカリの東征で、彦火明の三世孫の倭宿禰が葛城に進出して建てたのが、「大己貴の国」の支国の葛城王朝で懿徳から孝安天皇に当たる。次の「邪馬台国」の時代は孝霊から開化天皇に当たる。従って、ニギハヤヒは孝霊天皇に当たり、卑弥呼は孝霊天皇の皇女の倭途途日百襲姫であろう。『日本書記』には綏靖から開化天皇までの事績は殆ど記載されておらず、この間が所謂「欠史八代」となり、それ故に神武天皇は崇神天皇と同一人物とされることがある。1世紀半ばの瓊瓊杵から日向三代を含む3世紀末のミマキイリビコイニエ（崇神天皇）までの系譜は、九州の「ウガヤ（ウガヤフキアエズ）王朝」の系譜と思われ、この間の天皇の系譜（神武から開化天皇）および近畿を中心とする「浦安の国」、「大己貴の国」、「邪馬台国」と続く国々とは全く関連がない。

以上のような皇統譜の不整合性は、7世紀の『記紀』の編纂を主導した右大臣の藤原不比等らの巧妙な作為によるものと考えている。藤原氏は中臣氏の後継氏族であり、中臣氏が支える天孫の瓊瓊杵の系譜をして天孫族の嫡流の系譜としようとした。そのためにヤマト王権（崇神王朝）以前の大和・葛城に存在した前ヤマト王権（葛城多氏王権、葛城王朝、邪馬台国）の前に神武天皇による神武東征をもってきた。即ち、3世紀末の崇神東征譚を神武東征譚の主要部分として1世紀半ばの天孫降臨の時代に押し込んだため、2世紀の断絶を生じ、この断絶が欠史八代説を生み、皇統の歴史の時系列を歪ませることとなった。

紀元前１世紀から４世紀の近江を廻る歴史

紀元前1世紀の伊弉諾の時代、近江・湖南に大国主の「浦安の国」が存在していた。紀元2世紀の初めに、大己貴が「大己貴の国」を建てた。この国の都は、近江・湖南の伊勢遺跡であろう。2世紀半ばになると、ニギハヤヒが東征して、倭国大乱を引き起こした。この大乱が近江・湖南および「大己貴の国」の都の伊勢遺跡を瓦解させた。ニギハヤヒは大和の纏向遺跡を都とする「邪馬台（ヤマト）国」を建てた。邪馬台国は西日本全域に広がり、一方「大己貴の国」の後継国の「狗奴国」は、近江・湖東の稲部遺跡を都としたと思われ、近江湖東・湖北から東日本に広がった。

「大己貴の国」（玉牆の内つ国）」の「玉牆の内つ国」は、秀麗な山々（玉牆）に囲まれた琵琶湖を湛える近江が相応しい。また、「大己貴の国」は、巨大な「見る銅鐸」を祭器にした。2世紀中ごろ、吉備からのニギハヤヒの東征により倭国大乱が引き起こされた。物部を主力とする軍団は河内から大和に侵攻し、「大己貴の国」の支国（葛城王朝）を崩壊させ、さらに北上して

「大己貴の国」の都の近江・湖南の伊勢遺跡を侵し、「大己貴の国」を瓦解させた。この折、伊勢遺跡近辺の大岩山に「見る銅鐸」が多数埋納された。ニギハヤヒは、和邇氏の巫女で大国主の血統の卑弥呼を女王として共立し、纏向遺跡を都とする邪馬台国（ヤマト国）を建て、倭国大乱を鎮めた。邪馬台国は西日本一円に、一方の「大己貴の国」の後継国の「狗奴国」は東日本一円に広がった。3世紀半ばに「邪馬台国」の卑弥呼が死去し政治情勢が不安定化すると、「邪馬台国」と「狗奴国」との抗争が顕在化した。3世紀末の崇神東征（神武東征の主要部）により、崇神天皇は「邪馬台国」を乗っ取り「ヤマト王権（崇神王朝）」を建てた。一方、「狗奴国」は「ヤマト王権」の攻勢のため衰退を続け、成務朝に滅亡したと考える。

近江を巡る歴史（遺跡を中心に）

近江の考古学は、旧石器時代後期後半（一部、縄文草創期と重なる）に遡ることができる。琵琶湖畔の真野遺跡（大津市）から2万年前の細石刃核やナイフ形石器が出土した。また1万3千年前、近江・湖南の三上山が望める野洲川下流域で縄文のビーナスが出土した。このビーナスは、琵琶湖岸で定住を始めた人々が豊饒や命の再生への願いを込めたものと思われる。また、野洲川下流域の服部遺跡（縄文時代から古代までの複合遺跡）を始め琵琶湖岸全域に数多くの縄文遺跡が見つかり、琵琶湖岸は縄文人の定住に極めて適した地勢であったと思われる。

弥生時代前期には水田稲作が倭国全域に広がった。琵琶湖を湛える近江は水利に恵まれ、水田稲作に最適であり、農産力や人口も倭国有数であった。近江では弥生時代前期の終わり頃に玉つくりが始まり、中期には各地で行われていたことが確認されている。弥生前期から中期の初めにかけて、近畿では近江にしか玉つくり集落はなく、いち早く玉つくりが始まっていた。野洲川下流域で玉つくり工房と確認されるのは、野洲市の市三宅東遺跡と草津市の烏丸崎遺跡の2ヶ所である。市三宅東遺跡では、主に管玉を製作した円形竪穴住居が3棟見つかっている。ここでは、管玉の製作中にでた研ぎ汁が沈殿したピットや玉を磨くための金剛砂（こんごうしゃ）が出土している。また、工房の床や埋土中より碧玉の破片大小が百数十点発見されている。草津市の烏丸崎遺跡でも、少なくとも2棟の竪穴住居で玉つくりをしていた。市三宅東遺跡と同じように玉つくりの道具や作りかけの未製品、原石を割ったり削ったりした時の破片、研磨材として使う細砂粒、研磨汁が詰まったピットが見つかっている。市三宅東遺跡と違うのは、ここの工房からは完成品も出ており、管に細い穴をあけるためのメノウの石針が見つかっている。

野洲川流域には、縄文時代の遺跡から弥生時代前期・中期・後期の遺跡まで数多く存在していた。これら遺跡のなかで、下之郷遺跡は弥生時代中期（紀元前220年頃か）に巨大な集落として誕生し、中期末（BC50年頃）に衰退する。下之郷遺跡は、三上山を頂点として広がる野洲川下流域の平野のほぼ中央に位置している。この扇状地の末端は、地下の伏流水が地表に湧き出してくる水源地帯にあたり、生活を営む上でたいへん適した場所だと云える。下之郷遺跡の誕生から衰退までの移り変わりは、遺跡を取り巻く政治、大陸・半島との鉄や文物の交易、集落間や政治ブロック間の戦いなど、当時の政治・社会情勢を反映している。尚、下之郷遺跡が栄えたのは、吉野ヶ里遺跡や池上曽根遺跡とほぼ同時代である。紀元前1世紀頃から下之郷遺跡は衰退して、その南東400mの地点に二ノ畔・横枕遺跡ができる。この頃、伊弉諾が浦安の国と名付けた近畿一円に広がる国があり、その都が二ノ畔・横枕遺跡集落ではないかと推察される。二ノ畔・横枕遺跡の規模は下之郷遺跡同様、全国最大級で、80棟の竪穴住居、堀立柱建物、大型円形住居が見つかる。下之郷遺跡に比較すると石器が激減し、かわりに鉄製の鏃が出土してくる。

紀元前後に出雲から近江に銅鐸祭祀の中心が遷って、弥生時代後期になると近江・湖南を中心

に巨大な「見る銅鐸」が作られるようになる。また、近江型土器（受口状口縁をもち、甕全体に文様が刻まれている）が弥生時代中期中葉から現れ、弥生時代後期にはこの独特の近江型土器が湖南を拠点に近畿・東海一円に拡散する。紀元2世紀になると近江・湖南の巨大な伊勢遺跡を中心とする「大己貴の国」が建てられ、その領域は近畿・東海地方一円に拡大した。

伊勢遺跡は下之郷遺跡の南約2.5kmの地点に位置している、弥生後期の集落遺跡であり、その規模は面積30ヘクタールを超える巨大な遺跡である。他の地域では弥生遺跡が衰退していく紀元1世紀末頃に、この伊勢遺跡は突如出現し、紀元2世紀末に衰退し始める。つまり、邪馬台国の建国前夜に発達を遂げた不思議な遺跡として注目される。遺跡の中心部には、二重の冊で四角に囲われた方形区画があり、そこには当時としては最大級の大型掘立柱建物跡や、祭殿らしい建物跡など12棟の建物が整然と配置されていた。さらに、30棟の独立棟持柱付大型建物が、大型堀立建物群の中の祭殿と見られる建物を中心とする半径110mの円周上に整然と並んでいた。この独立棟持柱付大型建物は、伊勢神宮本殿に見られる神明造りと呼ぶ建築様式に似ている。中央の祭殿で行われる宗教上のイベントや政治的議論のために、30棟の棟持柱付大型建物の各々に「大己貴の国」を構成する各支国の首長が招集されたと思われる。大岩山の中腹から発見された24個の銅鐸は、これら建物の祭壇に祀られていたものが、ニギハヤヒの近江・湖南への侵攻に伴う「大己貴の国」の崩壊の時にまとめて埋納されたものであろう。さらに、伊勢遺跡の瓦解に伴い、伊勢遺跡の建築資材が邪馬台国の都の纏向遺跡の造営に使用されたとも考えられる。

下鈎遺跡は縄文時代前期から近世にかけての複合遺跡である。弥生後期初めに衰退した後、伊勢遺跡の盛隆に少し遅れて出現した。このことから、計画的に造営された遺跡であると考えられる。祭祀を行う伊勢遺跡に対し下鈎遺跡では青銅器を生産する目的で建設されたと思われる。独立棟持柱付き建物という括りでは、同じような建物であるが、柱の立て方、心柱など構造は異なっており、別の建築集団が建てたと考えられる。一方で、テラス付きの高殿祭殿という目的を同じにする建物もあり、連携性が窺われる。伊勢遺跡と下鈎遺跡は野洲川流域の人々が連携して造営した「大己貴の国」の中心であろう。

弥生〜古墳時代（2〜5世紀）の大規模集落跡の稲部（いなべ）遺跡（滋賀県彦根市）から、3世紀中頃の邪馬台国時代の国内最大級の大型建物1棟の跡が出土した。稲部遺跡から約80棟の建物跡が出土したが、この大型建物跡は幅11.6メートル、奥行き16.2メートルで、同時期の纏向遺跡の大型建物跡（幅19.2メートル、奥行き12.4メートル）に次ぐ規模である。また、3世紀としては最大規模の鍛冶工房とみられる竪穴建物23棟以上の跡も確認された。建物跡などから鉄片や鉄製の矢尻といった鉄関連遺物が計約6キロも出土した。近江・湖南、大和、越前、尾張などで出土するのと同じ形状をした土器の破片も見つかり、各地から搬入されてきたと思われる。この稲部遺跡は近江・湖東／湖北を中核にして東日本に広がった狗奴国の都とみなされる。

近江を巡る歴史（人と物の流れ）

近江渡来の第一陣は大伽耶の伊西国出自の伊弉諾・伊邪那美で、その渡来は紀元前1世紀半ばと思う。『日本書紀』では、伊弉諾が当時の野洲川流域を中心とする近畿の国を浦安の国と名付けたことになっている。その伊弉諾・伊邪那美の伽耶からの渡来ルートは、隠岐（オノゴロ島の候補地の一つ）−丹後−近江で、湖東の多賀大社付近に進出した。海神（海人）族の大国主や和邇氏らが彼らに渡来の手助けをしたと思う。紀元前後に、スサノオが筑前に侵攻し、さらに出雲を侵した。大国主は敗退し、出雲から近江に遷った。次に、近江に進出したのは天孫の彦火明（ホアカリ）で、ホアカリの丹後降臨を海神族が手助けをし、その同伴者も近江に進出したと考える。

ホアカリは海神族の大国主一族や宗像女神との婚姻関係をもっている。海神族のサルタヒコ（湖西の白髭神社の祭神）もその頃近江に進出したと思われる。

『日本書紀』に大己貴大神（大国主の別名）が「玉牆の内つ国（大己貴の国）」を建てたと記載されているように、1世紀末に大国主とスクナビコナが、近江・湖南の伊勢遺跡（守山市）を都とし、伊吹山を神奈備とする「大己貴の国」（近畿・中部地方一円）を建てた。この国は、西は但馬・播磨・阿波、東は越後・信濃・甲斐・駿河に及んでいたと思われる。巨大な「見る銅鐸」を祭器にした「大己貴の国」は、『魏志倭人伝』に「もともと男子を王としていたが70〜80年を経て倭国が相争う状況となった」とある「男子を王とする国」に当たると思われる。2世紀半ば、筑前の奴国を根拠地としていた和邇氏が東遷し近江に入り、湖西に新たな奴国（『魏志倭人伝』で邪馬台国に入る直前の国）を建てた。かくして、近江は2分され、湖西は和邇氏が占め（近江の奴国）、湖北・湖東・湖南は大己貴が占めた。

2世紀中ごろ、ニギハヤヒ（物部氏の祖神）の東征により倭国大乱が引き起こされた。この物部を主力とする軍団は河内から大和に侵攻し、ホアカリの三世孫の倭宿禰が建てた葛城王朝（「大己貴の国」の支国）を崩壊させ、さらに北上して「大己貴の国」の都の近江・湖南の伊勢遺跡を侵し、大己貴の国を崩壊させた。ニギハヤヒは、和邇氏の巫女で大国主の血統の卑弥呼を共立し倭国大乱を鎮め、纒向遺跡を都とする邪馬台国（ヤマト国）を建てた。その邪馬台国の東側に「大己貴の国」の後継国の狗奴国が建てられた。狗奴国の都は湖東の稲部遺跡ではないかと推察している。邪馬台国は崇神東征で崩壊したが、狗奴国は成務朝まで残った。

伊勢遺跡と纒向遺跡からはそれぞれ400メートル級の秀麗な山容の三上山と三輪山を仰ぎ見ることが出来る。これら二つの山は、どちらも山間部と扇状地の境界にある「神の坐す山」とされてきた。三輪山の麓には大神神社があり、三上山の麓には三輪神社がある。近江・栗東には、近江の三輪神社が大和に遷り大神神社となったという古伝があるという。三輪山の奈良湖側には纒向遺跡があり、三上山の琵琶湖側に伊勢遺跡がある。さらに、纒向遺跡の北側に物部の総氏神の石上神宮があり、伊勢遺跡の北側には物部郷の総社である勝部神社が鎮座する。石上神宮の存在は倭国大乱を引き起こしたニギハヤヒ軍団の大和制圧の証であり、物部郷の存在は倭国大乱の末期に近江湖南に攻め込み伊勢遺跡を解体させた証であろう。尚、伊勢遺跡に隣接して大宝神社が鎮座する。この神社は、大宝元年に降臨された素盞嗚尊と稲田姫命を追来（オフキ）神社境内に鎮座させたとされるもので、追来神社は地主神でありながら大宝神社本殿が主祭神となっているため、無理に境内社としての位置付けにされ、社名変更を余儀なくされたと推測される。古来、追来神社は意布伎（伊不伎）神社と記されている。追来神社は伊吹山に座す多々美彦命（別名八岐大蛇）を祭神とするが、多々美彦命は「大己貴の国」の盟主の大国主（大己貴）のことだと推測される。

邪馬台国の建国後その東端は、若狭－近江（湖西・湖南）－伊賀－大和－紀伊で、狗奴国は近江（湖東・湖北）－美濃－伊勢、以東となる。邪馬台国は、庄内土器・方形周溝墳（のち前方後円墳）をもって西に延び、任那・伊都国連合を勢力下に治めた。一方、狗奴国は、S字甕・前方後方墳をもって東国に伸張した。かくして、倭国は西日本の邪馬台国と東日本の狗奴国とに二分されることになった。この邪馬台国時代、近江・湖東の稲部遺跡は邪馬台国の都の纒向遺跡に次ぐ規模を誇り、かつ製鉄が栄えていた。この稲部遺跡は邪馬台国と対峙した狗奴国の都ではないかと考える。若狭の小浜は邪馬台国の外港として機能し、越前の角鹿（敦賀）は狗奴国の外港として機能したと推察する。

近江の地政

琵琶湖を湛える近江は、水利に恵まれ水田稲作に最適であり、我国最大の農業生産力を誇った。因みに、平安時代の和名抄田積数（町歩）や安土・桃山時代の太閤検地（石高）によると、近江の国は日本全国（陸奥を除く）の中で田積数も石高が最も高かった。また、弥生時代前期末から中期にかけて近畿での唯一の玉つくりが盛んな地であった。弥生時代中期から銅鐸などの青銅器の生産が盛んで、中期中頃からは丹後・若狭・越前経由で伽耶の鉄素材が持ち込まれ鍛冶も盛んに行われていた。明治時代まで、近江は近畿地方最大の鉄の生産国であり、伊吹山山麓は製鉄業や製銅業が盛んであった。信楽（紫香楽）には窯業があり、甲賀には薬業があり、八日市の北東の永源寺付近には木工業がある。このように、弥生時代前期以来、近江は農産面と産業面で他国を凌駕し、人口もまた全国有数であった。

古くから「近江を制するものは天下を制する」と言われ、権力者の争奪の的となってきた。近江は琵琶湖の水運を備えた東西・南北の交通の要衝であり、さらに弥生時代から古墳時代前期までは大陸や半島からの物的・人的往来が日本海経由で丹後・若狭・越前から近江へ、さらに倭国各国に先進の文物や有用な人材が動いていった。このように紀元前後から2世紀にかけて、倭国の中心が北九州から近江を核とする近畿に移った。かくして、古代から明治時代まで、近江は日本の農業や産業の中心地であった。

このような近江を除いては日本の歴史は語れない。しかるに、『記紀』では、近江の古代史が殆ど語られない。これは、『記紀』の編纂に関与した天孫族の後裔にとって、4世紀までの近江は天孫族に敵対する出雲（大国主）勢力（大己貴の国や狗奴国）の拠点であり、景行朝には伊吹山に陣取った狗奴国勢力によりヤマト王権の大将軍である日本武尊が敗死させられるという屈辱を味わったためではないか。

参照：古の日本（倭）の歴史（前1世紀〜4世紀）－天孫族（伽耶族）の系譜（図2）Ⓑ004
（Facebook 藤田泰太郎タイムライン投稿 2022/9/16）

論考2　出雲とヤマト

出雲とヤマト（1）　（4章 大国主と海神族Ⓑ 040 参照）

「八岐大蛇伝説」と出雲古国の滅亡、大国主と銅鐸の近江への東遷

出雲古国の滅亡：天津神スサノオによる八岐大蛇（大国主（大穴持））の殺害：大国主一族と銅鐸の出雲より近江への東遷

　弥生時代中期に西部出雲の斐伊川流域を核とする大国主の国「出雲古国」（仮称）が存在した。出雲は隠岐（黒曜石の産地）を含む西日本有数の火山地帯にあり、温泉や種々の鉱物資源（玉、銅や鉄）に恵まれていた。出雲は、縄文時代より隠岐の黒曜石を持ち込み、また瑪瑙の玉造りで栄えた。出雲古国は、弥生時代中期前葉から中葉にかけて、出雲の砂鉄と磁鉄鉱を基盤とする鉄器（野ダタラ）、銅鉱を基盤とする青銅器（銅鐸に代表）と玉（瑪瑙等）からなるネットワークを西日本一帯に張り巡らせた。さらに、弥生時代中期後葉には、漢の植民地の楽浪郡（大型製鉄所）、伽耶（鉄鉱石の大産地）、丹後（水銀朱、水晶玉の産地）、越（糸魚川は東アジア唯一のヒスイの産地）をも抱合する、南朝鮮、北九州、西部日本海沿岸、中国・近畿に及ぶ広大な政治・経済ネットワークを構築していた。この出雲古国は祭器として「聞く銅鐸」などの青銅器を使用していた。

　ところが、弥生時代中期後葉（紀元前後）に伽耶（朝鮮南部）の倭人であるスサノオが北九州に侵攻し、さらに出雲を侵した。当時の出雲古国の王は大穴持命（大国主の別称）であったが、大穴持命はスサノオの侵攻で敗死し、出雲古国は壊滅した。この時スサノオに退治された八岐大蛇（ヤマタノオロチ）とは大穴持命のことと思われ、十束剣（布留御魂剣）で斬殺された。斬殺された八岐大蛇の尾部から草薙の剣が現れた。大国主が殺害されたことは、次の『古事記』の記述から推察される。「大国主神は国譲りに応じる条件として「我が住処を、皇孫の住処の様に太く深い柱で、千木が空高くまで届く立派な宮を造っていただければ、そこに隠れておりましょう」と述べ、これに従って出雲の「多芸志（たぎし）の浜」に「天之御舎（あめのみあらか）（出雲大社）」を造った。」

　高天原（大伽耶か）から天穂日命（アメノホヒ）が出雲に派遣されスサノオと協働して出雲全域を平定し、出雲王朝を建てた。スサノオとアメノホヒとに敗北した大穴持命一族（アジスキタカヒコネら）は中型の「聞く銅鐸」等の青銅器祭器を加茂岩倉・荒神谷遺跡に埋納した。これ以降、出雲では銅鐸等の青銅器を祭器とすることは二度となかった。アジスキタカヒコネらは大国主のネットワークの核を出雲から丹後さらに近江へと日本海側を東遷し、さらに南下し葛城に至った。この東遷に伴い銅鐸もまた出雲から近江へと東遷している。そして、大国主一族（大己貴命（大国主の別称））は2世紀初めに近江の伊吹山を中心とする地域（伊富岐神社の祭神にヤマタノオロチも挙げられている）を拠点にして、少彦名とともに近畿・東海に広がる浦安の国の後継国の大己貴の国（仮称）（『日本書紀』では玉牆の内つ国（大己貴の国）、国都：近江・湖南の伊勢遺跡）を建てた。大己貴の国では「聞く銅鐸」の代わりに大型銅鐸「見る銅鐸」を祭器にした。さらに、2世紀後半、吉備よりアメノヒボコと大山祇神を伴ったニギハヤヒの物部軍団が東征し（倭国大乱）、大和と葛城を制圧し、さらに北上して大己貴の国を崩壊させた。この際、多数の「見る銅鐸」が伊勢遺跡近傍の大岩山中腹の古墳群（大岩山古墳）に埋納された。そして、ニギハヤヒは2世紀終わりに纏向を都とする邪馬台国を建てた。邪馬台国は大型銅鏡を祭器として用いた。この邪馬台国はさらに任那と西日本全域を勢力下におくに至った。一方、近江・湖東の稲部遺跡を国都としたと思われる、大己貴命の国の後継国の狗奴国が建てられた。狗奴国は東日本一帯に広がった。3世紀末の崇神東征により邪馬台国は瓦解したが、狗奴国は邪馬台国崩壊後も残存した。この狗奴国も成務天皇の御代に滅びたと思われる。

─銅鐸文化の変遷と終焉─

　大国主の国の「出雲古国」や「大己貴命の国」の祭祀では銅鐸を祭器として用いた。初期の小・中型の銅鐸「聞く銅鐸」は鈕の内側に紐などを通して吊るした、木や石、鹿角製の「舌（ぜつ）」を揺らし、内部で胴体部分の内面突帯と接触させる事で鳴らしたと考えられる。1世紀末頃に

は大型化が進み、鈕が薄手の装飾的なものへの変化することから、銅鐸の利用法が、音を出して「聞く」目的から地面か祭殿の床に置かれて「見せる」目的へ、すなわち「聞く銅鐸」から「見る銅鐸」へ変遷した。銅鐸は朝鮮式小銅鐸が起源ともいわれるが、倭国の銅鐸より製造年代が新しく、朝鮮起源とは思えない。春秋・戦国時代の越の貴族墓から、日本の銅鐸に似た青磁器の鐸が出土しているので、銅鐸は越から日本に伝わった可能性がある。また、南越（中国南部・ベトナム）の葬式では銅鼓が大地のうなりのように、連続して音を発する。銅鐸は、地中に埋納される銅鼓に由来するとも考えられる。尚、大国主は江南出自の海神（海人）族と考えられているが、大国主は越から伝わったと思われる銅鐸を祭器していたのであるから、大国主自身もまた越から渡来した可能性がある。越から日本に伝わったと思われる銅鐸は弥生時代中期初頭から倭国で作られ始めた。当初の銅鐸は小型であったが次第に大型化し近畿や四国さらには東海に広がって行った。紀元前後のスサノオの出雲侵攻により「出雲古国」は崩壊し「聞く銅鐸」などの多数の青銅器が加茂岩倉・荒神谷遺跡に埋納された。注目すべきは、加茂岩倉遺跡の銅鐸には「同笵銅鐸」、つまり同一の鋳型でつくられた銅鐸が、39個中15組26個も存在し、そのうち11組は出雲以外の中国・近畿地域の銅鐸と同笵であったことである。このことは出雲古国が弥生時代中期の「聞く銅鐸」ネットワークの中心であったことを示唆する。スサノオの侵攻に敗北した、大穴持命（大国主の別名）一族（アジスキタカヒコネら）は出雲から丹後、さらに近江・ヤマト・葛城へと東遷する。この東遷に合わせ、銅鐸のネットワークの中心が、出雲から近江へと東遷する。

　スサノオとアメノホヒらの天津族は出雲古国を滅ぼし出雲王朝を建てたが、出雲では銅鐸を含む青銅器を祭器とすることはもはやなくなり、吉備、但馬、播磨、淡路、讃岐でも青銅器祭器が作られなくなった。弥生時代後期に入ると近畿・東海では、銅鐸は大型化し「聞く銅鐸」から「見る銅鐸」へと変遷する。この弥生時代後期の大型の銅鐸圏の中心は、近江・湖南伊勢遺跡を都とする大巳貴命（大国主の別名）が支配する「大己貴の国」と考えられる。倭国大乱で「大己貴の国」が崩壊したとき、多数の「見る銅鐸」が伊勢遺跡近傍の大岩山古墳群に埋納された。その後の大型銅鏡を祭器とする邪馬台国の成立に伴い、倭国の銅鐸文化は終焉した。

参照：古の日本（倭）の歴史（前1世紀～4世紀）－天孫族（伽耶族）の系譜　Ⓑ 004
(出雲とヤマト（1）Facebook 藤田泰太郎タイムライン投稿 2021/4/12)

八岐大蛇 は『日本書紀』での表記。『古事記』では八俣遠呂智と表記している。「高志之八俣遠呂智、年毎に来たり」との記述『古事記』）があり、古代日本の地方である高志（こし）（越か）から来たとされる。私は八岐大蛇とは大国主（紀元前後の出雲では大穴持）の尊称と考える。大国主は海神（海人）族の一派で、越から倭国の越に渡来してきたと思われる。また、大国主は製鉄民としての特性をもつ。筆者はヒッタイトの強靭な鉄を作るタタラ製鉄がスキタイによりアイアンロードを辿り匈奴に伝わり、さらに弥生時代中期に日本海を横断して越（越前か）にもたらされたのではないかと推察している。大国主によりこの製鉄技術が良質の砂鉄を産する出雲に伝わり、草薙剣のような強靭で切れ味抜群の刀剣を生み出したのではないか。スサノオは出雲に侵攻し、大国主を殺し、出雲の砂鉄とタタラ製鉄技術を獲得した。その象徴がスサノオが八岐大蛇を殺したところ尾からが現れた草薙剣で、天津族たるスサノオが出雲の大国主を殺害して獲得した戦利品と見なされ得る。

（藤田）

出雲とヤマト（2）　出雲王朝の建国と崇神朝における出雲王朝の崩壊

スサノオとアメノホヒによる出雲王朝の建国

　紀元前後に「聞く銅鐸」などの青銅器を祭器とする、大国主（大穴持）の国「出雲古国」は素戔嗚尊（スサノオ）の侵攻を受けて滅んだ。敗残の大国主一族（アジスキタカヒコネら）は出雲から丹波・近江・葛城へと東遷した。『古事記』「葦原中国の平定」＜第1章＞「アメノホヒの派遣」や『出雲国造神賀詞』に記されているように、「天穂日命（アメノホヒ）が天照大神の命により地上の悪神を鎮めるために高天原から地上（出雲）に遣わされ、出雲の様相を天照大神に報告し、子神のアメノヒナドリおよび剣の神・経津主神（スサノオやその後のニギハヤヒ）とともに地上を平定した」としている。アメノホヒは、天孫の父神の天忍穂耳命（アメノオシホミミ）の弟神で、天照大御神とスサノオとの誓約（うけひ）で産まれたとされている。また、熊野大社（松江市八雲町熊野）は、出雲大社（出雲市大社町杵築東）と共に出雲国一宮とされているが、出雲では後世に造成された出雲大社より神格が上と考えられていた。熊野大社の祭神は、伊邪那伎日真名子 加夫呂伎熊野大神 櫛御気野命で素戔嗚尊の別名であるとする。大仰な修辞を除く実際の神名は「櫛御気野命（くしみけぬのみこと、食物神か）」で、『出雲国造神賀詞』に出てくる長大な神名を採用したものであろう。現代では櫛御気野命とスサノオ（素戔嗚尊）とは本来は無関係であるとの説があるが、『先代旧事本紀』「神代本紀」にも「出雲国熊野に坐す建速素戔嗚尊」とあり、櫛御気野命が素戔嗚尊と同一神と考えられていたことがわかる。私（筆者）は、櫛御気野命とは大穴持命（大国主の別名）のことであろうと推察する。即ち、出雲に侵攻したスサノオが熊野大社を乗っ取りその祭神におさまったと解釈する。

　紀元前後に出雲古国が滅び「聞く銅鐸」等の青銅器が埋納された。スサノオやアメノホヒらの天津神を中心に「出雲王朝」が建てられて以来、出雲や吉備では青銅器を祭器とすることはなくなった。出雲王朝成立後、スサノオやその後のニギハヤヒは南下し吉備に拠点を移したので、出雲王朝の主導権はアメノホヒ（出雲国造の祖）ではなく大国主系の出雲人が握ることになったと思われる。（実際、『備後国風土記』の逸文に速須佐男神（スサノオ）の伝承がみえ、備後の式内社として須佐能袁（素戔嗚）神社（福山市新市町）が鎮座する。）その後、出雲では祭祀の場として奇怪な形をした墳丘墓「四隅突出型墳丘墓」が造られ、吉備では弥生墳丘墓が造営されるようになった。しかしながら、近畿や九州北部ではなお大型青銅器を祭器として使用していた。出雲古国の中心は西部出雲であったが、出雲王朝の中心は東部出雲と思われ東部出雲に四隅突出型墳丘墓が集中している。この強大な出雲王朝は弥生時代後期から古墳時代前期（崇神朝）にかけて、連綿として栄えた。弥生時代後期中葉・後葉の出雲王朝は、筑紫（伊都国連合、銅矛を祭器）、大吉備（特殊器台を使用）、近江を中心の近畿・中部地方西部（大己貴の国（玉牆の内つ国）、「見る銅鐸」を祭器）と並ぶ、日本海沿岸を北陸にまで達する、四隅突出型墳丘墓で規格化された国の集合体となっていた。一方、2世紀後半、吉備が勢力を伸ばし楯築遺跡のような最大規模の弥生墳丘墓を造営していた（大吉備）。また、東部出雲の四隅突出型墳丘墓に吉備の首長クラスの墳丘墓で用いられた特殊器台が出土したことは、2世紀末頃に出雲の首長層と吉備の首長層の間になんらかの政治的連携があったことを示す。ニギハヤヒの物部軍団は吉備より出雲に北上し出雲王朝を勢力下に置こうとしたが、意宇王のもとの強力な出雲王朝には敵わず出雲制圧を断念した。

ニギハヤヒの東征と倭国大乱・少彦名の敗死・大己貴の国（玉牆の内つ国）の崩壊と邪馬台（やまと）国の建国

　2世紀後半、アメノヒボコと大山祇神を伴ったニギハヤヒの物部軍団が吉備より東征し、近畿一帯に拡大する倭国大乱を引き起こした。大和・葛城を制圧、さらに北上して大国主の玉牆の内つ国を解体させた。私は、ニギハヤヒは、孝霊天皇や大物主と同一人物と考える。

　倭国大乱の末期に大国主の盟友の少彦名（少名毘古那神）は、ニギハヤヒの軍団との美濃（美濃市の喪山周辺、後述）での戦闘で死亡したと思われる。このことは、『古事記』の次の記述（抜粋）から窺い知ることができる。【大国主之命と少名毘古那神はお互いに力を合わせてこの国を経営しました。ところが、国がちゃんと出来ないうちに少名毘古那神は、海の彼方の常世国に渡って行ってしまいました。少名毘古那神に先立たれて大国主之命は「わたしひとりでどうしてこの国を作ることができよう。いかなる神と力を合わせてこの国を作ったらよいのだろうか。」と言って嘆き悲しんでいました。この時、遠い沖合いから海原を照らして光輝きながら、次第に近寄ってくる神さま（大物主、ニギハヤヒ）がいました。そして、「もしわたしをよく祭りあがめるようならば、お前と一緒になってこの国の経営にあたってもよい。そうでなければ、この国がうまく治まることは難しいだろう。」「それでは、どのようにお祭りしたら宜しいのでしょうか。」「大和の国を青垣のように取り囲む山々の、その東の山の頂きに、身を清めてわたしを祭るが良い。」と言いました。これは御諸（みもろ）の山（三輪山）の上にいる神です。】かくして、大国主の大神神社はニギハヤヒに乗っ取られ、主祭神は大物主大神（ニギハヤヒ）となり、大己貴神（大国主）と少彦名神は配祀神とされた。

　2世紀末の倭国大乱の終結にあたり、ニギハヤヒと大国主は卑弥呼を女王に共立し邪馬台国を建て、一方大国主は大己貴の国の後継国の狗奴国を建てた。尚、吉備の物部が倭国大乱や邪馬台国樹立に武力を割き、吉備の防備が手薄となったところに、出雲勢力が南下し鉄資源を奪った。邪馬台国初代の孝霊天皇の息子の吉備津彦がこの出雲勢力を制圧し、鉄資源を奪い返したことが「桃太郎伝説」のもとになったと考える。その後吉備津彦はさらに西海道を西征し、任那・伊都国連合を邪馬台国の勢力下に置き西日本全域を支配するようになった。（私には、吉備津彦とウマシマジが重なって映る。）

　邪馬台国の所在地は未だに論争の的であるが、私には1世紀から4世紀の倭国の歴史Ⓑ004を鑑みるに、大和の纏向以外に考えられない。『魏志倭人伝』には、魏の帯方郡から邪馬台国への行程が記載されている。帯方郡から北九州の不弥国までの行程は明らかであるが、その後南へ水行20日で投馬国に至り、さらに水行10日、陸行1月で邪馬台国に至ると記載されている。『魏志倭人伝』の編者の陳寿は邪馬台国が朝鮮半島の南方の台湾沖にあると誤解していたので、南を実際の東に正すと水行20日で投馬国、水行10日で若狭、陸行1月（琵琶湖経由）で邪馬台国に至ることになる。この投馬は、出雲のイズモが、エツマ、ツマ（投馬、上古音）と訛ったとものと思われる。即ち、投馬国は出雲国のことと思われ当時の出雲国は大国の出雲王朝であった。実際、東部出雲を拠点とする出雲王朝は、伯耆西部に延びる巨大な妻木晩田遺跡（北九州最大の遺跡の吉野ケ里遺跡の2倍以上の規模）を含む西日本有数の大国であった。ちなみに『魏志倭人伝』には、投馬国の戸数は5万戸と記載され邪馬台国の7万戸に次ぐ戸数である。

崇神東征と邪馬台国の瓦解・崇神王朝（ヤマト王権）の成立

　3世紀半ば卑弥呼が死去すると邪馬台国は弱体化した。3世紀末、任那・伊都国連合の崇神天皇が中臣氏、大伴氏や忌部氏を伴い久米人や隼人が加勢して東征した（崇神東征）。この東征が所謂神武東征の主要部分と考える。また、崇神東征は、物部一族が仕掛けた、任那・伊都国連合の崇神天皇による、邪馬台国を終焉させるクーデターであったとみる。ナガスネヒコ（大国主系、出雲系、日本海系）はこのクーデターに抵抗したが、敢え無く敗死した。残存する出雲勢力を追い詰めたのが、ウマシマジと天香山命（ニギハヤヒを父とする異母兄弟）であり、それぞれ石見に物部神社、越後に弥彦神社を創建し、出雲勢力を挟撃する体制を作り上げた。

　鎮魂祭は、皇居のほか、物部氏ゆかりの石上神宮（総氏神）、物部神社、弥彦神社で執り行われるが、この鎮魂祭は崇神東征で敗北した大国主を中心とする出雲勢力の鎮魂をもくろんだものであろう。

出雲神宝事件と出雲王朝の実質的崩壊

　崇神天皇の御代に出雲神宝事件が起こる。崇神天皇は物部氏の武諸隅（たけもろずみ）を出雲に遣わして、出雲神宝（熊野大社に安置していた熊野大神の神宝、勾玉（八尺瓊勾玉か）等）の奉献を求めた。この時、神宝を管理していた出雲振根（いずもふるね）は筑紫に出掛けて留守だったので、弟の飯入根（いいいりね）が神宝を奉献する。筑紫から帰ってこれを知った出雲振根は怒って飯入根を殺す。飯入根の弟や子らが、このことを大和に訴えたので、大和は吉備津彦と武渟河別（たけぬなかわわけ）を派遣して出雲振根を誅殺する。

　崇神朝の出雲神宝事件と景行朝の日本武尊西征の後半（出雲建の誅殺）との関連性、即ちこれら2事件は同じ事象か否かが注目されている。日本武尊の西征として、日本武尊（倭建尊）はまず九州の熊襲建兄弟の討伐を命じられる。九州に入った小碓命（倭建尊）は、熊襲建の新室の宴に美少女に変装して忍び込み、宴たけなわの頃にまず兄建を斬り、続いて弟建に刃を突き立てた。その後、倭建命（日本武尊）は出雲に入り、出雲建の太刀を偽物と交換して太刀あわせを申し込み、殺してしまう。このように、出雲神宝事件の出雲振根の誅殺（あるいは日本武尊の出雲建の謀殺）で出雲王朝は実質的に崩壊し、その後の出雲国は崇神王朝（ヤマト王権）の実質的な支配下に入ったと推察できる。

　出雲王朝崩壊後も出雲国はヤマト王権支配下の有数の製鉄・産業国として栄えた。562年には任那が新羅に滅亡させられ、古来（縄文時代前期）より維持してきた南朝鮮の倭国の領土をすべて失うことになる。かくして、鉄資源の鉄艇の伽耶（任那）からの倭国への移入が途絶え、出雲国は製鉄国としての重要性が増した。この製鉄国としての出雲国の繁栄は19世紀半ばの明治維新まで連綿と続いた。

『古事記』の「アメノワカヒコの死」と「国譲り」の章の考察

　『古事記』「葦原中国の平定」＜第1章＞「アメノホヒの派遣」は既に論じた。＜第2章＞「アメノワカヒコの死」や＜第3章＞「国譲り」は、いつの時代のどの出来事を反映しているのであろうか。＜第2章＞アメノワカヒコの死を大胆に推察すると、アメノワカヒコは倭国大乱末期に敗死したと思われる少彦名に当たるのではないか。アメノワカヒコ（天稚彦）と少彦名はともに渡来神と思われ、若くて小柄という意味で相通じるものがある。少彦名の敗死は倭国大乱終結、即ち天津神のニギハヤヒ軍団の大国主一族に対する勝利を意味する一大事であり、『古事記』「葦原中国の平定」の1章とする価値があると思う。ちなみに、ニギハヤヒはアメノワカヒコ

を殺害したという「天羽々矢」を携え東征したという。＜第2章＞は云う、

　「高天原にいるアメノワカヒコの父は、アメノワカヒコの妻子とともに天より葦原中国に降りて嘆き悲しみました。アメノワカヒコを喪屋（もや）に安置していると、アジスキタカヒコ神がやって来て、アメノワカヒコを弔いました。それを見たアメノワカヒコの父は「わが子は死んでいなかった。」といい、高天原に住む妻も「わたしの夫は死んでいなかった。」といって、アジスキタカヒコ神の手や足にすがりついて泣きました。それを聞いたアジスキタカヒコ神は、「仲の良い友だちだったからこそ、弔いに来たのにわたしを死者と間違えるなんて。」と大変怒って、その喪屋を切り倒し蹴り飛ばししてしまいました。その喪屋は、美濃国の喪山になってしまいました。」

　また、次の＜第3章＞「国譲り」はどの出来事を反映するのであろうか。「タケミカヅチは、出雲国のイザサの小浜に天より降りてくると、剣を逆さまに刺し立てて その上にあぐらをかいてすわり、オオクニヌシ神にたずねました。「わたしは、アマテラス大神とタカギムスヒ神に遣わされて、命令を伝えるためにやって来ました。『あなたの支配する葦原中国は、わが御子が支配する国である』と、天つ御子に統治をお任せになりました。あなたの気持ちを聞かせてください。」（中略）タケミカヅチ神は、再び帰り来て、オオクニヌシ神に言いました。「あなたの子どもの、コトシロヌシ神もタケミナカタ神も天つ神の御子のご命令に従い、背くことはない、と言っていますが、あなたの気持ちはどうですか。」オオクニヌシ神は答えました。「わたしの子である二柱の神が同意したのなら、わたしもご命令に従い、背きません。この葦原中国は、命令どおりに差し上げましょう。ただし、わたしの住まいは、天つ神の御子が日継（ひつぎ）を受け継ぐ時に住む御殿のように、宮柱を太く建て、高天原まで千木が届くように高くしてお祭りくだされば、わたしは曲がりくねった角の先に隠れておりましょう。」

　この「国譲り」で大活躍するのは、藤原氏の守護神の建御雷（武甕槌命）である。後述するが、建御雷は飛鳥時代の藤原氏が物部氏の権勢を抑えるために、物部氏の祖神スサノオを模して祭り上げた架空の神と考える。実際、建御雷が活躍する「国譲り」の舞台は西部出雲のイザサの小浜（稲佐の浜、島根県出雲市大社町にある砂浜）であり、後世その近くに大国主を弔う出雲大社が建立された。従って、「国譲り」は、スサノオが八岐大蛇（大穴持か）を十束剣（布留御魂剣）で斬殺した西部出雲の斐伊川流域での出雲古を滅ぼした出来事に基づくと思われる。しかしながら、『古事記』＜第2章＞「アメノワカヒコの死」に続くのが、＜第3章＞「国譲り」であり、スサノオの八岐大蛇退治が「国譲り」であるとすると説は、年代的観点から納得がいかない。

　私は、『古事記』の「国譲り」は、邪馬台国を崩壊させた崇神東征を反映していると考える。崇神東征で、崇神軍は大国主の後裔のナガスネヒコ軍と対峙した。ナガスネヒコは、ニギハヤヒの御子神のウマシマジ（物部氏の祖）の背信によって殺害されると、ナガスネヒコ軍は一気に崩れ、大和と葛城から大国主勢力（事代主、アジスキタカヒコネ、タケミナカタ、イセツヒコなど）が一掃された。この崇神王朝（ヤマト王権）の樹立に至った一大事件（崇神東征）が「国譲り」と呼ばれるのに相応しい。とはいえ、この「国譲り」は出雲王朝の実質的崩壊に導いた出雲神宝事件での出雲振根の殺害（日本建命の西征での出雲建の誅殺と同事象か）を反映するとの説も無視できない。しかし、出雲王朝の中心は東部出雲であり、八岐大蛇（大穴持）が殺害され、また出雲大社が建てられたのは西部出雲であり、説得性に欠ける。

参照：古の日本（倭）の歴史（前1世紀～4世紀）－天孫族（伽耶族）の系譜　Ⓑ004
（出雲とヤマト（2）Facebook 藤田泰太郎タイムライン投稿 2021/4/30）

出雲とヤマト（3） 大国主の祟りと出雲大社の創建、出雲国造神賀詞（出雲の神々の皇室への服属儀礼）

　紀元前後のスサノオの出雲侵攻により、西出雲を中心とする出雲古国は滅び、その王の大国主（大穴持、八岐大蛇）は敗死し、残存の大国主一族は近江さらに大和・葛城へと東遷した。出雲ではアメノホヒとスサノオにより出雲王朝が建てられ、近江には大国主と少彦名により大己貴の国（玉牆の内つ国）が建てられた。2世紀中頃、ニギハヤヒの軍団は吉備より東征して倭国大乱を引き起こした。ニギハヤヒは葛城・大和を侵し、さらに2世紀末には南近江に侵攻して大己貴の国を解体させた。ニギハヤヒは卑弥呼を共立して邪馬台国を建て、一方南近江より敗退した大国主は北東近江と美濃を中心とする狗奴国を建てた。3世紀末の崇神東征により、葛城・大和の残存の大国主勢力が壊滅させられ、邪馬台国の後継国の崇神王朝が建てられた。

　天津族が建てた出雲王朝は大国主の残存勢力に支配力を奪われたが、崇神王朝成立まで連綿と繁栄した。しかしながら、崇神朝の吉備津彦と武渟河別による出雲侵攻により、出雲王朝は実質的に滅んだと思われる。一方、狗奴国は成務朝に滅亡し、大国主一族はついに滅んだ。かくして、ヤマト王権が倭国全域を実質的に平定したと言える。

大国主の祟り、その1

　崇神記によれば崇神5・6年（崇神即位は315年）に疫病が流行り、死亡するものが多く、百姓は流離・反逆し、世情が不安定となった。倭迹迹日百襲姫命（卑弥呼とされるが3世紀半ばに死去）が神懸かり、大物主神を祀るようにとのお告げを得、さらに、天皇と臣下が「大物主神を祀る祭主を大田田根子命とし、倭大国魂神を祀る祭主を市磯長尾市（いちしのながおち）とすれば、天下は平らぐ」という同じ夢を見た。天皇は広く探させ、茅渟県の陶邑に大田田根子を見つけた。大田田根子を祭主として大物主神を祀り、長尾市を祭主として倭大国魂神を祀ることで、疫病はやっと収まり、国内は鎮まった。

　この崇神天皇の御代、大国魂神の祟りによって引き起こされた疫病流行を、二度とおこさぬように、人々が考え出したのが鎮花祭（はなしずめまつり）である。これは大宝令にも定められている国家的行事である。『令義解』の「鎮花祭」の条に「大神と狭井の二神の祭りである。春の花の飛散する時、疫神も分散して散り疫病を起こす。その鎮滅のために、必ずこの祭りを行う。故に鎮花という」とある。疫神の鎮滅と、花の飛散をつなぎ合わせて鎮花とした祭りで、毎年3月の吉日か、晦日に行うと定めている。祭神の2神とは、大神神社の大国主の和魂（大物主、ニギハヤヒ）と大神神社の境内の北側にある狭井坐大神荒魂神社で祭っている大国主神の荒魂の大国魂神である。鎮花祭は特に大国主神の荒魂を鎮める祭りである。

大国主の祟り、その2

　『古事記』では、垂仁天皇の誉津別皇子についてより詳しい伝承が述べられている。天皇は尾張の国の二股に分かれた杉で二股船を作り、それを運んできて、市師池、軽池に浮かべて、皇子とともに戯れた。あるとき皇子は天を往く鵠（白鳥）を見て何かを言おうとしたので、天皇はそれを見て鵠を捕らえるように命じた。鵠は紀伊、播磨、因幡、丹波、但馬、近江、美濃、尾張、信濃、越を飛んだ末に捕らえられた。

　しかし皇子は鵠を得てもまだ物言わなかった。ある晩、天皇の夢に何者かが現れて「我が宮を天皇の宮のごとく造り直したなら、皇子はしゃべれるようになるだろう」と述べた。そこで天皇は太占で夢に現れたのが何者であるか占わせると、言語（物言わぬ）は出雲大神の祟りとわかった。天皇は皇子を曙立王、菟上王とともに出雲に遣わし、大神を拝させると皇子はしゃべれるようになったという。天皇は皇子が話せるようになったことを知って喜び、菟上王を出雲に返して大神の宮を造らせた。

出雲大社の創建―大国主の鎮魂

　出雲大社の正式名称は「いづもおおやしろ」であるが、一般には主に「いづもたいしゃ」と読まれる。祭神は大国主大神である。創建以来、天照大神の子の天穂日命を祖とする出雲国造家が祭祀を担ってきた。出雲大社の創建についての『古事記』の伝承は次の通りである。大国主神は国譲りに応じる条件として「我が住処を、皇孫の住処の様に太く深い柱で、千木が空高くまで届く立派な宮を造っていただければ、そこに隠れておりましょう」と述べ、これに従って西部出雲の「多芸志（たぎし）の浜」に「天之御舎（あめのみあらか）」を造った。また、『日本書紀』では、高皇産霊尊は国譲りに応じた大己貴神に、「汝の住処となる「天日隅宮（あめのひすみのみや）」を、千尋もある縄を使い、柱を高く太く、板を厚く広くして造り、天穂日命に祀らせよう」と述べた。伝承の内容や大社の呼び名は異なるが、共通して言えることは、天津神（または天皇）の命によって、国津神である大国主神の宮が建てられたということであり、その創建が単なる在地の信仰によるものではなく、古代における国家的な事業として行われたものであることが窺える。尚、出雲大社の社伝では、垂仁天皇の時が第1回、斉明天皇の時が第2回の造営とされている。

　西部出雲を中心とする「出雲古国」が紀元前後にスサノオの侵攻を受け、出雲古国の主祭者たる八岐大蛇こと大穴持命（大国主の別名）が殺害された。この殺害された大国主の鎮魂のため天津神（垂仁天皇）の命により、西部出雲に出雲大社が造営されたものであろう。

三種の神器の剣璽（草薙剣と八尺瓊勾玉）は出雲（大国主）からの言わば戦利品か

　三種の神器は、日本神話において、天孫降臨の際に天照大神が瓊瓊杵尊に授けたとされる三種類の宝物、八咫鏡（やたのかがみ）、八尺瓊勾玉（やさかにのまがたま）、草薙剣（くさなぎのつるぎ））の総称である。この内、八尺瓊勾玉と草薙剣は併せて剣璽と称される。天皇即位の最初の儀式『剣璽等承継の儀』は、宮殿のなかで一番格式の高い正殿『松の間』で行われる。儀式では新天皇が侍従長より三種の神器と、天皇と日本国家の印鑑である国璽（こくじ）と御璽（ぎょじ）を受け取り、承継される。三種の神器のなかで剣璽（八尺瓊勾玉と草薙の剣）は、天孫族が出雲の大国主から奪い取ったいわば戦利品である。しかし、八咫鏡は天孫族が初めから所持していた神器である。『剣璽等承継の儀』で、剣璽（草薙剣と八尺瓊勾玉の形代）のみが継承されるのは、これらが大国主から倭国の支配権を譲り受けた証の神器であることによるのではないか。

　〇八咫鏡：『記紀』神話で、天照大神が天の岩戸に隠れた岩戸隠れの際、石凝姥命が作ったという鏡。後世この鏡は天照大神が、1世紀半ば伊都国に降臨した瓊瓊杵尊（ニニギノミコト

に授けたとされる。八咫鏡とサイズが同じ（直径48cm）といわれるのは、伊都国の都と考えられる平原遺跡から出土した内行花文鏡である。この内行花文鏡が3世紀後半の崇神東征の際にヤマト王権の神器として大和に持ち込まれたと推察する。

○草薙剣は天叢雲剣とも言われ、三種の神器の中では天皇のもつ武力の象徴であるとされる。『記紀』神話において、スサノオが出雲でヤマタノオロチ（八岐大蛇、大国主か）を退治した時に、大蛇の体内（尾）から見つかった神剣であり、スサノオの出雲侵攻の戦利品と見なされる。スサノオは、八岐大蛇由来の神剣を高天原のアマテラスに献上した。続いて天孫降臨に際し他の神器と共に瓊瓊杵尊に託され、地上に降りたとされている。草薙の剣は十束剣（布留御魂剣）より強靭で、草を薙ぐほど鋭く、後世の日本刀を彷彿とさせる。この草薙の剣の製法（野タタラか）はアイアンロードを通じ日本海経由で伝わった可能性がある。この草薙の剣は、スサノオからニギハヤヒに渡り、さらに天香語山、天叢雲（天村雲）、倭姫、日本武尊（ヤマタケル）、宮簀媛と渡り、熱田神宮に神体として祀られた。

○八尺瓊勾玉は、岩戸隠れの際に後に玉造連の祖神となる玉祖命が作ったとされる強大な赤メノウ製勾玉である（『記紀』）。後に天孫降臨に際して瓊瓊杵尊に授けられたとする。崇神天皇の御代の出雲神宝事件とは、熊野大社（出雲）に安置されていた赤メノウ製の勾玉などの神宝をヤマト王権が奪う事件である。この時奪われた出雲産の赤めのう製の巨大な勾玉が八尺瓊勾玉に当たり、出雲の大国主からの国譲りの戦利品と見なされたのではないか。

出雲国造神賀詞―出雲の神々の皇室への服属儀礼

出雲国造神賀詞（いずものくにのみやつこのかんよごと）は、『記紀』が献上された8世紀初めから9世紀半ばまでの1世紀余り、天皇に奏上された。出雲国造は都の太政官の庁舎で任命が行われる。任命者は直ちに出雲国に戻って1年間の潔斎に入司して出雲大社祝部とともに改めて都に入り、吉日を選んで天皇の前で奏上したのが神賀詞（かんよごと）である。その性格としては出雲の神々の皇室への服属儀礼とみる見方が一般的である。『延喜式』にその文章が記述され、『貞観儀式』に儀式の内容が記されている。内容は天穂日命（アメノホヒ）以来の祖先神の活躍と歴代出雲国造の天皇への忠誠の歴史とともに、明つ御神と表現される天皇への献上物の差出と長寿を祈願する言葉が述べられている。

神賀詞で皇室を守護する出雲の神々として描かれているのは、謎の女神・賀夜奈流美命、大物主櫛瓱玉命（おそらくニギハヤヒ（饒速日））、阿遅須伎高孫根乃命（阿遅鉏高日子根神、アジスキタカヒコネ）、事代主（コトシロヌシ）である。アジスキタカヒコネとコトシロヌシは、大国主命の御子神である。ニギハヤヒはスサノオの後の天津神であり、国津神である出雲の神々に属するとは思えない。しかし、ニギハヤヒは出雲や吉備で力を蓄えて東征し倭国大乱を引き起こした。ニギハヤヒは倭国大乱に勝利して邪馬台国を建て、さらに大神神社の祭神の座を大国主から奪った。大物主は自ら大国主の和魂と称したことにより出雲系の神と見なされたものと考える。問題は出雲の神の賀夜奈流美命とは如何なる女神かということである。『出雲國造神賀詞』に「賀夜奈流美命ノ御魂ヲ飛鳥ノ神奈備ニ坐テ皇孫命ノ近守神ト貢置」とあることから、大国主神が皇室の近き守護神として、賀夜奈流美命の神霊を飛鳥の神奈備に奉斎した。この飛鳥坐（あすかにいます）神社の祭神の飛鳥神奈備三日女神〔あすかのかんなびみひめのかみ〕が賀夜奈流美命とされる。社伝では、飛鳥神奈備三日女神が大国主の娘、高比売神〔たかひめのかみ〕／下照姫神〔したてるひめのかみ〕・髙照光姫神〔たかてるみつひめのかみ〕であるとされている。大国主は、宗像三女神の沖津宮・多紀理媛神を妻とし阿遅鉏高日子根神と下照姫神（高比売神）をもうけ、また辺津宮・多岐津姫との間に事代主神と高照（光）姫神（天道日女、あめのみちひめ）をもうけた。下照姫は高天原から派遣された天稚彦（あめのわかひこ）と結ばれ、また高照姫の天道日女はニギハヤヒ（大年神？）と結ばれ天香語山命（高倉下）をもうけた。

賀夜奈流美命は、下照姫と高照姫（天道日女）合わせた女神の香用姫（かぐよひめ）で、加具夜姫（かぐやひめ）とも呼ばれたと考える。高照姫（天道日女）はニギハヤヒと結ばれ、天香語山命を産んだので、高照姫の方が加具夜姫と呼ばれるのに相応しい。実際、『大神分身類社鈔』によると、加夜奈留美命は高照姫の別名であるとされている。天香語山は別名高倉下で神武（崇神）東征の際に活躍した、尾張連の祖である。

私は、出雲の神々の系譜から類推されるように、加夜奈留美命とは、宗像三女神の一柱（多紀理姫神）やその御子神（下照姫）の後裔一族（三上祝）出自の邪馬台国の卑弥呼（日御子あるいは日巫女）に至る、海神族の代々の女王であると考える。ニギハヤヒ（饒速日）と彼により共立された卑弥呼（日御子）が共に出雲の神とされるは、「郁子なるかな」である。

参照：古の日本（倭）の歴史（前1世紀～4世紀）―天孫族（伽耶族）の系譜（図2）Ⓑ004
（出雲とヤマト（3）Facebook　藤田泰太郎タイムライン投稿 2021/6/1）

出雲の神々の系譜

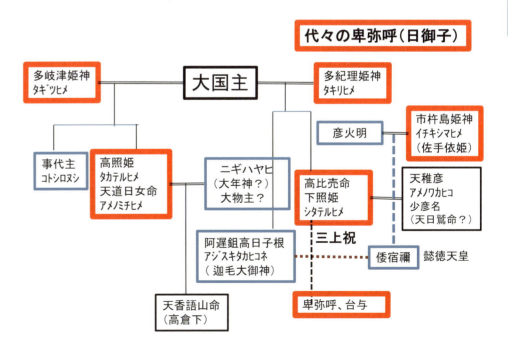

論考3　スサノオ（素戔嗚）の足跡

スサノオ（素戔嗚）の足跡（1）　伽耶の伊西国：天津神揺籃の故地、伊西（イソ）と伊都（イト）、石（イソ）の上と伊勢（イセ）（5章天津神の渡来Ⓑ058参照）

伽耶の伊西国：天津神揺籃の故地
伽耶と倭国の歴史

縄文時代草創期～早期（1万数千年前～7000年前）の朝鮮半島には遺跡が殆ど見出せず、ほぼ無人状態であった。縄文時代前期の初め鬼界カルデラ噴火があり南九州からの避難民（西日本縄文人）が南朝鮮（南韓）に渡った。この縄文人が朝鮮半島における新人の原住民と思われ、言わば南朝鮮人（倭人）の祖先と考えられる。縄文時代の後期から弥生時代の気候の寒冷化のため、華北人と朝鮮人（高句麗系）が朝鮮半島を南下し、南朝鮮の倭人は圧迫され一部は倭国に帰来したが、少なくとも紀元前後までは倭人が南韓（とくに弁韓と辰韓）の主導権を握っていたと考えられる。

伽耶（弁韓、任那の前身）の伊西国（イソ、イセ）国（『三国遺事』、『三国史記』では伊西古国）は、倭人の国と思われ、紀元前1世紀から3世紀末まで、南朝鮮・洛東江東岸の大邱近辺に存在した。この地域は伽耶の東端に当たり、日本海側の慶州当たりに辰韓の斯蘆国（新羅の前身）があった。紀元前には伊西国と斯蘆国とはお互い緊張関係にはなかったように思われる。しかし、濊（高句麗の前身）の南下が激しくなり、斯蘆国が濊族の影響下に置かれると、伊西国は斯蘆国に圧迫され、その王族のスサノオ（物部氏の太祖）が筑前のほぼ全域を占める奴国の西部に侵攻して伊西国に因んだ伊都国（イトはイソの訛り）を建国した。この伊西国と伊都国（イツツヒコ王国と同じと云われる）との間に政治および経済的連携があったとされる。

筑前の奴国は和邇氏等の海神（海人）族の国で弥生時代中期後半から筑前のほぼ全域を占めていた。奴国は南韓の諸国と政治的かつ経済的に密接な関係を持っており、植民地の楽浪郡をもつ前漢から倭国の中心の国として認知されていた。奴国が楽浪郡の安寧のため必要との前漢の後の後漢の思惑および奴国は呉太白の子孫の国であるとの主張が功を奏し、57年後漢の光武帝から金印「漢委奴國王」を綬与されるに至った。しかし、1世紀末頃には、邇邇藝（ニニギ）が降臨（1世紀半ば）した伊都国が奴国を圧倒した。

伊西国は、伊都国と協働し斯蘆国（新羅の前身）を圧迫したこともあったが、結局3世紀末に伊西国は斯蘆国によって滅ぼされた。2世紀末スサノオの後の饒速日命（ニギハヤヒ（世襲名）、物部の祖神）は吉備から東征して、邪馬台国を建てた。邪馬台国時代、伊都国は、対馬に起こり伽耶（弁韓）を領した任那と連合（任那・伊都国連合）を組み、南朝鮮と北九州に勢力を広げた。この連合の中心がミマキイリヒコイリエ（崇神）で、東征して邪馬台国を引き継いだ。

『記紀』の皇統譜と高麗が編纂した『三国史記』「新羅本記」の新羅王家系図との間には、不思議な一致がみられる。『日本書紀』の紀年を鑑み、宝賀・貝田推論に基づくと崇神即位は315年となり、神武～崇神10代（一代、4半世紀、海部氏勘注系図と比較し10代）として考証したところ、神武天皇からの人代の始まる時期は1世紀半ばとなる。ニニギから神武に至るまでの日向三代は作為的に挿入されたと思われ、ニニギと神武は同時代人（あるいは同一人物）と考えられる。

『三国史記』「新羅本紀」や『三国遺事』によれば、倭人の瓠公（ここう）が新羅の三王統（朴氏、昔氏と金氏）の全ての始祖伝説に関わったとされる。新羅の始祖王は、朴氏の赫居世居西干（ヒョッコセコソガン、BC57-AD4）である。第2代南海次次雄（スサング、AD4-24年）の娘婿が倭人の第4代脱解王（AD57-80）である。このスサングがスサノオに当たるとすると、赫居世居西干が伊邪那岐（イザナギ）に当たる。朴氏の起源地は大伽耶の伊西（イソ、イセ、イトとも訛る）国とされる。従って、紀元前後にスサノオが筑紫に侵攻することにより、伊西国に因んで伊都（イト）国が建てられた。スサノオの孫（天孫）、すなわち、天之忍穂耳と高木神の娘の栲幡千千姫（万幡豊秋津師比売）の子が、邇邇藝（ニニギ）と火明（ホアカリ、天火明、彦火明）である。伽耶の伝説『釈利貞伝』によれば「正見母主には悩窒青裔と悩窒朱日の二人の息子があり、悩窒青裔は金官国の初代首露王（AD42-199）になり、悩窒朱日は大伽耶の王（脱解王）となった」とのことである。正見母主は、栲幡千千姫であるとすると、天孫（ニニギとホアカリ）は伽耶の出自となりそれぞれ伊都国と丹後国に降臨したことになる。このように、『三国史記』「新羅本紀」や『三国遺事』を検証しても天孫降臨の年代は1世紀半ばとなる。さらに、第8代阿達羅王（AD154-184）の御代、王子の延烏郎（天日槍（アメノヒボコ））が来倭、その折（157年）はちょうど倭国大乱（AD146-189）の真最中である。以上『日本書紀』と「新羅本記」とも天孫降臨の時期は弥生時代後期の初めの1世紀半ばとなる。

天津神（イザナギ、ニギハヤヒ、崇神）や海神族（大国主や和邇氏）の近畿への進出

弥生時代中期以来、近江は農産面と産業面で他国を凌駕し、人口もまた全国有数であった。国産み神話の主役であるイザナギが新羅の始祖王の赫居世居西干であるとすると、その妻イザナミと共に伊西国から倭国に渡ってきたのは紀元前1世紀のことと推定される。イザナギ・イザナミの軌跡は隠岐、丹後、出雲、筑前、近江、淡路等に見られる。ちなみに、近江・湖東の多賀町には両神を祀った多賀大社があり、『古事記』（真福寺本）には、「イザナギの神は多賀に近い杉坂山に降臨し、多賀にお鎮まりになった」と記されている。『日本書紀』によれば、イザナギ・イザナミの時代の近畿には近江を核とする浦安の国があったと云う。

紀元前のイザナミ・イザナミの近江渡来に続き、紀元前後のスサノオの筑紫・出雲侵攻に敗北した大国主一族のアジスキタカヒコネ等が出雲から近江に東遷した。1世紀末頃には、スサノオが建てた伊都国に圧倒された奴国の嫡流の和邇氏や猿田彦が、近江・湖西に遷った。2世紀前半には大国主（大己貴）は少彦名と協力して、玉牆の内つ国（大己貴の国）を建てた。その都の近江・湖南の伊勢遺跡（守山市伊勢町）は、当時の倭国の最大規模の遺跡の一つで、大陸や半島の文化・文物の多くを取り入れた文化都市である。興味深いことに、伊勢遺跡の独立棟持柱付大型建物は、現在の伊勢神宮本殿に見られる「神明造り」と呼ばれる建築様式を採っている。イザナギ出自の伊西国の伊西（イソ）は、音韻上伊勢遺跡の伊勢（イセ）、さらには伊勢神宮の伊勢に通じる。かくして、イザナギあるいはその子孫が多賀から南下した守

山の地を伊勢と名付けたと考える。和邇氏の巫女で邪馬台国の女王となる卑弥呼（日御子？）は2世紀末頃の大己貴の国の崩壊時に伊勢遺跡にいた可能性がある。

　2世紀後半、ニギハヤヒとアメノヒボコに率いられた大吉備（吉備の南北の国々を含む）の軍団が、東征して倭国大乱を引き起こした。ニギハヤヒ軍団は播磨、摂津を平定さらに河内から大和川を遡り大和・葛城を制圧し、さらに北上して大己貴の国（玉牆の内つ国）の中心の近江・湖南の伊勢遺跡を解体させた。ニギハヤヒは和邇氏の巫女の卑弥呼を共立して、大和を中心とし、近江南部・西部と紀伊・阿波の国を含む西日本に拡がる邪馬台国を建てた。尚、ニギハヤヒは孝霊天皇に当たり、卑弥呼は倭迹迹日百襲姫に当たると推察する。一方、大己貴は近江湖北・湖東を中核に東日本に拡がる大己貴の国の後継国の狗奴国を建てた。かくして、倭国は邪馬台国と狗奴国とに西と東に2分されることになった。邪馬台国は西征して、南朝鮮と九州に拡がる任那・伊都国連合を勢力下においた。3世紀半ば卑弥呼が死去し邪馬台国は弱体化した。天孫のニニギが九州に建てたウガヤフキアエズ朝が南九州まで拡大していた。3世紀末、ニニギの直系のミマキイリビコイニエ（崇神）が中臣氏、大伴氏、忌部氏と久米人や隼人を伴い東征して、邪馬台国を乗っ取り、ヤマト王権（崇神王朝）を建てた。崇神王朝の攻勢に狗奴国は退潮を続けるが、成務天皇の時代に滅んだと思われる。

伊西（イソ）と伊都（イト）、石（イソ）の上と伊勢（イセ）

　イザナギやスサノオは、大伽耶の伊西（イソかイセ）国の出自である。第2代新羅王南海次次雄と考えられるスサノオは大伽耶の伊西国出自のユダヤ系の倭人と思われ、紀元前後に筑前の奴国の西側に侵攻し、伊西国に因んだ伊都（イト）国を建てた。スサノオと大山祇神の系譜は密接に関連している。スサノオの二人の妻は大山祇神の娘の櫛名田姫と神大市姫である。スサノオの息子のイソタケルは何れの妻の御子であろうか。ヤマトタケルが倭（ヤマト）国の勇者を意味するようにイソタケルは伊西（イソ）国の勇者を意味すると思われる。尚、イソタケルはニギハヤヒであり、ニギハヤヒは神大市姫との間の子神の大年神であるとの説がある。スサノオとイソタケル（ニギハヤヒ）は、紀元前後に出雲で布都御魂剣により八岐大蛇（大国主か）を倒した。ニギハヤヒは布都御魂剣を吉備に持ち込み、吉備で力を蓄えた。2世紀半ばニギハヤヒの子孫はその息子の天香語山と共に布都御魂剣を掲げてアメノヒボコと大山祇神の後裔を伴い河内へと東征し、大和に入り邪馬台国を建てた。ニギハヤヒは物部氏の祖神であり、布都御魂剣は物部氏の総氏神である大和の石上（イソノカミ）神宮に納められている。一方、伊西（イソ）は音韻上伊勢遺跡や伊勢神宮の伊勢（イセ）に通じる。興味深いことに、古来「神宮」と呼ばれるのは、伊勢神宮と石上神宮のみである。さらに、伊勢神宮の古名は「磯宮（イソノミヤ）」であり、イセとイソの繋がりを強く示唆する。

　以上のように、伽耶の伊西国は天津神の揺籃の地と考えられる。伽耶の伊西国のイソとイセに因んで、倭国にとって政治的に極めて重要な事象（伊都国（イト）、石（イソ）上神宮、伊勢（イセ）遺跡や伊勢（イセ）神宮）が名付けられ、「古の日本（倭）の歴史」が物部氏を軸に大きく発展・展開する様を窺い知ることが出来る。

参照：古の日本（倭）の歴史（前1世紀〜4世紀）ー天孫族（伽耶族）の系譜（図2）Ⓑ004
（Facebook 藤田泰太郎タイムライン投稿 2022/1/28）

倭国の製鉄の歴史

　我国の製鉄は、縄文時代中期からの渇鉄鉱（高師小僧など）からの製鉄に始まる。しかし、渇鉄鉱からの鉄は脆く、腐食し易かった。弥生時代中期からは、砂鉄などからの製鉄（出雲の野ダタラなど）により、強靭な鉄の製造が始まった。この鉄の製法は、黒海北岸（現在のウクライナ）から、スキタイによりアイアンロードを通じて匈奴に伝わり、さらに日本海を横断して越前などの北陸地方に伝わったと思われる。この製鉄法が良質の砂鉄を産する出雲で大々的に使用された。

　中国には、紀元前4−5世紀頃に、いまひとつ強度が高くない鉄の製法が西アジアから持ち込まれた。この鉄は燕から朝鮮半島経由で北九州にもたらされた。一方、匈奴の強靭な鉄は前漢に伝わり、前漢が中国を統一する一因となった。

　紀元前2世紀、前漢は北朝鮮に楽浪郡を設けた。楽浪郡には大規模な製鉄が可能な高炉があり、北朝鮮で産する石炭（コークス）を用いて大量の良質な鉄を生産できた。南朝鮮の倭人や韓人は鉄鉱石を持ち込み、鉄を得ていた。紀元前1、2世紀には、楽浪郡の鉄が出雲を核とする経済ネットワークにより、北九州・出雲・北近畿に流れるようになった。

　紀元前後にスサノオが北九州、さらに出雲に侵攻した。出雲では野ダタラで強靭な鉄を生産していた大国主（八岐大蛇か）を殺害し、出雲古国を滅ぼした。（スサノオとイソタケルが出雲をはじめ全国に植林したというのは、製鉄により枯渇した森林を修復・保全したことを指すのではないか。）

　紀元前から飛鳥時代まで、朝鮮（任那など）からの大量の鉄が倭国を支えていた。しかし、任那が滅ぼされ、鉄の供給が途絶えると、タタラ製鉄による国内での鉄の生産を余儀なくされた。この製鉄には近江を始め各地の鉄鉱石が用いられた。明治になり西洋の製鉄法が持ち込まれるまで、出雲は常に国内での鉄の生産の中心地であり続けた。（藤田）

スサノオ（素戔嗚）の足跡（2）　スサノオとクシイナダヒメと二神を祀る神社

　伽耶（大伽耶の伊西国）からの渡来者で天神の素戔嗚命（須佐之男命、スサノオ）がイザナギから始まる皇統譜で最初の実在性が極めて高い人格と思われる。スサノオは大伽耶から筑紫に侵入、さらに出雲に侵攻した。その後スサノオは三次から備後・新市に達したと思われる。吉備で力をつけたスサノオの後の饒速日（ニギハヤヒ）が率いる物部軍団が、吉備から東征して葛城・大和を制圧し、さらに近江・湖南に向かって北上し大己貴の国（玉牆の内つ国）の都の伊勢遺跡を瓦解させた（倭国大乱）。ニギハヤヒ（孝霊天皇と同一人）は纏向遺跡を都とする邪馬台国を建てた。邪馬台国（孝霊天皇から開化天皇）は西に向かい任那・伊都国連合を勢力下におき、また東に水行し南関東に侵入した。このようにスサノオとニギハヤヒに代表される物部氏が、任那や南関東をも含む列島の西部を中心とする邪馬台国を建て、倭国を統合したと云える。

八岐大蛇伝説、スサノオとクシイナダヒメ

　『記紀』の八岐大蛇伝説は、『記紀』神話の根幹をなすものと考えている。出雲の鳥髪山（現在の船通山）へ降ったスサノオは、その地を荒らしていた巨大な怪物、八岐大蛇（ヤマタノオロチ、八俣遠呂智）への生贄にされそうになっていた大山祇神（大山津見神、三島神）の孫娘で、足摩槌命（あしなづち）と手摩槌命（てなづち）を親とする櫛名田姫（櫛稲田姫（クシイナダヒメ）、稲田姫（イナダヒメ））と出会う。スサノオは、クシイナダヒメの姿形を歯の多い櫛に変えて髪に挿し、八俣大蛇（大国主と思われる）を退治する。そして八俣大蛇の尾から出てきた草薙剣（くさなぎのつるぎ）を天照御大神に献上し、それが天皇の権威たる三種の神器の一つとなる。（現在、草薙剣は熱田神宮（名古屋市）の御神体となっている。）ちなみに、八岐大蛇を斬殺した布都御魂剣は、ニギハヤヒの東征で掲げられ、葛城・大和を制圧後、物部氏の総氏神の石上神宮に神宝として納められている。

　尚、八岐大蛇伝説はスサノオとクシイナダヒメが、民を苦しめる八岐大蛇を退治するというストーリーであるが、私見では、物部の太祖神たるスサノオがクシイナダヒメの父方の大山祇神（三島神）の協力を得て、大国主などの出雲系神々を成敗するというのが八岐大蛇伝説の基本構造であろう。スサノオは大山祇神の娘（神大市姫）や孫娘（櫛名田姫）を妻とすることにより、大山祇神との協力関係を築いた。天孫の瓊瓊杵尊（ニニギ）もまた大山祇神の娘の木花之開耶姫を妻として大山祇神と九州統治で協働した。因みに、スサノオと神大市姫の間の御子が大年神で、大年神がニギハヤヒであるとの説がある。4世紀初めに崇神王朝（ヤマト王権）が成立する前に、スサノオ（物部の太祖）やニギハヤヒ（物部の祖神）が侵攻した出雲系の地域には、スサノオとクシイナダヒメを祭神とする神社が多く存在する。

櫛田宮（佐賀県神埼町）と櫛田神社（福岡市）

　紀元前後に大伽耶からの渡来者のスサノオが筑紫に侵攻した折、大山祇神勢力と協働するため大山祇神の孫娘のクシイナダヒメ（もともと肥前・神崎の姫巫女か）を妻にしたのではないか。尚、これに伴いクシイナダヒメは神崎の櫛田宮（祭神：櫛稲田姫命（櫛田大明神）、須佐之男命、日本武命）から博多の櫛田神社（祭神：大幡大神、天照皇大神、素盞嗚命（祇園大神）；以前の祭神は櫛稲田姫命と素盞嗚命であったか）に遷ったのではないか。素盞嗚命は祇園精舎の守護神である牛頭天王と見なされ祇園大神と称されている。

　八岐大蛇伝説は出雲の須佐郷での出来事に矮小化されているが、この伝説は、スサノオがクシイナダヒメの祖父の大山祇神勢力と協力して出雲勢力を筑紫と出雲から駆逐したことを意味するのではないか。スサノオにより出雲の大国主一族のアジスキタカヒコネらを近江に東遷させた。一方、筑前・筑前町（旧三輪町、筑後に近い）には大己貴神社（大己貴命は大国主の別名）がある。この神社は最も古いといわれている神社のひとつであり、大己貴神社付近と大和の大神神社付近の地名や地形も偶然とは思えないほど酷似している。このことは、筑前を追われた出雲勢力が大和の大神神社の近傍に移住したことを暗示している。

須佐神社（出雲市佐田町須佐）、素盞嗚神社（福山市新市町）と八坂神社（京都市東山区祇園町）

　出雲の須佐郷で八俣遠呂智を退治した須佐之男命は、櫛から戻した櫛名田比売と暮らす場所を求めて出雲の根之堅洲国（現・島根県安来市）の須賀の地へ行き、そこで「八雲立つ 出雲八重垣 妻籠に 八重垣作る その八重垣を」と最古の和歌を詠んだ。さらに須佐神社（祭神：須佐之男命、稲田比売命、足摩槌命、手摩槌命）は、『出雲国風土記』に見えるスサノオの御終焉の地として御魂鎮めの霊地となっている。

　スサノオは生前、筑前と出雲を行き来していたと思われるが、出雲から吉備にも勢力を伸ばしている。スサノオは石見から江の川を遡り三次に達し、三次から芦田川の上流域に入り、芦田川を下って吉備の一国の備後の新市に至る。このルートは瀬戸内海を経由せずに筑前から吉備に入るルートで、私はこのルートをスサノオルートと呼ぶ。

　備後の新市には素盞嗚神社（主祭神：素盞嗚尊、配神：稲田姫命と八王子（やはしらのみこ）、素盞嗚尊の8人の王子）が鎮座する。素盞嗚神社は祇園信仰、祇園祭発祥の式内社で、備後国一宮を称する。この神社は蘇民将来伝承の発祥地とも見なされている。また、素盞嗚神社から八坂（やさか）神社に素戔嗚尊（牛頭天王）が勧請された。八坂神社は全国にある八坂神社や素戔嗚尊を祭神とする関連神社（約2,300社）の総本社であり、通称として祇園さんとも呼ばれる。祭神は素盞嗚神社と同じく、主祭神を素戔嗚尊とし、東御座に櫛稲田姫命、西御座に八柱御子神（素戔嗚尊の8人の子供）を配する。尚、西御座に蛇毒気神（だどくけのかみ）が祭られていて、これは八岐大蛇が変化したものと考えられている。

大宝神社（滋賀県栗東市綣（へそ））と大矢田神社（岐阜県美濃市）

　2世紀半ばスサノオの後のニギハヤヒは吉備より東征して倭国大乱を引き起こした。ニギハヤヒ（孝霊天皇と同一人）は、葛城・大和を制圧し、さらに北上して、近江湖南の大己貴の

国（玉牆の内つ国）の都と考えられる伊勢遺跡を瓦解させた。この伊勢遺跡に隣接して大宝神社（祭神：素盞嗚尊と稲田姫命）があるが、大宝元年に降臨した素盞嗚尊と稲田姫命を追来神社境内に鎮座させたと云われる。追来（オフキ）神社は伊吹山に座す多々美彦命（別名八岐大蛇）を祭神とし、多々美彦命は大国主のことと推測される。古来、追来神社は意布伎（伊不伎）神社と記されていた。追来神社は、在来神でありながら大宝神社本殿が主祭神となったため、無理に境内社としての位置付けにされ、社名変更を余儀なくされたと推測される。このことは、滋賀県と岐阜県の県境に聳える伊吹山を神奈備とし多々美彦命を神と崇める一族（大国主一族）が古来は伊勢遺跡含む琵琶湖東岸一帯を治めていたが、素盞嗚尊を奉祭する物部一族に取って代わられたということを意味するのであろうか。

　大矢田神社（祭神：建速須佐之男命（スサノオ）、天若日子命（アメノワカヒコ））は2世紀末の倭国大乱の終結期の孝霊天皇の御代に創祀された。社伝では、悪龍が山に住んで人々が困っていたところ、須佐之男命を祭るようにという神託があり、お迎えしたとされる。

　大矢田神社のひんここ祭は、須佐之男命が農耕の邪魔をする大蛇を退治し、御殿にいる妻、櫛稲田姫を食べようとする龍も退治する様子を人形で表現する。祭神を御旅所まで運ぶ神輿には明治頃まで、沿道から小さな矢の飾り物を投げつける風習があった。天若日子の故事にちなむもので、大正からは参詣者にまくように改められたという。アメノワカヒコは少彦名と考えられ、倭国大乱の終わりに美濃・喪山でタカキムスビ神ならぬニギハヤヒに射殺されたと推察する。

氷川神社（埼玉県さいたま市）と二宮神社（千葉県船橋市）

　倭国大乱に勝利したニギハヤヒは、3世紀始めに卑弥呼を共立して、纏向遺跡（桜井市）を都とする邪馬台国を建てた。邪馬台国は、3世紀の半ばまでに任那・伊都国連合を勢力下におき、また東に水行して南関東に進出した。

　氷川神社（祭神：須佐之男、稲田姫命、大己貴命）や二宮神社（祭神：建速須佐之男命、櫛稲田比売命、大国主命）の祭神はスサノオ、クシイナダヒメ、大己貴（大国主）となっており、物部一族が大国主の支配していた南関東（武蔵や下総）に進出し、大国主から支配権を奪ったと推察する。

　物部一族がいつの時代に南関東に侵攻して大国主一族を成敗したのか。興味深いことに、氷川神社の近傍に稲荷山古墳があり、この古墳から金錯銘鉄剣と邪馬台国が3世紀の初めに遼東半島の公孫氏から独占的に入手した画文帯神獣鏡とが出土した。この鉄剣には埋葬された豪族の長の祖として開化天皇の兄弟で四道将軍の一人である意富比垝（大彦）の名が刻まれていた。また、南関東の土器が邪馬台国の都の纏向遺跡から出土している。これらのことを鑑みると、開化朝（3世紀後半の邪馬台国の衰退期）に物部軍団を率いた大彦が大国主（狗奴国の王）の支配する南関東（武蔵や下総）に進出し、大国主を倒して南関東を制圧したと考える。また、下総の物部氏の香取神宮はこの侵攻の折に創建されたのではないだろうか。

参照：古の日本（倭）の歴史（前1世紀〜4世紀）－天孫族（伽耶族）の系譜　Ⓑ 004
(Facebook 藤田泰太郎タイムライン投稿 2022/3/29)

素盞嗚神社大鳥居

八坂神社本殿（重要文化財）
（光一郎撮影）

Ⓑ036

スサノオ（素戔嗚）の足跡（3）　スサノオ、アメノヒボコと秦氏；　弥生式墳丘墓、前方後円墳の起源

スサノオ、アメノヒボコと秦氏（秦人の血脈）
備後・三次の弥生式墳丘墓；前方後円墳の起源

伽耶（弁韓、後の任那）、百済、辰韓（後の新羅）と秦韓

　縄文時代後期（4,000年前頃）に世界の冷涼化が始まるまでは、朝鮮半島北部はほぼ無人で、南朝鮮には専ら西日本縄文人（倭人）が居住していた。冷涼化に伴い、半島北部には、華北人とツングース系の濊・狛（わい・はく）（高句麗の前身）が侵入を開始した。とはいえ、弥生時代前期までは南朝鮮では倭人が大多数を占めていた。弥生中期・後期になると華北人や朝鮮人（高句麗系濊・狛）の南下が激しくなった。また、中国の春秋・戦国時代の戦乱により流浪した江南の民が朝鮮半島西岸に漂着して辰国（のちの馬韓）を建てた。紀元前2世紀初め、前漢が朝鮮半島北西部へ侵入し楽浪郡を置いた。さらに、後漢の時代に漢人が南朝鮮（南韓）を韓と呼び、華北人、江南人や秦人および彼らとの混血の進んだ倭人が韓人と称された。弁韓は伽耶（後の任那）に当たり、辰韓は後の新羅で、その北側には秦韓があった。

　辰韓と秦との関係を記す、『後漢書』巻85辰韓伝、『三国志』魏書巻30辰韓伝、『晋書』巻97辰韓伝、『北史』巻94新羅伝によると、秦の始皇帝の労役から逃亡してきた秦人あるいは秦の滅亡によって亡民となった秦人に、馬韓はその東の地を割いて与え住まわせ、秦韓と名づけたという。秦人は漢人以外の民族を総称することがあり、秦人にはかなりのペルシャ人やユダヤ人、およびその子孫が含まれていた。しかし、秦・前漢の時代は辰韓（秦韓を含む）や弁韓ではなお倭人が強い勢力を保っていたと思われる。

　漢の植民地の北朝鮮の楽浪郡には倭国にない製鉄の高炉があり、朝鮮や倭国の鉄鉱石からの大規模な製鉄を行っていた。その頃（紀元前2～前1世紀）、楽浪郡を中核とする、筑紫—出雲—丹後を覆う鉄と銅と玉の交易ネットワークが形成された。紀元前後、前漢が衰亡し楽浪郡は混乱に陥り、多くの南朝鮮の倭人（スサノオやニニギら）が倭国へ帰来した。

天孫族の系譜；初期新羅王室と伽耶倭人王室の類似；秦人の影
スサノオ（後のニギハヤヒ）、アメノヒボコと秦氏

　伽耶での伊邪那岐から瓊瓊杵、即ち天孫族の降臨までの系譜（紀元前1世紀～1世紀）は、新羅王室の初期系譜に類似している。これは、紀元前後の伽耶（後の新羅を含む）は倭人により政治的に支配されており、初期新羅王室の系譜は伽耶倭人王室の系譜であったことに起因する。しかし、伽耶の北東部はユダヤ人やペルシャ人を含む秦人の住む秦韓と接しており、かなりの倭人が秦人と混血した。（新羅王室には少なからず秦人の血が混ざっていると思われる。）1世紀初めユダヤ人の血脈を引くスサノオ（新羅本記の第2代南海次次雄にあたる）は、伽耶（弁・辰韓）の大伽耶（伊西国）より北九州に侵攻して伊都国を建てる。さらに出雲に侵攻して、大国主（八岐大蛇）を倒し、出雲古国を崩壊させた。この際、銅鐸や銅剣などの青銅器祭器が埋納された（加茂岩倉、荒神谷遺跡）。さらに、2世紀の後漢の弱体化と地球規模の気候の寒冷化による高句麗のさらなる南下が、第8代新羅王阿達羅の王子（延烏郎か）の天日槍（天日鉾、アメノヒボコ）の渡来を引き起こした。倭国大乱は、天日槍を伴った饒速日（ニギハヤヒ、孝霊天皇にあたる）の東征により引き起こされた。この倭国大乱は、大和を中心とする本州中央部（中国・四国地方東部、近畿地方と中部地方西部）に広がった。ニギハヤヒは、近江・湖西に遷った和邇氏や近江・湖東（湖北）の大国主と計らい卑弥呼を共立して、纏向遺跡を国都とする邪馬台国を建てた。

　ニギハヤヒやアメノヒボコは代々継承されてきた世襲名と考える。ニギハヤヒは紀元前後に渡来したスサノオの息子とされており、その子孫は吉備で力を付け、2世紀半ばに東征して倭国大乱を引き起こした。アメノヒボコもまた1～3世紀に亘っての複数の人格からなる渡来神をあらわす世襲名と思われ、2世紀半ばに渡来した阿達羅の王子のアメノヒボコ（神功皇后の六世祖）が倭国大乱に参画した。

　高祖神社宮司家の上原・殿上家系図（新羅王家の系図Ⓑ151、FB投稿 川岡保）は、『三国史記』の「新羅本記」の新羅王室の系図とはかなり違っている。「新羅本記」によると、新羅王室2代は南解次次雄で大伽耶（伊西国）出自のスサノオ、4代は大伽耶の昔脱解としている。上原・殿上家系図では初代が次次雄で2代が神乎多で、神乎多に昔氏祖とあり昔脱解と思われる。本系図の3代が迎鳥で意呂山に降臨したアメノヒボコとし、また5代阿加流日古と8代日桙をもアメノヒボコとしている。（前2者は『記紀』や『風土記』にあるアメノヒボコの来倭時期とは一致しない。スサノオ自身がアメノヒボコの可能性あり。）8代日桙は、垂仁朝の清日古（清彦、但馬）4世祖で、仲哀朝の五十跡手（伊都）の六世祖であり、孝安／孝霊朝の倭国大乱の折に来倭したアメノヒボコに当たると考える。

　新羅王室には秦人の血が混ざっており、スサノオ（ニギハヤヒも）とアメノヒボコは、秦始皇帝三世孫、孝武王の後裔の弓月君（ゆづきのきみ）を先祖とする秦氏と深い関係がある。

弥生式墳丘墓の起源地は備後・三次、弥生式墳丘墓の前方後円墳への発展

　スサノオは、紀元前後に筑前・出雲に侵攻し、八岐大蛇たる大国主を敗死させ、出雲古国を滅ぼした。この際、銅鐸や銅剣などの青銅器祭器が埋納された（加茂岩倉、荒神谷遺跡）。それ以後、中国地方西部（出雲・吉備）では二度と青銅器を祭器とする祭祀は行われることがなかった。スサノオは出雲古国を滅ぼした後、筑前と出雲を行き来していたと思われるが、備後・三次に一大拠点を置いたと考えられる。スサノオは筑前より石見の江の川を遡り三次に至る。さらに、三次から三次盆地に流れ込む河川を遡り、峠を越え芦田川の上流域に至る。次に芦田川を下り備後南部の新市に至る（スサノオルートと呼ぶ。スサノオの道とも呼ばれ、所謂、川の道である。）ちなみに、三次にはスサノオを祀る須佐神社とスサノオと同一神と思われる武塔天神を祀る武塔神社が隣り合わせで鎮座する。また、新市には備後一宮の素戔嗚神社があり、祇園信仰や蘇民将来伝説の発祥の地と云われる。

　三次は四隅突出型墳丘墓の発祥の地と云われ、その造営と秦氏との関連が注目されている。

四隅突出型墳丘墓は、弥生後期から美作・備後の北部地域や東出雲（島根県東部）・伯耆（鳥取県西部）を中心にした山陰地方に広まった。北陸では少し遅れて能登半島などで造られている。一方、三次盆地にみられた初期形式の四隅突出型墳墓が三次からスサノオルートを通って備後南部へ広まり、さらに大型の弥生墳丘墓である備中・総社の楯築遺跡の築造に繋がった。

秦氏は、5世紀に来倭した、中央アジアの出自とされる弓月君を先祖とする渡来人である。また、弓月君は、『新撰姓氏録』では、秦始皇帝三世孫、孝武王の後裔とされる。しかしながら、総社市に秦と言う秦一族の集落があり、この一族の定住は遅くとも2世紀で、当時最大の弥生式墳墓の楯築遺跡を造営したと云われている。この秦一族の氏神である姫社（ひめこそ）神社の祭神はアメノヒボコの妃のアカル姫であり、アメノヒボコと秦氏の関係を髣髴とさせる。（FB情報、大浜 明文）

興味深いことに、出雲と吉備の大型墳丘墓（楯築古墳と西谷3号墳丘墓）は形状が大きく異なるが、埋葬施設は2重の木棺で底に水銀朱を敷くこと、副葬のあり方や特殊器台を供える等、著しい類似性が見られる。このことは、出雲の王と吉備の王は互いに密接な政治的連携をもっていたと考えられる。この楯築古墳の造営技術が秦氏により大和に伝わり、ホケノ山古墳、さらに邪馬台国の卑弥呼の古墳と考えられる箸墓古墳の造営に繋がった。（楯築古墳あるいはホケノ山古墳は、ひょっとしたらニギハヤヒの墳墓か。）

参照：古の日本（倭）の歴史（前1世紀～4世紀）－天孫族（伽耶族）の系譜（図2）Ⓑ004
(Facebook 藤田泰太郎タイムライン投稿 2022/5/11)

墳丘墓の発展

陣山3号墓　四隅に踏石状石列（赤印）

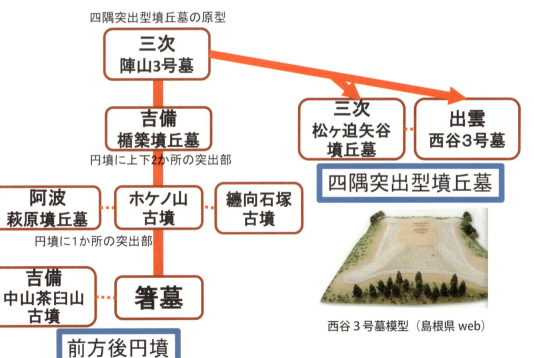

西谷3号墓模型（島根県web）

国土交通省国土画像情報（カラー空中写真）を基に作成
（箸墓古墳）

Ⓑ038

論考４　卑弥呼（日御子？）の系譜
日御子は海神（海人）族の代々の女王か

わ（倭）、ヤマト（邪馬台）、そして日本（≒任那）；大王・天皇は日の御子と呼称

　縄文・弥生時代の列島および南朝鮮の住民は、古代中国人に問われ、自分たちのことを何と呼んでいたのであろうか。我・吾（わ）と自称したので、それが漢字の倭になり、倭人の国（倭国）とされた。8世紀初頭に編纂された『日本書紀』に、饒速日（ニギハヤヒ）が建てたヤマト（邪馬台）国と思われる「虚空見つ日本（倭（やまと））の国（「虚空見つ」とは修辞句）」が記載されている。南朝鮮出自のユダヤ系の倭人と思われるスサノオの後のニギハヤヒがヤマト（ヘブライ語？）を倭国に持ち込んだとも云う。「ヤマト」は、倭、大倭、大和、日本の和訓ともなった。このなかで日本だけが異質である。

　「日本という国号」や「天皇という地位・称号」が公式に設定されたのは 689 年の飛鳥浄御原令である。「日本」という国号を東アジア世界において初めて名乗った年は 702 年で則天武后（623-705）に面謁した遣唐使が自分たちの国は中国側が呼ぶ「倭」ではなく「日本」であると名乗っている。

　3世紀末 任那から東遷した勢力（崇神を旗頭）は、大和の地に入ってからも、自らを「任那」と号したのではないか。「日本」の国号が初めてあらわれるのが10世紀成立の『旧唐書』、11世紀成立の『新唐書』にみられる「倭国伝」からである。したがって、倭王権が倭から日本に国号を変えたのは、唐代に入ってからと考えられる。田中勝也氏は云う、「朝鮮の古地名は、'本'は'那'で国邑を表す。また'日'は（nit）であり、'任'（nin）に音韻上重なるものである。大和王権は任那滅亡にともなう新しい時代に対応して、国家的自立と自負を表明するため、「任那」の栄光の記憶を復活し、しかも「日の御子」の治める国にふさわしく「日本」という国号を立てた。」尚、『記紀』に（「日の御子」とは大王（後の天皇）を指す）と記されている。

　邪馬台（ヤマト）国を建てた饒速日（ニギハヤヒ）は日輪を表象し、饒速日が立てた邪馬台国の女王の卑弥呼（倭迹迹日百襲姫命に当たる）とは倭語で「日御子あるいは日巫女」のことであろうか。実際、魏は邪馬台（ヤマト）国の卑弥呼に倭国の大王たる権勢を認め、「親魏倭王」の金印綬を授けた。すなわち、卑弥呼とは後世の大王・天皇に匹敵する「日御子」に由来する漢風称号であると考える。また、卑弥呼の後継の女王の台与は、魏の後の西晋（晋）に使いを送っている。何故、2～3世紀の倭国の王たちは卑弥呼（17 歳の少女）さらに台与（13 歳の少女）に邪馬台国の女王に共立されるだけの生来の資質・器量が賦与されていると見なしたのであろうか。邪馬台国時代を遡る1世紀半ば（57 年）、倭国を代表する筑前の奴国（海神（海人）族の国）の王は、後漢から「漢委奴國王」の印綬を授けられている。卑弥呼（日御子）とは、後漢朝が認めた奴国の王（女王か）の代々の世襲名であったからに違いない。

卑弥呼（日御子）は海神（海人）族の女王の世襲名

　海神族には、和邇氏、安曇氏、宗像氏などが有名である。大国主、猿田彦、大山祇も海神族と考えられ、海部氏（籠神社宮司家）や住吉大社の津守氏も元は海神族であったとされる。

かれら海神族は、中国の春秋・戦国時代に江南から渡来したとされている。また、物部氏や息長氏もまた海神族と親密な関係にあった。邪馬台国の卑弥呼の「卑弥呼」とは、海神族の崇める女王・日御子であり、宗像三女神（天照大御神と素戔嗚との誓約により誕生）やその後裔（下照姫を含む）の代々の世襲名であろう。

　紀元1世紀までは筑紫の奴国が海神（海人）族の中心の国であり、かつ倭国を代表する国であった。紀元前後にスサノオが北九州に侵入して伊都国を建て、さらに出雲に侵攻して大穴持（大国主）の出雲古国を滅亡させ、大国主一族を東遷させた。その後伊都国は奴国を圧倒し、奴国の嫡流の和邇氏は筑前から近江西部（湖西）に遷った。大己貴命（大国主）は近江・湖南の伊勢遺跡を都とする大己貴の国（玉牆の内つ国）を建てた。2世紀半ば、ニギハヤヒはアメノヒボコ（天日槍）と共に東征し倭国大乱を引き起こした。ニギハヤヒは2世紀末に大己貴の国を解体させ、和邇氏の巫女の卑弥呼を共立してヤマト（邪馬台）国を建てた。一方、大己貴命は大己貴の国の後継国の狗奴国を建て、狗奴国は近江湖東・湖北と美濃を核として東日本一帯に広がった。

　海神族の女王の代々の世襲名は「卑弥呼（日御子）」であり、初代の「卑弥呼」は宗像三女神（多紀理姫神、市杵島姫神、多岐津姫神）であろうか。紀元前後の二代目の「卑弥呼」は、大国主と宗像女神の一柱、多紀理姫神との御子神の下照姫で天稚彦（少彦名か？）と結ばれる。幾世代か後の2世紀末の女王は、ヤマト（邪馬台）国の卑弥呼で、下照姫の後裔の三上祝一族の出自と思われる。卑弥呼はまた和邇氏の巫女で、ヤマト国のみならず、大己貴の国の祭祀をも司ったと思われる。3世紀半ば卑弥呼が死去すると、海神族の女王たる「卑弥呼」は息長水依姫たる台与（日子坐王の妻）に継がれ、さらに倭姫、さらに神功皇后へと引き継がれたと考える。

　『出雲國造神賀詞』の賀夜奈流美命は邪馬台国の卑弥呼に当たると思われるが、賀夜奈流美命（即ち卑弥呼）は代々世襲された海神族の女王の日御子の「卑弥呼」と同人格で、国津神たる海神族の女神とみるのが的確であろう。神賀詞（かんよごと）とは出雲の神々（邪馬台国の始祖ニギハヤヒや女王卑弥呼をも含む）の皇室への服属儀礼と考える。

倭国と中国王朝（後漢、魏と西晋）との外交

　1世紀半ば、建国直後の後漢の光武帝に倭国の代表としての奴国を認めさせ、金印「漢委奴國王」を授与させたのは何故か。後漢の光武帝は、朝鮮諸侯が乱立した楽浪郡の混乱を抑えるため、南朝鮮に勢力を伸ばしていた奴国の力を必要としていたからか。さらに、光武帝に奴国は呉太白の末裔の国と宣伝したことが功を奏したためであろうか。後漢の光武帝は、奴国王（女王か）を倭国王と見なし、金印を授与したと思われる。

　1世紀末、筑前から近江湖西に遷った和邇氏は、湖西の国をも奴国と称したと思われる。ちなみに、『魏志倭人伝』には、2つの奴国が記載されている。一つは、筑前の奴国と思われ、もう一つは近江湖西の奴国と思われる。2世紀半ば、ニギハヤヒがアメノヒボコを伴い吉備より東征し大己貴の国を解体し、和邇氏の巫女と思われる卑弥呼を共立して邪馬台国の女王とした。

（ニギハヤヒが孝霊天皇で卑弥呼は孝霊天皇皇女の倭途途日百襲姫に当たる。）卑弥呼は海神族の女王の宗像三女神の一柱（多紀理姫神）の後裔の三上祝の出自と思われる。奴国の和邇氏が近江湖西へ東遷した後も、後漢と筑前の奴国との従来の外交を引き継ぎ、倭国大乱時には後漢より「中平太刀」を賜り、さらに邪馬台国時代には金印「親魏倭王」を授けられたと推察する。

　3世紀半ばに邪馬台国の卑弥呼が死去し、台与が後を継いだ。台与は、卑弥呼の姪ともいわれ、三上祝一族の出自である。台与は天之御影命の後裔の女の息長水依姫（『記紀』における息長の初出）と考えられる。また、台与は魏の後継国の西晋に使者を送っている。

　息長水依姫は、開化天皇と和邇氏の女との皇子の日子坐王（まさに日の子）と結ばれ、丹波道主をもうける。次に「卑弥呼」を継いだのが、垂仁天皇と丹波道主の息女の日葉酢媛命との間の皇女の倭姫であろう。最後の「卑弥呼」は、日子坐王の4世孫でアメノヒボコの六世孫の息長一族である息長帯比売命こと神功皇后であろう。（アメノヒボコはニギハヤヒの東征に同行し、その妻の阿加流比売神の伝承は豊前・備中・摂津にある。）三韓征伐には和邇氏武将の武振熊命を伴い、対馬の和珥津から新羅に侵攻した。新羅は殆ど無抵抗で神宮皇后の軍門に下っている。このように「卑弥呼」たる海神族の女王には和邇氏と息長氏との深い関係が窺われる。

息長水依姫（台与）と日子坐王

　京都大学の林屋氏が提唱する近江王朝は、日子坐王を中核に据える王朝とされる。開化天皇皇子の日子坐王は、天皇（大王と呼ばれた）の皇子で王と呼ばれる唯一の人格であり、近江王朝を担ったと考えても不思議ではない。さらに卑弥呼を継ぐ台与と考えられる息長水依姫を妻としたのであるからその権勢は甚大なものであったと考えられる。（日子坐王は『古事記』での呼称で、『日本書紀』では「彦坐王」とされ事績の記載もない。日子坐王の妻「息長水依姫」の記載も『古事記』のみである。『日本書紀』はこの二人を意図的に排除しようとしているとみえる。）また、日子坐王の側についた氏族・豪族は、和邇氏と息長氏を核に大国主系およびホアカリ系（丹後）の豪族で概ね日本海系の北近畿勢力が結集したと思われる。さらに台与は狗奴国の近江の豊郷（稲部遺跡か）にいたとも考えられる。台与を擁立し邪馬台国と狗奴国の抗争をおさめたのであるから、狗奴国勢力もまた近江王朝に協力したのではないか。日子坐王の勢力圏（近江王朝）は、近江、山城、若狭、丹後、丹波、但馬、美濃で、北東近江と美濃を核とし東日本に伸びる狗奴国勢力とも協調関係を築いたことが分かる。

　この日本海系勢力に対抗したのが邪馬台国を建てたニギハヤヒ直系の物部氏を中核とする瀬戸内海系勢力であろう。この勢力の中心にいたのが、孝元天皇の皇子の大彦（開化天皇の異母兄弟）と思われる。瀬戸内海系勢力は3世紀末に任那・伊都国連合の王、崇神天皇の東征を促し、大和の日本海系勢力を圧倒した。この東征譚が神武東征譚の主要部分である。崇神東征により日本海系勢力は後退したが、垂仁朝に日子坐王の子の狭穂彦が叛乱を起こし敗死するまでは日本海系勢力はかなりの力を維持していたと思われる。

　景行天皇の皇子の日本（倭）建命は、西征後の東征の終わりに狗奴国の最後の砦と思われる伊吹山で敗死させられたと考えられる。その後景行天皇は狗奴国の拠点の北東近江・美濃に進出し、次の成務天皇の時代に日本（倭）建命の息子（稲依別王）により狗奴国は滅ぼされ、ここにヤマト王権の倭国制圧が完了した。息長氏は成務朝に滅ぼされた狗奴国の旧領の近江湖東・湖北、さらに越前に進出して角鹿（敦賀）に達している。

倭姫

　倭姫は、垂仁天皇の皇女で、母は皇后の日葉酢媛命（台与と日子坐王の息子（丹波道主）の娘）である。崇神天皇の皇女豊鍬入姫命の跡を継ぎ、天照大神の御杖代として大和国から伊賀・近江・美濃・尾張の諸国を経て伊勢の国に入り、神託により皇大神宮（伊勢神宮内宮）を創建したとされる。倭姫は伊勢の地で天照大神を祀る最初の皇女と位置づけられ、これが制度化されて後の斎宮となった。後に、倭姫は東夷の討伐に向かう日本武尊（倭姫命の甥王にあたる）に草薙剣を与えている。

神功皇后、三韓征伐と応神東征

　神功皇后（息長帯姫）は、邪馬台国の台与（息長水依姫）の夫である日子坐王の四世孫で、アメノヒボコの六世孫である。神功皇后は、越前、若狭、丹後、但馬の軍船300艘を率い日本海を西行、三韓を征伐した。新羅が殆ど抵抗せずに神功皇后の軍門に下ったのは、神功皇后が海神族の女王たる「卑弥呼（日御子）」の後継と見なされたためではないか。三韓征伐に続く応神東征では、応神天皇（八幡神）を掲げ、住吉神を伴い畿内へ東征した。武内宿禰や武振熊命（和邇、彦国葺命の孫）の働きにより仲哀天皇の皇子、香坂王・忍熊王の反乱を平定し、ヤマト王権を息長氏の支配下に置き、応神王朝を樹立した。その後、息長氏は近江に進出し日本海沿岸の角鹿（敦賀）に達し、日本海航路をも掌握した。応神王朝の成立により、北近畿の勢力は後退し、南朝鮮や中国との交流や交易も瀬戸内海経路が主となる。

宇佐神宮

　宇佐神宮の祭神は、応神天皇（誉田別命、八幡大神）、比売大神（宗像三女神）と神功皇后（息長帯姫命）である。不思議なことに、中央に坐する主祭神は宗像三女神とされる比売大神である。比売大神とは海神（海人）族の女王たる「卑弥呼（日御子）」のことではないか。前述のように、「卑弥呼」の称号は宗像三神に始まり、神功皇后に終る。私は、比売大神は「卑弥呼（日御子）」と同格神であろうと推察する。

　宇佐神宮のある豊前地域は、古来より秦氏やその一族である漢氏の居住していた地域とされ、秦人と思われる秦氏の故地である。また、伽耶出自の息長氏が筑前より南下し権勢を伸ばした地域でもある。応神天皇は「八幡神」と称される。八幡は「はちまん」ではなく「やはた」が古名で、「八」は多さを表す。「幡」は「秦」とも「旗」とも云われる。八幡とは文字通り、多数の「秦氏」が住むところ、あるいは多数の「秦＝旗」が立つ所なのだ。この説によれば、八幡神は新羅からの外来神で、宇佐において秦氏の氏神だった事になる。新羅より養蚕などの産業や高度の建築・土木技術を持った秦氏が大挙渡来してきて、応神王朝の興隆に尽くした。このことにより、宇佐神宮が豊前におかれた理由と思われる。この地方の神に過ぎない宇佐八幡神が、一躍全国的な神へ展開していく画期が訪れる。養老四年（720）の大和朝廷による隼人出兵である。隼人出兵にあたって朝廷は八幡神を守護神とするが、この出兵が朝廷の勝利に終わり、八幡神は朝廷の守護神となるのである。

参照：古の日本（倭）の歴史（前1世紀〜4世紀）－天孫族（伽耶族）の系譜（図2）Ⓑ004
Facebook　藤田泰太郎タイムライン投稿 2021/7/9）

Ⓑ040

4章　大国主と海神（海人）族（奴国、出雲古国⇒出雲王朝）

江南（国津神（海神族）の源郷）Ⓑ041 ／奴国：海神（海人）族の国Ⓑ042 ／大国主Ⓑ044 ／宗像三女神Ⓑ046 ／猿田彦Ⓑ048 ／大国主とアジスキタカヒコネの東遷Ⓑ049 ／スクナビコナⓑ050 ／出雲古国⇒出雲王朝Ⓑ053

　弥生時代になると江南から水田稲作農耕技術が導入された。中国春秋・戦国時代に北方民族（秦など）に圧迫されて江南の呉国や越国が滅び、その遺民や流民（海神族あるいは海人族）が西日本の東シナ海や日本海沿岸に到来した。このうち呉の遺民が筑紫に奴国を建てたと思われる。奴国は筑紫と伽耶を含む大国となり、後漢から金印「漢委奴國王」を授与された。この海神族（海人族）の国の奴国の女王が宗像三女神と思われ、日御子（卑弥呼）の系譜の始祖と考える。大国主やサルタヒコもまた海神族に属する。越の遺民が越（越前・越中・越後）に漂着し、その王の大国主となった。弥生時代中期に大国主は良質な砂鉄の豊富な出雲に移り、出雲を中心として伽耶、筑紫、出雲や丹後を覆う「鉄・銅・玉」のネットワークを構築した。このネットワークの中核となったのが「出雲古国」である。紀元前後にスサノオが筑紫に侵攻し、さらに出雲を侵した。敗残の大国主一族（アジスキタカヒコネら）はスクナビコナを同伴して丹後から近江に向かい、近江を核とした浦安の国の後継国の大己貴の国（都：伊勢遺跡、近畿・中部地方に広がる）を建てた。一方、スサノオとアメノホヒは出雲古国の後継国の出雲王朝を建てた。この出雲王朝は4世紀に崇神朝（ヤマト王権）によって滅ぼされるまで連綿と続いた。

参照：第3部概略、年表等②01 参照
古の日本（倭）の歴史（前1世紀〜4世紀）－天孫族（伽耶族）の系譜（図2）Ⓑ004
論考2　出雲とヤマト（1）「八岐大蛇伝説」と出雲古国の滅亡、大国主と銅鐸の近江への東遷Ⓑ027
　　　　出雲とヤマト（2）「出雲王朝の建国と崇神朝における出雲王朝の崩壊」　出雲王朝の建国と崇神朝における出雲王朝の崩壊Ⓑ029
　　　　出雲とヤマト（3）大国主の祟りと出雲大社の創建、出雲国造神賀詞（出雲の神々の皇室への服属儀礼）Ⓑ030
論考4　卑弥呼（日御子？）の系譜　日御子は海神（海人）族の代々の女王かⓑ038

江南（国津神（海神族）の源郷）

弥生時代　東アジア

呉・越の滅亡と倭族（江南の民）の南朝鮮・西日本への避難

● 縄文時代晩期から弥生時代前期にかけて、照葉樹林文化の江南から散発的に日本に稲作や青銅器文化などが流入していた。さらに呉・越の滅亡を契機として、その後の秦や前漢の侵攻により、呉・越の遺民だけでなく、呉・越の領民となっていた東夷諸国の民たちも、稲作文化を携えて、朝鮮半島の中・南部に漂着し辰国を築く。朝鮮半島の北部ではなく中・南部に入ったのは呉・越の敵対国であった燕が渤海湾、遼東半島、さらに現在の平壌の近くまで勢力を伸ばしていたからである。その後、辰国から辰韓・弁韓が分立する。その後母体の辰国も馬韓となる。また、倭族（江南の民）の一部は倭国に達し、渡来系弥生人になった。この渡来系弥生人が水稲と金属器（とくに青銅）、ならびに神道体系を持ち込んだと思われる。呉からの渡来者は、北九州、山口、四国、近畿に向かった模様で、越からの渡来者は北陸に至り越国と呼ばれるようになった？

● 国津神は紀元前に呉・越から直接日本に移住した集団である。天津神は、南朝鮮の倭人あるいは南朝鮮に移住した江南の民が紀元前後から紀元後に日本に向かった集団と考えられる。（主たる国津神：大国主、猿田彦、大山津見神、熊野大神、など）

● 最近の稲のDNAの研究によって、中国中南部から直接渡来したという考えが提唱されている。（b遺伝子は中国と日本に特有）

● 土笛：弥生時代前期の日本海側遺跡（北九州～丹後）で見つかる。中国由来の農耕用祭祀。

● 山口県土井ヶ浜遺跡は弥生時代前期から中期の墓地遺跡であり、山東半島からの直接の渡来人か。

● 銅鐸の由来：中国南部・ベトナムの葬式では銅鼓が大地のうなりのように、連続して音を発する。大型の銅鐸は銅鼓に由来か？

● 環壕集落は半島経由で環濠集落は江南から直接到来。甕棺、高床式倉庫および大型石包丁も江南からと思われる。

● 呉伯太子孫の呉王夫差（呉の最後の王）の子「忌」は、BC473年呉の滅亡時に東シナ海に出て、菊池川河口付近（現熊本県玉名市）に到達し、菊池川を遡って現在の菊池市近辺に定住したと思われる（「松野連系図」参照）。呉王一族はそこを拠点として繁栄し、後年筑紫の奴国に発展したと推定される。また、鹿児島神社（姶良）には呉太伯伝説と犬の面が伝わっている。

● 著名な江南系渡来人：

　隼人　隼人は犬祖民族の吐蕃やヤオ族を基層としてと思われるが直接的には江南あるいは海南島から沖縄を経て南九州に達したと思われる。

　サルタヒコとウズメ　二人の結婚は猿と岩の女との結合を意味し、猿楽の猿女氏始祖となる。この結合はチベットや羌族の猿と岩の女との結婚というモチーフと一致する。江南から直接渡来か朝鮮半島経由かは不明。

　久米　久米は熊襲に通じ、クメールを源とする？久米部は瓊杵尊を先導して天降ったと記されており、久米部は大伴氏の配下にあって軍事的役割を有していたと考えられる。

（藤田）

海神族（海人族）

　海人族（かいじんぞく、あまぞく）、海神族は縄文時代から弥生時代以降にかけて海上において活動し、のちには海上輸送で力をつけることとなった集団である。

系統と分布

　海人族には①インド・チャイニーズ系と②インドネシア系の2系統がある。

①は安曇系やその傍系の集団で、中国南部（江南地方）から東シナ海を北上、対馬海流に乗り山東半島、遼東半島、朝鮮半島西海岸、玄界灘、九州北部に達した集団と推定され、日本に水稲栽培がもたらされたルートと一致しており、倭族とほぼ同義であろうと考えられる。

　兵庫県の淡路島には海人族に関わる逸話が古くからある。北部九州から瀬戸内海を小舟で渡り淡路島に至るルート、または紀伊水道より上がるルートがあったとする説があり、青銅や鉄などが大陸からもたらされた。海人族研究で知られる甲元真之氏や系譜学者、宝賀寿男氏は瀬戸内海は岩礁や島々が多く外洋の船では航行できないとし、九州東岸から小舟に乗り換えたとする。淡路島は海人族の営みの地として「日本遺産」に認定されている。

②黒潮に乗って縄文・弥生時代に日本にやってきた南島系種族（隼人、久米）である。

氏族

　海人族に属す氏族には安曇氏、和邇氏、宗像氏などが有名である。ほかに海部氏（籠神社宮司家）や住吉大社の津守氏も元は海人族であったとする説がある。大国主も大山祇も元々は海神族と考える者もいる。

（Wikipedia抜粋）＋ 藤田

奴国：海神（海人）族の国

呉太伯子孫の呉王夫差（呉の最後の王）の子「忌」は、BC473年呉の滅亡時に菊池川河口付近に渡来し現在の菊池市近辺に定住。「忌」の子孫が筑前に北上して奴国を建てた？奴国では銅矛を祭器とし、墓制に甕棺墓を用いた。奴国は南朝鮮と北九州にまたがる大国であったと思われる。

奴国（なこく、なのくに）とは、1～3世紀に『後漢書』「東夷伝」や『魏志倭人伝』・『梁書』・『北史倭国伝』に現れる最古の倭人の国である。ヤマト王権の儺県（なのあがた）、現在の福岡市や春日市など福岡平野一帯を支配していたとされる。この地域には、弥生時代中期の集落や水田跡、甕棺墓、青銅器鋳造跡等の遺跡が各所（須玖岡本遺跡など）で確認されている。

奴国は、海神族の国々の中核で、博多湾の湾口に位置する志賀島は海神族の本拠地と見なされる。志賀島にある志賀海神社は志賀三神（綿津見三神）を祀り、全国の綿津見神社の総本宮である。

倭国が後漢と外交交渉をもったのは、倭 奴国王が後漢の光武帝に朝貢したのが始まりである。『後漢書』東夷伝によれば、建武中元二年（57年）後漢の光武帝に倭 奴国が使して、光武帝により、倭 奴国が冊封され金印を綬与されたという。江戸時代に農民が志賀島から金印を発見し、倭奴国が実在したことが証明された。地中から発掘されたにしては金印の状態が余りに良いために金印偽造説も出たが、書体の鑑定等から、偽造説については否定的な意見が大勢を占めている。 その金印には「漢委奴國王」(かんのわのなのこくおう)と刻まれていた。刻まれている字は「委」であり、「倭」ではないが、委は倭の人偏を省略することがあり、この場合は委＝倭である。このように偏や旁を省略することを減筆という。
（Wikipedia抜粋）＋ 藤田

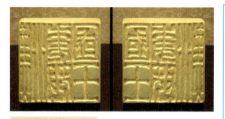

金印の印面

漢委奴國王印
委奴国の読み方にも諸説ある。（1）伊都国説、（2）ワのナ国説が代表的。
　しかし、明治以前の日本語の発音では「委奴」と「伊都」は発音は同じではないので置き換えが可能であったはずがないとの反論。

須玖岡本遺跡
「奴国」有力者の墓か…国内最大級の甕棺墓
毎日新聞2016年6月17日

　福岡県春日市教委は17日、「同市の須玖(すぐ)岡本遺跡で、墓穴の大きさが国内最大級となる甕棺(かめかん)墓(弥生中期前半＝紀元前約150年)が見つかった」と発表した。同遺跡は『魏志倭人伝』に出てくる「奴国」の中心地で、王や王族の集団墓地。今回の甕棺墓は奴国のナンバー2、3クラスの有力者の墓の可能性が指摘されている。

　墓穴は縦5.2メートル、横3.9メートル。長さ約1メートルの甕を二つ合わせた甕棺から銅剣（約42センチ）1点と、被葬者の身分が高いことを示す青銅製の飾り「把頭飾（はとうしょく）」（高さ約4.5センチ、幅約5.5センチ）1点が見つかった。遺物周囲の土の表面からは複数種類の布の痕跡が多数確認された。遺物や遺体を布で何重にもくるんだ可能性があるとみている。

　奴国は、弥生時代の北部九州の中心的な国で、中国・後漢の光武帝から贈られた国宝の金印が有名。須玖岡本遺跡一帯は「奴国」の中枢部で、弥生時代有数の青銅器生産遺跡としても知られる。同遺跡では銅鏡30点以上を副葬した「王墓」とされる甕棺墓があり、今回の甕棺墓はこの王墓の時代よりやや古いが、位置は王墓から80メートルと近い。
（藤田加筆）

須玖岡本遺跡で見つかった、墓穴の大きさが国内最大級となる甕棺墓の全景。左が甕棺＝福岡県春日市教委提供

王墓出土鏡
須玖岡本遺跡の王墓には、30面前後の中国製鏡が埋葬されていた。とりわけ注目されるのは、3面の草葉文鏡で、いずれも面径が20cmを超える大型鏡である。このような大型の草葉文鏡は中国でも出土例が少なく、奴国王の強大な権力を物語るものといえる。

奴国の都と推定されている、須玖岡本遺跡（福岡県春日市）の甕棺墓は紀元前約150年の墓と推定され、この年代は弥生時代中期中葉に当たる。スサノオが辰韓より北九州に侵攻したのが紀元前後で、スサノオにより伊都国が建てられたと考える。「57年、後漢の光武帝に奴国が使して、光武帝により、金印を綬与された」というので、この頃までは奴国は強大であったと思う。その後、伊都国は奴国を圧倒し、奴国の嫡流の和邇氏は近江湖西に遷った。従って、107年　倭国王、師升等、後漢・安帝に使いを送るとあるが、師升はスサノオの子孫で伊都国王と推測する。
（藤田）

建国直後の後漢の光武帝に倭国の代表として、「奴国」を認めさせ、金印を授与されたのは何故か

　後漢初期、楽浪郡の漢族系在地豪族の王調が反乱を起こし、後漢の楽浪太守の劉憲を殺害し、大将軍・楽浪太守を自称した。30年（建武6年）、光武帝が王遵を派遣してこの反乱を鎮圧させようとしたが、王遵が遼東に到着すると、すでに郡三老の王閎と郡決曹史の楊邑らによって王調は殺害された後であった。この反乱を契機に後漢は、楽浪郡の地方豪族を県侯とし、一部郡県を県侯として、内政の自治を認めるようになった。これは単に後漢の政策変更だけではなく、朝鮮諸族の発展によるものであり、王調が反乱を起こした際にも、郡吏が王調の命令に従事するほどに在地勢力が政治的に発展していたことを示している。このような不穏な情勢を鎮めるために、南朝鮮まで勢力を拡大していた倭国の代表の奴国の力が必要になり、後漢光武帝は奴国に金印「漢委奴國王」を綬与したのではないか。それに加え奴国が呉太白の子孫の国であると主張したことも金印を授与する大きな要因であったと思う。
（藤田）

奴国（つづき）

> 【独自】国内最古の「分銅」、福岡で出土…大陸と規格共通
> 読売新聞オンライン2020/12/20
> 　中国の史書・『魏志倭人伝』が伝える奴国の王都とされる福岡県春日市の須玖遺跡群で、国内最古となる弥生時代中期前半（紀元前2世紀頃）の計量用の重り「権けん」が出土した。重さの規格は韓国出土の権と共通しており、奴国が大陸の度量衡の制度をいち早く受容し、青銅器生産などに利用していたことを示す発見だ。
> 　今回見つかったのは5・85グラム〜337・19グラム。ほぼ完全な形で残る5点は、韓国慶尚南道・茶戸里タホリ遺跡の権（約11グラム）の3倍（2点）、6倍、20倍、30倍の重さとなっていた。
> 　国内では「弥生分銅」と称される権が、紀元前後に近畿を中心に分布したが、その基本単位（8・67グラム）は大陸に類例がなく、近畿文化圏独自のものと考えられている。
> （藤田加筆）

志賀島と志賀三神（神綿津見三神）

志賀海神社拝殿（Wikipedia）

> **志賀島**（しかのしま）は、福岡県福岡市東区に所属する島である。博多湾の北部に位置し、海の中道と陸続きである。古代日本（九州）の大陸・半島への海上交易の出発点として、歴史的に重要な位置を占めていた。また島内にある志賀海神社は綿津見三神を祀り、全国の綿津見神社の総本宮である。
> （Wikipedia抜粋）　藤田加筆

> **志賀海神社**（しかうみじんじゃ）は、福岡県福岡市東区志賀島にある神社。式内社（名神大社）。全国の綿津見神社、海神社の総本社を称する。龍の都と称えられ、古代氏族の阿曇氏（安曇氏）ゆかりの地として知られる。
> **祭神**は、次のように左・中・右殿に主祭神が各1柱、相殿神が各1柱祀られている。
> 主祭神の3柱は「神綿津見三神（わたつみさんしん）、志賀三神」と総称される。
> **左殿：仲津綿津見神**（なかつわたつみのかみ）
> 左殿相殿：神功皇后（じんぐうこうごう）
> **中殿：底津綿津見神**（そこつわたつみのかみ）
> 中殿相殿：玉依姫命（たまよりひめのみこと）
> **右殿：表津綿津見神**（うはつわたつみのかみ）
> 右殿相殿：応神天皇（おうじんてんのう）
> （Wikipedia抜粋）藤田加筆

筑前の奴国と近江の奴国

> 志賀町でGoogle検索すると、滋賀県志賀町がヒットする。志賀町は現在大津市に組み込まれているが、旧志賀町には和邇という地名がある。近畿の和邇氏は天理市を本拠とするが、大津市和邇は和邇氏の故地と考えられる。和邇氏は筑前の奴国の嫡流との説があり、和邇氏が筑前から近江へ東遷した（古代氏族の研究①　和珥氏、宝賀寿男）。
> （藤田）

> **近江の国**は現在の滋賀県であるが、滋賀は近江西南部の志賀（滋賀）郡の志賀に因み、志賀は福岡県東区にあった志賀郷に由来する。志賀郷は海神族の国（奴国）の中心であった。『魏志倭人伝』には、奴国が2回記載されている。一つは筑前の奴国であり、もう一つは邪馬台国（畿内）に至る直前の奴国である。後者の奴国は1世紀後半に筑前（福岡県）の奴国が伊都国に圧迫され、奴国の嫡流の和邇氏が東遷して近江・湖西（旧志賀町和邇）に新たな奴国を建てたと推察している。
> （藤田）

大国主

大国主（出雲古国、大己貴の国「玉牆の内つ国」、狗奴国の王）

　大国主も海神（海人）族と言われる。出雲古国と大己貴の国ではそれぞれ「聞く銅鐸」と「見る銅鐸」を祭器とした。越（中国春秋戦国時代）の遺民で越（越前・越中・越後）に漂着し、その地の大国主となった。弥生時代中期に大国主は良質な砂鉄の豊富な出雲に移り、出雲を中心として伽耶、筑紫、出雲や丹後を覆う「鉄・銅・玉」のネットワーク（出雲古国）を構築した。紀元前後、スサノオは出雲に侵攻して、八岐大蛇（大国主）を殺害して出雲古国を崩壊させた。尚、江南出自の大国主は、紀元前後に新羅から渡来したスサノオの子あるいは子孫などではありえない。

神話における記述
　『日本書紀』本文によるとスサノオの息子。また『古事記』、『日本書紀』の一書や『新撰姓氏録』によると、スサノオの六世の孫、また『日本書紀』の別の一書には七世の孫などとされている。大国主はスクナビコナと協力して天下を経営し、禁厭（まじない）、医薬などの道を教え、葦原中国の国作りを完成させる。だが、高天原からの使者に国譲りを要請され、幽冥界の主、幽事の主催者となった。国譲りの際に「富足る天の御巣の如き」大きな宮殿（出雲大社）を建てて欲しいと条件を出したことに天津神が約束したことにより、このときの名を杵築大神ともいう。

　大国主を扱った話として、因幡の白兎の話、根の国訪問の話、ヌナカワヒメへの妻問いの話が『古事記』に、国作り、国譲り等の神話が『古事記』・『日本書紀』に記載されている。『出雲国風土記』においても多くの説話に登場し、例えば意宇郡母里郷（現在の島根県安来市）の条には「越八口」を大穴持命が平定し、その帰りに国譲りの宣言をしたという説話がある。尚、大国主とは世襲名と考える。

別称
大国主は多くの別名を持つ。
● 大国主神（おおくにぬしのかみ）・大國主大神 - 根国から帰ってからの名。大国を治める帝王の意。
● 大穴牟遅神（おおなむぢ）・大穴持命（おおあなもち）・大己貴命（おおなむち・おほなむち）・大汝命（おほなむち『播磨国風土記』の表記）・大名持神（おおなもち）・国作大己貴命（くにつくりおほなむち）
● 八千矛神（やちほこ） - 須勢理毘売との歌物語での名。矛は武力の象徴で、武神としての性格を表す。
● 葦原醜男・葦原色許男神（あしはらしこを） - 根国での呼称。「しこを」は強い男の意で、武神としての性格を表す。
● 大國魂大神（おほくにたま）・顕国玉神・宇都志国玉神（うつしくにたま）- 根国から帰ってからの名。国の魂。大和神社（おおやまと、大和）、大國（国）魂神社（おおくにたまじんじゃ、武蔵）。
● 伊和大神（いわおほかみ）伊和神社主神-『播磨国風土記』での呼称
● 所造天下大神（あめのしたつくらししおほかみ）-『出雲国風土記』における尊称
● 杵築大神（きづきのおおかみ）

妻・子孫
大国主の系図（『古事記』による）。青は男神、赤は女神、黄は性別不詳（右図）
大国主は色々な女神との間に多くの子供をもうけている。子供の数は『古事記』には180柱、『日本書紀』には181柱と書かれている。記においては以下の5柱の妻神がいる（紀では記にみえない妻神がさらに1柱おり、『出雲風土記』ではこれ以外にもさらに何人もの妻神が表れている）。別名の多さや妻子の多さは、明らかに大国主命が古代において広い地域で信仰されていた事を示し、信仰の広がりと共に各地域で信仰されていた土着の神と統合されたり、あるいは妻や子供に位置づけられた事を意味している。
スセリビメ - スサノオの娘。最初の妻で正妻とされる。
ヤガミヒメ - 根の国からの帰還後では最初の妻とされる。間にキノマタノカミが生まれた。
ヌナカワヒメまたはヌナガワヒメ（奴奈川姫） - 高志国における妻問いの相手。間にミホススミ（『出雲国風土記』）もしくはタケミナカタ（『先代旧事本紀』）が生まれた。
タキリビメ - 間にアジスキタカヒコネとシタテルヒメの二神が生まれた。
カムヤタテヒメ - 間にコトシロヌシが生まれた。

（Wikipedia抜粋）＋藤田

（大国主は複数の人格を指し、かつ世襲名とも思われるので、大国主の系譜は多岐多様である。藤田）

出雲大社にある大国主の銅像

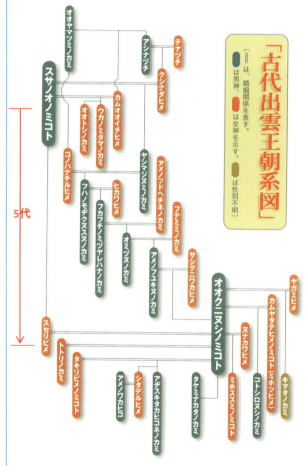

（葬られた王朝、梅原猛）

大国主（つづき）

出雲族の渡来-富氏伝承（藤田加筆）
- 出雲大国主命の家系を継いできた富氏の語りによれば、原出雲族は紀元前2,500年頃大祖先であるクナトの神に引き連れられて北から出雲の地に着いた。1)、2)
- 原住民に鉄、製布、農耕等を教えた。
- 出雲の地の王となった。その後、大和に登美族、信濃に建御名方命などの出雲族の分家が出来ていった。
- それぞれが土着の民人と融合し、地方の支配者となっていった。各地の大国主命の誕生である。
- スサノオは南朝鮮からの来訪者で大国主とは血統を異にする。大国主は、スサノオの来訪する数世紀前から出雲の王であり、大国主がスサノオの子あるいは子孫ではありえない。
- スサノオの後裔、ニギハヤヒは吉備で勢力を養い、出雲と敵対した。その勢いでヤマトに侵攻した。
- ニギハヤヒはアメノヒボコはとともに大和に東征し、倭国大乱を引き起こした。
- 崇神（神武）東征に抗した長髄彦（ナガスネヒコ）は大国主の後裔であり、その妹（トミヤ姫）はニギハヤヒの妃である。また、ナガスネヒコは伊勢の国のイセツヒコ（神武軍により信濃に敗走）の兄弟である。
- ヤマトの出雲族は崇神（神武）東征により、滅亡させられる。
（謎の出雲帝国、吉田大洋）＋ 藤田

1) 縄文後期に入る4,000年前ごろから冷涼化に見舞われ、縄文晩期に入る3,000年前ごろには厳しい寒冷化・乾燥化に見舞われた。このため東日本縄文社会が崩壊の危機に瀕し、多数の原アイヌ人（蝦夷）が西日本に移動した。あるいは、太古、北方から古バイカル人が樺太より南下したこと、また縄文後期にツングースが沿海州から日本海を横断して越に至ったことを指すのか。2) 出雲神話は、アイヌ族の伝説を基層としている。（古代日本異族伝説の謎、田中勝也）

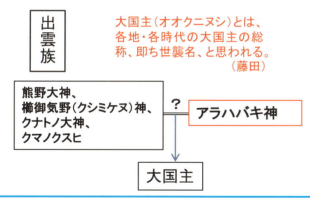

大国主（オオクニヌシ）とは、各地・各時代の大国主の総称、即ち世襲名、と思われる。（藤田）

アラ（ハ）バキ族
東日流外三郡志（偽書とされるが無視できない記述もある）によれば、かつて津軽にはアソベ族と呼ばれるアイヌ系とみられる種族がいた。その後、カムチャツカ方面から到来したと推察できるツボケ族が支配した。更に中国の戦国時代に晋の流民が到来し。アソベ・ツボケ族と同化して成立したのがアラバキ族である。
（古代日本異族伝説の謎、田中勝也）

大国主と前ヤマト王権の国々
大国主はまず出雲から越に至る日本海沿岸を支配下に治め、政治的・経済的ネットワークを創りあげた。出雲はスサノオの侵攻により大国主の力は弱くなるが、丹波のホアカリやスクナビコナが大国主と力を合わせ近江、播磨、山城、伊勢、東海地方へ勢力を伸ばす。

紀元前1世紀の大国主のネットワークの国の一つがイザナギ・イザナミ時代の浦安の国と考えられる。その後、大国主とスクナビコナが近江の伊勢遺跡を本拠にして立ち上げた国が大己貴の国（玉牆の内つ国）である。ニギハヤヒとアメノヒボコによって引き起こされた倭国大乱の終結に当たり、大国主と和邇氏の血を引く巫女、卑弥呼が共立された。卑弥呼は伊勢（近江）から纏向（大和）に遷り、ここに実質的にニギハヤヒの支配する邪馬台国（虚空見つ倭国）（都：纏向遺跡）が成立した。邪馬台国を終焉させた、崇神（神武）の東征は、任那・伊都国連合、南九州（隼人、久米人）、さらに物部・和邇の連合軍による、大国主派の討伐をもくろんだクーデターであった可能性が極めて高い。ここに崇神と物部の支配する、ヤマト王権が誕生した。尚、秋津洲は葛城王朝のことで、大己貴の国の支国か。
（藤田）

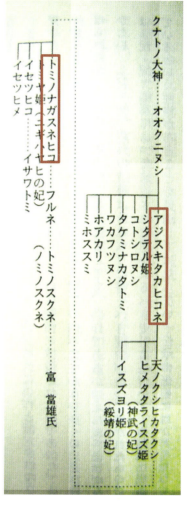

富氏の伝承による原出雲系の系譜
（謎の出雲帝国、吉田大洋）

弥生時代　大国主

宗像三女神　　　海神（海人）族の女王、卑弥呼（日御子？）の始祖

宗像三女神

海神族は春秋戦国時代（弥生時代）に江南からの渡来民である。海人族に属す氏族には和邇氏、宗像（胸形）氏、安曇氏などが有名である。ほかに海部氏（籠神社宮司家）や住吉大社の津守氏も元は海人族であったとする説がある。大国主も大山祇ももとは海神族と考えられる。

宗像三神（海神（海人）族の女王）は、沖ノ島の沖津宮 - 多紀理毘売命（たきりびめ）別名 奥津島比売命（おきつしまひめ）、大島の中津宮 - 市寸島比売命（いちきしまひめ）別名 狭依毘売（さよりびめ）、田島の辺津宮（へつみや） - 多岐都比売命（たぎつひめ）である。『古事記』に「宗像三女神の三柱の神は、胸形君等のもち拝（いつ）く三前（みまえ）の大神なり」とあり、胸形（宗像）氏ら海人集団の祀る神であった。

『古事記』には、誓約において、天照御大神が須佐之男命（素戔嗚、スサノオ）の十拳剣を譲り受けて生んだとされており、須佐之男命の物実（ものざね）から化生したので須佐之男命の子としている。降臨の地は、福岡県の宗像地方東端の鞍手郡鞍手町の六ヶ岳という山である。また、天照大神が国つくりの前に、宗像三神に「宗像地方から朝鮮半島や支那大陸へつながる海の道に降って、歴代の天皇をお助けすると共に歴代の天皇から篤いお祀りを受けられよ」と示した。このことから、三女神は現在のそれぞれの地に降臨し、祀られるようになった。
（宗像三女神— Wikipedia抜粋）　藤田加筆

大国主命（大己貴神）

大国主命（大己貴神）は、多岐津姫命（神屋楯（多底）比売命）と結ばれ、事代主神と天道日女命（高光日女（高照姫、饒速日の妻））が産まれる（右図）。また、多紀理毘売命と結ばれ、阿遅鉏高日子根神（味鉏高彦根命）、アジスキタカネヒコネ（迦毛大御神）と下光比売命（下照姫）あるいは高比売命が産まれる。彦火明命は市杵島姫神を娶る。事代主命、味鉏高彦根命、下照姫、高照姫は葛城と深く関係している。
（藤田）

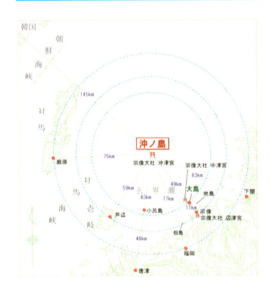

宗像三女神（むなかたさんじょしん）は、宗像市の辺津宮（へつみや）、11km沖の大島にある中津宮、そして60km沖の沖ノ島にある沖津宮の三ヶ所にそれぞれ祀られている。（ステレオ歴史探訪「宗像海人と海の正倉院」（bing.com/videos）

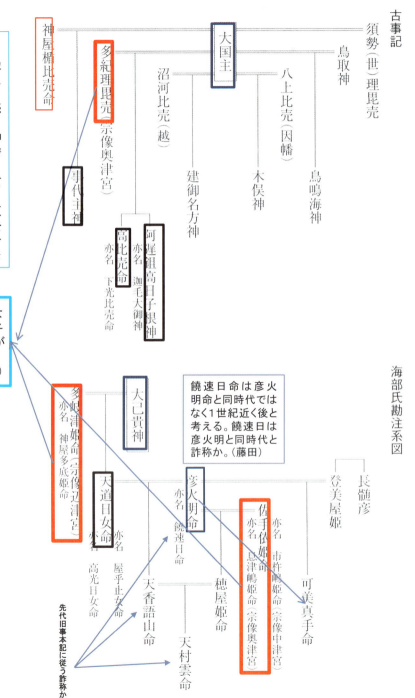

饒速日命は彦火明命と同時代ではなく1世紀近く後と考える。饒速日は彦火明と同時代と詐称か。（藤田）

宗像大社

宗像三女神⇒下照姫⇒卑弥呼⇒神功皇后（日御子（卑弥呼）の系譜）

宗像大社

祭神　**宗像三女神（宗像三神）**
　沖津宮（おきつぐう）：多紀理姫神
　中津宮（なかつぐう）：市杵島姫神
　辺津宮（へつぐう）：多岐津姫神

　宗像大社（むなかたたいしゃ）は、福岡県宗像市にある神社。日本各地に七千余ある宗像神社、厳島神社、および宗像三女神を祀る神社の総本社である。また、道の神としての総合神、貴（むち）の称号を伊勢神宮、出雲大社に並び持ち、道主貴（みちぬしのむち）と称す。神宝として古代祭祀の国宝を多数有し、裏伊勢とも称される。

　「宗像大社」は沖ノ島の沖津宮、筑前大島の中津宮、宗像市田島の辺津宮の三社の総称であるが、現在では辺津宮のみを指す場合も多い。地図上で辺津宮から11km離れた中津宮、さらに49km離れた沖津宮を線で結ぶと、その直線は145km離れた朝鮮半島釜山の方向に向かう。古代から半島と大陸の政治、経済、文化の海上路であった。古くから海上・交通安全の神としての神威にちなみ、信仰されている。

　海上交通の要所に位置する沖ノ島に祀られている沖津宮は、「おいわずさま」と呼ばれ島全体が御神体である。そのため現在でも女人禁制であり、男性であっても上陸前には禊を行なわなければならない。昭和29年以来十数年に亘り沖の島の発掘調査が行われ、4・5世紀から9世紀までの石舞台や古代装飾品などの大量の祭祀遺物が発見された。このことから、沖の島は俗に「海の正倉院」と呼ばれており、古代から信仰の対象とされていたことが偲ばれる。
（Wikipedia抜粋）藤田加筆

宗像三女神から神宮皇后に至る日御子の系譜

卑弥呼を日御子とし、海神族の代々の女王の世襲名とすると、宗像三女神—下照姫—卑弥呼—台与—倭姫—神功皇后　と世襲されてきたのであろうか。日御子は海神族の国（奴国）の嫡流とされる和邇氏との関連が見られる。（論考4 Ⓑ038 参照）

日御子の系譜

宗像三女神（海神族の女王）

下照姫　大国主と宗像女神の一柱、多紀理姫神との息女神

卑弥呼　邪馬台国の女王。下照姫の後裔の三上祝の一族で、和邇氏の巫女か。

台与　卑弥呼の後継の台与は、卑弥呼の姪か。台与は息長水依姫と思われ、和邇氏一族と見なされる日子坐王の妻。

倭姫　垂仁天皇の皇女で、母は皇后の日葉酢媛命。日葉酢媛命は、息長水依姫と日子坐王の息子（丹波道主）の息女。

神功皇后　日子坐王の4世孫。三韓征伐には和邇氏武将の武振熊命を伴い、対馬の和珥津から新羅に侵攻。

㊗ 世界文化遺産登録！
2017年7月9日に世界遺産に登録された『神宿る島』宗像・沖ノ島と関連遺産群。

沖津宮拝殿

中津宮拝殿

辺津宮 本殿

猿田彦

国津神、大国主と並ぶ弥生時代の大神（海神族）、道開きの大神　和邇氏と卑弥呼に関連

猿田彦（サルタヒコ、江南系海神族）

　邇邇芸尊が天降りしようとしたとき、天の八衢（やちまた）に立って高天原から葦原中国までを照らす神がいた。その神の鼻長は七咫、背長は七尺、目が八咫鏡のように、またホオズキのように照り輝いているという姿であった。そこで天照大神と高木神は天宇受売命（あめのうずめ）に、その神の元へ行って誰であるか尋ねるよう命じた。その神が国津神の猿田彦で、邇邇芸尊らの先導をしようと迎えに来たのであった（『古事記』）。邇邇芸尊らが無事に葦原中国に着くと、邇邇芸尊は天宇受売神に、その名を明らかにしたのだから、猿田彦を送り届けて、その名前をつけて仕えるようにと言った（『日本書紀』では、猿田彦が天鈿女命（あめのうずめ）に自分を送り届けるように頼んだとなっている）。そこで天宇受売神は「猿女君」と呼ばれるようになったという。猿田彦は故郷である伊勢国の五十鈴川の川上へ帰った。

　猿田彦は伊勢の阿邪訶（あざか。旧一志郡阿坂村（現松阪市））の海で漁をしていた時、比良夫貝（ひらふがい）に手を挟まれ、溺れ死ぬ。この際、海に沈んでいる時に「底どく御魂」、猿田彦が吐いた息の泡が昇る時に「つぶたつ御魂」、泡が水面で弾ける時に「あわさく御魂」という三柱の神が生まれた。（住吉神は底筒男命（そこつつのおのみこと）、中筒男命（なかつつのおのみこと）、表筒男命（うわつつのおのみこと）の総称であり、猿田彦が死んだ時に生まれた三神に酷似）。

　『倭姫命世記』（神道五部書の一つ）によれば、倭姫命が天照大神を祀るのに相応しい地を求めて諸国を巡っていたとき、猿田彦の子孫である大田命（おおたのみこと）が倭姫命を先導して五十鈴川の川上一帯を献上したとされている。大田命の子孫は宇治土公（うじのつちぎみ）と称し、代々伊勢神宮の玉串大内人に任じられた。

猿楽の祖。猿田彦が天狗になったか？　　　　　　　　　　　（Wikipedia 抜粋）＋　藤田

猿田彦を祭神とする著名な神社

猿田彦神社（猿田彦と天照大神（卑弥呼か）との関連）
猿田彦神社とは、三重県伊勢市の伊勢神宮内宮の近くにある神社である。猿田彦大神と、その子孫の大田命を祭神とする。猿田彦を祀る神社の総本社。

白鬚神社　（和邇氏の近江の根拠地（旧志賀町和邇）の近傍。弥生時代後期、猿田彦は和邇氏と共に近江湖西に遷ったと思われる。卑弥呼は和邇氏の巫女か）
白鬚神社は、高島市鵜川にある神社。別称は「白鬚大明神」「比良明神」。猿田彦命を祭神とする。（猿田彦は伊勢の阿邪訶（あざか。旧一志郡阿坂村（現松阪市））の海で漁をしていた時、比良夫貝（ひらふがい）に手を挟まれ、溺れ死ぬ。この比良夫貝と比良山との関係は？）全国にある白鬚神社の総本社とされる（白鬚は新羅に由来するとの説もある）。沖島を背景として琵琶湖畔に鳥居を浮かべることから、「近江の厳島」とも称される。福山市には白鬚神社（猿田彦を祭神）がある。

田村神社（讃岐の国一宮）　（猿田彦と倭迹々日百襲姫命（卑弥呼）との関連）
祭神は初めは猿田彦命であったが、いつの頃からか、倭迹々日百襲姫命、五十狭芹彦命（吉備津彦命）、天五十田根（あめのいたね）命、天隠山（あめのかくりやま）命を加えて五柱としている。
　　　　　　　　　　　　　　　　　　　　　　　　（藤田）

サルタヒコとは

　国津神の猿田彦（サルタヒコ）は、サルタヒコを祭神とする神社の数や広がりを考えると、同じ国津神の大国主と並ぶ弥生時代の大神と考えられる。かくして、サルタヒコは銅鐸の神ではないかとの示唆（藤井）がある。

　サルタヒコとウズメは結婚して、後代宮廷での音楽や舞踏で仕えたヤマト王権の大族・猿女氏の始祖となったという。サルタヒコは猿を擬人化した神でありウズメは強靭で猛々しい女性であった。ウズメのウズはウスに通じる。ウスはしばしば石を材料としている。サルタヒコとウズメの結婚は、猿と岩の女の結合を意味するものであり、チベットや羌族の猿と岩の女の結合をモチーフとする始祖伝説と一致する。従って、猿女氏はチベットや羌族の流れをくんだ氏族と考えられる。サルタヒコは江南から直接渡来したものと考えている。
（古代日本 異族伝説の謎、田中勝也）＋（サルタヒコの謎を解く、藤井耕一郎）＋　藤田

猿田彦神社（Wikipedia）

田村神社（Wikipedia）

白鬚神社（光一郎 撮影）

びわ湖に浮かぶ大鳥居
（光一郎 撮影）

大国主とアジスキタカヒコネの東遷

大国主と宗像三女神との御子神

スサノオにより大国主（大穴持）が殺され、出雲古国が崩壊する。
大国主一族（アジスキタカヒコネら）は東遷する。

出雲 ➡ 丹後 ➡ 近江 ➡ 大和・葛城

大国主と大己貴の国（玉牆の内つ国）

大国主はまず出雲から越に至る日本海沿岸を支配下に治め、政治的・経済的ネットワークを創りあげた（出雲古国）。紀元前後のスサノオの出雲侵攻により出雲古国は崩壊し、アジスキタカヒコネらは東遷して当時の大国主のネットワークの国の一つの近江を中心とした浦安の国に入る。その後、大国主（アジスキタカヒコネ）とスクナビコナが近江の伊勢遺跡を本拠にして立ち上げた国が大己貴の国（玉牆の内つ国）である。尚、当時の葛城王朝は大己貴の国の支国と考える。　（藤田）

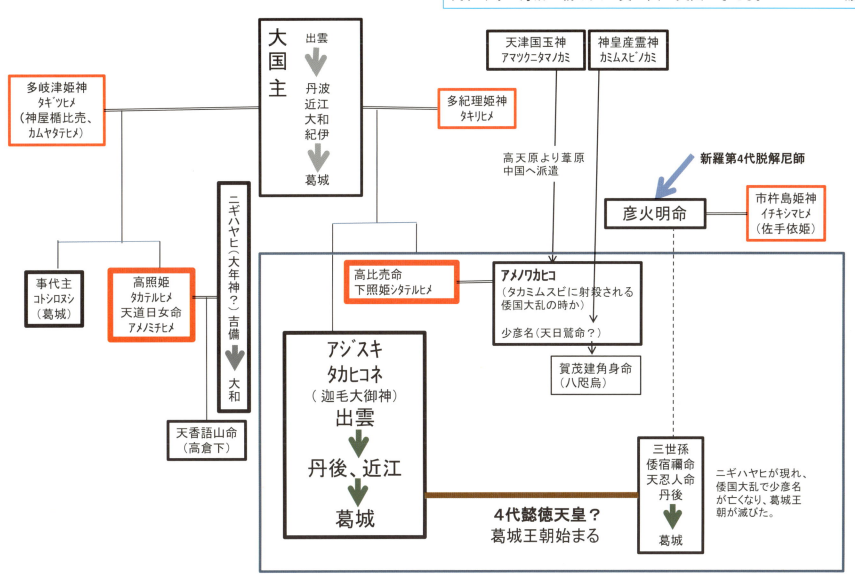

テーマB 古の日本（倭）の歴史（前1世紀～

4世紀）—天孫族（伽耶族）の系譜

弥生時代　大国主・アジスキタカヒコネ

スクナビコナ
大国主の国造りの盟友

スクナビコナ（少彦名）：国津神とされることが多いが実際は天津神

　スクナビコナ（スクナヒコナ）とも。表記は（少名毘古那、須久那美迦微、少彦名、少日子根など）、日本神話における神。『古事記』では神皇産霊神（かみむすびのかみ）の子とされ、『日本書紀』では高皇産霊神（たかみむすびのかみ）の子とされる。『古事記』によれば、大国主の国土造成に際し、天乃羅摩船（アメノカガミノフネ）（＝ガガイモの実とされる）に乗って波間より来訪し、オホナムチ（大己貴）大神の命によって国造りに参加した。『日本書紀』にも同様の記述があるが、『記紀』以外では『上記（ウエツフミ）』に登場している。オホナムチ同様多くの山や丘の造物者であり、命名神である。悪童的な性格を有するとも記述される（『日本書紀』八段一書六）。のちに常世国へと渡り去る。この神は単独ではなく、必ずオホナムチと行動を共にすることから、二神の関係が古くから議論されている。

　また、国造りの協力神、常世の神、医薬・温泉・禁厭（まじない）・穀物・知識・酒造・石の神など多様な性質を持つ。酒造に関しては、酒は古来薬の1つとされ、この神が酒造りの技術も広めた事と、神功皇后が角鹿（敦賀）より帰った応神天皇を迎えた時の歌にも「少名御神」の名で登場する為、酒造の神であるといえる。
（Wikipedia抜粋）藤田加筆

少彦名神は、阿波忌部の祖神である天日鷲命と同一神と思われる。少彦名神の後裔氏族には鳥取連、三島県主があげられ、天日鷲命の後裔氏族に粟・安房の忌部、神麻績連、鳥取連、倭文連、長幡部、神宮部造などがあげられる。
（少彦名命と天日鷲命との関係、http://wwr2.ucom.ne.jp/hetoyc15/hitori/sukunahi.htm））

スクナヒコナ →

出雲大社常陸分社　（常陸国出雲大社）

少彦名神：硫黄の神、薬の神　白浜、道後、有馬などの硫黄泉の神、硫黄は倭国の主な輸出品。

少彦名神社（神農さん）
薬のまち、道修町（どしょうまち）に鎮座する少彦名神社は「神農さん」の愛称で皆様に親しまれている。日本医薬の祖神・少彦名命と中国医薬の祖神・炎帝神農をお祀りし、日本医薬総鎮守として信仰されている。
（大阪市道修町、Wikipedia）

『古事記』によれば、スクナビコナ（少彦名、少名毘古那）は、高天原に座する神々の祖神的存在の高御産巣日神（タカミムスビ）と神産巣日神（カミムスビ）（造化の三神の二柱）の後者の御子とされる。スクナビコナは、大国主（オオクニヌシ）の国造りに際し、天乃羅摩船（アメノカガミノフネ＝ガガイモの実とされる）に乗り、鵝（ヒムシ＝ガとされる）の皮の着物を着て波の彼方より来訪し、神産巣日神の命により大国主（オオクニヌシ）と義兄弟の関係となって国造りに参加した。スクナビコナは、国造りの協力神、常世の神、医薬・温泉・禁厭（まじない）・穀物・知識・酒造・石の神など多様な性質を持つ。

　大国主（オオクニヌシ）は多数の別名をもち、かつ代々の受け継がれる世襲名であるのと同様に、少彦名（スクナビコナ）もまた世襲名と思われる。大国主と少彦名は、2世紀初めに、近江・湖南の伊勢遺跡を都とする大己貴の国（玉牆の内つ国）を建てたと思われ、この国の領域と思われる近畿・中部地方に彼らを祀る神社が数多く存在する。ちなみに、スクナビコナを祀る伊勢遺跡近辺の神社は、沙沙貴神社（近江八幡市）や高野神社（栗東市、祭神は大名草彦命（スクナビコナ））などである。また、スクナビコナの系譜は多岐に亘り複相していて極めて難解である。とはいえ、スクナビコナはカミムスビの子孫の天津神であり、その系譜には天日鷲命（アメノヒワシ、阿波忌部の祖）、倭文神、鴨健角身命（カモタケツヌミ）、八咫烏（ヤタガラス））が含まれる。さらに、スクナビコナは、天稚彦（アメノワカヒコ）と同一視されることがある。また、ホアカリ（天火明）の三世孫の倭宿禰（懿徳天皇か）と阿遅鉏高日子根神（アジスキタカヒコネ）が建てた葛城王朝（大己貴の国（玉牆の内つ国）の支国）の王の一人が一言主大神で、スクナビコナと同一人物と見なされることがある。（論考8 Ⓑ133 参照）
（藤田）

大国主の国造りにスクナビコナが大いに貢献した。大国主は国津神の代表で、出雲族から興り、大己貴の国の国造りに当たり、ニギハヤヒが虚空見つ倭国（邪馬台国）を建てるまで、近畿・中部地方一円を支配してきた。一方、スクナビコナは南朝鮮から渡来したと思われ、丹後に天降ったホアカリあるいはその子孫と交雑したのではではないかと思う。丹後には、北九州以外で最初に王と呼ばれうる支配者が現れた。スクナビコナも代々大国主の国造りに協力した人格の総称（世襲名）と思われる。『海部氏勘注系図』に現れる7世孫までの代々の何れかと関係があるのではないか。**スクナビコナ（アメノワカヒコか）は倭国大乱の終焉時にニギハヤヒと戦い敗死したと思われる（Ⓑ160）。**（藤田）

大国主と紀伊（そして阿波）

大国主は神皇産霊神（神産巣日神、かみむすび、かむむすび）に庇護されている。また、少彦名は神産巣日神の御子である。

紀伊は、弥生時代中期の大国主のネットワークに入る。紀伊は銅を産し、多数の銅鐸が出土。紀伊はさらに阿波と結びつき、阿波もまた銅鐸製造が盛ん。

大国主と紀伊

　兎の予言した通り、八上比売（やかみひめ）は大国主之命（おおくにぬしのみこと）の兄弟達が因幡に着いて婚姻を申し込むと「私は、あなたたちとは結婚しません。私は大国主之命と一緒になるつもりです。」と言ったので兄弟たちは、大変怒りました。そしてみんなで大国主之命を殺してしまおうという計画をたてたのです。一行が旅を続けて伯伎の国（ほうきのくに）の手前の山の麓に来た時、兄弟たちは「大国主之命よ。この山には赤いイノシシがいるという事だ。我々が山の上からそいつを追い落とすからお前は下で待っていて、そいつをうまく捕まえろ。もし捕まえなかったらお前を殺すぞ。」と言ってイノシシの形に良く似た大きな石を、火で真っ赤になるほど焼いて、これを山の上から突き落とした。これをイノシシだと思った大国主之命は　追いかけていってこれを抱きとめたが、その石に焼かれ死んでしまいました。この知らせを聞いた母は嘆き悲しんで、高天原の神産巣日神（かむむすひのかみ）に御子の命を助けて頂きたいとお願いしました。そこで生成をつかさどるこの神様は赤貝であるさき貝比売（さきがいひめ）と蛤である蛤貝比売（うむがいひめ）とに命じ、大国主之命を治療させて再び命を吹き返らせました。これを見た兄弟たちは、事が失敗したのでまた大国主之命を騙して、深い山の中へ連れて行きました。そこで大きな木を切り倒し、木の割れ目にくさびを入れておいたところへ、大国主之命がその割れ目に入った時にくさびを引き抜いて挟み殺してしまいました。そこでまた母は泣き泣き大国主之命の亡骸を木から取り出して、生き返らせました。そして大国主之命に「お前がここにいると本当に兄弟達に殺されてしまうでしょう。」と言って紀伊の国の植林の神様である大屋毘古之神（おおやびこのかみ）の元へ逃がしました。ところが、兄弟たちは紀伊の国まで追いかけて矢をつがえて殺そうとしたので、大国主之命は木の下に身を隠し、こっそりと木のまたから抜け出して逃げ出した。こうした度重なる危機を見て、母は「お前の祖父にあたる須佐之男命がいらっしゃる根の堅州国（かたすくに）に逃げなさい。そうすれば大神がきっと良い取り計らいをしてくれましょう。」と言いましたので、大国主之命はひとりで遠い根の国へと旅立ちました。（『古事記』より）

●弥生時代、有田川・日高川流域は有数の青銅器生産地帯であった。
●大国主神社（紀ノ川市）

（藤田）

大和・葛城・紀伊・阿波は中央構造線に沿っており、辰砂、銅などの鉱物資源に恵まれていた。これらの国々は弥生時代中期後半には大国主によってまとめられた、経済ネットワークのひとつの中核を形成していた。　（藤田）

大国主神社
紀の川市貴志川町國主1

祭神
大国主命
（配祀神）天照皇大神、（合祀神）権大神、（境内社）市杵島比売大神

由緒
　『紀伊続風土記』によれば、八十神等の危難から逃れ、五十猛命のもとへ赴こうとした大国主命が当地を訪れた事を由緒としている。『古事記』では母の神が大国主命を紀の国の大屋毘古の神のもとに逃がしたとある。
　五十猛命と大屋毘古命を同一神とする見方があるが、京都の八坂神社の八御子神の中に五十猛命と大屋毘古命は別の神としてカウントされている。元々別の神であったのがいつの間にか同一神とされたのであろう。
　紀伊と出雲とは、須佐之男命（スサノオ）の由来、五十猛命やイザナギ命の終末の地などよく似た説話を共有しており、古来より人の行き来が多かったものと思われる。
（大国主　紀の川市貴志川町國主1　Kamnavi.jp、Net）

大国主神社本殿（三間流造）

熊野三山　　出雲の製鉄民が紀伊に移住したか

熊野とは？　溶けた鉄を湯という。金屋（鍛冶屋か）は湯屋（ゆや）となり、ゆやは熊野とも書かれる。

熊野大社（松江市八雲町熊野）（出雲大社と共に出雲国一宮、火の発祥の神社として「日本火出初之社」（ひのもとひでぞめのやしろ）とも呼ばれ、意宇六社の一つ。熊野大社の社伝によると熊野村の住人が紀伊国に移住したときに分霊を勧請したのが熊野本宮大社の元であるとしている。

熊野三山（くまのさんざん）は、熊野本宮大社、熊野速玉大社、熊野那智大社の三つの神社の総称。熊野三山の名前からもわかる通り、仏教的要素が強い。日本全国に約3千社ある熊野神社の総本社である。熊野権現（くまのごんげん、または熊野神〈くまののかみ〉、熊野大神〈くまののおおかみ〉とも）は、熊野三山に祀られる神であり、本地垂迹思想のもとで権現と呼ばれるようになった。

熊野三山・熊野本宮大社の鳥居の横に掲げられた八咫烏の旗（Wikipedia）

熊野三山・熊野速玉大社

熊野三山・熊野那智大社

熊野権現（熊野大神）：素戔嗚

　熊野三山の主祭神は次の通りであるが、相互に祭神を勧請しあい、三山では三神を一緒に祀っている。
　熊野本宮大社の主祭神の家都御子神（けつみこのかみ）または家都美御子神（けつみこのかみ）は素戔嗚で阿弥陀如来、新宮の熊野速玉大社の熊野速玉男神（くまのはやたまおのかみ）または速玉神（はやたまのかみ）は伊邪那岐で尊薬師如来、熊野那智大社の熊野牟須美神（くまのむすみのかみ）または夫須美神（ふすみのかみ）は伊邪那美で千手観音とされる。熊野本宮大社・熊野速玉大社では三神の他九神（熊野十二所権現）が祀られている。尚、熊野那智大社では「瀧宮」（祭神 大己貴命（飛瀧権現、本地仏 千手観音）を第一殿とし、熊野十二所権現とあわせて熊野十三所権現となっている。（Wikipedia抜粋）藤田加筆

出雲国一宮の熊野大社の主祭神（熊野大神）は素戔嗚であるが、もとは大国主と考える。熊野三山の三神の事実上の主祭神も素戔嗚と思われる。とはいえ、熊野那智大社では三神の上に大己貴命（大国主の別名）をもってきている。八咫烏は熊野大神（素戔嗚尊）に仕える存在とされる。　　　　　　　　（藤田）

八咫烏

　八咫烏は、日本神話において、神武天皇を大和の橿原まで案内したとされており、導きの神として信仰されている。また、太陽の化身ともされる。
　熊野三山においてカラスはミサキ神（死霊が鎮められたもの（神使）とされており、八咫烏は熊野大神（素戔嗚尊）に仕える存在として信仰される熊野のシンボルとされる。近世以前によく起請文として使われていた熊野の牛玉宝印（ごおうほういん）にはカラスが描かれている。咫（あた）は長さの単位で、親指と中指を広げた長さ（約18センチメートル）のことであり、八咫は144cmとなるが、ここでいう八咫は単に「大きい」という意味である。なお、八咫烏は『日本書紀』や『古事記』に登場する。神武東征の場面で、金鵄（金色のトビ）が長髄彦との戦いで神武天皇を助けたため、八咫烏と金鵄がしばしば同一視ないし混同される。
　　　　　　　　　　（Wikipedia抜粋）藤田加筆

『新撰姓氏録』によれば、八咫烏は賀茂建角身命とされ神魂命（かみむすびのみこと）の孫とある。　　　　　　　　　　　　　　　　（藤田）

熊野本宮大社 八咫烏の像

水稲の伝搬と八咫烏の伝説
　水稲が中国から伝搬してきたことを物語っているとみられる伝説が、『記紀』神話の神武天皇にみえる八咫烏（三本の足の長さが8寸の鳥）で、中国でいう三足烏（三本の足の黒い鳥）にあたる。華南の水田稲作民では、三足烏は太陽神にあたり、豊作と大漁をもたらすものと考えられている。
　　　　　　　　　　（近江にいた弥生の大倭王、千城 央）

出雲古国　⇒　出雲王朝

出雲古国は、紀元前後にスサノオに侵攻され滅びる。スサノオとアメノホヒは出雲王朝を建てる。

弥生時代後期の各地の祭祀

四隅突出型墳丘墓、とりネット　改変

紀元前1世紀の伊弉諾・伊邪那の時代には、浦安（うらやす）の国、細戈の千足る国（くわしほこのちだるくに）、磯輪上の秀真国（しわかみのほつまくに）があり、それぞれ近畿、北九州、出雲と吉備にあったと思われる。弥生時代後期（Ⅴ期）（AD50―250)には、北部九州、瀬戸内海（吉備）、山陰（出雲）、畿内・東海の各ブロックが認められる。北部九州と畿内・東海では、それぞれ広形銅矛と「見る銅鐸」が祭器として使われる。出雲と吉備では、出雲古国の崩壊後、青銅器の出土はなくなり、大きな墳丘墓（四隅突出型墳丘墓と大型の弥生墳丘墓）の築造が盛んになる。吉備の大型弥生墳丘墓には後に埴輪に発展すると言われる特殊器台が現れる。四隅突出型墳丘墓は三次が発祥の地とされる。この墳丘墓が出雲に伝わり、また吉備では大型弥生墳丘墓となったと思われる。吉備の特殊器台は三次でも出雲でも出土する。
（藤田）

紀元前後のスサノオによる出雲侵攻により大国主の出雲古国が滅ぼされて以来、出雲と吉備ではそれまでの合議制（共和制とも云える）の象徴であった青銅器祭器が放棄され、王制を匂わせる四隅突出型墳丘墓や楯築遺跡に代表される弥生墳丘墓が築造されるようになった。吉備が拡大して大吉備になり前方後円墳のプロトタイプが現れ、さらに東征して西日本一帯を支配する邪馬台国となった。
（藤田）

紀元前後のスサノオの筑紫さらに出雲への侵攻で大国主の出雲古国が滅び、「聞く銅鐸」が大量に埋納された。大国主一族（アジスキタカヒコネら）は東遷し、丹後さらに近江に至る。スサノオとアメノホヒは出雲王朝を建てたが、後に大国主系の出雲人によって支配権を奪われた。近江に至った大国主と少彦名は近江・湖南の伊勢遺跡を都とする大己貴の国（玉牆の内つ国）を建て、「見る銅鐸」を祭器とした。
（藤田）

スサノオの出雲侵攻とスサノオルート

スサノオとイソタケル（ニギハヤヒか）は新羅から追放され、出雲に上陸した。（スサノオらは石見に上陸したと云う説もある。）三次（四隅突出型墳丘墓の発祥の地）からスサノオ軍団の別動隊（スサノオ配下の三次の豪族か）が、出雲に上陸したスサノオの一団と連動して揖斐川流域に攻め込み出雲古国を滅ぼしたとも考えられる。

スサノオとニギハヤヒは筑前を本拠地としていたと思われ、筑前から日本海海路で石見につき、江の川を遡った三次から峠を越え芦田川上流域から芦田川を下り備後の新市に入る。その後、旧山陽道を東進し、備中や備前に達する。このルートにはスサノオの痕跡がはっきり認められる。備後・新市にはスサノオを祭る古社の素戔嗚神社があり、全国の素戔嗚神社の元社と考えられている。本ルートは**スサノオルート**と呼称する。

スサノオルートで三次に進出していたのはアメノヒボコではないか。アメノヒボコは秦氏とともに大型墳丘墓を造る技術を三次に持ち込み四隅突出型墳丘墓を造営したか。スサノオはアメノヒボコと協働して出雲に侵攻して出雲古国を滅ぼし、四隅突出型墳丘墓を造成する技術を出雲に移植したか。さらにスサノオとニギハヤヒはアメノヒボコや秦氏とともに備後・新市経由で吉備の総社に進出し、楯築遺跡などの大型弥生墳丘墓を造営したか。総社にはアメノヒボコの妻・阿加流比売（アカルヒメ）を祭神とする姫社（ヒメコソ）神社があり、吉備の秦氏が崇拝していた。この仮説は今後の検証を要するが、魅力的で充分蓋然性がある。（藤田）

大国主の故地、出雲古国

「出雲古国」の起源の地
出雲の起源地は、「出雲郡の出雲郷」と考えられる。出雲郷は、現在の出雲市斐川町出西、神氷、求院、富村の一帯に当たり、同郷を中心とした地域が出雲地方の国造りの大神・大穴持命の本拠とみられる。南東に出雲四神名火山の一つ、仏経山があり、曽支能夜社に坐すキヒサカミタカヒコを祀っている。これが出雲古国の始祖神たる味鋤高彦根「アジスキ神」であり、大穴持神の父と思われている。近くの荒神谷遺跡から多量の銅剣が出土し、その近隣の加茂岩倉遺跡からは日本最多の銅鐸が出土した。この一帯を本拠地とした出雲古国の王が強大な権力をもって、出雲全域に広範的な支配をおこなったこと、すぐれた銅、鉄の金属技術を持っていたことがわかる。
（越と出雲の夜明け、宝賀寿男）＋ 藤田

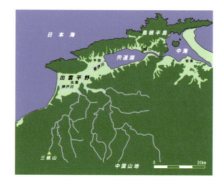 

「聞く銅鐸」の埋納

加茂岩倉遺跡・荒神谷遺跡—日本一の青銅器大量出土遺跡二カ所（弥生時代中期後葉埋納）

　全国最多39個の銅鐸が出土した加茂岩倉遺跡、そして全国最多358本の銅剣と16本の銅矛、6個の銅鐸が出土した荒神谷遺跡。大量の青銅器を埋納した二つの遺跡は、山々を挟んで直線距離約3.3kmという近い距離に位置している。

　どちらの遺跡も青銅器の出土状況が復元整備され、発見時の興奮と感動が蘇る。荒神谷遺跡は周辺一帯が史跡公園となっており、6月中旬から7月中旬には色鮮やかな二千年年ハスも楽しめる。加茂岩倉遺跡は現在、史跡整備の途中だが、弥生時代の原風景を彷彿とさせる景観が魅力である。

　また、加茂岩倉遺跡には加茂岩倉遺跡ガイダンス、荒神谷遺跡には荒神谷博物館という博物館がある。施設内に展示された出土青銅器のレプリカやパネルなどが、遺跡への理解を一層深めてくれる。遺跡のガイドもこの施設で受け付けている。そのほか、加茂岩倉遺跡の近くには、邪馬台国の女王卑弥呼が魏より授かった鏡のうちの一枚とされる「景初三年」銘三角縁神獣鏡が出土した神原神社古墳がある。この鏡には一体どのような情景が映し出されていたのだろうか。

　大量の青銅器埋納の謎を解くカギは、やはり現地にある。豊かな自然に包まれた遺跡に立ち、しばし弥生びとの祈りの囁きに耳を傾けよう。
（島根県：加茂岩倉遺跡・荒神谷遺跡、Net）

紀元1年前後のスサノオの出雲侵攻のため出雲古国が滅び、銅鐸と銅剣が埋納されたと考える。
（藤田）

加茂岩倉遺跡 銅鐸出土状況　　荒神谷遺跡　銅矛・銅鐸出土状況

三次：弥生墳丘墓の発祥地

スサノオは、紀元前後に筑前・出雲に侵攻し、八岐大蛇たる大国主を敗死させ、出雲古国を滅ぼした。この際、銅鐸や銅剣などの青銅器祭器が埋納された（加茂岩倉、荒神谷遺跡）。その後、中国地方東部（出雲・吉備）では二度と青銅器を祭器とする祭祀は行われることがなかった。出雲・吉備では、青銅器を用いた祭祀に代わり、王制を髣髴とさせる弥生墳丘墓（四隅突出型墳丘墓など）が造営された。四隅突出型墳丘墓の最も古い例は弥生中期後半の広島県の三次盆地（備後・三次）にみられる。弥生後期から美作・備後の北部地域や東出雲（島根県東部）・伯耆（鳥取県西部）を中心にした山陰地方に広まった。北陸では少し遅れて能登半島などで造られている。一方、三次盆地にみられた初期形式の四隅突出型墳墓が三次から備後南部へ広まり、さらに大型の弥生墳丘墓である備中・総社の楯築遺跡の築造に至った。

スサノオは筑前と出雲を行き来していたが、備後の三次に拠点を置いたと思われる。スサノオは筑前より石見の江の川を遡り三次に至る。三次から三次盆地に流れ込む河川を遡り、峠を越え芦田川の上流域に至る。次に芦田川を下り備後南部の新市に至る。三次にはスサノオを祀る須佐神社とスサノオと同一神と思われる武塔天神を祀る武塔神社が隣り合わせで鎮座する。また、新市には備後一宮の素盞嗚神社があり、祇園信仰や蘇民将来伝説の発祥の地と云われる。さらに、総社には吉備の秦氏が奉納するアメノヒボコの妻のアカル姫を祀る姫社（ひめこそ）神社がある。吉備の秦氏とアメノヒボコが協力して楯築墳丘墓を造成したと云われる（Ⓑ141）。

スサノオ（新羅王室2代南解次次雄に当たる）は紀元前後に筑前に侵攻して伊都国を建てた。この折、アメノヒボコを伴っていたとも思われる。（ひょっとしたらスサノオそのものがアメノヒボコか）スサノオの孫が迎鳥で四世孫が阿加流日古で両者ともにアメノヒボコと呼ばれたという（Ⓑ151）。2世紀中頃の倭国大乱時渡来したアメノヒボコは新羅王室8代阿達羅尼師今の皇子の延烏郎で、ニギハヤヒの東征に同伴したと思われる。また、アメノヒボコは秦氏と結びついている。（後述）

スサノオが出雲に侵攻した当時、石見の日本海沿岸から江の川を遡り、三次に至りさらに芦田川上流から備後・新市に達し、そこから古山陽道を辿り備中・総社に至る、ルート（スサノオルートと云う）があったと思われる。事実、三次には須佐神社があり、新市には素盞嗚神社があり、ニギハヤヒは吉備で力を養い、また2世紀にはアメノヒボコが総社に達していた証左がある。さらに、アメノヒボコは秦氏との関連が強い。秦氏は出雲の四隅突出型墳丘墓や吉備の大型弥生墳丘墓の造営と関係しているとも云われる。ちなみに、三次は四隅突出型墳丘墓の発祥の地と云われ、その造営と秦氏との関連が注目される。

（藤田）

弥生時代 後期　三次

四隅突出型墳丘墓の始まり

広島県の三次盆地には、四隅突出型墳丘墓の初期の遺跡として、宗祐池西1号・2号墓、殿山38号・39号墓、陣山墳墓群が発見されている。

（古代出雲への道.jp　四隅突出型墳丘墓とは？Net）

陣山墳墓群（広島県三次市四拾貫町）

陣山3号墓（赤丸は加工）発掘時の写真。
初期の墳形は、隅がそれほど際立って長くない。初期の形は、四隅が伸びておらず、四隅の配列が規則正しく縦に並んでいる。これは、「踏石（ふみいし）状石列」とか「ステッピング・ストーン」と呼ばれる。

四隅突出型墳丘墓の拡がり

（古代出雲への道.jp　四隅突出型墳丘墓とは？　Net）

出雲王朝（1） 西谷墳墓群、四隅突出型墳丘墓が集中

出雲王朝　西谷墳墓群・今市大念寺古墳

斐伊川・神戸川に挟まれたこの場所は、多くの王墓が集中するところ。出雲市の南東にある西谷墳墓群は山陰地域独特の形をした**四隅突出型墳丘墓**が集中している。発掘調査の行われた3号墓では墓の上で祭祀が行われた様子がわかっており、出土品からは葬られた王が吉備や北陸地方とも交流をもっていたと考えられる。ここからは斐伊川や出雲平野を一望できる。

また、神戸川の東には日本最大級の家形石棺を持つ今市大念寺古墳、精美な石室を持つことで知られる上塩冶築山古墳など、この地に君臨した王を葬った古墳を見ることができる。西側には妙蓮寺山古墳、放れ山古墳など、王を補佐したといわれる有力者の古墳も多く築造されており、古墳時代後期に花開いた古墳文化にもふれることができる。

（島根県：西谷墳墓群・今市大念寺古墳、Net）

出雲王朝は1世紀初めにスサノオとアメノホヒによって建てられ、後に大国主系の出雲人に支配権を奪われたが、1世紀から崇神朝まで連綿と繁栄した。

（邪馬台国時代の投馬国は出雲王朝である。後述）

西谷3号墓第1主体部
（島根大学考古学研究室提供）

西谷3号墓

四隅突出型墳丘墓

四隅突出型墳丘墓（よすみとっしゅつがたふんきゅうぼ）は、弥生時代中期以降、吉備・山陰・北陸の各地方で行われた墓制で、方形墳丘墓の四隅がヒトデのように飛び出した特異な形の大型墳丘墓で、その突出部に葺石や小石を施すという墳墓形態である。四隅突出型弥生墳丘墓とも呼称する。

四隅突出型弥生墳丘墓の最も古い例は弥生中期後半の広島県の三次盆地にみられる。弥生後期後葉から美作・備後の北部地域や後期後半から出雲（島根県東部）・伯耆（鳥取県西部）を中心にした山陰地方に広まった。北陸では少し遅れ能登半島などで造られている。

山陰地方すなわち日本海側を中心に約90基が確認されている。北陸地方（福井県・石川県・富山県）では現在までに計8基が知られている。

墳丘墓側面には貼り石を貼りめぐらし、規模は後の前期古墳の規模に近づくなど、古墳時代以前の墓制ではもっとも進んだ土木技術が駆使されており、日本海沿岸という広域で墓形の規格化が進んでいた。

このことから、山陰〜北陸にわたる日本海沿岸の文化交流圏ないしはヤマト王権以前に成立していた王権（出雲王朝）を想定する論者もいる。また、もっとも集中的に存在する島根県安来市（旧出雲国）では古墳時代前期に全国的にも抜きん出た大型方墳（荒島墳墓群の大成、造山古墳）が造営されるが、四隅突出型墳丘墓の延長線上に築かれたものと考える者もおり、出雲国造家とのつながりを指摘する者もいる。

（Wikipedia抜粋）　藤田加筆

四隅突出型墳丘墓の分布

西谷3号墓模型
（島根県 Web）

出雲王朝（2）安来―意宇王、妻木晩田遺跡

東部出雲（安来）

　弥生/古墳時代の間にかけて出雲に強力な王権が発生するが、その中心地（東部 出雲王朝）だったという説がある。全国最大級の方墳である造山古墳群や出雲文化圏特有の四隅突出型墳丘墓（国内最大級の集中地帯）などを含む多くの古墳が発掘されており、弥生から古墳時代にかけて約500年の間、連綿と栄えた地域である。当時の出雲は筑紫、大和、近江、毛野と並ぶかそれ以上の古代日本の有力な地方政権で、弥生後期においては北陸まで及ぶ日本海沿岸には四隅突出型墳墓形式で規格化された連合政体のようなものがあった。ヤマトとともに抜きん出た勢力を誇り意宇王の指導のもとで一時は独立王朝をなしたという説がある。

　山陰では鉄器も北九州に準ずる量が発掘されており、安来でも弥生期の製鐵遺構が竹ヶ崎・柳遺跡で見つかっているため、これらの鉄が当時鉄不足であった大和地方へ供給されヤマト王朝建国の原動力となったという説がある。実際、前近代的な野だたらは弥生時代以降、連綿と続いていたようで製鉄遺跡として認知されている。

（安来市－Wikipedia抜粋）藤田加筆

妻木晩田遺跡
（出雲王朝の遺跡か）

　妻木晩田遺跡（むきばんだいせき）、あるいは妻木晩田遺跡群は、鳥取県西伯郡大山町富岡・妻木・長田から米子市淀江町福岡に所在する国内最大級の弥生集落遺跡。遺跡の面積は156ヘクタールにもなり、これは発掘当時国内最大級と喧伝された吉野ヶ里遺跡（当時32ヘクタール、現在は調査が進み、約2倍の面積になっている）の5倍にもおよぶ大規模なものである。大山山系から続く丘陵（通称「晩田山」）上に位置し、美保湾（日本海）を一望できる。島根県安来市から、この妻木晩田遺跡まで弥生後期に栄えた古代出雲の中心地であったと考えられる。中国の歴史書『魏志倭人伝』に記されている邪馬台国時代（3世紀）に最盛期を迎える。激動の時代を生きた弥生時代の人々の暮らしぶりが、この遺跡には残されている。

　現在、全体のおよそ1/10が発掘調査されている。その結果、弥生時代中期末（西暦1世紀前半）～古墳時代前期（3世紀後半）にかけての、竪穴住居跡420棟以上、掘立柱建物跡500棟以上、山陰地方特有の形をした四隅突出型墳丘墓などの墳墓34基や、環壕など、山陰地方の弥生時代像に見直しをせまる貴重な資料がたくさん発見された。

（Wikipedia抜粋、とりネット）藤田加筆

妻木晩田遺跡の四隅突出型墳丘墓（鳥取県 Web）

妻木晩田遺跡、洞ノ原地区西側丘陵と弓ヶ浜半島
（Wikipedia 抜粋）

5章　天津神の渡来（『記紀』の神代、天孫降臨）

天津神の現郷（伽耶）Ⓑ059／高天原と神々の渡来Ⓑ064／「新羅本記」スサノオ（＝南海次次雄）・天孫［ホアカリ（＝脱解王）と瓊瓊杵（＝首露王）］Ⓑ065／イザナギ・イザナミ（伊西国から渡来）Ⓑ068／イソ（伊西）・イト（伊都）・イセ（伊勢）Ⓑ069／スサノオⓇ071／天津神の国（伊都国）Ⓑ077

　南朝鮮（韓国）の先住民は、縄文時代早期終末の鬼界カルデラ噴火の災厄から逃れるため半島に渡った倭人（西日本縄文人）であり（テーマＡ参照）、彼らはその後も北九州や日本海沿岸の倭人と密接な交流をしていた。縄文時代晩期からの世界的な気候の冷涼化に伴い、華北人や朝鮮人（高句麗人）の南下に伴い南朝鮮の倭人は圧迫されたが、紀元前後までは弁韓や辰韓は倭人が多数を占めていた。これら倭人の居住域の北東には秦韓がありユダヤ人などの秦人が居住しており弁辰の倭人はこれら秦人と交雑することがあり、ユダヤ系の倭人もかなり存在していた。弁辰（伽耶）の大伽耶（高霊加羅）は伊西国を含み、所謂高天原と見なされている。紀元前１世紀に伊西国のイザナギ・イザナミが倭国に渡来し、丹後さらに近江に至っている。また、紀元前後にはユダヤ系と思われる伊西国のスサノオが筑紫を侵し、伊西国に因む伊都国を建てた。また、１世紀中頃には天孫の瓊瓊杵と天火明（ホアカリ）がそれぞれ筑紫の伊都国と丹後に降臨した。瓊瓊杵は神武天皇と同世代で金官国の初代首露王に当たり、一方天火明は新羅第４代新羅王の脱解王に当たる（図２の説明）。さらに、天孫を二代遡るスサノオは第２代新羅王の南海次次雄に当たる。尚、イソ（伊西）・イト（伊都）・イセ（伊勢）は音韻上相通じる。このように伊都国は天津神の国と言える。

参照：第３部概略、年表等②01
古の日本（倭）の歴史（前１世紀〜４世紀）－天孫族（伽耶族）の系譜　（図２）　Ⓑ004
論考３　スサノオ（素戔嗚）の足跡（１）　伽耶の伊西国：天津神揺籃の故地、伊西（イソ）と伊都（イト）、石（イソ）の上と伊勢（イセ）　Ⓑ032
　　　　スサノオ（素戔嗚）の足跡（２）　スサノオとクシイナダヒメと二神を祀る神社　Ⓑ034
　　　　スサノオ（素戔嗚）の足跡（３）　スサノオ、アメノヒボコと秦氏；　弥生式墳丘墓；前方後円墳の起源　Ⓑ036

天津神の源郷（伽耶） （右下図、右上図の弁韓にあたる）

南朝鮮（南韓、ほぼ大韓民国）

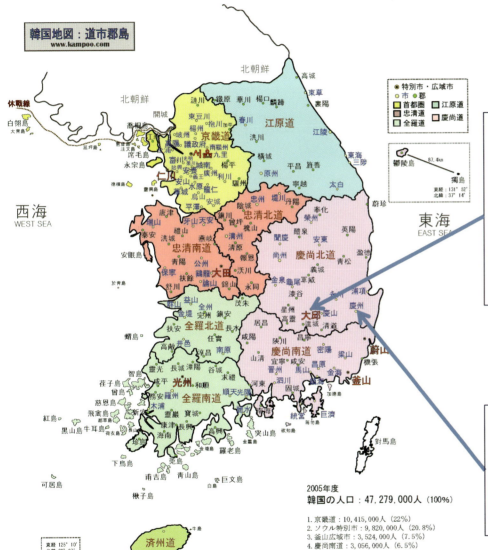

伊西国（慶尚北道清道郡）
（イザナギ・イザナミの故地？）
　清道（チョンド）郡は大韓民国慶尚北道の南部にある郡である。郡の南部は慶尚南道と境界を接している。
～297年 – 伊西国、斯蘆国（後年、新羅に発展）により滅亡。

慶州（キョンジュ）市は、大韓民国慶尚北道の歴史文化都市。東は日本海に面し、西は永川市と清道郡、南は蔚山広域市、北は浦項市に接する。新羅王国の都・金城（クムソン）の地である。

2005年度
韓国の人口：47,279,000人（100%）

1. 京畿道：10,415,000人（22%）
2. ソウル特別市：9,820,000人（20.8%）
3. 釜山広域市：3,524,000人（7.5%）
4. 慶尚南道：3,056,000人（6.5%）
5. 慶尚北道：2,608,000人（5.5%）
6. 仁川広域市：2,531,000人（5.4%）
7. 大邱広域市：2,465,000人（5.2%）
8. 忠清南道：1,889,000人（4.0%）
9. 全羅南道：1,820,000人（3.8%）
10. 全羅北道：1,784,000人（3.8%）
11. 江原道：1,465,000人（3.1%）
12. 忠清北道：1,460,000人（3.1%）
13. 大田広域市：1,443,000人（3.1%）
14. 光州広域市：1,418,000人（3.0%）
15. 蔚山広域市：1,049,000人（2.2%）
16. 済州特別自治道：532,000人（1.1%）

朝鮮の歴史

（Zh.Wikipedia 抜粋）

領土が最大に達した476年頃の高句麗と周辺諸国

（Jiten.biglobe.ne.jp）

テーマB　古の日本（倭）の歴史（前1世紀～4世紀）―天孫族（伽耶族）の系譜

南韓（南朝鮮）の原住民：鬼界カルデラ噴火の避難民（西日本縄文人、倭人）、
南韓には縄文時代前期から６世紀に任那が滅びるまで倭人の国が存続。

韓人とは（前掲のテーマA参照）
　弥生時代の南朝鮮（南韓）の西側には、縄文時代後期以来の気候の寒冷化のため、華北人さらに江南人の移民や流民が流れ込み、なかでも韓氏と名乗る河北省から移民が多かった。そのため、漢人が紀元前後に半島南部を韓と呼称するようになった。従って、半島南部に韓人という民がいたのではなく、半島南部の民（倭人・華北人・江南人）の総称が韓人である。ツングース系の濊人（高句麗系朝鮮人）も気候の寒冷化のため半島の東側を南下してきたもので、これも本来の半島南部の民ではない。

　これに対して倭人（鬼界カルデラ噴火の避難民、西日本縄文人）が、縄文時代前期に列島からほとんど無人の半島南部に移住したと思われ、倭人こそが半島南部の原住民と言える。　　　　（藤田）

左図は漢初期（前２世紀初頭）に倭は南朝鮮に位置したことを示す（『山海経』、FB投稿、山岡保氏）。また、倭の北西（半島西岸）に朝鮮とある。これは、『魏志』に言う箕子朝鮮か。（箕子の出自は殷とされる。中国では元々漢族と見ているようである。）前２世紀初頭に燕出自の衛満に乗っ取られ衛氏朝鮮となる。そして南に逃げた箕子の子孫が馬韓を興したことになっている。
　　　　（FB討論、上野俊一）

12,000年前、日本列島の最初の土器の隆起線文土器が現れた。7,000年前に始まる朝鮮半島の新石器時代は、同じく隆起線文土器で始まる。このことは鬼界カルデラ噴火後に半島に移り住んだ西日本縄文人が、隆起線文土器を持ち込んだと思われる。ようやく朝鮮半島に現れた新石器文化の土器が、直ちに海峡を越えて対馬に渡って来ていた事は、列島と半島の交流がいかに密であったかということを示す。　　　（日本人の起源、伊藤）

『三国志』（魏志弁辰（弁韓）伝）（弁韓はほぼ任那の地にあたる）
① 弁辰は12国（大国）を数えるが、多くの小国がある。
② 大国は4,000～5,000家、小国は600～700家、総計4,5万戸。
③ 国々から鉄を産出する。韓・濊・倭が皆鉄を取っている。どの市場の売買でも、みな鉄を用いていて（それ）は中国で銭を用いているのと同じである。そしてまた（鉄を楽浪・帯方）2郡にも供給している。
④ 弁辰（弁韓）は、辰韓（後の新羅）と入り混じって生活している。また、弁辰には織部があり、衣服や住居は辰韓と同じである。言語や法俗もともに似ている。　　　　（藤田）

近年、科学的な研究の結果として、韓国の勾玉は日本の糸魚川産の翡翠で作られたものだと判明された。

勾玉は朝鮮半島南部からしか出土しない。

ヒスイ製勾玉が新羅・百済・任那で大量に出土（高句麗の旧領では稀）している。朝鮮半島にはヒスイの原産地がなく、古代においては東アジア全体でも日本の糸魚川周辺以外にヒスイ工房が発見されないことに加えて、最新の化学組成の検査により朝鮮半島出土の勾玉が糸魚川周辺遺跡のものと同じであることが判明した。勾玉は貨幣の代用品だったという説もあり、古代日本と南朝鮮との間の経済交流が盛んであったことを示す。（藤田）

（任那（みまな）日本府｜検索サイト 2017～2019、Net）

（日韓がタブーにする半島の歴史、室谷充実）

『魏志倭人伝』によれば、「倭にいたるには・・・・・・（中略）その北岸、狗邪韓国に到着するまで7千余里」という記述があるが、これは倭人伝なので「その」は明らかに「倭の」という意味である。倭人伝の記述を素直に読めば狗邪韓国は朝鮮半島の南部にあったはずであるから、つまり当時の倭国の北端は狗邪韓国だったということになる。また『魏志韓伝』にも倭の北端が朝鮮半島の南部にあったことを示す記述がある。
（別冊宝島2283　日朝古代史　嘘の起源、室谷克実）

大伽耶（高霊加羅）と大加羅（金海加羅）

高天原

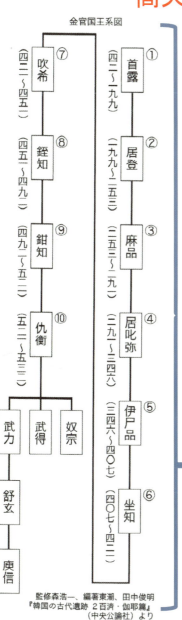

金官国王系図

監修森浩一、編著東潮、田中俊明
『韓国の古代遺跡 2百済・伽耶篇』
（中央公論社）より

伽耶（かや）
伽耶は対馬対岸の洛東江流域の国で、1世紀から6世紀の所謂任那の滅亡まで、存在したとされている。この間2世紀までは弁韓と呼ばれ、また3世紀初めに対馬で興った任那によって占領され、6世紀の任那滅亡までは、任那と呼ばれる。尤も、伽耶は任那の一部あるいはほぼそのもので、時代によって微妙に違う。この伽耶あるいは任那は白村江の戦いでの敗戦まで一貫して倭人（古の日本人）の居住地であり倭国の支配下にあったと考える。　　　　（藤田）

＝

加羅（から）
古代朝鮮の南東部にあった国名。伽耶（かや）、駕洛（から）などとも。中国史料に見える三韓のうちの弁韓（弁辰）の領域とほぼ対応するものと推定され、洛東江の下流域を中心に、時代により中流域まで及ぶ。加羅諸国は三国時代の前半期に活動が盛んで、金海加羅や高霊加羅（大伽耶）がよく知られた。『日本書紀』に言う任那は諸小国の総称であるが、任那は本来金海加羅を指す。金海加羅は532年、高霊加羅は562年に新羅に併合された。日本では〈韓〉を〈から〉と訓んで朝鮮全体をさし、〈唐〉をも〈から〉と訓んで中国をさすようになる。
（コトバンク）　藤田加筆

大伽耶（高霊加羅）、伊西国（所謂、高天原か）
大伽耶、朝鮮古代の伽耶（加羅）諸国中の有力国。別名は高霊加羅。現在の慶尚北道高霊郡を中心とし、王都は高霊邑、王都防衛の山城は西方の主山と東方の望山とにあり、池山洞を中心に高霊古墳群がある。伊西国は大邱の南側の盆地。　　　　（藤田）

大加羅（金海加羅）、狗邪韓国（金官国）
1世紀中葉に倭人の国で朝鮮半島南端に位置する大加羅（金海加羅）（慶尚南道金海市）とその北に位置する弁韓諸国と呼ばれる小国家群が出現している。後に狗邪韓国（金官国）となる地域は、弥生時代中期以後になると従来の土器とは様式の全く異なる弥生式土器が急増し始めるが、これは後の狗邪韓国（金官国）に繋がる倭人が進出した結果と見られる。　　（Wikipedia抜粋）
狗邪（伽耶・加羅）韓国、金官国の王家の系図が残されている（左図）。このうち著名な王は、伝説の首露王、南斉に朝貢した荷知王、最後の仇衡王であり、この系図は『三国遺事』の「駕洛國記」にある。
（知っていますか、任那日本府、大平 裕）　藤田加筆

任那と任那日本府

任那（みまな、にんな、3世紀中頃 - 562年）は古代に存在した朝鮮半島南部の地域。

概要

　朝鮮半島における倭国の北端である『三国志』魏書東夷伝倭人条の項目における狗邪韓国（くやかんこく）の後継にあたる金官国を中心とする地域、三韓の弁辰、弁韓および辰韓の一部、馬韓の一部（現在の全羅南道を含む地域）を含むと看做すのが通説である。任那諸国の中の金官国（現在の慶尚南道金海市）を指すものと主張する説もある。後に狗邪韓国（金官国）そして任那となる地域には、弥生時代中期（前4世紀－前3世紀）に入り従来の土器とは様式の全く異なる弥生式土器が急増し始めるが、これは後の任那に繋がる地域へ倭人（列島の民）が進出した結果と見られる。

　第二次世界大戦後、次第に政治的な理由により任那問題を避けることが多くなっていたが、倭が新羅や百済を臣民とした等と書かれている、広開土王碑日本軍改竄説が否定され、史料価値が明確になったこと、またいくつもの日本固有の前方後円墳が朝鮮半島南部で発見され始めたことなどから、近年ヤマト王権そのもの或いは深い関連を持つ集団による統治権、軍事統括権および徴税権の存在について認める様々な見解が発表されている。

領域

　任那のさす領域については、相異なった二つの見方＝広義と狭義とがある。

広義と狭義の任那

　広義の任那は、任那諸国の汎称である。日本史料では任那と加羅は区別して用いられ、任那を任那諸国の汎称として用いている。中国及び朝鮮史料の解釈でも、広義では任那諸国全域の総称とする説がある。百済にも新羅にも属さなかった領域＝広義の任那の具体的な範囲は、例えば478年の倭王武の上表文にみられる「任那・加羅・秦韓・慕韓」にて推測できる。ここにでてくる四者のうち、任那は上記の「狭義の任那」＝金官国（及び金官国を中心とする諸国）。同じく加羅は「狭義の加羅」＝大加羅（及び大加羅を中心とする諸国）。秦韓はかつての辰韓12国のうちいまだ新羅に併合されず残存していた諸国、例えば卓淳国や非自本国、啄国など。慕韓はかつての馬韓52国のうちいまだ百済に併合されず残存していた諸国、例えば百済に割譲された任那四県などに該当する。『日本書紀』ではこれらの総称として任那という地名を使っているが、これらはこの後、徐々に新羅と百済に侵食されていったため、時期によって任那の範囲は段階的に狭まっており、領域が一定しているわけではないので注意が必要である。

（Wikipedia 抜粋）＋ 藤田

任那日本府

　1960年代頃から朝鮮半島では民族主義史観が広がり、実証主義への反動から、『記紀』に記されているヤマト王権の直接的な任那支配は誇張されたものだとの主張がなされた。しかしながら、1983年に慶尚南道の松鶴洞一号墳（墳丘長66メートル）が前方後円墳であると紹介（ただし後の調査により、松鶴洞一号墳は、築成時期の異なる3基の円墳が偶然重なり合ったもので前方後円墳ではないと判明）されて以来、朝鮮半島南西部で前方後円墳の発見が相次ぎ、これまでのところ全羅南道に11基、全羅北道に2基の前方後円墳があることが確認されている。また朝鮮半島の前方後円墳は、いずれも5世紀後半から6世紀中葉という極めて限られた時期に成立したもので、百済が南遷して併呑を進める以前に存在した任那地域の西部や半島の南端部に存在し、円筒埴輪や南島産貝製品、内部をベンガラで塗った石室といった倭系遺物を伴うことが知られている。

　ヤマト王権の勢力を示す他の傍証としては、新羅・百済・任那の勢力圏内で大量に出土（高句麗の旧領では稀）しているヒスイ製勾玉などがある。戦前の日本の考古学者はこれをヤマト王権の勢力範囲を示す物と解釈していたが、戦後に朝鮮から日本へ伝来したものとする新解釈が提唱されたこともあった。しかし、朝鮮半島にはヒスイの原産地がなく、古代においては東アジア全体でも日本の糸魚川周辺以外にヒスイ工房が発見されないことに加えて、最新の化学組成の検査により朝鮮半島出土の勾玉が糸魚川周辺遺跡のものと同じことが判明し、日本からの輸出品であることがわかった。（Ⓑ060、左下図参照）

　そのため、任那や加羅地域とその西隣の地域において支配権、軍事動員権および徴税権を有していた集団が、ヤマト王権と深い関連を持つ者達だった。ただしそれらは、ヤマト王権に臣従した在地豪族であって、ヤマト王権から派遣された官吏や軍人ではないという意見が有力である。ともあれ少なくとも軍事や外交を主とする倭国の機関があり、倭国は任那地域に権限と権益（おそらく鉄鉱石の重要な産地）を有していたのであろう。

（藤田）

ソナカシチとツノガアラシト

　『日本書記』は垂仁紀で任那人・ソナカシチの来朝を告げている。また、崇神の時代、大加羅の王子でツヌガアラシトが到来した。ツヌガアラヒトは穴門に船でやってきたが、イツツヒコという名の伊都国？の王に道を妨げられたため、日本海を迂回して、出雲を経て、越国・笥飯浦（敦賀）に到着した。ツヌガアラヒトが帰国に当たって、倭王権から送られた品物を新羅に奪われたため、新羅と加羅が相争うに至ったと語っている。ツヌガアラヒトの国は加羅で、ソナカシチは任那の王族とある。すなわち。ソナカシチとツヌガアラヒトは同一人物の可能性が高い。

（古代日本異族伝説の謎、田中勝也）

任那は対馬に興った！　任那と日本は同義語！

弥生時代 後期―古墳時代

『桓壇古記』によれば、任那とは対馬に興り、九州をも含んだ国。任那・連政（広義の任那）は、南朝鮮（伽耶諸国）から九州北中部にかけて成立した国家連合である。（邪馬台国時代の伊都国がこの国家連合の中核か）。任那は国力の隆盛のおもむくまま、勢力を日本列島東部に向かって拡張したのである。これが史実としては、崇神王朝による畿内倭王権の樹立であった。この事態が任那の主力王権の東漸であったか、あるいは、その九州分権王国（＝分国）の成立であったかについては、なお検討すべき点である。著者（田中）は崇神とは九州の任那分国の王であり、畿内大和に侵入して新王権を立てた人格であったと考える。

九州の任那から東遷した勢力は、大和の地に入ってからも、自らを「任那」と号したのではないか。「日本」の国号が初めてあらわれるのが10世紀成立の『旧唐書』、11世紀成立の『新唐書』にみられる「倭国伝」等である。したがって、倭王権が倭から日本に国号を変えたのは、唐代に入ってからと考えられる。朝鮮の古地名では、'本' は '那' で国邑を表す。また '日' は（nit）であり、'任'（nin）に音韻上重なるものである。大和王権は任那滅亡にともなう新しい時代に対応して、国家的自立と自負を表明するため、「任那」の栄光の記憶を復活し、しかも「日の御子」の治める国にふさわしく「日本」という国号を立てたのではあるまいか。このように考えると『旧唐書』にある「日本はもと小国であったが、倭国の地を併合した」という記述がよく理解できる。
（古代日本異族伝説の謎、田中勝也）

本著では「任那・連政」を「任那・伊都国連合」と呼称する。右図は、4世紀後半（370年）から任那滅亡（562年）までの任那の領域を示す。任那は徐々に新羅と百済により蚕食されている。
（藤田）

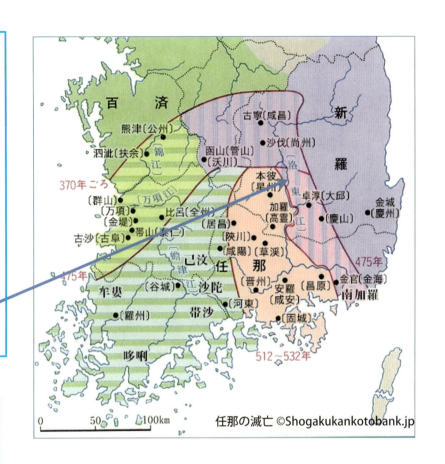

任那の滅亡 ©Shogakukankotobank.jp

洛東江
朝鮮半島南東部の大河。太白山脈中の太白山に発し、甘川、琴湖江、黄江、南江等の支流を集めながらゆるやかに南下し、釜山市西方で朝鮮海峡に注ぐ。全長525km、流域面積は2.4万km2に達し、嶺南(慶尚道)地方のほぼ全体に及ぶ。雨量の豊富な南朝鮮を流れるため水量はゆたかで、流域には安東、金泉、大邱、晋州、金海など多数の盆地・平野が発達し、古くから加羅、新羅などの文化が形成され、今日も韓国の主要な農業地帯となっている。
（洛東江とは―コトバンク、Net）

『神功皇后記』には、倭に攻められた新羅王が、太陽が西に昇ったり、阿利那禮（アリナレ）河逆流でもしないかぎり、永久に倭王権に臣従するすると誓ったと記しているが、このアリナレ河とは阿羅（アリ）河（ナレ）で、洛東江のことである。倭の軍船が洛東江を遡ったとしている。
（古代日本異族伝説の謎、田中勝也）

阿羅国（安羅国）はアメノヒボコやツノガアラヒトの故地と思われる。安羅国は、洛東江流域の慶尚南道咸安郡にあった。
（Wikipedia、伽耶）＋ 藤田

「倭王 武を使持節都督倭・新羅・任那・加羅・秦韓・慕韓六国諸軍事安東大将軍倭王」とする。（『宋書』順帝紀）「宋」は百済を除く南朝鮮のほぼ全領域への軍事権を認めている。（百済には宋の軍事権が及ぶと考えたか）このようにヤマト王権は古来から南朝鮮に支配権が及ぶと考えていたと捉える。尚、4世紀末（370年頃）の広義の任那の領域は、上図のように百済と新羅の南の領域を含んでいた。上図のように、任那の領域は4世紀から6世紀にかけて次第に縮小している。
（藤田）

高天原と神々の渡来

高天原（たかまがはら）
『古事記』においては、その冒頭に「天地（あめつち）のはじめ」に神々の生まれ出る場所としてその名が登場する。次々に神々が生まれ、国産みの二柱の神が矛を下ろして島を作るくだりがあるから、海の上の雲の中に存在したことが想定されていたと推測される。天照大御神が生まれたときに、高天原を治めるよう命じられた。須佐之男命（素戔嗚、スサノオ）にまつわる部分では、高天原には多くの神々（天津神）が住み、天之安河や天岩戸、水田、機織の場などもあったことが記述されており、人間世界に近い生活があったとの印象がある。葦原中国が天津神によって平定され、天照大御神の孫の邇邇芸命が天降り（天孫降臨）、以降、天孫の子孫である天皇が葦原中国を治めることになったとしている。　　　（Wikipedia抜粋）藤田加筆

私見では、高天原は高霊加羅（大伽耶）と考えている。

天津神
【造化三神】
天之御中主神（あめのみなかぬしのかみ）- 至高の神
高御産巣日神（たかみむすひのかみ）- 征服や統治の神
（天津神の最高神）
神産巣日神（かみむすひのかみ）- 生産の神
（大国主等の国津神を支える）
【神代七代の最終段】
伊邪那岐神（いざなぎのかみ）
伊邪那美神（いざなみのかみ）
【イザナギ・イザナミの神産みの最終段、**三貴子**】
天照大御神（あまてらすおほみかみ）
月読命（つくよみのみこと）
建速須佐之男命（たけはやすさのをのみこと）（＝素戔嗚、スサノオ）
天照大御神に首飾りの玉の緒を渡して高天原を委任した。その首飾りの玉を御倉板挙之神（みくらたなののかみ）という。月読命には夜の食国（をすくに）を、建速須佐之男命には海原を委任した。
【天孫】
ニニギ、ホアカリ、
ニギハヤヒ（天孫と同格）

天津神（あまつかみ）と 国津神（くにつかみ）
天津神（スサノオ、ニニギ、ホアカリなど）は天孫族とほぼ同じで、南朝鮮に流浪してきた江南人（海神（海人）族）の影響を受けた倭人（縄文人）が北九州に帰来したものと考える。国津神（大国主、サルタヒコなど）は江南人（海神族）が直接列島に流浪してきたのち、倭人（縄文系）と交雑したものと考える。
　天津神と国津神は、それぞれ、天神と地祇ともいう。一般に、天神は高天原（たかまがはら）に生まれた神、あるいは葦原の中つ国に天降った神で、地祇はこの国土の神とされる。　　　　　　　　　　　　　　　　　　　　　　（藤田）

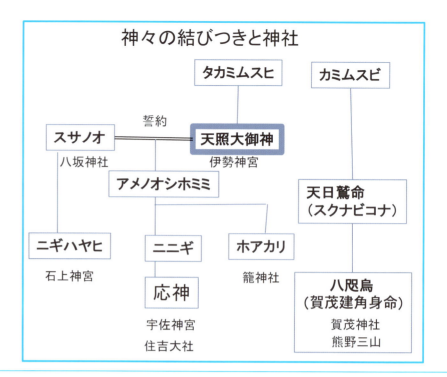

神々の結びつきと神社

天津神とユダヤの影
辰韓と古代中国人との関係を記す、『後漢書』巻85辰韓伝、『三国志』魏書巻30辰韓伝、『晋書』巻97辰韓伝、『北史』巻94新羅伝によると、秦の始皇帝の労役から逃亡してきた秦人あるいは秦の滅亡によって亡民となった秦人に、馬韓はその東の地を割いて与え住まわせ、辰（秦）韓と名づけたという。そのため、秦韓の言葉には秦語（陝西方言。長安に都があった頃の標準語で、この亡民が秦代～前漢代に渡来したことを物語る）が混じり、秦韓人とも称された。秦人は漢人以外の民族を総称することがあり、秦人にはかなりのユダヤ人やペルシャ人が含まれていた。彼らが、中央アジア経由で、倭（ヤマト）や新羅の語源（シラキ）、くしふるの峰、十六菊家紋等々をもってきたと思われる。
　秦韓の地は、倭人が居住する伽耶（弁韓）の大伽耶（伊西国）の北側に位置し、その民の秦人は伽耶の倭人と交雑したと思われる。伽耶の南部の金官国の首露王は天孫のニニギと思われ、1世紀半ば、伊都国に降臨した。その同伴者に祭祀を与る忌部氏の祖、天太玉命が含まれる。天太玉命はユダヤ系かと言われる。忌部氏が天孫族の祭祀を担い、イスラエルの祭祀形式を倭国に持ち込んだ可能性がある。ヤマトはヤハウェ（エホバ）の民（ヤー・ウマト）を意味するヘブライ語に由来するともいう。また、中東系の人々（ユダヤ人やペルシャ人）が「くしふるの峰」を倭国に持ち込み、糸島市の高祖山、高千穂町のくしふる山、橿原市の橿原宮と、天孫族の足跡とともに再生を繰り返した。尚、三貴神の一人のスサノオは、別名をヘブライ語のゴズ（牛頭）といい、蘇民将来のユダヤ伝説に絡み、ユダヤ系であることを匂わせる。スサノオの後のニギハヤヒ（物部の祖）が東征して邪馬台国を建てたとき、ヘブライ語由来の「ヤマト」（倭）に因んだ国名（ヤマト）にした可能性がある。
　応神朝に秦韓の民の末裔で景教徒の秦氏が大挙来倭し、ユダヤ教と景教に因む神道の神社や祭祀、大型土木・建築技術、養蚕等々を倭国に持ち込んだが、ヤマト王権の中枢とは距離を置き、政権には深く関与しなかったと思われる。このように天孫降臨の時代のユダヤ人や応神朝の秦氏がユダヤ教や景教の一神教に因む祭祀様式を持ち込んだが、倭国の多神教の神道に同化され、ユダヤの影響は神社の建築様式や祭祀および日本語の語彙にのみに残されたと思われる。
　　　　　　　　　　　　　　（Facebook　藤田泰太郎タイムライン投稿2020/2/11）

「新羅本記」スサノオ（＝南海次次雄）・天孫［ホアカリ（＝脱解王）と瓊瓊杵（＝首露王）］

イザナギ・イザナミの来訪は紀元前1世紀後半、スサノオの渡来は紀元前後、天孫降臨は1世紀半ば（皇統系図と「新羅本記」の系図の類似性）

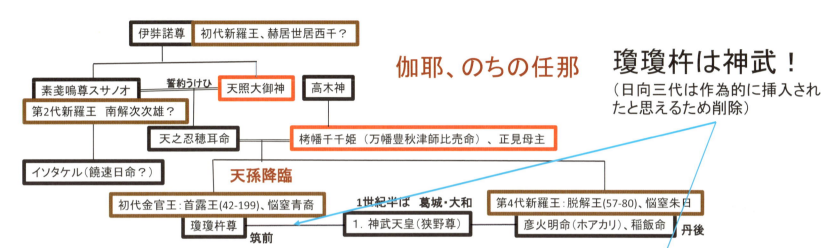

皇統の系譜に作為的に挿入されたと思われる「日向三代」を省くと邇邇芸と神武は同一人となる。また、『日本書紀』及び『古事記』の一書によれば、天火明命（彦火明命）は邇邇芸命の兄とされている。尚、『新撰姓氏録』は、新羅の祖（昔氏の祖、脱解王）は稲飯命（神武の兄）だとしている。稲飯（脱解）が彦火明に当たるとすると、その弟の神武は瓊瓊杵に当たる。

上図は天孫族の系譜を示している。天孫・瓊瓊杵（ニニギ）の兄は彦火明命（ホアカリ）である。『記紀』の神武—開化（1-9代）の系図と『海部氏勘注系図』の彦火明—乎縫（1-11）の系図とを整合性をもたせて並列させることができる。瓊瓊杵と神武が同人格とすると開化まで9代、また彦火明命から乎縫命まで11代となる。両方の代の数の平均を取ると10代で、一代を四半世紀（25年）とし、第10代崇神天皇の即位を西暦315年とすると、瓊瓊（神武）および彦火明（稲飯、神武の兄）の即位は西暦65年となる。この年代は、金官国初代首露王（即位42年）や第4代新羅王脱解王（即位57年）と同年代であると考えられる。すなわち、瓊瓊杵（神武）と首露王は同世代人で、彦火明（稲飯）と脱解王もまた同世代人となる。
因みに、伽耶の伝説『釈利貞伝』によれば「正見母主には悩窒青裔と悩窒朱日の二人の息子があり、悩窒青裔は金官国の初代首露王になり、悩窒朱日は大伽耶の王（脱解王）となった」とのことである。正見母主は、高木神の娘の栲幡千千姫（万幡豊秋津師比売命）であるとすると、天孫（瓊瓊杵と彦火明）は伽耶の出自となりそれぞれ伊都国と丹後国に降臨したことになる。以上より、天孫降臨の年代は1世紀半ばと考える。
『三国史記』「新羅本紀」や『三国遺事』によれば、倭人の瓠公（ここう）が新羅の三王統（朴氏、昔氏と金氏）の全ての始祖伝説に関わったとされる。新羅の始祖王は、朴氏の赫居世居西干（ヒョッコセコソガン、BC57-AD4）であり、第4代新羅王脱解王（AD57-80）を彦火明（稲飯）とすると、2世代前の第2代南海次次雄（スサング AD4-24年）がスサノオに当たり、赫居世居西干が伊邪那岐（イザナギ）に当たる。
（藤田）

稲飯命（イナイノミコト・イナイイノミコト）はウガヤフキアエズとトヨタマヒメの間に生まれた第二子（神武の兄）。『古事記』によると、その後、母の海へと帰って行ったとある。稲飯命は姓氏録の右京皇別「新良貴（シラキ）条」に「新羅の国主になった」「新羅の国王の祖と合わさった」「ただし『日本書紀』にはこのことが書かれていない」と書かれている。また、新羅の4代王の昔脱解（ソクタレ）や部下の瓠公は「倭人」と朝鮮の歴史書の三国史記に書かれている。
（稲飯命 nihonsinwa.com）藤田加筆

瓊瓊杵は神武！

上図によると、瓊瓊杵は、首露王、悩窒青裔あるいは神武（狭野尊）に当たる。瓊瓊杵の兄の彦火明（ホアカリ）は、脱解王、悩窒朱日あるいは稲飯に当たる。しかるに、『記紀』には邇邇芸⇒彦火火出見尊⇒ウガヤフキアエズ⇒神武の系図、所謂「日向三代」が瓊瓊杵と神武の間に挿入されている。この「日向三代」は百越の始祖伝説に酷似しており、人為的に挿入された可能性が高い（後述）。私見では、この「日向三代」はむしろ瓊瓊杵命に続く九州のウガヤ朝の系譜ではないかと考える。
（藤田）

新羅建国と南朝鮮（南韓）の倭人

『三国史記』と『三国遺事』

新羅本紀

『三国史記』は高麗が編纂した正史で、朝鮮半島の三国時代、統一新羅時代さらに後三国時代を扱い、日本の正史である『日本書記』に相当するものである。『三国遺事』は『古事記』に相当する。その中の「新羅本紀」には次の記述がある。

1. 『三国史記』第1巻（新羅本紀）には、日本列島の多婆那国（倭国の北西千里に位置する）から渡来してきた賢者が新羅2代目の長女を娶り、義理の兄弟となり、3代目の死後に4代目の王として即位する説話がある。この王が**脱解王**で、新羅の3王室の一つの昔氏の始祖となる。脱解王と倭人の大輔（総理大臣に相当する）の**瓠公**が政権を掌握して善政を行い、のちに高麗王朝にまで通じる金王朝の始祖となる赤子（脱解の実子との説がある）を王族として養育した。
2. 『三国遺事』には、脱解が、現在の慶州中心部にあった瓠公の土地を手に入れようとするくだりで、「この家（瓠公の家）がある場所は元々私（脱解）の土地だ。私の祖先は鍛冶屋だったから、掘れば砥石や炭が見つかるだろう」と述べている。

（別冊宝島2283　日朝古代史　嘘の起源、室谷克実　監修）
藤田加筆

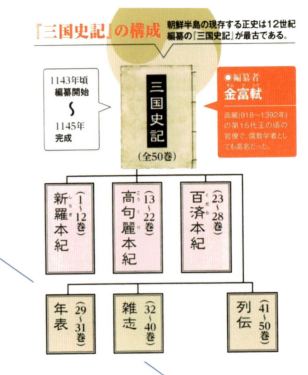

南朝鮮の倭人（西日本縄文人）

　7300年前の鬼界カルデラ噴火の災厄から逃れるため、西日本縄文人は当時殆ど無人であった朝鮮半島に移った。縄文時代前期に入り、朝鮮半島南部（南朝鮮）と西北九州に広がる漁撈文化が興った。その頃から後期の4,000年前頃の世界の冷涼化の開始までは、南朝鮮には専ら西日本縄文人のみが居住していた。冷涼化に伴い、華北人やツングース系の濊・貊人（朝鮮人）が半島へ南下を開始した。また、弥生時代前期・中期の南朝鮮へは華北人に追われた江南人が向かった。したがって、紀元前後の南朝鮮は縄文人がなお多数であったが、華北人や江南人との混血も進んだ。この南朝鮮と西日本の縄文人が倭人と称されるようになった。弥生時代後期になるとさらに華北人の南朝鮮への侵入が多くなり、華北人や江南人、および彼らとの混血の進んだ倭人が、韓人と称されるようになった。弥生時代の列島への渡来人は主に南朝鮮の倭人であり、次いで韓人さらには少数の漢族およびツングース系の朝鮮人であろう。とくに、弁韓、辰韓ではとくに倭人が優勢であったと思われる。
（藤田）

　倭国の**多婆那国**とは丹波国（丹後を含む）と思われる。紀元前後の丹後は製鉄業が進んでいた。脱解の時代の新羅は辰韓と呼ばれ12ケ国から成り立っていたが、そのうちの斯盧（しろ）が発展して新羅となった。当時の倭国は多くの国に分かれていたが、南朝鮮にも倭人の国が多く、特に弁韓と辰韓の国の多くは倭人が支配していた。従って、南朝鮮、北西九州および西日本の日本海沿岸の諸国には、大国主の出雲古国を中心とする、鉄、銅、玉を商う巨大な経済圏（交易ネットワーク）が形成されていた。この経済圏の中核には高炉を備えた製鉄所のある楽浪郡が存在する。尚、脱解とは、丹後に降臨した天（彦）火明命（ホアカリ）と思われる。
（藤田）

『三国史記』「新羅本記」
建国時代の新羅王室の系図と倭人の瓠公

『記紀』の紀元前後からの崇神（神武）東征までの古代史は、新羅、出雲、丹波、但馬や近江などの日本海勢力と密接な関係がある。かくして『記紀』の神世は、『三国史記』の「新羅本記」の初代から4代を基にしているのではないかと推察できる。というのは、スサノオとホアカリが、それぞれ「新羅本記」の第2代南海次次雄と第4代脱解王にあたるのならば、**イザナギとイザナミ**は初代の赫居世居西千夫婦にあたる。ホアカリの弟（ニニギ）を神武天皇に当てていると思われる。さらに、アメノヒボコは第8代阿達羅尼師今の王子の延烏郎である。来倭の時期はちょうど倭国大乱の真最中である。
（藤田）

紀元前1世紀半ば、イザナギとイザナミは伊西国より丹後を経由して近江多賀に落ち着く。イザナギ・イザナミは、伊西国の男・女か。

瓠公（ここう、生没年不詳）は、新羅の建国時（紀元前後）に諸王に仕えた重臣。また金氏王統の始祖となる金閼智を発見する。もとは倭人とされる。新羅の3王統（朴氏、昔氏と金氏）の始祖の全てに関わる、新羅の建国時代の重要人物である。瓠（ひさご）を腰に下げて海を渡ってきたことからその名がついたと『三国史記』は伝えている。

初代新羅王の赫居世居西干（ヒョッコセコソガン）の朴姓も同じ瓠から取られているため、同一人物を指しているのではないかという説がある。

また、脱解尼師今が新羅に着した時に瓠公の家を謀略で奪ったと言う。この瓠公の屋敷が後の月城（歴代新羅王の王城）となった。
（Wikipedia抜粋）藤田加筆

7世紀の『記紀』の編纂者は、12世紀編纂の『三国史記』「新羅本記」の新羅王室の系図（その原典？）を認知していたと思われる。紀元前後の弁韓・辰韓は主として倭人の勢力下にあり、楽浪郡の鉄を核にした南朝鮮と日本海側の倭の国々の経済的ネットワークが存在した。さらに、共通の王室起源の認識もあったと推察する。
（藤田）

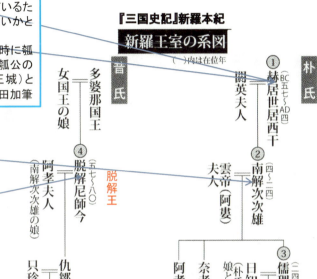

南解次次雄（なんかい じじゆう、新羅の第2代の王（在位:4年 - 24年））この次次雄はスサングと発音され、**スサノオ**に通じる（新羅の神々と古代日本、出羽弘明）。賢者の昔脱解（後の第4代王の脱解尼師今）の噂を聞きつけて取立て、王の長女を嫁がせ、軍事及び政治を任せた。
（藤田）

紀元前後に、北九州を侵しさらに出雲に侵攻し、大国主を敗退させる。息子のイソタケルは伊西国の勇者で伊西国の出自か。

脱解王（脱解尼師今、倭国多婆那国（丹波国か）**ホアカリ**か
　現在の韓国人の直接の祖先である新羅の王が倭人であったことが、朝鮮半島の正史『三国史記』に記されている。その倭人とは、昔氏の始祖の新羅の第四代王である脱解王（在位：西暦57-80年）。脱解王が重用したのも倭人の瓠公（ここう）であり、『三国遺事』（さんごくいじ）は脱解王を「鍛冶（かじ）」だったと記録しており、素戔男尊や天日槍は、脱解王の一族であると考えられる。また、天日槍（＝天之日矛）の妻の比売語曽（ひめこそ）が夫の元を去るとき、「親の国に帰る」と告げているように、南朝鮮は倭国の管轄下にあり、多くの倭人が住み着いていた証拠である。

新羅の第2代王がスサノオであるなら第4代脱解王は孫に当たり、天孫降臨が想起される。

延烏郎はアメノヒボコか
　「迎日」という地名は高麗時代の延日県に由来し、『三国遺事』阿達羅王（在位154-184年）四年（157年）の延烏郎と細烏女の説話に表れる。それによれば、日月の精である延烏郎細烏女夫婦が日本へ渡ったため日月が光を失い、王が使いを寄越したが、延烏郎は日本で王（新羅人が王になったという記録がないことから大王のことではなく地方を治める小王であるとみられる）として迎えられているのを天命として帰国を拒み、代わりに細烏女の織った綃（絹の織物）を与え、それで天を祭ったところ日月が元に戻った事から、天を祭った所を迎日県または都祈野と呼んだのだという。158年、皆既日蝕。
（迎日湾-Wikipedia抜粋）

ニギハヤヒと共に倭国大乱を引き起こし、邪馬台国を建てる。

弥生時代　『新羅本記』

延烏郎、157年倭国へ

イザナギ・イザナミ（伊西国から渡来）

伊西国はイザナギ・イザナミの故地か

（大伽耶（高霊加羅）が高天原か）

伊西国（『三国遺事』、『三国史記』では伊西古国）
伊西国は紀元前後から3世紀末まで、洛東江東岸の大邱近辺に存在した。この地域は伽耶（弁韓、任那の前身）の東端辺りに、日本海側の慶州当たりに辰韓の斯蘆国（新羅の前身）があった。297年、伊西国に攻められ首都金城（慶州市）を包囲されるが、竹葉軍の助力で防衛に成功した。なお、この伊西国と日本のイツツヒコ王国（伊都国か）との間に連携があったとされる（『三国史記』新羅本紀の儒礼尼師今紀）。
（日羅関係－Wikipedia抜粋）

イザナギとイザナミ
『古事記』に、「イザナギの神は多賀（近江湖東）に近い杉坂山に降臨し、多賀にお鎮まりになった（つまりここに移り住み、ここで亡くなった）」と記されている。多賀にはイザナギ、イザナミを祀った多賀大社がある。
多賀から少し南下した守山には弥生後期の巨大な環濠遺跡（伊勢遺跡）があり、大己貴の国（玉牆の内つ国）の中心かと思われる。付近からは大型銅鐸がたくさん出土している。イザナギ、イザナミ両神が、古代朝鮮の伊西（イセ）国から渡ってきた人々だったとすれば、日本で定住した地（近江）に、故郷にちなんで「伊勢（イセ）」と名づけたとしても、まったく不思議ではない。尚、イザナギはイセの男、イザナミはイセの女と解せられる。
（イザナギ、イザナミを韓国語で訳せば、徐延範）＋　藤田

多賀大社（たがたいしゃ）　伊邪那岐命（イザナギ）・伊邪那美命（イザナミ）の二柱を祀り、古くから「お多賀さん」として親しまれた。
（Wikipedia抜粋）　藤田加筆

韓国の言語学者・徐延範氏の著書によれば、≪韓国語のイルタ（言う・告げる）という言葉の語根「イル」の祖語形は、イッである。このイッは、もともと「言」の意であったことになるが、これはイザの祖語形イッと一致している。さらにイザの祖語形であるイッと、「巫女」の意のイチの祖語イッとは、同根語である。歌舞をしたり、予言をしたりするシャーマンの祭儀のことを、イル「巫儀」という。キは「男」の意であり、イザナギは、「巫男」の意であろう。また、イザナミのミは、「女」の意である。すなわち、イザナギ命とイザナミ命が、当時、大巫人であった。≫
「イザ」は地名としてもとらえることができる。弁韓の一国（伊西（イソ）国）のイソが訛ったのがイトである。『魏志倭人伝』に伊都国が記される。伊都国は、伊西国の後継国と考えられる。また、伊西（イソ）は、音韻上伊勢（イセ）に通じる。伊西国の「イソ、イセ」はイザナギ・イザナミのイザにも通じる。すなわち、イザナギ・イザナミは「伊西の男・女」の意味を持つ。
国産み神話の主役であるイザナギ、イザナミ両神が、古代朝鮮の伊西国から渡ってきた人々だったとすれば、日本で定住した地（クニ）に、故郷にちなんで「イセ」と名づけたとしても、まったく不思議ではない。するとイザナギ、イザナミの子である天照大神（卑弥呼とも）が生まれ育ち、やがて女王となる土地（クニ）の名が、「イセ」国だった可能性は、十分ある。近江は、琵琶湖を中心に、湖北、湖東、湖南、湖西のいずれもが、渡来人の影がひときわ濃厚な土地柄である。その中には、大陸で流行していた初期道教の影響を受けた「鬼道」などを用いる、祭祀を司った人々もいたはずである。彼らの中に、卑弥呼の祖先がいた可能性も否定できない。事実、湖東の多賀町には、イザナギ、イザナミを祀った多賀大社がある。『古事記』にも、「イザナギの神は多賀に近い杉坂山に降臨し、多賀にお鎮まりになった」と記されている。湖東から湖南にかけての弥生時代の遺構を時代順に見ると、北から次第に南下しているような印象を受ける。朝鮮半島から渡ってきた人々が、肥沃な琵琶湖沿岸に住み着き、多賀から守山（伊勢遺跡）まで数代、あるいは十代足らずでゆっくりと南下してきた。そして卑弥呼の代に、三十のクニグニからなる連合国家「邪馬台国」の女王に推されたと思われる。
（邪馬台国近江説、後藤聡一）＋　藤田

イソ（伊西）・イト（伊都）・イセ（伊勢）

弥生時代　イソ（伊西）・イト（伊都）・イセ（伊勢）

倭人とされる瓠公

倭人とされる瓠公は、新羅の建国時に諸王に仕えた重臣で、新羅の建国時代の重要人物である。瓠公は新羅の3王統（朴氏、昔氏と金氏）の始祖の全てに関わったとされる。新羅の始祖王である朴氏の赫居世居西干は、瓠公その人であるとの説もある。朴氏の起源地は伽耶（弁韓）の大伽耶の「伊西（イセ）国」とされ、伊勢神宮がある「イセ」と同じ発音である。伊西は古来イソとも発音され、伊都イトとも訛る。従って、伊西国が衰退したので、紀元前後に伊西国に因むスサノオによって筑紫に伊都国が建てられたのではないか。『筑前国風土記』逸文では、天皇の誰何に対して五十迹手（伊都国王か）が「高霊国の意呂山［おろやま］（伊西国の領域の烏禮山［オレサン］か）から、天より降ってきたアメノヒボコの末裔、五十迹手であります」と自らの身元を明かしたとされる。アメノヒボコは、新羅王家の第8代王の王子の延烏郎であると考えている。邪馬台国時代、伊都国は、対馬に起こり南朝鮮の大部分を制圧した任那と連合して、南朝鮮と北西九州を支配する任那・伊都国連合を結んだ。

　新羅王家第2代王南海次次雄がスサノオに当たる。スサノオ本人あるいはその子はイソタケルと呼ばれる。イソタケルのイソは、伊西のイソから由来すると思われる。さらに、最古の神社の一つである石上神宮はイソノカミ神宮と呼ばれるが、これはスサノオの子、イソタケルのイソに起因するのではないか。従って、ヤマトタケル（日本武尊）が日本の英雄を指すようにイソタケルは伊西武尊で伊西国の英雄と解される。興味深いことに、古来「神宮」と呼ばれるのは、伊勢神宮と石上神宮のみである。さらに、伊勢神宮の古名は「磯宮（いそのみや）」であり、イセとイソの繋がりを強く示す。

　新羅王家の朴氏および昔氏は伊西国の倭人の末裔氏族であり、倭人のイザナミ、スサノオ、ホアカリ（脱解王）やアメノヒボコは、ツングース系の濊・貊（高句麗、朝鮮人）の南下により圧迫され、列島に帰来したのではないかと考えている。

（邪馬台国近江説、後藤聡一）＋（天皇の誕生、Net）＋ 藤田

イソタケルはニギハヤヒか？

　スサノオの子、イソタケルは高天原を追放されたスサノオとともに新羅曽尸茂梨に天降り、スサノオがこの地吾居ること欲さずと言ったので、一緒に埴土船で渡って出雲斐伊川上の鳥上峯に至ったとある。そこで、スサノオは八岐大蛇（ヤマタノオロチ）を天羽々斬剣（十握剣）で切り殺した。天羽々斬剣は、布都御魂（ふつのみたま）剣とされ岡山県赤磐市の石上布都魂神社（いそのかみふつみたま）に安置されていたが、崇神天皇の時代に石上（いそのかみ）神宮へ移されたとされている。石上神宮は物部氏が祭祀し、ヤマト王権の武器庫としての役割も果たしてきた。

　石上神宮（いそのかみ）を祭祀する物部氏の祖神と伝わるニギハヤヒは、2世紀中頃に吉備から大和に東征した。従って、スサノオと共に出雲に行ったイソタケル（石のイソと相通じる）の子孫が吉備で勢力を伸ばし、ニギハヤヒと称し、東征して邪馬台国を建てた。

（藤田）

伊西国・伊都国考

　伊西（イセ、イソ）国は、洛東江東岸の大邱近辺に存在した。この地域は伽耶（弁韓、任那の前身）の東端に当たり、日本海側の慶州近辺には辰韓の斯蘆国（新羅の前身）があった。紀元前1世紀半ばから始まる新羅王家の系図（『三国史記』「新羅本記」）の第8代までには、南朝鮮の倭人が深く関与していることを窺わせる。すなわち、天津神のイザナギ、スサノオ、ニニギやホアカリ、アメノヒボコを、この系図上に位置づけることが可能である。

　紀元前後の頃は、伊西国と斯蘆国とはお互い緊張関係にはなかったように思われる。しかし、濊（高句麗の前身）の南下が激しくなり、斯蘆国が濊族の影響下に置かれると、伊西国は斯蘆国に圧迫され、その王族の一部集団（スサノオらか）が九州北部へ移住し、伊都国（イトはイソの訛り）を建国した。2世紀中頃までには、伊都国は奴国を圧倒した。奴国の嫡流の和邇氏は近江・湖西に遷った。伊西国は、伊都国と協働し斯蘆国を圧迫したこともあったが、結局3世紀末に伊西国は斯蘆国によって滅ぼされた。スサノオの息子のニギハヤヒは東征して、邪馬台国を建てた。邪馬台国時代、伊都国は対馬に興り伽耶（弁韓）を領した任那と連合（任那・伊都国連合）を組み、南朝鮮と北九州に勢力を広げた。この連合の中心が崇神で、東征して邪馬台国を解体させ、崇神王朝を開いた。

（藤田）

滋賀県守山市伊勢遺跡

伊勢遺跡全景CG（小谷正澄氏作成）

スサノオ（素戔嗚、須佐之男）

『旧約聖書』と『記紀』のアナロジー、カイン追放とスサノオの神逐
── シュメールとユダヤの影 ──

『旧約聖書』という呼称は旧約の成就としての『新約聖書』を持つキリスト教の立場からのもので、ユダヤ教ではこれが唯一の「聖書」であり、ヘブライ語で記載されている。『旧約聖書』（創世記）の天地創造と『古事記』と『日本書紀』『記紀』（神代編）の天地開闢、さらに両書の「闇と光の概念」には相通じるところがある。また、『旧約聖書』（創世記）によれば、カインとアベルはアダムとイヴの失楽園後に生まれた兄弟であるが、カインはヤハウェへの供物のことでアベルを憎み殺害する。カインはこの罪により、エデンの東にあるノド（「流離い」の意）の地に追放された。ヤハウェは、アベルの代わりにセト（セツ）を授けた。一方『記紀』（神代編）によれば、スサノオはイザナギとイザナミの間に産まれた三貴子（天照大神、ツキヨミ、スサノオ）の末子に当たる。天照大神には高天原を、ツキヨミには夜を、スサノオには海原を治めるようにとの達しがあった。スサノオはそれを断り、母神イザナミのいる根之堅洲国に行きたいと願い、イザナギの怒りを買って追放されてしまう。そこで母の故地、出雲と伯耆の境近辺の根の国へ向う前に姉の天照大神に別れの挨拶をしようと高天原へ上るが、天照大神は弟が攻め入って来たのではと思い武装して応対し、二柱は疑いをはっきり究明するために誓約（うけひ）を行う。我の潔白が誓約によって証明されたとして高天原に滞在するスサノオだったが、滞在できることになると次々と農耕の慣行を破る天津罪を犯し、天照大神はかしこみて天の岩屋に隠れてしまった。そのため、スサノオは天津高天原を追放された。これを（神逐）という。

『旧約聖書』（創世記）にはシュメール神話に基づいていると思われる所が多々ある。創世記の天地創造やカインの追放にもシュメール神話の影響がみられる。カインの追放に続く「ノアの箱舟」とほぼ同じ内容の説話がシュメールの『ギルガメシュ叙事詩』に語られる。5800年前頃（縄文時代前期）、シュメール人がメソポタミアにやって来ると、メソポタミア文明の一大ブレークとも言うべき現象が起きた。天文と暦を始め、美術、建築、宗教は言うに及ばず、社会機構、日常の細かな慣習から楔形文字の発明に至るまで、シュメール人の成せる画期的偉業であった。しかしながら、4380年前にシュメール都市国家にセム族が侵入。セム族がアッカド建国。4200年前にはシュメールが再び奪い返すが、4000年前にはセム族がバビロニア建国。メソポタミアのシュメール人は壊滅した。敗北したシュメール人は、海洋民族になり世界各地に拡散していったといわれる。シュメール文化が滅びたのは地球の気候の寒冷化が始まる縄文時代後期にあたる。また、フェニキアがインド洋に進出したのは気候の寒冷化が本格化する3000年前の縄文時代晩期である。海洋民族となったシュメール人や海洋民族のフェニキア人が日本に達していたとの痕跡は、太平洋岸の各地に残る楔形文字の痕跡を残すフェニキアの岩刻文字ペトログラフなどにみられる。シュメール語は日本語と同じ助詞を使う膠着語である。ちなみに、『古事記』は部分的にシュメール語で読めると言う。また、天皇を「スメラ」と言う。この語は、古代バビロニアの「Sumer（スメル）」と似ているだけでなく、シュメールと発音されていた。ちなみに「スメラギ」はSumerの複数形である。さらに、「ミコト」や「ミカド」は「Migut（ミグ）」が訛ったもので「天降る（天孫降臨か）開拓者」の意で「神」を意味する。神道の精神的基盤は縄文時代の西日本と江南との文化交流により形成されたと思われる。日本語の基となった古日本語は縄文時代後期末に形成されたと言われる。かくして、シュメール語が古日本語の形成に影響を及ぼした可能性が充分にある。

『記紀』の神代の記述は、ユダヤの『旧約聖書』（創世記）を想起させるに充分な類似性がある。南朝鮮にあるとされる高天原を追放された倭人のスサノオは、北九州に侵攻して櫛名田姫を妻にし、さらに出雲を侵し、大国主のことと思われる八岐大蛇を十握剣（布都御魂剣）で殺した。このスサノオにはユダヤ人の血が混ざっていると思われることについて次に述べる。

新羅の前身とされる辰韓と古代中国との関係を記す、『後漢書』辰韓伝、『三国志』魏書辰韓伝、『晋書』辰韓伝、『北史』新羅伝によると、秦の始皇帝の労役から逃亡してきた秦人あるいは秦の滅亡によって亡民となった秦人に、馬韓（百済の前身）は、その東の地を割いて住まわせ、辰（秦）韓と名づけたという。そのため、秦韓の民の言葉には秦語（陝西方言、長安に都があった頃の標準語）が混じり、秦韓人とも称された。秦人は漢人以外の民族を総称することがあり、秦人にはかなりのユダヤ人やペルシャ人が含まれていた。彼らが、中央アジア経由で、倭（ヤマト）や新羅の語源（シラキ）、皇室の十六菊家紋等を持ち込んだと思われる。

秦韓の地は、倭人が居住する伽耶（弁韓）の大伽耶（伊西国）の北側に位置し、その民の秦人は伽耶の倭人と交雑したと思われる。伽耶の南部の金官国の初代首露王は天孫のニニギと思われ、1世紀半ば、伊都国に降臨した。その同伴者に祭祀を与る忌部氏の祖、天太玉命がいるが、彼はユダヤ系と云われる。忌部氏が天孫族の祭祀を担い、ユダヤの祭祀形式を倭国に持ち込んだ可能性がある。ヤマトはヤハウェ（エホバ）の民（ヤー・ウマト）を意味するヘブライ語に由来するともいう。尚、スサノオは、別名をヘブライ語のゴズ（牛頭）といい、蘇民将来のユダヤ伝説に絡み、ユダヤ系であることを匂わせる。スサノオの後のニギハヤヒ（物部の祖）が後世東征して大和に邪馬台国を建てたとき、ヘブライ語由来の「ヤマト」に因んだ大和国名（ヤマト）にした可能性がある。

応神朝に秦韓の民の末裔で景教徒の秦氏が大挙来倭し、ユダヤ教と景教に因む神道の神社や祭祀、大型土木・建築技術、養蚕等々を倭国に持ち込んだ。このように天孫降臨の時代のユダヤ人や応神朝の秦氏がユダヤ教や景教の一神教に因む祭祀様式を持ち込んだが、倭国の多神教の神道に同化され、ユダヤの影響は神社の建築様式や祭祀および日本語の語彙、『記紀』の神話にのみに残されたと思われる。

ユダヤ起源とされる「蘇民将来」の説話に因む災厄払いの民間信仰、「茅（かや）の輪くぐり」は、各地の神社で行われる祓（はらえ）の儀式である。大祓（おおはらえ）は天下万民の罪穢を祓うという儀式で、宮中と伊勢神宮で執り行われ、中臣の祓とも言われる。中臣氏は物部氏とともに仏教受容問題で蘇我氏と対立した。中臣鎌足は大化の改新で活躍し、藤原姓を賜った以後、鎌足の子孫は藤原氏を名乗ったが、本系は依然として中臣を称した。古来中臣氏と並んで祭祀職を担った忌部氏は退けられ、中臣氏が神祇官・伊勢神官など神事・祭祀職を世襲した。

大祓では長文の大祓詞を奏上する。大祓詞には地上で国の人間が犯す罪が主体の「国津罪」よりも農耕に関する慣行を破ることが主体の「天津罪」のほうを先に列挙しており、古代ではこちらのほうが共同体秩序を乱す大罪と考えていたことが窺える。高天原の秩序を乱したスサノオは、八十万神の合議により千座置戸（ちくらおきど）を科せられたうえで神逐（かんやらい）すなわち追放刑に処せられた。大祓詞では、実名こそ伏せられているが、暗にスサノオだけを集中的に攻撃していると解釈できる。普通に考えると、「天津罪を犯したスサノオは、悪神の象徴であり、本来は"あってはならない神様"だ」ということになる。

物部氏の総氏神である石上神宮の主祭神は、布都御魂大神（ふつのみたまのおおかみ、神体の布都御魂剣（武甕槌神（タケミカズチ）の剣に宿る神霊）である。不可思議なのは、石上神宮の主祭神が武甕槌神のもっていた剣（出雲の国譲りと神武東征で圧倒的パワーを誇示した）に宿る布都御魂大神となっていて、八岐大蛇（大国主と考える）を殺した天羽々斬剣（十握剣、布都御魂剣ともいう）に宿る神霊の布都斯魂大神が配神となっていることである。一方、藤原氏（中臣氏）の総氏神の春日大社の主祭神は武甕槌命であり、飛鳥時代の政治を支配した藤原氏に対する『記紀』における配慮・忖度として、出雲の国譲りでの武甕槌神に圧倒的パワーと、神武東征での渋いサポートが割り振られたと思われる。その証拠に武甕槌神が大活躍する国譲りだが、別の伝では香取神宮の祭神の経津主命（物部氏の祖神）だけで国譲りを成す。すなわち、武甕槌神は『記紀』の編纂者が創案した架空の神と思われる。この架空の武甕槌神が春日大社の主祭神に祭り上げられると共に、石上神宮の主祭神もまた武甕槌神のもっていた剣に宿る布都御魂大神とされたのであろう。実際の所、経津主命は布都御魂大神（布都御魂命ともいう）と同神で、スサノオが出雲で八岐大蛇（大国主か）を退治した際に使用した剣（布都御魂剣、天羽々斬剣）を神格化したもの考えられ、かくして、布都御魂命はスサノオと同神と考えられる。

天照大御神の嫡流の天之忍穂耳命の御子で天孫のニニギの子孫（藤原氏）が支配した飛鳥時代に編纂された『古事記』と『日本書紀』において、物部氏の実質的な祖神と考えられるスサノオを出雲の国譲りでの主役の地位から外すことにより、物部氏は飛鳥時代のヤマト王権の中枢から除外されたと推察する。かくして、神祇官である中臣氏が奏上した大祓詞においても、天津罪を犯したスサノオは神逐（かんやらい）すなわち高天原からの追放刑に処せられた悪神とされた。

（Facebook　藤田泰太郎タイムライン投稿 2021/3/7 投稿）

スサノオ
天津神のなかで実在性が認められうる最古の神格　系譜上、スサノオと大山祇とは密接に関連

紀元元年頃までに、大国主は倭国（南九州と東北を除く）に玉、青銅器、鉄器の経済ネットワークを構築していた。1世紀初めスサノオ（新羅本記の第2代南海次次雄にあたる？）とイソタケル（スサノオと同一人あるいはその子）は大伽耶より、まず海神（海人）族の奴国と出雲古国の勢力下にある北九州に侵攻して、大山祇神の孫娘、肥前神崎の櫛名田姫（天照大神かも、スサノオの侵攻前は大国主の妻かも）を妻とし、伊都国を建てる。さらに出雲に侵攻して、布都御魂剣（十握剣）で大国主（八岐大蛇）を倒し、出雲古国を崩壊させた。その後、吉備に向うが本拠は伊都国に置く。さらに、『後漢書』に登場する倭国王師升とはスサノオのことと思われ、107年に安帝に使いを送った。　　　　　　　　　　（藤田）

五十猛神（イソタケル、イタケル）は、日本神話に登場する神。「イタケル」とも読まれる。『日本書紀』や『先代旧事本紀』に登場する。『古事記』に登場する大屋毘古神（オホヤビコ）と同一神とされる。射楯神（いたてのかみ）とも呼ばれる。須佐之男命（スサノオ）の子で、オオヤツヒメとツマツヒメは妹神。また、イソタケルは伊西武で、大伽耶の伊西（イソ）国の勇者を意味するか。尚、イソタケルはニギハヤヒであるとの説がある。
（Wikipedia抜粋）　藤田加筆

素戔嗚尊(すさのおのみこと)の子。父とともに新羅(しらぎ)に渡ったが、のち、樹種を持って出雲に移住し、全国に植林した。和歌山市伊太祈曽（いだきそ）の伊太祁曽神社の祭神。大屋毘古命と同神ともいう。　　　　（コトバンク）

弥生時代　スサノオ

スサノオ―Wikipedia抜粋　藤田加筆・改文

　スサノオ（スサノヲ、スサノオノミコト）は、『日本書紀』では素戔男尊、素戔嗚尊等、『古事記』では建速須佐之男命（たけはやすさのおのみこと）、須佐乃袁尊と表す。『古事記』の記述によれば、神産みにおいて伊弉諾尊（伊邪那岐命・いざなぎ）が黄泉の国から帰還し、日向の橘の小戸の阿波岐原で禊を行った際、鼻を濯いだ時に産まれたとする。『日本書紀』では伊弉諾尊と伊弉冉尊（伊邪那美命・いざなみ）の間に産まれた三貴子の末子に当たる。三貴神（三貴子）のうち天照大神は高天原を、月夜見尊は滄海原（あおのうなばら）または夜を、素戔嗚尊には夜の食国（よるのおすくに）または海原を治めるように言われた。

　『古事記』によれば、建速須佐之男命はそれを断り、母神伊邪那美のいる根之堅洲国に行きたいと願い、伊邪那岐の怒りを買って追放されてしまう。そこで母の故地、出雲と伯耆の境近辺の根の国へ向う前に姉の天照大神に別れの挨拶をしようと高天原へ上るが、天照大神は弟が攻め入って来たのではと思い武装して応対し、二柱は疑いをはっきり究明するために誓約（うけひ）を行う。我の潔白が誓約によって証明されたとして高天原に滞在する建速須佐之男命だったが、滞在できることになると次々と粗暴を行い、天照大神はかしこみて天の岩屋に隠れてしまった。そのため、彼は高天原を追放された（神逐）。

　出雲の鳥髪山（現在の船通山）へ降った建速須佐之男命は、その地を荒らしていた巨大な怪物八岐大蛇（八俣遠呂智）への生贄にされそうになっていた美しい少女櫛名田比売（奇稲田姫・くしなだひめ）と出会う。建速須佐之男命は、櫛名田比売の姿を歯の多い櫛に変えて髪に挿し、八俣遠呂智を退治する。そして八俣遠呂智の尾から出てきた草那芸之大刀（くさなぎのたち、紀・草薙剣）を天照御大神に献上し、それが古代天皇の権威たる三種の神器の一つとなる（現在は、愛知県名古屋市の熱田神宮の御神体となっている）。その後、櫛から元に戻した櫛名田比売を妻として、出雲の根之堅洲国にある須賀（すが）の地（中国・山陰地方にある島根県安来市）へ行きそこに留まった。そこで、「八雲立つ 出雲八重垣 妻籠に 八重垣作る その八重垣を」と詠んだ。これは日本初の和歌とされる。また、ここから「八雲」は出雲を象徴する言葉ともなった。その須賀の地で二人は大国主命などをもうけた。（『日本書紀』では大国主を大已貴神（おおあなむちのかみ）と称する。）『古事記』では大国主命は彼の6代後の子孫としている。

　『記紀』で大国主はスサノオの子あるいは六世孫とされるが、大国主はスサノオが渡来する幾世紀も前から出雲古国の王として君臨していた。従って、大国主がスサノオの子孫ということはあり得ない。　　（藤田）

　『日本書紀』における八岐大蛇の記述がある一書第4では、天から追放された素戔嗚尊は、新羅の曽尸茂梨（そしもり）に降り、この地吾居ること欲せず「乃興言曰 此地吾不欲居」と言い、息子の五十猛神（いそたける）と共に土船で東に渡り出雲国斐伊川上の鳥上の峰へ到った後、八岐大蛇を退治した。（なお出雲の伝説ではスサノオらの上陸地点は出雲国に近い石見国・五十猛の海岸であるといわれ、ここから出雲国へ向かったとされている。）また続く一書第5では、木がないと子が困るだろうと言い、体毛を抜いて木に変え、種類ごとに用途を定め、息子の五十猛、娘の大屋津姫命（おおやつひめ）、枛津姫命（つまつひめ）に命じて全国に植えさせたという。大国主の神話において根の国の須佐之男命の元にやってきた葦原色許男神（あしはらしこを、後の大国主命）は、須佐之男命の娘である須世理比売（すせりひめ）と互いに一目惚れするが、須佐之男命は葦原色許男神に様々な試練を与える。葦原色許男神は須世理比売の助けを得ながらそれらを克服したので、須佐之男命は葦原色許男神に、須世理比売を妻とすることを認め大国主という名を贈った。（次ページにつづく）

須佐之男命。歌川国芳作

スサノオ（つづき）

　スサノオの八岐大蛇退治の英雄譚は優秀な産鉄民を平定した象徴と見る説も根強く、草薙剣の取得はその象徴であるとの解釈も多い。また、日本初の和歌を詠んだり、木の用途を定めたりなど文化英雄的な側面もある。これは多数の伝承をまとめて一つの話にしたためとする説もあるが、彼が成長するにつれて見せる側面であるとする説もある。

　『記紀』神話においては出雲の神の祖神として書かれているスサノオであるが、『出雲国風土記』では彼はあまり登場しない。しかし、基本的には『記紀』、風土記をそれぞれ眺めると出雲との結びつきが強い神といえる。出雲国西部の奥出雲町にはスサノオが降臨したといわれる鳥髪峰（現：船通山）、それに隣接する安来市は彼が地名をつけたという風土記の記述もある。また、前述の通り八岐大蛇退治は産鉄民の平定を象徴すると見る説があるが、これらの地域はアマテラスへの献上の草那芸の大刀、大国主命への譲渡した生大刀など日本刀の源流とされる神話があり、古代よりたたら製鉄が盛んだった流れに起因する。
（藤田）

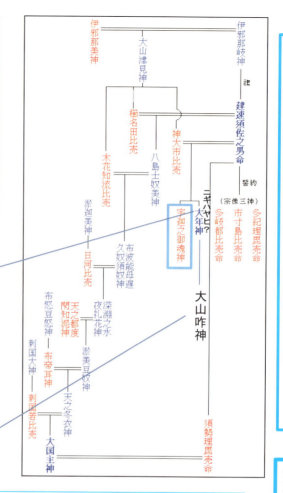

左図によると、須佐之男命（素戔嗚尊、スサノオ）と大山津見神（大山祇神、三島神）の系譜は密接に関連している。須佐之男命の二人の妻は大山積見神の娘の櫛名田比売と神大市比売である。スサノオの息子のイソタケルは何れの妻の御子であろうか。イソタケルはニギハヤヒであり、ニギハヤヒは神大市比売との間の子の大年神であるとの説がある。スサノオとイソタケル（ニギハヤヒ）は、紀元前後に出雲で布都御魂剣により八岐大蛇（大国主か）を倒した。ニギハヤヒは布都御魂剣を吉備に持ち込み、吉備（筑前でも）で力を蓄えた。2世紀半ばニギハヤヒの子孫はその息子の天香語山と共に布都御魂剣を掲げてアメノヒボコと大山祇神の後裔を伴い河内へと東征し、大和に入り邪馬台国を建てた。ニギハヤヒは物部氏の祖神であり、布都御魂剣は物部氏の総氏神である大和の石上神宮に納められている。ニギハヤヒは大山祇神の孫に当たり、物部氏と大山祇神との浅からぬ関係を窺い知ることができる。ちなみに、伊予の大山祇神神社の神主の越智氏は物部の一族である。
（藤田）

大年神（おおとしのかみ）－Wikipedia抜粋　藤田加筆

　スサノオと神大市比売（かむおおいちひめ・大山津見神の娘）の間に生まれたのが大年神である。毎年正月に各家にやってくる来方神であり、「年」は稲の実りのことで、穀物神であり、また、家を守ってくれる祖先の霊、祖霊として祀られることもある。
大年神は、ニギハヤヒと同人格とされることがある。
（藤田）

大山咋神－Wikipedia抜粋　藤田加筆

　大年神とアメノチカルミヅヒメの間の子である。名前の「くい（くひ）」は杭のことで、大山に杭を打つ神、すなわち大きな山の所有者の神を意味し、山の地主神であり、また、農耕（治水）を司る神とされる。『古事記』では、近江国の日枝山（ひえのやま、後の比叡山）および葛野（かづの、葛野郡、現京都市）の松尾に鎮座し、鳴鏑を神体とすると記されている。なお、大山咋神は里山に鎮まるとされることから、『古事記』の「日枝山」とは、比叡山全体というより、里山である八王子山（比叡山の一部）を指すとする説もある。

　「日枝山」には日吉大社が、松尾には松尾大社があり、ともに大山咋神を祀っている。日枝山と松尾については、共通の祭神を祀る社の存在だけではなく、八王子山と松尾山の両方に巨大な磐座と、古墳群（日吉社東本宮古墳群、松尾山古墳群）が存在し、ともに漢人系氏族（三津首（みつのおびと）氏、秦氏）に祀られるなど、共通点が多いことが指摘されている。特に、古墳群については、それらの古墳の埋葬者の勢力範囲と、大山咋神の神域とされる範囲の一致する可能性が指摘されている。比叡山に天台宗の延暦寺ができてからは、最澄によって、天台宗および延暦寺の結界を守る守護神ともされた。この理由として、最澄が、大山咋神を祀る漢人系氏族である「三津首氏」の出身であり、大山咋神の神域についての深い知識を有していたことが指摘されている。

　大山咋神の別名山王（さんのう）は中国天台山の鎮守「地主山王元弼真君」に倣ったものである。なお、比叡山には、本来、山の全域において、大山咋神の他にも多数の神が祀られており、最澄が延暦寺の守護神として認識したのは、大山咋神だけでなく、その他の「諸山王」を含めた、比叡山の神々全体のことであったとも指摘されている。

　天台宗が興した神道の一派を山王神道と言い、後に天海が山王一実神道と改めた。太田道灌が江戸城の守護神として川越日吉社から大山咋神を勧請して日枝神社を建てた。江戸時代には徳川家の氏神とされ、明治以降は皇居の鎮守とされている。

伽耶（大伽耶の伊西国）からの渡来者のスサノオによって退治された八岐大蛇（ヤマタノオロチ）は出雲の大国主（大穴持）ではないか。大穴持が敗退し出雲古国は滅びた。このヤマタノオロチ伝説は出雲の須佐郷での出来事に矮小化されているが、この伝説は紀元前後、スサノオによって出雲勢力が北九州および西出雲から駆逐されたことを意味するのではないか。尚、大山祇神の孫娘である櫛名田姫は元々神崎の土着の姫巫女で、スサノオは大山祇神と協働して北九州から出雲勢力の駆逐するため、妻にしたのではないか。

　さらに、高天原からアメノホヒが派遣され、スサノオと協力して出雲王朝が建てられた。
（藤田）

スサノオと八岐大蛇伝説、そして
スサノオルート、筑前⇒石見⇒備後

　伽耶（大伽耶の伊西国）からの渡来者で天神の素戔嗚命（須佐之男命、スサノオ）がイザナギから始まる皇統譜で最初の実在性が極めて高い人格と思われる。スサノオは大伽耶から筑紫に侵入、さらに出雲に侵攻した。その後スサノオは石見から備後・三次から備後・新市に達したと思われる。

　吉備で力をつけたスサノオの後の饒速日（ニギハヤヒ）が率いる物部軍団が、吉備から東征して葛城・大和を制圧し、さらに近江・湖南に向かって北上し大己貴の国（玉牆の内つ国）の都の伊勢遺跡を瓦解させた（倭国大乱）。ニギハヤヒ（孝霊天皇と同人格）は纒向遺跡を都とする邪馬台国を建てた。邪馬台国（孝霊天皇から開化天皇）は西に向かい伊都国・任那連合を勢力下においた。このようにスサノオとニギハヤヒに代表される物部氏が、任那をも含む列島の西部を中心とする邪馬台国を建て、倭国を統合したと云える。

　『記紀』の八岐大蛇伝説は、『記紀』神話の根幹をなすものと考えている。出雲の鳥髪山（現在の船通山）へ降ったスサノオは、その地を荒らしていた巨大な怪物、八岐大蛇（ヤマタノオロチ、八俣遠呂智）への生贄にされそうになっていた大山祇神（大山津見神、三島神）の孫娘の櫛名田姫（櫛稲田姫（クシイナダヒメ）、稲田姫（イナダヒメ））と出会う。スサノオは、八俣大蛇（大国主と思われる）を退治する。そして八俣大蛇の尾から出てきた草薙剣（くさなぎのつるぎ）を天照御大神に献上し、それが天皇の権威たる三種の神器の一つとなる。（現在、草薙剣は熱田神宮（名古屋市）の御神体となっている。）
ちなみに、八岐大蛇を斬殺した布都御魂剣は、ニギハヤヒの東征で掲げられ、葛城・大和を制圧後、物部氏の総氏神の石上神宮に神宝として納められている。

　八岐大蛇伝説はスサノオとクシイナダヒメが、民を苦しめる八岐大蛇を退治するというストーリーであるが、私見では、物部の太祖神たるスサノオがクシイナダヒメの父方の大山祇神（三島神）の協力を得て、大国主などの出雲系神々を成敗するというのが八岐大蛇伝説の基本構造であろう。スサノオは大山祇神の娘（神大市姫）や孫娘（櫛名田姫）を妻とすることにより、大山祇神との協力関係を築いた。天孫の瓊瓊杵尊（ニニギ）もまた大山祇神の娘の木花之開耶姫を妻として大山祇神と九州統治で協働した。因みに、スサノオと神大市姫の間の御子が大年神で、大年神がニギハヤヒであるとの説がある。

　スサノオは生前、筑前と出雲を行き来していたと思われるが、出雲から吉備にも勢力を伸ばしている。スサノオは石見から江の川を遡り、吉備の一国の備後の三次に達し、三次から芦田川の上流域に入り、芦田川を下って新市に至る。この古代の道は川の道でスサノオの道と云われ、瀬戸内海西部を経由せずに筑前から吉備の一国の備後に入るルートで**スサノオルート**とも呼ぶ。このスサノオルートにはスサノオを祀る備後三大祇園、即ち須佐神社（三次市甲奴町）、素盞嗚神社（福山市新市町）と沼名前神社（福山市鞆の浦）がある。

（藤田）

素盞嗚神社（主祭神：素盞嗚尊、配神：稲田姫命と八王子（やはしらのみこ）、素盞嗚尊の8人の王子）が鎮座する。素盞嗚神社は祇園信仰、祇園祭発祥の式内社で、備後国一宮を称する。この神社は蘇民将来伝承の発祥地とも見なされている。また、素盞嗚神社から八坂（やさか）神社に素戔嗚尊（牛頭天王：武塔天神）が勧請された。八坂神社は全国にある八坂神社や素戔嗚尊を祭神とする関連神社（約2,300社）の総本社であり、通称として祇園さんとも呼ばれる。祭神は素盞嗚神社と同じく、主祭神を素戔嗚尊とし、東御座に櫛稲田姫命、西御座に八柱御子神（素戔嗚尊の8人の子供）を配する。尚、西御座に蛇毒気神（だどくけのかみ）が祭られていて、八岐大蛇が変化したものと考えられている。

（藤田）

素盞嗚神社

拝殿（日本のゆかしい神社旅、Net）

大鳥居（Wikipedia）（境内東端、石造り。江戸時代中期元禄時代の建立）

須佐神社と武塔神社

三次市甲奴町小童（ヒチ）には隣接して須佐神社（祭神：須佐之男命）と武塔神社（祭神：武塔天神）が鎮座する。

須佐神社（備後三祇園のひとつ、小童（ひち）の祇園さん）（ameblo.jp）

武塔神社（ameblo.jp）

『備後国風土記逸文』にある「吾（武塔神）は速須佐雄の神なり、後の世に疫気あらば、汝、蘇民将来の子孫と云ひて、茅の輪を以ちて腰に着けたる人は免れなむ」の記述から、武塔神は須佐之男命と同一神であることが分かる。したがって、小童の須佐神社と武塔神社の祭神は同一神で、ともに疫病除けの神話を基に信仰を集めてきたと言える。尚、武塔神とは牛頭天王の別名とされる。

（藤田）

弥生時代　スサノオ

スサノオ（素戔嗚）はユダヤ系か

素盞嗚神社と蘇民将来

素盞嗚神社(すさのおじんじゃ)は、福山市新市町にある神社。祇園信仰、祇園祭発祥の式内社で、備後国一宮を称する。この神社は蘇民将来伝承の発祥地とも見なされている。

蘇民将来伝説に因む災厄払いの民間信仰、茅(ち)の輪くぐりは、備後国風土記逸文にある「疫隈の国つ社」(素盞嗚神社の古名)を祭る由来が起源とされる。荒ぶる神と二人の兄弟をめぐる逸話である。

＜昔、北の海に坐しし武塔の神。南の海なる神の女子を結婚に坐すに日暮れぬ。その所に蘇民将来、二人ありき。＞

求婚の旅に出た武塔神がある日暮れ、蘇民将来という貧しい兄と、裕福な弟に出会った。一夜の宿を請うと、弟は金を惜しんで拒み、兄は粗末な家で精いっぱいもてなした。年月を経て、武塔神が8人の御子神を連れて帰る際、兄を訪れてお礼をしたいと申し出た。

「汝が子孫其が家に在りや」「己が女子と婦と侍る」「茅の輪を以ちて腰の上に着けしめよ」

逸文は話の顛末をこう記す。＜即夜に蘇民の女子一人を置きて、皆悉く殺し滅してき＞「将来に民が蘇るとの名の通り、娘一人だけが助かり、子孫を残した。残酷なようですが、不条理に命を奪われる疫病観も背景にあるのでしょう。」日本地名研究所所長の関和彦氏はそう話す。

武塔神は、皆を滅ぼした直後、「吾は速須佐雄の神ぞ」と正体を明かす。そして、「後の世に疫気あらば、汝、蘇民将来の子孫と云いて、茅の輪を以ちて腰に着けて在る人は、免れなむ」

「出雲から備後に進出した 素盞嗚集団を、ある一族は拒んで滅ぼされ、別の一族は受け入れて栄えた。そんな史実があったのでしょう」吉備津神社禰宜で、広島民俗学会理事の尾多賀氏はいう。

素盞嗚神社付近は、瀬戸内海が入り込んで江隅と呼ばれる土地があった。同神社は蘇民将来の伝承の地として、茅の輪発祥の地を名乗る。この伝承は海上交通の要衝だった福山市南部の鞆の浦などを経て全国に広がった。「茅の輪をつければ誰でも、蘇民将来の子孫を名乗れるという寛容性も、伝承が多くの人々に受け入れられた要因でしょう。」と関氏は言う。

（産経新聞2018/7/25 地方に息づく 神と王の物語・神話）＋（Wikipedia抜粋） 藤田加筆

（民家につるされている茅(かや)の輪、産経新聞）

蘇民将来の起源はユダヤ教の過越祭（すぎこしのまつり）か？
過越祭：ユダヤ教の祭日の一つ。英語でPassover。ユダヤ暦ニサン月14日の夜から1週間。奴隷状態にあったユダヤ民族のエジプト脱出を記念する。神がエジプト中の初子を殺したとき、仔羊の血を門口に塗ったユダヤ人の家だけは過ぎ越したという故事にちなむ。初日に〈セデル〉という正餐をとる。
（ことばんく）
蘇民将来の伝説はスサノオ集団の侵略性を暗示するか。

茅の輪くぐりとは、参道の鳥居などの結界内に、茅（ちがや）という草で編んだ直径数メートルの輪を作り、これをくぐることで心身を清めて災厄を祓い、無病息災を祈願するというものである。日本神話のスサノオノミコトに由来するといわれ、唱え詞を唱えながら8の字に3度くぐり抜ける。

茅の輪くぐりは、毎年6月30日に各地の神社で執り行われる「夏越の祓（なごしのはらえ）」で行われる儀式であり、茅の輪くぐりが夏越の祓と同義で呼ばれるほど、日本に定着している風習である。
（Beyond編集部）藤田加筆

スサノオの出雲侵攻と吉備進出

石見から吉備に入るルートは、次のように考えられる。日本海から江の川を遡り三次に入る。三次から峠を越え芦田川上流域から芦田川を下り備後の新市に入る。以後、旧山陽道を東進し、備中や備前に達する。このルートには確かにスサノオの痕跡が認められる。（スサノオとイソタケルは新羅から追放され、石見に上陸したとの説がある。三次には須佐神社（祭神：須佐之男命）と武塔神社（祭神：武塔天神）が鎮座する。） また、備後・新市のスサノオを祀る古社の素戔嗚神社があり、全国の素戔嗚神社の元社と考えられている。スサノオ一族は筑前を本拠地としていたと思われ、筑前から海路日本海沿いに石見に入り、江の川を遡り、三次経由で芦田川を下って新市に入り、古山陽道を辿り備中・備前に向かう。本ルートは**スサノオルート**と呼べるものだと思う。（紀元前後当時、九州と本州は陸続きで、関門海峡はなかったとの説がある(FB情報)。）

四隅突出型墳丘墓の発祥の地の三次からスサノオ軍団の別動隊（スサノオ配下の三次の豪族、アメノヒボコと関連か）が、出雲に上陸したスサノオの一団と連動して揖斐川流域に攻め込み出雲古国を滅ぼしたとも考えられる。この仮説は、今後の検証を要すると思うが、魅力的で充分蓋然性がある。

（追記）スサノオルートで三次に進出していたのはアメノヒボコではないか。アメノヒボコは大型墳丘墓を造る技術を三次に持ち込み四隅突出型墳丘墓を造営したか。アメノヒボコはスサノオと協働して出雲に侵攻して出雲古国を滅ぼし、さらに備後・新市経由で吉備の総社に進出し、楯築遺跡などの大型弥生墳丘墓を造営したか。総社にはアメノヒボコの妻・阿加流比売（アカルヒメ）を御祭神とする姫社（ヒメコソ）神社があり、吉備の秦氏が崇拝していた。（藤田）

八坂神社：素戔嗚尊を祭神とする神社の総本社

八坂神社（やさかじんじゃ）
京都府京都市東山区祇園町にある神社。旧社格は官幣大社。
全国にある八坂神社や素戔嗚尊を祭神とする関連神社（約2,300社）の総本社である。通称として祇園さんとも呼ばれる。7月の祇園祭（祇園会）で知られる。
元の祭神であった牛頭天王が祇園精舎の守護神であるとされていたことから、元々「祇園神社」「祇園社」「祇園感神院」などと呼ばれていたものが、明治元年（1868年）の神仏分離令により「八坂神社」と改められた。

祭神
現在の祭神は以下の通り。
主祭神中御座：素戔嗚尊（すさのおのみこと）
東御座：櫛稲田姫命（くし（い）なだひめのみこと）
西御座：八柱御子神（やはしらのみこがみ） - 素戔嗚尊の8人の子供（八島篠見神、五十猛神、大屋比売神、抓津比売神、大年神、宇迦之御魂神、大屋毘古神、須勢理毘売命）の総称
配神（東御座に同座）神大市比売命、佐美良比売命 - いずれも素戔嗚尊の妻
西御座に稲田宮主須賀之八耳神、東御座には社伝に明確な記述が無い蛇毒気神（だどくけのかみ）が祭られている。この神は沙渇羅（さから）龍王の娘で今御前（第二婦人のこと）と呼ばれる。または、八岐大蛇が変化したものとも考えられている。
（八坂神社─Wikipedia抜粋） 藤田加筆

本殿（重要文化財）（光一郎撮影）

石鳥居（重要文化財）

南楼門（光一郎撮影）

西楼門（光一郎撮影）

スサノオと牛頭（ゴズ）

牛頭天王とスサノオとの習合・朝鮮半島との関係
新羅に牛頭山という山があり、熱病に効果のある栴檀を産したところから、この山の名を冠した神と同一視する説がある。
また『日本書紀』巻第一神代上第八段一書に、スサノオ（素戔嗚尊）が新羅の曽尸茂利/曽尸茂梨（ソシモリ）という地に高天原から追放されて降臨し、「ここにはいたくはない。」と言い残し、すぐに出雲の国に渡ったとの記述があるが、この伝承に対して、「ソシモリ」は「ソシマリ」「ソモリ」ともいう朝鮮語で、牛頭または牛首を意味し、朝鮮半島の各地に牛頭山という名の山や牛頭の名の付いた島がある由と関連するという説もある。
また、ソシモリのソは蘇民のソで、蘇民は「ソの民」であるとして、蘇民将来説話と『日本書紀』のスサノオのソシモリ降臨と関連づける説もある。
（Wikipedia抜粋） 藤田加筆

スサノオの別名はヘブライ語の「ゴズ」でありイザヤの子と同名で「略奪」を意味し、これに漢字の「牛頭」が当てられたとされる。また、蘇民将来の起源はユダヤ教の過越祭（すぎこしのまつり）と思われる。故に、スサノオはユダヤ系と見なされる。
（藤田）

曽尸茂梨─高霊説 （高天ヶ原か）
韓国慶尚北道高霊の郷土史研究家金道允氏は、高霊にはその昔「ソシモリ山」と呼ばれていた山が実在していたという。その山は高霊の現加耶山である。加耶山とは、仏教が伝わって以降の呼び名で、古代には「牛の頭の山」と呼んでいたそうだ。「牛の頭」は韓国語のよみで「ソシモリ」。その山が「牛の頭の山」と呼ばれたのは、加耶山麓の白雲里という村の方から見た時、山全体が大きな牛が座っているように見えるからだという。さらに白雲里には「高天原」という地名まである。
（曽尸茂梨（ソシモリ）考、Net）

主峰・上王峰（サンワンボン）

伽耶山（伽倻山、カヤサン 가야산）は、大韓民国南部にある山並の総称で、慶尚北道の南西部（高霊郡・星州郡）と慶尚南道の北西部（陜川郡）にまたがり、小白山脈の一部をなす。主峰の上王峰（サンワンボン／상왕봉）は標高1,430mであるが、最高峰は1,433mの七仏峰である。周囲には標高1,000m級の山が屏風のように連なる。
（Wikipedia 抜粋）

櫛名田姫（稲田姫）
楠田宮（佐賀県神崎町）から楠田神社（博多）へ遷った

櫛名田姫は大山祇命の娘（あるいは孫娘）で、もともと神崎の土着の姫巫女である。スサノオの北九州から大国主勢力の駆逐に伴って、征服者として妻にしたか！

櫛田宮
（佐賀県神埼町）は、櫛田三神、櫛稲田（櫛名田）姫命（櫛田大明神）、須佐之男命、と日本武命を祭る。神社の創建は、神社から北東方向約2kmに位置する吉野ヶ里遺跡の隆盛な頃と同時代の弥生時代後期にあたる。境内の宝庫にあった古文書には「櫛田大明神と申し奉るは伊勢大神宮の大娘（ひめ）豊次（とよつぐ）比売命、是なり」と書かれている。概要は「天照大神の代に草創されたのが、一時期途絶え、櫛田荒神となってしまったのを、景行天王が祀ってやわらぎ、櫛田大明神として神埼の庄を敷地として祀られた」という。

神社裏一帯を櫛山と称して、古代神祭の旧跡と伝える。かたわらに石造の酒甕と伝えられるものもあり、祭神が八岐大蛇（ヤマタノオロチ）の災厄をのがれ給うた神話の証として、生児のヒハレ（初宮）詣りの際、その生毛を納めて生育を祈る風習がある。博多の祇園山笠が国の民俗資料として記録作成の指定を受け、古記録の調査と写真撮影を要望された。博多の方は古記録・資料に乏しいため神埼の記録をもって補足することになった。結局3回来神して記録整い、翌40年3月文部省に提出された。その「博多山笠記録」にも、神埼が本家で博多は分家の説を紹介してある。

（櫛田宮ホームページ、Net）

楠田宮（Wikipedia）

櫛田神社
櫛田神社は、古くより博多の氏神・総鎮守として信仰を集めている神社である。7月の博多祇園山笠や10月の博多おくんちなどの祭事をおこなう。5月の博多松囃子（博多どんたく）は厳密には櫛田神社の祭事ではないものの、松囃子一行は櫛田神社から出発するしきたりになっている。旧社格は県社。地元の博多の人々からは「お櫛田さん」と愛称で呼ばれている。

祭神は大幡大神（櫛田大神）、天照皇大神、素盞嗚大神（祇園大神）の三神で、正殿に大幡主神、左殿に天照大神、右殿に素盞嗚神が祀られている。当社以外にも日本全国にいくつかの櫛田神社があるが、それらが櫛名田姫を主祭神とする神社であるのに対し、当社では櫛名田姫は祀られていない。ただし、元々は櫛名田姫を祀る神社であったとする説もある。

大幡大神（大幡主命）は伊勢国松坂の櫛田神社から勧請した神とされている。別名を大若子命といい、天御中主神の19世の子孫で、北陸地方で怪物を退治したとされる。なお、大幡神を主祭神とする神社は佐渡市にあり、櫛名田姫を主祭神とする神社5社のうち3社も北陸地方にある。

社伝では、天平宝字元年（757年）、松阪にあった櫛田神社を勧請したのに始まるとされ、松坂の櫛田神社の祭神の大幡主神が天照大神に仕える一族の神であったことから、天照大神も一緒に勧請されたと伝えられる。また、平安時代末期、平清盛が所領の肥前国神埼の櫛田神社（櫛田宮）を、日宋貿易の拠点とした博多に勧請したものであるとする説があり、櫛田神社の宮司らが編纂し昭和40年（1965年）に文部省（当時）に提出した『博多山笠記録』や昭和54年（1979年）に福岡市が発行した『福岡の歴史』はこの説を取り上げている。

（Wikipedia抜粋）藤田加筆

櫛田神社

『記紀』の八岐大蛇伝説は、『記紀』神話の根幹をなすものと考える。この伝説は素盞嗚と稲田姫が、民を苦しめる八岐大蛇を退治するというストーリーだが、私は物部の太祖神たるスサノオが稲田姫の父方の大山祇神（三島神）の協力を得て、出雲系の神々（大国主など）を成敗するというのが基本構造だと思う。

（藤田）

天津神の国（伊都国）

伊都国（倭面土（ヤマト）国か）；素戔嗚が大伽耶の伊西国の後継国とし、瓊瓊杵が降臨

伊都国　（Wikipedia抜粋）　藤田加筆

伊都国（いとこく）は、『魏志倭人伝』にみえる倭国内の国の一つである。福岡県糸島市、福岡市西区（旧怡土郡）付近に比定されている。

概要　『魏志倭人伝』には、次のように記されている。「(末廬國から)<u>東南へ陸を500里</u>行くと、伊都国に到る。そこの長官を爾支（にし、じき）といい、副官は泄謨觚（せつもこ、せつぼこ）・柄渠觚（ひょうごこ、へいきょこ）という。1000余戸（『魏略』では万余戸）の家がある。世々（世）に王があるも、みな女王國に統べて属する。帯方郡（たいほうぐん）の使者が往来して、ここに常にとどまる場所である。」とある。
　『魏志倭人伝』の中で『王』が居たと明記されている倭の国は伊都国と邪馬台国と狗奴国で、他の国々には長官、副官等の役人名しか記されていない。

一大率　一大率は、卑弥呼の王権によって任命された派遣官で倭国の官人である。その官名は城郭の四方を守る将軍である大率に由来するとする説もある（道教の古典とされる『墨子』の「迎敵祠」条）。
　『魏志倭人伝』には、次のように書かれている。「女王国より北には、特別に一つの大率（たいすい、だいそつ）を置いて諸国を監察させており、諸国はこれを畏（おそ）れている。大率はいつも伊都国で政務を執り、それぞれの国にとって中国の刺史（しし）のような役割を持っている。王が京都（洛陽）や帯方郡や諸韓国に使者を派遣したり、帯方郡が倭国へ使者を遣わすときは、いつも津（しん・水上交通上の関）で、文書や賜与された物品を点検して、伝送して女王のもとへ到着する時に、間違いがないようにする」ということである。
　この地域が伝統的に朝鮮・中国との交流の拠点として重要な意味を持っていた。そのため一大率は、伊都国に常駐して北部九州を行政的・軍事的にも統括する任務や女王の行う外交の実務を厳格に監督し実行する任務を持っており、女王の命を受けて全ての外交実務を伊都国で掌握していたとされる。
　『魏志倭人伝』の方角は90度右回りにずれているので、<u>東南へ陸を500里</u>は、実際は<u>北東へ陸を500里</u>とあるべきである。また、<u>女王国より北</u>は、<u>女王国より西</u>とあるべきであろう。このように方角を訂正すれば、実際の地理との整合性が取れる。　　　　　　　　（藤田）

日本側文献の記述　旧怡土郡付近は大化の改新以前は怡土縣（いとのあがた）が置かれ、『日本書紀』によるとその祖の名は五十跡手（いとて）で仲哀天皇の筑紫親征の折に帰順したとされる。『筑紫国風土記』逸文には五十跡手が「高麗の意呂山（おろのやま）に天より下った天日鉾命の後裔である」と天皇に述べたとある。

伊都国考古遺跡

平原遺跡
　平原遺跡（国の史跡）は三雲南小路遺跡の西側の曽根段丘上に存在する弥生時代後期後葉から終末期の 5基の周溝墓群を合わせた名称である。その 1号墓の「王墓」は、「女王墓」ではないかと云われている。1号墓の副葬品は日本最大の、直径46.5センチメートルの<u>大型内行花文鏡（内行花文八葉鏡）</u>4面が出土。この鏡は、三種の神器（天孫降臨の時に、瓊瓊杵尊が天照大神から授けられた、八咫鏡（伊勢神宮皇大神宮蔵）と同じサイズである。
　平原遺跡は邪馬台国時代の弥生時代終末期（3世紀初め）の築造で、伊都国の長官の爾支（ニシ、ジキ、ニギ）やその妃の墓だと思う。1号墳の被葬者を天照大御神や萬幡豊秋津師比売（栲幡千千姫）と比定するのは年代的に無理がある。　　　　　（藤田）

内行花文鏡：後漢代の中国や、弥生時代から古墳時代にかけての日本で製造された銅鏡

平原遺跡出土の内行花文鏡（直径46センチ余）は、三種の神器の一つの八咫鏡と同じサイズと云われる。

伊都国の長官を爾支（ニシ、ジキ、ニギ）という『魏志倭人伝』。ニシといえば、尼師今（ニシキン）を想起する。尼師今とは新羅の初期王号の一つで第3～18代の王号である。伊都国の王は新羅王家となんらかの関連があるのではないか。また、ニギといえばニニギ、ニギハヤヒを連想する。　　（藤田）

イツツヒコ（伊都々比古、伊都国の王）
ツノガアラヒト（アメノヒボコと同一人物か）は倭国に来訪の際、はじめ穴門（下関）に到来した。しかし、イツツヒコに航路を妨げられ、出雲を経て越の敦賀に至った。当時、穴門は伊都国の勢力範囲であったと思われる。

『後漢書』の「倭國王帥升」とは？
　本居宣長は、『通典』では「面土地王師升等」と表記されていることに気づき、「面土地」の三字はどういう意味か明らかでないが察するに「一つのちひさき國の王」のようだ、と述べている。宣長の考えを発展させて「一つのちひさき國」を探しあてようとしたのは白鳥庫吉博士であった。白鳥氏は、面の古い字体はしばしば回に見誤られやすいといい、「倭面土國」は正しくは「倭回土國」であったとし、それは「倭の回土（ヱト、weitu）國」とよむべきだとして、伊都国をさしているとした。
　　　　　　　　　　　　　　　　　　　　　（Wikipedia抜粋）

　<u>帥升の王墓であると考えられる井原鑓溝遺跡からは弥生時代後期前葉の墓域が見つかった。3基の木棺墓から方格規矩（きく）四神鏡1枚と内行花文鏡2枚分の破片が見つかり、7000個以上のガラス小玉などが出土した。被葬者は、貴重な鏡を副葬された王に近い人物とも考えられることから、「幻（まぼろし）の伊都国王墓」といわれる「井原鑓溝王墓」である可能性が高まった。</u>
　　　　　　　（伊都遺跡 王都発掘ニュース、Net）　藤田加筆

漢の時代の「帥升」の発音は、帥升＝ʃwi(ʃiuĕt)・ɕiəŋ であり、現在の和語に相当させれば、「シゥ・シャ」と読める。[ɕi]は日本語の「し」の発音である。では、帥升（シゥ・シャ）とは、誰のことか。「シゥ・シャ」は、スサを連想させ、スサノオを指すと思われる。また、宋の時代に、倭面土国の記載があり、その発音ではヤマト国で、伊都国を意味するものと解されている。倭面土国は、邪馬台国（ヤマト）国の前身か。　　　　　　　　　　　（藤田）

伊都国考古遺跡（つづき）
井原鑓溝遺跡（Copilot）
　井原鑓溝遺跡は三雲・井原遺跡の一部をなすもので、古代伊都国の中心地と考えられている。井原鑓溝遺跡の年代は、出土した銅鏡や鉄器などの副葬品から推定されており、おおむね1世紀後半〜2世紀初頭の間に収まるとされている。この遺跡からは、前漢鏡や後漢鏡などの中国製の青銅器が多数発見されており、大陸との交流の証拠となっている。井原鑓溝遺跡は、弥生時代の政治や文化を知る上で重要な遺跡で、107年に後漢に使者を送った帥升の王墓があると考えられている。

三雲南小路遺跡
　三雲南小路遺跡は弥生時代中期後葉の方形周溝墓で、甕棺墓 2器を持つ『王墓』と云われている。
　1号甕棺墓の副葬品は、銅剣1、銅矛2、銅戈1、ガラス璧破片 8個以上、ガラス勾玉 3個、ガラス管玉 60個以上、銅鏡 31面以上、金銅製四葉座金具8個体分などである。この他にも鉄鏃 1、ガラス小玉 1が出土している。
　鏡の多くは「潔清白」に始まる重圏文または内行花文鏡であり、福岡市聖福寺に伝えられている内行花文鏡に合う外縁部が出土している。この鏡の直径は16.4センチメートルである。
　1号甕棺墓の北西に近接して 2号甕棺墓がある。甕棺内に内行花文鏡（日光鏡）1面が元の位置のまま発見された。直径6.5センチメートル、「見日之光天下大明」（日の光、見（まみ）えれば、天の下、大いに明らかなり）という銘文の青銅鏡。
　副葬品は、銅鏡22面（星雲文鏡1、内行花文銘帯鏡4、重圏文銘帯鏡1、日光鏡16。）以上、ガラス小勾玉12個、硬玉勾玉1個、ガラス製垂飾品（大きさは 1センチメートル弱で紺色）が出土している。銅鏡は6.5センチメートル前後のものが多い。
　1号墓を「王」とすれば、2号墓は「王妃」に当たるものと推定されている。1.5メートル以上の盛り土の墳丘墓であることは、青柳種信が記すところである。
　平成の調査で、「周溝」を持つ事が判明して、「方形周溝墓」という事が判り、現在その様に復元されている。これにより「東側」に隣接する「細石神社」との関係が深く想像できる。
　　　　　　　　　　　　　　　　（伊都国－Wikipedia抜粋）　藤田加筆

任那・伊都国連合
　伊都国はスサノオにより建てられたと思われ、西北九州一帯に勢力を伸ばした。任那は、弥生時代後期に対馬で興り、南朝鮮の倭人居住地域（伽耶、弁韓）を勢力下に置いた。2世紀後半の倭国大乱の頃、伊都国は任那と国家連合（任那・伊都国連合）を結び、南朝鮮と西北九州一円を勢力下に置いた。この連合が崇神東征の主力になる、すなわちヤマト王権の本体と考える。　　　　　　　　（藤田）

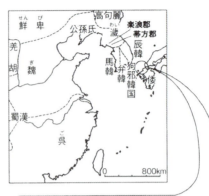

楽浪郡と帯方郡　楽浪郡は前漢の武帝が紀元前108年に朝鮮半島に設置した四郡のひとつ。中国本土から多くの官吏、商人らが移住し、その文化は周辺諸地域の人々に大きな影響を与えた。
　帯方郡は三世紀初頭に遼東の公孫氏の台頭によって楽浪郡の南部に設置された郡。前漢の時代には倭人が楽浪郡に朝貢し、魏の時代には邪馬台国の女王卑弥呼が朝貢したとされている。

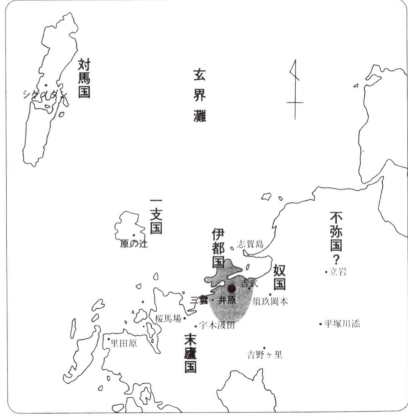

北部九州の国々（1）（前原市・前原市教育委員会 1999）
（市民の考古学③　古代日本と朝鮮半島の交流史、西谷 正）

6章 近江の古代史（浦安の国⇒大己貴の国）

近江の古代史Ⓑ 080 ／浦安の国⇒大己貴の国 Ⓑ 081 ／近江の弥生遺跡と凄さⒷ 083 ／大己貴の国の中枢（都：伊勢遺跡と下鈎遺跡）Ⓑ 089 ／湖西・新たな奴国（和邇氏）・中平太刀・卑弥呼Ⓑ 094 ／湖北・伊吹山Ⓑ 096 ／近江の鍛冶工房Ⓑ 097

　弥生時代中期の近江の野洲川デルタの服部遺跡や下之郷遺跡の凄さは当時の弥生遺跡の中で突出していた。弥生時代後期（2世紀）になると倭国の中心かと思われるほどの壮麗な伊勢遺跡が現れる。伊勢遺跡は瀬戸内海沿岸の弥生遺跡が衰退した2世紀初めに現れた壮大な遺跡である。この遺跡は大己貴と少彦名が建てた「大己貴の国」（玉牆の内つ国）の都と思われる。大己貴の国は「見る銅鐸」を祭器としていたが、伊勢遺跡の近くには大規模な青銅の工房の下鈎遺跡があった。また、近江型土器が近江・湖南から近畿・中部地方一円に広がり、韓国南部からも出土している。この伊勢遺跡も2世紀末に解体され姿を消す。

　弥生時代中期後葉から後期にかけて、近江には多様な天津神や国津神が入り込んでくる。まず、紀元前1世紀にはイザナギ・イザナミが来訪する。紀元前後にスサノオに破れた出雲のアジスキタカヒコネらと少彦名（さらにホアカリの後衛）が近江に至る。2世紀半ばには伊都国に圧迫された奴国の嫡流の和邇氏がサルタヒコを伴い近江に来る。そして、2世紀後半には大吉備のニギハヤヒがアメノヒボコを伴い近江に侵攻して来る（ニギハヤヒの東征）。ニギハヤヒは、伊勢遺跡を解体させこの遺跡にいたと思われる卑弥呼（和邇氏の巫女か）を大己貴と和邇氏とで女王に共立して、邪馬台国を建てた。（和邇氏には後漢から「中平太刀」を下賜されている。中平とは後漢の年号で184～188年にあたり、まさに卑弥呼共立の時である。和邇氏はこの刀を伝世し、4世紀初めに東大寺山古墳に埋納した。）大己貴は湖東・湖北へと後退し、大己貴の国の後継国の狗奴国を建てた。

参照：第3部概略、年表等② 01
古の日本（倭）の歴史（前1世紀～4世紀）−天孫族（伽耶族）の系譜　（図2）　Ⓑ 004
論考1　『日本書紀』に記載された弥生の国々（近江の古代史）Ⓑ 024

近江の古代史

イザナギ・イザナミの時代から応神王朝成立まで

❶近江渡来の第一陣は大伽耶の伊西国出自のイザナギ・イザナミで、その渡来は紀元前1世紀半ばかと思う。『日本書紀』ではイザナギが当時の近畿の国を浦安の国と名付けたことになっている。イザナギ・イザナミの渡来ルートは、隠岐（オノゴロ島の候補地の一つ）→丹後→近江と思われ、湖東の多賀大社付近に進出した。海神族の大国主や和邇氏らが渡来の手助けをしたと思われる。紀元前後に、スサノオが筑前に侵攻し伊都国を建て、さらに出雲を侵した。大国主は敗退し、その一族（アジスキタカヒコネら）は出雲から近江に遷った。この東遷に少彦名（スクナビコナ）も同伴したと思われる。次に、近江に進出したのは天孫の彦火明（ホアカリ）の後裔と思われる。ホアカリは宗像女神と婚姻関係をもっている。その次は、筑前の奴国を根拠地とする和邇氏で近江に入り、2世紀半ば湖西に新たな奴国（『魏志倭人伝』で邪馬台国に入る直前の国）を建てた。和邇氏と共に海神族のサルタヒコ（湖西の白髭神社の祭神）も近江に入った。かくして、近江湖西は和邇氏が占め、大国主（とスクナビコナ）は湖北・湖東・湖南を占めるようになった。『日本書紀』に大己貴大神（大国主の別名）が、「玉牆の内つ国」を建てたとあるように、2世紀初頭に、大国主とスクナビコナは近江を核とし湖南の三上山を仰ぎ見る伊勢遺跡（守山市）を都とし伊吹山を神奈備とする「大己貴の国」（玉牆の内つ国、近畿・中部地方一円に広がる）を建てた。玉牆の内つ国とは、玉牆如き秀麗な山並みに囲まれ琵琶湖を湛えた近江の国が最も相応しい。この国は、西は但馬・播磨、東は越後・信濃・甲斐・駿河に及んでいたと思われる。大己貴の国は、『魏志倭人伝』に「もともと男子を王としていたが70～80年を経て倭国が相争う状況となった」とある「男子を王とする国」に当たり、巨大な「見る銅鐸」を祭器にしたと思われる。

❷2世紀中ごろ、アメノヒボコを同伴したニギハヤヒ（吉備で力を蓄える）の東征により倭国大乱が引き起こされた。アメノヒボコは第8代新羅王、阿達羅王の王子である。この物部を主力とする軍団は河内から大和に侵攻し、ホアカリの三世孫の倭宿禰が建てた大己貴の国の支国（葛城王朝）を瓦解させ、さらに北上して大己貴の国の都の近江湖南の伊勢遺跡を侵し、大己貴の国を崩壊させた。ニギハヤヒは、和邇氏の巫女で大国主の血統の卑弥呼を共立し倭国大乱を鎮め、纏向遺跡を都とする邪馬台国（ヤマト国）を建てた。その邪馬台国の東側に大己貴の国の後継国の狗奴国が建てられた。狗奴国の都は湖東の稲部遺跡ではないかと推察している。尚、物部軍団が湖南を侵攻した証と思われる勝部神社（守山市）が伊勢遺跡の北側にあり、草津市にはアメノヒボコを祀る安羅（阿羅）神社がある。アメノヒボコは近江から但馬に遷った。

❸邪馬台国の東端は、若狭―近江（湖西・湖南）―伊賀―大和―紀伊で、狗奴国は近江（湖東・湖北）―美濃―伊勢、以東となる。邪馬台国は、庄内土器・方形周溝墳（のち前方後円墳）をもって西に延び任那・伊都国連合を勢力下に治めた。一方、狗奴国は、S字甕・前方後方墳をもって東国に伸張した。かくして、倭国は西日本の邪馬台国と東日本の狗奴国とに二分されることになった。若狭の小浜は邪馬台国の外港として機能し、越前の角鹿（敦賀）は狗奴国の外港として機能したと思われる。

❹3世紀半ば邪馬台国の卑弥呼が死去し政治情勢が不安定化すると、邪馬台国と狗奴国との抗争が顕在化してきた。そこで卑弥呼の宗族である台与（息長水依姫か）を邪馬台国の女王とし、狗奴国との争乱を鎮めた。台与は狗奴国の都とされる稲部遺跡の近くの豊郷の出自ではないかと推察している。台与は開化天皇の皇子の日子坐王を夫とし、丹波道主王命をもうけた。台与と日子坐王は但馬、丹後、若狭、近江、山城、美濃に勢力を伸ばした。この日本海勢力と見なされる台与と日子坐王とに対抗したのが、瀬戸内海勢力の中心の孝元天皇の皇子で開化天皇の同母兄弟である大彦である。邪馬台国は後世の南北朝時代のような様相を呈した。

❺1世紀半ば、瓊瓊杵尊の降臨した伊都国は、ウガヤフキアエズ朝（ウガヤ朝）の系譜を辿り、南・中九州を勢力下においた。3世紀末、ミマキイリビコイリエ（崇神）の代に至り、中臣氏、大伴氏、忌部氏を伴い、久米人と隼人を連れ、大和に東征した。この崇神東征が神武東征譚の主要部分であろう。この東征は、邪馬台国の物部氏が崇神を引き込むために起こしたクーデターであったと推察する。崇神天皇は、大和の大国主勢力を一掃し、大彦の娘と結ばれた。崇神天皇は倭国を平定するため四道将軍を西道、東海、北陸、山陰に派遣した。垂仁天皇の后の日葉酢媛命は、台与と日子坐王の息子の丹波道主王命の娘で、景行天皇をもうける。日子坐王の王子の狭穂彦が乱を起こし、妹の狭穂姫命（垂仁天皇妃）と共に焼死する。この乱の敗北を契機に、日子坐王一族の権勢は傾いた。

❻スサノオの嫡流の息長氏の先遣隊（息長水依姫をもうける）の近江への進出は開化朝のことと思われ、景行・成務朝には、息長氏は琵琶湖に至る淀川水系に本格的に進出し、越前の角鹿に達していた。息長氏は、狗奴国滅亡後、鉄鉱石を産する伊吹山麓の湖東・湖北を領地として勢力を伸ばし、東日本・北日本への交通の要衝を押さえ、後世天皇を輩出する絶大な権力基盤を確立した。

❼景行天皇の御代、ヤマト王権の侵攻（日本武尊（ヤマトタケル）の東征）により、狗奴国は圧迫されたが、伊吹山一帯を最後の拠点とし戦いヤマトタケルを敗死させた。近江穴太を都にする成務天皇の御代にヤマトタケルの息子イナヨリワケにより狗奴国は完全に滅ぼされたと思われる。ここにヤマト王権の倭国支配が完遂した。ちなみに、近江の国一の宮（建部大社）の祭神は日本武尊（本殿）であるが、権殿には大己貴命が祀られている。

❽神宮皇后（息長足姫）は、邪馬台国の台与の夫である日子坐王の四世孫で、アメノヒボコの六世孫である。神功皇后は、三韓征伐後、応神天皇（八幡神）を掲げ、住吉神を伴い東征し、ヤマト王権を息長氏の支配下に置いた。新羅からの渡来人の秦氏がこの政権を建築・土木や養蚕・機織り等の産業面で支えた。

　応神東征までの海神族・伽耶族らの近江進出を時系列で追うと、イザナギ・イザナミ、大国主（アジスキタカヒコネら）、スクナビコナ、和邇氏、サルタヒコ、ニギハヤヒ、物部氏、アメノヒボコ、安倍氏、息長氏と続く。

参照：古の日本（倭）の歴史（前1世紀～4世紀）－天孫族（伽耶族）の系譜（図2）Ⓑ004
Facebook　藤田泰太郎タイムライン投稿 2020/6/6））

浦安の国　⇒　大己貴の国
（玉牆の内つ国）
近畿・中部地方では大国主は大己貴と呼称される

『日本書紀』には、「昔伊弉諾尊目此国曰。日本者浦安国。細戈千足国。磯輪上秀真国。」昔、伊弉諾尊、此国（このくに）を目（なづ）けて曰（のたま）はく。日本（やまと）は**浦安の国**、細戈の千足る国、磯輪上の秀真国。「復大己貴大神目之曰。**玉牆の内つ国**。復（また）大己貴大神（おおなむちのおおかみ）、目（なづ）けて曰（のたま）はく、玉牆の内つ国。」と記されている。

浦安の国
『日本書紀』には、イザナギが名付けた「浦安（うらやす）の国」（大国主の本貫地）、「細戈の千足る国（くわしほこのちだるくに）」、「磯輪上の秀真国（しわかみのほつまくに）」の三つの国があったと記されている。これらの国は右図のように特定の地域に対応した固有の意味をもち、日本の美称などの適当な創作とは考えられない。浦安の国は、弥生時代後期（1～2世紀）の大型銅鐸（近畿式、三遠式）の国と思われる。また、細戈の千足る国は筑紫で、磯輪上の秀真国は吉備か。（大国主対物部氏、藤井耕一郎）

「浦安の国」は弥生中期後葉から1世紀（75年頃）まで存在した。都は、近江湖南の近江二ノ畔・横枕遺跡か。銅矛を祭器にしたと思われる「細戈の千足る国」は北九州にあり、銅剣を祭器としたと思われる。「磯輪上の秀真国」は吉備のみならず出雲も含むか。
（藤田）

大己貴の国（玉牆の内つ国）
女王国ではもともと男子を王としていたが70～80年を経て倭国が相争う状況となった。争乱は長く続いたが、邪馬台国の一人の女子を王とすることで国中が服した。名を卑弥呼という。（『三国志』「魏志倭人伝」や『後漢書』「東夷伝」）

男子とは大己貴大神（大国主）のことで、倭国大乱の前、70～80年続いたのは「大己貴の国」（玉牆の内つ国）であると考える。倭国大乱は2世紀中頃勃発したので、大己貴の国は2世紀初頭から大乱の終結した2世紀末まで続いたと思われる。都は近江湖南の伊勢遺跡か。また、玉牆は「宝石のように美しい垣」だが、これは壮麗な「山に囲まれている」との意味で、近江を指すと思われる。

倭国大乱はニギハヤヒとアメノヒボコの大和侵攻（ニギハヤヒの東征）により引き起こされ、卑弥呼を女王とする邪馬台国を建てることで終結した。この邪馬台国の建国により、大己貴の国は崩壊した。この崩壊により伊勢遺跡は壊され、大和の纏向遺跡が邪馬台国の都となった。大己貴の国で祭祀として使用していた「見る銅鐸」は、近くの大岩山山麓に埋納された。大国主は近江北東部に逃れ、大己貴の国の後継国の狗奴国を建てるに至った。
（藤田）

『日本書紀』記載の大己貴大神（大国主）が名付けた「玉牆の内つ国」とは、近江を核とする大国主の治める国（大己貴の国）の美称と思われる。実際の国名は「大己貴の国」の後継国の「狗奴国」ではないか。狗奴の狗はイヌを意味する、即ち狗奴国とは犬祖伝説をもつ海神（海人）族の国となる。大国主は犬祖伝説をもつ江南の国（越の一国か）からの渡来者で、越から銅鐸を持ち込んだと考える。実際、大己貴の国では銅鐸を祭器にした。
（藤田）

弥生時代 中・後期

浦安の国 ➡ 大己貴の国

大国主は弥生時代中期後葉には、出雲を中心とする玉、銅と鉄のネットワークを南九州と東北を除く倭国全域に広げた。紀元一世紀初頭、大伽耶のスサノオが北九州および出雲へ侵攻した。大国主は敗退し祭祀の「聞く銅鐸」や銅剣を出雲に埋納し、ネットワークの中心を出雲より近江に遷した。この東遷により建てられた国が大己貴の国（玉牆の内つ国）である。尚、大国主とは、弥生時代中期から古墳時代前期までの国々の政治的および経済的ネットワークの中核をなす代々の出雲系人格の総称であろう。
（藤田）

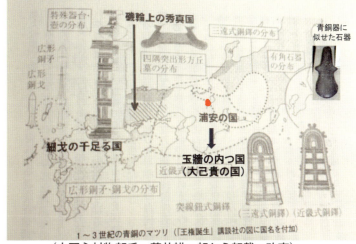

1～3世紀の青銅のマツリ（『王権誕生』講談社の図に国名を付加）
（大国主対物部氏、藤井耕一郎から転載・改変）

近江高天原説
近江高天原説は、近江に高天原があったという説で、その一つが、1966年、菊池山哉が著書『蝦夷と天ノ朝の研究』で唱えた説である。この説によると、「神々の住むところ」として、神話ではなくヤマト王権以前に近江に実在した王朝で、これこそがヤマト王権によって歴史から葬られた古代王朝だとする。その上で「高天原は近江国湖南の野洲郡に仮定すべきだとする。そして、この王朝は卑弥呼・台与の邪馬台国の没落をもって終焉したとする。邪馬台国に敵対した狗奴国がヤマト王権を担い邪馬台国を終焉させた」と主張する。

拙著では、近江湖南の大国主の国（浦安の国およびその後継国の玉牆の内つ国（大己貴の国））がニギハヤヒとアメノヒボコの東征によって滅ぼされ、大和に邪馬台国が建てられた。狗奴国は、大国主によって支配された大己貴の国（近江湖南を中核）の後継国である。大己貴の国の崩壊により、高天原が近江より葛城に遷ったということか。
（藤田）

テーマB 古の日本（倭）の歴史（前1世紀～4世紀）―天孫族（伽耶族）の系譜

玉牆の内つ国（大己貴の国）、そして邪馬台国と狗奴国

　紀元前後に素戔嗚が北九州から出雲に侵攻し、大国主を敗退させ、近畿の近江へ遷させた。1世紀末、大己貴（大国主）は近江・湖南の伊勢遺跡を都とする大己貴の国（玉牆の内つ国）を建てた。玉牆の内つ国とは、玉牆如き秀麗な山並みに囲まれ琵琶湖を湛えた近江の国が最も相応しい。大己貴の国は、西は但馬・播磨、東は越後・信濃・甲斐・駿河に及んでいたと思われる。大己貴の国は、『魏志倭人伝』に「もともと男子を王としていたが70〜80年を経て倭国が相争う状況となった」とある「男子を王とする国」に相応しく、巨大な「見る銅鐸」を祭器にしたと思われる。

　2世紀半ば、吉備で力を蓄えたニギハヤヒの子孫（孝霊天皇か）は来倭したアメノヒボコと協働し大和へと侵攻し倭国大乱を引き起こした（ニギハヤヒの東征）。ニギハヤヒ・アメノヒボコの軍団は葛城王朝を倒し、さらに北上して近江・湖南を侵し、大己貴の国を瓦解させ、多数の「見る銅鐸」を三上山麓の大岩山中腹に埋納させた。ニギハヤヒは大国主の血脈の和邇氏の巫女の卑弥呼を共立して、大和・纏向遺跡を都とする邪馬台国を建てた。一方、大国主は伊勢遺跡から北に逃れ、湖東の稲部遺跡を都とする大己貴の国の後継国の狗奴国を建てた。邪馬台国と狗奴国は列島を東西に2分。邪馬台国の東端の国々は、若狭・近江（湖西・湖南）・伊賀・大和・紀伊で、狗奴国の西端は越前・近江（湖北・湖東）・美濃・伊勢と考える。邪馬台国と狗奴国は、それぞれ西方と東方に拡大した。邪馬台国は、方形周溝墓（後には前方後円墳）と庄内式土器を伴い吉備より西に拡大し、任那・伊都国連合を勢力下に置いた。一方、狗奴国はS字甕と前方後方墳をもって東国までを勢力下においた。また、邪馬台国は魏の帯方郡から狗邪韓国（金官国）経由で小浜に至る東行航路と逆の西行航路を押さえた。一方の狗奴国は伽耶（あるいは北朝鮮）から角鹿（敦賀）に至る航路、その逆の東行航路と沖縄より伊勢・尾張に至る、黒潮ルートの東行航路（および逆の西行航路）を開いた。出雲では弥生時代の鳥人外洋舟の土器絵が出土し、奈良県天理市でも数十人乗りと思える外洋舟の土器絵が出土している。さらに、狗奴国の拠点の一つと考えられる美濃の荒尾南遺跡から大型船が描かれた線刻絵画土器が出土している。邪馬台国と狗奴国時代（3世紀）、魏、蜀、呉の三国は中国の覇権を巡り、苛烈な争いを展開していた。魏は遠交近攻策を取り、呉を牽制するために邪馬台（ヤマト）国の卑弥呼の求めに応じ「親魏倭王」の金印綬を授けた。一方、呉も魏を牽制するため琉球や狗奴国と黒潮ルートで親交を結ぶ遠交近攻策をとった。

　3世紀半ばになり邪馬台国の卑弥呼の権勢が衰えてくると狗奴国との抗争が起こり、卑弥呼が死去すると争乱状態となった。男王（開化天皇か）が立つも乱は収まらず、卑弥呼の宗族の台与を立てて争乱を鎮めた。台与は日子坐王を夫とした息長水依姫と思われ、卑弥呼と同じく大国主の血脈で、狗奴国領域の湖東の豊郷の出自と思われる。台与と日子坐王は北近畿を勢力下に置き、狗奴国と協調したと思われる。この台与・日子坐王勢力に対抗したのが邪馬台国の正規軍団である物部氏の大彦である。大彦は任那・伊都国連合を統括する崇神を邪馬台国に招き入れるクーデターを起こし、ヤマト王権たる崇神王朝を建てた。台与・日子坐王と崇神・大彦の邪馬台国を南北に分断する確執は垂仁朝まで続いたが、垂仁朝に日子坐王の息子の狭穂彦が謀反を起こし、妹の狭穂姫命（垂仁天皇妃）と共に焼死して以来、台与と日子坐王の権勢は一気に傾いた。景行朝になると天皇自ら美濃に出兵し、また息子の日本武尊を東征させて、狗奴国勢力を弱体化させた。しかし、日本武尊は東征の最後に伊吹山に結集した狗奴国勢力のために敗死した。成務朝になると日本武尊の息子の稲依別が隼人の合力を得て湖東に集結した狗奴国勢力を討ち滅ぼした。

参照：古の日本（倭）の歴史（前1世紀〜4世紀）−天孫族（伽耶族）の系譜（図2）Ⓑ004
（Facebook　藤田泰太郎タイムライン投稿2020/4/1）

スサノオの筑紫・出雲への侵攻により、大国主は敗退し近江に遷る。大国主は近江を核とする大己貴の国（都：伊勢遺跡）を建てた。

倭国大乱

倭国大乱により大己貴の国は邪馬台国と狗奴国に分裂。各々纏向遺跡と稲部遺跡を都とする。邪馬台国は任那・伊都国連合を勢力下に置いた。

大国主とスクナビコナが協力して葦原中国（大己貴の国か）の国造りをした。このスクナビコナはホアカリと関連しているのではないか？スクナビコナは倭国大乱において、ニギハヤヒと抗争して敗れ、ニギハヤヒの国（虚空見つ倭の国＝邪馬台国）が成立したと考えている。ひょっとしたら、スクナビコナはアメノワカヒコでもあり、その死を高天原のタカミムスビ（ニギハヤヒか）が射殺したと『古事記』では表現したのではないか？
（藤田）

近江の弥生遺跡と凄さ

近江の弥生遺跡と凄さ
（https://youtu.be/ZBeziKvB6Dk）

- 野洲川デルタの弥生遺跡
  （古墳時代早期：卑弥呼王権の時代を含む）

- 全国レベルで見た弥生近江の凄さ

NPO法人　守山弥生遺跡研究会
田口一宏

Zoom講演「近江の弥生遺跡」（2023/8/13）

大己貴の国

弥生期の近江のすごさ！

1. 原倭国（銅鐸祭祀圏）の中核となる祭祀センター
   伊勢遺跡と下鈎遺跡は双子の祭場
2. 繁栄のバロメータ＝人口　⇒田積数より推定
   400平方メーター以上　近江がダントツ
3. 繁栄のバロメータ＝大型建物　北九州と近江で二極化
   北九州：離散的（地方豪族的）
   近江：野洲川デルタに集中（連合の中枢）
4. 大岩山銅鐸が語る相反する銅鐸文化圏の融和と統合
5. 弥生～古墳時代を通じて玉作遺跡が集中
   弥生：佐渡と近江　　古墳：出雲と近江

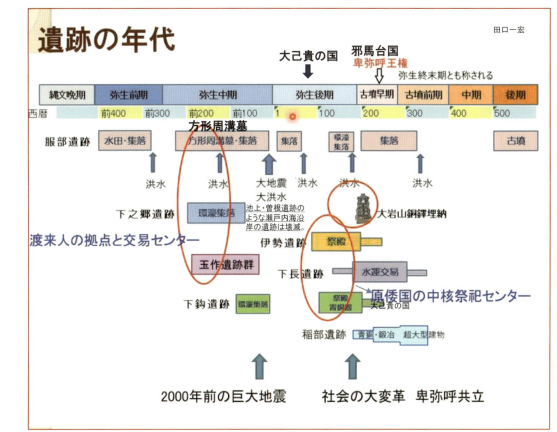

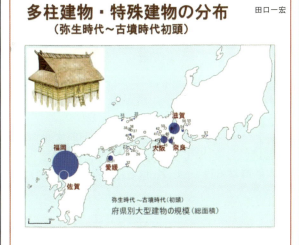

弥生の近江　1　(大己貴の国（玉牆の内つ国）：近畿政権)

野洲川下流域の弥生遺跡（https://yasugawa-iseki.yayoiken.jp/）
【こんなに凄い遺跡だった！　近江型土器が語る弥生の近江商人？】
（NPO法人　守山弥生遺跡研究会）

近江型土器が語る弥生の近江商人？

　装飾性に富んだ縄文土器に比べ、弥生時代の土器はシンプルで機能的になる。弥生土器は、穀物などを貯蔵する壺は美しい文様で飾られても、煮炊きに使う甕は煤が付着するため、飾られることがないというのが一般的である。ところが近江では、煤が厚く付着し薄汚れた甕にも丹念に文様が刻まれている。煮炊きに使用する甕までに著しく文様を加える近江の地域色は、弥生文化の中で異彩を放っている。もう一つの特徴は、土器の口縁部を「く」の字方に立ち上げるつくり方である。これを「受口状口縁」と呼んでいる。近江型土器に顕著な特徴「受口状口縁」の写真（右上）を示す。

　近江型土器が現れるのは、弥生前期にその兆候が出てくるが、顕著な形になるのは中期半ばになる頃である。各地の弥生土器も地域色を持っていたが、月日と共に変化し、飾らなくなるが、近江型土器は弥生時代を通じてその形式を維持し続け、古墳時代中頃まで700年間以上も継承される。

【近江型土器の広がり】
　弥生時代、人々は土器と共に移動し交易をしていた。弥生時代中期後半の下之郷遺跡が栄える弥生時代中期には、近江型土器は、淀川水系、河内、伊勢湾岸、尾張から山陰、北陸にまで広がっている。弥生後期、伊勢遺跡が栄える時期には、近江型土器はさらに広範に広がり、北九州から新潟、群馬、千葉に至るまで近江型土器が見つかっている（右下）。最近、韓国南部でも近江から搬入された近江型土器が2点発見された（発掘は2005年、判明したのが2010年）。これまで、九州の土器が韓国で見つかることはあっても、近江の土器が韓国に渡っていたことは両国の考古学者にとって驚くべきことであった。それだけ広範囲に近江の人が積極的に移動し、おそらく交易をしていたということが窺われる。

　この時期、各地の人々も自分たち独自の土器を持って移動しており、東海地方のS字型土器や近畿の庄内式土器も、広く移動し、各地で見つかっている。しかし、量的には近江型土器がとても多い。近江型土器が伝わった各地では、その土地の土を使って近江型土器を作り始め、在地土器となる。

（藤田加筆）

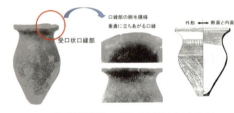
近江型土器とは　　　出典：守山市パンフレットを加工

弥生時代後期（伊勢遺跡の時代）
近江型土器の動き
出典：伴野幸一「伊勢遺跡とはなにか」

弥生の近江 2 （大己貴の国（玉牆の内つ国）：近畿政権）

野洲川下流域の弥生遺跡（https://yasugawa-iseki.yayoiken.jp/）
【こんなに凄い遺跡だった！銅鐸祭祀圏を統合した近畿政権】弥生の祭祀から見えてくる政治統合と近畿政権
（NPO法人　守山弥生遺跡研究会）

銅鐸祭祀圏を統合した近畿政権（大己貴の国）（１）
～弥生の祭祀から見えてくる政治統合と近畿政権の誕生～

弥生後期の祭祀のシンボル（伊勢遺跡の時代）

　弥生時代後期は、『魏志倭人伝』に記されているように、倭国に属する30余の国が分立していた時期である。しかし、中期末の社会変動により、次第に武器型祭祀や銅鐸祭祀を続けている地域と、青銅器祭祀を止めて、墳墓をシンボルとしてまとまっていくより大きなブロックが現れる。

　後期祭祀のシンボル山陰地方は銅鐸や銅剣の祭祀から四隅突出型墳丘墓をシンボルとした祭祀に変わる。瀬戸内地方は双方中円墳をシンボルとした祭祀に移る。銅鐸祭祀を続ける四国・近畿・東海も、「聞く銅鐸」から大きくて華麗な「見る銅鐸」へと祭祀のやり方が変わる。その「見る銅鐸」の形式も「近畿式銅鐸」と「三遠式銅鐸」へと集約されていく。

　弥生後期には、30余の国々は、祭祀の統合を通じてより大きなブロックにまとまっていたことが判る。銅矛・銅剣祭祀を続ける北九州は、やがて大型広幅銅矛に統一されていくが、それらは墓の副葬品ではなく、クニの祭祀に使用されるようになる。その一方で、豪華な装飾金具や大型中国鏡、鉄製武具を多数副葬する王墓が継続的に出現しており、ここに一大勢力（ウガヤ朝か）があったことが判る。九州に比べ、中国文明の到達が遅れていた近畿地方も、大陸系文物が急速に搬入され、原初的な集落構成から政治勢力の総合が進む。

　右図のように地域政治勢力としては、近畿地方の近畿政権と東海地方の尾張政権（大己貴の国）にまとまっていく。瀬戸内地方では、吉備王権が地域政権として巨大な墳丘墓を築き「特殊器台」、「特殊壺（吉備型甕）」を副葬する（邪馬台国の前身）。山陰地方では四隅が突出した巨大な墳丘墓を築く出雲政権（出雲王朝）としてまとまる。このように相争った30国も祭祀を共通する大きな地域政権にまとまっていった。ここで大切なのは、邪馬台国のように武力による制圧ではなく、銅鐸を祭器とする祭祀（宗教と言っていいか）を通じた大己貴の国（近畿政権）の成立であったことである。

（藤田加筆）

出典：寺沢薫「王権誕生」に基づき作成

弥生の近江 3 （大己貴の国（玉牆の内つ国）：近畿政権）

野洲川下流域の弥生遺跡（https://yasugawa-iseki.yayoiken.jp/）
【こんなに凄い遺跡だった！銅鐸祭祀圏を統合した近畿政権、状況証拠から見えてくる近畿政権（大己貴の国）の中核：近江】
（NPO法人 守山弥生遺跡研究会）

銅鐸祭祀圏を統合した近畿政権（大己貴の国）（2）
～状況証拠から見えてくる近畿政権の中核：近江～

1. 銅鐸祭祀を継続したのは近畿と東海で、近畿地方では、近畿政権（大己貴の国）が誕生していたと考えられる。その中核となる地域はどこなのか、銅鐸の製作主体の検討や状況証拠から推測していく。

> **銅鐸の変遷、出土状況から見えてくる製作地域（右図）**
> 　青銅祭器の分布から地域政権の誕生と範囲が見えてきて、さらに銅鐸を詳しく調べることにより、小さな地域政権が政治的統合を行って大きな地域政権になる様子がみえる。では、その中核となる地域はどこなのかを絞り込むために、銅鐸の変遷、銅鐸や鋳型の出土状況から推測していく。青銅祭器は権威の象徴であり、その政権のシンボルであるとすると、銅鐸が出土した場所よりも、誰が製作主体であったのかということが重要になる。
>
> **【近畿式銅鐸のルーツとしての大福型銅鐸の製作地域】**
> 　近畿式銅鐸のベースとなる大福型銅鐸は出土地が判明しているのは4個で、うち3個は大岩山で見つかったものである。しかも、大岩山の24個の銅鐸の中で、一番古いのがこの形式で、「聞く銅鐸」から「見る銅鐸」の移行期に当たるものである。このようなことから、難波氏は近江の工人が造ったものではないかと推測されている。ここで、近江南部が製作地域として浮かび上がる。
>
> **【近畿式、三遠式の双方に影響を与えた横帯分割型銅鐸の製作地域】**
> 　難波氏は、瀬戸内東部（摂津や讃岐）の工人集団が製作したのではと推測されている。さらに、弥生時代中期後葉の横帯分割型銅鐸と平型銅剣の分布の重なる場所（讃岐）とも言われている。量的なことも考えると、この条件をよく満たすのは讃岐である。一方で、鋳型の出土地と考慮すると、摂津が有力な製作地域になる。
>
> **【三遠式銅鐸のルーツとしての東海派銅鐸の製作地域】**
> 　出土地が判っている東海派銅鐸は4個あり、1個は尾張から、3個が三河からである。東海派銅鐸の祖形は「聞く銅鐸」へさかのぼることができるが、これらは近畿以西から出土しており、製作工人たちは「見る銅鐸」の時期に東海へ移ったものと考えられる。尾張または三河の地域勢力が製作主体と考えられる。
> 　　　　　　　　　　　　　　　　　　　　　　　　　　　　　　　　（藤田加筆）

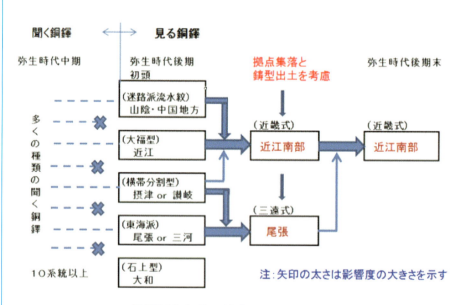

銅鐸製作主体の推定（難波洋三氏説を基に追加作成）

2. 銅鐸祭祀を継続したのは近畿と東海で、近畿地方では玉牆の内つ国（大己貴の国）：近畿政権が誕生していたと考えられる。では、その中核となる地域はどこなのか、銅鐸の制作主体の検討や状況証拠から推測していく。

弥生時代 後期　大己貴の国　見る銅鐸

「弥生時代後期の青銅器祭祀の地域性」Ⓑ085右下図で、銅鐸の分布範囲を示したが、その主力がどこであったのかを知るためには出土密度を見る必要がある。

愛媛大学の吉田広らたちはGIS解析の手法を使って青銅器祭祀の密度分布を視覚的に分かりやすく図示している。その中から弥生時代後期の「見る銅鐸」の密度分布図（右図）を転記する。この図から、近畿式銅鐸は近畿東部（近江南部）に密度が高く、和歌山でも多く見られる。一方、三遠式銅鐸の密度分布は東海地方が圧倒的に高く、近畿、北陸にも密度は低いながらも広がっていることが見て取れる。

また、東海地方でも近畿式銅鐸の密度が高くなっているが、これは三遠式銅鐸が近畿式銅鐸に統合された後の銅鐸である。このように、銅鐸の密度分布からも地域政権の所在が近畿地方と東海地方にあったことが視覚的に判る。近畿の勢力と東海の勢力が並び立っているように見えるが、最終的には、上にも述べたように近畿式銅鐸に統合され、銅鐸圏を広く治める大己貴の国（近畿政権）が浮かび上がってくる。
（藤田加筆）

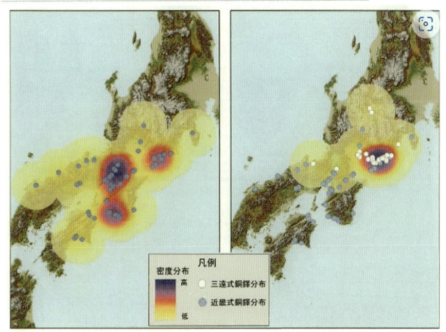

近畿式銅鐸の密度分布　　三遠式銅鐸の密度分布

出典：吉田広ら　「弥生銅鐸のGIS解析～密度分布と埋納地からの可視領域」

【近畿型銅鐸最盛期の地域勢力】

弥生時代後期前半、近畿式銅鐸がどんどん大きくなり始める頃、近畿の拠点集落は解体し小さくなる中で、突如現れる巨大遺跡が**伊勢遺跡**である。吉野ヶ里遺跡や池上曽根遺跡と比べても大型建物が圧倒的に多く、祭祀空間としても巨大である。

ただ、伊勢遺跡は祭祀空間であって、近江勢力の拠点であったかどうかは判らないが、伊勢遺跡またはその周辺に近江勢力の拠点があったと考えられる。

先にも述べたように、近江型土器が全国に向けてどんどん拡散していくことからしても、この地に大きな力を持つ勢力があったことも確かである。また、先ほど、政治連携が武力ではなく、祭祀を通じてなされたと述べたが、伊勢遺跡の祭祀空間がその役割を果たしたと充分考えられる。

他に大きな勢力はなく、上記のような背景から、また、大福型銅鐸の後継形式を強く受け継いでいることなどを勘案して、近畿式銅鐸の製作主体は「近江南部の勢力」と推定する。　（藤田加筆）

『日本書紀』には、「イザナギ・イザナミ時代に3国（浦安（うらやす）の国、細戈の千足る国（くわしほこのちだるくに）、磯輪上の秀真国（しわかみのほつまくに））があり、大国主（大己貴）は「玉牆の内つ国」（美称、大己貴の国（近畿政権）で、実際は狗奴国？）を建て、饒速日命（ニギハヤヒ）は「虚空見つ日本（倭）国」（邪馬台国（ヤマト国にあたる！）を建てた」とある。

文献的には弥生時代後期は、『後漢書』「東夷伝」によれば、「57年、倭の奴国王が後漢の光武帝に使いを送り金印を賜る」との事積から始まる。また、「107年、倭国王師升が朝貢し、生口160人を献上した」とある。さらに、「桓帝・霊帝の治世の間（146-189年）、倭国は大いに乱れ、互いに攻め合い、何年も主がいなかった。卑弥呼という名の一人の女子が有り、鬼神道を用いてよく衆を妖しく惑わした。ここに於いて共に王に立てた。」とある。『魏志倭人伝』には、「女王国ではもともと男子を王としていたが70～80年を経て倭国が相争う状況となった。（男子の王とは大己貴で、（大己貴の国（玉牆の内つ国、近畿政権）を指す。）　争乱（倭国大乱）は長く続いたが、邪馬台国の一人の女子を王とすることで国中が服した。名を卑弥呼という。」とある。
（藤田）

見る銅鐸の変遷と埋納

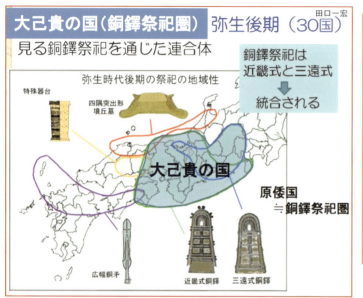

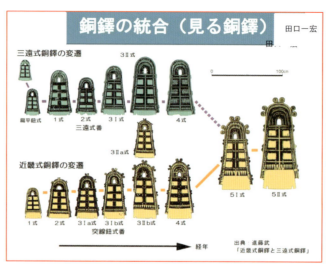

大岩山銅鐸（弥生後期末）

大己貴の国の終焉時に埋納された

● 見る銅鐸の埋納

- ２４個の多種多様な銅鐸の埋納
  　　ここから銅鐸の変遷統合が読み取れる
  　　　　＝政治の変遷統合
- ３回に分けて埋納された

（参考）加茂岩倉遺跡
　　３９個の銅鐸　聞く銅鐸で２種類
- 大岩山の最小クラス　・２回り小さいクラス

「見る銅鐸」の大量埋納

　滋賀県野洲市は倭国有数の銅鐸出土地として知られている。大岩山の中腹から、明治14年（1881）に14個の銅鐸が発見された。昭和37年（1962）には、東海道新幹線建設のための土取りの工事がその出土地付近で行われ、工事現場から新たに10個の銅鐸が出土した。3個づつ3組入れ子になっていたものが一括して出土し、さらに後日、少し離れた場所からもう1個出土した。こうして大岩山中腹は細かく見れば3地点に合計24個の銅鐸が埋納されていたことが明らかになり、全国有数の銅鐸出土地となった。

　これらの銅鐸出土を記念して、野洲市は出土地の近くに市立歴史民族資料館を建設した。この博物館の目玉はこの地に出土した134.7cmを誇る日本最大の銅鐸である。

　銅鐸の大量埋納は、弥生時代後期から古墳時代にかけての政治的な動きの中で、ムラ同士の結合が進み、それぞれの村で保有していた銅鐸が、統合のために集められ埋められたものと解釈されている。従って、大岩山で大量の銅鐸が集積されていたことは、この地域にこれまでとは違った大きな政治集団が誕生したことを裏付けるものである。
　　　　　　　　　　　　　　　　　　　　（大岩山古墳群、Net）＋ 藤田

これまでとは違った大きな政治集団とは、ニギハヤヒの邪馬台国勢力と考える。従って、近江湖南は邪馬台国の中枢に組み入れられた。そう考えることにより初めて、『魏志倭人伝』に記載の邪馬台国の七万余戸に上る人口の多さを理解できる。　　（藤田）

大己貴の国の中枢（都：伊勢遺跡と下鈎遺跡）

近江・湖南：大己貴の国（玉牆の内つ国）の中心

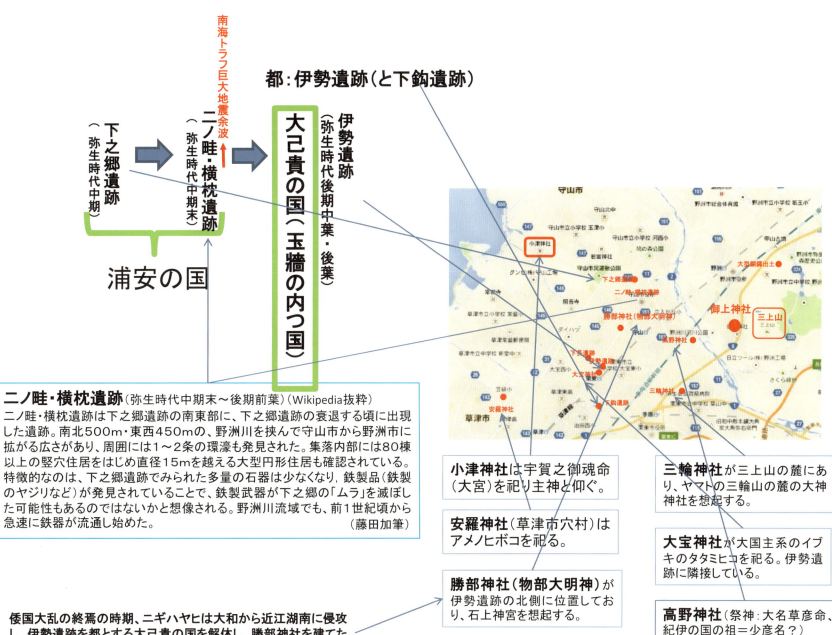

二ノ畦・横枕遺跡（弥生時代中期末～後期前葉）（Wikipedia抜粋）
二ノ畦・横枕遺跡は下之郷遺跡の南東部に、下之郷遺跡の衰退する頃に出現した遺跡。南北500m・東西450mの、野洲川を挟んで守山市から野洲市に拡がる広さがあり、周囲には1～2条の環濠も発見された。集落内部には80棟以上の竪穴住居をはじめ直径15mを越える大型円形住居も確認されている。特徴的なのは、下之郷遺跡でみられた多量の石器は少なくなり、鉄製品（鉄製のヤジリなど）が発見されていることで、鉄製武器が下之郷の「ムラ」を滅ぼした可能性もあるのではないかと想像される。野洲川流域でも、前1世紀頃から急速に鉄器が流通し始めた。　　　　　　　　　　　（藤田加筆）

小津神社は宇賀之御魂命（大宮）を祀り主神と仰ぐ。

安羅神社（草津市穴村）はアメノヒボコを祀る。

勝部神社（物部大明神）が伊勢遺跡の北側に位置しており、石上神宮を想起する。

三輪神社が三上山の麓にあり、ヤマトの三輪山の麓の大神神社を想起する。

大宝神社が大国主系のイブキのタタミヒコを祀る。伊勢遺跡に隣接している。

高野神社（祭神：大名草彦命、紀伊の国の祖＝少彦名？）

倭国大乱の終焉の時期、ニギハヤヒは大和から近江湖南に侵攻し、伊勢遺跡を都とする大己貴の国を解体し、勝部神社を建てたと考える。　　　　　　　　　　　　　　　　　（藤田）

伊勢遺跡

伊勢遺跡は下之郷遺跡の南約2.5kmの地点に位置している。JR東海道線「栗東」駅から徒歩で東約500mのところにあり、周りは田畑、新興住宅などが広がる平野である。弥生後期の集落遺跡であることがわかってきた。その規模は東西約700m、南北約450m、面積30ヘクタールを超える巨大な遺跡である。他の地域では弥生遺跡が衰退していく紀元1世紀末頃に、この遺跡は突如出現し、紀元2世紀末に衰退し始める。つまり、**邪馬台国建国前夜に、発達を遂げた不思議な遺跡として**注目されている。

遺跡の中心部には、二重の柵で四角に囲われた方形区画があり、そこで、この時期のものとしては最大級の大型掘立柱建物跡や祭殿らしい建物跡など12棟の建物が整然と配置された跡が見つかっている。特に、独立棟持柱付大型建物は、大型建物群の中の楼観と見られる建物を中心として、半径110mの円周上に等間隔に約30棟が並んでいたと推定され、国内に例のない配置となっている。

これら独立棟持柱付大型建物は、現在の伊勢神宮本殿に見られる神明造りと呼ぶ建築様式に似ている。そのため、祀りなどを行った祭殿ではないかと考えられている。これまでの発掘状況を考え合わせると、これらの建物は直径約220mのサークル状に、等間隔で約30棟が並んでいたと推定され、建物で囲まれた約3ヘクタールの地域は祭祀のための聖なる空間だったと推測されている。30棟の棟持柱付大型建物に対して、中央の楼閣で行われる宗教上のイベントや政治上の合議のために招集をかけられた、"伊勢王国"を構成する各集落の首長たちである。30もの首長を表すものとして、すぐ念頭に浮かぶものに銅鐸がある。大岩山の中腹から発見された24個の銅鐸は、あるいはこれらの祭殿に祀られていたものが、何かの事情でまとめて遺棄されたものであろうか。そうであれば、大岩山には未発見の銅鐸がまだ眠っていることになる。

2003年2月に発見された床とレンガの壁を持つ大型竪穴式建物は、一辺が13.6m×13.8m、床面積が約187平米に及ぶ国内最大級の規模の大型竪穴式建物だった。床面から出土した土器から弥生時代後期後半の住居跡と推定されている。この住居跡から復元された建物の規模の大きさには驚くべきものがあるが、さらに注目すべきはその床と壁にあった。住居をつくるのに、先ず深さ80cm以上掘り込み、次に厚さ約25cmの粘土を床面に貼り、その上面を焼いて整え、さらに約8cmの精良な粘土を貼り高温で焼いて固めている。こうした床を焼床（やきどこ）といい、従来にはなかった建築工法である。この床にはさらに、直径2cm程の穴が多数、開けられていた。一方、壁際には40cm×30cm、厚さ約8cmのレンガと思われる建築部材が少なくとも5個以上見つかっている。日本で出土した焼成の最古のレンガは白鳳時代の7世紀後半とされてきたが、その歴史が500年もさかのぼることになる。焼床の床を持ち、壁にレンガを用いている点で、この建物は特異な施設が施された住居だったことが分かる。これらの建築工法は明らかに大陸や朝鮮半島からの技術の伝来を示しているが、我が国では前例がないため、建築史上の新たな謎とされている。この建物の西には直径220mの円周に囲まれた巨大な祭祀空間と思われるスペースがある。したがって、司祭者または首長の居館だったと考えた方がわかりやすい。首長の居館であったとすれば、邪馬台国が出現する前の時代に、朝鮮半島などと深いつながりを持つ巨大な政治勢力が、野洲川流域に拠点をおいたことになる。その首長は下之郷遺跡の後継者だったかもしれない。あるいは、新たに半島から渡来して、この付近を切り従えた渡来系氏族だったかもしれない。

伊勢遺跡の小高い一角から、衰退期に埋めたと思われる多数の勾玉や管玉、および破砕された銅鏡が出土したという。伊勢遺跡の衰退期にこの場所で何らかの祀りが行われ、その後人々はこの土地を離れていった。何処へ移り住んだかを示す遺物は発見されていない。

（伊勢遺跡、Net）＋ 藤田

伊勢遺跡　弥生後期の巨大な祭祀空間　人の気配がない神聖な場所？

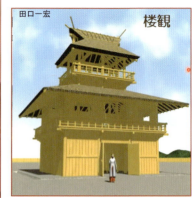
楼観

大型建物が林立する伊勢遺跡

方形区画の建物

円周配列の建物

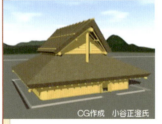
大型竪穴建物と最先端の建築技術
CG作成 小谷正澄氏
日本最大の方形竪穴建物
中国伝来の優れた建築技術
首長の居所？
これが伊勢遺跡建造初期にあった

日本初の焼レンガ

焼締めた床

伊勢遺跡 祭殿の心柱
棟持柱　心柱
・祭殿群には心柱がある　構造上の意味はない
・他遺跡の独立棟持柱付建物には心柱はない
・伊勢神宮 正殿にはある　この関連は？

下鈎遺跡：青銅器の生産基地　伊勢遺跡の盛隆に少し遅れて出現

伊勢遺跡と下鈎遺跡は、大己貴の国（銅鐸祭祀圏）の双子の祭祀場か

下鈎遺跡は縄文時代前期から近世にかけての複合遺跡である。弥生後期初めに衰退した後、伊勢遺跡の盛隆に少し遅れて出現する。このことから、計画的に造営された遺跡であると考えられる。祭祀を行う伊勢遺跡に対し 下鈎遺跡は青銅器を生産する目的で建設されたのではないか。

独立棟持柱付き建物という括りでは、同じような建物だが、柱の立て方、心柱など構造は異なっていて、別の建築集団が建てたのかもしれない。一方で、テラス付きの高殿祭殿という目的を同じにする建物もあり、連携性が窺われる。伊勢遺跡と下鈎遺跡は野洲川流域の村々が連携したクニの中心であり、卑弥呼擁立に深くかかわったことは明らかと考える。
（守山弥生遺跡研究会）　藤田加筆

出土品；日本最小の銅鐸（弥生時代中期後半～後期）、独立棟持柱をもつ高床式建物（日本最古）、前漢鏡、水銀朱の付着した石杵、銅製品（銅鏃、銅環）、青銅器等
（邪馬台国近江説、後藤聡一）

水銀朱生産
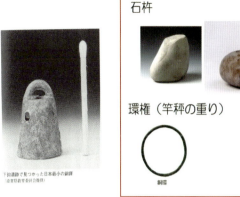
石杵

環権（竿秤の重り）

弥生の青銅製分銅か　産経新聞令和元年5月24日

弥生時代の環濠集落として知られる下鈎遺跡（栗東市）で20年前に出土した弥生時代後期後半（2世紀後半）の青銅品1点が、天秤ばかりに用いるリング状の分銅（環権）である可能性が高いことが分かった。（韓国の伽耶地域の茶戸里遺跡から出土した青銅製環権の最大のもののちょうど4倍の重さ）この遺跡での青銅器や祭祀に使う赤色顔料「朱」を生産しており、朱の計量など綿密な計量に用いたのであろう。弥生時代に度量衡制度が伝わっていた証と考えられる。
（藤田加筆）

左図（出土したリング状の青銅品）分銅の可能性が強い。奥の銅輪は「銅釧」

青銅器関連の出土品
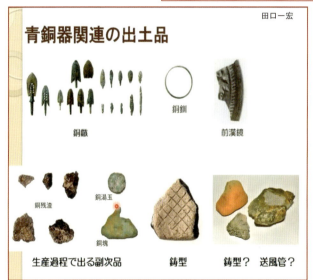

五角形竪穴住居

五角形住居跡（伊勢遺跡）【守山市教委】

五角形竪穴住居

弥生後期になると竪穴の形状が五角形の竪穴住居が出現する。五角形住居は、滋賀県では、野洲川下流域に集中しており、なかでも伊勢遺跡で半数以上を占める。このような五角形住居は、北陸や山陰地方など日本海側で多く見られるものである。

弥生中期の終わり頃から後期初めにかけて、瀬戸内海ルートの交易が停滞し、日本海ルートが活発になる。（中期末の南海トラフ巨大地震と関連するか。）野洲川下流域で多くの五角形住居が見られるのは、この日本海ルートと関連し、日本海交易が影響していると思われる。北陸、山陰と強いつながりがあったと思われる。　（弥生の建物－竪穴住居から祭殿まで、Net）藤田加筆

手焙り型土器（伊勢遺跡）、用途は香炉か、巫女が神懸かりするとき使用。多数の出土のためこの流域で生産されたものと思われる。

（邪馬台国近江説、後藤聡一）

三上山山麓の神社　　大宝神社、勝部神社、三輪神社

大宝神社本殿

追来神社（大宝神社境内社）

大宝神社（大宝天王宮）
祭神…素盞鳴尊（スサノオノミコト）

当神社は、701年（大宝元年）疫病流行の時、小平井村信濃堂（シナンド）（現在の栗東市小平井）に降臨された素盞鳴尊と稲田姫命を霊仙寺（栗東市霊仙寺）経由綣村（栗東市綣）の地先、追来神社境内にご鎮座。

追来（オフキ）神社
祭神…伊吹山に座す多々美彦命

地主の神として大宝年間以前よりこの綣の地に鎮座されている。古来は、意布伎（伊不伎）神社と記されている。社内にあった狛犬の台座裏に「伊布伎里惣中」と記されている。中世には、若宮権現とも呼ばれ現在も通称その名で呼んでいる。御神木は、いぶきで、意布伎の意は「オ」とも読めるため「オフキ」と呼んで追来に転じたとされる説が有力である。

「イフキ」の「フキ」は、息を吹く、風を意味し風の神である。また、雨乞いにより雨を授けて頂いたので水の神でもある。地主神でありながら大宝神社本殿が主祭神となっているため、無理に境内社としての位置付けになり、社名変更を余儀なくされていると推測される。

（大宝神社　大宝神社紹介、Net）＋ 藤田

勝部神社（かつべじんじゃ）
主祭神 - 物部布津神
（天火明命・宇麻志間知命・布津主神）
合祀神 - 住吉神・猿田彦命

守山市勝部にある神社で、正式名称は物部郷総社 勝部神社。戦前までは物部神社または物部大明神、勝部大明神と称されていた。旧社格は郷社で、旧物部郷の総社である。
（Wikipedia 抜粋）

天火明命は饒速日命を指すとしているが、私見では両者は同人格でないと考えている。　　　　　（藤田）

三輪神社 （ミワ） （栗東市大橋）
御祭神：三輪大神

大和の大神神社を勧請して奉斎したと思われるが、その年代は不詳である。当初の鎮座地は村の北一里の寺山の頂上であった。小谷城築城の後この寺山が艮の方にあたり鬼門鎮護の神として浅井家の尊敬が篤かった。明治24年現在の地に移遷された。
（神社紹介＞滋賀県の神社＞滋賀県神社庁、Net）＋ 藤田

ニギハヤヒ（物部）軍団は大和の磯城を制圧した。さらに北上し、近江・湖南に達し、大己貴の国（玉牆の内つ国）の国都の伊勢遺跡を解体させた。ニギハヤヒは、和邇氏の巫女で大国主の血脈の卑弥呼を女王に共立し、大和の纒向遺跡（桜井市）を国都とする邪馬台国を建てた。従って、物部軍団は伊勢遺跡を解体させ纒向遺跡を造営したことになる。伊勢・纒向遺跡からはそれぞれ400メートル級の秀麗な山容の三上山と三輪山を仰ぎ見ることが出来る。これら二つの山は、どちらも山間部と扇状地の境界にある「神の坐す山」とされてきた。三輪山の麓には大神神社があり、三上山の麓には三輪神社がある。近江・栗東には、近江の三輪神社が大和に遷り大神神社となったと伝える古老がいるという。三輪山の奈良湖側には纒向遺跡があり、三上山の琵琶湖側に伊勢遺跡がある。さらに、纒向遺跡の北側に物部の総氏神の石上神宮があり、伊勢遺跡の北側には物部郷の総社である勝部神社が鎮座する。石上神社の存在は倭国大乱を引き起こしたニギハヤヒ軍団の大和制圧の証であり、物部郷の存在は倭国大乱の末期に近江湖南に攻め込み伊勢遺跡を解体させた証であろう。尚、伊勢遺跡に隣接して大宝神社が鎮座する。この神社は、大宝元年に降臨された素盞鳴尊と稲田姫命を追来（オフキ）神社境内に鎮座させたとされるもので、追来神社は地主神でありながら大宝神社本殿が主祭神となっているため、無理に境内社としての位置付けにされ、社名変更を余儀なくされたと推測される。古来、追来神社は意布伎（伊不伎）神社と記されている。追来神社は伊吹山に座す多々美彦命（別名八岐大蛇）を祭神とするが、多々美彦命は大己貴の国（玉牆の内つ国）の盟主の大国主のことだと推測される。大己貴の国の国都である伊勢遺跡は2世紀末に解体され、その建材は邪馬台国の国都の纒向遺跡に移されたか。
（藤田）

三上山：大己貴の国の神奈備

御上神社と三上祝　　卑弥呼と台与は三上祝一族

秀麗な三上山：近江富士

御上神社
祭神：天之御影命（あめのみかげのみこと）天津彦根命の子（天照大神の孫）。鍛冶の神である天目一箇神と同一神とされ、日本第二の忌火の神とされる。
創建：孝霊天皇の時代、天之御影命が三上山の山頂に降臨し、それを三上祝（御上祝）が三上山を神体（神奈備）として祀ったのに始まると伝える。御上祝は、野洲郡一帯を治めていた安国造の一族であり、御上神社の祭祀は安国造が執り行ったとされる。明治から昭和にかけての発掘調査では三上山ふもとの大岩山から24個の銅鐸が発見されており、三上山周辺では古来から祭祀が行われていたと考えられている。
（Wikipedia抜粋）藤田加筆

創建が孝霊天皇の御代とされていることに注目

御上神社本殿
（国宝、三上山麓）

天之御影命

　天之御影神（天津彦根命の子）：天照大神の孫、息子は意富伊我都神（オオイガツノカミ）、鍛冶の神、天目一箇神と同一神、刀工の神。神社：御上神社、国懸（クニカカス）神宮、子の意富伊我都神を祀るものとしては額田神社。天之御影神は、我が国の鍛冶の祖神とされる神である。『古事記』では、この神は近江国の三上山を御神体とする御上神社（滋賀県野州町）に祀られる神であるとしている。三上山は「近江富士」とも呼ばれ、俵藤太こと藤原秀衡のムカデ退治の伝説が残る山である。この神も、古くは三上山に宿る山の神であり、近在の人々の生活を守護する地主神であった。
　古来、近江のあたりというのは帰化人の定着が多く見られ、外来文化とも密接な関係があった。帰化人のもたらした文化のなかには当然、先進的な鍛冶の技術もあったはずである。実際に野洲周辺の古墳の出土品に、大量の銅鐸や刀剣などが含まれていることから、この地に鍛冶の技術が根付いていたことは確かである。その技術が中世以降は刀鍛冶として発展し、ひいては、のちに戦国の世に革命をもたらした鉄砲の生産地、近江国友村（滋賀県長浜市近郊）の鉄砲鍛冶の技術としてつながった。
　なお、天之御影神の息子に意富伊我都神がいる。この神は、古代の多くの氏族の祖神とされる額田部湯座連（ヌカタベノユエムラジ）で天津彦根命の孫ともいわれ、やはり刀鍛冶の守護神として崇敬されている。祖父の天津彦根神は、もともと火に関係が深く、祖父の系統を引くこの神もまた火と強く結びついていると考えてよいだろう。つまり、焼き入れ（火）によって強靭で優美な刀剣を生み出す霊力を発揮するのがこの神なのである。また、刀剣は邪悪を払う霊力を持つ。ゆえに、この神も人間に災いをもたらす悪霊から守護してくれる神としても信仰されている。
　息長水依姫（台与と考える）は天之御影命の女とされるが、実際は天之御影命の六世孫の国忍富命の女である。
（天之御影神、Net）＋ 藤田

天津彦根命は息長氏の祖である。卑弥呼の宗族の台与は、天ノ御影神後裔の女の息長水依姫であろう。尚、息長帯姫が神功皇后である。
（藤田）

三上祝（みかみのはふり）

　近江の湖西地域を中心に分布した和邇氏族も、湖南地域では、あまり顕著でない。湖南では、阿部氏族の佐々貴山君一族や三上氏族の三上祝一族の勢力が相当に大きかったようである。とくに後者は、近江の先住部族で野洲郡三上山の麓を根拠にし、湖南から湖東にかけての地に広く一族を繁衍させ、三上祝を宗族にして蒲生稲置・安国造（安直）・犬上県主・川上舎人・菅田首などの諸氏を分出させた。この一族は湖東平野部の豊かな生産力と製鉄・鍛冶技術を基盤として栄えた。（古代氏族の研究① 和珥氏　中国江南から来た海神（海人）族の流れ、宝賀寿男）

　24個もの大量の大型銅鐸を出土した野洲市小篠原の大岩山遺跡に関係するとみられる**三上祝・淡海の国造は、大巳貴命の娘・下照姫後裔**であり、物部連の同族でもあった。（「神武東征」の原像、宝賀寿男）
（藤田）

佐々貴山君一族は少彦名系で、三上祝一族は大国主系と考える。卑弥呼は大国主系でかつ和邇氏一族か。台与は卑弥呼の宗族（姪か）である。卑弥呼と台与は三上祝一族である可能性が高い。（藤田）

湖南地方をまとめていたのは、青銅文化の**安(やす)氏**であったとの記述あり。
（近江の弥生遺跡、Net）

『日本書紀』によると孝霊天皇の皇女の倭迹迹日百襲姫が箸墓古墳に葬られた。箸墓古墳は邪馬台国の卑弥呼の陵墓であるとの年代測定等のいくつかの状況証拠がある。倭迹迹日百襲姫が卑弥呼である可能性が高い。
（藤田）

湖西・新たな奴国（和邇氏）・中平太刀・卑弥呼

奴国の嫡流：和邇（和珥）氏

筑前から近江（湖西）へ遷り、筑前の奴国に因むもう一つの奴国を近江湖西に建てる。（二つの奴国『魏志倭人伝』）

和邇氏と近江

近江西南部の志賀（滋賀）郡は、北九州の和邇原郷域たる筑前の国糟屋郡の志賀（志珂）郷（現福岡市東区）と同名だけあって、和邇氏族の中心地であった。和邇という表記は大和の添上郡と近江の志賀郡にのみ見られる。志賀郡の北隣の高島郡には、猿田彦神を祀る白鬚神社の全国総本社があり、安曇川の地名が残る。

志賀郡には、和邇、小野、真野などの地名があり、和邇氏族の古代における一大根拠地であった。真野臣の氏神とみられる神田神社の地を含んで、堅田や小野・和邇の地域が「和名抄」の真野郷とみられる。小野には湖西地域最大の前方後円墳（72メートル、4世紀末）である和邇大塚山古墳があり、また古代の産鉄遺跡も分布している。
（古代氏族の研究①、和珥氏、宝賀寿男）

海部氏勘注系図によると天足彦国押人命（第5代孝昭天皇の皇子）が六世孫建田勢命に関係づけられ、建振熊宿禰（和邇氏）もこの系図に載っている。従って、和邇氏は、筑前、丹後、若狭、近江（湖西）、そして葛城に至ったものと考える。　　　　　（藤田）

近江の国は現在の滋賀県であるが、滋賀は近江西南部の志賀（滋賀）郡の志賀に因み、志賀は福岡県東区にあった志賀郷に由来する。志賀郷は海神族の国（奴国）の中心であった。
（藤田）

和邇氏－Wikipedia抜粋　藤田加筆

5世紀から6世紀にかけて奈良盆地北部に勢力を持った古代日本の中央豪族である。和邇は和珥・丸邇・丸とも呼ばれる。出自については2世紀頃、日本海側から畿内に進出した太陽信仰を持つ江南系の鍛冶集団とする説がある。本拠地は旧大和国添上郡和邇（現天理市和爾町・櫟本町付近）。6世紀頃に春日山山麓に移住し、春日和珥臣となる。

神田神社（滋賀県大津市真野普門）

【祭神】彦国葺命、天足彦国押人命
第五代孝昭天皇・その皇子、天足彦国押人命（あまたらしひこくにおしひとのみこと）とその三世の孫、彦国葺命と併せて須佐之男命をお祀りするお社。彦国葺命は真野の遠祖で、その子孫が真野の入江の汀、神田（みとしろ）の地に神殿を建てお祀りしたのが始まりで地名により神田神社と云う。

和邇氏考

1. 和邇氏の「ワニ」が「ワニザメ」のことで「海の鰐」、すなわちサメ・フカの類を意味するという見解は古くからある。和邇氏とその同祖氏族が竜蛇信仰を強くもつことから、「ワニ」とは本来の爬虫類の鰐を含んで、広く竜蛇類に通じるもので、海神の宮が竜宮城と呼ばれる所似でもあろう。中国の江南から直接あるいは南朝鮮を経て北九州海岸部に渡来したが、我が国には鰐類が棲息しないことから、「ワニ」の名が海中の巨大魚類のサメ・フカの類にも代置されたとみられる。

2. 和邇氏は九州北部の筑前に発した海神（海人）族の一大流派、そのうちでも嫡流的存在。安曇氏も大流派で、猿田彦も海神族と思われる。海神族の国として博多平野の那珂川流域にあった奴国があげられるが、その王族嫡流が和邇氏で、安曇氏はむしろ傍流と思われる。

3. 奴国は弥生時代中期後葉の倭国の中核国であった。倭国が後漢と外交交渉をもったのは、倭奴国王が後漢の光武帝に朝貢したのが始まりである。『後漢書』東夷伝によれば、建武中元二年(57年)後漢の光武帝に倭奴国が使いを出して、光武帝により、倭奴国が冊封され金印を綬与されたという。紀元前後のスサノオの北九州侵攻により伊都国が建てられ、1世紀後半に奴国は伊都国に圧倒されたと思われる。このため、和邇氏は、日本海を東遷し若狭を経由し、近江湖西に至ったと考える。和邇氏はさらに南下し葛城王朝に食い込んだ。

4. 歴代の中国王朝は、和邇氏が東遷した後も和邇氏を倭国の王と見なしていた兆候がある。というのは、近畿での倭国大乱の際、後漢が和邇氏に詔書や黄幢をもたらし、「檄を以てこれを告諭した」際、和邇氏に対して中平大刀が下賜された。

5. 和邇氏は、倭国大乱の折はニギハヤヒや大国主と諮り、大国主の血筋で和邇氏の巫女の卑弥呼を邪馬台国の女王とした。

6. 『三国志』魏志倭人伝には、3世紀前半の奴国の様子が記録されている。『魏志倭人伝』には二か所の奴国が記載されている。一つは筑前の奴国で、もう一か所は邪馬台国の極東界にある奴国である。この二つ目の奴国は近江湖西の和邇氏の国と思われ、その東側（湖北・湖東）から美濃、伊勢さらに東国へと狗奴国が広がっていた。一方、邪馬台国の領域は近江湖南・湖西、大和以西の西日本一帯に広がっていた。

7. 帯方郡から邪馬台国へのルートの帯方郡から不弥国（宗像周辺か）までのルートは確定している。不弥国から投馬国（出雲国（出雲王朝）と思われる）までを、『魏志倭人伝』の南方に向かうを「東方に向かう」と読むと矛盾なく水行20日で出雲に着く。次の水行10日で小浜湾（小浜市）に着く。その後、お水送りのルート（和邇氏が若狭から大和に進出したルートか）を取って琵琶湖経由で大和（纏向）に向かうのが水上交通が一般的であった当時としては一番蓋然性がある。このルートの中継地が野洲川河口の下長遺跡であろう。

8. 卑弥呼は後漢を継ぐ魏とも外交関係を維持し、親魏倭王に任じられ銅鏡百枚などを賜ったが、3世紀半ばに死去し、箸墓に葬られた。邪馬台国は乱れ、卑弥呼の宗族の台与を擁立して、邪馬台国の内乱を治めた。台与は魏に使い（掖邪狗ら：掖邪狗：和邇日子押人命？）を送るが、これも魏が倭国（邪馬台国）の名代は卑弥呼の宗族の台与であると認識していたからであろう。卑弥呼と台与は大国主の流れを継ぐ近江の三上祝一族の出身と思われ、台与は卑弥呼の姪であると考える識者もいる。

9. 和邇氏は崇神東征では任那・伊都国勢力に加担し、さらに応神東征でも神功皇后軍の中心勢力の一つであった。このように和邇氏はヤマト王権の確立にも大きな役割を演じている。神功皇后紀にみえる韓地への出発港たる「対馬の和珥津」が、対馬上県部の鰐浦にあたる。ここでも「和珥＝鰐」である。

10. 応神朝には、百済より和邇吉師（王仁）が渡来し、『論語』と『千字文』をもたらす。このことが示唆するように、和邇氏は5世紀までも南朝鮮との繋がりを保っていたと思われる。
（古代氏族の研究①、和珥氏、宝賀寿男）＋ 藤田

卑弥呼（倭迹迹日百襲姫、孝霊天皇皇女）は、三上祝一族で和邇氏の巫女か
卑弥呼（日御子？）は海神（海人）族の代々の女王か

和邇氏系図

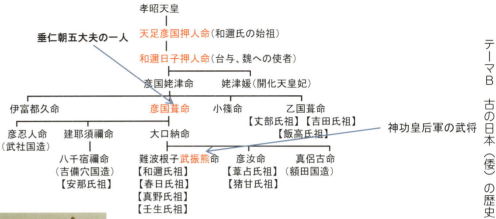

弥生時代 後期　近江・湖南　卑弥呼

卑弥呼は近江出身の鉄神の巫女

卑弥呼の履歴、すなわちその出自について物語る最も注目すべき資料は、奈良県天理市櫟井の東大寺山古墳出土の「中平□年5月丙午」銘の大刀であろう。中平とは後漢の年号であり、184年～188年をさすが、まさしく卑弥呼共立の時に当たっている。すなわち、「後漢書倭伝」には霊帝の光和年中（168~183）と記載された、倭国大乱の終結の年である。おそらく中平元年（184）、後漢王朝が詔書や黄幢をもたらし、「檄を以てこれを告諭」した際、卑弥呼側の部族に対してこの中平大刀が下賜されたものに相違あるまい。とすれば卑弥呼を擁した部族こそ、この大刀を100年以上も伝世し、本拠地の古墳に埋納したワニ（丸、和邇、和珥）族であったといえる。ワニ族はもともと近江の製鉄集団にルーツをもち、大春日氏、布瑠、粟田、柿本、真野、小野、大宅、櫟井、羽柴、物部などに分岐分散した。この製鉄集団の勢力の及んだ、近江の湖西、湖北は、伊勢国の南半から志摩国にかけての伊勢神宮周辺や、元伊勢の所在する丹波地域とともに弥生時代の祭祀遺物とされる銅鐸の非出土地域となっている。このことは、ワニ氏が早くから地霊を祭る祭祀＝銅鐸祭祀ではなく、天を祭る祭祀をとりおこなっていたことをうかがわせるものといえよう。

その後和邇氏がヤマトに進出し、本拠を移したことは、和邇の地名や和邇下神社の存在からもうかがえるが、その故地が近江の湖西にあったことは、平安時代に至ってもなお、大春日氏や布瑠氏以下同族が近江の国志賀郡の氏神へ、春秋二祠時には休暇ねがいもださすことなく帰還している事実によっても知られる。

したがって、卑弥呼は近江出身のシャーマン（製鉄神）であり、共立とともに部族の中枢もまた、三輪山北方に本拠を移したと考えられる。
（卑弥呼の墓は箸墓か、丸山竜平、臨時増刊歴史読本 特集・古代天皇と巨大古墳の謎、86年3月号）藤田加筆

後漢書等の史書には中平太刀の賜下に関する事績は不記載である。

春日山古墳群

春日山古墳群（かすがやまこふんぐん）は、滋賀県大津市真野谷口町にある古墳群。1974年（昭和49年）12月23日、国の史跡に指定された。和邇氏の旧地であった奈良の春日山を想起させる。

琵琶湖の西岸、著名な堅田の町の背後の丘陵（春日山（コロッケ山）、筆者の少年時代の遊び場）には、約220基からなる湖西地方最大の古墳群、春日山古墳群がある。この古墳群は5世紀代にはじまり、6世紀後半に集中的に形成され、7世紀初葉に終焉する。

本古墳群の所在する地域は、和珥部臣、小野臣、真野臣など和邇氏につながる諸氏族の居住地であり、かれらとの関連がつよく示唆される重要な古墳群である。
（Wikipedia抜粋）藤田加筆

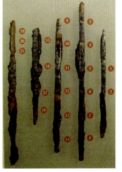

（数字鉄刀の銘文の文字位置）

東大寺山古墳出土の後漢「中平」と紀年銘の鉄剣

「AD57年、奴国王は後漢・光武帝に使いを送り、金印を賜る」とのことからわかるように、筑前の奴国は、倭の中核の国と見なされていた。この奴国がスサノオが建てたと思われる伊都国に圧迫され、奴国の嫡流の和邇氏は筑前より若狭さらに近江湖西に遷った。しかし、歴代の中国王朝は、和邇氏を倭国の王と見なしていた兆候がある。というのは、後漢王朝が倭国大乱の際、和邇氏に詔書や黄幢をもたらし、「檄を以てこれを告諭」した際、和邇氏に対してこの中平大刀が下賜されたと考えられる。
（藤田）

卑弥呼（倭迹迹日百襲姫、孝霊天皇皇女）の母親

倭国香媛（やまとのくにかひめ）は孝霊天皇の妃とされている。彼女は倭迹迹日百襲姫命、彦五十狭芹彦命（吉備津彦）の母親。彼女の出自については、『古事記』では安寧天皇の曾孫で、淡路島出身の蠅伊呂泥（はえいろね）、またの名、意富夜麻登玖邇阿礼比売命（おほやまとくにあれひめのみこと）と記されてる。彼女の名前は神武天皇の名前「神倭伊波礼毘古命（かむやまといはれびこのみこと）」に類似している。彼女の娘の倭迹迹日百襲姫命は、後に卑弥呼として知られるようになった。卑弥呼は、倭国の大井媛として、中国の魏に使者を送り、倭国の王として認められた。卑弥呼は、年少時に讃岐国に派遣され、雨乞いや水路開削などの功績を残した。卑弥呼の墓は、奈良県の箸墓古墳とされている。
（Copilot, Microsoft Edge）藤田加筆

卑弥呼（倭迹迹日百襲姫命か）と台与（卑弥呼の姪、息長水依姫か）は、大国主や下照姫を祖とする三上祝一族と思われる。卑弥呼を日御子（日巫女）と考え海神（海人）族の代々の女王の世襲名とすると、宗像三女神―下照姫―卑弥呼―台与―倭姫―神功皇后（主たる女王）と世襲されてきたのであろうか。
（藤田）

参照：論考4　卑弥呼（日御子？）の系譜 Ⓑ038

湖北・伊吹山
大国主（大己貴）と伊吹山

大己貴の国の神奈備は三上山と伊吹山と考えられ、その後継国の狗奴国の神奈備は伊吹山と富士山と考えられる。伊吹の神は、イブキノオオカミと云われ大蛇と思われる。伊富岐神社（岐阜県）の祭神は、イブキノオオカミ、多多美彦命あるいは八岐大蛇とされている。この大蛇や八岐大蛇は大国主（大己貴）のことであろう。因みに、成務朝にイナヨリワケが伊吹山山麓で退治した大蛇は、狗奴国の王の大国主（大己貴）を指すと考える。即ち、成務朝に狗奴国が滅んだことを意味すると思う。参照：Ⓑ231

伊吹山の岐阜県側には伊富岐神社があり、滋賀県側には伊夫岐神社が鎮座している。

伊富岐神社（いぶきじんじゃ）（岐阜県不破郡垂井町、美濃国二宮、伊吹山を背後にした形で造営）。伊富岐神社の祭神：伊福氏の祖神（イブキノオオカミ）、多多美彦命（夷服岳神、気吹男神、伊富岐神、伊吹山の神、タタラの神）、八岐大蛇、天火明命、草葺不合尊など。伊福氏は伊福部氏ともいい、朝廷に特定の技術を以て仕えた集団の品部の一つであり、管楽器奏者の集団とする説もあるが、吹いて火を熾して製鉄や鍛冶技能を持った技能集団だと云われる。この辺りは、鉱石も豊富で、伊吹おろしは、火力をあげる風として一役買ったと思われ、銅や鉄を吹く人々が集まった土地であり、同じ垂井の南宮大社も鉄鉱業の守り神として知られている。
（ホツマツタエに書かれている神を祀る　伊富岐神社 [パワースポット] Net）藤田加筆

伊富岐神社の祭神は多多美彦命で、八岐大蛇もまた祭神として挙げられている。本当の祭神は大国主か（藤田）

伊吹の神（イブキノオオカミ）は、『古事記』では白猪だが、『日本書紀』では大蛇となっている。大蛇とは海蛇の事で、砂鉄やら砂金やら、鉄の取れる川を所有し製鉄を行っていた一族の神の様である。猪の方は分からない。態々「白」と書いてあるので、白山神の関係かもしれない。

伊吹山の神はイブキノオオカミとか云われている。今は、伊吹山寺があり、伊吹山修験道の場となっている。白山神社が伊吹山南西参道沿いにあるのも、修験道の関係だと思われる。当時この辺りの豪族が伊福氏で、氏族のイブキオカミが祖神とされている。現在は岐阜県不破郡に伊富岐神社があり祀られており、伊福氏は製鉄を行っていたとか。また、山を挟んで反対側、滋賀県米原市にも「伊夫岐神社」（岐阜県のとは字が違う）があり伊吹山を祀っている。米原市は息長氏という豪族の土地だそうで、こちらも製鉄を行っていた。息長川は現在の姉川。
注）伊吹は「鋳吹」から来た名ではないかと思われる。
（ヤマトタケルノミコトを倒した伊吹山の神とは何もんですか？Net）＋藤田加筆

伊福部氏は、古代因幡国法美郡を中心とした地域の有力な豪族であり、しばしば因幡国造に任ぜられたとの伝承をもつ家柄。伊福吉部、五百木部とも書かれ、「いふくべ・いふきべ・いほきべ」などと読まれている。その職務や名の由来として、笛を吹く部、景行天皇の皇子五百木之入日子命の御名代、天皇の御前の煮炊きをする職などいくつかの説があり、"気を変化させる力"を持ち「気をつむじ風に変化させるが故に気吹部の姓を賜った」として『伊福部氏系図』では第20代の若子臣を気吹部臣（伊福部臣）氏の始めと位置づけている。また、伊福部氏の分布が鉱山地帯に多く、初期の製鉄法であるたたら製鉄は製鉄反応に空気を送り込んでつくられるため、風を司る伊福部氏は鉄鋼の精錬に従事していた氏族ともいわれている。そして宇倍神社（因幡国一宮）の神職は、古来より明治の初めまで伊福家が務めていた。尚、伊福部氏の始祖は大己貴命（おほなむち）とも言われている。
（因幡・国府のうつろう流れ　殿ダム・袋川流域風土記、Net）＋藤田

伊富岐神社拝殿（ホツマツタエに…、Net）

伊富岐神社と大宝神社の祭神：多多美彦命

大宝神社（守山市）はかつては大宝天王社と云った。大宝元年（701）疫病流行のとき、地主神（多々美彦命）を祀っていた「追来神社」の境内に素盞嗚尊（スサノヲノミコト）と稲田姫命を迎え祀ったところ疫病が鎮まったと伝えられる。

地主神として大宝時代以前よりここに鎮座していて、伊吹山に座す多々美彦命が祭神。古来は意布伎（伊不伎）神社と記されている。「イフキ」は息を吹くで風の神で、雨乞いで雨を授けられたことで水の神でもある。

このことをどう理解すればいいのか。かつて滋賀県と岐阜県の県境に聳える伊吹山を中心に多々美彦命を神とする一族がこの一帯まで治めていたが、素盞嗚尊（牛頭天王）を奉祭する一族（ニギハヤヒ一族）に取って代わられたということか。
（守山宿から草津宿へ②・・・大宝神社と芭蕉句碑　記事、Net）＋藤田

近江の鍛冶工房（2～4世紀）

弥生時代 後期―古墳時代 前期　近江　鍛冶工房

熊野本遺跡
3世紀前後（倭国大乱～邪馬台国成立時）の熊野本遺跡（滋賀県新旭町）には大規模な鉄加工工房の跡がある。丹後に陸揚げされた半島の鉄が、この工房に持ち込まれ種々の鉄製品に加工されたと思われる。また、741個のガラス玉が出土し、これらのガラスは丹後の大風呂古墳から出土したガラス釧と同じ成分とのことである。
（前ヤマトを創った大丹波王国、伴とし子）

稲部遺跡（3世紀の狗奴国の都か）
滋賀県彦根市の弥生～古墳時代（2～5世紀）の大規模集落跡、稲部（いなべ）遺跡で、3世紀中頃では国内最大級の大型建物1棟の跡並びに付随する建物約80棟の跡が出土した。このうち大型建物跡は幅11・6メートル、奥行き16・2メートル。同時期では、纏向遺跡の大型建物跡（幅19・2メートル、奥行き12・4メートル）に次ぐ規模という。
また、3世紀としては最大規模の鍛冶工房とみられる竪穴建物跡も確認。建物跡などから鉄片や鉄製の矢尻といった鉄関連遺物が計約6キロも出土した。大和、越前や尾張などで出土するのと同じ形状をした土器の破片が多数見つかった。各地から運ばれてきたとみられる。
（藤田）

伽耶より鉄素材の倭国への流入
2世紀末までは、伽耶の鉄素材は日本海経由で丹後に持ち込まれ、近江・高島の熊野本遺跡で鉄製品に加工され、琵琶湖経由で北近畿一帯に運ばれた。邪馬台国時代以降になると、『魏志倭人伝』に記されているように、大量の鉄素材が若狭に持ち込まれ、鉄素材が近江・湖南の出庭遺跡で鉄製品に加工され、畿内一円に運ばれた。一方、邪馬台国時代には、伽耶の鉄は狗奴国の外港の敦賀にも持ち込まれ、稲部遺跡で鉄製品に加工され、東海地方からさらに東国へともたらされた。
（藤田）

古代の近江国は大製鉄地帯 ヤマト王権が関与か

2022/4/29　産経ニュース　歴史シアター（抜粋）

出土した竪穴建物の遺構。内部に4基の鍛冶炉が確認された（滋賀県提供）

古墳時代前期（4世紀ごろ）の鍛冶（かじ）工房とみられる遺構が見つかった滋賀県栗東市の集落跡「出庭（でば）遺跡」。弥生時代の鍛冶炉ではほとんど例のない、1000度前後の高温により鉄の加工が行われ、高度な鍛冶技術を持っていたことが分かった。工程ごとに工房を分けた作業が行われ、周辺に鉄製品を配給する生産センターがあった可能性も指摘される。古代の近江国（滋賀県）は飛鳥時代後期（7世紀後半）以降、製鉄や鋳鉄をしていた施設の遺構が次々と見つかっており、一大鉄生産拠点だったことが分かっている。その前段の時代につくられた鍛冶工房は、鉄製品の製作技術の過渡期を示す貴重な遺構なのかもしれない。

鍛冶は金属を鍛錬して製品を作る技術で、弥生時代に伝わったとされる。鉄素材を高温の炉に入れて軟らかくし、ハンマー代わりの敲石で叩いたり、切断して鉄製品に加工。その後、水につけて冷却し、表面を研磨して完成させていたと推定される。出庭遺跡では、出土している鉄製品が小型だったことから、刀剣などの大型鉄製品ではなく、小型の道具の製作や、貴重な農工具の補修などが行われたとみられている。

発掘調査した重田勉氏は「これまで各地で弥生時代や古墳時代の鍛冶工房の跡が見つかっていますが、遺物などが中心で鍛冶作業の実情が十分分かりませんでした。今回は、具体的な作業状況が分かったことが重要です。燃焼温度は弥生時代の炉より、今回の炉の方が高く、鍛冶の技術的な変遷も分かりました。工房の建物跡の中で、2棟は少人数での作業用と思われ、それが並んでいる。鍛冶の工程の違いで建物を分けていたことも考えられます」と話す。

砂鉄や鉱石から鉄を生産する製鉄は弥生時代から始まったとされており、出庭遺跡周辺では、7世紀後半の源内峠遺跡（大津市）で4基の製鉄炉が確認されるなど、古代の近江は鉄製品の一大生産拠点だったことが明らかになっている。
（藤田加筆）

7章 天孫降臨から葛城王朝崩壊まで

> 天孫降臨（1世紀半ば）から葛城王朝崩壊まで⑧099 ／日向三代（作為的挿入）、瓊瓊杵＝神武⑧100 ／
> 神武東征⑧105 ／三島神の東征（葛城多氏王権、神武→安寧）⑧109 ／ホアカリの東征（葛城王朝（大己
> 貴の国の支国）、懿徳→孝安）⑧115 ／『海部氏勘注系図』⑧117 ／ホアカリ（倭宿禰）の東征⑧120 ／ア
> ジスキタカヒコネと事代主⑧122 ／二つの葵祭・葛城王朝の瓦解（ニギハヤヒの東征・崇神東征）⑧125

　皇統の系譜のうち天孫降臨した瓊瓊杵から神武天皇まで系図（日向三代）は、作為的に挿入されたと考え
られるので省くと、瓊瓊杵が神武に当たる。瓊瓊杵の直系は日向三代を含めて九州のウガヤフキアエズ朝に
受け継がれ、ミマキイリビコイニエ（崇神）の代になり、大和・葛城に侵攻し、邪馬台国を終焉させ崇神王
朝（ヤマト王権）を建てたと考える。
　神武東征譚とは、三島神の東征（葛城多氏王権（浦安の国の支国）、神武→安寧）、ホアカリの東征（葛城
王朝（大己貴の国の支国）、懿徳→孝安）、ニギハヤヒの東征（倭国大乱、スクナビコナの死、大己貴の国の
瓦解⇒邪馬台国（孝霊→開化）と狗奴国の成立）、崇神東征による崇神王朝（ヤマト王権）の確立（神武東
征譚の主要部分）からなる倭国平定譚である。最初の東征と考えられるのが三島神の東征で多氏を伴って大
和・葛城の辰砂の獲得を目指したものであろう。天皇の系譜は『海部氏勘注系図』と並列でき、とくにホア
カリの三世孫の倭宿禰から 十世孫の乎縫命の系図と第4代懿徳天皇から第9代開化天皇までの系図とは充分
な整合性をもって並列させることができる。懿徳天皇に当たる倭宿禰が葛城に進出し葛城王朝を建てた。ア
ジスキタカヒコネは倭宿禰に同伴して葛城に入ったと思われる（丹後と山城に葵祭）。2世紀後半のニギハ
ヤヒの東征により、大己貴の国の支国の葛城王朝が瓦解し、大己貴の国そのものも邪馬台国と狗奴国に分裂
した。

参照：第3部概略、年表等
古の日本（倭）の歴史（前1世紀〜4世紀）－天孫族（伽耶族）の系譜　（図2）　⑧004

天孫降臨（1世紀半ば）から葛城王朝崩壊まで

葛城王朝は、大己貴の国のセンター（近江湖南）につづく副センターか

（bokete.jp、Net）

天孫降臨

三種の神器（天孫降臨の時に、瓊瓊杵尊が天照大神から授けられた？）
・八咫鏡（伊勢神宮皇大神宮）
・八尺瓊勾玉（宮中三殿の賢所）
・天叢雲剣（草薙剣）（熱田神宮）

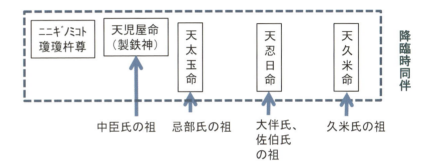

邇邇藝の降臨

天孫降臨（てんそんこうりん）とは、天孫の邇邇藝命（ににぎのみこと、天忍穂耳命と高木神の娘万幡豊秋津師比売命との間に生まれた子）が、天照大御神の神勅を受けて葦原の中つ国を治めるために、高天原から筑紫の日向の襲の高千穂峰へ天降（あまくだ）ったこと。邇邇藝命は天照大御神から授かった三種の神器をたずさえ、天児屋命（あまのこやねのみこと）などの神々を連れて、高天原から地上へと向かう。途中、猿田毘古神（さるたひこのかみ）が案内をした。『記紀（古事記と日本書紀）』に記された日本神話である。
（Wikipedia抜粋）

前述のようにニニギは金官国初代の首露王に当たり、筑前の伊都国に降臨したか。
（藤田）

天孫降臨

天孫降臨（てんそんこうりん）とは、天孫の邇邇藝命（ににぎのみこと）が、高皇産霊尊の意向によって、もしくは天照大御神の神勅を受けて葦原の中津国を治めるために、高天原から筑紫の日向の襲の高千穂峰へ天降あまくだったこと。邇邇藝命は天照大御神から授かった三種の神器をたずさえ、天児屋命（あまのこやねのみこと）などの神々を連れて、高天原から地上へと向かう。途中、猿田毘古神（さるたひこのかみ）が案内をした。『記紀』に記された日本神話である。
（Wikipedia抜粋）　藤田加筆

天孫族

『記紀』によると、瓊瓊杵尊が国譲りの後、高天原より葦原中国平定のため日向に降臨し、中国地方を経て近畿地方まで東征し西日本各地の豪族を従え大王（天皇）を中心とするヤマト王権（倭国）を樹立させ、中部・関東地方まで勢力を拡大させ、のちの日本へと発展させていったのが天孫族であるとしている。『新撰姓氏録』では、天孫族を次のように定義している。天照大神の子孫とみなされる神々（天之忍穂耳命、瓊瓊杵尊など）、天穂日命、天津彦根命、天火明命、火闌降命、天佐鬼利命の子孫。

天照大御神は倭国の女神を集合したものと思われる（後述）。天孫族の実質の祖神は、実在性の確かなスサノオであろう。
（Wikipedia抜粋）　藤田加筆

天火明命の降臨

『古事記』及び『日本書紀』の一書によれば、天火明命（ホアカリ）も天忍穂耳命と高木神の娘万幡豊秋津師比売命との間に生まれた子としている。これらの伝承において邇邇芸命は弟としている。ホアカリは丹後の冠島に天降った。
（Wikipedia抜粋）

天火明は第4代新羅王とされる。
（藤田）

弥生時代 後期　天孫降臨

日向三代（作為的挿入）、瓊瓊杵＝神武

「天孫降臨」の地"日向"は、本当は何処なのか？
「神武東征」伝承の真実を検証する②
宝賀 寿男

高千穂の宮にいたイワレビコ（神武）は、天下を治める最良の地を目指して東征を思い立つ。兄とともに東の地を目指した旅路は決して平穏なものではなかった……。『古事記』『日本書紀』に描かれた"神武東征"伝承は史実なのか？ 神話と史実を探求しながら、その実像に迫る。

「日向＝宮崎」説を覆す
「日向＝北九州」説

　神武東征伝承が疑問とみられる理由として、まず出発地「日向」にある。

葦原中国の大己貴神に国譲りをさせて天孫が降臨した地が、僻遠の南九州の「日向」、宮崎県とされる。その後の天皇家とまるで縁のない地で三代（日向三代）を過ごしてから、大和入りを図るという筋書が荒唐無稽で、これにより神武東征の史実性は根底から崩れているとされる。

「日向」とは、もともと南九州全域を指し、後に薩摩・大隅の分離で日向一国となるが、異民族的な色彩の隼人が住む未開地であった。これが皇室の現実の発祥の地でありえたかは疑問が大きい。

『記紀』の編者が「日向」を日神の子孫と称する皇室の先祖が住む土地にふさわしいとみて、天孫降臨させた結果、日向と大和を結びつける必要性のために、「神武東征」は日神思想による観念から生まれたもので、歴史的事実ではないとみられることになってしまったのだ。

この「日向＝宮崎」説には最近まで多くの疑問が出されてきた。実際の「日向」は北九州で、福岡県の玄界灘沿岸にあったとの見解が多い。旧地名でいえば筑前の早良郡・怡土（いと）郡の地域であり、現在の地名では福岡市の西区あたりから糸島市にかけての地となる。ここが、福岡平野の那珂川流域にあった海神（海人）族の国「葦原中国＝奴国」を屈服させて天孫降臨があった地域だとされる。

『日本書紀』には「筑紫の日向」と表現され、『古事記』でも「竺紫の日向の高千穂」、「この地は韓国（からくに）に向ひ、……、朝日の直刺す国、夕日の日照る国なり」と書かれてあり、こうした地理的状況に筑前海岸部は合致する。西区と糸島市との境界あたりには日向峠・日向山や椎触（くしふる）山の地名も残る。
（「天孫降臨」の地"日向"は、本当は何処なのか？ BEST TIMES（ベストタイムズ、Net））＋ 藤田

皇統の系譜に作為的に挿入されたと思われる「日向三代」を省くと邇邇芸と神武は同一人となる。尚、『新撰姓氏録』は、新羅の祖（昔氏の祖、脱解王）は稲飯命（神武の兄）だとしている。稲飯（脱解）が彦火明に当たるとすると、その弟の神武は瓊瓊杵に当たる。

天照大御神から神武に至る系譜は、百越の始祖伝説に酷似しており、海神（海人）族の始祖伝説を皇統の系譜に取り込むために作為・挿入されたものと考える。また、その後半の邇邇芸から神武までの「日向三代」の系図の挿入は次の意図に基づいたものと考える。
1.『上記』などの所謂「古史古伝」に伝えられる九州に存在したと思われるウガヤフキアエズ朝の系譜を一代だけであるが取り込んだ。
2. 神武東征譚の主要部分は崇神東征譚であろうと思われる。崇神東征に随伴した隼人や久米人は、邪馬台国の終焉時、出雲系統（大国主一族）の征伐に活躍した。その戦功に報いるために『記紀』は邇邇芸の実際の降臨地である筑紫の伊都国に代えて、南九州の日向（宮崎県）に降臨させ、また神武東征の出立の地も日向にした。
3. 倭国の成立に貢献した海神族のために「海彦・山彦伝説」などの海神族の説話を「日向三代」として入れ込んだ。
　従って、前述の皇統の系譜（前1世紀から4世紀）Ⓑ004で示しているように、「日向三代」を省くと邇邇芸と神武は同一人となる。そうすることにより、邇邇芸から崇神までの皇統譜と邇邇芸の兄の彦火明の系図（海部氏系図）とを整合性をもたせて比較・検討できる。
（藤田）

スサノオ・瓊瓊杵（ニニギ）・神武の系譜

（日向三代（次ページⒷ102）は作為的挿入か）

> 右図Aは史書『大越史記』にある古代中国の江南領域に散在雑居した**百越の始祖伝説**であり、Bは『記紀』にみられる天孫族始祖伝説である。CはAとBとに共通する系譜構造を示したものである。このような系譜構造をとる始祖伝説は、出雲系神格系譜、朝鮮高麗朝始祖伝説、加羅始祖伝説、新羅始祖伝説などである。要するに、東シナ海をはさんで中国江南、朝鮮半島、日本列島の三域にまたがって、同じ系統で同じ構造の始祖伝説がみいだされるのである。これは江南から日本列島、朝鮮半島にかけて蟠踞した越人系倭人が共通にもっていた伝説と始祖観念が伝承されたからと思われる。
> （古代日本異族伝説の謎　田中勝也）

> 天照大神とは、櫛稲田姫、豊受大神、卑弥呼と台与を集合し、さらに持統天皇を反映させ、皇統の最高神として祀り上げられたものと解する。皇統の実質的な祖神は、実在性が確かな素戔嗚（スサノオ）であろう。
> （藤田）

> 『海部氏勘注系図』によれば、始祖は彦火明命である。彦火明命はニニギの兄である。皇統系譜によれば、神武天皇はニニギの三世孫となる。従って、『記紀』の編集者は、ニニギから神武に至る「日向三代」を人為的に挿入し、Bで示す始祖系譜を作成したと思われる。というのは、瓊瓊杵尊は日向の高千穂峰に天降ったとされ、彦火明命は丹後に天下っている。しかるに、瓊瓊杵の子である山幸彦（彦火火出見尊）は若狭の国の一の宮である若狭彦神社の祭神（若狭彦大神）であり、山幸彦の妻である豊玉姫は同じく若狭の国の一宮である若狭姫神社の祭神（若狭姫）とされている。なぜ、瓊瓊杵尊の子の山幸彦とその妻が瓊瓊杵の降臨した日向でなく、彦火明の降臨した丹後の隣の若狭の一宮の祭神になっているのか、疑問であったが、瓊瓊杵の系図は『記紀』の編者によって人為的に作成されたものであると考えると納得がいく。
> 　天照大神の直系の瓊瓊杵尊の系譜は、大山祇命（三島大明神）と海神（海人）族との密接な繋がりを示し（日向三代）、崇神東征後の大和の崇神王朝に繋がる、ウガヤフキアエズ朝は、瓊瓊杵尊（神武）・崇神までの十代の伊都国王朝である。尚、皇統譜の<u>欠史八代</u>（綏靖〜開化）は、崇神朝に始まるヤマト王権の前の葛城多氏王権、葛城王朝および邪馬台国の系譜に当たる。
> 　また、ニニギから神武に至る三代、所謂、<u>日向三代</u>は、崇神東征における久米人・隼人の活躍の故に作為・挿入された可能性が高い。
> （藤田）

弥生時代　後期　　瓊瓊杵・神武

海神・綿津見神（海若）・大綿津見神

[A] 炎帝・神農氏 ─ 帝明（三世の孫） ─ 淫陽王（媧女・南嶺） ─ 貉龍君（洞庭湖） ─ 媼姫（帝明の孫・帝来の娘） ─ 百男（始祖・雄王）

[B] スサノオ ─ 天照大神 ─ コノハナサクヤヒメ（大山祇の娘） ─ ニニギ（三世の孫） ─ 山幸（若狭彦大神） ─ トヨタマヒメ（海神の娘・若狭姫大神） ─ タケウガヤフキアエズ ─ タマヨリヒメ（トヨタマヒメの妹） ─ 神武（始祖）・神龍

日向三代：ニニギ〜神武

[C] 最高神格 ─ 正統神格
山性神格 ─ α
水性神格 ─ β
血縁神格 ─ 始祖

欠史八代
　津田左右吉は2代から14代までの天皇実在を疑う「欠史十三代」説を主張した。現在の史学会では2代から9代までの実在を疑う「欠史八代」説が主流となっている。
（Wikipedia抜粋）

日向三代

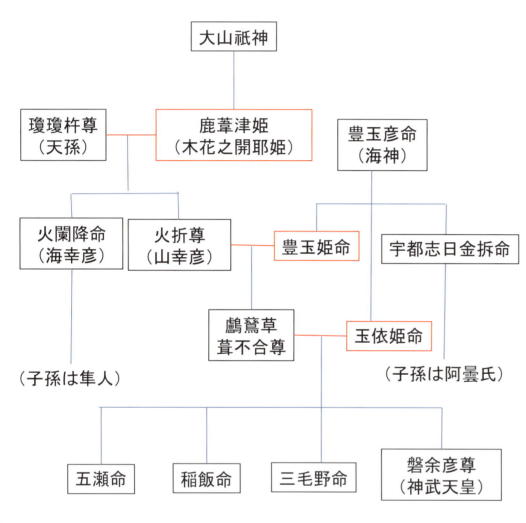

(Wikipedia参照)

> **コトバンク―日向系神話**
> 　天孫瓊瓊杵尊の降臨以後、その御子の彦火火出見尊（ひこほほでみのみこと）、孫の鵜葺草葺不合尊（うがやふきあえずのみこと）の三代にわたり、日向の地と海神国を舞台として展開される神話。瓊瓊杵尊の聖婚、火中出産、海幸（うみさち）・山幸（やまさち）、豊玉姫の出産、鵜葺草葺不合尊の五群からなるこの神話は、高天原（たかまがはら）の神話と初代天皇神武の人代とを結ぶ位置にあり、太陽神・穀母神の天照大神の裔である天神御子が、いかにして現人神なる支配者となるかの経緯を語る。
> 　瓊瓊杵尊の御子として生誕する彦火火出見の名は、神武天皇の諱（御実名）としてもあり、したがって神話の古い形は、穀霊として降臨した瓊瓊杵尊が聖婚し、その御子が初代天皇となる構想であった可能性がある。それが、瓊瓊杵尊以下日向三代を経て初代天皇の即位となる形に改められたのには、それだけの理由があったはずである。まず瓊瓊杵尊が山の神の娘の木花開耶姫（このはなさくやひめ）と結婚する神話は、山の神が磐長姫（いわながひめ）と木花開耶姫の2人の娘を妻に送ったにもかかわらず、瓊瓊杵尊が醜い磐長姫のほうを送り返したため、磐のような永遠の生命を得ることができなかったと語る。これは、人間の死の起源を説く神話を利用して、さらに現人神である天皇がなぜ死ぬのかを説明するとともに、天神御子が母を通して山の呪力の持ち主となることを語る。また聖婚の条にこの神話を挿入し、次の展開へと連続させる方法は、木花開耶姫と鹿葦津姫（かしつひめ）（吾田津姫（あたつひめ））とを亦名で一体化することで処置している。懐妊した御子の父を疑われた鹿葦津姫が火中で出産する神話は、本来海幸彦となるべき御子の生誕を語るものであったが、ここでは日の御子は火によっても犯しえないことを強調する。この火中出産で生まれた御子はすべて海幸彦となるべき存在であるが、そこに前の話からの連続上、山幸彦として単独に、または火折尊（ほおりのみこと）に重ねて彦火火出見尊を兄弟に加え次の海幸・山幸の神話への発端としたのは、記紀神話の構想による改訂であった。この改訂によって、本来は魚族の国に赴いて海幸を得るという海幸彦成立の神話であった伝承が、多くの変化を余儀なくされた。ひとことでいえば、山幸彦（天神御子）を主人公とする天皇神話への変質であり、その成果は、海幸彦の服従を通しての隼人の服従と奉仕、さらに天神御子と海神の娘の豊玉姫との結婚であった。これに続く豊玉姫出産の神話は、海神の娘の子として生まれた鵜葺草葺不合尊が海（水）の呪力を得たことを語っており、記紀神話は、この聖なる呪力をもつ御子の生誕を、始祖誕生をもつ異類女房譚を利用して語ったのであった。最後の鵜葺草葺不合尊が叔母の玉依姫（たまよりひめ）に養育されて叔母と結婚する話は、天武朝以後に顕在化する同母系の異世代婚を含み、天武朝以後に増補された初代天皇へのつなぎの部分であったと考えられる。
> 　以上のように、日向系神話は本来別々の神話を巧みに統合して合目的的に展開されたもので、皇祖神の天照大神の裔であり、現人神である天皇の死すべきゆえん、ならびに天神御子が山と海との呪力をあわせもって、より強力な呪的支配者となることを語るとともに、記紀成立時の大きな政治的問題であった隼人の服従と奉仕の基盤について語ることをねらいとするものであった。したがって、すべての神話群が日向を本来の伝承地として語られていたのではない。日向は太陽に向かう聖地としての観念に始まるもので、それが海幸彦神話を保有していた隼人の在住地に結合して、初めて日向なる特定地に定着したものと考えられる。　（天皇の系譜と神話　1、吉井巌）＋藤田

天孫降臨⇒三島神東征（神武東征の発端）⇒ホアカリの東征⇒ニギハヤヒの東征⇒崇神東征（神武東征譚の主要部分）

邪馬台国を継ぐ、崇神王朝の成立

宝賀・貝田推論によると、崇神元年は315年となる（Ⓑ009）。また、『古事記』によると、崇神天皇の崩御年は316年となっている。ちなみに、崇神天皇陵と治定されている行燈山古墳の築造年代は4世紀半ばである。従って、崇神東征の時期は3世紀末である可能性が高い。

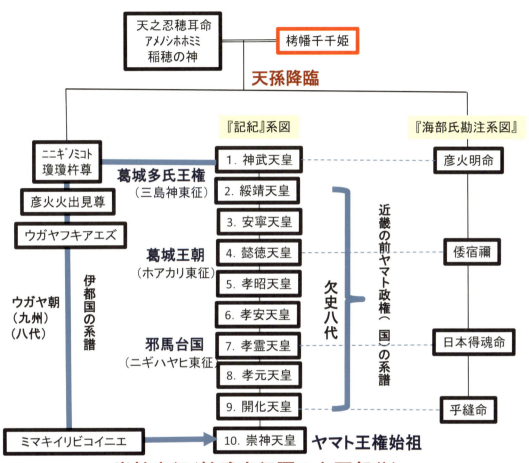

天孫瓊瓊杵の降臨は弥生時代後期の初め（1世紀半ば）の事と推察する。しかし、日向への降臨は考えられず、筑紫（伊都国か）に降臨したと推量する。また、瓊瓊杵から神武までの系図（日向三代）は『記紀』編者により作為・挿入されたものと思う。さらに、神武天皇から開化天皇までの系図は近畿の前ヤマト王権の系図と思われ、この間が欠史八代と見なされるのも無理はない。さらに、『記紀』の懿徳天皇から開化天皇の系図は、『海部氏勘注系図』の倭宿禰から乎縫命までの系図に対応させることが出来る。尚、瓊瓊杵から崇神までの伊都国王（ウガヤフキアエズ朝）の系図は不明である。

崇神東征は神武東征譚の主要部分を占める。この東征に同伴したのは、瓊瓊杵降臨の同伴者（天児屋命（中臣氏）、天太玉（忌部氏）、天忍日命（大伴、佐伯氏）と天久米命（久米氏））および隼人であろう。崇神を大和に侵攻させ、クーデターを起こさせたのは、物部氏と考える。

卑弥呼死後、物部氏は崇神勢力を大和に呼び込み出雲勢力のナガスネヒコらを葬り、さらに武埴安の反乱を鎮圧し、畿内を制圧した。その後、崇神はヤマト王権（崇神王朝）の始祖として即位した。　　　　　（藤田）

降臨した瓊瓊杵の2世孫が鸕鶿草葺不合尊（ウガヤフキアエズ）でその子が神武天皇である。『上記』（うえつふみ）などの古史古伝は九州にウガヤフキアエズ王朝が存在したという。天皇系図（上図）は、初代神武がホアカリにあたり、4代懿徳がホアカリの三世孫の倭宿禰に当たる。7代孝霊が邪馬台国の始祖であり、10代崇神がヤマト王権の始祖である。従って、2代から9代までの所謂欠史八代は、ヤマト王権以前に大和に存在した王朝（邪馬台国を含む）の8代であったと思われる。この間九州には崇神に至るウガヤフキアエズ王朝があったのであろう。　　　　　（藤田）

狗邪韓国（金官国）の初代首露王、瓊瓊杵尊、天火明命、新羅・脱解王、神武天皇、
および稲飯命は、1世紀中頃の同世代人！

ウガヤフキアエズ朝（ウガヤ朝）

ウガヤフキアエズ王朝（ウガヤ朝）
『ウエツフミ』「竹内文献」などの古史古伝に記載されている神武天皇以前の古代王朝で、火々出見命の子、鸕鷀草葺不合尊（鵜萱葺不合命）が開いた王朝とされる。『ウエツフミ』によれば74代、「竹内文献」によれば72代続いたとされる。鸕鷀草葺不合尊をウガヤ朝の初代とし、九州王朝をウガヤ朝とするなら、ミマキイリヒコイリエ（崇神天皇（10代天皇））まで、ウガヤ朝は11代続いたことになる。
（藤田）

『記紀』に記載の皇統の系譜やアメノヒボコから神功皇后への系図、『海部氏勘注系図』と『但馬の国風土記』に記載の天火明命（彦火明）系図、さらに『新撰姓氏録』の記述「稲飯命（神武天皇の兄）、新羅の祖」、『古事記』及び『日本書紀』の一書の記述「天火明命（ホアカリ）は瓊瓊杵の兄」、伽耶の伝説『釈利貞伝』、さらに『新羅本記』に記載の新羅王室系譜をお互いに比較すると次のことがわかる。（前述Ⓑ065）

❶瓊瓊杵尊から神武天皇までの系図（日向三代）は、作為・挿入されたと思われる。従って、瓊瓊杵が神武天皇に当たる。
❷上述のわが国の系図群と『新羅本記』の系図を比較すると不可思議な一致が見られる。新羅王室は3氏（朴、昔、金氏）からなり、この三氏の始祖伝承のすべてに倭人の瓠公が関わっている。新羅王第4代脱解尼師今（脱解王）は、丹後・但馬の天火明命に当たる。また、第8代阿達羅王の王子がアメノヒボコに当たり、倭国大乱の時に来倭した。また、第2代南解次次雄王が素戔嗚命（スサノオ）に当たると推測される。このことは、皇統と新羅王室とには何らかの密接な関係があったことを示唆する。さらに神武天皇を瓊瓊杵尊とするとその兄の稲飯命は天火明命で脱解王に当たる。
　狗邪韓国（金官国）の初代首露王は、瓊瓊杵尊、天火明命、脱解王、神武天皇、稲飯命と1世紀中頃の同世代人である。首露王は、脱解王と兄弟で、瓊瓊杵尊や天火明命と同一人である可能性がある。
　天孫降臨の1世紀中頃は後漢の光武帝が朝鮮半島経営に乗り出した頃で、楽浪郡の遺民との戦闘があり、その動乱が倭人を圧迫し、一部の倭人を列島に帰来させたと思われる。（藤田）

ウガヤフキアエズ朝（ウガヤ朝）とは

　ウガヤ朝は九州の王朝であると考える。その長さは『記紀』では1代、『上記』では74代、武内文書では72代なっている。正直72代－74代の長期の王朝が実在したとはとても思えないが、強いて考えるなら、ニニギの降臨（『記紀』の皇統譜から推定すると1世紀半ば）からの伊都国の王朝のことではないかと思われる。ニニギからの日向三代（ウガヤフキアエズを含む）でウガヤ朝がはじまったとする。日向三代は、伊都国勢力が南九州に向かったことを示すとも思われる。このウガヤ朝11代目？の崇神ことミマキイリビコイニエが、伊都国の影響下におかれた久米人や隼人（熊襲）を引き連れ、崇神東征（神武東征の主たる部分、3世紀末、崇神即位は315年）を敢行した。さらに、崇神東征後も伊都国が残ったとするとさらにウガヤ朝は続くわけだが、この後継国（九州王朝か）が仲哀天皇・神功皇后によって滅ばされるまで続いたとしても17代ぐらいにしかならない。『上記』のウガヤ朝は、女系の王を抱合しており、その分だけ王の世代数が多くなったと思われるが、伊都国ウガヤ朝説も、ウガヤ朝の70代を超す長期王朝を説明することはできない。
（FB　コメント2020/2/9、藤田）

ウガヤ朝
　ウガヤ朝が存在したのは、おおよそB.C.1000年頃からA.D.300年頃である。なぜ、そんなに正確に分かったのかというと、ウエツフミには天文に関する正確な記述が含まれているからである。五島プラネタリウムの金井三男氏が分析した結果、この「ウエツフミ」の星辰伝承は、「紀元前8百年から同千年頃の間に成立したことは間違いない。」と結論づけている。
（ウエツフミの研究-ウガヤフキアエズ王朝実在論、Net）藤田加筆

神武東征

弥生時代 後期　神武東征

『古事記』

神倭伊波礼毘古命(カムヤマトイワレビコ、若御毛沼命)は、兄の五瀬命(イツセ)とともに、日向の高千穂で、葦原中国を治めるにはどこへ行くのが適当か相談し、東へ行くことにした。彼らは、日向を出発し筑紫へ向かい、豊国の宇沙(現・宇佐市)に着く。菟狭津彦命(ウサツヒコ)・宇沙都比売(ウサツヒメ)の二人が足一騰宮(あしひとつあがりのみや)を作って彼らに食事を差し上げた。彼らはそこから移動して、筑紫国の岡田宮で1年過ごし、さらに阿岐国の多祁理宮(たけりのみや)で7年、吉備国の高島宮で8年過ごした。速吸門で亀に乗った国津神に会い、水先案内として槁根津日子という名を与えた。

浪速国の白肩津に停泊すると、登美能那賀須泥毘古(ナガスネビコ)の軍勢が待ち構えていた。その軍勢との戦いの中で、五瀬命は那賀須泥毘古が放った矢に当たってしまった。五瀬命は、「我々は日の神の御子だから、日に向かって(東を向いて)戦うのは良くない。廻り込んで日を背にして(西を向いて)戦おう」と言った。それで南の方へ回り込んだが、五瀬命は紀国の男之水門に着いた所で亡くなった。

神倭伊波礼毘古命が熊野まで来た時、大熊が現われてすぐに消えた。すると 神倭伊波礼毘古命を始め彼が率いていた兵士たちは皆気を失ってしまった。この時、熊野の高倉下(タカクラジ)が、一振りの大刀を持って来ると、神倭伊波礼毘古命はすぐに目が覚めた。高倉下から神倭伊波礼毘古命がその大刀を受け取ると、熊野の荒ぶる神は自然に切り倒されてしまい、兵士たちは意識を回復した。

神倭伊波礼毘古命は高倉下に大刀を手に入れた経緯を尋ねた。高倉下によれば、高倉下の夢に天照大神と高木神(タカミムスビ)が現れた。二神は建御雷神を呼んで、「葦原中国は騒然としており、私の御子たちは悩んでいる。お前は葦原中国を平定させたのだから、再び天降りなさい」と命じたが、建御雷神は「平定に使った大刀を降ろしましょう」と答えた。そして高倉下に、「倉の屋根に穴を空けてそこから大刀を落とすから、天津神の御子の元に運びなさい」と言った。目が覚めて自分の倉を見ると本当に大刀があったので、こうして運んだという。その大刀は甕布都神、または布都御魂と言い、現在は石上神宮に鎮座している。

また、高木神の命令で遣わされた八咫烏の案内で、熊野から吉野の川辺を経て、さらに険しい道を行き大和の宇陀に至った。宇陀には兄宇迦斯(エウカシ)・弟宇迦斯(オトウカシ)の兄弟がいた。まず八咫烏を遣わして、神倭伊波礼毘古命に仕えるか尋ねさせたが、兄の兄宇迦斯は鳴鏑を射て追い返してしまった。兄宇迦斯は神倭伊波礼毘古命を迎え撃とうとしたが、軍勢を集められなかった。そこで、神倭伊波礼毘古命に仕えると偽って、御殿を作ってその中に押機(踏むと挟まれて、あるいは、天上や石が落ちてきて、押し潰すことで、圧死する罠)を仕掛けた。弟の弟宇迦斯は神倭伊波礼毘古命にこのことを報告した。そこで神倭伊波礼毘古命は、大伴氏(大伴連)らの祖の道臣命(ミチノオミ)と久米直らの祖の大久米命(オオクメ)を兄宇迦斯に遣わした。二神は矢をつがえて「仕えるというなら、まずお前が御殿に入って仕える様子を見せろ」と兄宇迦斯に迫り、兄宇迦斯は自分が仕掛けた罠にかかって死んだ。その後、圧死した兄宇迦斯の死体を引き出し、バラバラに切り刻んで撒いたため、その地を「宇陀の血原」という。

忍坂の地では、土雲の八十建が待ち構えていた。そこで神倭伊波礼毘古命は八十建に御馳走を与え、それぞれに刀を隠し持った調理人をつけた。そして合図とともに一斉に打ち殺した。

その後、兄師木(エシキ)・弟師木(オトシキ)の兄弟と戦った。最後に、登美毘古(ナガスネビコ)と戦い、そこに邇藝速日命(ニギハヤヒ)が参上し、天津神の御子としての印の品物を差し上げて仕えた。

こうして荒ぶる神たちや多くの土雲(豪族)を服従させ、神倭伊波礼毘古命は畝火の白檮原宮で神武天皇として即位した。

その後、大物主神の子である比売多多良伊須気余理比売(ヒメタタライスケヨリヒメ)を皇后とし、日子八井命(ヒコヤイ)、神八井耳命(カムヤイミミ)、神沼河耳命(カムヌナカワミミ、後の綏靖天皇)の三柱の子を生んだ。

(Wikipeda抜粋)　藤田加筆

テーマB 古の日本(倭)の歴史(前1世紀〜)

4世紀—天孫族(伽耶族)の系譜

(縄文系弥生人〜銅鐸を作る弥生人が縄文の土偶・石棒を作った。NHK、phity.net)

神武東征（1世紀中頃〜4世紀末）の考証

神武東征は次の5回に亘る天孫族あるいは天津神による東征を集合していると思われる。

❶ 第1回目神武東征は、弥生時代後期初頭（1世紀半ば）のことで、南朝鮮の巨文島（三島）出自の大山祇神（三島神、三島大明神）（あるいはその子孫、三島湟咋耳命か）が摂津三島に進出したことと思われる。三島湟咋耳命の孫娘（媛蹈韛五十鈴媛命）が神武天皇の皇后とされる。この孫娘の父は三島鴨神社の祭神（大山祇と事代主）の事代主あるいは大物主とされている。ちなみに、この時期はちょうど天孫の瓊瓊杵尊や天火明（彦火明）命が降臨した時期で、また、摂津の河内潟の時代に当たる。『記紀』の神武天皇東征の物語に、皇軍が生駒山のふもと日下の入江にあった「河内国草香邑青雲白肩之津」に上陸したことが書かれていて、大和への入口の地として初めて日下の地が登場する。この三島神の東征に多氏も同伴したのではないか。多氏は鉱物資源の豊富な阿蘇山周辺で鉱物の採掘に当たっていた。彼らは大和の丹（辰砂）に魅せられ同伴したのではないか。この東征により葛城多氏王権ができた。

❷ 第2回目の神武東征は、天火明命（ホアカリ）の三世孫の倭宿禰（珍彦（椎根津彦）か）の葛城進出に当たる。この進出にアジスキタカヒコネを伴ったと思われ、懿徳天皇（オオヤマトヒコスキトモ）は倭宿禰あるいはアジスキタカヒコであろうか。ちなみに神武天皇が吉野山で出会ったとされる井光は倭宿禰の母である。この第2回目の東征により、葛城王朝（秋津洲）が成立し、孝昭天皇、孝安天皇へと続く、この何れかの天皇が一言主であろうか。この地方政権である葛城王朝は大国主の大己貴の国（玉牆の内つ国）の支国の一つではないか？このホアカリの東征も大和の辰砂を求めての東征であろう。

❸ 第3回目の東征が所謂、ニギハヤヒによる吉備からの東征であり、倭国大乱を引き起こした。ニギハヤヒはアメノヒボコとともに「日下」に上陸した。ニギハヤヒはさらに大和川沿いに大和の三輪に至り、大和全域をほぼ掌握したと思われる。このニギハヤヒの東征が近江・湖南の伊勢遺跡および大己貴の国を解体させた。そして、ニギハヤヒは大己貴とで和邇氏の巫女である卑弥呼を女王として共立して、近江の伊勢遺跡から大和の纏向遺跡へと遷した。ここに虚空見つ日本（倭）の国とも呼ばれる邪馬台（やまと）国が成立した（2世紀末）。ニギハヤヒは大物主や大霊天皇に当たる。卑弥呼に当たると思われる倭途途日百襲姫は孝霊天皇の皇女。尚、狗奴国は大己貴の国の後継国。

❹ 第4回目の東征が所謂崇神天皇による中臣氏、大伴氏や忌部氏と久米人や隼人を伴う崇神東征で、神武東征譚の主要部分となる。邪馬台国の終焉期、狗奴国との抗争が起こっているところに、卑弥呼が死去し（3世紀半ば）、邪馬台国は弱体化した。このため、大国主の血を引く台与（息長水依姫＝日子坐王の妻か）を立て狗奴国との融和を図った。任那・伊都国連合からの瓊瓊杵尊の子孫と考えられる崇神天皇の東征で、邪馬台国は崇神勢力に乗っ取られ、崇神王朝が建てられた。この崇神東征で大和の大国主勢力は敗退したが（出雲の国譲り）、大国主の狗奴国は近江東・北部から美濃にかけ、依然相当な力を維持していた。このころ、スサノオと大山祇神の流れを汲む息長氏が、近江に進出したと思われる。狗奴国は徐々に勢力を失っていったが景行天皇の時、日本武命を敗死させた。成務天皇の時に狗奴国は亡びたと思われる。

❺ 第5回目の東征は応神天皇の東征（4世紀末）である。（神武東征に加えるか否か議論の分かれるところである。）神功皇后が率いる東征で、息長氏の出自の応神天皇の宇佐神宮からの東征である。この応神東征により、丹後を中心とする日本海勢力はほぼ力を失い、南朝鮮や中国との交流も日本海経路が廃れ、主に瀬戸内海経路をとるようになった。

右図に5回の神武東征に関わった天皇を赤で丸を付ける。　　　　　　　　　　（藤田）

神武東征譚は、倭国平定譚では

神武東征は、三島神、ホアカリ、ニギハヤヒ、崇神、（＋応神？）東征を集合したもの

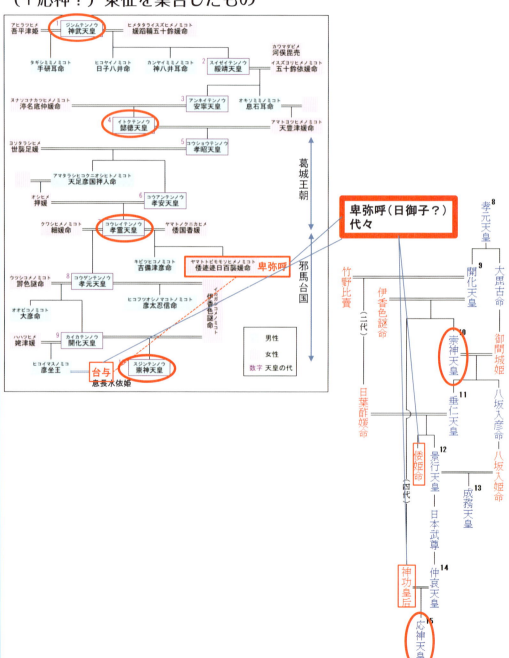

ニギハヤヒの東征が倭国大乱を引き起こした

『魏志倭人伝』には、卑弥呼が邪馬台国を治める以前は、諸国が対立し互いに攻め合っていたという記述がある。また、『後漢書東夷伝』には、桓帝・霊帝の治世の間、倭国が大いに乱れた（倭国大乱）という記述がある。

近年、弥生時代Ⅴ期は、弥生時代後期に併行するという考えが主流になった。この時期（AD50〜250）には、畿内を中心として北部九州から瀬戸内、あるいは山陰から北陸、東海地域以東にまで高地性集落が見られること、環濠集落が多く見られることなどから、これらを倭国大乱の証拠であるとする考え方が有力となっている。文献史学的知見および考古学的成果により、2世紀半ばのニギハヤヒの東征が倭国大乱を引き起こし、2世紀末に卑弥呼を共立し邪馬台国を建てることにより、倭国大乱は終結したと見るのが妥当であろう。　　　　（藤田）

紀元前1世紀から紀元1世紀の日本といえば、西暦57年に奴国が後漢から印綬を貰ったり、西暦107年の面土国・帥升が奴国を征服し後漢に使者を送る直前の時代である。この年代のどこかで神武東征があった可能性が高い。高地性集落が、畿内から瀬戸内海沿岸部にかけて多く建造されるが、まだ、九州・熊本以南や中部地方以東には殆ど建造されていない。また、最近の考古学の研究では紀元前50年ころには既に、九州同様、畿内でも中国思想を導入した街づくりが行われていたようである。
（邪馬台国総論、Net）

紀元1世紀の神武東征は三島神の東征で、第1回目の神武東征にあたるのではないか。　　　　（藤田）

2000年前の巨大南海地震が当時の弥生世界に多大な災厄をもたらした（個人情報、田口一宏）。近江の災厄についてはこの巨大地震の直接の影響ではなく、琵琶湖で津波を起こすような副次的な誘発大地震であったように思える。この巨大地震の影響は日本海側への影響は限られたものだったと思う。しかし、太平洋岸と瀬戸内海沿岸の弥生集落は壊滅した。当時、これらの地域では後発の津波を避けるために高地性集落が数多く出来たと思う。しかし、巨大地震の津波の甚大な被害を受けた太平洋岸の高地性集落の数は限られているので、やはり、高地性集落（北九州のものを含めて）は天津族の東征に対する備えとしての意味も十分あったのではないかと思う。
　　　　（藤田）

AD57年、倭の奴国が後漢に朝賀し、後漢は印綬を贈った。奴国の使者は大夫と自称する。奴国は倭国の極南界にある。AD107年、倭面土国王・師升らが後漢に生口160人を献上し、朝見を願い出た。

紀元2世紀の日本といえば、西暦107年の倭面土国帥升が奴国を征服し後漢に使者を送ったり、後半には卑弥呼擁立のきっかけになった倭国大乱があった時代である。この時代になると、高地性集落が、九州・熊本まで南下し、東海地方まで広がり始める。
（邪馬台国総論、Net）

紀元2世紀の倭国大乱を引き起こしたのは、邪馬台国を建てたニギハヤヒの東征で、第3回の神武東征にあたる。邪馬台国は南関東まで勢力下に置いた。　　　　（藤田）

桓霊の間（146-189年）、光和年中（178-184年）、倭国は大乱、暦年に亘って君主がいなかったので、卑弥呼という一人の女性を共立して王とした。

北宋版『通典』には「倭面土國王師升等…」とある。白鳥庫吉博士は、面の古い字体はしばしば回に見誤られやすいといい、「倭面土國」は正しくは「倭回土國」であったとし、それは「倭の回土（ヱト、weitu）國」とよむべきだとして、伊都国をさしているとした。
（Wikipedia抜粋）　藤田加筆

倭面土國はヤマト国とも呼ばれる（宋代の発音）。従って、この国が後のニギハヤヒが建てた邪馬台国（ヤマト国）の前身ではないのか。　　　　（藤田）

紀元3世紀の日本といえば、『魏志倭人伝』の邪馬台国の時代である。現在の考古学のデータでは、その時代の高地性集落の分布は九州から大和ではなく、大和から東や北の方角に変わる。崇神天皇が東征して畿内にヤマト王権を建てた。『日本書紀』に記載されている崇神天皇時代の四道将軍の大和から四方への派遣と照応する。
　　　　（藤田）

3世紀末の崇神東征（第4回神武東征）により邪馬台国が瓦解し、ヤマト王権が成立した。このヤマト王権が大和から四方に侵攻し倭国を平定した。　　　　（藤田）

AD239年、倭の邪馬台国の女王卑弥呼が魏に使者を送った。魏は卑弥呼を「親魏倭王」として金印を授ける。AD247年頃、邪馬台国と狗奴国との間に紛争が勃発する。その直後、卑弥呼は急死する。

ヤマト王権（崇神王朝）以前の王権

葛城多氏王権 ⇒ 葛城王朝 ⇒ 邪馬台国
神武～安寧　　懿徳～孝安　　孝霊～開化

鳥越憲三郎らが提唱した「葛城王朝」は神武天皇即位から欠史八代と呼ばれる第9代開化天皇までの王朝で、大和・葛城を中心とした古代豪族葛城氏と姻戚関係があった大王が統治していた（神々と天皇の間、鳥越憲三郎）。その後、10代崇神天皇から14代仲哀天皇までを崇神王朝（三輪王朝）、応神天皇以降武烈天皇までは応神王朝（河内王朝）と呼称され、それぞれ異なった王朝が存在しているとされた。本書「古の日本（倭）の歴史」では、この従来の葛城王朝を、葛城多氏王権⇒葛城王朝⇒邪馬台国とに分けている。
（藤田）

　葛城族と鴨族との結びつきは深い。初代神武は、鴨族が祖神とする事代主神（ことしろぬし）の娘・媛踏鞴五十鈴媛命（ひめたたらいすずひめのみこと）・三島溝咋耳命（みしまみぞくいみみ）の孫娘）を娶って皇后とした。（『古事記』では、この説話を三輪伝説に引きつけて潤色しており、三輪山の大物主神（おおものぬしのかみ）が見初めた女に産ませた娘・ヒメタタライスケヨリヒメが神武の皇后になった、としている）。
　第2代綏靖も媛踏鞴五十鈴媛命の妹の鈴依媛（すずよりひめ）を后として迎え、第3代安寧も事代主神の孫である「鴨君の女」を后としている。すなわち、葛城王朝の初期三代（葛城多氏王権）の天皇は葛城山麓に都を定め、鴨族の娘たちを娶ることで、鴨族との政治的結合を強め、部族国家を発足させた。さらに、ホアカリの三世孫の倭宿禰（第4代懿徳天皇）が葛城に侵攻して葛城王朝を建てる。第4代から第6代まで（葛城王朝）は尾張氏など外戚関係にある葛城地域の女を后に迎えて部族国家の紐帯を強めている。ニギハヤヒ（第7代孝霊天皇に当たる）が東征して倭国大乱を引き起こし、2世紀末に卑弥呼を共立して邪馬台国を建てた。この孝霊天皇のとき、大和平野のほぼ全域を平定したのか、宮を大和平野の中央に移すとともに、后には磯城（しき）の県主（あがたぬし）の娘を選んでいる。第8代孝元天皇は、大和北部をはじめ河内も占めていたと思われる物部氏から后と妃を迎えている。第9代開化天皇は、物部氏の伊香色謎（いかがしこめ）命を后とし、さらに和邇氏の遠祖の娘や丹波国の竹野媛を妃としている。こうした后や妃選びからも、葛城王朝さらに邪馬台国の時代を通じて倭国が部族国家から強力な統一国家に成長していった足取りが追える。そして、葛城王朝と邪馬台国によって築かれた基盤の上に、第10代崇神天皇が崇神王朝、すなわちヤマト王権を樹立した、と結論される。
（葛城王朝、Net）＋ 藤田

従来の葛城王朝は、葛城多氏王権⇒葛城王朝⇒邪馬台国とに分けられる。（藤田）

　大国主の葛城進出はかなり早く弥生時代中期後葉のことと考えている。大国主は葛城の豪族の娘と結ばれ事代主神をもうけたのではないか。そして、1世紀末に倭宿禰がアジスキタカヒコネの率いる鴨族と共に葛城に進出したのではないか。倭宿禰あるいはアジスキタカヒコネと同人格と思える第4代懿徳天皇が葛城王朝（秋津洲）を建て、この葛城王朝は第6代孝安天皇まで続いたと考える。
（藤田）

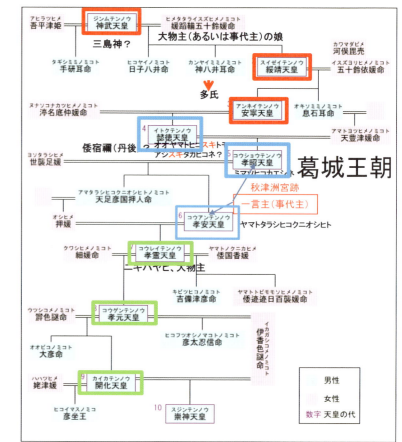

葛城王朝

天皇	お宮址	陵	宮址から見た陵の方位
初代神武 神倭伊波礼毘古 かんやまといわれひこ	神武宮址（御所市柏原）	神武陵（橿原市大久保町）	北東方向
2代綏靖 神沼河耳 かんぬなかわみみ	高宮（御所市森脇）	綏靖陵（橿原市四条町）	北東方向
3代安寧 師木津日子玉手見 しきつひこたまてみ	安寧宮址（大和高田市片塩町）	安寧陵（橿原市吉田町）	南東方向
4代懿徳 大倭日子鉏友 おおやまとひこすきとも	懿徳宮址（橿原市大軽町）	懿徳陵（橿原市西池尻町）	北西方向
5代孝昭 御真津日子詞恵志泥 みまつひこかえしね	孝昭宮址御所市池之	孝昭陵御所市三室	北西方向
6代孝安 大倭帯日子押人 やまとたらしひこおしひと	孝安宮址（御所市室）	孝安陵（御所市玉手）	北東方向
7代孝霊 大倭根日子賦斗邇 おおやまとねひこふとに	孝霊宮址（田原本町黒田）	孝霊陵北葛城郡王寺町	北西方向
8代孝元 大倭根子国玖琉 おおやまとねこくにくる	孝元宮址（橿原市大軽町）	孝元陵（橿原市石川町）	北東方向
9代開化 若倭根子大毘毘 わかやまとねこひこおおひひ	開化宮址奈良市本子守町）	開化陵（奈良市油阪町）	北東方向

三島神の東征（葛城多氏王権、神武→安寧）

神武から安寧（葛城多氏王権；近江の浦安の国の支国か？）

第一回目の神武東征：三島神（三島湟咋耳命か）の多氏を伴う東征（紀元1世紀半ば）

「河内潟の時代」（前1050年～前50年）

> 神武天皇（じんむてんのう）は日本の初代天皇。諱は彦火火出見（ひこほほでみ）、あるいは狭野（さぬ）。『日本書紀』での名は神日本磐余彦天皇。
> 『日本書紀』・『古事記』によれば天照大御神の五世孫であり、日向から大和国への東征を行い畝傍橿原宮（現在の奈良県）に都して日本を建国したとされる伝説上の人物。
> （Wikipedia抜粋）藤田加筆

> 　天照大御神の子である天忍穂耳命と高皇産霊神（高木神）の娘の栲幡千千姫命との間に邇邇藝命と天火明命が生まれた。邇邇藝命に葦原の中つ国の統治を委任し、天降りを命じられた。また、天火明命は丹後に降臨した。神武天皇はウガヤフキアエズの子で邇邇藝命の三世孫であるが、邇邇藝命―火遠理命（山幸彦）―ウガヤフキアエズ―神武天皇と続く系図（日向三代）は、百越の始祖伝説に酷似しており作為・挿入されたものと思われる。
> 　神武東征は崇神東征に当たり、神武（1代）と崇神（10代）の間が結びつかず、この間の天皇の事績が乏しく、欠史八代と言われるのも無理はない。また、『日本書記』ではウガヤフキアエズ1代であるが、『富士宮下文書』では、ウガヤ朝は51代続き、『ウエツフミ』では74代続いたとする。著者はウガヤ朝は任那・伊都国連合（九州の北西部と南朝鮮）の王朝でないかと考える。（日向三代を除くと、神武天皇は系図上天孫の邇邇藝に当たる。）『日本書記』の神武（天孫に当たる）から崇神の間の8代は、ヤマト王権が生まれる前の葛城・大和に拠点を置く、浦安の国の支国（葛城多氏王権）、大己貴の国（玉牆の内つ国）の支国（葛城王朝）、邪馬台国（虚空見つ大和の国）と続いた国々の王であろう。邇邇藝がウガヤ朝の初代に当たり8代のミマキイリビコイニエ（崇神）が東征して、邪馬台国を乗っ取った。
> （藤田）

> 　淡路新町辺りの2260年前の地層から汽水域に生息するチリメンユキガイが出土。森ノ宮貝塚や日下貝塚からは淡水域に生息するセタシジミが出土。神武東征の記述「まさに難波碕に着こうとするとき、速い潮流があって大変早く着いた。」「川を遡って、河内の国草香村（日下村）の青雲の白肩津に着いた。」は、河内潟の時代（紀元前後）に神武東征があったということを示す。　　　（国民のための日本建国史、長浜浩明）

> 大和に達した最初の南朝鮮の倭人は三島神（大山祇神）と考えるので、神武東征の発端は1世紀半ばの三島神東征のことではないか。その頃、天孫降臨があった。
> （藤田）

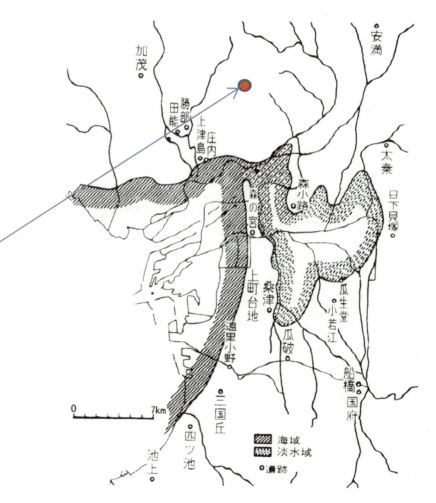

河内潟の時代の古地理図（『大阪府史第一巻』より）

弥生時代 後期　神武東征

三嶋神

三島神（三島大明神、大山祇神）の由来はかつて韓国の巨文島が三島と呼ばれたことによる。三島神の東征が南朝鮮の倭人の摂津・大和への進出の第1陣と考えられ、皇紀の神武天皇の東征に当たると考える。この三島神の東征に、鉱物資源の豊富な阿蘇山周辺で鉱物の採掘に当たっていた多氏が大和の丹（辰砂）に魅せられ同伴したのではないか。次に、丹後の倭宿禰（懿徳天皇に当たる）がつづき、さらにニギハヤヒ（孝霊天皇、大物主に当たる）、崇神天皇、最後に応神天皇が続いた。ニギハヤヒが東征し、邪馬台国を建てた時、アメノヒボコと三島神の子孫が同行したのではないか。
（藤田）

【神武・海道東征　第9部】（産経WEST 2016/2/12）
立后と崩御（2）出雲の血統で図った融和

　カムヤマトイハレビコノミコト（神武天皇）の皇后候補を見つけてきた大久米命（おおくめのみこと）は、その両親の物語から報告を始めた。「三嶋の湟咋（みぞくひ）が女（むすめ）、名は勢夜陀多良比売（せやだたらひめ）、其の容姿麗美（かたちうるは）し。故（ゆえ）に美和の大物主神（おおものぬしのかみ）、見感（みめ）でて…」と『古事記』は記す。三嶋は現在の大阪府茨木市から高槻市にかけての三島地域、湟咋は三嶋の首長である。「湟咋の娘を大和・三輪山（現奈良県桜井市）の神で、出雲の大国主命の分神でもあるオオモノヌシが見初めた」とする記述は、現代文にすると、おおむね次のようになる。＜オオモノヌシは朱塗りの矢に化けて川を下り、用便をするセヤダタラヒメのほと（女陰）を突いた。驚いたヒメが、その矢を床のそばに置くと、矢は麗しき壮夫となってヒメと結ばれた。生まれた子が富登多多良伊須岐比売命（ほとたたらいすきひめのみこと）で、またの名は比売多多伊須気余理比売（ひめたたらいすけよりひめ）である。こういうわけでヒメは神の御子なのです。＞
　オオモノヌシが湟咋の娘を望んだ理由、さらにその娘をオオクメが皇后に薦める理由を示唆するのが、茨木市五十鈴町に鎮座する湟咋（みぞくい）神社である。主祭神は玉櫛媛（たまくしひめ）（セヤダタラヒメ）と媛蹈鞴五十鈴媛命（ひめたたらいすずひめのみこと）（イスケヨリヒメ）。溝咋は湟咋と同義で、溝は水路、咋は水路を支える杭を意味し、三嶋が農業先進地だったことが推測できる。「三嶋は、銅鐸を各地に供給した一大生産地でもありました」そう話すのは同市立文化財資料館の清水邦彦学芸員である。同神社の南西に広がる弥生時代の東奈良遺跡からは、36点もの銅鐸の鋳型片（国の重要文化財）が見つかっている。ヒメたちの名に、金属精錬で使う足踏みフイゴや炉を意味する「タタラ」がついているのは、こうした土地柄を示しているのだ。「イススキやイスケという語には、振り動かすことで霊や命をよみがえらせ、招き寄せる呪能の意味がある。稲穂の豊かな結実を祈願し、銅鐸を鳴らして稲魂を招く姿が想像できる」皇后候補となったイスケヨリヒメについて、『古事記』学会の三浦茂久氏はこう話す。畿内の先進地を祭祀（さいし）によって治める女性。このヒメこそイハレビコの皇后にふさわしい、と忠臣のオオクメは考えたのだ。
　『日本書記』には、〈事代主神（ことしろぬしのかみ）、三島湟咋耳神（みぞくひみみのかみ）の女（みむすめ）、玉櫛媛に共（あ）ひて生める児（みこ）、号（なづ）けて媛蹈鞴五十鈴媛命と曰（まを）す〉とある。『日本書記』は、イスケヨリヒメの父を大国主命の子のコトシロヌシと記す。『日本書記』は『古事記』より明確に、初代皇后を出雲の血統と書いている。立后は、国譲りした勢力との融和を図るものだったことがうかがえる。コトシロヌシは、溝咋神社から約2キロしか離れていない三島鴨神社（高槻市三島江）に祀られ、溝咋神社と往古、御輿（みこし）が行き来した。松井位幾（なりふさ）宮司は「ご祭神が妻や娘に会いに行くお渡だった」と話す。初代皇后は、出雲の神に愛された娘でもあったのである。（藤田加筆）

摂津三島は、東奈良遺跡（茨木市）での弥生時代中期後葉の「聞く銅鐸」の製造で知られている。同市の三島湟咋耳一族の氏神の溝咋神社は、神武天皇妃の五十鈴媛命の母、玉櫛媛命（たまくしひめのみこと）を祭神とする。尚、三島湟咋耳尊は息長氏の祖たる天津彦根神の子神とされ、瓊瓊杵尊ら天孫と同時代の人格である。
（藤田）

初代皇后とその母を祭る溝咋神社＝大阪府茨木市

三嶋の銅鐸
　銅鐸は弥生時代の中、後期に盛んに造られ、忽然（こつぜん）と姿を消す謎の祭器。時代とともに大型化し、内部の舌（ぜつ）を揺らして音を聞く銅鐸から、祭壇に置いて見る銅鐸へ変化したとされる。東奈良遺跡で製造していたのは古いタイプの聞く銅鐸だ。全国で約500点が出土している。
　銅鐸が最初に製造されたのは、大阪周辺と推測されているが、その起源を探る上で注目されるのが同遺跡で出土した高さ14センチの小さな銅鐸。国内最古とも指摘されるが、類例がないだけに銅鐸の起源について考古学者の間で見解が分かれている。
（藤田）

神武天皇妃（媛蹈鞴五十鈴媛命）は大三輪神（大物主、ニギハヤヒ）と玉櫛媛との娘

神武天皇の后とされる媛蹈鞴五十鈴媛命は、孝霊朝（3世紀前後）の大三輪神（大物主、ニギハヤヒ）と玉櫛媛の娘である。また媛蹈鞴五十鈴媛命の祖父の三島溝咋耳命（大山祇神の後）は、天津彦根神（スサノオの子）の御子神とされ、天孫と同時代（1世紀中頃）の人物である。『記紀』には、2世紀半ばから3世紀末のニギハヤヒや崇神の東征の時期を1世紀の天孫降臨の時期とする作為を感じる。三島溝咋耳は1世紀半ばから2世紀末にかけて、引き継がれた世襲名ではなかろうか。　　　　　　　　　　　　（藤田）

溝咋神社（みぞくいじんじゃ）

主祭神：媛蹈鞴五十鈴媛命は、孝霊朝（3世紀初め）の大三輪神（大物主、ニギハヤヒ）と玉櫛媛の娘
- 玉櫛媛命（たまくしひめのみこと） - 五十鈴媛命の母
- 媛蹈鞴五十鈴媛命（ひめたたらいすずひめのみこと） - 神武天皇皇后

相殿神：
- 溝咋耳命（みぞくいみみのみこと） - 五十鈴媛命の祖父
- 天日方奇日方命（あめのひかたくしひかたのみこと） - 五十鈴媛命の兄
- 速素盞嗚尊（すさのおのみこと） - 五十鈴媛命の祖
- 天児屋根命（あめのこやねのみこと） - 藤原氏祖

溝咋神社の創建は不詳。社伝では、第10代崇神天皇の頃に創建されたとしている。当社は祭神節にあるように三島溝咋耳一族を祀っており、『古事記・日本書紀』の諸伝承との関係が指摘される。

『古事記』神武天皇段では、大物主神が勢夜陀多良比売（玉櫛媛）を見染め、丹塗矢に化して比売の陰部を突く。そして比売は驚いたが、その矢を床に置いたところたちまち壮夫となり、比売との間に富登多多良伊須須岐比売命（媛蹈鞴五十鈴媛命）が生まれたという。

『日本書紀』神代巻では、媛蹈鞴五十鈴媛命が大三輪神の子と記すとともに、事代主神が八尋熊鰐となって三島溝橛姫（玉櫛媛、玉依姫）のもとに通い、生まれた媛蹈鞴五十鈴媛命が神武天皇の后になったと記す。『日本書紀』神武天皇即位前庚申年8月16日条にも同様の記載があり、ここでは玉櫛媛は三島溝咋耳命の娘と記されている。

これらの文献を踏まえた上で、さらに当社の境内社には大物主神でなく事代主神が祀られていることから、事代主を奉祀する鴨氏と三島勢力との交流が指摘される。実際、周辺には三島鴨神社・鴨神社といった神社や、鴨村・鴨林といった地名が残り、鴨氏の勢力がうかがわれる。後世になってこの交流が『記紀』神話に再構成され、出雲系の神が上記の様に強調されたと考えられる。また、三島溝咋耳一族の実態については明らかでなく、三島県主との関係を指摘する説はあるが定かではない。溝は「水」を象徴し、耳は「長」を表すことから、安威川水系の用水に関わる氏族と考えられる。(Wikipedia抜粋)

三島溝咋耳命は天津彦根神の子神とされ、天孫と同時代の人格と考える。また、三島を名乗ることは、三島神（大山祇神）との関連が窺われる。　　　　　　　　　　　　（藤田加筆）

三島鴨神社（みしまかもじんじゃ）

社伝では、伊予の大山祇神社、伊豆の三嶋大社とともに「三三島」と呼ばれたという。また、日本で最初の三島神社（山祇神社）とされる。

祭神

大山祇神（おおやまづみのかみ）
『伊予国風土記』逸文によれば、伊予国平知郡（越智郡）御島に坐す大山祇神（大山積命に同じ）は、またの名を「和多志の大神」といい、仁徳天皇の御世に百済より渡来して津の国の御島に鎮座していたという。「津の国の御島」とは摂津国三島（現 高槻市三島江）を指すとされ、この記述によれば大山祇神社（愛媛県今治市）の祭神は元々は当地の神とされる。

事代主神（ことしろぬしのかみ）
事代主は鴨氏の氏神とされ、当地に鴨氏の進出が背景にあるとされる。『日本書紀』神代巻には、事代主神が八尋熊鰐となって三島溝橛耳の娘・三島溝橛姫（玉櫛媛）のもとに通い、生まれた媛蹈鞴五十鈴媛命が神武天皇の后になったと記す。三島溝橛耳一族の氏神として、当社近くには溝咋神社が祀られている。

創建

三島鴨神社の創建は不詳。当社は元々淀川の川中島（御島）に祀られていたといい、社伝では仁徳天皇が茨田堤を築くにあたって、淀川鎮守の神として百済から遷り祀られたという。上記の『伊予国風土記』逸文によると、大山祇神は百済から当地に祀られ、次いで伊予国の大山祇神社に遷座したとされる。同文に見える「津の国の御島」が当社であれば、大山祇神社が大三島瀬戸に鎮座したのが推古天皇2年（594年）とされているので、当社はこれ以前の創建となる。なお、当社では伊豆の三嶋大社へも当社から御魂が遷されたとしている。

一方、事代主神が祭神として祀られていることから、鴨氏の進出が指摘されている。そして、すでに淀川の渡船の神として祀られていた大山祇神（三島神）と事代主神（鴨神）が合祀されたことで、「三島鴨神社」の社名が生まれたとされる。

　　　　　　　　　　　（Wikipedia抜粋）　藤田加筆

弥生時代 後期

媛蹈鞴五十鈴媛

テーマB 古の日本（倭）の歴史（前1世紀～4世紀）—天孫族（伽耶族）の系譜

171

『古事記』と『日本書記』の記載に食い違いがある場合は、筆者（藤田）は『古事記』の記載を優先する。

大阪府茨木市五十鈴町 9-21

三島鴨神社（大阪府高槻市三島江）

Ⓑ112

大山祇命　　和多志大神、三島神（三島大明神）

大山祇神社（おおやまづみじんじゃ）は、愛媛県今治市大三島町宮浦にある神社。式内社（名神大社）、伊予国一宮。全国にある山祇神社(大山祇神社)の総本社である。また、主祭神の大山祇神は「三島大明神」とも称され、当社から勧請したとする三島神社は四国を中心に新潟県や北海道まで分布する。

　瀬戸内海に浮かぶ大三島西岸、神体山とする鷲ヶ頭山（標高436.5メートル）西麓に鎮座する。古くは大三島南東部に位置した。三島神社や大山祇神社の総本社であり、山の神・海の神・戦いの神として歴代の朝廷や武将から尊崇を集めた。大山祇神を祀る代表的な神社ということもあり、山神社の総本社とされることもある。境内には国の天然記念物「大山祇神社のクスノキ群」がある。また、源氏・平氏をはじめ多くの武将が武具を奉納して武運長久を祈ったため、国宝・重要文化財の指定をうけた日本の甲冑の約4割がこの神社に集まっている。

祭神
大山積神（大山祇押、おおやまづみのかみ、おおやまつみのかみ）別名として「和多志大神（わたしのおおかみ）」とも、「三島大明神」とも云う。伊弉諾尊と伊弉冉尊の間の子で、磐長姫命と木花開耶姫命（瓊瓊杵尊の妃）の父。元は山の神であるが、大山祇神社が瀬戸内海の要所に位置することなどから、大山祇神社では海の神としての性格も強い。大山祇神社では社名「大山祇」と祭神名「大山積」とは異なる表記が用いられているが、かつては社名も「大山積」と表記されている。

創建
　大山祇神社の鎮座する大三島は古くは「御島」と記されたように、神の島とされていた。大三島に鎮座した由来には諸説がある。
『大三島記文』（社伝）大山祇神子孫の小千命（乎千命、おちのみこと）が大三島に勧請したとする。
『伊予国風土記』逸文大山祇神は百済から渡来して津の国（摂津国）の御嶋に鎮座、のち伊予国に勧請されたとする。その解釈として、越智氏が朝鮮半島出征で大山祇神を戴いて帰国したとする説、越智直が百済に出征し捕虜となり中国を回って帰国したとする説話による説があるが、いずれも確証は欠く。摂津国の御嶋は三島江（三島鴨神社）が定説。
『予章記』・『予陽河野家譜』越智玉興がこの地での霊験にあやかり、勅宣により社殿を造営したとする。
　境内には弥生時代の神宝や祭祀遺跡があるといわれており、いずれにしてもかなり古い時代から存在したとされる。
（Wikipedia抜粋）藤田加筆

大山祇神社、愛媛県今治市大三島町宮浦

三島大社、舞殿（手前）と拝殿（左奥）静岡県三島市大宮町

三嶋大社（みしまたいしゃ、三島大社）は、静岡県三島市大宮町にある神社。

祭神
大山祇命（おおやまつみのみこと）、**積羽八重事代主神**（つみはやえことしろぬしのかみ）。二柱は「三嶋大神（みしまのおおかみ）」または「三嶋大明神（みしまだいみょうじん）」と総称される。

　三嶋大社の祭神に関しては、古くは大山祇命祭神説・事代主神祭神説が存在した。大山祇命説は、鎌倉時代の『東関紀行』に始まって『源平盛衰記』『釈日本紀』『二十一社記』『日本書紀纂疏』等の諸史料に見える説である。三島神が伊予国一宮の大山祇神社（大三島神）に由来するという伝説に基づき、事代主神説が唱えられるまでは広く定着していた。
　一方の事代主神説は、江戸時代後期の平田篤胤の『古史伝』での主張に始まる説である。室町時代の『二十二社本縁』に「都波八重事代主神（中略）伊豆賀茂郡坐三島神、伊予国坐三島神同体坐云」とある記載に基づく。江戸時代までの祭神は大山祇命とされていたが、幕末に事代主神説が国学者の支持を得たため、明治6年（1873年）に事代主神に改められた。その後大正期に入って大山祇命説が再浮上したため、二柱説が昭和27年（1952年）に制定されて現在に至っている。
　近年の研究では、三嶋神は「御島神」すなわち伊豆諸島の神を意味するとして、上記2説とも後世の付会とする見方が有力視される。この中で、噴火の盛んな伊豆諸島で原始的な造島神・航海神として祀られたのが「ミシマ神」の始まりであるという。そして「ミシマ」の音から、後世に他の神に結び付けられたとも推測されている。（Wikipedia抜粋）藤田加筆

大山祇神社
　大山祇神社から勧請したと伝える三島神社は、四国を中心に新潟県や北海道まで広がる。静岡県の三嶋大社と共に三島神社の総本社とされる。大山祇神社の祭神は大山祇神で別名として「和多志（わたし）大神」ともいい「三島大明神」とも称する。伊弉諾尊と伊弉冉尊の間の子で、磐長姫命と木花開耶姫命（瓊瓊杵尊の妃）の父。元は山の神であるが、当神社が瀬戸内海の要所に位置することなどから、海の神としての性格も強い。
　三島神の由来はかって韓国の巨文島が三島と呼ばれ、韓の民から渡来した韓神にあるとされる（私の日本古代史、上田正昭）。摂津の御嶋神（高槻市三島江三島鴨神社の祭神）がのち大山祇神社に勧請されたとする。渡来の時期は不明であるが、伊予国湯津の百済系渡来人８千の兵がアメノヒボコに加勢して、大国主命と戦ったとあるので（出石神社の神主の神床家の伝承、『播磨の国風土記』）、倭国大乱時であると考えられる。
（藤田）

多氏　　葛城多氏王権

神武 ⇒ 綏靖 ⇒ 安寧

多氏（おおし／おおうじ／おほし）は、「多」を氏の名とする氏族。日本最古の皇別氏族とされる。「太」「大」「意富」「飯富」「於保」とも記され、九州と畿内に系譜を伝える。縄文時代から鉄などの鉱物資源の採取に携わっていたと伝えられる。
（Wikipedia抜粋）＋ 藤田

紀元1世紀半ばの神武東征ならぬ三島神（三島湟咋耳命か）の東征は、鉱物資源の豊富な阿蘇で辰砂などの鉱物の採取をしていた多氏一族を伴い、紀の川北側の辰砂を求めて葛城に至ったと推察する。
（藤田）

綏靖天皇の即位
神武天皇が崩御した際、朝政の経験に長けていた庶兄の手研耳命は皇位に就くため弟の神八井耳命（多氏の祖）と神渟名川耳尊（綏靖天皇）を害そうとした（タギシミミの反逆）。この陰謀を知った神八井耳・神渟名川耳兄弟は、神武天皇の山陵を築造し終えると、弓部稚彦に弓を、倭鍛部の天津真浦に鏃を、矢部に箭を作らせた。そして片丘（奈良県北葛城郡王寺町・香芝町・上牧町付近か）の大室に臥せっていた手研耳を襲い、これを討った。この際、神八井耳（多氏の祖）は手足が震えて矢を射ることができず、代わりに神渟名川耳が射て殺したという。神八井耳はこの失態を深く恥じたため、神渟名川耳が皇位に就き、神八井耳は天皇を助けて神祇を掌ることとなった。翌年の1月に即位して葛城高丘宮（かずらきのたかおかのみや）に都を移す。同年7月、事代主神の娘で天皇本人の叔母（母の妹）にあたる五十鈴依媛命を皇后として磯城津彦玉手看尊（後の**安寧天皇**）を得た。
（Wikipedia抜粋）　藤田加筆

多氏の氏神

多坐弥志理都比古神社（おおにますみしりつひこじんじゃ）は、奈良県磯城郡田原本町にある神社である。式内社（名神大）で、近代社格制度による旧社格は県社。一般には**多神社**（おおじんじゃ）と呼ばれ、多社、多坐神社、太社、意富社とも書かれる。
主祭神
第一社　神倭磐余彦尊（神武天皇：神八井耳命の父）
第二社　神八井耳命
第三社　神沼河耳命（綏靖天皇：神八井耳命の弟）
第四社　姫御神（玉依姫命：神八井耳命の祖母）
歴史
『記紀』神話には、「神八井耳命は皇位を弟に譲り、自らは神祇を祭る」とあり、それが当社の始まりであるとしている。綏靖天皇2年、神八井耳命は春日県（後の十市県）に邸宅を造り、そこに神籬磐境を立てて自ら神祇を司り、春日県主の遠祖・大日諸神を祭祀者として奉祀せしめた。崇神天皇7年、その神祠を改造し、天津日瓊玉命・天璽鏡劔神を祈賽したと伝える。
（Wikipedia抜粋）　藤田加筆

多坐弥志理都比古神社拝殿

二の鳥居、後ろには奉献された石燈篭が並ぶ

三島神・多氏は、倭宿禰、ニギハヤヒ、崇神と同じくは、丹（辰砂）を求めて大和に進出か

辰砂（しんしゃ、cinnabar）は硫化水銀(II)(HgS)からなる鉱物である。中国の辰州（現在の湖南省近辺）で多く産出したことから、「辰砂」と呼ばれるようになった。別名に賢者の石、赤色硫化水銀、丹砂、朱砂、水銀朱などがある。日本では古来「丹（に）」と呼ばれた。日本では縄文時代から産出が知られ、いわゆる『魏志倭人伝』の邪馬台国にも「其山 丹有」と記述されている。古墳の内壁や石棺の彩色や壁画に使用されていた。漢方薬や漆器に施す朱漆や赤色の墨である朱墨の原料としても用いられ、古くは伊勢国丹生（現在の三重県多気町）、大和水銀鉱山（奈良県宇陀市菟田野町）、吉野川上流などが特産地として知られた。

水銀採掘で一大勢力を築いた丹生一族の崇める丹生都比売大神。『丹生大明神告門』では、比売大神はイザナギ・イザナミの御子神であるとしている。また同神を稚日女尊と同一とする説もある。

（辰砂－Wikipedia抜粋）藤田加筆

辰砂

丹生都比売神社（にふつひめ、丹生都比賣神社）（和歌山県かつらぎ町上天野にある紀伊国一宮、官幣大社、全国に約180社ある丹生都比売神を祀る神社の総本社　丹生氏の氏神

和歌山県北東部、高野山北西の天野盆地に鎮座する。空海が金剛峯寺を建立するにあたって丹生都比売神社が神領を寄進したと伝えられ、古くより高野山と深い関係にある神社である。神社背後の尾根上には高野山への表参道である高野山町石道（国の史跡、世界遺産）が通り、丹生都比売神社は高野山への入り口にあたることから、高野山参拝前にはまず丹生都比売神社に参拝する習わしであったという。丹生都比売神社自体も高野山からの影響を強く受け、境内には多くの仏教系の遺跡・遺物が残る。和歌山県・奈良県を主とした各地では、高野山の荘園に丹生都比売神社が勧請された関係で、丹生都比売神社の分霊を祀る神社の分布が知られる。

神社では国宝の銀銅蛭巻太刀拵を始めとする文化財のほか、本殿および楼門などの社殿が国の重要文化財に指定されている。また境内は国の史跡に指定されている。これらのうち本殿、楼門および境内は、ユネスコの世界遺産「紀伊山地の霊場と参詣道」の一部として登録されている。

祭神について

丹生都比売神の性格については大きく分けて2説がある。1つは水神とみるもので、その根拠として天野の地が紀の川の一水源地であること、空海が丹生都比売神社から譲り受けたという神領は有田川・貴志川・丹生川・鞆淵川の流域のほぼ全域を占めていたこと、関係する丹生川上神社は水神信仰であること、東大寺のお水取りで水を送る遠敷明神（おにゅうみょうじん；若狭彦神社）の存在、御田祭などの祭事における性格等が挙げられる。もう1つは、「丹」すなわち朱砂（辰砂：朱色の硫化水銀）の採掘に携わる人々によって祀られたという説である。後述の『播磨国風土記』逸文にも「赤土」の記載が見えるほか、全国にある「丹生」と名のつく土地・神社は、水銀の採掘に携わった氏族（丹生氏）と深い関係にあることが明らかとなっている。これらに対する一説として、丹生一族が水銀採掘で一大勢力を築いたが、その枯渇に際して天野や三谷で帰農、丹生都比売神社も水神信仰に変化したとする説もある。なお『丹生大明神告門』では、丹生都比売神を伊佐奈支命・伊佐奈美命の子とする。また稚日女尊と同一神とする説もある。

（Wikipedia抜粋）＋藤田

境内（正面に楼門：国の重要文化財）Wikipedia

（光一郎撮影）

弥生時代 後期　辰砂

B114

ホアカリの東征
（葛城王朝（大己貴の国の支国）、懿徳→孝安）

懿徳から孝安（葛城王朝）

葛城王朝は大己貴の国（玉牆の内つ国）の支国か

丹　後　　古来、丹後は、丹波と但馬とで形成する
　　　　　三丹の中核である。

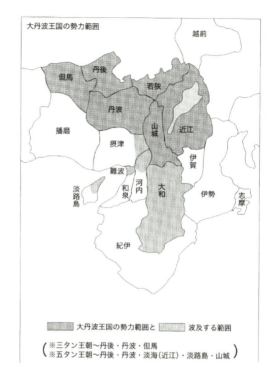

（前ヤマトを創った大丹波王国、伴としこ）

>　漢の植民地の北朝鮮の楽浪郡には倭国にない製鉄の高炉があり、朝鮮や倭国の鉄鉱石からの大規模な製鉄が可能となっていた。その頃（紀元前2〜前1世紀）、楽浪郡を中核とする、筑紫ー出雲ー丹後を覆う鉄と銅と玉の交易ネットワークが形成され、丹後にも大量の鉄がもたらされるようになった。かくして、丹後は鉄、ガラスと玉の取引で所謂、大丹波王国（右図上）の中核となっていた。
>　1世紀半ば邇邇芸の兄の天火明（彦火明、ホアカリ）は第4代新羅王の脱解王に当たり、彦火明（脱解）が丹後に降臨したことになる。脱解は新羅や丹後で鍛冶に従事していたのではないかと言われている。彦火明の三世孫の倭宿禰がアジスキタカヒコネを伴い葛城に侵攻して（ホアカリの東征）、葛城王朝を建てた。倭宿禰が懿徳天皇に当たると考える。葛城王朝は当時近畿・中部地方一円を支配した大己貴の国の支国であると考えている。
>　　　　　　　　　　　　　　　　　　　　　　　（藤田）

天の橋立
>　籠神社のある丹後半島周辺は、不思議な伝説が多いところである。『丹後国風土記逸文』には、このあたりの漁師の若者が竜宮城を訪れる話、つまり、有名な浦島太郎の伝説が残っている。ほかにも、羽衣を奪われた天女が天に帰れなくなるという羽衣伝説、さらに、<u>天橋立はもともとイザナギ命が天から通ってくる梯子</u>だが、神が地上で寝ている間に倒れて天橋立になった、という伝説もある。いずれも、天上界や海の彼方にある別世界と交渉する内容をもっているのが特徴といえる。籠神社の名前の由来も、彦火明命が籠船で龍宮に行ったとの伝説があり、そのために昔は籠宮（このみや）と云った。丹後はこのように、どこか神話的な世界の残る地方でもある。籠神社のある宮津市の「宮津」とは、大きな宮のそばにある港という意味で、むろん籠神社を指してのことである。天橋立はもともと籠神社の参道だった。
>　　　　　　　　　　　　（古代出雲と大和朝廷の謎、倉橋 日出夫）

弥生時代 後期　丹後

籠神社

天の橋立

籠神社（元伊勢）

籠神社（このじんじゃ）は、京都府宮津市大垣にある神社。丹後国一宮。
　元伊勢の一社で「元伊勢籠神社」とも称し、また「元伊勢根本宮」「内宮元宮」「籠守大権現」「籠宮大明神」とも称する。現在まで海部氏が神職を担当している。丹後国総社は不詳だが、当社が総社を兼ねたとする説がある。
主祭神
彦火明命（ひこほあかりのみこと）「天火明命」、「天照御魂神」、「天照国照彦火明命」。社家海部氏の祖神。
相殿神
豊受大神（とようけのおおかみ）-「御饌津神」ともいうとする。
天照大神（あまてらすおおかみ）
海神（わたつみのかみ）- 社家海部氏の氏神。
天水分神（あめのみくまりのかみ）
　社伝によれば、現在伊勢神宮外宮に祀られている豊受大神は、神代は「真名井原」の地（現在の奥宮真名井神社）に鎮座したという。その地は「匏宮（よさのみや、与佐宮/吉佐宮/与謝宮）」と呼ばれたとし、天照大神が4年間営んだ元伊勢の「吉佐宮」にあたるとしている。そして白鳳11年（671年）彦火明命から26代目の海部伍佰道（いほじ）が、祭神が籠に乗って雪の中に現れたという伝承に基づいて社名を「籠宮（このみや）」と改め、彦火火出見尊を祀ったという。その後養老3年（719年）、真名井原から現在地に遷座し、27代海部愛志（えし）が主祭神を海部氏祖の彦火明命に改め、豊受・天照両神を相殿に祀り天水分神も合わせ祀ったと伝える。
　伊勢神宮外宮の旧鎮座地が丹後国分出前の丹波国であったという伝承は古く、その比定地には諸説がある。延暦23年（804年）の『止由気宮儀式帳』では「比治乃真名井」から伊勢に移されたとし、『神道五部書』以来の伊勢神道では旧地を丹波国与佐宮としている。籠神社をその地にあてたものとしては、建武2年（1335年）の文書の「豊受太神宮之本宮籠大明神」という記載、天和年間（1681年-1684年）の籠神社縁起秘伝の「当社籠大明神ハ即豊受大神也」とし「与謝宮ハ則是籠大明神也」とする記載がある。
（Wikipedia抜粋）

拝殿（Wikipedia）

境内遠景（傘松公園より）左下に社殿、右上に天橋立（Wikipedia）

冠島と沓島は元伊勢・籠神社の海の奥宮であり、籠神社の祭神の彦火明命（ホアカリ）と市杵嶋姫命（イチキシマヒメ）が天降って夫婦となった神聖な島として、古代から特別視されている。ホアカリは豊受大神を祀って丹後丹波から開拓を始め、イチキシマヒメは航海安全を祈って両神ともに国の発展に貢献したとされる。また、近江の竹生島神社の祭神は市杵嶋姫命である。
　なお、室町時代に描かれた雪舟の「天橋立図」には、本来ならば構図に入らない両島が絵の右下に描き込まれており、これは雪舟が冠島・沓島が特別な島であることを知っていたからだと考えられている。
（人文研究見聞録　冠島・沓島遥拝所　Net）

雪舟の天橋立図

『海部氏勘注系図』

『記紀』の系図と『海部氏系図』との比較検証

弥生時代 後期　海部氏系図

『海部氏系図』国宝

　海部氏系図（あまべしけいず）は、京都府宮津市に鎮座する籠神社の社家、海部氏に伝わる系図であり、『籠名神社祝部氏係図』1巻（以後「本系図」と称す）と『籠名神宮祝部丹波国造海部直等氏之本記』1巻（以後『勘注系図』と称す）とからなる。ともに古代の氏族制度や祭祀制度の変遷を研究する上での貴重な文献として、昭和50年（1975年）6月に重要文化財、翌51年（1976年）6月に国宝の指定を受けた。

　『勘注系図』は「本系図」に細かく注記を施したもので、竪系図の形式を踏襲するが、現存のものは江戸時代初期の写本であり、原本は仁和年中（885年 - 889年）に編纂された『丹波国造海部直等氏之本記』であると伝える。始祖から第34世までが記され、各神・人の事跡により詳しい補注を加え、当主の兄弟やそこから発した傍系を記す箇所もあって、『記紀』は勿論、『旧事本紀』などの古記録にも見られない独自の伝承を記すとともに、「本系図」上代部で省略されたと覚しき箇所もこれによって補い得る。（海部氏系図－Wikipedia抜粋）

『海部氏勘注系図』（次頁参照）

1. 日本得魂命（八世孫、孝霊天皇と同世代）の王女に「日女命（ヒメノミコト）」がいて、またの名は「神大市姫命」とも「倭迹迹日百襲媛命（ヤマトトヒモモソヒメノミコト）」と云う。『日本書紀』には倭迹迹日百襲媛命は第7代孝霊天皇の皇女との記載がある。この媛命が『魏志倭人伝』の卑弥呼に当たると思われる。
2. 十世孫の乎縫命（開化天皇と同世代）の王女に「日女命」がいて、またの名を小豊姫と云い台与のことと思われる。

　ここで重要なのは、日女命の名が出て来ることである。日女命という名は、「日御子（卑弥呼）」という名に近いし、太陽の神であるアマテラスにも近いものを感じる。日女命（卑弥呼）が日本得魂命の王女（孝霊天皇の皇女）である倭迹迹日百襲媛命であるというのは、「倭迹迹日百襲媛命の墓と言われている箸墓古墳が卑弥呼の墓である」という説が有力なだけに説得力がある。
（卑弥呼と海部氏系図：日本の古代を推理する－ライブドアブログ、Net）＋ 藤田

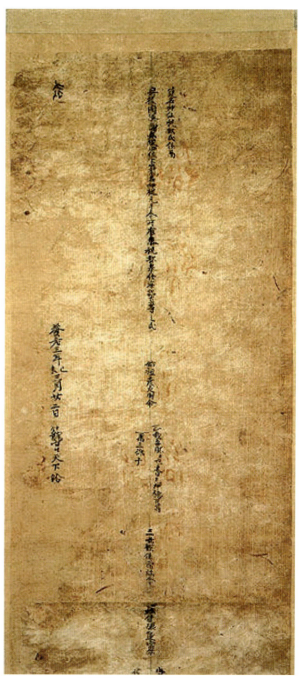

海部氏系図（本系図）巻頭

Ⓑ118

前ヤマト王権
（崇神王朝以前の王権）

『記紀』の第4代懿徳天皇～第9代開化天皇（6世代）の系図が『海部氏系図』の三世孫の倭宿禰命～十世孫乎縫命（8世代）の系図と重なる。

右図は『海部氏勘注系図』と『記紀』の皇統系図（各々天孫の彦天火明と瓊瓊杵を始祖）の前ヤマト王権（崇神朝以前）に当たるところをまとめたものである。『記紀』では、瓊瓊杵から神武に至る「日向三代」と言われる系図がある。天照大御神から神武に至る皇統の始祖伝説は、百越の始祖伝説の構図に基づいて作為されたものであると推測される（古代日本異族伝説の謎、田中勝也）ので、「日向三代」は除外した。かくして、邇邇芸と神武とは同一人物あるいは同時代人となる。また、『海部氏勘注系図』の彦火明から、天香語山、天村雲までの系図もまた、饒速日を彦火明と同人格（天照国照彦天火明櫛玉饒速日尊）であると詐称するために挿入された可能性が高い（『先代旧事本紀』）。(この系図は、孝霊天皇（ニギハヤヒか）が全権を握っている邪馬台国時代に作成されたか。）さらに、『古事記』は多氏一族（葛城の古氏）の太朝臣安萬侶によって献上されたが、多氏の素性を皇統系譜の初期に位置付けるために、神武、綏靖、安寧の三代が入り込んだ可能性も否定できない。（藤田）

『記紀』の真相を露にする「古の日本（倭）の歴史」の論考（論考12Ⓑ203と論考13Ⓑ245）で、神武は邪馬台国の始祖のニギハヤヒを模して創出されたとの想念に至った。この想念が、物部氏をして、『海部氏勘注系図』の初代の彦火明（神武と同世代）をニギハヤヒと集合させ、天照国照彦天火明櫛玉饒速日尊とし、2代目を天香語山、3代目を天村雲とする顕在的な動機になったのではないか。実際、ニギハヤヒは筑前を本拠地としており、またニギハヤヒの東征は吉備から瀬戸内海海路で大和に侵攻したことと思われる（丹後からの陸路での大和への東征は伝承上ありえない）。このように紀元1、2世紀では、ニギハヤヒは丹後と殆ど縁がなく、彦火明と集合させることは極めて無理なことである（Ⓑ146）。尚、宝賀寿男氏も同様な見解を述べている。（藤田）

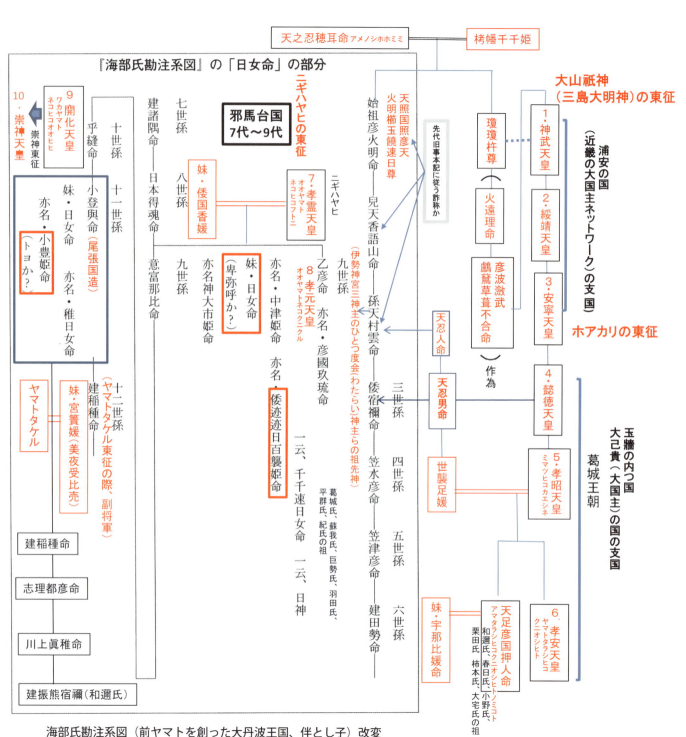

海部氏勘注系図（前ヤマトを創った大丹波王国、伴とし子）改変

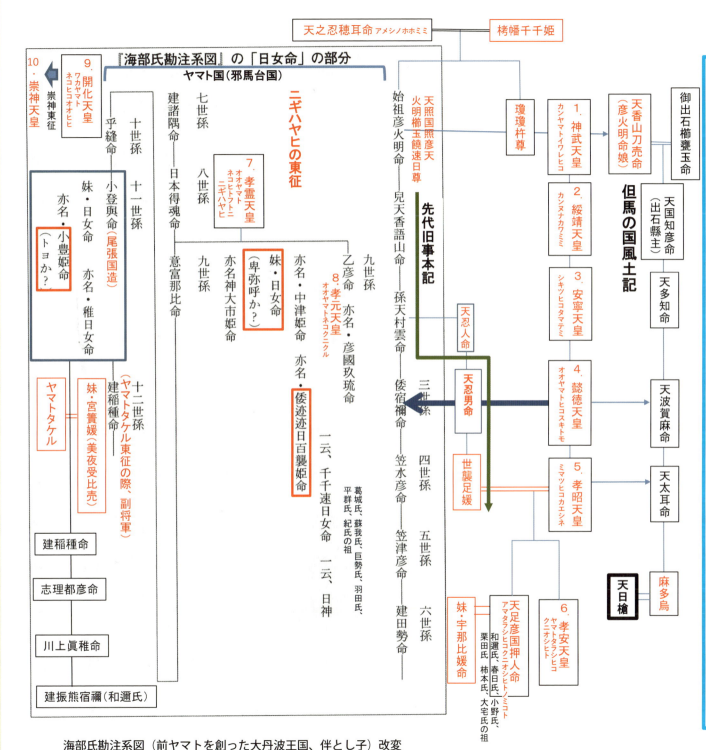

『日本書紀』(天孫降臨)によれば、天火明命(彦火明命、ホアカリ)と瓊瓊杵(ニニギ)はアメノオシホミミと高木神の娘ヨロヅハタトヨアキツシヒメとの間に生まれた兄弟で、ニニギがホアカリの弟とされる。ニニギから神武に至る日向三代は作為的に挿入されたと思われるので削除すると、ニニギと神武は同一人(あるいは同世代人)となる。かくして、ホアカリとニニギ(神武)は兄弟となり、ニニギとホアカリの三世孫がそれぞれ懿徳天皇と倭宿禰命となる。

『日本書紀』では、神武東征(3世紀末の崇神東征がメイン)の折、神武天皇が宇陀から吉野へ巡幸時、人が居て井戸の中から出てきた。その人は体が光って尾があった。天皇は「お前は何者か」と問うと「国津神、名は井光」と名乗ったと言う。この井光は伊加里姫で、倭宿禰命の母にあたる。したがって、この井光伝承は倭宿禰命が大和に進出した際(2世紀初めのホアカリの東征)の出来事と思われる。

皇統系譜の4代懿徳天皇(倭宿禰に当たる)から9代開化天皇(乎縫命に当たる)までが、勘注系図と関係づけられることは特筆すべきである。また、日本得魂命(7代孝霊天皇に当たる)と乎縫命の王女である日女命(ヒミコか)が、それぞれ倭迹迹日百襲媛命(卑弥呼に当たる)と小豊姫命(台与に当たる)であることは注目に値する。

小豊姫命の兄に当たる小登與命は尾張氏の祖と考えられており、4世紀初め大和国葛城の高尾張から尾張国に移り、定住したと思われる。

宮簀媛(ミヤズヒメ)は、日本神話に登場する尾張国造の乎止与命(小登與、オトヨ)の娘。父の乎止与命は天火明命(アメノホアカリ)の子孫、建稲種命の妹(熱田神宮の伝承)。また、『但馬の国風土記』の天日槍に至る系図は『海部氏勘注系図』と『記紀』の系図に対応できる。

尚、『海部氏勘注系図』の彦天火明(『先代旧事本紀』では天照国照彦天火明櫛玉饒速日尊)、児天香語山、孫天村雲の系図は、饒速日を彦天火明と同人格であると詐称するために、『先代旧事本紀』に倣って偽称された可能性が高い。

(藤田)

ホアカリ（倭宿禰）の東征

葛城王朝は大己貴の国（玉牆の内つ国）の支国か？

鳥越氏提唱の「葛城王朝」は初代神武天皇から9代の開化天皇までの王朝を一括して指すが、本書の葛城王朝は4代懿徳天皇から6代孝安天皇の間の王朝を指す。

第4代懿徳天皇　　第5代孝昭天皇　　第6代孝安天皇
（いとくてんのう）

孝安天皇の兄の天足彦国押人命（アマタラシヒコクニオシヒトノミコト）は和邇氏の祖である。和邇氏は孝安朝に葛城に至ったか。

ホアカリの東征：懿徳天皇は倭宿禰か

> **ホアカリ（倭宿禰）の東征**
> ホアカリ（三世孫の倭宿禰）は丹後から賀茂族のアジスキタカヒコネを伴い葛城王朝の始祖として葛城に入った。尚、倭宿禰には少彦名の影が色濃く窺える。この東征の根拠は、丹後では最古の祭礼といわれる籠神社の「葵祭」は懿徳天皇の御代に始まったとされていること、懿徳天皇の実名がオオヤマトヒコスキトモであり、アジスキタカヒコネに通じるものがあること、さらに、倭宿禰の母とされる伊加理姫（神武が吉野山中であった井光か）が葛城と丹波に祀られていること等である。　　（藤田）

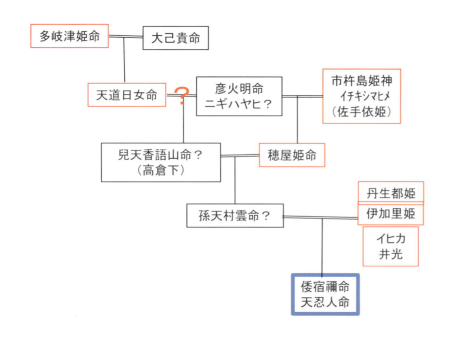

『海部氏勘注系図』の彦火明、児天香語山、孫天村雲の系図は、饒速日を彦火明と同人格であると詐称するために、『先代旧事本紀』に倣って改称された可能性が高い。この系図は、孝霊天皇（ニギハヤヒか）が全権を握っている邪馬台国時代に作成されたと思われる。　　（藤田）

京都府宮津市にある籠神社に、海部宮司の祖・椎根津彦こと倭宿禰命の像

倭宿禰

　倭宿禰は彦火明命の三世孫で初めて大和に進出した人格とされている。父は天村雲命(?)で母は伊加里姫である。倭宿禰は、神武が大和王権を樹立した時、大和に赴き神宝を献じて神武に仕えたとする。その大和に居たとき娶ったのが、白雲別の娘、豊水富(トヨミズホ)または豊御富(トヨミホ)であり、『海部氏勘注系図』の注記は、豊水富の亦の名を井比鹿(イヒカ)(伊加里姫と同じ)とする。これは『日本書紀』神武記で、神武が吉野で名を問うた時答えた「井光(イヒカ)」と同じである。

　一方、同じ倭宿禰と称された人物がある。倭氏の祖で倭国造(ヤマトノクニノミヤツコ)の倭宿禰である。こちらは天理市大大和神社を奉祭する倭氏の祖先である。元の名を珍彦(うずひこ)と言い、神武東征に加わった際、椎根津彦という名を賜る。その出身地はおそらく兵庫県の神戸市か明石市であろう。
（勘注系図　丹波系譜の祖、三世孫倭宿禰、Net）

　神武東征の際、高倉下(タカクラジ、天香語山命)に太刀(ミカフツ神、またはフツノミタマ、現在は石上神宮にある)を渡し、神武を勝利へ導いた。タカクラジはニギハヤヒを祖としている。また、大和に進出した倭宿禰(彦火明の三世孫)は第4代懿徳天皇(オオヤマトヒコスキトモ)は同一人と思われる。さらに、懿徳天皇はアジスキタカヒコネと同一人とも思われる。かくして、懿徳天皇が御所に秋津洲を立てたのではないか。

　神武東征譚の一部(神武が吉野で遭遇したイヒカは、倭宿禰の母とされる)は、倭宿禰の大和進出を模して創り上げたと考えられる。また、葛城王朝(秋津洲)は、伊勢遺跡を都とする大己貴の国(玉牆の内つ国)の支国か？
（藤田）

秋津島

　秋津島(洲)の語源は、神武が国見をした時、その様子がトンボの交尾に似ていると云ったことが始まりとされる。アキツとはトンボの古い時代の呼び名で、トンボの交尾は円形となる。第6代孝安天皇の宮(皇居)の名称は、『日本書紀』では室秋津島宮(むろのあきつしまのみや)、『古事記』では葛城室之秋津島宮。宮の伝説地は、『和名類聚抄』の大和国葛上郡牟婁郷と見られ、現在の奈良県御所市室周辺と伝承される。

　『日本書紀・古事記』では日本の本州の異称として「秋津島(秋津州)」が使用されるが、元々は上記の宮が営まれた奈良盆地西南部の葛城地方を指した地名であったとする説がある。
（Wikipedia抜粋）＋　藤田

一言主神

　名前の類似から、大国主命の子の事代主神と同一視されることもある。葛城山麓の奈良県御所市にある葛城一言主神社が全国の一言主神社の総本社となっている。地元では「いちごんさん」と呼ばれており、一言の願いであれば何でも聞き届ける神とされ、「無言まいり」の神として信仰されている。

　『古事記』(712年)の下つ巻に登場するのが初出である。460年(雄略天皇4年)、雄略天皇が葛城山へ鹿狩りをしに行ったとき、紅紐の付いた青摺の衣を着た、天皇一行と全く同じ恰好の一行が向かいの尾根を歩いているのを見附けた。雄略天皇が名を問うと「吾は悪事も一言、善事も一言、言い放つ神。葛城の一言主の大神なり」と答えた。天皇は恐れ入り、弓や矢のほか、官吏たちの着ている衣服を脱がさせて一言主神に差し上げた。一言主神はそれを受け取り、天皇の一行を見送った、とある。

　少し後の720年に書かれた『日本書紀』では、雄略天皇が一言主神に出会う所までは同じだが、その後共に狩りをして楽しんだと書かれていて、天皇と対等の立場になっている。時代が下って797年に書かれた『続日本紀』の巻25では、高鴨神(一言主神)が天皇と獲物を争ったため、天皇の怒りに触れて土佐国に流された、と書かれている。これは、一言主を祀っていた賀茂氏の地位がこの間に低下したためではないかと言われている。(ただし、高鴨神は、現在高鴨神社に祀られている迦毛大御神こと味耜高彦根神であるとする説もある。)このほか、『続日本紀』で流されたと書かれている土佐国には、一言主を祀る土佐神社があり土佐国一宮になっている。ただし、祀られているのは味耜高根彦神であるとする説もあり、現在は両神ともが主祭神とされている。

　さらに、822年の『日本霊異記』では、一言主は役行者(これも賀茂氏の一族である)に使役される神にまで地位が低下しており、役行者が伊豆国に流されたのは、不満を持った一言主が朝廷に讒言したためである、と書かれている。役行者は一言主を呪法で縛り、『日本霊異記』執筆の時点でもまだそれが解けないとある。
（Wikipedia抜粋）＋　藤田

葛城一言主神社

　一言主神は、少彦名命と同一神と云われる(事代主が少彦名と同一と云われることもある)。『古事記』には、「雄略天皇が葛城山へ鹿狩りをしに行ったとき、紅紐の付いた青摺の衣を着た、天皇一行と全く同じ恰好の一行が向かいの尾根を歩いているのを見附けた。雄略天皇が名を問うと「吾は悪事も一言、善事も一言、言い放つ神。葛城の一言主の大神なり」と答えた。」とある。このことは、葛城王朝の懿徳、孝昭、孝安天皇の何れかが一言主神と思われる。私見では、ホアカリの三世孫の倭宿禰と大国主の子のアジスキタカヒコネが葛城に進出して葛城王朝を建てたと考えている。また、懿徳天皇たる倭宿禰は少彦名の血脈を引いているのではないかと推察している。
（藤田）

尾張氏

　アメノホアカリ(天火明)を祀る尾張氏は愛知県が本拠地のイメージが強くあるが、元々の根源地は御所市高尾張で、「葛城の道」の入り口に位置する笛吹(笛吹神社)辺りである。真清田神社がある尾張一宮市の周辺には、猫島遺跡、八王子遺跡、元屋敷遺跡などの弥生遺跡があり、近くに大規模な朝日遺跡がある。4世紀前後、尾張氏は土着勢力を破った後、木曽川の伏流水が湧き出る真清田神社周辺を開拓をしながら、尾張国に定着していったと思われる。
（広畠輝治の邪馬台国吉備・狗奴国大和説、Net）＋　藤田

弥生時代　後期　倭宿禰

アジスキタカヒコネと事代主

アジスキタカヒコネ、事代主、さらに高照姫、下照姫も、大国主の御子

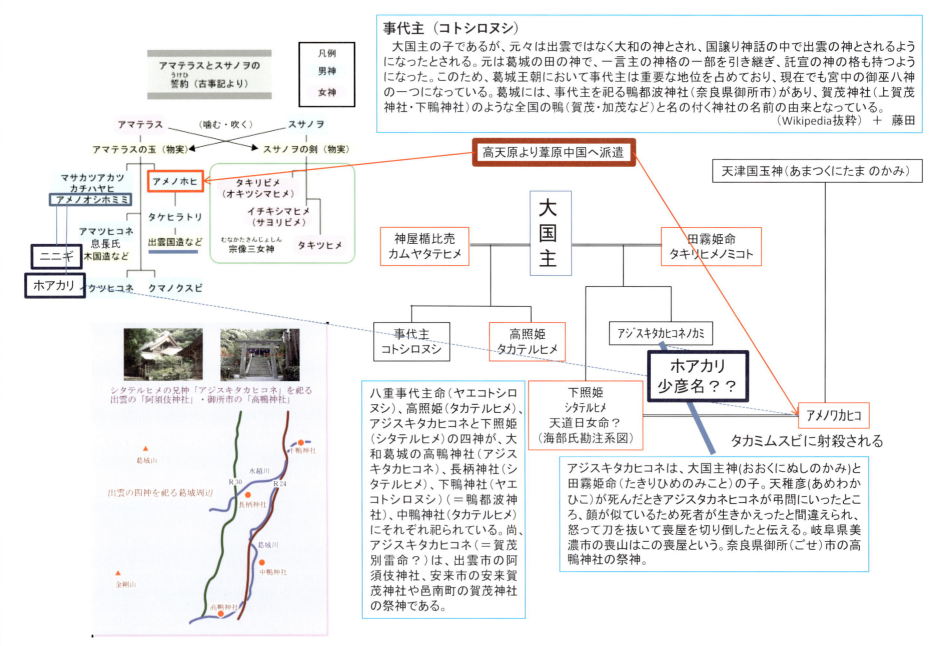

事代主（コトシロヌシ）
大国主の子であるが、元々は出雲ではなく大和の神とされ、国譲り神話の中で出雲の神とされるようになったとされる。元は葛城の田の神で、一言主の神格の一部を引き継ぎ、託宣の神の格も持つようになった。このため、葛城王朝において事代主は重要な地位を占めており、現在でも宮中の御巫八神の一つになっている。葛城には、事代主を祀る鴨都波神社（奈良県御所市）があり、賀茂神社（上賀茂神社・下鴨神社）のような全国の鴨（賀茂・加茂など）と名の付く神社の名前の由来となっている。
（Wikipedia抜粋）＋ 藤田

八重事代主命（ヤエコトシロヌシ）、高照姫（タカテルヒメ）、アジスキタカヒコネと下照姫（シタテルヒメ）の四神が、大和葛城の高鴨神社（アジスキタカヒコネ）、長柄神社（シタテルヒメ）、下鴨神社（ヤエコトシロヌシ）（＝鴨都波神社）、中鴨神社（タカテルヒメ）にそれぞれ祀られている。尚、アジスキタカヒコネ（＝賀茂別雷命？）は、出雲市の阿須伎神社、安来市の安来賀茂神社や邑南町の賀茂神社の祭神である。

アジスキタカヒコネは、大国主神（おおくにぬしのかみ）と田霧姫命（たきりひめのみこと）の子。天稚彦（あめわかひこ）が死んだときアジスタカネヒコネが弔問にいったところ、顔が似ているため死者が生きかえったと間違えられ、怒って刀を抜いて喪屋を切り倒したと伝える。岐阜県美濃市の喪山はこの喪屋という。奈良県御所（ごせ）市の高鴨神社の祭神。

（古代出雲『下照比売（シタテルヒメ）』の謎（その3）、Net）

葛城

中央構造線上に位置する葛城・大和・紀伊・阿波には辰砂（丹、水銀朱）が産する。弥生時代中期に大国主が葛城・大和・紀伊・阿波に進出していたと思われ、2世紀中頃にはアジスキタカヒコネや和邇氏が葛城に到達していた。辰砂や銅を産する大和・葛城・紀伊・阿波は、大己貴の国（銅鐸祭祀圏）の副次的中枢を形成していたと思われる。

弥生時代 後期　葛城　大国主・アジスキタカヒコネ

鴨都波遺跡　　　　　弥生時代中期よりの遺跡

所在地：御所市三室・御所字ワキガミ

　遺跡は葛城山麓より東方に延びる低い丘陵状地形の東端にあたり、標高99～101m、葛城山系に源流をもつ柳田川と金剛山麓より北に流れる葛城川の合流点に面し、水に恵まれた絶好の場所に立地しています。昭和28年以降、発掘調査が行われ、全期間を通じて営まれた拠点集落であることが分かりました。検出された遺構には溝、高床建物と見られる柱列、矢板を打ち込んだ柵列、竪穴住居跡、大溝、木器貯蔵穴などがあります。遺物も木器、土器、石器などが多量に出土しています。この遺跡から出土する遺物の特徴として、「紀伊型甕」が挙げられます。この甕は和歌山で見られる甕ですが、中期に入ると鴨都波遺跡でも見かけられるようになります。地理的に近い和歌山との関係がうかがえる遺跡です。さらに北に位置する橿原市の四分遺跡では、「紀伊型甕」と「大和型甕」の折衷型である「四分型甕」が見られます。
　奈良盆地内の遺跡とはやや趣を異にした遺跡と言えます。　　　　　　　　　　（鴨都波遺跡、Net）

2000年に第15次調査の結果
　弥生時代中期前半の方形周溝墓2基。古墳時代前期の方墳3基。その一つ鴨都波1号墳からは、三角縁神獣鏡4、鉄製の剣5以上等が出土。　　　　　　　　　　　　（謎の古代豪族　葛城氏、平林章仁）

葛城の神社　その1

鴨都波神社；「鴨族」との関わりをもつ神社、大物主の前は大国主を祭神とした大神神社の別院

　鴨都波神社が御鎮座されたのは、飛鳥時代よりもさらに古い第10代崇神天皇の時代であり、奈良県桜井市に御鎮座されている「大神神社」の別宮とも称される。おまつりされている神様は、「**積羽八重事代主命**」（つわやえことしろぬしのみこと）と申され、大神神社におまつりされている「大国主命」（おおくにぬしのみこと）の子どもにあたる神様である。国を守る農耕の神様として大変崇められ、宮中におまつりされている八つの神様の一神でもある。また、一般的には「えびす神」という呼称で、商売繁盛の神様としても有名である。
　そもそもこの葛城の地には、「鴨族」と呼ばれる古代豪族が弥生時代中期から大きな勢力を持ち始めた。当初は、「高鴨神社」付近を本拠としていたが、水稲農耕に適した本社付近に本拠を移し、大規模な集落を形成するようになった。そのことは、本社一帯が「鴨都波遺跡」として数多くの遺跡発掘によって明らかになっている。彼らは、先進的な優れた能力を発揮して、朝廷から厚く召し抱えられた。そのような「鴨族」とのかかわりの中から誕生した本社は、平安時代には名神大社という最高位に列せられた由緒ある名社である。　　　　　　　　　　（鴨都波神社、Net）藤田加筆

鴨都波神社（Wikipedia）

賀茂氏

　八咫烏に化身して神武天皇を導いたとされる賀茂建角身命を始祖とする天神系氏族。代々賀茂神社に奉斎し、山城国葛野郡・愛宕郡を支配した。子孫は上賀茂・下鴨の両神社の祠官家となった。また、賀茂県主は同じ山城国を本拠とする秦氏との関係が深い。しかしながら、大和国葛城の地祇系賀茂氏が山城に進出したものとする説があり、御所市の鴨にある高鴨神社の祭神である事代主や味鋤高彦根神（賀茂大御神）は賀茂氏が祀っていた神であると考えられている。また、現在の島根県安来市には賀茂神社があり、賀茂氏は出雲を本貫とする説もある。　　　　　　　　　　（Wikipedia抜粋）藤田加筆

葛城の神社　その2

葛城御歳神社　ニギハヤヒと繋がりがあるか

祭神：御歳神（みとしのかみ）…大年神の御子神
相殿：大年神（おおとしのかみ）…須佐之男命の御子神、高照姫命（たかてるひめのみこと）…大国主命の御子神
御祭神はご本社の背後の御歳山にお鎮まりになって、五穀豊穣をご守護された神であります。創祀は神代。古来より朝廷で 豊作祈願のために行われた年頭の祈年祭には、まず本社の御歳神の名が読みあげられました。古書の記録では、仁寿二年（八五二年）には、大和国で本社だけが最高の正二位の神位を授かる程篤く崇敬され、後に従一位に昇格され、延喜の制では、名神大社に列した神社として尊ばれた古社で、全国の御歳神、大年神の総本社であります。
（葛木御歳神社公式ホームページ）
大山祇神の娘の神大市比売との間に大年神が生まれた。大年神はニギハヤヒではないかとの説がある。スサノオと大山祇神の親族関係は物部氏と大山祇神とが星辰信仰での繋がりを示唆するもので興味深い。
（藤田）

御歳神社境内

大国主と葛城

「天照大神は地上の国も高天原の管理下におくべきであるとして、地上を支配していた大国主神のところへ、天菩比神（アメノホヒ）を派遣し支配権を譲るよう交渉させた。ところが天菩比神は大国主神にうまく丸め込まれて三年たっても復命しない。そこで天照大神は天若日子（アメノワカヒコ）を地上に派遣した。ところが天若日子は大国主神の娘の下照比売（シタテルヒメ）と結婚して、八年たっても復命しない。」この『古事記』の有名な国譲り神話の前史で天若日子の妃となった下照比売とは如何なる比売なのだろうか。下照比売は大国主命の娘で味鋤高彦根（アジスキタカヒコネ）の同母妹で下光比売とも書かれ、アカル姫とも呼ばれる。さらに、下照比売の姉妹に高照比売（タカテルヒメ）がおり、事代主（コトシロヌシ）命の同母妹とされる。つまり、大国主命には味鋤高彦根命と事代主命という二人の母を異にする子神がおり、それぞれに下照比売と高照比売という妹がいたということになる。
　出雲で天若日子の妃となった下照比売は大和の葛城でも「葛城の長柄神社」に祀られている。しかも他の三人も、味鋤高彦根命が「葛城の高鴨神社」に、事代主命が「葛城の下鴨神社」に、高照比売が「葛城の中鴨神社」にと葛城の地の重要な神社に祀られている。その地理的配置は平行四辺形状に並んでいる（Ⓑ122）。また、葛城の「下鴨神社」は京都の「上賀茂、下鴨神社」の源といわれ、さらに味鋤高彦根命は「賀茂大神」とも呼ばれている。これらのことは大国主が葛城王朝の成立に深く関係していることを示唆する。
（藤田）

高鴨神社（たかかもじんじゃ）は、奈良県御所市の金剛山東山麓にある神社。式内社（名神大社）。社格は県社。京都の賀茂神社（上賀茂神社・下鴨神社）を始めとする全国のカモ（鴨・賀茂・加茂）神社の総本社と称する。阿治須岐高日子根命（迦毛之大御神）を主祭神とし、下照比売命・天稚彦命を配祀する。
（高鴨神社－ Wikipedia 抜粋）

和邇氏と葛城

『日本書紀』の天皇系譜によると和邇氏の始祖は天足彦押人命で孝昭天皇の皇子で孝安天皇の同母兄弟である。従って、孝安朝に和邇氏一族は近江・湖西から大和・添上郡に進出したと思われる。奈良県天理市和爾町にある和邇下神社は、和邇氏の一族である和邇春日氏の氏神である。このように和邇氏もまた大和・葛城に繋がりを持つ。
（藤田）

二つの葵祭・葛城王朝の瓦解（ニギハヤヒの東征・崇神東征）

二つの葵祭　　　　　丹後の藤祭　➡　京都の葵祭

丹後　⇒　葛城　⇒　京都
ホアカリの東征　　崇神東征

弥生時代　後期

丹後　藤祭

一の宮・籠神社の葵祭（府中祭り）　葵祭は籠神社の例祭として、毎年4月24日に行われ、地元では府中祭りとして江尻・中野・溝尻など各地区の神楽や勇壮な太刀振りなどの奉納神事が行われる。この賀茂氏の「葵祭」は丹後では最古の祭礼とされ、懿徳天皇の紀元前507年に始まり、2,500年余りという長い歴史をもっていると伝えられる。一方、京都の「葵祭」は、京都三大祭りとして有名で上賀茂・下鴨神社の祭礼である。京都の「葵祭」は 祭員が「葵の葉」を付けるのに対し、籠神社の「葵祭」では冠に豊受大神ゆかりの「藤の花」を付ける。籠神社の葵祭は以前は藤祭と云われていたようである。尚、上賀茂・下鴨両神社は賀茂氏の神社であり、邪馬台国崩壊の時に葛城から山城に遷ったと思われる。このように、丹後の籠神社と京都の上賀茂・下鴨神社の葵祭は起源を同じくするものである。
　　　　　　　　（一の宮・籠神社の葵祭、Net）藤田加筆

丹後の倭宿禰が大和・葛城に進出した折、鴨族も同伴した。その際、丹後の藤祭りを大和・葛城に持ち込んだと思われる。その後、崇神（神武）東征の折、鴨族が圧迫され山城に居を移した。それが山城の藤祭でのちに葵祭と変わり、丹後の藤祭も葵祭と変わったと推測される。

懿徳天皇は、倭宿禰命であると推察している。尚、上賀茂神社の祭神の賀茂別雷命は、アジスキタカヒコネと同人格と考えられている。　（藤田）

籠神社の葵祭　（府中祭り）

葛城王朝は大己貴の国の支国というより副センター
大己貴の国の支国と思われる葛城王朝は丹後の倭宿禰と強く結びついているが、大国主と少彦名との結びつきも極めて大である。この2人には、阿波や紀伊での活発な活動の跡がある。この結びつきの主因は、大和、葛城、紀伊と阿波の4国には水銀朱や種々の鉱物資源を豊富に産するとの共通点があるからであろう。また、近江と並んで紀伊と阿波は「見る銅鐸」の一大出土地でもある。このように、大己貴の国は、近江・湖南の伊勢遺跡を都（センター）として機能させる他に、大和・葛城・紀伊・阿波（葛城王朝）もまた大己貴の国を支える重要な副センターを形成していた。ニギハヤヒとアメノヒボコの軍団が東征してきた折、まずこの副センターを侵し、さらに北上して大己貴の国のセンターの近江・湖南の伊勢遺跡に侵攻し、大己貴の国を瓦解させた。ニギハヤヒは邪馬台国を、大国主（大己貴）は大己貴の国の後継国の狗奴国を建てた。
　　　　　　　　　　　　　　　　　　　　　　　（藤田）

8章　論考5〜8

論考5　奴国の東遷、帥升はスサノオか；スサノオが筑前に伊都国（倭面土（ヤマト）国）を建国、ニギハヤヒが大和に邪馬台（ヤマト）国を建国Ⓑ127／倭面土国（伊都国）⇒邪馬台国（畿内）Ⓑ129／論考6　吉備が東進・拡大し、邪馬台（ヤマト）国になったⓇ130／論考7　アメノヒボコと倭国大乱との軌跡─邪馬台国（ヤマト国）建国前夜 Ⓑ132／論考8　スクナビコナ（少彦名）、アメノヒワシ（天日鷲）、アメノワカヒコ（天稚彦）、ヤタガラス（八咫烏）は、同一神かⒷ133

　邪馬台（ヤマト）国のヤマトは、ユダヤ系の倭人であるスサノオが持ち込んだヘブライ語だという説がある。この説の真偽のほどはわからないが、スサノオはユダヤ系であるとの傍証はかなり存在する。スサノオは紀元前後に筑紫に侵攻し伊都国を建てた。この伊都国は倭面土（ヤマト）国とも称された。スサノオは出雲に侵攻して出雲古国を滅ぼして八岐大蛇たる大国主を敗死させた。このように、スサノオは北九州と山陰の西部を支配下に置いた大王になった可能性がある。『後漢書』には「107年、倭面土国王 帥升等が後漢の安帝と謁見した」とある。漢の時代の「帥升」の発音は、シゥ・シャであり、スサノオ（素戔嗚）のスサを連想させ、帥升とはスサノオのことと思われる。スサノオ（あるいは後のニギハヤヒ）は、倭国全域を支配下に置こうと石見から吉備に向かうスサノオルートを開発した。このスサノオルートで吉備に入ったニギハヤヒは吉備で力を蓄え大吉備へと発展させた。アメノヒボコも秦氏も弁韓・辰韓の同族と思われるが、彼らもスサノオルートを通って吉備に到達していた。ニギハヤヒ（孝霊天皇か）は、アメノヒボコと三島神の子孫とともに倭国の中心部を制圧しようと東征を開始して（ニギハヤヒの東征）、河内から大和を制圧（倭国大乱）し、さらに北上して大己貴の国の都の伊勢遺跡を侵し、大己貴の国を分裂させた。ニギハヤヒは卑弥呼を女王に共立して、倭面土国ならぬ邪馬台国（ヤマト国）を建てた。一方、大己貴は湖東・湖北に後退して狗奴国を建てた。尚、少彦名は倭国大乱の折に美濃でニギハヤヒに破れ戦死した。

参照：第3部概略、年表等　②01
古の日本（倭）の歴史（前1世紀〜4世紀）－天孫族（伽耶族）の系譜　（図2）　Ⓑ004

論考5 奴国の東遷、帥升はスサノオか；スサノオが筑前に伊都国（倭面土（ヤマト）国）を建国、ニギハヤヒが大和に邪馬台（ヤマト）国を建国

『後漢書』には、「57年　奴国王、後漢・光武帝に使いを送り、金印を賜る」とあり、さらに「107年　倭国王、師升等、後漢・安帝に使いを送る」とつづく。この『後漢書』に記載の「奴国」と「倭国王 帥升」について述べる。奴国は呉太白の末裔の国か。帥升は大伽耶のスサノオと思われ紀元前後に、「ヤマト（ヘブライ語か）国」（倭面土国、伊都国）を筑前に建て、さらにその末のニギハヤヒが3世紀初頭大和にヤマト国（邪馬台国）を建てた。

海神（海人）族の雄国（奴国）、奴国の和邇氏、筑前から近江に遷る

縄文時代前期の初め鬼界カルデラ噴火があり南九州からの避難民（西日本縄文人）が南朝鮮（南韓）に渡った。この縄文人が朝鮮半島における新人の原住民と思われ、いわば南朝鮮人（倭人）の祖先と考えられる。縄文時代の後期から気候の寒冷化が始まり、弥生時代前期初めに中国では犬戎の南下により周が滅び春秋時代が始まった。春秋時代になると西戎（犬戎を含む）の中原への侵入が著しくなり、漢民族を含む華北の民もまた東南に遷り始める。これら華北の民が江南の民を圧迫し、江南の民の一部が九州の東シナ海沿岸部に漂着し始める。この時期、江南から伝わったのは、水田稲作技術、土笛、環濠集落、石包丁（一部）、高床倉庫や神道体系などである。南朝鮮には見られない甕棺もまた長江中・下流域から北九州に伝わったと思われる。甕棺は弥生中期に専ら北九州で盛んに使用された。甕棺から銅剣・銅戈・石剣・石戈の切っ先が出土する。

春秋時代の終わりの弥生時代前期末（BC473年）の呉の滅亡時、呉太伯子孫の呉王夫差（呉の最後の王）の子「忌」は、東シナ海に出て、菊池川河口付近（現熊本県玉名市）に着き、菊池川を遡って現在の菊池市近辺に定住したと云う（『松野連系図』参照）。彼らは、自らを呉太伯子孫と名乗り弥生時代中期の筑前に奴国を建てたと考える。奴国では埋葬に甕棺を用い、また中広形あるいは中細形の矛・戈を祭器に使用したと思われる。さらに、この時期、燕の民が朝鮮半島さらに列島の日本海西部沿岸に鉄器を持ち込んだ。

筑前の奴国は和邇氏等の海神族の国で弥生時代中期後半から筑前のほぼ全域を占めていた。紀元前108年前漢は朝鮮半島の北部（平壌あたり）に植民地の楽浪郡を設置して、鉄素材を朝鮮半島南部と日本列島西部に大規模に供給し始めた。奴国は南韓の諸国（馬韓、後の百済；弁韓、後の伽耶；辰韓、後の新羅）および大国主の出雲古国と密接な政治的かつ経済的関係を持っており、楽浪郡を植民地とする前漢から倭国の中心の国として認知されていた。漢の後の後漢の奴国は楽浪郡の安寧のため極めて重要との判断、および奴国は呉太白の子孫の国であるとの主張が功を奏し、AD57年、後漢の光武帝から金印「漢委奴國王」を綬与されるに至った。

奴国は紀元1世紀までは海神（海人）族の中心の国であり、かつ倭国を代表する国であったが、紀元前後にスサノオが筑紫に侵入して伊都国を建て、さらに出雲に侵攻して大穴持（大国主）の出雲古国を滅亡させ、大国主一族を東遷させた。大己貴（大国主）と少彦名は近江南部の伊勢遺跡を都とする大己貴の国（玉牆の内つ国）を建てた。その後1世紀後半に奴国は伊都国に

圧倒され、奴国の嫡流の和邇氏は筑前から近江西部（湖西）に遷った。2世紀半ば、スサノオの末のニギハヤヒはアメノヒボコと共に東征し倭国大乱を引き起こした。ニギハヤヒは2世紀末に大己貴の国を解体させ、和邇氏の巫女の卑弥呼を共立して大和の纏向遺跡を都とするヤマト（邪馬台）国を建てた。邪馬台国は近江湖南・湖西と大和を中心に西日本一円に広がった。一方、大己貴命は大己貴の国の後継国の狗奴国を建て、この狗奴国は近江湖東・湖北と美濃を核として東日本一帯に広がった。

スサノオとニギハヤヒが各々九州・筑前と畿内・大和に「ヤマト」を持ち込んだ

新羅の前身とされる辰韓と古代中国との関係を記す、『後漢書』辰韓伝、『三国志』魏書辰韓伝、『晋書』辰韓伝、『北史』新羅伝によると、秦の始皇帝の労役から逃亡してきた秦人あるいは秦の滅亡によって亡民となった秦人に、馬韓（百済の前身）は、その東の地を割いて住まわせ、辰（秦）韓と名づけたという。そのため、秦韓の民の言語には秦語（陝西方言、長安に都があった頃の標準語）が混じり、秦韓人とも称された。秦人は漢人以外の民族を総称することがあり、秦人にはかなりのユダヤ人やペルシャ人が含まれていた。秦韓の地は、倭人が居住する伽耶（弁韓）の大伽耶（伊西国）の北側に位置し、その民の秦人は伽耶の倭人と交雑したと思われる。

南韓の伽耶（弁韓、任那の前身）の伊西国（イソ、イセ）国（『三国遺事』、『三国史記』では伊西古国）は、倭人の国と思われ、紀元前1世紀から3世紀末まで、南朝鮮・洛東江東岸の大邱近辺に存在した。この地域は伽耶の東端に当たり、日本海側の慶州辺りに辰韓の斯蘆国（新羅の前身）があった。紀元前には伊西国と斯蘆国とはお互い緊張関係にはなかったように思われる。しかし、濊（高句麗の前身）の南下が激しくなり、斯蘆国が濊族の影響下に置かれると、伊西国は斯蘆国に圧迫され、その王族のスサノオ（物部氏の太祖）が筑前のほぼ全域を占める奴国の西部に侵攻して伊西国に因んだ伊都国（イトはイソの訛り）を建国した。この伊西国と伊都国（イツツヒコ王国と同じと云われる）との間に政治および経済的連携があったとされる。

スサノオは倭人と思われるが、別名をヘブライ語のゴズ（牛頭）といい、蘇民将来のユダヤ伝説に絡み、ユダヤ系であることを匂わせる。スサノオは紀元前後に北九州の奴国の西側に侵攻し伊都国を建てた。その折、ヤハウェ（エホバ）の民（ヤー・ウマト）を意味するヘブライ語に由来するとも云う「ヤマト」を北九州に持ち込んだと思われる。実際、伊都国を指すと思われる倭面土国はヤマト国と呼称される。さらに、2世紀半ばスサノオの末のニギハヤヒ（物部の祖）が吉備より東征して大和・纏向遺跡を都とする邪馬台（ヤマト）国を建てたとき、ヘブライ語由来の「ヤマト」を国名にしたと思われる。

『後漢書』には、「建武中元二年 倭奴國 奉貢朝賀 使人自稱大夫 倭國之極南界也 光武賜以印綬」とあり、さらに「安帝永初元年 倭國王 帥升等 獻生口百六十人 願請見」とつづく。これを訳すと、「漢の建武中元二年（57年）に、倭の奴國が朝献して来た。使者は自称、大夫と謂っている。倭の奴国は倭国の南端になる。（奴国は北部九州にあった。）光武帝（後漢最初の皇帝）は

印綬（印鑑と紐）を授けた。（金印とは書かれていないが、太宰府にあり中国には無い国宝文献の『翰苑』（カンエン）には、「紫綬」（紫の高位の紐）とあるので、金印の可能性が高い。）」さらに「後漢の安帝の永初元年（107年）に倭国王の帥升等が生口（奴隷）160人を献じ、皇帝に謁見することを願い出た。」とつづく。

　前者は、海神国の雄の倭の奴国が後漢の光武帝から金印を賜ったという事績である。実際、江戸時代に農民が、博多湾の湾口に位置する海神族の本拠地の志賀島から金印「漢委奴國王」を発見した。（この金印には偽造説もあるが、書体の鑑定等から、偽造説については否定的な意見が大勢を占めている。）後者は、倭国王の帥升らが後漢の安帝に謁見し、生口160人を献じたとの事績である。この「倭国王の帥升」とは何者かとの議論が白熱している。諸説を鑑みた私見を次に述べる。

　前述の『翰苑』には、「後漢書曰 安帝永初元年 有 倭 面上國王 師升」となっている。「帥升」と「師升」の発音は、中国の言語学者、王力氏の云う漢の時代の発音は、帥升＝ʃwi（ʃĭuĕt）・ɕiəŋ、師升＝ʃi・ɕiəŋであり、現在の和語に相当させれば、どちらも、「シゥ・シャ」と読める。[əi]は日本語の「し」の発音である。では、帥（師）升（シゥ・シャ）とは、誰のことか。「シゥ・シャ」は、『古事記』建速須佐之男（たけはや・すさのを）命（『日本書紀』素戔嗚命）のスサを連想させ、スサノオを指すと思われる。健速（たけ・はや）とは何か。「はや」は文字通り「速い」を意味し、「たけ」はヤマトタケルの「タケル」と同じ、武将・将軍のことだと推察する。

　また、『翰苑』にある「面上國」とは何処の国なのか。中国側の古い文献では、「面土」と記載され、面土国を意味すると思われる。尚、宋の時代には、倭面土国と書かれていて、その発音ではヤマト国で、伊都国を意味するものと解されている。（邪馬台国畿内説を唱えた内藤湖南は、この倭面土国をヤマト（大和）国とした。一方、九州説を唱えた白鳥庫吉は「倭の面土国」と読んで伊都国のことだとした。面は回の古字の誤りで「回土国」が正しいとし、その音が伊都に似ているという。）このように、『翰苑』の倭面土国（ヤマト国）は、『魏志倭人伝』の邪馬台国（ヤマト国）と同じ発音である。即ち、2世紀の初めのAD107年には北九州に倭面上国（ヤマト国、伊都国か）が存在し、3世紀の畿内・大和に『魏志倭人伝』に記載の邪馬台国（ヤマト国）が存在したことになる。

　ユダヤ系の倭人と思われるスサノオの渡来に伴うヘブライ語と思われる「ヤマト」の伝搬・変遷を述べる。スサノオは第2代新羅王 南解次次雄と考えられ、紀元前後に海神族の国の奴国の西側に侵入し、伊都国（倭面土国（ヤマト国）とも見なせる）を建てた。スサノオは南下し、大山祇神の孫娘である肥前神崎の櫛名田姫を妻とした。その後、スサノオはさらに出雲に侵攻して、布都御魂剣（十握剣）で大国主（大穴持、八岐大蛇ともいう）を倒し出雲古国を崩壊させて、アメノホヒと協力して出雲王朝を建てた。一方、敗残の大国主の子孫のアジスキタカヒコネらは丹後さらに近江に東遷した。2世紀になると大己貴（大国主、アジスキタカヒコネを含む）は少彦名と協力して、伊勢遺跡を都とし、近江・湖南／湖東を中心とし近畿・中部一円に広がる玉牆の内つ国（大己貴の国、邪馬台国の先行国）を建てた。

　一方、スサノオは出雲古国を滅ぼしたのち、伊都国（倭面土国、ヤマト国）と出雲王朝を行き来していたと思われる。1世紀半ばに天孫の瓊瓊杵が伊都国に降臨したので、伊都国は奴国の領域の福岡市早良区あたりまで拡大した。しかし、奴国は依然として倭国の代表と見なされ、AD57

年後漢の光武帝より金印を賜った。1世紀後半、奴国は伊都国（倭面土国）に圧迫され、倭面土国のスサノオが倭国を代表するようになり、AD107年、後漢の安帝と謁見した。2世紀初め、伊都国に圧倒された奴国の王族の和邇氏は同じ海神族の大国主（アジスキタカヒコネら）の後を追い、丹後さらに近江に東遷して、近江・湖西に新たな奴国を建てた。

　その頃、スサノオの子孫（ニギハヤヒら）は石見から備後・三次を経る、所謂スサノオルートを通って、備後・新市に入り吉備（備中・備前）に至った。2世紀半ば、吉備で力を蓄えたニギハヤヒは、物部軍団、アメノヒボコ軍と大山祇神一族を率いて東征し近畿に倭国大乱を引き起こした。ニギハヤヒは葛城と大和を制し、大己貴の国の都の伊勢遺跡を瓦解させた。そして和邇氏の巫女の卑弥呼を共立して纏向遺跡を都とする邪馬台国（ヤマト国）を建てた。邪馬台国は大和と近江・湖南／湖西を中心に西日本一帯を占め、一方、大己貴の国の後継国の狗奴国は近江・湖東／湖北から東日本一帯に広がった。

　スサノオやその子孫による「ヤマト」の東遷の過程をまとめる。スサノオの倭面土国（ヤマト国）は1世紀から2世紀初めには伊都国からその東側の福岡市早良区あったと思われる。その後スサノオの子孫により「ヤマト」は東遷して（一時的に宗像付近に遷ったという説もある）、筑前から備後・三次（さらに新市）を経由して吉備に至った。最後に「ヤマト」は2世紀半ばのニギハヤヒの東征により吉備より大和に東遷し、2世紀末には纏向遺跡を都とする邪馬台国（ヤマト国）が成立した。以上の推論より、『翰苑』の倭面土国（ヤマト国）は1世紀～2世紀始めに筑前にあったが、このヤマト国が3世紀始めに『魏書倭人伝』に記載の畿内・大和と中心とする邪馬台国（ヤマト国）になったと結論する。

　最後にスサノオとニギハヤヒは、大国主のように、代々の世襲名であろうとの私見を述べる。紀元前後のスサノオの筑前と出雲侵攻と2世紀半ばのニギハヤヒの東征の間には150年の隔たりがある。この1世紀半は、1世代を四半世紀とすると6世代に当たる。スサノオとニギハヤヒの系図は伊都国の系譜に含まれると考えられるが伊都国の系譜は不明である。スサノオとニギハヤヒは何代にもわたる世襲名であり、スサノオは紀元前後の伊都国（倭面土国）の成立から少なくとも107年の後漢安帝との謁見まではスサノオで、その後の邪馬台国建国まではニギハヤヒと称したのではないかと推察する。

参照：古の日本（倭）の歴史（前1世紀～4世紀）－天孫族（伽耶族）の系譜（図2）Ⓑ004
（Facebook 藤田泰太郎タイムライン投稿 2022／10／28）

倭面土国（伊都国）⇒邪馬台国（畿内）
スサノオとその末のニギハヤヒが「ヤマト」を倭国に伝搬・東遷させた

『後漢書』辰韓伝、『三国志』魏書辰韓伝、『晋書』辰韓伝、『北史』新羅伝によると、秦の始皇帝の労役から逃亡してきた秦人あるいは秦の滅亡によって亡民となった秦人に、馬韓（百済の前身）は、その東の地を割いて住まわせ、秦韓と名づけた。秦人は漢人以外の民族を総称することがあり、秦人にはかなりのユダヤ人が含まれていた。そのユダヤ人が、中央アジア経由で、ヘブライ語とも云う「ヤマト」を秦韓に持ち込んだか。

秦韓の地は、倭人が居住する伽耶（弁韓）の大伽耶（伊西国を含む）の北側に位置し、秦韓人は伽耶の倭人と交雑したと思われる。紀元前後、ユダヤ人の血脈を汲む倭人で大伽耶（伊西国）の王族のスサノオ（物部氏の太祖、第2代新羅王の南海次次雄か）が筑前のほぼ全域を占める奴国の西部に侵攻して伊西国に因んだ伊都国（イトはイソの訛り）を建国した。この時スサノオは「ヤマトを北九州に持ち込んだのか伊都国は倭面土（ヤマト）国とも呼称された。さらに、スサノオは出雲に侵攻して、八岐大蛇たる大穴持（大国主）敗死させ、出雲古国を崩壊させた。その後スサノオは筑前と出雲とを行き来していたと考える。

『後漢書』には「107年、倭面土国王 帥升等が後漢の安帝と謁見した」とある。漢の時代の「師升」の発音は、シウ・シャであり、スサノオのスサを連想させ、帥升とはスサノオのことと思われる。スサノオは、筑前より海路石見に向かい、備後・三次（須佐神社があり）を経由して、芦田川水系辿り、備後・新市（素盞嗚神社）に至るスサノオルートを開発した。2世紀前半、スサノオの末のニギハヤヒ（物部の祖）が備中・備前（吉備）で力を蓄えた。2世紀半ばニギハヤヒが吉備より東征してヤマトを畿内に持ち込み、大和・纏向遺跡を都とする邪馬台（ヤマト）国を建てた。
（藤田）

紀元前後のスサノオの筑前と出雲の侵攻と2世紀半ばのニギハヤヒの東征の間には150年の隔たりがある。この1世紀と半世紀は世代数でいうと6世代に当たる。スサノオとニギハヤヒの系図は伊都国の系譜に含まれると思うが伊都国の系譜は不明である。私はスサノオとニギハヤヒは何代にもわたる世襲名であると考える。スサノオは紀元前後から少なくとも107年の後漢安帝との謁見まではスサノオで、その後の邪馬台国建国まではニギハヤヒと称したのではないかと推察する。
（藤田）

論考6　吉備が東進・拡大し、邪馬台（ヤマト）国になった

卑弥呼（日御子）は孝霊天皇の皇女の倭途途日百襲姫

吉備が拡大・東征して纒向を都とする邪馬台（ヤマト）国になった。饒速日は山陽道の中心の高天原とも考えられる吉備より東征し河内の日下に至った。

　天武天皇の時代に定められた五畿七道は、畿内（山城、大和、河内、和泉、摂津）と東海道、東山道、西海道、南海道、北陸道、山陽道、山陰道の七道からなる。これを東西南北に分ければ、東海道と東山道が「東国」、西海道が「西国」、南海道が「南国」、北陸道が「北国」という分類になる。七道のうち、「東西南北」の文字が含まれていない「山陽道と山陰道」は、中心の国を意味する「中国」と呼ぶ。中国の山陽道の「陽」は、「日＝太陽＝天道」にほかならない。これに対して、山陰は同じ中国でも、まったく正反対の陽のあたらない日陰の山の意味が与えられている。したがって、山陽道の名付け方が高天原に近いというなら山陰道のイメージは黄泉の国に近いといえる。そして、古代の山陽道を代表する国はのちに備前、備中、備後、美作に分割された大国の吉備である。孝霊天皇の御代、吉備は拡大し加古川までを勢力下におき、大吉備と呼ばれた（Ⓑ137）。孝霊天皇、もしくはその皇子を主人公とした一群の伝承（孝霊伝承）で、吉備国から南北に延ばした線上、すなわち、吉備三カ国（備前・備中・備後）から、美作、因幡、阿波、讃岐、伊予や播磨に広がっている。また、孝霊天皇のとき、大和平野のほぼ全域を平定したのか、宮を大和平野の中央に移した。

　『日本書紀』などの記述によれば、饒速日（ニギハヤヒ）は、神武東征に先立ち、天磐船に乗って河内国（大阪府交野市）の河上の地に天降り、その後大和国に移ったとされている（ニギハヤヒの東征）。神武東征とは、5回に亘る南朝鮮系倭人による大和進出を集合した倭国平定譚であり、3世紀後半の崇神東征が1世紀半ばの神武東征譚の主要部分であると考える。神武東征と崇神東征の間の皇統（2代綏靖から9代開化）が、所謂欠史八代と言われ、崇神天皇に始まる崇神王朝（ヤマト王権）以前の前ヤマト王権（葛城多氏王権、葛城王朝、邪馬台国）に当たる。崇神東征が神武東征譚の主要部分を構成するのであるから、ニギハヤヒは崇神東征の前に東征したと考えられ、ニギハヤヒの東征が倭国大乱を引き起こし、ニギハヤヒ、大国主、和邇氏により卑弥呼が共立され、倭国大乱が鎮められ邪馬台国の建国に至ったと考える。従って、ニギハヤヒが孝霊天皇に当たるとするとこのような邪馬台国成立の過程が妥当性をもって理解でき、かくして卑弥呼は孝霊天皇の皇女の倭途途日百襲姫で天皇の養女にされたとも考えられる。宮内庁の治定によれば、倭途途日百襲姫は卑弥呼の陵墓かとされる最初の巨大な前方後円墳である箸墓古墳に葬られたとされている。

　物部氏の祖神のニギハヤヒの素性は判然としないが、素戔嗚（スサノオ）の直系の天津彦根の子孫ではないかと推察されている（宝賀寿男）。スサノオは紀元前後に伽耶から筑紫に侵攻し、さらにニギハヤヒことイソタケルと共に出雲に向かい、十握剣で八岐大蛇（大国主か）を殺し出雲古国を崩壊させた。この十握剣は布都御魂剣と呼ばれ、備前の石上布都魂神社に納められていた。ニギハヤヒ（世襲名）は吉備を中心とした瀬戸内海一帯で力を蓄え、布都御魂剣を掲げて大和へと東征し、布都御魂剣を物部氏の総氏神である石上神宮に納めた（Ⓑ148）。

　ニギハヤヒの率いる吉備を中心とする物部軍団が、河内から大和に入ったことを示唆する考古学的証拠は吉備にあった布都御魂剣が石上神宮に納められていること以外に次のようなものがある。

❶吉備の弥生墳丘墓の特殊基台や弧帯文が纒向遺跡に見られる（Ⓑ138）。
●特殊器台──2世紀後半の倭国大乱後、瀬戸内海沿岸地方に、古墳に墳丘墓の造営の動きが見られ、纒向周辺で前方後円墳の築造が始まる前の墳墓形態をもつ弥生時代最大の楯築墳丘墓が造られた。この墳丘墓の出現と共に、大型化し、複雑な文様で飾られる墳墓専用の器台─特殊器台が現れる。この特殊器台は、やがて古墳に並べられる埴輪に繋がっていったと考えられている。このような大きな墳丘墓が古墳時代より先に吉備で築造されていたのは、吉備に墳丘墓での葬送儀礼に特殊器台を用いる大きな政治勢力があったことを窺わせる。

特殊器台が発見された地域は吉備・出雲・纒向だが、それ以外に物部の本拠地とされる河内（八尾）で発見されている。この特殊器台は、河内平野には特殊器台を用いた古墳が無いため、大和への水運の際に破損したものが河内に残されたものと理解されている。つまり吉備の物部氏が特殊器台を携えて吉備⇒河内⇒纒向と移動してきた証左だと思う。

岡山県総社市秦の北隣りに秦系一族の集落があり、その定住起源は遅くとも2世紀とされているが、この集団が楯築遺跡を造営したとされている（FB情報、大浜明文、Ⓑ141）。この秦系一族の氏神神社（姫社神社）の祭神はアメノヒボコの妃（阿加流比売）であり、この秦系一族がアメノヒボコを奉斎していて、この一族とアメノヒボコの接点があったことが想起される。かくして、楯築遺跡を造成した秦系の土木技術集団が吉備より纒向に移住して、箸墓古墳のような巨大な墳丘墓の造営に当たったと推察できる。

『古事記』の記述では、孝霊朝に吉備津彦を派遣し吉備の反乱を制圧したとある。吉備三国（備前、備中、備後）には各々大吉備津彦（吉備津彦）を主祭神とする一宮（吉備津神社、吉備津彦神社）がある。これらの一宮の相殿神として父の孝霊天皇と姉の倭迹迹日百襲姫が祀られる。備前と備中の一宮の間には中山があり、その中山の頂きには吉備津彦を葬った中山茶臼山古墳がある。この古墳は前方後円墳のプロトタイプとされ、倭迹迹日百襲姫を葬ったとされる纒向の箸墓古墳は最初の巨大な前方後円墳である。中山茶臼山古墳は箸墓古墳に先行して築造されたと思われる。これらのことは、吉備と纒向が政治的に密接に結びつき、古墳築造技術でも相互交流があったと思われる。

●弧帯文石（弧帯石）──楯築墳丘墓上に大正時代の初め頃まであった楯築神社に、代々伝世し、ご神体として神石（亀石）と呼ばれる全表面に毛糸の束をねじったような弧帯文様が刻まれた石が安置されていたが、今はこの遺跡のそばの収蔵庫に祀られている。こちらは「伝世弧帯文石」と呼ばれるが、この弧帯文は纒向遺跡の弧文円板文と共通する。
❷吉備型甕と庄内式土器（Ⓑ142）──3世紀の甕である吉備型甕は吉備で最初に出土したため吉備型と名づけられているが、出土数が最も多い地域は、博多、纒向、河内の三ヶ所である。この甕の重要性は纒向と博多をつなぐ土器であることである。吉備型甕が発展した庄内型土器が卑弥呼の時代に纒向で使用される。庄内型土器は生活用具で調理に使用されたが、その特徴は「へらけずり」による薄作りで当時のハイテクであり、その技術が吉備→河内→纒向と伝搬しさらに西日本一帯にひろがった。

3世紀半ば過ぎまでに纒向遺跡に各地から運び込まれた、外来系土器の出土数は全体の15～30％に達し、地域別では東海が半数を占め、山陰、北陸、河内、吉備と続く。しかし、3

世紀末の崇神東征以前に九州から持ち込まれた土器は極めて少なく、九州からの民の移動はごく限られていたと思われる。

❸ 卑弥呼（倭迹迹日百襲姫）と吉備津彦（桃太郎）とは姉弟――吉備と纒向は桃核の出土でもつながる。道教に繋がる卑弥呼の鬼道では桃核が祭祀に使われる。纒向遺跡では平成22年、大型建物跡の南側の穴から2千個以上の桃の種が出土した。こ桃核を放射性炭素年代測定法で調べたところ、西暦135年から230年のものであることが判明した。一方、吉備では弥生後期の遺跡から合計1万3千個余りの桃核が出土しており、特に倉敷市の弥生後期最大の墳丘墓である楯築遺跡の南の上東遺跡から1万個弱の桃核が出土している。

孝霊朝に吉備津彦が派遣され吉備の反乱を制圧した。吉備の物部が倭国大乱制圧や邪馬台国樹立に武力を割き、吉備の防備が手薄となったところに、出雲勢力が南下し鉄資源を奪った。吉備津彦がこの出雲勢力を制圧し、鉄資源を奪い返したのが「桃太郎伝説」のもとになったのではないか。

吉備に関する以上の論考から邪馬台国の成立を次のように概説する。吉備は山陽道の中心の大国で高天原とも例えられる。2世紀半ばスサノオの子孫である太陽神たる饒速日（ニギハヤヒ）は、吉備を中心とする瀬戸内海一帯からの軍勢に但馬からのアメノヒボコの加勢を得て東征し、太陽神との関連を匂わせる河内の日下に向かった。鳥見の里を見渡す哮ヶ峯（たけるがみね『生駒山』）に着くと、饒速日尊は辺りを見渡し「虚空（そら）みつ日本（ヤマト）の国）」と賛じた。この国見の際の美称が邪馬台（ヤマト）国という国号の始まりとなった。ニギハヤヒの軍団は、大和に侵攻し、ホアカリの三世孫の倭宿禰が建てた大己貴の国の支国（葛城王朝）を崩壊させ、さらに北上して大己貴の国の都の近江湖南の伊勢遺跡を侵し、大己貴の国を瓦解させた。ニギハヤヒは、和邇氏の巫女で大国主の血統の卑弥呼を共立し倭国大乱を鎮め、纒向遺跡を都とする邪馬台国（ヤマト国）を建てた。邪馬台国（若狭、近江湖西・湖南、大和、紀伊を東端）の東側に大己貴の国の後継国の狗奴国（越前、近江湖北・湖東、美濃、伊賀、伊勢を西端）が建てられた。邪馬台国時代の皇統は、孝霊天皇から開化天皇の御代にあたり、饒速日は孝霊天皇と同人格と推察される。158年の伽耶と吉備を通る皆既日食は、卑弥呼（日巫女とも、倭迹迹日百襲姫に当たる）を共立して倭国大乱を鎮め、邪馬台国を建てたことを象徴するのではないか。

吉備は、2世紀後半に東に拡大し邪馬台国を建てるに至ったのみならず、次に述べるように吉備は筑紫や近江とともに縄文時代から倭国の先進地域であり、古墳時代中期の雄略朝のヤマト王権の中央集権化で没落まで吉備は倭国の中核であり続けた。

1. 吉備から日本最古（縄文時代前期（7千年前～5.5千年前））の稲のプラントオパールが見つかっている。これは長江下流域から渡来した熱帯ジャポニカのプラントオパールであり、縄文時代からの吉備と江南との文化交流が存在したことを示唆する。
2. 『日本書紀』には、イザナギ渡来の時代（紀元前1世紀）、「磯輪上の秀真国（しわかみのほつまくに）」、「細戈の千足る国（くわしほこのちだるくに）」と「浦安（うらやす）の国」の三つの国があったと記されている。これらの国は特定の地域に対応した固有の意味をもち適当な創作とは考えられない。磯輪上の秀真国は中国地方でその中心は吉備、細戈の千足る国は北九州でその中心は筑紫、そして浦安の国は大型銅鐸（近畿式、三遠式）の国でその中心は近江と思われる。浦安の国を引き継ぐのが玉牆の内つ国（大己貴の国）でニギハヤヒの東征で瓦解した。
3. 吉備が拡大・東征して邪馬台国となった。崇神東征により邪馬台国を瓦解させて成立した、崇神王朝（三輪王朝、ヤマト王権の最初の王朝）は、物部氏や和邇氏など有力氏族を取り込み、邪馬台国の祭祀形式を引き継いだ。
4. 崇神王朝を継ぐ応神王朝（河内王朝、ヤマト王権第2王朝）になると、巨大な前方後円墳が古市・百舌鳥古墳群として造成された。その当時の地方の有力豪族（吉備、日向や毛野など）も巨大な前方後円墳を築造した。吉備氏は、誉田御廟山（応神陵）、大仙（仁徳陵）や上石津ミンザイ（履中陵）に次ぐ全国第4位の規模の造山古墳などの巨大な前方後円墳を造成した。
5. 雄略朝になると、ヤマト王権の中央集権化が図られ、吉備氏などの地方の有力豪族が没落する。雄略7年の吉備下道臣前津屋一族の誅殺、吉備上道臣田狭の謀反、雄略27年星川皇子と推媛が共謀して大蔵を占拠したが鎮圧され、砂鉄の産地の山部を没収される。これを境に吉備氏は急速に没落する。

参照： 古の日本（倭）の歴史（前1世紀～4世紀）－天孫族（伽耶族）の系譜　Ⓑ004
（Facebook 藤田泰太郎タイムライン投稿 2020/9/6）

ニギハヤヒ＝孝霊天皇＝大物主

ニギハヤヒと伝わる肖像
（秋田県唐松神社）

第7代孝霊天皇

スサノオ（第2代新羅王）の後のニギハヤヒ、アメノヒボコ（第8代の子）は新羅王系譜で繋がり、また秦氏は秦人で新羅北部の秦（辰）韓の出自である。彼らはお互いに協働して列島に進出した。吉備に進出するには、筑前－（日本海）－石見－（江の川）－三次－（芦田川）－吉備のスサノオルートを取ったと思われる。

論考7　アメノヒボコと倭国大乱との軌跡―邪馬台国（ヤマト国）建国前夜

アメノヒボコと倭国大乱との軌跡

『後漢書』「東夷伝」によれば、「桓帝・霊帝の治世の間（146 - 189 年）、倭国は大いに乱れ、互いに攻め合い、何年も主がいなかった。卑弥呼という名の一人の女子が有り、鬼神道を用いてよく衆を妖しく惑わした。ここに於いて共に王に立てた。」とある。『魏志倭人伝』には、「女王国ではもともと男子を王としていたが 70 ～ 80 年を経て倭国が相争う状況となった。争乱は長く続いたが、邪馬台国の一人の女子を王とすることで国中が服した。名を卑弥呼という。」とある。（男子を王とし 70 ～ 80 年間続いた国とは、『日本書紀』にある大己貴命（大国主）の建てた大己貴の国（玉牆の内つ国）であろう。）この争乱、所謂、倭国大乱は、地球規模で気候が寒冷化したことによる高句麗（扶余）の南下に起因する饒速日（ニギハヤヒ）の東征と天日槍（天日鉾、アメノヒボコ）の渡来により引き起こされた。この倭国大乱は、大和を中心とする本州中央部（中国・四国地方東部、近畿地方と中部地方西部）に広がった。

『古事記』ではアメノヒボコの話は応神天皇の段にあり、応神天皇の治積を述べるくだりで出現する。『日本書紀』の垂仁紀にアメノヒボコの渡来の記述がある。また、神功皇后はアメノヒボコの六世孫とする系図⑧ 150 が掲載されている。このように『記紀』でのアメノヒボコの渡来の時期の記載には矛盾がある。（アメノヒボコとは複数の人格をさす世襲名で、倭国大乱時に渡来してきたアメノヒボコが主役と考える。）『但馬風土記』には次のように書かれている。アメノヒボコは、第４代新羅王の脱解王（尼師今）（昔脱解）の四世孫（８代王の阿達羅王）の王子で、天太耳命（第５代孝昭天皇御代）の娘、麻多烏（またお）と婚姻したとある（ＦＢ情報、西賀真紀）。さらに、高祖神社宮司家の『上原・殿上家系図』（新羅王家の系図）⑧ 151（ＦＢ情報、川岡保）によると、八代日桙（天日桙、アメノヒボコ）は、垂仁朝の清日古（清彦、但馬国）の四世祖で、仲哀朝の五十跡手（伊都国）の六世祖とある。さらに、『三国遺事』には、阿達羅王（在位 154-184 年）四年（157 年）の延烏郎と細烏女の説話に現れる（⑧ 152）。それによれば、日月の精である延烏郎・細烏女夫婦が日本へ渡ったため日月が光を失い、王が使いを寄越したが、延烏郎は日本で王（但馬の国王か）として迎えられているのを天命として帰国を拒み、代わりに細烏女の織った絹（絹の織物）を与え、それで天を祭ったところ日月が元に戻った事から、天を祭った所を迎日県または都祈野と呼んだのだという。ちなみにこの説話は 158 年の皆既日食のことを記述していると思われる。この時の日食帯は伽耶・新羅・出雲・吉備を横切った。『古事記』の岩戸戸隠れの伝説はこの皆既日食を反映しており、高天原は伽耶あるいは出雲・吉備と考えられたのではないか。

天孫族（伽耶族）の系譜（図２）⑧ 004 に示すように、天孫である瓊瓊杵尊や彦火明命の降臨の時期は紀元１世紀半ばである。神武～安寧（１－３）は、葛城多氏王権で浦安の国（近江）の支国、懿徳～孝安（４－６）は葛城王朝で近江の伊勢遺跡を都とする大己貴の国（玉牆の内つ国）の支国で、孝霊～開化（７－９）が大和の纒向遺跡を都とする邪馬台国に当たる。これらの国々は崇神王朝に始まるヤマト王権以前の前ヤマト王権の国々である。ニニギの降臨（神武即位）は１世紀半ばと考えられ、宝賀・貝田推論⑧ 009 に基づくと崇神即位は 315 年となる。従って、懿徳即位は２世紀初めで、孝霊即位は２世紀末と類推される。アメノヒボコ（延烏郎）の渡来は 157 年（倭国大乱初期）とされ、また『但馬風土記』によるとアメノヒボコは天太耳命（孝昭天皇御代）の娘麻多烏（またお）と婚姻したとあるので、孝昭朝あるいは孝安朝に渡来したことになる。このアメノヒボコの渡来の時期の２世紀半ば過ぎ（157 年）は、『日本書紀』の「神功皇后はアメノヒボコの六世孫」、『上原・殿上家系図』⑧ 151 の「アメノヒボコは垂仁朝の清日古（清彦、但馬国）の四世祖で、仲哀朝の五十跡手（伊都国）の六世祖」との記載とほぼ合致する。次に倭国大乱初期のアメノヒボコの渡来経路を考えてみる。アメノヒボコの渡来経路は、吉備・讃岐以西の瀬戸内海沿岸にアメノヒボコの渡来の痕跡がみられないことから、伽耶―但馬―播磨―淡路―大和―近江―若狭―但馬ではないかと思われる。

❶２世紀半ば吉備と出雲は砂鉄などの鉄資源をめぐり抗争していた。当時の出雲は意宇王のもとでの

強固な政権のため吉備は出雲を制圧できず東（播磨）にその勢力を伸ばした。出雲の「富氏伝承」によれば、「アメノヒボコはまず出雲を攻めたが、追い立てられ、但馬に上陸した」とある。但馬に上陸したアメノヒボコは東進する吉備勢力と協働して播磨を南下したと思われる。尚、『播磨国風土記』には、アメノヒボコは伊和大神（大国主の別名）と土地を奪い合った神として描かれている。また、伽耶の鉄を但馬から播磨（姫路）に運ぶ鉄のルート（現在の播但道）を開き、その鉄を淡路島の五斗長垣内遺跡や舟木遺跡で倭国大乱の折の鉄製武器に鋳造して、吉備勢力の核である饒速日尊（ニギハヤヒ）の東征に協力したのではないか。孝霊天皇（ニギハヤヒと同人格と思われる）の御代には、吉備勢力は播磨を制圧し加古川まで達し大吉備と称されるようになり、因幡や但馬も大吉備に属していたと思われる。

❷「石切劔箭神社」の社史によるニギハヤヒの東征とは、「天照大神から大和建国の神勅を拝し「十種の瑞宝」を授かった饒速日尊が船団を組み、自らも「布都御魂剣」と日の御子の証である「天羽々矢」を携え天磐船に乗り込み、物部八十の大船団を率いて高天原を出航した。途中、豊前国の宇佐に寄港すると船団を二つに分け、息子の天香具山命に「布都御魂剣」を授け船団の一方を預けた。宇佐から瀬戸内海を渡ると饒速日尊は河内・大和に、一方の天香具山命は紀伊に向かった。天磐船が鳥見の里を見渡す哮ヶ峯（たけるがみね『生駒山』）に着くと、饒速日尊は辺りを見渡し「虚空（そら）みつ日本（ヤマト）の国」と賛じた。」とある。この国見の際の美称が邪馬台（ヤマト）国という国号の始まりとなった。

ニギハヤヒは吉備を本拠地とし、宗像や豊国を含む瀬戸内海一帯に勢力を及ぼしていた。東征では吉備を中心とする瀬戸内海一帯からの軍勢（三島神の軍勢を含む）に但馬からのアメノヒボコの加勢を得て、河内に向かったと思われる。ニギハヤヒが東征で携えた、「布都御魂剣」は、スサノオがヤマタノオロチ（大国主か）を退治した時の十握剣であり、「天羽々矢」は天稚彦（あめのわかひこ）を葦原中国に下す際に、天鹿児弓（あめのかごゆみ）と共に天稚彦に与えた矢である。また、「十種の瑞宝」は、奥津鏡、辺津鏡、八握剣、生玉、死返玉、足玉、道返玉、蛇比礼、蜂比礼、品物比礼である。一方、アメノヒボコの伽耶からの将来物（神宝）は、奥津鏡、辺津鏡、珠２つ、浪振比礼（ひれ）、浪切比礼、風振比礼、風切比礼の八種である『古事記』。「十種の瑞宝」とアメノヒボコの将来物は、相似通っており、アメノヒボコの将来物をニギハヤヒに渡し、二人でヤマト侵攻を果たし、「十種の瑞宝」を石上神宮に納めたのではないか。

❸アメノヒボコを伴ったニギハヤヒの物部軍団は、河内から大和に侵攻し、ホアカリの三世孫の倭宿禰が建てた大己貴の国の支国（葛城王朝）を崩壊させ、さらに北上して大己貴の国の都の近江・湖南の伊勢遺跡を侵し、大己貴の国を崩壊させた。この折、物部軍団は美濃にも侵入し、少彦名（天稚彦か）を戦死させたと考える。『古事記』（葦原中国の平定）には「天羽々矢」で天稚彦を殺したとある。この殺害は喪山（岐阜県美濃市）近辺で起こったと考えられ、喪山には、天稚彦を祭神とする喪山天神社（大矢田神社境外摂社）がある。

ニギハヤヒは、和邇氏の巫女で大国主の血統の卑弥呼を共立し倭国大乱を鎮め、纒向遺跡を都とする邪馬台国（ヤマト国）を建てた。その邪馬台国の東側に大己貴の国の後継国の狗奴国が建てられた。尚、物部軍団が湖南を侵攻した証と思われる勝部神社（守山市）が伊勢遺跡の北側にあり、草津市にはアメノヒボコを祀る安羅（阿羅）神社がある。『日本書紀』に「天皇（孝霊か）は、アメノヒボコに対して播磨と淡路島とに土地を与えた。しかしヒボコはできるならば自分が国巡りして、気に入ったところに住みたいと願い出た。天皇はこれを許し、アメノヒボコは大和、近江、若狭、但馬と国巡りして、ついに但馬に定住した。」とある。アメノヒボコは但馬国を得た後、豊岡周辺を中心とした円山川流域を開拓した。そして亡くなった後は、出石神社の祭神として祀られることになった。

参照：古の日本（倭）の歴史（前１世紀～４世紀）－天孫族（伽耶族）の系譜（図２）⑧ 004

（Facebook 藤田泰太郎タイムライン投稿 2020/8/15）

論考8　スクナビコナ（少彦名）、アメノヒワシ（天日鷲）、アメノワカヒコ（天稚彦）、ヤタガラス（八咫烏）は、同一神か

『古事記』によれば、スクナビコナ（少彦名、少名毘古那）は、高天原に座する神々の祖神的存在の高御産巣日神（タカミムスビ）と神産巣日神（カミムスビ）（造化の三神の二柱）の後者の御子とされる。スクナビコナは、大国主（オオクニヌシ）の国造りに際し、天乃羅摩船（アメノカガミノフネ＝ガガイモの実とされる）に乗り、鵝（ヒムシ＝ガとされる）の皮の着物を着て波の彼方より来訪し、神産巣日神の命により大国主（オオクニヌシ）と義兄弟の関係となって国造りに参加した。スクナビコナは、国造りの協力神、常世の神、医薬・温泉・禁厭（まじない）・穀物・知識・酒造・石の神など多様な性質を持つ。

大国主（オオクニヌシ）は多数の別名をもち、かつ代々受け継がれる世襲名であるのと同様に、少彦名（スクナビコナ）もまた世襲名と思われる。大国主と少彦名は、2世紀初め協力して、近江・湖南の伊勢遺跡を都とする大己貴の国（玉牆の内つ国）を建てたと思われ、この国の領域と思われる近畿・中部地方に彼らを祀る神社が数多く存在する。ちなみに、スクナビコナを祀る伊勢遺跡近辺の神社は、沙沙貴神社（近江八幡市）や高野神社（栗東市、祭神は大名草彦命（スクナビコナか））などである。

また、スクナビコナの系譜は多岐に亘り複相していて極めて難解である。とはいえ、スクナビコナはカミムスビの子孫の天津神であり、その系譜には天日鷲命（アメノヒワシ、阿波忌部の祖）、倭文神（倭文神）や鴨健角身命（カモタケツヌミ、八咫烏（ヤタガラス））が含まれる。さらに、スクナビコナは、天稚彦（アメノワカヒコ）と同一視されることがある。また、ホアカリ（天火明）の三世孫の倭宿禰（懿徳天皇か）と阿遅鉏高日子根神（アジスキタカヒコネ）が建てた葛城王朝（大己貴の国の支国）の王の一人が一言主大神で、スクナビコナと同一人物と見なされることがある。

●スクナビコナは天日鷲（アメノヒワシ）と同一神か

阿波忌部の祖神・天日鷲命は、『日本書紀』に登場する神。天照大神が天岩戸に入られたとき、岩戸の前で神々の踊りが始まり、天日鷲神が弦楽器を奏でると、弦の先に鷲が止まった。多くの神々が、これは世の中を明るくする吉祥を表す鳥といって喜ばれ、この神の名として鷲の字を加えて、天日鷲命とされた。『古事記』ではスクナビコナはカミムスビの御子とされる。『新撰姓氏録』にはカミムスビの三世孫が天湯河桁命で後裔が鳥取連、美努連とされ、『先代旧事本紀』にはスクナビコナが鳥取連の祖神とされる一方、『斎部宿祢本系帳』にはカミムスビの四世孫・天日鷲神の子である天羽槌雄神が鳥取部連、美努宿祢の祖とされている。スクナビコナが天日鷲命にあたるとすると、名前に「鷲」をもつことで、同じ猛禽類の鷹を操って鳥を捕る職掌をもった鳥取連の祖に相応しい。また、スクナビコナの後が八咫烏（ヤタガラス）すなわち鴨健角身命ともされる。これらのことからスクナビコナと天日鷲命は同一神であろうと推察されている。

●スクナビコナはアメノワカヒコと同一神か

少彦名（スクナビコナ）と天稚彦（アメノワカヒコ）の「少」と「稚」には相通じるニュアンスがある。倭文神社（しとりじんじゃ／しずりじんじゃ）は、伯耆国一宮。主祭神は天日鷲の後の倭文神とされているが、大正時代までは大国主の娘である下照姫（シタテルヒメ）が主祭神であった。配神には下照姫の夫である天稚彦やスクナビコナ（天稚彦と同一神とされる）が配座されている。また、播磨の国一宮の伊和神社の主祭神は大己貴神（オオナムチ、伊和大神、大国主）であるが、配神としてあたかも夫婦であるかのように少彦名神と下照姫神が並んで配座されている。これらのことも、アメノワカヒコとスクナビコナが同一人物であることを示唆すると思われている。

『古事記』葦原中国の平定、第2章の要約　「葦原中国を平定するに当たって、遣わされた天之菩卑能命（アメノホヒ、天穂日）が3年たっても戻って来ないので、次に天若日子（天稚彦）が遣わされた。しかし、天若日子は大国主神の娘下照比売（シタテルヒメ）と結婚し、葦原中国を得ようと企ん

で8年たっても高天原に戻らなかった。そこで天照大御神と高御産巣日神（タカミムスビ）は雉の鳴女（ナキメ）を遣して戻ってこない理由を尋ねさせた。すると、その声を聴いた天佐具売（アメノサグメ）が、不吉な鳥だから射殺すようにと天若日子に勧め、彼は遣わされた時に高皇産霊神から与えられた弓矢（天羽々矢と天之麻迦古弓）で雉を射抜いた。その矢は高天原まで飛んで行った。その矢を手にした高皇産霊神は、「天若日子に邪心があるならばこの矢に当たるように」と誓約をして下界に落とす。すると、その矢は寝所で寝ていた天若日子の胸に刺さり、彼は死んでしまった（Ⓑ160）。天若日子の死を嘆く下照姫の泣き声が天まで届くと、天若日子の父の天津国玉神は下界に降りて葬儀のため喪屋を建て八日八夜の殯をした。下照姫の兄の阿遅鉏高日子根神（アジスキタカヒコネ）も弔いに訪れたが、彼が天若日子に大変よく似ていたため、天若日子の父と妻が「天若日子は生きていた」と言って抱きついた。すると阿遅鉏高日子根神は「穢らわしい死人と見間違えるな」と怒り、大剣を抜いて喪屋を切り倒し、蹴り飛ばしてしまった。喪屋が飛ばされた先は美濃の藍見の喪山だという。」

スクナビコナはカミムスビの子とされ天津神であり、またアメノワカヒコは天津国玉神の子とされる。スクナビコナが代々の世襲名とすると幾代目かのスクナビコナがアメノワカヒコと考えられる。アジスキタカヒコネにより飛ばされた喪屋が落ちた先とされる喪山（岐阜県美濃市）には、アメノワカヒコを祭神とする喪山天神社（大矢田神社境外摂社）がある。美濃は近江とともに大己貴の国の中心と考えられる。倭国大乱の末期にニギハヤヒの軍団が美濃に至り、スクナビコナが率いる大国主の軍団との争いになった。この時敗死したスクナビコナがアメノワカヒコと思われる。

アメノワカヒコはいつ頃渡来したのであろうか。想像を逞しくすると、このスクナビコナが大国主と協力して、2世紀初めに近江・湖南を中核とする大己貴の国を建て、この国が近畿・中部地方一帯に拡がったのではないか。ちなみに、この国の中核の一つと思われる近江・豊郷町には、アメノワカヒコを祀る天稚彦神社とアメノワカヒコと顔がそっくりであったというアジスキタカヒコネを祀る阿自岐神社がある。また、豊郷町より若干南の愛荘町には、穀物神として天稚彦命（アメノワカヒコ）を祀る安孫子神社がある。

『古事記』の記述を引用する。「大国主之命と少名毘古那（少彦名）神はお互いに力を合わせてこの国を経営しました。ところが、国がちゃんと出来ないうちに少名毘古那神は、海の彼方の常世国に渡って行ってしまいました。」このように少名毘古那神に先立たれた大国主之命は「私ひとりでどうしてこの国を作ることができよう。いかなる神と力を合わせてこの国を作ったらよいのだろうか。」と言って嘆き悲しんでいました。この時、遠い沖合いから海原を照らして光輝きながら、次第に近寄ってくる神さま（饒速日（ニギハヤヒ）、大物主）がいました。そして、「もし私をよく祭りあげるようならば、お前と一緒になってこの国の経営にあたってもよい。そうでなければ、この国がうまく治まることは難しいだろう。」「それでは、どのようにお祭りしたら宜しいのでしょうか。」「大和の国を青垣のように取り囲む山々の、その東の山の頂きに、身を清めて私を祭るが良い。」と言いました。これが御諸（みもろ）の山（三輪山）の上にいる神（大神神社の大物主）です。

以上のように、スクナビコナ（アメノワカヒコ）は倭国大乱の終末期に美濃・喪山近辺でニギハヤヒにより天羽々矢で射殺されたと考える。倭国大乱後、ニギハヤヒ（大物主）は、邪馬台国を建てるとともに、大国主とスクナビコナが祭神であった大神神社を乗っ取り、自らが祭神となった。

スサノオの後のニギハヤヒは吉備で力を蓄え、2世紀の半ば瀬戸内の三島神の軍勢とアメノヒボコの軍団を伴って東征した（倭国大乱）。ニギハヤヒは、スサノオがヤマタノオロチ（大国主か）を退治した時の十握剣「布都御魂剣」と日の御子の証である「天羽々矢」を携え、大和に向かった。ニギハヤヒの軍団は大国主の軍団と戦闘状態に入り、大和・葛城を制圧し、さらに北上して近江・湖南の大己貴の国の都の伊勢遺跡を解体させた。ニギハヤヒ軍の一団は美濃に侵入し、喪山（美濃市、アメノワカヒコを祭神とする喪山天神社がある）近辺で、大国主軍団のスクナビコナを敗死させた。（アメノワカヒコ（スクナビコナ）はタカミムスビならぬニギハヤヒに射殺された。）倭国大乱の終焉後、

ニギハヤヒは大神神社の祭神（大物主）となり、大国主と少彦名は配神として祀られている。このことは、これ以前の大神神社の祭神は大国主と少彦名であったが、祭神をニギハヤヒに乗っ取られたことを意味すると思う。

　ニギハヤヒは、大国主と和邇氏と共に、卑弥呼を共立して邪馬台（ヤマト）国を建て、大和の纏向遺跡を都とした。一方、大国主は近江・湖東から美濃を中核として、湖東の稲部遺跡を国都とする狗奴国を建てた。邪馬台国と狗奴国はそれぞれ西日本と東日本に拡がった。邪馬台国は、崇神東征により任那・伊都国勢力に乗っ取られたが、狗奴国は景行朝の頃からその勢力が衰えはじめ、成務朝に滅んだと思われる。

●八咫烏はスクナビコナの後裔
　八咫烏（ヤタガラス）は、『古事記』では神武東征の際、タカミムスビによって神武天皇のもとに遣わされ、熊野国から大和国への道案内をしたとされるカラス（烏）である。『日本書紀』では、同じ神武東征の場面で、金鵄（金色のトビ）が長髄彦との戦いで神武天皇を助けたとされており、天日鷲神の別名である天加奈止美命（あめのかなとみ）の名称が金鵄（かなとび）に通じることから、天日鷲神と同一視されることがある。また、八咫烏は、熊野三山においてカラスはミサキ神（死霊が鎮められたもの、神使）とされ、熊野大神（スサノオ）に仕える存在として信仰されている。

　一方、賀茂建角身命（カモタケツヌミ）は、山城の賀茂氏（賀茂県主）の始祖であり、賀茂御祖神社（下鴨神社）の祭神として知られる。尚、上賀茂神社の祭神は大国主の御子で下照姫の兄にとされる、アジスキタカヒコネである。『新撰姓氏録』によれば、賀茂建角身命はカミムスビの孫である。（尚、スクナビコナはカミムスビの御子とされ、天日鷲命にあたる。）神武東征の際、高木神（タカミムスビ）・天照大神の命を受けて日向の曾の峰に天降り、大和の葛城山に至り、八咫烏に化身して神武天皇を先導し、金鵄として勝利に貢献したとある。（八咫烏は大和の八咫烏神社にまつられている。）以上のように、神魂命（神皇産霊神）➡天日鷲神（少彦名・天稚彦）➡賀茂建角身命（八咫烏）の系譜が、概ね妥当と考えられる。

　神武東征とは、1世紀半ばから3世紀末に起こった次の4回の東征、三島神（神武に当たる）の東征、ホアカリの東征、ニギハヤヒの東征（倭国大乱を引き起こし、邪馬台国を建国）、および崇神東征（邪馬台国を崩壊させ崇神王朝を建てる）、を集合する倭国平定譚とみなされる。そして、神武東征譚の主要部は、崇神東征譚と考えられる。また、倭国大乱の終焉期にスクナビコナたるアメノワカヒコがニギハヤヒにより天羽々矢で射殺されたとみる。スクナビコナの名を継いだ賀茂建角身命が八咫烏として神武東征（崇神東征）で大活躍したと考える。

参照：古の日本（倭）の歴史（前1世紀～4世紀）－天孫族（伽耶族）の系譜（図2）Ⓑ004
Facebook 藤田泰太郎タイムライン投稿 2022/6/17

歌川国芳『日本国開闢由来記』巻一より。波に乗ってオオナムチ（大国主神）の前に出現したスクナビコナ。（Wikipedia）

9章　邪馬台国の成立と終焉

1．邪馬台国時代（2世紀末〜3世紀）の人物群像（図3）Ⓑ 136
2．邪馬台国の源郷（吉備）Ⓑ 137／楯築遺跡Ⓑ 138／吉備の秦氏Ⓑ 141／庄内式土器Ⓑ 142／ニギハヤヒ（孝霊天皇、大物主）のアメノヒボコを伴う東征（倭国大乱）Ⓑ 144／布都御魂剣の変遷Ⓑ 148／アメノヒボコ（阿達羅王子、系譜、但馬から播磨へ、五斗長垣内遺跡、出石神社）Ⓑ 149／アメノワカヒコ（少彦名）の死Ⓑ 160／大己貴の国の分裂⇒邪馬台国と狗奴国Ⓑ 162／卑弥呼を共立しての邪馬台国の誕生Ⓑ 164／邪馬台国（都：纏向遺跡、西日本全域を支配）Ⓑ 166／邪馬台国への行程Ⓑ 170／狗奴国（大己貴の国の後継国、都：稲部遺跡、S字甕、東日本に拡散）Ⓑ 175／卑弥呼の死、台与の即位（3世紀半ば）⇒箸墓古墳Ⓑ 179／崇神東征（3世紀末、神武東征譚の主要部分）Ⓑ 181／長髄彦（ナガスネヒコ）；大国主の子孫Ⓑ 184／邪馬台国の終焉Ⓑ 185／大和の出雲勢力の鎮魂と挽歌（賀茂氏の山城への後退、出雲挟撃、鎮魂祭、出雲国造神賀詞）Ⓑ 186

1．邪馬台国時代（2世紀末〜3世紀）の人物群像（図3）
2．スサノオの後のニギハヤヒは吉備を拡大させ（大吉備）、アメノヒボコや吉備の秦氏の力を借り、後に前方後円墳に発展する弥生墳丘墓の楯築遺跡を造営した。また、吉備型甕が後に邪馬台国の標識土器となる庄内式土器に変遷した。2世紀後半ニギハヤヒ（孝霊天皇か）は布都御魂剣を掲げアメノヒボコを伴って、吉備より東征（ニギハヤヒの東征）し、河内から大和に侵攻し、さらに、「大己貴の国」の支国の葛城王朝を滅ぼした。（アメノヒボコは但馬から播磨に通じる鉄の道を開き、淡路島の五斗長垣内遺跡（鍛冶工房）で武器を作製して東征軍団に提供した。）ニギハヤヒとアメノヒボコの軍団は北上し、大己貴の国の都（近江・湖南の伊勢遺跡）を侵し大己貴の国を解体させた（倭国大乱）。少彦名がこの大乱で敗死している。ニギハヤヒは、大己貴と和邇氏と協議し倭迹迹日百襲媛（孝霊天皇皇女）を卑弥呼（日御子か）に共立して邪馬台国を建てた。卑弥呼は伊勢遺跡から新造の邪馬台国の都の纏向遺跡に遷った。この折、大己貴の国の祭器である「見る銅鐸」が三上山の隣の大岩山山麓に埋納された（邪馬台国では大型の銅鏡を祭器）。一方、大己貴は近江湖東・湖北を核とする大己貴の国の後継国の狗奴国（都：稲部遺跡）を建てた。3世紀半ばには邪馬台国ほ庄内土器と前方後円墳でもってほぼ西日本全域（任那を含む）を支配下に置き、一方狗奴国はS字甕と前方後方墳をもって東日本に拡大した。247年卑弥呼が死去し、最初の前方後円墳と考えられる箸墓古墳に葬られた。卑弥呼の死により、邪馬台国は不安定化して狗奴国との紛争が顕在化する。台与（息長水依姫か）を邪馬台国の女王とすると国内は平穏になった。3世来末、任那・伊都国連合の王（ミマキイリビコイニエ、崇神天皇）が中臣氏、忌部氏、大伴氏を率い、さらに久米人や隼人の加勢を得て大和に東征し（崇神東征）、物部氏も反旗を翻し崇神に加勢したため邪馬台国は滅び、大和・葛城の出雲勢力が一掃された。ナガスネヒコは敗死し、イセツヒコは信濃に逃れ、賀茂氏は山城に後退した。また出雲はウマシマジと天香具山により挟撃される体制が取られた。鎮魂祭や出雲国造神賀詞は滅亡した大和・葛城の出雲勢力を鎮魂するためのものであろう。崇神王朝（ヤマト王権）の成立（崇神即位：315年）。

参照：第3部概略、年表等② 01
古の日本（倭）の歴史（前1世紀〜4世紀）−天孫族（伽耶族）の系譜（図2）Ⓑ 004
論考5　奴国の東遷、帥升はスサノオか；スサノオが筑前に伊都国（倭面土（ヤマト）国）を建国、ニギハヤヒが大和に邪馬台（ヤマト）国を建国　Ⓑ 127
論考6　吉備が東進・拡大し、邪馬台（ヤマト）国になった　Ⓑ 130
論考7　アメノヒボコと倭国大乱との軌跡─邪馬台国（ヤマト国）建国前夜　Ⓑ 132
論考8　スクナビコナ（少彦名）、アメノヒワシ（天日鷲）、アメノワカヒコ（天稚彦）、ヤタガラス（八咫烏）は、同一神か　Ⓑ 133

Ⓑ136

邪馬台国時代（2世紀末～3世紀）の人物群像
図3

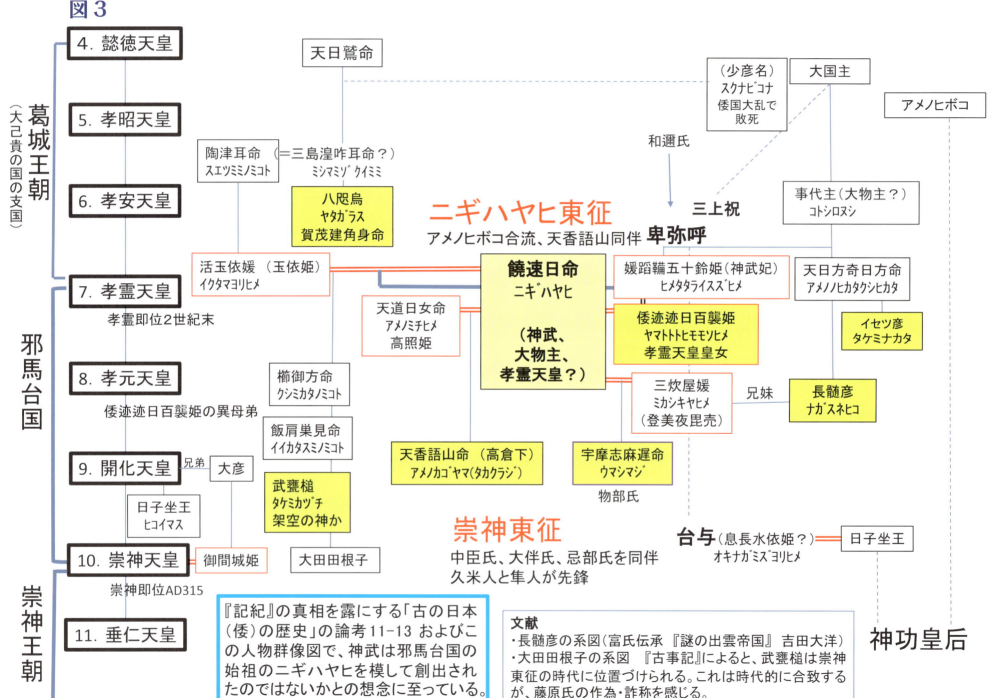

邪馬台国の源郷（吉備）

孝霊天皇考
　吉備で勢力を蓄えたニギハヤヒが、アメノヒボコと共に東征し倭国大乱を引き起こし、大国主の大己貴の国（玉牆の内つ国）を解体させ邪馬台国を建てた。ニギハヤヒは次のような事由で孝霊天皇に当たると考えている。
①孝霊天皇の御代、吉備は拡大し加古川までを勢力下におき、大吉備と呼ばれた。ニギハヤヒとアメノヒボコは共同して但馬や播磨に勢力を伸ばし、淡路島への鉄の供給網を確保したと思われる。
②孝霊伝承と云われる一群の伝承群がある。孝霊天皇、もしくはその皇子を主人公とした伝承で、吉備国から南北に延ばした線上、すなわち、吉備三カ国（備前・備中・備後）から、美作、因幡、讃岐、阿波や伊予に広がっている。さらに、孝霊天皇のとき、大和平野のほぼ全域を平定したのか、宮を大和平野の中央に移した。
③倭国大乱は大和から近江湖南および美濃南部に及んだ。近江湖南では大己貴の国の都の伊勢遺跡を解体させて、都を纒向遺跡に移し、邪馬台国を建てた。伊勢遺跡の近くの御上神社は孝霊天皇の時代の創建とされる。また、アメノワカヒコ（スクナビコナか）が殺された美濃南部の喪山天神社の近くの大矢田神社もまた孝霊天皇時代の創紀とされる。
④卑弥呼（日御子？）は孝霊天皇皇女の倭迹迹日百襲姫と考える。ニギハヤヒ（孝霊天皇）は、和邇氏の巫女、卑弥呼を邪馬台国の女王とすることで倭国大乱を鎮めた。（卑弥呼を養女としたのか。）また、倭迹迹日百襲姫は大物主の妻で、大物主もニギハヤヒに当たると考える。
（藤田）

大吉備
　『古事記』中巻、孝霊天皇の段などに兵庫県の加古川以西が吉備であると捉えられる説話があり、加古川を国境としていた時期があると考えられている。吉備勢力（ニギハヤヒら）は出雲征服を試みるも完遂寸前に出雲東部の意宇王の前に失敗した。その後、東征し邪馬台国を建てた。崇神東征により邪馬台国は乗っ取られ崇神王朝（ヤマト王権）が成立したが、吉備はヤマト王権でも影響力を維持した。応神王朝時代には、ヤマト王権中央部に対抗するほどの勢力を誇ったが、これがヤマト王権の警戒を呼んだのか、雄略朝のヤマト王権の謀略で勢力が削減され衰退していった。
（Wikipedia抜粋）　藤田

大型墳丘墓
　弥生墳丘墓より規模の大きい墳丘墓が営まれ始める。特に吉備地方（岡山県〜広島県東部）では、全長数十メートルに及ぶ墳丘墓も現れ、埴輪の祖型である大型の壺や器台を伴うようになる（特殊器台・特殊壺）。なかでも岡山県倉敷市の楯築墳丘墓は直径約45メートル、高さ約5メートルの円丘の両側に方形の張り出しを持ち、全長約80メートルもある双方中円墳の形をしている。この地域の代表的な首長の墓と考えられ、その築造年代は、2世紀後半に比定されている。なお、兵庫県たつの市揖保川町養久山（やくやま）5号墳も突出部を二つ持っている。これらの突出部は、祭壇などではなく、棺を担いだ埋葬の葬列が通る「道」だったと考えられる。前方後円墳の成立時には、前方部に変化していった。一方では山陰にも墳丘墓の大型化が起こるが形態は四隅突出型墳丘墓と呼ばれる方墳の角が突き出したような形態となっていて、丘墓全体に貼り石を敷き詰めたような高度な土木技術が用いられた。この形態は北陸地方にも伝播していることから、環日本海的な勢力に発展しており日本神話の述べる古代出雲の存在感と通ずる。
　これらの墳丘墓は、弥生時代中期以前の墳丘墓と規模的に一線を画している。そのため、墳丘墓の呼称を弥生後期の大規模なものに限るべきとする意見が、多数となりつつある。このような墳丘墓は、3世紀中葉過ぎに出現する前方後円墳などの古墳へと発展することになる。墳丘墓にはまだ地域性が見られたが、古墳は全国斉一的であり、大きな差異は見られなくなっている。このことは、3世紀中盤を画期として、九州から東日本にわたる統一的な政権が確立したことを示唆する。（Wikipedia抜粋）藤田加筆

楯築墳丘墓などの大型墳丘墓は、箸墓古墳に始まる前方後円墳の原型か。　（藤田）

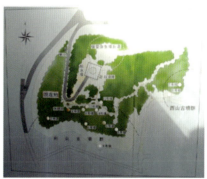

弥生時代最大の楯築墳丘墓

弥生時代後期　吉備　楯築墳丘墓

テーマB　古の日本（倭）の歴史（前1世紀〜4世紀）—天孫族（伽耶族）の系譜

Ⓑ138

楯築遺跡

吉備の秦氏（Ⓑ141参照）により作られたか。アメノヒボコも関与したと思われる。また、巨大前方後円墳の原型か。

楯築遺跡（楯築古墳）
・概要
　王墓山丘陵の北側に弥生時代後期(2世紀後半～3世紀前半)に造営された首長の墳丘墓である。墳丘の各所から出土した土器片の多くが壺形土器、特殊器台・特殊壺の破片である。直径約43メートル、高さ4、5メートルの不整円形の主丘に北東・南西側にそれぞれ方形の突出部を持ち、現在確認されている突出部両端の全長は72メートルで同時期の<u>弥生墳丘墓としては日本最大級である。</u>

・二つの突出部
　主墳の頂上には木棺を取り囲むように5個の巨石が立てられ、また、斜面にも2列に地表の露出分だけでも高さ・幅とも1メートルあまりで20個ほどの列石がめぐらされ、北東側の突出部は団地造営工事のため破壊されている。今ではその名残を一部にとどめているに過ぎないが、前方部状の突出で、およそ十数メートルほど伸びている。その上面は幅約3、4メートルで、わずかに前面に向かって下降気味であるが、平坦に近い。突出部の前面はかなり急な傾斜で2～3メートルほど下がり、東西に走る小道に達しており、小道をわたると突出部の続きと思われる高まりがつづく。盛り土しているのが分かる。また円礫が二重三重に置かれている。円丘につけられた遺構であることが分かる。南西側の突出部は約二十数メートルにわたって細長い幅数メートル高さ2メートルほどの尾根状のものが伸びている。先端部の両側が丸く整形されていてその先端には大きな列石が貼られている。西部分には現在、給水塔が建っていて、今は見ることができない。
　楯築古墳は、香川県高松市の猫塚古墳や奈良県天理市の櫛山古墳などと同じ双方中円墳であるが、先行的な形態をしている。2世紀半ばに起こった倭国大乱が終わった後、瀬戸内海沿岸地方では、古墳造営の新しい兆しが見え、この地域で墳丘の造営の動きが見られるようになった。このような大きな墳丘墓が、古墳時代より先に築造されていたのは、この地に葬送儀礼に特殊器台・特殊壺を用いる大きな政治勢力があったことを窺わせる。その勢力の代表的な首長の墓であると推測されている。後の古墳時代中期には造山（350メートル）、作山古墳（270メートル）の大前方後円墳が造られる。

・弧帯文石（弧帯石）
　墳丘上には大正時代の初め頃まであった楯築神社に、代々伝世し、ご神体として神石（亀石）と呼ばれる全表面に毛糸の束をねじったような弧帯文様が刻まれた石が安置されていたが、現在はこの遺跡のそばの収蔵庫に祀られている。こちらは「伝世弧帯文石」と呼ばれる。<u>この弧帯文は、纒向遺跡の弧文円板と葬送儀礼で共通するといわれている。</u>ここにも吉備津神社や鬼ノ城などのように温羅伝説が残っており、吉備津彦命が温羅との戦いに備えて石楯を築き、防戦準備をしたと伝わっている。

（Wikipedia抜粋）藤田加筆

ニギハヤヒの陵墓である可能性はないか。
（藤田）

遺跡遠景　丘陵の右側頂上部に墳丘墓がある。

旋帯文石（複製品）。東京国立博物館展示

特殊器台は、古墳に並べられる埴輪に繋がっていく

特殊器台 （2013年10月岡山市埋蔵文化財センター特別展「特殊器台の世界」）

吉備では、弥生時代の墳墓に使用される土器として、壺とそれを捧げる台（器台）が異常に発達する。弥生時代最大の楯築墳丘墓の出現と共に、非常に大型化し、複雑な文様で飾られる墳墓専用の器台―特殊器台が現れる。この特殊器台は、やがて古墳に並べられる埴輪に繋がっていくと考えられている。つまり、ヤマト王権成立に吉備の首長たちが大きく関わったことを表している。

　特殊器台になる前の「器台」（右上図）は、弥生時代中頃に現れた祭り用の器台である。おそらくこの頃に「農耕用に関わる祭りの形や道具立てが整えられ、確立したのだろう。これは集落で出土した、「日常のさまざまな祭りや祈りの場で使われた土器」のようである。意外にも、壺とセットではない場合が多い。壺だけではなく、さまざまなものを捧げものにした可能性がある。弥生時代後期後半以降、限られた人のために墳丘墓が築かれるようになってからは、集落内で出土する器台は小型化し、出土数も激減」する。そして、楯築弥生墳丘墓と特殊器台が出現する。倉敷市庄パークという住宅地の中央辺りにある小山の頂きにこの特異なお墓がある。墳長70m以上、巨石を立て並べたその姿は他に例を見ない。今はないが、周りには1番最初の特殊器台がずらっと立て並べられていた。最初の特殊器台には、後の特殊器台にある組帯文と呼ばれる渦のような文様はなく、綾杉文や鋸歯文を組み合わせた文様だった。組帯文は亀石というもう一つの重要なアイテムに施されていたのである。一方で、文様帯四段、間帯五段という構成やプロポーション、その大きさや形は元の器台からは飛躍して作られた。まさに楯築の王の（祭の）ために作られた器台だったのである。しかもその形が後の墳丘墓の祭りを決定づけたという意味でも、楯築の王、或いはその王の祭りを主催した人間の突出した「大きさ」を想像せざるを得ない。

　楯築の王のあと、吉備王国は飛躍的に大きくなる。吉備王国はすなわち特殊器台王国と言ってもいい。それは備前、備中、備後、美作、（播磨）に広がり、連合国だとは思うが山陰へ、やがては纏向の箸墓の王も、特殊器台を使用するようになり、さらには特殊器台は埴輪となって、全国に広がってゆくのである。

　特殊器台の胎土は、角閃石という鉱物を含む特別な粘土を使用していて、きっちりとした決まりがあったようである。あのような大きな土器を焦げ目をつけずに割らずに焼き上げるのは、我々の知恵を凌駕する何かがあったと見ないといけない。文様だけは次第と変化してゆく（楯築型→立坂型→向木見型→宮山型）。総社市の宮山弥生墳丘墓から出土した宮山型特殊器台（右下左図）は、文様も非常に特徴的になっており、形も文様帯三段、間帯三段と変わっている。これと同じ形が纏向からも出土している。また、特殊基台とは異なる特殊器台型埴輪（右下右図）が同時に出土することがある。特殊器台型埴輪は「都月型」埴輪ともいい、特殊器台から埴輪への変遷のミッシングリンクとされる。特殊器台形埴輪は、奈良の箸墓をはじめ、吉備と近畿の最古の古墳から見つかっているが、まだ17例しかない。この埴輪に、文様がなくなってやっと埴輪は、全国各地の古墳に受け入れられるようになった。

（ヤマト王権成立のカギを握る特殊器台の世界、Net）　藤田加筆

特殊器台になる前の「器台」

宮山型特殊器台　　特殊器台型埴輪

縄文・弥生時代には、円筒埴輪の中で渇鉄鉱を熱して焼結をおこない鉄を造った。円筒埴輪は、吉備の特殊器台に似ている。吉備の特殊器台も製鉄に使用されたのか？
（藤田）

弥生時代 後期　吉備　特殊器台

テーマB　古の日本（倭）の歴史（前1世紀～4世紀）―天孫族（伽耶族）の系譜

Ⓑ140 楯築古墳と西谷3号墳丘墓の比較

古代出雲文化シンポジウム「出雲と大和」基調講演「吉備から見た古墳出現期の出雲と大和」松木武彦
（https://youtu.be/9wrF9GaaRD8?t=367 ）

　広島県北部から山陰地方、および北陸地方では、大型弥生墳丘墓である四隅突出型弥生墳丘墓が盛んに造られた。四隅突出部の起源は、弥生時代中期後葉まで遡る。なかでも出雲市西谷3号墳弥生墳丘墓は、東西の辺約40メートル、南北の辺約30メートル、高さ約4.5メートルという大きなものもある。吉備の代表的な弥生墳丘墓は、倉敷市の大型の楯築弥生墳丘墓で墳丘の長さが80メートル・円丘の高さは約4.5メートルもあり、突出部には列石が2列に巡らされている。これらの大型弥生墳丘墓の誕生の地は広島県の三次と考えられ、出雲と吉備に拡がった。
　出雲と吉備の大型墳丘墓（楯築古墳と西谷3号墳丘墓）は形状は大きく異なるが（図a）、埋葬施設は2重の木棺で底に水銀朱を敷くこと（図b）、副葬のあり方や特殊器台を供える（図c）等、著しい類似性が見られる。このことは、出雲の王と吉備の王は互いに密接な政治的連携をもっていたと考えられる。

（文責：藤田）

楯築中心主体
（近藤義郎編『楯築弥生墳丘墓の研究』楯築刊行会、1992）

西谷3号第4主体
（島根大学考古学研究室・出雲弥生の森博物館『西谷3号墓発掘調査』）

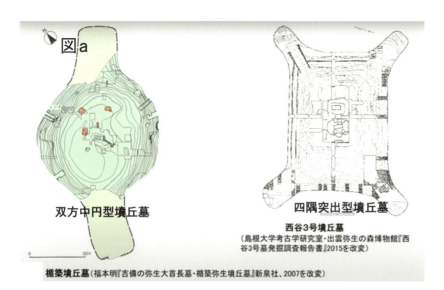

図a

双方中円型墳丘墓
楯築墳丘墓（福本明『吉備の弥生大首長墓・楯築弥生墳丘墓』新泉社、2007を改変）

四隅突出型墳丘墓
西谷3号墳丘墓
（島根大学考古学研究室・出雲弥生の森博物館『西谷3号墓発掘調査報告書』2015を改変）

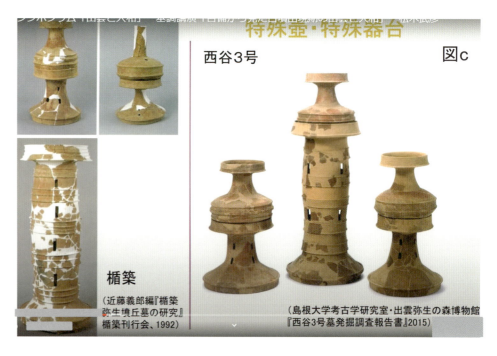

特殊壺・特殊器台　図c

西谷3号

楯築
（近藤義郎編『楯築弥生墳丘墓の研究』楯築刊行会、1992）

（島根大学考古学研究室・出雲弥生の森博物館『西谷3号墓発掘調査報告書』2015）

吉備の秦氏

姫社(ひめこそ)神社(総社市福谷1423)

姫社神社は高梁川右岸、278号線の豪渓秦橋西約1.5kmに鎮座している。神社入口前には大きな溜池があり、石段の参道を上がると鳥居が建立されている。鳥居後ろの参道脇には「鉄作神姫社神社」と「祭神比賣語曽神」の石柱が立ち、木々の中の緩やかな石段参道を行くと随神門と随神門脇に「古代吉備之国発祥之地」碑がある。境内中央には唐破風付きの開放的な拝殿が建ち、幣殿、流造りの本殿と続いて建立されている。

祭神：比賣許曽神(阿加流比売)

由緒：創建は不詳。通称名を鉄造の神様といわれ、新羅の国から渡来してきたという新羅の王子・天日矛(アメノヒボコ・天日槍とも)の妻・阿加流比売(アカルヒメ)を御祭神として祀っている。阿加流比売は比売許曽神(ヒメコソノカミ)ともよばれる製鉄の神。また天日矛(アメノヒボコ)は朝鮮半島から製鉄技術を伝承したといわれている。

古代吉備国は鉄の文化で栄えていた。高梁川西岸・新本川流域は製鉄関連の遺跡が点在し、神官寺古墳からは三角縁神獣鏡も出土しており、古代吉備の国発祥の地と考えられる。また、この辺りは渡来系の秦氏が治めた地で、秦氏は天日矛や阿加流比売を崇拝していたという。
（姫社神社、Net）＋ 藤田

境内の様子

拝殿

姫社神社由来

姫社の姫とは天の日矛の妻、阿加流比売(アカル姫)

昔、新羅の国に国王の子がいました。名前を天の日矛といいました。この人は、海を渡ってわが国にきました。渡来してきたわけは、こういうことです。

新羅国に沼がありました。その名を、阿具沼といいました。この沼のほとりで、卑しい一人の女が、昼寝をしていたそうな。すると日の光が虹のようにその女のホトのあたりを射したそうな。また、その様子を見ていた卑しい男がいて、女をいつも観察していました。女は昼寝をしたときから身重になって、赤い玉を産んだそうな。卑しい男は女に産んだ玉を所望し手に入れました。男はいつもこの玉を包んで腰につるしていました。

ある日、この男は谷間にある田んぼに、農夫の食べ物を、一頭の牛の背に乗せて運んで谷間に入りました。そこで国王の子、天の日矛に出会いました。天の日矛は男に尋ねて「何だってお前は牛の背に食べ物を乗せて谷間には入るのだ、牛を殺して食うのではないか」
男を捕らえて牢屋に入れようとしました。「私は牛を殺そうとはしていません、ただ農夫に食事を運んでいるだけです。」でも許してもらえません。男は腰につけた玉を、天の日矛にゆずって、許しを願いました。男を許した日矛はその玉を持ち帰り、床のあたりに置いていますと、玉は美しい乙女となりました。日矛は、乙女と結婚し妻にしました。

妻は至れり尽くせり、天の日矛に献身していましたが、国王の子が驕慢になって妻をののしるので、「私は飼えられません、あなたの妻になるような女では有りません、私の祖国に行きます」と、小船に乗ってと逃げ渡って来て、難波に住みました。これが摂津の国の比賣語曽の社に鎮座する阿加流比売とゆう神だそうです。垂仁、三年三月、新羅から天の日矛は妻を追って渡来、難波に行くが、入れられず但馬の国に住み、タジマノマタオの娘マエツミと結婚し、産んだ子がタジマモロスクである。天の日矛は、製鉄の技術を伝えたと言われています。真金吹く吉備、古代吉備の国は鉄の文化で栄えたといわれています。姫社神社は、鉄の神様として福谷の地に祭られています。また、鬼の城は朝鮮式山城です。

高梁川をへだてて東にあります。朝鮮半島と日本列島、民族と文化の交流は古代より、寄せては返す潮のように、続いていたのです。

岡山県赤磐市の備前一の宮・石上布都魂神社には、『日本書紀』の伝承にある、素戔嗚命が八岐大蛇を斬ったとされる十握剣が上古の時代にあったとされます。奈良天理の物部氏の本拠地・石上神宮の元宮とされていますが、5年前の秋、当時の宮司の許可を得て、山頂の元宮で、三段の八足台に献饌をして、祭りを開催しました。この時の趣旨は、剣に斬られた出雲原始族＝八岐大蛇の慰霊と説明され、祭りを執行しました。趣旨の説明は、歴史的考証とは関係なく、知人の無学の卓越した霊能透視の力を持つ者に審神者をさせたところ、『アメノヒボコ』と聞こえる、と教えられ、「ん？どう言うことなんだ？スサノオとは関係なくアメノヒボコとは？」と感じ驚きました。しかし、「この度の藤田さんの考察でスサノオ、布都御魂剣、物部氏、アメノヒボコの関係が少しわかりました。」との大浜氏の言。

岡山県総社市に秦と言う集落がある。厳密には、今の地図区間では、秦の北隣の部落になる。渡来系秦一族の集落があったところで、定住起源はおそくとも2世紀と言われている。ここの集団が当時最大の弥生式墳墓の岡山市と総社市と倉敷市の市境にある、楯築遺跡を建設したと言われている。総社市秦の氏神神社は、祭神がアメノヒボコの妃でした。この神社の創建は古く、秦氏が天日槍を奉斎していたのは間違いなく、また最初の定住もかなり古い。秦氏と言うよりも、厳密にはこの総社市秦の地域に、一番古く定住した秦系集団と解釈すべきだ。（FB情報、大浜 明文 文責、藤田）

私(藤田)は秦氏は5世紀初めの渡来のみと思い込んでいました。この秦一族と見なされる集団が楯築遺跡を建設したとのこと、纏向の箸墓古墳も造営にも参画したと思われる。総社市秦の氏神神社の祭神はアメノヒボコ妃とのこと。アメノヒボコとこの秦氏は関連があるのですね。伽耶でもアメノヒボコと秦氏は密接な関係をもっていたのですね。

(追記)アメノヒボコの一隊は、石見から三次経由で備後・新市(素戔嗚神社)に入り、吉備・総社に到達した、所謂スサノオルート(江の川から芦田川経由)を取ったものと考えている。
（藤田）

庄内式土器　　　吉備型甕が庄内式土器になった！

瀬戸内海航路による交流

吉備型甕 は吉備で最初に出土したことから吉備型と名づけられている。出土数が最も多い地域はこの西新町と纒向および大阪府西岩田の三ヶ所である。

この甕の重要性はまず3世紀の甕であること、纒向と博多をつなぐ土器であることである。つまり瀬戸内航路による3世紀の人の往来を物語り、真ん中に吉備という重要な瀬戸内の拠点、中継地をはさむことが、邪馬台国連合が瀬戸内航路によって東西横並びの共栄圏だったことを示す遺物なのである。

弧文 は吉備で様式化し、纒向へ移動する。しかしその源流は九州北西部甕棺氏族が大量に買い占めていたゴホウラガイの渦巻と巴型であろう。これは瀬戸内航路の物流でつなぐことができた。

方形周溝墓

平原遺跡の王墓は方形周溝墓である。日本最大の内行花文鏡を出した王都の方形周溝墓が畿内学者が言うように畿内発の墳墓様式だとするならば、それまでの西から東へと移動してきた文化がこのときはじめて東から西へと大きく動いたことになる。時代は2世紀後半から3世紀後半までのわずか100年間の出来事だ。方形周溝墓にはそれほどの重大な意味が含まれているのである。

（図説・西新町遺跡と吉備型甕と山陰・畿内式土器 邪馬台国論争、Net）＋藤田

吉備型甕
三世紀の飯ごう

庄内式土器

昭和9年(1934)年頃、豊中市立庄内小学校の校舎を建設しているとき、建設現場から多くの土器が見つかった。よく見ると、これらの土器は、弥生時代の土器(弥生土器)にも古墳時代の土器(土師器)にも、少しずつ似た特徴を有している。そこで、専門家が長年にわたって研究した結果、弥生時代から古墳時代に移り変わる丁度中間期(弥生時代の終わり頃)の土器であることが判明し、昭和40年(1965)に発見場所にちなんで、田中琢が「庄内式土器」と命名した。

橿考研の関川尚功(せきかわひさよし)氏によれば、庄内式土器は、それ以前の弥生土器と違って、甕の壁が薄く、煮沸したときの熱の通りが良い。弥生後期タイプの甕は大体4ミリから5ミリぐらいの厚さだが、庄内式あるいはそれに続く布留式の甕になると、1.5ミリから2ミリぐらいの非常に薄い器壁になるという。また、庄内式の特徴の一つに内面を削って薄くするという手法がある。これは、もともと畿内の弥生後期の甕にはみられなかったが、瀬戸内、日本海側の地域ではそれ以前から用いられていた手法だそうだ。

庄内式土器は北九州ではかなり広い地域に分布しているのに対し、近畿地方では大阪府八尾市近辺と奈良県の天理市から櫻井市にかけての限られた地域にしか分布しないのが特長である。そのため、近畿の土器に吉備の土器が影響して出来たとする説や、逆に、庄内式土器が九州から近畿地方にもたらされたとする考える方もある。

（橿原日記、Net）＋藤田

吉備型甕と庄内式土器（薄型）

吉備型甕が大和川河口周辺に多く纒向に少ないことは、吉備勢力が大挙して纒向に進出したことを示しさないし、吉備型甕と庄内式土器の間に、東播磨か淡路島の工人が八尾市に移住して庄内式土器を製作した可能性を示唆する。
（広畠輝治の邪馬台国吉備・狗奴国大和説、Net）

庄内式土器（東博平成館考古展示室展示品）

庄内式土器（つづき）

薄作りの庄内土器は、吉備⇒河内⇒天理と伝搬していき、さらに全国各地に拡がった。庄内式土器は邪馬台国の卑弥呼の時代の標識土器。

特殊器台と庄内式土器

吉備特殊器台が発見された場所（エリア）といえば「吉備・出雲・纏向」だが、それ以外にとても重要な場所で発見されている、それは河内（八尾）である。この八尾の地も物部の本拠地とされている。その八尾市域の東郷遺跡から向木見型が萱振遺跡〔かやふり〕・小阪合〔こざかあい〕遺跡から宮山型が出土している。河内平野（特に八尾市域）は当時、北に河内湖、それに注ぐ「小阪合分流路」「久宝寺分流路」と呼ばれる大河川があり、この河川の上流域は大和盆地南東部の纏向遺跡に繋がっており、河内平野では、これまでに特殊器台形埴輪を用いた古墳が無いため、これらの遺物は大和に運ぶ際に破損したため河内に残されたものと理解されている。つまり物部氏が特殊器台を携えて吉備⇒河内⇒纏向と移動してきたと見えるがいかがだろうか？歴史著作家の関裕二氏がその著作『物部氏の正体』で物部＝吉備であると結論づけているが、それもこれも論拠の最大要点はこの部分だ。

さて右の写真は卑弥呼の時代の土器である。左から「吉備型甕」「庄内式土器」「布留式土器」で主な生産地は特殊器台と同じ"吉備⇒河内⇒天理"と考えてよい。これらは生活用具で調理に使用されたと思われるがその特徴が薄さで当時のハイテクであり、その技術が吉備⇒河内⇒天理と伝搬していった。さらにそれらは全国にひろがっていき各地で発見されることとなる。もちろん、土器はどこでもつくられていたのだろうからそんな単純な関係ではないというご意見もあろうかとは思うが「へらけずり」による薄作りという点では技術が伝わったと考える。（吉備邪馬台国説、Net）＋ 藤田

卑弥呼の時代の相対年代は庄内式期に相当する。

弥生時代・古墳時代の時期区分と歴年代

（邪馬台国から大和政権へ、福永伸哉）

弥生時代 後期　吉備　庄内式土器

特殊器台
Momotaro.ura.jp

円筒埴輪
Japanese class.jp

Ⓑ144

ニギハヤヒ（孝霊天皇、大物主）のアメノヒボコを伴う東征（倭国大乱）

孝霊天皇と吉備との深い繋がり

孝霊伝承－中山神社－楽楽森彦、Net　藤田加筆

【孝霊伝承】
　孝霊伝承と云われる一群の伝承群がある。『記紀』が記す第七代孝霊天皇、もしくはその皇子を主人公とした伝承で、**吉備国から南北に延ばした線上に沿って分布している。**
　吉備三カ国（備前・備中・備後）の一の宮、およびそれにまつわる伝説は除き、その他のものを北から南へと拾ってゆく。
(1) 鳥取県大山町：孝霊山、高杉神社
　孝霊山の名の由来は、孝霊天皇が行幸したからと云われているが、別に高麗山(右下)とも表され、所在する村の旧名は高麗村である。その山麓の高杉神社は孝霊天皇を祀る。
(2) 鳥取県溝口町：楽楽福神社（ささふくじんじゃ）
　隣の日南町にも、東楽楽福神社、西楽楽福神社があり、いずれも孝霊天皇を祀る。孝霊天皇が（もしくは、その皇子の鶯王と共に）鬼を退治したと云う伝説を伝えている。鬼住山（きずみやま）と云う山に鬼が住み人々を苦しめたので、天皇は、その山よりも高い笹苞山（ささつとさん）で笹の葉を刈って積み上げると、風が吹いて来て笹の葉を吹き飛ばし、鬼住山の鬼たちの所へ飛んで行き、鬼にまとわりついたので、その隙に鬼を斬ったと云う。誠にお伽噺よりも他愛ない話である。
(3) 広島県府中市：南宮神社
　孝霊天皇と吉備津彦を祀る。備後一の宮の吉備津神社は隣の新市町にある。
(4) 香川県高松市鬼無町：桃太郎神社（旧名は熊野神社）
　孝霊天皇の皇子の稚武彦が本津川で洗濯をしていた娘に一目惚れして、その婿となり、女木島に住んでいた鬼を退治したと云う伝説を伝えている。
(5) 香川県高松市一宮町：一宮寺、田村神社
　四国八十八か所第八十三番一宮寺（いちのみやじ）は、隣接する田村神社の別当寺である。本堂の脇にある三基の宝塔は孝霊天皇・倭迹々日百襲姫、吉備津彦の供養塔と伝えられ、一宮御陵と呼ばれている。田村神社は讃岐国の一の宮で、祭神は初めは猿田彦命であったが、いつの頃からか、倭迹々日百襲姫命、五十狭芹彦命（吉備津彦命）、天五十田根（あめのいたね）命、天隠山（あめのかくりやま）命を加えて五柱としている。
　この他にも、愛媛県越智郡の河野氏（越氏）が物部系と伝えられる一方で、孝霊天皇の第三皇子伊予皇子（『記紀』にはなし）の末裔であると云う伝えを持っていることなども、孝霊伝説の一端に数えられる。

【美作国中山神社】
　このように、吉備国を中心として、その南北に分布している孝霊伝承のうち、南の四国の方のものは、単なる文化の伝播のようにも見られるが、北の方に分布しているものについては、一概にそう云い切ることが出来ないように思われる。そこで、美作国の一の宮、岡山県津山市一宮の中山神社のことを少し考えておく。美作国は和銅六年備前国の六郡を割いて置かれたものであるが、その国の一の宮中山神社の祭神は、吉備三カ国の場合とは異なり、鏡作神・石凝姥神・天糠戸神であり、鍛冶、採鉱の守護神とされている。(ただし、『大日本史』は備中の吉備津神社と同神と述べている)。中世には中山大明神、または南宮とも称せられた。地主神の大己貴命が中山神(鏡作神)にこの地を譲って、自らは祝木(いぼき)神社に退いたと云う伝承を持ち、また、神社の奥の長良嶽の磐座にある猿神社には、『今昔物語』(巻26第7)が伝える猿神伝説がある。これは、毎年美しい娘を生け贄に要求する老猿を猟師が退治する話で、伝説の豪傑岩見重太郎の狒狒(ひひ)退治の話とよく似たものである。

(つづき)
　美作国は備前国の六郡を割いたものであるから、本来ならば、備前国と同じ神を祀るべきであるのに、そうしなかったのは何故か。美作分国は吉備の国の勢力を削減するための措置であるから、分立した美作からは吉備の影を少しでも薄めたかったためであることは想像に難くない。しかし、それにしても何故、鏡作神や石凝姥神なのか。それは、云うまでもなく、美作地域における製鉄を意識して、金属冶金に関わる神を持ってきたのである。この社が南宮と呼ばれたこともあると云うことは、製鉄神金山彦を祀る美濃の南宮神社との関連も思わせる。しかも、本来の地主神である大己貴神（大国主神）が、その地を譲ったと伝えることは、換言すれば、この地方における製鉄はもともと出雲の勢力下で行われていたが、新しく侵出してきた勢力、すなわち吉備の勢力によって、それを奪われたと云うことである。
　そしてそこに猿が関わる。桃太郎の三人の家来、イヌ・サル・キジのうち、サルは楽楽森彦（ささもりひこ）をモデルにしたものと云われる。このことと結び付けると、この地方の製鉄を出雲から奪い取った吉備の勢力とは楽楽森彦に代表される勢力だったとも考えられる。

【楽楽福神社】
　楽楽福神社なるものは、鳥取県西部を南北に流れる日野川に沿って分布している。日野川は砂鉄の採れる川である。製鉄民と農耕民との紛争の話であるとされる八俣大蛇伝説を伝える記の「肥の川」、『紀』の「簸の川」は、島根県の斐伊川ではなく、鳥取県のこの日野川である可能性もある。
　楽楽福神社にまつわる「鬼」なるものも製鉄民のことで、この伝承も同様に製鉄民と農耕民との紛争であるとの説をなす人もいる。その説によると、「ささ」は砂鉄のことであり、「ふく」は製鉄炉への送風の意味であると云う。「楽楽福」の意味を、このように製鉄に関するものと解釈すると、次に考えられるのが楽楽森彦との関係である。「楽楽福」と「楽楽森」の類似は単なる偶然だろうか。先の中山神社の場合と同様に、この日野川の製鉄も楽楽森彦に代表される吉備の勢力によって、出雲から奪われたのであろう。そう考えると、楽楽福神社にまつわる鬼退治の話は、製鉄民と農耕民との紛争ではなく、砂鉄資源を奪い合う出雲と吉備の紛争であると考えることが出来るのである。

孝霊伝承

神崎神社（鳥取県北栄町、倉吉市となり）
　神社の主催神はイザナキノミコトとイザナミノミコト。孝霊天皇の皇子がこの地に祭った。
　ヤマトタケルの舟は嵐に襲われたが、神の加護で神社の北西の方に引き寄せられるように着いた。
1. 孝霊伝承と関係か
2. 出雲神宝事件との関わりは
（藤田）

吉備三国（備前、備中、備後）の一宮（祭神：孝霊天皇の皇子と皇女）

吉備津彦神社は、岡山県岡山市北区一宮にある神社。備前国一宮。
主祭神
大吉備津彦命、第7代孝霊天皇の第三皇子。
崇神天皇10年、四道将軍の一人として山陽道に派遣され、若日子建吉備津彦命と協力して吉備を平定した。
相殿神
吉備津彦命（若日子建吉備津彦命）
孝霊天皇 - 大吉備津彦命の父
孝元天皇 - 第8代天皇、大吉備津彦命の兄弟
開化天皇、崇神天皇
彦刺肩別命 - 大吉備津彦命の兄
天足彦国押人命 - 第5代孝昭天皇の子
大倭迹々日百襲比売命 - 大吉備津彦命の姉
大倭迹々日稚屋比売命 - 大吉備津彦命の妹
金山彦大神
大山咋大神

吉備の中山
境内後方に立つ吉備の中山には多くの古墳や古代祭祀遺跡が残り、古くより神体山としての信仰がなされていたと考えられている。最高峰の北峰・竜王山（標高175m）山頂には吉備津彦神社の元宮磐座や摂末社の龍神社が鎮座し、中央の茶臼山（160m）山頂には大吉備津彦命の墓とされる古墳が残っている。
（Wikipedia抜粋） 藤田加筆

吉備津神社は、岡山県岡山市北区吉備津にある神社。備中国一宮。
主祭神
大吉備津彦命、第7代孝霊天皇の第三皇子
相殿神
御友別命 - 大吉備津彦命の子孫
千々速比売命 - 大吉備津彦命の姉
倭迹迹日百襲姫命 - 大吉備津彦命の姉
日子刺肩別命 - 大吉備津彦命の兄
倭迹迹日稚屋媛命 - 大吉備津彦命の妹
彦寤間命 - 大吉備津彦命の弟、
若日子建吉備津日子命 - 大吉備津彦命の弟
概要
岡山市西部、備前国と備中国の境の吉備の中山（標高175m）の北西麓に北面して鎮座する。吉備の中山は古来神体山とされ、北東麓には備前国一宮・吉備津彦神社が鎮座する。当社と吉備津彦神社とも、主祭神に、当地を治めたとされる大吉備津彦命を祀り、命の一族を配祀する。
本来は吉備国の総鎮守であったが、吉備国の三国への分割により備中国の一宮とされ、分霊が備前国・備後国の一宮（備前：吉備津彦神社、備後：吉備津神社）となったとされる。この事から備中の吉備津神社は「吉備総鎮守」「三備一宮」を名乗る。（Wikipedia抜粋） 藤田加筆

吉備津神社は、広島県福山市新市町宮内にある神社。備後国一宮。地元では「一宮さん（いっきゅうさん）」と通称される。備後国一宮は素盞嗚神社（福山市新市町戸手）ともされる。
主祭神
大吉備津彦命、第7代孝霊天皇の第三皇子
相殿神
大日本根子彦太瓊命 - 第7代孝霊天皇
細比売命 - 孝霊天皇皇后
（大吉備津彦命の生母ではない）
稚武吉備津彦命 - 大吉備津彦命の弟
祭神は、吉備分国に関連して備中国一宮の吉備津神社から分祀されたことに由来する。
概要
福山市北西部、府中市との境に鎮座し備後国の総鎮守とされている。近くの府中市は備後国の国府のあった地とされるように、周辺は備後国の中心地であった。
備後国分立以前の吉備国を治めたとされる大吉備津彦命を主祭神に祀り、命の関係一族を配祀する。
（Wikipedia抜粋） 藤田加筆

境 内

本殿と拝殿（国宝）

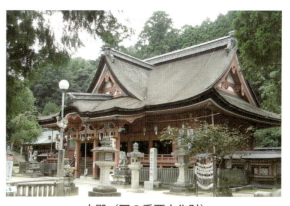
本殿（国の重要文化財）

神体山とする吉備の中山（西方向より）
左が竜王山、右が茶臼山

『古事記』の記述では、孝霊朝に吉備津彦を派遣し吉備の反乱を制圧したとある。吉備の物部が倭国大乱制圧や邪馬台国樹立に武力を割き、吉備の防備が手薄となったところに、出雲勢力が南下し鉄資源を奪った。吉備津彦がこの出雲勢力を制圧し、鉄資源を奪い返したのが「桃太郎伝説」のもとになったのではないか。出雲勢力放逐後、吉備津彦（大吉備津彦）が吉備国を治めた。806年（大同元年）、吉備国が三国（備前、備中、備後）に分割されたが、これら三国の一宮（吉備津彦神社、吉備津神社、吉備津神社）の主祭神は大吉備津彦（吉備津彦）で、相殿神に吉備津彦の父の孝霊天皇（饒速日か）と姉の倭迹迹日百襲姫命（卑弥呼か）の御名がある。これらの吉備三国の一宮の祭神からも、邪馬台国は吉備が拡大・東遷したものと納得できる。
（藤田）

邪馬台国 （孝霊から開化）

- **物部氏** の祖、ニギハヤヒはスサノオの嫡流で、その子孫は吉備で勢力を蓄える。
- ニギハヤヒはアメノヒボコと倭国大乱を引き起こした。
- ニギハヤヒと大国主は、卑弥呼を共立して倭国大乱を鎮め、邪馬台国（虚空見つ日本（倭）の国）を建てる。
- ニギハヤヒは孝霊天皇か？ 吉備およびその南北に孝霊伝承。
- 卑弥呼は、孝霊天皇皇女、倭迹迹日百襲姫命で、孝霊天皇の養女になったか。
- 大国主との国造りに関わったスクナビコナの倭国大乱での死後、ニギハヤヒが現れる。ニギハヤヒと大物主（卑弥呼の夫？）は同一人物か。
- 吉備型甕が発展した庄内型土器が卑弥呼の時代に纏向で使用される。吉備の弥生墳丘墓の特殊基台や弧帯文が纏向遺跡に見られる。
- 卑弥呼（倭迹迹日百襲姫）と吉備津彦（桃太郎）とは姉弟！吉備と纏向は桃核の出土でもつながる。道教に繋がる卑弥呼の鬼道では桃核が祭祀に使われる。
- 神武東征譚の主要部分は崇神東征と思われる。イワレビコは、ニギハヤヒを奉じるナガスネヒコを倒し、ヤマト王権を建てる。
- スサノオが大国主（八岐大蛇）を殺した布都御魂剣は出雲から吉備（石上布都魂神社）に移され、ニギハヤヒの東征で大和に持ち込まれ石上神宮に納められた。
（藤田）

ニギハヤヒ―Wikipedia抜粋　藤田加筆

ニギハヤヒノミコトは、日本神話に登場する神。『日本書紀』では饒速日命、『古事記』では邇藝速日命と表記する。別名、櫛玉命（くしたまのみこと）。天照国照彦火明櫛玉饒速日命ともされる。物部氏、穂積氏、熊野国造らの祖神と伝わる。

『古事記』では、神武天皇の神武東征において大和地方の豪族であるナガスネヒコが奉じる神として登場する。ナガスネヒコの妹のトミヤスビメ（登美夜須毘売、『日本書紀』では三炊屋媛という）を妻とし、トミヤスビメとの間にウマシマジノミコト（宇摩志麻遅命）をもうけた。ウマシマジノミコトは、物部連、穂積臣、采女臣の祖とされている。イワレビコ（後の神武天皇）が東征し、それに抵抗したナガスネヒコが敗れた後、イワレビコがアマテラスの子孫であることを知り、イワレビコのもとに下った。

『日本書紀』などの記述によれば、神武東征に先立ち、アマテラスから十種の神宝を授かり天磐船に乗って河内国（大阪府交野市）の河上の地に天降り、その後大和国（奈良県）に移ったとされている。これらは、ニニギの天孫降臨説話とは別系統の説話と考えられる。また、有力な氏族、特に祭祀を司る物部氏の祖神とされていること、神武天皇より先に大和に鎮座していることが神話に明記されていることなど、ニギハヤヒの存在には多くの重要な問題が含まれている。大和地方に神武天皇の前に出雲系の王権が存在したことを示すとする説や、大和地方に存在した何らかの勢力と物部氏に結びつきがあったとする説などもある。『先代旧事本紀』では、「天照國照彦天火明櫛玉饒速日尊」（あまてる くにてるひこ あまのほあかり くしたま にぎはやひ の みこと）といいアメノオシホミミの子でニニギの兄である天火明命（アメノホアカリ）と同一の神であるとしている。

『新撰姓氏録』ではニギハヤヒは、天神（高天原出身、皇統ではない）、天火明命（アメノホアカリ）は天孫（天照大神の系）とし両者を別とする。

神武東征譚の主要部分は、崇神東征譚と考える。従って、邪馬台国の終焉時に崇神が東征した時には、邪馬台国の統治者であったニギハヤヒは既に死去していた。（藤田）

孝霊天皇＝ニギハヤヒ

第7代孝霊天皇

ニギハヤヒと伝わる肖像（秋田県唐松神社）

ニギハヤヒは天神で天孫ではない

『新撰姓氏録』ではニギハヤヒは、天神（高天原出身、皇統ではない）、天火明命（アメノホアカリ）は天孫（天照大神の系）とし両者を別とする。『先代旧事本紀』には、ニギハヤヒは「天照國照彦天火明櫛玉饒速日尊」（あまてるくにてるひこあまのほあかりくしたまにぎはやひのみこと）と称し、天之忍穂耳命（アメノオシホミミ）の子で瓊瓊杵（ニニギ）の兄である天火明命（アメノホアカリ）と同一の神であるとしている。また、『先代旧事本紀』では、ニギハヤヒ（天火明）の二代目は天香語山で、三代目は天村雲となっているが、『記紀』では、初代が神武（ニニギやアメノホアカリと同世代と考える）で2代と3代が綏靖と安寧となり葛城の古族の多氏の系譜となっている。天孫の天火明は丹後に降臨したので、ニギハヤヒとは活動域が一致せず不可解である。『先代旧事本紀』が、ニギハヤヒと天火明の系譜を一致させるために詐称したと考えると納得できる。ちなみに、ニギハヤヒは天津彦根命の後裔との説がある（古代氏族の研究⑧、宝賀）。

ニギハヤヒは大山祇神（三嶋大神）の娘、神大市比売と素戔嗚（スサノオ）との御子の大歳と考える説がある。紀元前後、スサノオとニギハヤヒ（イソタケルあるいは大歳）は、布都御魂剣（十握剣）で八岐大蛇（大国主）を退治した。この布都御魂剣は吉備に渡り、石上布都魂神社に納められた。ニギハヤヒも出雲から吉備に遷り、吉備と筑前で力を蓄えた。ニギハヤヒには息子の天香語山（母は天道日女）がいた。2世紀半ばニギハヤヒとその子天香語山は布都御魂剣を掲げ、瀬戸内海の大山祇神勢力とアメノヒボコの軍団を伴い吉備より東征し、大和に邪馬台国（虚空見つ日本の国)を建てた。その後、布都御魂剣は崇神天皇の御代に物部氏の総氏神である大和国石上神宮へ移された。尚、ニギハヤヒとは世襲名か。
（藤田）

ニギハヤヒの東征と倭国大乱

饒速日尊が賛じた「虚空（そら）にみつ日本（やまと）の国『日本書紀』」が邪馬台国に当たる。

弥生時代後期　倭国大乱　ニギハヤヒの東征

　　弥生時代後期、日本海から関門海峡を通り瀬戸内海に入るルートは、政治的あるいは航行上の問題の故に閉ざされていたように思える。（弥生時代中期末の南海トラフ巨大地震の津波の影響のために関門海峡が閉ざされていたとの説あり。）従って、朝鮮半島から邪馬台国に行くルートも日本海経由となっていた。また、筑前を根拠地とするスサノオやニギハヤヒ（アメノヒボコも）が吉備に出るには、石見の江の川を遡り三次に行き、さらに芦田川上流から備後・新市に至り、古山陽道を辿り備中・備前に達する、所謂スサノオルートをとった可能性がある。
　　　　　　　　　　　　　　　　　　　　　　　　　　　（藤田）

倭国大乱（主としてWikipedia）
　『後漢書』東夷伝に、107年、倭国王帥升が後漢へ使者を出したとあるが、帥升以前に倭国王の存在が史書に見えないことから、中国王朝が公認した初の倭国王は帥升だった。（帥升はスサノオあるいはその後継者ではないか）。
　『後漢書』は、桓帝・霊帝の間（146年 - 189年）に大乱が起こったとしている。大乱の原因としてまず想定されるのは、倭国王位の承継をめぐる争いである。弥生時代の倭国は、多くの政治勢力（国）に分かれており、倭国王は政治勢力間の利害を調整するために置かれていたと推定される。しかし、利害調整を担いうる人物の不在あるいは調整不可能な程の利害対立の発生などにより、倭国王位をめぐる大乱が生じたのではないかと考えられる。『後漢書』の「何年も王がいない状態が続いた」とする記述は、上記の議論を裏付けている。大乱の原因としては、2世紀後半より始まった地球規模の寒冷化の影響を受けた土地収奪争いにあったとする説がある。（後漢の滅亡と気候の寒冷化が高句麗の南下を引き起こし、アメノヒボコなどの南朝鮮の倭人の一部が帰来したか）『新羅本記』に、193年、「六月倭人大饑。来求食者千余人」と記されており、日本から朝鮮半島へ1千余人が渡ったとされる。いずれにせよ、2世紀後半から3世紀にかけて、近畿から瀬戸内一帯までの広域に出現した高地性集落が「倭国大乱」とどう関連するかが、大乱の性格を知る上では重要となると見られる。また、弥生系渡来集団が九州から畿内への拡大過程で各地に先住していた縄文系在来集団との間で摩擦、すなわち倭国大乱が起き、渡来系集団は在来集団の居る各地で防御のための環濠集落や高地性集落を作ったとの説（卑弥呼の国：冨川光雄など）もある。この説によれば、弥生系渡来集団が近畿地方にまで到達した際に両集団が協定して倭国連合政権（邪馬台国）を建て、卑弥呼を邪馬台国）の女王に推戴して倭国大乱は治まったとする。

関連性
・西日本で2世紀前半から中頃に高地性集落が激増
・『播磨国風土記』飾磨郡の条、オオクニヌシとホアカリとの抗争
・『播磨の国風土記』別条、オオクニヌシとアメノヒボコの壮絶な戦い
・『播磨の国風土記』神前郡の条、伊和大王（オオクニヌシか）とアメノヒボコとの戦い
　　　　　　　　　　　　　　　　　　　　　　　　　　　（藤田）

ニギハヤヒ東征

『先代旧事本紀』では、神武東征の前に、ニギハヤヒは天照大神から詔と十種の瑞宝を授けられ、天磐船に乗って、三十二人の防衛、五部人、五部造、天物部等二十五部人、船長という多数の随伴者を従えて、河内国河上哮（いかるが）峰に天降った。その後大倭国の鳥見白庭山に遷ったという。
　　　　　　　　　　　　　　　　　　　　　　　　　　　（藤田）

「石切劔箭神社」の社史
によれば、天照大神から大和建国の神勅を拝し「十種の瑞宝」を授かった饒速日尊は船団を組み、自らも「布都御魂剣と日の御子の証である「天羽々矢」を携え天磐船に乗り込み、物部八十の大船団を率いて高天原を出航した。途中、豊前国の宇佐に寄港すると船団を二つに分け、息子の天香具山命に「布都御魂剣」を授け船団の一方を預けた。宇佐から瀬戸内海を渡ると饒速日尊は河内・大和に、一方の天香具山命は紀伊に向かった。天磐船が鳥見の里を見渡す哮ヶ峯（たけるがみね「生駒山」）に着くと、饒速日尊は辺りを見渡し「虚空（そら）にみつ日本（やまと）国」【訳「空から見た日本の国」または「空に光り輝く日本の国」】と賛じた。これが日本（ヤマト）の国号の始まりとなった『日本書紀』。
　　　　　　　　　　　　　　　（Wikipedia 抜粋）＋　藤田

饒速日尊が賛じた「虚空（そら）にみつ日本（やまと）国」『日本書紀』が邪馬台国に当たる。

ニギハヤヒ
は吉備を本拠地とし、宗像や豊国を含む瀬戸内海一帯に勢力を及ぼしていた。東征では吉備を中心とする瀬戸内海一帯からの軍勢に但馬からのアメノヒボコの加勢を得て、河内に向かったと思われる。これが、倭国大乱の引き金になった。
ニギハヤヒが東征で携えた「布都御魂剣」は、スサノオがヤマタノオロチ（大国主）を退治した時の十握剣であり、「天羽々矢」は天稚彦（あめわかひこ）を葦原中国に下す際に、天鹿児弓（あめのかごゆみ）と共に天稚彦に与えた矢である。スクナビコナ（天稚彦）は倭国大乱末期に、ニギハヤヒの「天羽々矢」で殺されたと思われる。「十種の瑞宝」は、アメノヒボコが来倭したときに持ち込んだ新羅からの将来物で、饒速日に預けたと考える。
　　　　　　　　　　　　　　　　　　　　　　　　　　　（藤田）

ニギハヤヒの東征と邪馬台国の建国
　ニギハヤヒ（その子孫）は瀬戸内海の中核の吉備からアメノヒボコを伴い邪馬台国（虚空見つ日本（倭）国）の始祖として大和に入った。このニギハヤヒの東征は倭国大乱の2世紀後半のことと考えており、孝霊天皇と同じ時代である。ニギハヤヒ、和邇氏と大国主が卑弥呼を共立して邪馬台国を建てた。卑弥呼と孝霊天皇皇女の倭迹迹日百襲姫命は同一人物であろう。ニギハヤヒたる孝霊天皇が卑弥呼を養女にして、倭迹迹日百襲姫命と称させたのではないか。尚、孝霊天皇は、大吉備国、吉備平定、孝霊伝承など、吉備との結びつきが極めて強い天皇である。
　　　　　　　　　　　　　　　　　　　　　　　　　　　（藤田）

布都御魂剣の変遷

饒速日（ニギハヤヒ）の東征で掲げられた、八岐大蛇を退治した布都御魂剣

石上神社　（いしかみじんじゃ、島根県出雲市塩津町）の旧社名は『出雲国風土記』に記載されている宇美社（うみのやしろ、楯縫郡沼田郷）であると伝えられている。現在「宇美社」は、式内・宇美（うみ）神社として、当社（石上神社）から南に約6km離れた出雲市平田町に鎮座している。祭神は当社と同じ布都御魂命で、由緒には「社号「宇美」の起因は、祭神布都御魂神が出雲国にご来臨の際、海上より御上陸になったところからこの社号あり」と記されている。

スサノオを新羅（しらぎ）からの渡来神とする説は、水野祐氏をはじめとして多くの論者が指摘するところである。その論拠の一つとされているのが『日本書紀』神代第八段の一書第四の記載で、高天原で乱暴狼藉をはたらき追放されたスサノオは、息子の五十猛神（いそたける）とともに、新羅国の曽尸茂梨（そしもり）という所に舞い降りた。ところがスサノオは、何を思ったのか「私はこのような地には住みたくない」と揚言して、埴土（赤土）で舟を造り、その舟に乗って東に向かい、出雲の斐伊川の川上の鳥上峰（とりかみのたけ）へ到ったというのだ。このとき、日本海を渡りやっとの思いで辿り着いた上陸地が、石上神社のある塩津浦付近であったのであろう。（古代日本正史、原田常治）また、石見国の五十猛海岸（島根県大田市）にも、「スサノオが息子の五十猛命を連れて、朝鮮半島からの帰途、この地に上陸した」とする伝承が残されている。スサノオと五十猛命が塩津浦に上陸した後に住みやすい内陸部の宇美神社に移動したと考えられ、石上、宇美の両神社が、布都御魂命を祭神として祀っているのも不思議ではない。布都御魂命はご神体の布都御魂剣（ふつのみたまのつるぎ）が神格化した神とされ、スサノオが八岐大蛇を斬ったときの十握剣が、この布都御魂剣と伝えられている。また、布都御魂を祀る大和の石上神宮は、スサノオの後（あと）のニギハヤヒを祖とする物部氏に関係の深い神社である。さらに、『出雲国風土記』には、塩津浦のある楯縫郡の郡司、主帳として物部臣氏の名を記されている。郡司は郡を治める地方官で、そのほとんどはそこに住んでいた地方豪族から選ばれていた。石上神社のある塩津浦、宇美神社のある平田町付近は、古代において物部氏の支配下にあったとみてまちがいないだろう。　　　　　　（III　石上神社―――巨石巡礼III、Net）＋　藤田

石上神社

石上布都魂神社、拝殿

布都御魂（剣）の変遷・移動

石上神社（島根県出雲市）

石上布都魂神社（岡山県赤磐市）

石上神宮（奈良県天理市）

スサノオが新羅から出雲に渡来したとき、布都御魂剣をもたらした。このため、布都御魂命が出雲市の石上神社の祭神となった。スサノオが八岐大蛇（大国主か）を布都御魂剣（十握剣、天羽々斬剣）で殺した。この布都御魂剣は吉備に渡り、石上布都魂神社に納められた。その後、崇神天皇の御代に、布都御魂剣は、大和国石上神宮へ移された。

石上神宮のみならず石上神社と石上布都魂神社にも、物部氏との関連がみられる。物部氏の祖はスサノオの後のニギハヤヒとされている。ニギハヤヒは出雲の出自と思われ、吉備（筑前も）で力を蓄え、大和への東征に向かったのではないか。　　（藤田）

石上布都魂神社（いそかみふるのみたまじんじゃ、岡山県赤磐市石上、備前國一宮、旧郷社）。祭神は、現在素盞嗚尊となっているが、明治までは、素盞嗚尊が八岐大蛇を斬った「布都御魂剣」に宿る「布都御魂命」であった。この剣は、『古事記』では、「十拳剣」、『日本書記』には、「十握剣」。「布都御魂」の「布都」は、物を切断する「フツ」という音。「十拳剣」「十握剣」は、その長さを表わし、長剣であったことがわかる。その剣で八岐大蛇を斬った時、その尾から叢雲剣が現われ、三種の神器となった。その後、布都御魂剣は、崇神天皇の御代に大和国石上神宮へ移されたことになっている。神主は物部の姓を名乗っている。

（石上布都魂神社 Net、Wikipedia抜粋）＋　藤田

アメノヒボコ（阿達羅王子、系譜、但馬から播磨へ、五斗長垣内遺跡、出石神社）

アメノヒボコ（天日槍、天日鉾）は新羅王室の王または
王子で幾度となく倭国に渡来してきた人格の世襲名

弥生時代 後期　倭国大乱　アメノヒボコ

アメノヒボコ（天之日矛、天日槍）

『古事記』ではアメノヒボコの話は応神天皇の段にあり、応神天皇の治政を述べるくだりで出現する。『日本書紀』では応神天皇は神功皇后の子であり、神功皇后の母はアメノヒボコの末裔の葛城高額媛（かずらきのたかぬかひめ）である。それ故、『記紀』では系譜（アメノヒボコが出てくる話の時系列）が逆転している。

『古事記』応神紀によると、昔、新羅のアグヌマ（阿具奴摩、阿具沼）という沼で女が昼寝をしていると、その陰部に日の光が虹のようになって当たった。すると女はたちまち娠んで、赤い玉を産んだ。その様子を見ていた男は乞い願ってその玉を貰い受け、肌身離さず持ち歩いていた。ある日、男が牛で食べ物を山に運んでいる途中、アメノヒボコと出会った。ヒボコは、男が牛を殺して食べるつもりだと勘違いして捕えて牢獄に入れようとした。男が釈明をしてもヒボコは許さなかったので、男はいつも持ち歩いていた赤い玉を差し出して、ようやく許してもらえた。ヒボコがその玉を持ち帰って床に置くと、玉は美しい娘になった。ヒボコは娘を正妻とし、娘は毎日美味しい料理を出していた。しかし、ある日奢り高ぶったヒボコが妻を罵ったので、親の国に帰ると言って小舟に乗って難波の津の比売碁曾神社に逃げた。ヒボコは反省して、妻を追って日本へ来た。この妻の名は阿加流比売神（アカルヒメ）である。しかし、難波の海峡を支配する神が遮って妻の元へ行くことができなかったので、但馬国に上陸し、そこで現地の娘・前津見と結婚したとしている。また、アメノヒボコの将来物は、珠が2つ、浪振比礼（ひれ）、浪切比礼、風振比礼、風切比礼、奥津鏡、辺津鏡の八種である。これらは現在、兵庫県豊岡市出石町の出石神社にアメノヒボコとともに祀られている。いずれも海上の波風を鎮める呪具であり、海人族が信仰していた海の神の信仰とアメノヒボコの信仰が結びついたものと考えられる。

『日本書紀』垂仁紀では、垂仁天皇3年春3月に昔に新羅王子・アメノヒボコが神宝、羽太の玉、足高の玉、赤石、刀、矛、鏡、熊の神籬の7種を持参した事への言及があり、その渡来の記述がある。また、播磨国、近江国、若狭国を経て但馬国の出石に至り、そこに定住して現地の娘・麻多烏（またお）と結婚したとしている。

『播磨国風土記』では神代の渡来神・天日槍命として登場し、葦原志挙乎命（葦原志許乎命）・伊和大神（どちらも大国主と同一視される）と土地を奪い合った神として描かれている。『記紀』とは年代や争いがあったかどうかなどが異なる。揖保郡、宍禾郡、神前郡の地名説話として争いが描かれ、争いの結末は双方が三本の黒葛を投げる占いの結果、葦原志挙乎命の葛は播磨に一本・但馬に二本、天日槍命の葛は全て但馬に落ち、天日槍命が但馬出石に退くことになったとしている。

『筑前国風土記』逸文にも断片的な言及があり、怡土（いと）の縣主の祖先の伊都国の五十跡手（いとで）が仲哀天皇に自らを高麗の意呂（おろ）山に天孫ったヒボコの子孫であると名乗っている。　（Wikipedia 抜粋）藤田加筆

アメノヒボコの来倭の時期は『記紀』においてさえ混乱している。

アメノヒボコとツヌガアラヒト

は、同一人物とされることが多い。『日本書記』でも両者を混同している。しかし、アメノヒボコ（新羅の王子）は2世紀後半の倭国大乱の折に、来倭しており、一方ツヌガアラヒト（加羅の王子）は垂仁朝に来倭したと考えられ、両者は別人格であろう。

ツヌガアラヒトは、はじめ穴門（山口県）に船でやってきたが、イツツヒコ（伊都国王か）に道を妨げられたため、日本海を迂回して、出雲を経て、越国・笥飯浦（今の敦賀）に到着した。ツヌガアラヒトは、敦賀・阿(安)羅人、すなわち敦賀についた加羅の阿羅人、という意であろう。また、ツヌガアラヒトは、額に角があったという。これは弁韓人の偏頭習慣（木や石で頭骨を圧迫して扁平にする）によるものとの説がある。
（古代日本異族伝説の謎、田中勝也）＋ 藤田

越前の一宮の気比神宮の伊奢沙別命（いざさわけのみこと）は「気比大神」または「御食津大神」とも称されるが、この伊奢沙別命は、『日本書紀』の新羅王子の天日槍の神宝として見える「胆狭浅大刀（いささのたち）」との関連性の指摘があり、イザサワケを天日槍とする説がある。気比神宮境内摂社、角鹿神社の祭神がツヌガアラヒトであり、両者は別人格ではないかとの説を支持する。
（アメノヒボコとツヌガアラシトは同一人物なのか？ Net）＋ 藤田

アメノヒボコ（ツノガアラヒト）の像（敦賀駅前）

アメノヒボコ（天之日矛、天日槍）

『古事記』におけるアメノヒボコと阿加流比売神（前津見）の子孫・曾孫が、菓子の祖神とされる多遅摩毛理（たぢまもり・田道間守）である。次の代の多遅摩比多詞の娘が息長帯比売命（神功皇后）の母、葛城高額比売命であるとされている『日本書紀』。しかし『日本書紀』において麻多烏（前津見）と結婚したのはアメノヒボコでなく意富加羅国王の子の都怒我阿羅斯等（つぬがあらしと）とされている点で異なる。

なお、アメノヒボコは新羅の王家、朴氏、昔氏、瓠公との関連の可能性があるとする説もある。新羅王族であった昔氏は、倭の但馬地域から新羅に渡り王（脱解王）となったとされており、新羅王族であるアメノヒボコは但馬・出石に定着した。ただし、昔氏のもともといた場所についてはこの他に日本の東北、丹波等が上げられている。
（FB情報）＋ 藤田

アカル姫は三島湟咋耳神の娘と云われる。三島湟咋耳神は息長氏の祖たる天津彦根神の子神であり、かつ大山祇神の子神でもある。このように、アカル姫の世代も混乱している。
（FB情報）＋ 藤田

伊和神社（拝殿）

山の岑（みね）に在す神は、伊和の大神（大国主）のみ子、伊勢都比古命（イセツヒコ）・伊勢都比売命なり
『播磨の国風土記』（揖保郡伊勢野の条）

アメノヒボコ：神功皇后の六世祖

2世紀後半の倭国大乱の折に渡来したアメノヒボコは神宮皇后の六世祖に当たる。

『日本書紀』によると、神功皇后はアメノヒボコの六世孫で、その系図（右図）を辿るとアメノヒボコは倭国大乱の頃に倭国に渡来したと思われる。アメノヒボコは新羅の王子の延烏郎と思われ、彼が倭国に渡ったのは157年で、ちょうど倭国大乱の直中になる。
　ニギハヤヒが河内に天降ったのは倭国大乱の時と思われる。孝霊天皇はニギハヤヒと思われ、孝霊伝承にあるように、讃岐から因幡、さらには播磨西部まで吉備国を拡大させた。アメノヒボコはニギハヤヒと共にこの拡大に参画し、さらにヤマトに侵攻していったものと思われる。その後、近江から若狭を経て最終的に吉備の勢力が及び始めた但馬に落ち着いたものと考える。尚、アメノヒボコは平和裏に但馬に落ち着いたのではなく、『播磨風土記』や「冨氏伝承」にあるように武力をもって侵攻したものと思う。
（藤田）

『但馬風土記』には次のようにに書かれている。
　御出石櫛甕玉命は、天孫降臨のニニギの兄ニギハヤヒこと天火明命その娘、天香山刀売命を娶り天国知彦命を生む。神武天皇は天国知彦命を出石縣主とする。代々の出石縣主、天国知彦命の子、天多他知命（第2代綏靖天皇の御代）その子、天波賀麻命（第4代懿徳天皇）その子、天太耳命（第5代孝昭天皇）そしてその娘、麻多烏（またお）が天日槍と婚姻する。（麻多烏は前津見ともいう。）
　天日槍は、脱解の四世孫といわれている。脱解は多婆那国（但馬、丹波ではないか）から韓国に渡って王となる。その脱解は神武天皇の兄弟、稲飯命。
（FB情報、西賀真紀）
ニギハヤヒと天火明命が同一人とは思えない（Ⓑ118）。天日槍（アメノヒボコ）が、天太耳命（第5代孝昭天皇の御代）の娘、麻多烏と婚姻したとのことは、第6代孝安天皇の御代（2世紀後半の倭国大乱折）に渡来したことを示す。また、神武東征は脱解時代（一世紀の半ば）の出来事であると示唆している。
（藤田）

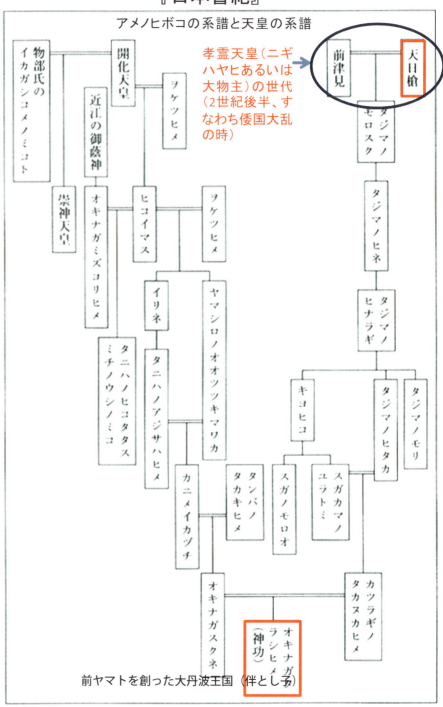

アメノヒボコ（天日槍、天日鉾、日桙）の系譜

弥生時代 後期　倭国大乱　アメノヒボコの系譜

高祖神社宮司家の上原・殿上家系図（新羅王家の系図（右図）、福岡藩の藩学者青柳種信の末裔の青柳隆氏から、FB投稿 川岡保）だが、『三国史記』「新羅本記」の新羅王室の系図とはかなり違っている。「新羅本記」によると、新羅王室2代は南解次次雄で大伽耶（伊西国）出自のスサノオ、4代は大伽耶の昔脱解で丹後の天火明（ホアカリ）と見なしている。本家系図では初代が次次雄で2代が神乎多で、神乎多に昔氏祖とあり昔脱解と思われる。

新羅王室8代阿達羅の王子（延烏郎）を倭国大乱の折に来倭したアメノヒボコと考えている。本系図の3代が迎鳥で意呂山に降臨したアメノヒボコとし、また5代阿加流日古と8代日桙をもアメノヒボコとしている。（前2者は『記紀』や『風土記』にあるアメノヒボコの来倭時期とは一致しない。） 8代日桙は、垂仁朝の清日古（清彦、但馬）四世祖で、仲哀朝の五十跡手（伊都）の六世祖であり、孝安/孝霊朝の倭国大乱折に来倭したアメノヒボコに当たる。

本系図は、伽耶（大伽耶と阿羅を含む）、但馬・丹後、筑前（伊都国）が、政治的・経済的に一体であり、相互の王家の交流があったことを示す。
（藤田）

天日鉾は伊都国に砦を築き、五十跡手の祖となる

伊都国（明治になって糸島郡）。糸島郡教育会編纂『糸島郡誌』に「而して日槍はまず新羅往来の要津たる伊覩に侵入した。砦を築き此に住して五十跡手の祖となり、更に但馬に移りて但馬家の祖となりしなるべし。」とある。このように天日鉾は伊都国に砦を築いた。また、宇美八幡宮祭神六座の内気比大神（天日鉾の別名）あり。越前国官幣大社気比神宮の祭神と同一の神にして、天日槍を祀れるなり。また、天日鉾は田川で赤留比売と結ばれ娘を授かった。その祖先は三毛入命（神武の兄）と記載されている。
（FB情報、大須賀あきら）

スサノオ、アメノヒボコ、秦氏との相関

スサノオ（新羅王室2代南解次次雄に当たる）は紀元前後に筑前に侵攻して伊都国を建てた。この折アメノヒボコを伴っていたとも思われる。（ひょっとしたらスサノオそのひとがアメノヒボコか）右図のようにスサノオの孫が迎鳥で四世孫が阿加流日古で両者ともにアメノヒボコと呼ばれたという。（七世孫の日桙が倭国大乱の折、来倭したアメノヒボコ。）

スサノオ（その後のニギハヤヒ）はアメノヒボコと密接な関係があり、またアメノヒボコは秦氏と結びついている。スサノオが出雲に侵攻した当時も、石見の日本海沿岸から江の川を遡り、三次に至りさらに芦田川上流から備後・新市に達し、そこから古山陽道を辿り備中・総社に至る、ルート（スサノオルートとも云える）があった。事実、新市には古社の素戔嗚神社があり、ニギハヤヒは備中・備前で力を養い、また2世紀にはアメノヒボコが総社に達していた証左がある。さらに、アメノヒボコは秦氏との関連が強い。秦氏は出雲の四隅突出型墳丘墓や吉備の大型弥生墳丘墓の造営と関係しているとも云われる。ちなみに、三次は四隅突出型墳丘墓の発祥の地と云われ、その造営と秦氏との関連が注目される。
（藤田）

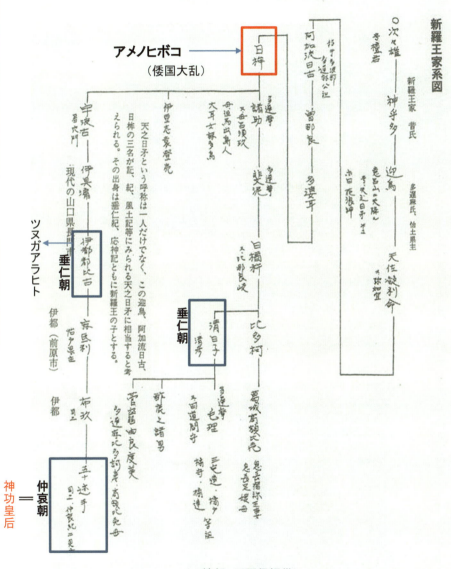

（FB情報、川岡保提供）

倭国大乱時に来倭したアメノヒボコは延烏郎か

「迎日」という地名は高麗時代の延日県に由来し、『三国遺事』阿達羅王（在位154-184年）四年（157年）の延烏郎と細烏女の説話に現れる。それによれば、日月の精である延烏郎・細烏女夫婦が日本へ渡ったため日月が光を失い、王が使いを寄越したが、延烏郎は日本で王（新羅人が王になったという記録がないことから大王のことではなく地方を治める小王であるとみられる）として迎えられているのを天命として帰国を拒み、代わりに細烏女の織った綃（絹の織物）を与え、それで天を祭ったところ日月が元に戻った事から、天を祭った所を迎日県または都祈野と呼んだのだという。

注）延烏郎は但馬の王となった。

（迎日湾-Wikipedia 抜粋）　藤田加筆

日蝕の伝説　http://www.kotenmon.com/ecl/densetsu.htm

延烏郎・細烏女の神話
『三国遺事』より

　阿達羅王四年（西暦157年）、新羅の東海岸に延烏郎・細烏女という夫婦が住んでいた。ある日延烏郎が海岸で海藻を採っていると大きな岩があって延烏郎を日本まで運んでいってしまった。日本の国の人はただの人ではないと言って延烏郎を国王にしてしまった。細烏女が延烏郎を捜しに海岸へ行くとまた岩がありその上に夫の履き物が置いてあった。その岩の上にのると細烏女を日本へつれていった。細烏女は延烏郎に再会し王妃となった。

　この時新羅に日月の光が無くなった。日官が国王に「この原因は日月の精が日本に行った為です」と奏上した為、王は二人を捜しにやったが二人は新羅へ帰らなかった。その代わり二人の娘の織った生絹を使いに渡し、天に祭るように言った。使者が新羅に帰ってから言葉通り天に祈ると、太陽と月がもとに戻った。この時祈った場所を迎日県又は都祈野という。

日蝕経路　大谷光男著「古代の暦日」では157年7月にあった日蝕の検証記事があり、157年の日蝕は慶州あたりでは浅い食で「延烏郎・細烏女の神話が157年の日蝕をさしているものではない。」と結んでいる。
　問題は、翌年158年7月13日の皆既日蝕が迎日湾（東経129.3度北緯36.0度）のほとんど真上を通っており、EMAPの計算では17時44分に日蝕が始まり、食甚18時41分、皆既継続時間約30秒、19時15分食分0.36で日没となる。計算上若干ずれたとしても相当の深食で、この神話が史実に基づいているのであればこの時の日蝕がもとになった可能性が高い。
　『三国遺事』は十二、三世紀にまとめられたものなので、二世紀ごろの記事にどれだけの信憑性があるのかの問題もあるが、ただ1年違いのこの日蝕がいままであまり関連づけられてない様なのには疑問が残る。

参考文献岩戸隠れの伝説
・大谷光男著『古代の暦日』雄山閣出版
・水谷慶一著『謎の北緯34度32分をゆく 知られざる古代』日本放送出版協会
・一 然著／金訳『完訳 三国遺事』明石書店

注：このページは1996年当時のEMAP/DeltaTで計算した結果で記述しており、最新版のEmapwin/DeltaTの結果では皆既ではなく、食分0.96程度の深蝕となります。(2015/03/16追記)

（藤田）

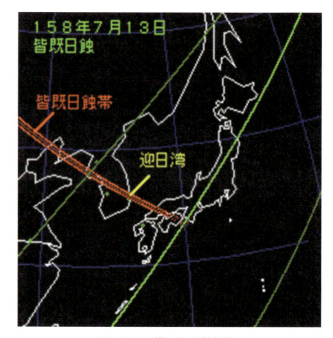

ＥＭＡＰで描いた日蝕経路

「天照大御神が天の石屋戸に籠ると高天原が暗闇に包まれた。そこで思金神の発案で、石屋戸の前で、賑やかな神楽を奉納したところ、天照大御神が驚いて戸を少し開けると天手力男神がいっきに戸を開けた。すると太陽が戻り、暗闇が晴れた。」この『古事記』の岩屋戸隠れの伝説は158年の皆既日食を反映しているのではないか。この時の日食帯は任那（伽耶）・新羅・出雲・吉備を横切った。高天原は伽耶あるいは出雲・吉備と考えられたか。

（藤田）

アメノヒボコ（倭国大乱時）；但馬から播磨へ

弥生時代 後期

倭国大乱 アメノヒボコ 但馬から播磨へ

但馬古代地図、播但道（但馬2千年柱 2013/1/28、Net）

但馬から播磨への鉄の道
『播磨国風土記』には、天日槍の物語がある。渡来神として崇められている新羅の王子が突然播磨に来て、淡路島を占拠した。王子は勢いをまし、拠点を広げ、地元の勢力と争って但馬の円山川流域を支配、豊岡の出石にも拠点を置いたという説話である。これは円山川河口から姫路の方に権益を確保したということを示している。
それを裏付けるように、2世紀末頃淡路島に製鉄遺跡五斗長垣内遺跡ができ、近畿最大の鍛造製鉄所として操業していた事実が、遺跡の調査からわかっている。かくして、円山川から市川まで抜ける「鉄の路」（現在の播但道）ができたことが判る。新たな畿内への「鉄の路」である。
但馬地区でも、円山川に沿って弥生後期後半紀元200年から300年頃の東山墳墓群・立石墳墓群があり、豊富な鉄製品、ガラス玉が出土している。何れも他にはない豊富な鉄製品が小さな墳墓から出土している。弥生後期には九州を上回る量の鉄器が出土する場所が北近畿に続出、古墳時代に繋がる。
（古代史の謎は「鉄」で解ける、長野正孝）＋ 藤田

新羅の王子が播磨に来て、淡路島を占拠、王子は次々に拠点を広げ、豊岡の出石にも拠点を置き丸山川河口から姫路の方に交易ルートを確保した。　『播磨風土記』

倭国大乱の時のアメノヒボコの渡来経路
1. 新羅（当時は辰韓）―但馬―播磨―淡路―大和―近江―若狭―但馬で、倭国大乱の折に渡来したのであろう。
2. 出雲の富氏伝承によれば、アメノヒボコはまず出雲を攻めたが、追い立てられ、但馬に上陸したとのことである。（但馬に上陸前に因幡を侵し、青谷上寺地の虐殺に関わった可能性がある。）
3. 孝霊天皇の御代、吉備勢力は加古川まで達し、大吉備と称された。日本海側の因幡や但馬は大吉備の一部ではなかったか。従って、但馬に上陸したアメノヒボコは吉備勢力と協働して播磨を南下し、但馬から播磨に至る鉄のルートを確立し、その鉄を五斗長垣内遺跡や舟木遺跡で倭国大乱の折の鉄製武器に鋳造して、ニギハヤヒの東征に協力したのではないか。
（「孝霊伝承」や『播磨の国風土記』など）
4. ニギハヤヒは大和に進出して、孝霊天皇になったと思われ、アメノヒボコもこの大和進出に同行したのではないか。
5. ニギハヤヒと卑弥呼により邪馬台国が建てられ、一方アメノヒボコは近江・若狭を経由して最終的に但馬に落ち着いた。
（藤田）

『古事記』によれば、アメノヒボコが持参した神宝は、珠が2つ、浪振比礼（ひれ）、浪切比礼、風振比礼、風切比礼、奥津鏡、辺津鏡の八種であり、ニギハヤヒが河内に天降った時に持っていた十種の神宝は、奥津鏡、辺津鏡、八握剣、生玉、死返玉、足玉、道返玉、蛇比礼、蜂比礼、品物比礼である。これらの神宝は似通っており、アメノヒボコの持参した神宝をニギハヤヒに渡し、二人でヤマト侵攻をはたしたのではないか。丹後の籠神社には、2000年間にわたり伝世されてきた息津鏡（おきつかがみ）、辺津鏡（へつかがみ）と呼ばれる秘蔵の鏡も2面あるが、これらはアメノヒボコが持参した鏡である可能性がある。
（藤田）

『日本書紀』によれば、「ニギハヤヒの十種の瑞宝と同じく天乃日矛の将来物」もまた、石上神宮の「神府（神の庫、兵庫のこと）」に蔵された。」とある。
（私の日本古代史、上田正昭）

『日本書』紀垂仁天皇八十八年の条
天日槍命が将来した宝ものは、羽太の玉一個、足高の玉一個、鵜鹿鹿の赤石の玉一個、出石の小刀一口、出石の鉾一枝、日鏡一面、熊の神籬一具の七物。これを但馬国に納めて神の物とした。
垂仁天皇は天日槍の曾孫の清彦に献上させたが（ヒボコ族の天皇への服属儀礼か）、出石の小刀一口はなくなって淡路島へ行った。祠を建てて祀っている。淡路津名（洲本市由良生石崎）出石神社「天日槍命」生石神社とも言う。
（藤田）

『日本書紀』ヒボコははじめ播磨の国についた。はじめ天皇（孝霊天皇か）は、ヒボコに対して播磨と淡路島とに土地を与えた。しかしヒボコはできるならば自分が国巡りして、気に入ったところに住みたいと願い出た。天皇はこれを許し、ヒボコは大和、近江、若狭、但馬と国巡りして、ついに但馬に定住した。
（藤田）

『記紀』や『播磨国風土記』の記述を基に、アメノヒボコが辿ったルートは、「新羅―日本海沿岸（出雲、越、若狭、丹後）―但馬―播磨―淡路―大和―近江―若狭―丹後―但馬」と考えられる。ニギハヤヒ（孝霊天皇、物部の祖）はアメノヒボコの辿ったコースの過半に同行していると思う。
（前ヤマトを創った大丹波王国、伴とし子）＋ 藤田

因幡の倭国大乱時代の遺跡！

アメノヒボコの軍団が青谷上寺地の虐殺に関わった可能性がある

青谷上寺地遺跡（あおやかみじちいせき）――倭国大乱の傷跡か

　青谷上寺地遺跡は、青谷町の西側を流れる勝部川と東側を流れる日置川の合流点南側にあたり、日本海にほど近い平野部に位置する。青谷平野は本来大きな入り江だが、弥生時代以降徐々に陸地化が進み、今から約2,400年前の弥生時代前期から人々が生活するようになった。そして、約1,700年前の古墳時代の初めごろ、人々は生活の場を他の地に移していった。青谷上寺地の弥生人は、弥生時代の約500年間、この地を生活の場としていた。

　湿地帯から陸地化が進むと、遺構の周囲を大きな溝で囲み、徐々に東側に拡張していく。この溝は大きな板や多数の矢板を打ち込む、大規模な護岸工事が行われている。西側の溝では、お祭りの場が見つかり、そこは集落の出入り口であることがわかる。溝の内側には、土壙（どこう）と呼ばれる用途不明の穴や、建物の柱跡となる穴が多数見つかっている。さらに集落の西側では、水田の跡も見つかった。海に近い青谷上寺地遺跡では、稲作だけではなく、漁撈や狩猟を盛んに行っていたことがわかる。それは多くの農具や漁撈具、獣骨などが物語ってくれる。

　さらに、青谷上寺地遺跡の弥生人は、他の地域の人々と盛んに交流していた。九州系や北近畿系、吉備地方の土器も出土している。石材においても、この近辺の石材だけではなく、ヒスイやサヌカイトなどが使われている。このことは、日本海を舞台とした交易や山を越えた交流が行われたことを示している。さらに、360点を超える鉄製品や古代中国の貨泉（かせん）が出土したことによって、海を渡り北九州や遠くは朝鮮半島、中国大陸との交流も行われていたことが想像できる。そして、物の交流だけではなく、精巧な木製容器類に見られるように、技術の交流も盛んに行われていた。このことは、青谷上寺地遺跡が単なる村ではなく、海上交通の重要拠点であったことを裏付けている。

　遺跡の東側の溝では弥生時代後期の100人分を超える約5,300点の人骨が見つかり、110点の人骨に殺傷痕が見られた。このことから、何らかの争いがあったことが考えられる。また、驚いたことに日本で初めて弥生人の脳が3人分発見された。
（ようこそ青谷上寺地遺跡展示館へ、Net）＋　藤田加筆

倭国大乱と関連か。　　　　　　　　　　　　　　　　　（藤田）

【青谷上寺地遺跡の概要写真】
（とりネット）

青谷上寺地遺跡で発掘された銅鏃の刺さった腰骨（日本人は、どこから来たのか？　Net）

刃物傷を持った人骨（矢印部）青谷上寺地遺跡出土（縄文と古代文明を探求しよう　Net）

青谷上寺地遺跡出土の人骨（朝鮮半島から渡来した弥生人と思われる）から得られた核ゲノムDNA解析データ（5個体）の主成分解析の結果は、現代日本人の核ゲノム解析の結果と区別・識別できない。すなわち、青谷上寺地の弥生人ゲノムは、現代韓国人のゲノムより縄文人に近い。即ち、弥生時代の南朝鮮の主体は西日本縄文人と考えられる。
（藤田）

アメノヒボコ　近江より但馬へ

アメノヒボコと近江

　アメノヒボコは宇治河を遡って、近江の国の吾名邑に入って暫く住んだ。近江の国の鏡邑（蒲生郡）の谷の陶人はアメノヒボコに従っていた者であるとあり、そこから信楽に移ったと思われる。
　麻井氏の『古代近江物語』では、近江の吾名邑の候補地を3つ挙げている。
①坂田郡阿那郷（坂田郡近江町付近）、②鏡邑は蒲生郡であり吾名もその付近（蒲生郡竜王寺綾戸）、③草津市の穴村を挙げている。
　③の穴村は守山市伊勢町のすぐ近くにあり、伊勢町には卑弥呼の里とも考えられる伊勢遺跡があり、興味が惹かれる。穴村には安羅神社があり、祭神は天日槍命である。安羅は加羅国の安羅に因むものと考えられる。
　　　　（邪馬台国近江説－古代の近江の点と線－、澤井良介）
　　　　　　　　　　　　　　　　　　　　　　　　藤田加筆

鏡神社②

鏡神社（滋賀県竜王町）の祭神は天日槍（あまのひぼこ）。『日本書紀』には、近江国鏡邑の谷の陶人（すえびと）が天日槍の従者になった事が書いてある。このことから天日槍が、この地に製陶技術を伝えた上、鏡を納めたと言われている。（TOYOSEIKI,Net）

安羅神社③

拝殿の右手に「天日槍命暫住の聖蹟」の石碑
　安羅の社名は新羅国の地名「安羅（阿羅）」に由来する鎮座地の地名「穴」もおそらく同じ。現在は「やすら」と読むが、当初は「あら」と読んでいたのであろう。
　　　　　　　　　　　（滋賀JINじゃ！Net）

出石神社（いずしじんじゃ）但馬国一宮

兵庫県豊岡市出石町宮内にある神社。
　兵庫県北部、出石盆地東縁の山裾に鎮座し、かつては出石神社付近が周辺一帯の中心地であった。この出石神社は、『古事記』や『日本書紀』に記される渡来新羅王子の天日槍伝説の中心となる神社で、現在の祭神には天日槍が将来したという八種神宝の神霊および天日槍自身の神霊を奉斎し、地元では出石の開拓神としても信仰される。
　祭神は伊豆志八前大神（いづしやまえのおおかみ、出石八前大神）、天日槍命（あめのひぼこのみこと）。天日槍が将来したという八種神宝の神霊を「伊豆志八前大神」として奉斎し、これに天日槍の神霊を併祀する形を取っている。
　出石神社の祭祀は、『古事記』や『日本書紀』などの記す天日槍（あめのひぼこ、天之日矛/天日桙）伝説との深い関わりで知られる。そのうち『古事記』応神天皇記では、天之日矛は新羅王子であり、その昔（応神天皇以前）に日本に渡来したとする。そしてその渡来の経緯として、天之日矛は妻を追って日本に渡来し難波に着こうとしたが着けなかったため、新羅に帰ろうと但馬国に停泊していたが、そのまま但馬国に留まり多遅摩之俣尾（たじまのまたお）の娘の前津見（さきつみ）を娶って子孫を儲けたという。また天之日矛は「玉津宝（たまつたから）」と称される神宝8種を将来し、それらは「伊豆志之八前大神（いづしのやまえのおおかみ）」と称されるとする。対して『日本書紀』垂仁天皇3年条では、天日槍を同じく新羅王子とした上で、垂仁天皇（第11代）の時に渡来したとし、天日槍は将来した7物を但馬国に納めて永く神宝としたとする。また同条の別伝では、日本に渡来した天日槍は初め神宝8種を天皇に献上したとし、さらに天皇から居住地として提示された播磨国宍粟邑と淡路島出浅邑は固辞したうえで、近江国・若狭国を経て但馬国に至り、そこで但馬国出島（出石に同じ）の太耳の娘の麻多烏（またお）を娶り、子孫を儲けたとする。
　　　　　　　　　　　　（Wikipedia抜粋）　藤田加筆

『日本書記』は、欠史八代の天皇の事績を崇神朝・あるいは垂仁朝の事績とする傾向が多々ある。（藤田）

出石神社
手前に拝殿、右奥に本殿。

アメノヒボコは但馬国を得た後、豊岡（とよおか）周辺を中心とした円山川（まるやまがわ）流域を開拓した。そして亡くなった後は、出石神社（いずしじんじゃ）の祭神として祀られることになった。
　　　　　　　　　　　　　　　　　　　　　　　（藤田）

拝殿

Ⓑ156

弥生時代後期の鉄器製造遺跡（倭国大乱との関連）

五斗長垣内遺跡 ← アメノヒボコはニギハヤヒの東征軍に鉄製武器を供給
ごっさかいと

五斗長垣内遺跡は淡路島の西側海岸線から三キロの丘陵地にあり、東西五百メートル、南北百メートル。弥生時代後期・2世紀ごろのおよそ100年間にわたり存在したと考えられる。遺跡には竪穴式住居や鍛冶工房などが復元されている。
　弥生時代後期の鉄器製造施設跡が23棟から成っており、うち12棟から鉄を加工した炉跡の遺構が確認された。遺物の鉄器は、矢尻、鉄片、鏨（たがね）、切断された鉄細片など75点が出土した。また石槌や鉄床石（かなとこいし）、砥石など、鉄を加工するための石製工具も数多く出土した。1棟の中に10基の鍛冶炉がある建物も発見され、これまで発見された弥生時代の鉄器製造遺跡としては、最大規模であった。住居は少なく、鉄器製作に特化した特異な遺跡である事が分かった。
　淡路島のような人口の少ない小規模の島で、生活のためにこれほど大量の鉄器は必要ない。『魏志』に記された倭国大乱・邪馬台国の時期に重なり、ヤマト王権成立にいたる戦乱期の中でこの施設が軍事利用されていた可能性もある。『古事記・日本書紀』にも国生み神話は淡路島から始まっており、今上天皇にいたるヤマト王権成立との関係が窺える。
（Wikipedia 抜粋）藤田加筆

復元された遺跡内最大円形工房、「ごっさ鉄器工房」
（神戸・兵庫の郷土史Web研究館、Net）

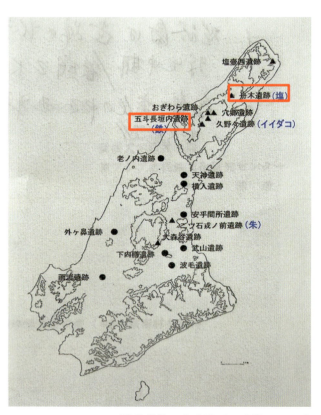

（弥生後期から卑弥呼の時代へ、Net）

淡路・舟木遺跡 新たな大型の鉄器工房跡　国内最大級か
毎日新聞2017年1月25日
弥生時代後期　鉄製品57点と工房含む竪穴建物跡4棟発見
　兵庫県淡路市教委は25日、弥生時代後期の舟木遺跡（同市舟木）から大型の鉄器工房跡を確認したと発表した。遺跡中心部の状況を把握するため狭い範囲で溝（トレンチ）を掘って調査した結果、鉄製品57点と工房を含む竪穴建物跡4棟が見つかった。同遺跡全体の鉄器工房の規模が、南西約6キロにある国内最大級の鉄器生産集落で、国史跡の五斗長垣内（ごっさかいと）遺跡（同市黒谷）をしのぐ可能性があるとしている。
（藤田加筆）

ニギハヤヒとアメノヒボコの東征軍と鉄製武器

ニギハヤヒとアメノヒボコの東征軍は淡路の五斗長垣内遺跡や舟木遺跡および阿波の矢野遺跡で製造された鉄製武器で軍備を備え、倭国大乱に勝利し、邪馬台国を建てるに至った。

阿波 矢野遺跡

日本で製鉄が始まる弥生中期末頃に北部九州と時をほぼ同時期に鉄器生産をはじめた徳島吉野川下流域南岸の矢野遺跡・名東遺跡や庄・蔵元遺跡。古代の海岸線に近い山裾 鮎喰川沿いの鍛冶工房群である。古代になるとこの鮎喰川流域には阿波国府が置かれ、阿波国の中心として引き続き発展してゆく。また矢野遺跡の鍛冶工房跡から瓶に収められて出土した砂鉄は何を意味するのか。昨年淡路島で発見された弥生時代後期の国内最大級の鍛冶工房「垣内遺跡」とこれらの鍛冶工房遺跡群との関係はどうなのか。

卑弥呼の時代を経て初期ヤマト王権の成立に大きな役割を演じたといわれる「阿波」。その力の源泉は阿波の鉄器生産だったのではないか。

矢野遺跡で砂鉄が発見される同じ頃、日本各地の製鉄関連地で墓に砂鉄が副葬される例も見つかっていて、砂鉄は「砂鉄」として認識され、鍛冶の副原料ないしは初期的な製鉄が試みられていた。阿波は朝鮮半島・北九州から四国・瀬戸内そして大和へと続く「鉄の道」の中間拠点にあり、当時の先端製鉄技術を有して、邪馬台国やヤマト王権の成立に役割を果たした阿波。そんな時代に鍛冶工房で瓶に入れられた砂鉄が出土した。
（阿波 砂鉄を出土した弥生の鍛冶工房 矢野遺跡、Net）藤田加筆

弥生時代中期の出雲では砂鉄からの初歩的なタタラ製鉄（野ダタラ）が行われていたと思われる。また、矢野遺跡は淡路島の五斗長垣内遺跡のように邪馬台国や崇神王朝への鉄製武器の供給基地であったのではないか。（藤田）

アメノヒボコ

アメノヒボコは、阿達羅王（在位154-184年）4年（157年）来倭の延烏郎に当たる『三国遺事』。天火明命（ホアカリ）の5世孫の天太耳命（第5代孝昭天皇に当たる）の皇女麻多烏と婚姻（『但馬の国風土記』。また、神功皇后の7世祖である『日本書紀』。

アメノヒボコは倭国大乱の真最中に来倭した。関門海峡から瀬戸内海に入ろうとしたが、何からの障害でかなわず、日本海を東行し、当時吉備勢力の影響下にあったと思われる、因幡を侵し、但馬に上陸した。その後、但馬から播磨へ南下し、播但を縦断する鉄の道を構築した。このルートで運ばれた鉄は淡路の五斗長垣内遺跡や舟木遺跡で鉄製武器に加工された。さらに、阿波の矢野遺跡でも鉄製武器に加工されたと思われる。これらの鉄製武器を装備したニギハヤヒ軍団がアメノヒボコと合流し吉備より東征し、河内から大和に侵攻し、葛城王朝を解体、大己貴の国（玉牆の内つ国）を瓦解させて邪馬台国を建てた。その後、アメノヒボコは近江に暫く留まったのち、若狭から丹後を経て、但馬に落ち着いた。（藤田）

日本の製鉄の歴史

第1期 褐鉄鉱からの製鉄、縄文中期から弥生中期 （多氏が中心か）
第2期 砂鉄等の磁鉄鉱からの製鉄（野ダタラ、弥生中期から後期 （大国主ら国津神が中心）
アイアンロードにより伝わった匈奴の製鉄技術が日本海を横断してあるいは樺太経由で倭国に伝わったか。
第3期 楽浪郡の製鉄所からの鉄艇の移入および高度なツクシ型送風管を用いたタタラ製鉄、弥生時代後期から。（南朝鮮よりの渡来者、所謂、天津神が持ち込む）（藤田）

日本最古の製鉄工房遺跡

近年の製鉄開始についての一般的理解は、弥生時代後期（1-3世紀）に遡るといわれる備後の「小丸遺跡（三原市八幡町）」や九州地方北部（博多遺跡群）であり、加えて出雲や吉備で製鉄が行われていた。

纏向遺跡では勝山古墳を含めて5ヶ所で鍛冶関連の遺物とツクシ型送風管（蒲鉾型羽口）が出土している。北部九州の羽口は断面が半円形で、朝鮮半島に由来する。この九州式羽口は「ツクシ型送風管（石野博信）」と呼ばれる半円形（かまぼこ型）のパイプで、これが3世紀纏向遺跡の勝山地域で出土しており、羽口だけとは言いながら弥生時代後期からの製鉄の存在の可能性を指し示している。
（弥生時代に製鉄はあった／最古の製鉄遺跡分布図 2013年版、Net）藤田加筆

弥生時代～古墳時代前期のツクシ型送風管出土地

大神神社（おおみわじんじゃ）

大物主（ニギハヤヒ）が主祭神、その前の祭神は大国主と少彦名神

大神神社（三輪明神大神神社、大和国一之宮、桜井市）　旧来は美和乃御諸宮、大神大物主神社と呼ばれた。中世以降は三輪明神と呼ばれる。明治時代になり「大神神社」と改名された。
主祭神：大物主大神（おおものぬしのおおかみ、倭大物主櫛甕玉命、大三輪之神（おおみわのかみ）。
配祀神：大己貴神（おおなむちのかみ）、少彦名神（すくなひこなのかみ）

　大物主神は蛇神であると考えられ、水神または雷神としての性格を併せ持ち、稲作豊穣、疫病除け、醸造などの神として特段篤い信仰を集めている。また日本の守護神、氏族神（三輪氏の祖神）である一方で祟りなす強力な神ともされている。
　遠い神代の昔、大己貴神（おおなむちのかみ）（大国主神に同じ）が、自らの和魂（にぎたま）（幸魂（さきみたま）・奇魂（くしみたま））を三輪山にお鎮めになり、大物主神の御名をもってお祀りされたのが当神社のはじまりである。それ故に、本殿は設けず拝殿の奥にある三ツ鳥居を通し、三輪山を拝するという、原初の神祀りの様が伝えられており、我が国最古の神社である。大三輪之神（おおみわのかみ）として世に知られ、大神をおおみわと申し上げ、神様の中の大神様　として尊崇され、各時代を通じ、朝野の崇敬殊に篤く、延喜式内社・二十二社・官幣大社として最高の待遇に預かり、無比のご神格がうかがわれる。
三輪山伝説：倭迹迹日百襲媛命は聡明で未来を予言することができた。崇神天皇の命により北陸道を平定しようと出発した将軍の大彦命が道中で不思議な童歌を詠う少女に出会った。大彦命はただちに引き返して天皇に報告した。これを聞いた倭迹迹日百襲媛命は武埴安彦命と吾田媛の反逆を予言した。武埴安彦命らによる反乱は大彦命・彦国葺命らによって討伐された。
　その後月日は流れ、倭迹迹日百襲媛命は大物主神の妻になった。しかしこの神はいつも夜にしか姫のところへやって来ず姿を見ることができなかった。百襲姫は夫にお姿を見たいので朝までいてほしいと頼んだ。翌朝明るくなって見たものは夫の美しい蛇の姿であった。百襲姫が驚き叫んだため大物主神は恥じて三輪山に帰ってしまった。百襲姫はこれを後悔して泣き崩れた拍子に、箸が陰部を突き絶命してしまった（もしくは、箸で陰部を突き命を絶った）。百襲姫は大市に葬られた。時の人はこの墓を箸墓と呼んだという。（三輪神社、Net）＋（Wikipedia抜粋）

　邪馬台国が成立して、大物主（ニギハヤヒ）が大神神社の主祭神になる前は大国主と少彦名神（倭国大乱の折敗死か）が主祭神であったと思う。邪馬台国を建てたニギハヤヒは、大神神社の祭神におさまった。また、倭迹迹日百襲媛命は孝霊天皇の皇女であり、卑弥呼と見なされている。従って、崇神朝の事績に倭迹迹日百襲媛命が現れるはずがない。これも、『日本書紀』によく見られる作為・改竄か一つか。
（藤田）

三輪神社、大己貴神社、大神神社　全国各地に三輪神社ないし美和神社があるが、これらの神社は桜井市の大神神社から勧請されたものと思われる。その中で近江の古社の三輪神社（滋賀県栗東市大橋、祭神：大国主）は注目される神社である。近江の三輪神社は三上山と大己貴の国（玉牆の内つ国）の都と思われる伊勢遺跡の間にあり、神社からは秀麗な三上山が仰ぎ見られる。この三輪神社と大和の大神神社との関係が注目され、どちらが古社であるかは議論の分かれるところである。さらに、伊勢遺跡に隣接して大宝神社（祭神：素盞嗚尊と稲田姫命）があるが、この神社は後年追来（オフキ）神社の境内に鎮座させたものである。追来神社の祭神は伊吹山に座す多々美彦命（別名八岐大蛇、大国主のことか）であり、追来神社は地主神でありながら大宝神社本殿が主祭神となっているため、無理に境内社としての位置付けにされ、社名変更を余儀なくされたと推測される。一方、筑前・筑前町（旧三輪町、筑後に近い）には大己貴神社がある（大己貴命は大国主の別名）。この神社は最も古いといわれている神社のひとつであり、大己貴神社付近と大神神社付近の地名や地形も偶然とは思えないほど酷似していて、この二社の関連が注目される。以上のように、大和の大神神社、近江の三輪神社と筑前の大己貴神社のお互いの関連性が注目される。私見では、紀元前後のスサノオの筑前（大己貴神社）さらに出雲への侵攻により大国主は東遷し近江（三輪神社）や大和（大神神社）に遷ったのではないかと考える。
（藤田）

（光一郎撮影）

ニギハヤヒ（孝霊天皇）は、大物主と同一人物か

大物主はニギハヤヒか

　原田常治氏は、大物主神は饒速日尊であったと、その著『古代日本正史』（1976年刊）で書いている。しかし、日本家系学の重鎮、宝賀寿男氏は、「古代氏族の研究⑧　物部氏」で、原田氏の「三輪大物主神＝饒速日尊」という同神説を祭祀・種族系統からあり得ないと一蹴している。とはいえ、次の通り、原田氏の同神説を支持したい。

①神武東征は時代的に崇神東征と考えるのが妥当である。従って、ニギハヤヒは崇神東征の折、すでに大和に天降っていたのだから、ニギハヤヒが大和に居たのは欠史八代の頃と思われる。

②崇神天皇7年春2月、国内にしばしば災害が起こり、それを憂いた天皇の前に、倭迹迹日百襲姫命に神憑って現れたのが大物主神である。そして、大物主神の言う通り、その子大田田根子を祭主とし大物主神を祭ったところ、疫病は止み、五穀は実り、民はにぎわった『日本書紀』。大田田根子は大物主の四世孫でタケミカヅチの子で、この系譜からも大物主は孝霊天皇のころの人格ととらえることができる。タケミカヅチは藤原氏（中臣氏）の守護神であり、出雲の国譲り（崇神東征の頃）で活躍する仮想の神と考える。

③倭迹迹日百襲姫命は大物主神の妻となり、「日は人作り、夜は神作る」という、あの箸墓伝承につながる最古の前方後円墳の箸墓古墳に葬られたという。倭迹迹日百襲姫命は孝霊天皇の娘とされ、卑弥呼の有力候補者である。卑弥呼＝倭迹迹日百襲姫命の同一性は、海部氏勘注系図にも示されている。

④倭国大乱はニギハヤヒのアメノヒボコを伴った東征によって引き起こされたと考える。神功皇后はアメノヒボコの子孫（7世孫）だがその系図を辿るとアメノヒボコが渡来したのは孝霊天皇の御代と考えられる。また、アメノヒボコは157年渡来した延烏郎と思われる『三国遺事』。倭国大乱は和邇氏の巫女と思われる卑弥呼を共立することでおさまり、ニギハヤヒは虚空見つ倭国、すなわち邪馬台国を立てた。邪馬台国は崇神東征により終焉したと考えられる。

⑤大国主は少彦名と協力して国つくりを進めてきたが、倭国大乱の折、少彦名が亡くなる。これから一緒に天下をおさめる者はいるのだろうかと嘆く大己貴命の前に、大己貴命の「幸魂奇魂」だという大三輪の神、すなわち大物主神（ニギハヤヒ）が現れる。すなわち、大国主は三輪山をニギハヤヒに乗っ取られたとみるのが正しいと思う。

⑥アメノヒボコの将来物の可能性の高い天璽瑞寶は饒速日（ニギハヤヒ）が天降るときに授かったとされているので、天璽瑞寶は饒速日そのものである。「天璽瑞寶を藏し以て天皇の爲に鎮祭る」「大神を殿内に奉齊る」から、「大神」とは天璽瑞寶、すなわち饒速日のことであることがわかる。このことからすると、大神神社は饒速日を祀った神社ということになる。大神神社には本殿はなく、三輪山そのものが神殿となっている。つまり「大神」を「オオミワ」と読むのは、三輪山に「大神」が祀られていることによるのではないか。三輪山に住む神は大物主神であることからすれば、「大神＝饒速日＝三輪山に住む神＝大物主」ということになる。　　　　　　（大物主と饒速日、Net）＋　藤田

大国主、スクナビコナとニギハヤヒに関する『古事記』の記述

　大国主之命が出雲の今の美保である御大（みほ）の岬にいた時のこと、波がしらの白く立ち騒ぐ沖の方から、ががいもの実の二つに割れたのを船として、ミソサザイの羽の着物姿で、波の上をこちらの方に近寄ってくる小人のような神がいました。そこで、名前を尋ねたのですが返事がなく、お伴の方々に聞いても誰一人知っている者がいませんでした。そこへヒキガエルが現れて「これはきっと、案山子（かかし）の久延毘古（くえびこ）が知っているでしょう。」そこで案山子を呼んで聞いてみると「これは神産巣日神（かむむすひのかみ）の御子で、少名毘古那神すくなびこなのかみでございます」と答えました。

　そこで高天原にこの神を連れてって、神産巣日神に聞いてみました。「たしかにこれは私の子供です。たくさんいる子供の中で指の股からこぼれ落ちた子供です。大国主之命と兄弟になってこの国を作り固めなさい。」そうおっしゃいました。

　こう言われて、それから大国主之命と少名毘古那神はお互いに力を合わせてこの国を設営しました。ところが、国がちゃんと出来ないうちに少名毘古那神は、海の彼方の常世国に渡って行ってしまいました。ところで、この少名毘古那神の名前を告げました久延毘古は歩くことは出来ませんが、天下のことは何でも知っている偉い神様です。

　さて少名毘古那神に先立たれて大国主之命は「私ひとりでどうしてこの国を作ることができよう。いかなる神と力を合わせてこの国を作ったらよいのだろうか。」と言って嘆き悲しんでいました。この時、遠い沖合いから海原を照らして光輝きながら、次第に近寄ってくる神さま（大物主、ニギハヤヒ）がいました。そして、「もし私をよく祭りあがめるようならば、お前と一緒になってこの国の経営にあたってもよい。そうでなければ、この国がうまく治まることは難しいだろう。」「それでは、どのようにお祭りしたら宜しいのでしょうか。」「大和の国を青垣のように取り囲む山々の、その東の山の頂きに、身を清めて私を祭るが良い。」と言いました。これは御諸（みもろ）の山（三輪山）の上にいる神です。
　　　　　　　　　　　（御諸の神、Net）　藤田加筆

倭国大乱の際、スクナビコナは、ニギハヤヒとアメノヒボコとの抗争に敗れ死んだか。ニギハヤヒは大神神社を大国主から乗っ取ったのか。　　　　　　　　　　　　　　　　　　　　　　（藤田）

Ⓑ160

弥生時代　後期　倭国大乱　アメノワカヒコ

220

アメノワカヒコ（少彦名）の死

『古事記』　葦原中国の平定　：＜第二章＞アメノワカヒコの死
アメノワカヒコはスクナビコナか？

『古事記』

葦原中国の平定
（藤田加筆）

＜第一章＞アメノホヒの派遣

　オオクニヌシ神の国作り完成させた頃、高天原のアマテラス大神は、稲穂の美しい葦原中国は、わたしの子が治める国である。」とおっしゃって、葦原中国の支配をアメノオシホミミ神に任せました。
　アメノオシホミミ神は、スサノオ神とのうけいで一番目に生まれた神です。アメノオシホミミ神が、天の浮橋に立つと「葦原中国は、まだ騒がしいようだ。」と言って引き返し、アマテラス大神に申し上げました。そこで、タカギムスヒ神とアマテラス大神の命令で八百万の神々が、天の安の河に集まって相談し、アメノホヒ神を遣わすことにしました。ところがアメノホヒ神は、オオクニヌシ神に従ってしまい、三年が経っても、命令を果たしませんでした。
アメノホヒとスサノオは出雲王朝を建てたが、ほどなく大国主一族にこの王朝の実権を握られたことを指しているのか。

＜第二章＞アメノワカヒコの死　　⇒少彦名の死

　三年が経ってもアメノホヒ神は帰ってこないので、再び、タカギムスヒ神とアマテラス大神は高天原の神々と相談して、アメノワカヒコを派遣することにしました。アメノワカヒコは、葦原中国に降りてゆきましたが、オオクニヌシ神の娘のシタテルヒメと結婚してしまいました。アメノワカヒコは、葦原中国を自分の国にしようと考え、八年が経っても、命令を果たしませんでした。そこで、アマテラス大神とタカギムスヒ神は、「アメノワカヒコが帰ってこない。どの神を遣わして、長い間帰ってこない理由を聞いたらよいだろう。」と、高天原の神々に問いました。神々は相談して、オモイカネ神が「ナキメがよいでしょう。」と答えました。そこで、ナキメに「『おまえを葦原中国に遣わしたのは、その国の荒ぶる神々を説得して、従わせるためである。どうして八年経っても帰ってこないのだ』と聞いてきなさい。」と命令しました。
　ナキメは天より降って、アメノワカヒコの住まいの入り口にある神聖な桂の木にとまり、アマテラス大神とタカギムスヒ神の言葉を伝えました。ナキメは雉の姿をしています。すると、それを聞いたアメノサグメが「この鳥は、ひどく鳴き声が悪いので射殺すべきです。」とアメノワカヒコに進言しました。アメノワカヒコはただちに、天つ神より与えられた弓と矢をもち、ナキメを射殺しました。その矢は雉の胸を突き抜けて、天の安の河にいたアマテラス大神とタカギムスヒ神のところに届きました。タカギムスヒ神はその矢を手に取ってみると血が矢の羽についています。「この矢は、アメノワカヒコに与えた矢ではないか。」タカギムスヒ神は、矢を高天原の神々に示し見せながら「もし、アメノワカヒコが命令どおりに悪い神を射た矢なら、アメノワカヒコには当たらない。もし、命令に背いて放った矢なら、アメノワカヒコは、この矢の禍を受けよ。』といって、矢を突き返しました。矢は、朝方になってもまだ寝ているアメノワカヒコの胸に突き刺さり、アメノワカヒコは、死んでいました。結局、天より遣わした雉は帰って来ませんでした。そこで、行ったままで、帰ってこない使いのことを「雉の頓使い（ひたつかい）」というようになりました。

（つづき）
　一方、夫の死を悲しんで泣くシタテルヒメの声は、風に乗って高天原まで届きました。高天原にいるアメノワカヒコの父は、アメノワカヒコの妻子とともに天より葦原中国に降りて嘆き悲しみました。アメノワカヒコを喪屋（もや）に安置していると、アジスキタカヒコ神がやって来て、アメノワカヒコを弔いました。それを見たアメノワカヒコの父は「わが子は死んでいなかった。」といい、高天原に住む妻も「わたしの夫は死んでいなかった。」といって、アジスキタカヒコ（ネ）神の手や足にすがりついて泣きました。それを聞いたアジスキタカヒコ神は、「仲の良い友だちだったからこそ、弔いに来たのにわたしを死者と間違えるなんて。」と大変怒って、その喪屋を切り倒し蹴り飛ばししてしまいました。その喪屋は、美濃国（みののくに）の喪山になってしまいました。アジスキタカヒコ神が怒って飛び去ってしまうと、妹のタカヒメ神が、その名を明かそうと、「アジスキタカヒコ神は私の兄です。」と歌いました。
倭国大乱の終結期にニギハヤヒによりアメノワカヒコならぬ少彦名が殺されたことを指すと思う。

＜第三章＞国譲り
　本文後掲（Ⓑ185）。
3世紀末の崇神東征で大和・葛城の出雲勢力（大国主勢力）が一掃されたことを「国譲り」と云うと思われる。

参照：
論考2　出雲とヤマト（2）「出雲王朝の建国と崇神朝における出雲王朝の崩壊」
　　　Ⓑ029
論考8　スクナビコナ（少彦名）、アメノヒワシ（天日鷲）、アメノワカヒコ（天稚彦）、ヤタガラス（八咫烏）は、同一神か　Ⓑ133

播磨の国一宮の伊和神社（いわ）の主祭神は伊和大神（大己貴神）であるが、配神は少彦名神と下照姫神になっていて二人は夫婦と考えられる。このことからも、アメノワカヒコは少彦名神と同一人物と見なし得るのではないか。
（藤田）

喪山

アメノワカヒコは美濃・喪山でタカキムスビ神に殺されたとみる。アメノワカヒコは、倭国大乱の終わりにタカキムスビ神ならぬニギハヤヒに殺された少彦名か？

『古事記』によるとアメノワカヒコと結婚したのはシタテルヒメであり、アメノワカヒコはタカキムスビ神に殺されたとの記載がある。筆者（藤田）は、**アメノワカヒコは少彦名であり、倭国大乱の折、大和・葛城を制し北上したニギハヤヒ軍団との抗争で殺された**とみる。この抗争は喪山（岐阜県美濃市）近辺で起こったと考えられ、喪山には、アメノワカヒコを祭神とする喪山天神社（大矢田神社境外摂社）がある。また、「大己貴の国」の中枢であったと思われる彦根市近辺に豊郷町があり、そこの安食（あんじき）にはアジスキタカヒコネを祀る阿自岐神社があり、高野瀬にはアメノワカヒコを祀る天稚彦神社がある。崇神東征により邪馬台国は崩壊し、大和から大国主勢力は駆逐された（国譲り）。しかし、「大己貴の国」の後継国の狗奴国は、近江北東部と美濃を核として残存した。（藤田）

飛んできた喪屋が落ちてきたとされる「喪山」。山上に奥山天神社がある。

喪山天神社（岐阜県美濃市）

大矢田神社
7代孝霊天皇の時代の創祀とされる、伝承では、悪魔が山に住んで人々が困っていたところ、須佐之男命（スサノオ）を祀るようにというご神託があり、お迎えしたとされる、
　神社のひんここ祭は約500年前に始まり、スサノオが、農耕の邪魔をする大蛇を退治し、御殿にいる妻、櫛稲田姫を食べようとする龍も退治する様子を人形で表現する。祭神を御旅所まで運ぶ神輿には明治ごろまで、沿道から小さな矢の飾りを投げつける風習があった。天若日子（アメノワカヒコ）の故事に因むもので、大正から参拝者にまく形に改められたという。
　この大矢田神社の縁起は、スサノオの八岐大蛇伝説と前頁に記載の『古事記』の「アメノワカヒコの死」の逸話を想起させる。アメノワカヒコたる少彦名は倭国大乱の末期に美濃でスサノオの後のニギハヤヒによって殺害されたと思われる。
（藤田加筆）

産経新聞　平成31年3月23日　記紀が描く国の始まり、天皇の肖像

大矢田神社は、7代孝霊天皇時代の創紀とされ、意味深である。著者（藤田）は、倭国大乱を鎮め邪馬台国を建てたニギハヤヒが孝霊天皇に当たると考えている。ひんここ祭のスサノオが大蛇を退治し、櫛稲田姫を助けるという構図は、出雲の八岐大蛇退治と酷似している。伊吹山麓の伊富岐神社は伊吹山を神奈備とし、八岐大蛇（大国主）を祭神の一柱とする。
（藤田）

大己貴の国の分裂⇒邪馬台国と狗奴国

[倭国大乱により大己貴の国（玉牆の内つ国）が解体され、西日本に広がる邪馬台国と東日本に広がる狗奴国が成立した。]

イザナギ・イザナミの時代、近江・野洲を核とする浦安の国があった。紀元前後、スサノオによる出雲侵攻により出雲古国が壊滅、八岐大蛇たる大国主が殺された。この敗戦の折、「聞く銅鐸」が加茂岩倉・荒神谷遺跡に埋納された。大国主一族のアジスキタカヒコネらが東遷し、大国主のネットワークの中心が出雲から近江へと移った。アジスキタカヒコネは、大己貴（近畿・中部地方での大国主の別称）と合流して浦安の国を大国主のネットワークの中心にした。

1世紀末に大国主命（大己貴命）と少彦名命は農産業・商工業産業が盛んな近江・湖南の伊勢遺跡（守山市）を国都とし伊吹山を神奈備とする大己貴の国（玉牆の内つ国）を建てた。この国は近畿・中部地方に広がり、「見る銅鐸」を祭器にした。伊勢遺跡は琵琶湖の水運を利用でき、後の北陸道・東山道・東海道と畿内を結ぶ交通の要衝に位置していた。2世紀半ばに饒速日尊（ニギハヤヒ）がアメノヒボコを伴い大和に侵攻した（ニギハヤヒの東征）。この物部を主力とする軍団は、大己貴の国の支国（葛城王朝）を崩壊させた。さらに、北上して大己貴の国の国都の伊勢遺跡を解体させ、和邇氏の巫女で大国主の血脈の卑弥呼（倭迹迹日百襲姫）を共立し、大和の纏向遺跡（桜井市）を国都とする邪馬台国を建てた。尚、大国主は湖東・湖北に逃れ、大己貴の国の後継国と考えられる狗奴国を建てた。かくして、近江湖南・湖西と湖東・湖北を境に邪馬台国と狗奴国が倭国を西日本と東日本とに二分することになる。

伊勢遺跡が倭国の東西・南北の交通の要衝に位置したように纏向遺跡もまた紀伊・伊勢・近江・山城・河内に通じる交通の要に位置した農・工・商業センターである。また、水運も奈良湖・大和川を経由し、河内から瀬戸内海に通じ、また北上すれば木津川から淀川水系に至り琵琶湖に達する。伊勢遺跡と纏向遺跡は地勢的に極めて類似している。伊勢・纏向遺跡からはそれぞれ秀麗な山容の三上山と三輪山を仰ぎ見ることが出来る。これら二つの山は、どちらも山間部と扇状地の境界にある「神の坐す山」とされてきた。三輪山の麓には大神神社があり、三上山の麓には三輪神社がある。三輪山の奈良湖側には纏向遺跡があり、三上山の琵琶湖側に伊勢遺跡がある。さらに、纏向遺跡の北側に物部の総氏神の石上神宮があり、伊勢遺跡の北側には物部郷の総社である勝部神社が鎮座する。石上神社の存在は倭国大乱を引き起こしたニギハヤヒ軍団の大和制圧の証であり、物部郷の存在は倭国大乱の末期に近江湖南に攻め込み伊勢遺跡を解体させた証であろう。

卑弥呼は3世紀半ばに死去し、箸墓古墳に葬られた。卑弥呼の死去のため、邪馬台国と狗奴国との抗争が再燃した。3世紀末の崇神東征により、邪馬台国は滅んだ。一方、狗奴国は成務朝まで存続した。（大宝神社 大宝神社紹介、Net）＋ 藤田

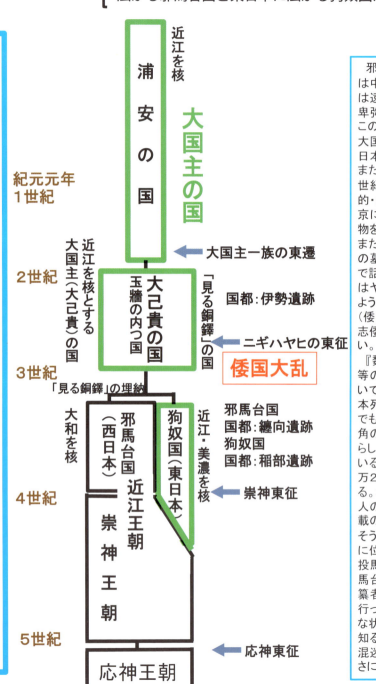

邪馬台国と『魏志倭人伝』

邪馬台（ヤマト）国時代（3世紀）、魏、蜀、呉の三国は中国の覇権を巡り、苛烈な争いを展開していた。魏は遠交近攻策を取り、呉を牽制するためにヤマト国の卑弥呼の求めに応じ「親魏倭王」の金印綬を授けた。このように魏は3世紀のヤマト国（倭国）を東アジアの大国と見なしていた。事実、ヤマト国は九州を含む西日本と南朝鮮の南部（任那）を抱合する大国である。また、狗奴国はヤマト国の東（東日本）に存在した。3世紀の邪馬台（ヤマト）国の纏向遺跡は倭国の政治的・経済的中心と考えられるほど広大で、後世の藤原京に匹敵する広がりを持っていた。纏向遺跡の出土物を勘案してもこの遺跡はヤマト国の国都に違いない。また、纏向遺跡にある箸墓はヤマト国の女王卑弥呼の墓に相応しいはじめての巨大な前方後円墳で、魏で話題にのぼるほどの規模である。（尚、前方後円墳はヤマト国に続くヤマト王権のシンボルとなる）このような文献的・考古学的知見は、纏向遺跡がヤマト国（倭国）の国都であることを強く示唆し、ヤマト国が『魏志倭人伝』では邪馬台（ヤマト）国と称されたに違いない。

『魏志倭人伝』での邪馬台国への道程・里程・方角等の記述が今日の東アジアの科学的地理観に基づいておらずかつ不正確で、解釈次第で邪馬台国を日本列島のどこにでもあるいは沖縄、台湾、フィリピンにでも位置付けることが可能である。この道筋・里程・方角の記述の不適格さが九州説と畿内説の確執をもたらし、もはやお互い修復不可能なレベルにまで達している。九州説の方々は帯方郡から邪馬台国の里程を万2千里と固執し、邪馬台国を九州内に収めようとする。私を含め畿内説の方々は、西晋の陳寿らの知識人の倭国の位置付けの不適格さの故に、倭人伝に記載の方角を90度左に回転させ、南を東、北を西と読む。そうすることによって、邪馬台国を畿内の大和に正確に位置付けることができる。（邪馬台国に至る途中の投馬国は出雲国（出雲王朝）であり、日本海経路で邪馬台国に到達する。）私見では、『魏志倭人伝』の編纂者の陳寿あるいは彼の部下は北九州には視察に行ったが、本州には足を踏み入れていない。そのような状況でどうして帯方郡から邪馬台国への総里程を知ることができたのだろうか。今日の邪馬台国論争の混迷はすべて『魏志倭人伝』の記述の曖昧さ・不適格さによるものである。
（藤田）

邪馬台国を巡る三国時代の東アジア情勢　　邪馬台国は畿内のヤマト国

　邪馬台国時代(3世紀)、魏、蜀、呉の三国は中国の覇権を巡り、苛烈な争いを展開していた。魏は遠交近攻策を取り、蜀を牽制するために大月氏(クシャーナ朝)に親魏王の金印綬「親魏大月氏王」を与え、一方、呉を牽制するために邪馬台(ヤマト)国の卑弥呼の求めに応じ「親魏倭王」の金印綬を授けた。大月氏国は当時人口50万を擁する中央アジアの大国であり、ヤマト国は大国の大月氏国に匹敵する好待遇を受けたことになる。実際、ヤマト国は四国・本州西部の国々のみならず北九州と南朝鮮に亘る任那・伊都国連合を含む大国であった。また、当時の魏の知識人の地理感では、倭国は、南朝鮮、九州、本州と北から南に延びる列島で、呉の東方海上に至り、呉を牽制するには絶好の位置にあると考えていた節がある。以上のように、ヤマト国は北九州の小国などではなく、大和を中核とする、南朝鮮、北九州、四国、本州西部を占める大国であり、本州東部には大国主の狗奴国連合があった。
　『記紀』には邪馬台国はおろか卑弥呼も一切記載されていない。だた、ニギハヤヒが興したヤマト国と思われる「虚空見つ日本(倭)の国」の国名だけが記載されている。この国が邪馬台国に当たると思われ、崇神王朝(三輪王朝)の前の孝霊天皇から開化天皇までの国であろう。卑弥呼はニギハヤヒと大国主により倭国大乱を鎮めるために邪馬台国の女王に共立された。崇神王朝にとってニギハヤヒはアメノホシオミミからの嫡流ではなく、スサノオからの傍流と考える。従って、ニギハヤヒの建てた邪馬台国(虚空見つ倭の国)は『記紀』から無視される運命であったのであろう。
　魏を継ぐ西晋の陳寿は『魏志倭人伝』の編者である。陳寿ら西晋の知識人もまた魏の知識人と同じく、倭国は朝鮮から南に延び、呉の東方に位置すると考えていたと思われる。陳寿らが本州は九州の南にあると思い違いをしていたのなら、『魏志倭人伝』の南方を東方と読めば、邪馬台国の中核の大和に至る方位をきちんと正すことができる。さらに、『魏志倭人伝』では狗奴国は邪馬台国の南方にあるとされているが、正しくは東方である。また、陳寿は北九州には行ったが大和には行かず、北九州の風俗・風習や埋葬方法を、若干の相違があるのにも拘わらず、畿内の大和の風習・風俗や埋葬方法としたのではないか。特に、北九州特有の甕棺は3世紀当時既に北九州でも廃れていたが、『魏志倭人伝』の「有棺無槨」が甕棺とされ邪馬台国九州説の論拠の一つにされた。また、三種の神器の原型が伊都国から出土したと言っても、崇神天皇の任那・伊都国連合が東遷して邪馬台国を引き継いだのであるから、三種の神器は東遷後のヤマト王権で確立したと考えると邪馬台国畿内説でなんら問題はない。
　邪馬台国の中枢は畿内の大和にあり、その中心は纏向遺跡であるとの推察の方が、『魏志倭人伝』を含む文献や当時の大型銅鏡の出土分布などの考古学的証拠に合致する。さらに、九州説の論拠として鉄製武器の出土が北九州地方に偏在することも挙がるが、倭国大乱に伴った淡路や阿波、さらに丹後に大型鋳造遺構が見つかること、物部氏の祖、ニギハヤヒの東征のための武器や戦利品(武器等)は物部氏の総氏神の石上神宮に納められたと考えられること、さらに大和、近江、伊勢などでは褐鉄鉱からの製鉄が盛んであったが、褐鉄鉱からの鉄は腐食しやすく古墳や遺跡からは出土しないこともその反論として挙げられる。
　不弥国から邪馬台国への行程は、投馬(出雲)国経由の日本海海路で若狭に行き、琵琶湖・宇治川・木津川経由で邪馬台国に至ったと思う。当時は水上交通が一般的であったので、この行程が最も蓋然性があると考える。
　かくして、卑弥呼は、ニギハヤヒと同一人物と思われる孝霊天皇の皇女倭迹迹日百襲姫と思われ、宮内庁の陵墓の治定によると倭迹迹日百襲姫が箸墓に葬られたとするように、卑弥呼は3世紀の半ば死去し箸墓に葬られたのであろう。

（Facebook藤田泰太郎タイムライン投稿2020/1/16抜粋）

邪馬台国・魏と狗奴国・呉の牽制

大己貴の国(玉牆の内つ国)は倭国大乱によりニギハヤヒの邪馬台国と大己貴の国の後継国の狗奴国とに二分された。上田説によれば、呉と狗奴国が連合して、魏・邪馬台国連合と対立したため、琉球から薩摩等は狗奴国域になる(北野正一、FBコメント)。狗奴国は最近の比定では東海地方としている(幻の王国・狗奴国を旅する、赤塚次郎)。この説に、持論を加味し、狗奴の西端の国々を、越前—近江湖北・湖東—美濃—伊勢・尾張とする。そうすると、狗奴国は伊勢・尾張から四国南部、九州南部、琉球と黒潮を通じて、呉と結びつくことになる。岐阜県の荒尾南遺跡から大型船が描かれた線刻絵画土器が出土している。この大型船の線刻は、狗奴国と呉との交流を示唆するものではないか。さらに、狗奴国は、日本海に面する越前から新羅への航路も確保していた。

（藤田）

魏と呉の遠交近攻策

卑弥呼を共立しての邪馬台国の誕生

ニギハヤヒとアメノヒボコが大和に侵攻して、葛城勢力を圧倒した。そこで、和邇氏の巫女、卑弥呼を近江より大和に遷らせ、邪馬台国（**虚空見つ日本（倭）の国**）を建てた。『日本書記』の「箸墓伝承」、宮内庁の箸墓の被葬者の比定、『魏志倭人伝』の卑弥呼の墓の記述、並びに埋納土器の年代測定等により、卑弥呼は孝霊天皇の皇女の倭迹迹日百襲姫命と推察される。従って、ニギハヤヒは孝霊天皇に当たり、卑弥呼は孝霊天皇の養女となり、倭迹迹日百襲姫と称したと思われる。
（藤田）

虚空見つ日本（倭）国
『日本書紀』の記述【昔、伊弉諾尊目此国曰「日本者浦安国、細戈千足国、磯輪上秀眞国。（秀眞国、此云袍圖莾句爾。）」復、大己貴大神目之曰「玉牆內国。」及至饒速日命乘天磐船而翔行太虛也、睨是鄉而降之、故因目之曰「虛空見日本国矣。」】にあるように、大己貴大神（大国主命）の建てた「玉牆内国」（大己貴の国）に続くのが饒速日命（ニギハヤヒ）の建てた「虚空見日本（倭）国」で邪馬台国に当たる。尚、これが『記紀』において国名としてのヤマトの初出である。
（藤田）

任那・伊都国連合
・任那・伊都国連合とは、対馬に興り、伽耶諸国と九州北中部諸国（伊都国が核）とを併せて成立していた国の連合。
・崇神とは九州の分国（伊都国か）の王であり、大和に侵入して新王権を立てた人格と考えられる「『桓檀古記』、『旧唐書』」。
・「日本」は音韻上「任那」につながる。
・任那は邪馬台国の勢力範囲。　　　　（古代日本異族伝説の謎、田中勝也）＋ 藤田

伊都国（北九州の国、現在の糸島市あたり）
・伊都國の長官を爾支（にし、じき、にぎ）。邪馬台国は、一大率を常駐させ、北部九州を行政的・軍事的にも統括する任務や女王の行う外交の実務を厳格に監督し実行する任務を持たせていた。
・伊都国は穴門を支配下に置き、瀬戸内海への出入りを監視していた。
（藤田）

「にし」といえば、新羅王号、尼師今（ニシキン）を、「にぎ」といえばニニギやニギハヤヒを想起する。

狗奴国：大己貴の国の後継国
大国主は弥生時代中期後葉には、山陰・北陸の玉、出雲の砂鉄、磁鉄鉱を基盤とする鉄器と出雲の銅鉱を基盤とする青銅器（銅鐸に代表される）のネットワークを西日本を一体に張り巡らせた（出雲古国）。ところが、紀元前後に新羅のスサノオが出雲を侵攻し出雲古国は滅んだ。大国主（八岐大蛇（ヤマタノオロチ）か）は敗死、アジスキタカヒコら残存の大国主一族は日本海側を東に勢力圏を遷した。そして、近江の伊吹山を中心とする地域（伊富岐神社の祭神にヤマタノオロチも挙げられている）に本拠を置き、伊勢遺跡を都にする大己貴の国を建てた。二世紀末、ニギハヤヒにより大己貴の国が亡ばされ、邪馬台国が建てられた。大己貴の国の直接の後継国が狗奴国であると考える。
（藤田）

卑弥呼の共立
倭国大乱が終わる西暦190年頃、ニギハヤヒ（孝霊天皇か）は、大己貴（大国主）や和邇氏と協議して、卑弥呼（孝霊天皇皇女の倭迹迹日百襲姫？）を邪馬台国の女王として共立した。邪馬台国が建てられた時（190年前後）、卑弥呼は17歳で、西暦247年に死去したので、死去の時は74歳と推察される。卑弥呼は伊勢遺跡から新造の纏向遺跡に遷された。
（藤田）

参照：論考4　卑弥呼（日御子？）の系譜Ⓑ038、和邇氏、卑弥呼、三上祝 Ⓑ093-Ⓑ095

邪馬台国建国後、邪馬台国は任那・伊都国連合を勢力下に置いた。

魏志倭人伝　　『魏志倭人伝』邪馬台国記載

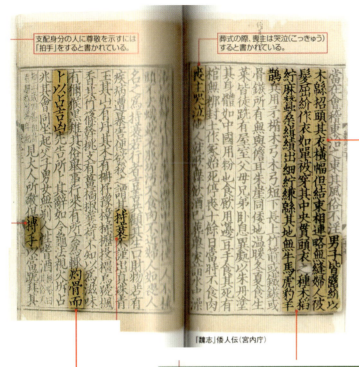

支配身分の人に尊敬を示すには「拍手」をすると書かれている。

葬式の際、喪主は哭泣(こっきゅう)すると書かれている。

『魏志』倭人伝（宮内庁）

顔や体に朱や丹を塗った。

貫頭衣

みな、裸足で生活している。

風俗博物館

（図説　古代史、成美堂出版）

『魏志』倭人伝に書かれた倭国の産物・植物・動物

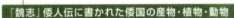

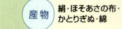

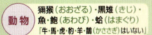

- 栽培：稲・苧麻(からむし)・桑(養蚕)
- 産物：絹・ほそあさの布・かとりぎぬ・綿
- 鉱物：丹(水銀朱)・真珠・青玉
- 動物：獼猴(おおざる)・黒雉(きじ)・魚・鮑(あわび)・蛤(はまぐり)「牛・馬・虎・豹・羊・鵲(かささぎ)はいない」
- 植物：枏(たん)・杼(とち)・豫樟(くすのき)・楺(ぼけ)・櫪(くぬぎ)・投(すぎ)・櫨(かし)・烏號(やまぐわ)・楓香(かえで)・篠(ささ)・簳(やだけ)・桃支(かづらだけ)・薑(しょうが)・橘(たちばな)・椒(さんしょ)・襄荷(みょうが)

（図説　古代史、成美堂出版）

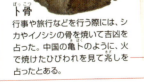

卜骨
行事や旅行などを行う際には、シカやイノシシの骨を焼いて吉凶を占った。中国の亀卜のように、火で焼けたひびわれを見て兆しを占ったとある。

方形周溝墓

邪馬台国の有力候補地「纒向遺跡」に墓域か　方形周溝墓3基　奈良・桜井市
（産経WEST　2017/11/6　20:40）

　邪馬台国の有力候補地とされる奈良県桜井市の纒向（まきむく）遺跡で、方形周溝墓（ほうけいしゅうこうぼ）3基（3世紀代前半から中ごろ）が新たに見つかり、同市纒向学研究センターが6日、発表した。場所は平成21年に見つかった同遺跡の中心的な建物とみられる大型建物跡の南約220メートルで、埋葬者は同遺跡に存在したクニを支えた人物の墓とみられる。現場近くに過去に前方後方墳「メクリ1号墳」も確認されている。

　見つかった3基のうち最大の墓は一辺が約9メートルで、周囲は幅約1.3メートルの溝で囲われている。残る2基はそれより小さく、いずれも埋葬施設は残っていなかった。

　現場の西側では、昭和54～62年の発掘調査で、同遺跡唯一の前方後方墳であるメクリ1号墳（全長28メートル）や3基の方形周溝墓、土器棺墓などを発見。今回、方形周溝墓が新たに見つかった場所は、メクリ1号墳を中心とした墓域と考えられるという。

　同遺跡では、王墓とみられる前方後円墳の纒向石塚古墳（全長94メートル）周辺でも方形周溝墓が出土。同センターは今回の墓域の被葬者について、纒向石塚古墳のグループより格下に当たる「中堅クラスの人たち」とみている。

　石野博信・元兵庫県立考古博物館長は「被葬者は王権を支えた人たちで、出土遺構は邪馬台国時代の階層構造の形成過程を示す資料」としている。　　（藤田加筆）

卑弥呼は近江の伊勢遺跡から纒向遺跡に遷ったと考えており、方形周溝墓や前方後方墳と聞けば近江の気配を感じる。
（藤田）

邪馬台国 （都：纏向遺跡、西日本全域を支配）

神奈備は三輪山

纏向遺跡（奈良県桜井市）

弥生時代の拠点集落跡としては奈良県で最大とされる唐古・鍵遺跡の約10倍の規模を持ち、藤原宮に匹敵する巨大な遺跡である。また、都市計画がなされていた痕跡と考えられる遺構が随所で確認されている。

纏向遺跡の出現から廃絶にいたるプロセスを考えると、庄内式初頭に突如として現れ、布留1式期に廃絶を迎えている。暦年で言うと、石野博信氏は西暦180年頃、寺澤薫氏は200年頃に出現したとされ、両者の間で若干意見が異なる。遺跡は4世紀初め頃には消滅するが、両氏とも布留0式期に大きな画期があったとされる。この時期には墳墓の規模だけでなく、集落の規模も飛躍的に拡大している。庄内式期には1km²程度であった範囲が、布留0式期には3km²にも膨れあがり、遺構の密度もより濃いものになっている。

纏向地域は、弥生時代には過疎地だったようで、発掘調査でも弥生時代の遺構や遺物はほとんど見つかっていない。そのような場所に2世紀末から3世紀の初め頃、突如として大集落が形成された。しかも、農業を営む一般的な弥生集落とは異なった様相を呈しており、「都市型」の集落だったようだ。そのことが、この遺跡の大きな特徴である。

纏向遺跡「都市型」集落と判断される根拠はいくつかある。

遺跡出土の鋤と鍬

(1) 農具である鍬（くわ）の出土量がきわめて少なく、土木工事用の鋤（すき）が多く出土している。寺澤薫氏の研究によれば、纏向遺跡出土の鍬と鋤の比率は5：95で圧倒的に鋤が多い。他の弥生遺跡に比べると鍬は極端に少なく、鋤は溝や運河の掘削専用に用いられたものと思われる。遺跡内の調査では、まだ水田や畑跡が確認されておらず、農業はほとんど営まれていなかったようだ。

(2) 遺跡の最盛期には、この時代の一般集落に見られる竪穴式住居が築かれていない。その代わりに、高床式住居や平地式住居で居住地域が構成されていた可能性があり、無数の掘立柱跡が見つかっている。

(3) 複数の地点で鞴（ふいご）の羽口や、バジル・漢式三角鏃を真似た木製鏃などが出土しており、鍛冶工房や木製品加工工場が存在したことが明らかになっている。また、第61次調査では、庄内3式期（3世紀中頃）のV字溝の埋土からベニバナの花粉が検出され、国内最古の事例となった。出土した花粉量の多さから、溝に流された染織用の染料の廃液に含まれていたものと考えられている。ベニバナは本来我が国には自生しない植物で、染織など当時の最新技術を持った渡来人とともに伝来したとみられる。こうした出土品から、纏向遺跡では庄内式期の段階からすでに大陸系の高度な技術者集団が移り住んでいたことが窺える。
（つづく）

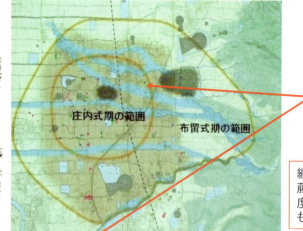

産経新聞 2018.5.15

卑弥呼の時代

纏向遺跡は藤原京と同程度の広がりをもつ。

時代年代	弥生時代					古墳時代			
	AD1		190		260	400	500	600	
時期	前期	中期前葉／中葉／後葉	後期	終末期	前期	中期	後期	終末期
土器	第Ⅰ様式	第Ⅱ様式／第Ⅲ様式／第Ⅳ様式	第Ⅴ様式	庄内式	布留0式／布留1式／布留2式／布留3式	高蔵73型式／高蔵216型式／高蔵208型式／高蔵23型式／高蔵47型式	陶器山10型式／高蔵15型式／陶器山85型式／高蔵43型式／高蔵209型式	飛鳥様式

（邪馬台国から大和政権へ、福永伸哉）

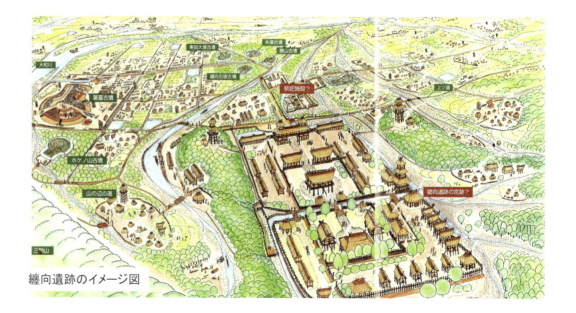

纏向遺跡のイメージ図

纏向遺跡（つづき）

(4) 纏向遺跡は奈良盆地の東南部という各地域への交通の要所に位置し、東西の物資の交流拠点としての性格を持っていた。纏向大溝は大和川に連なっており、瀬戸内や九州との交易も可能だ。その証しは、各地から運び込まれた外来系土器の量の多さに示される。外来系土器の出土数は全体の15～30％に達し、地域別では東海が半数を占め、山陰、北陸、河内、吉備と続く。したがって、九州から関東にいたる広範囲な地域から持ち込まれていることが分かる。器種別では甕と壺でほぼ80％を占め、甕は全体の約60％に達する。おそらくこれらの土器で各地から様々な物資が運び込まれ、当時としては異例の大きな市が開かれていたのだろう。箸墓古墳が築かれた付近に、「大市」という地名がかつて存在したことが知られている。

「平成25年度 弥生フェスティバル連続講演会「纏向と箸墓」講演会資料（大阪府立弥生文化博物館作成）」藤田加筆

纏向遺跡の出土品（抜き書き）
1. ベニバナの花粉、ベニバナ染め
2. 木製輪鐙
3. 絹製品（匂い袋）
4. 木製仮面
5. 大型祭祀跡抗から桃核、ガラス製粟玉

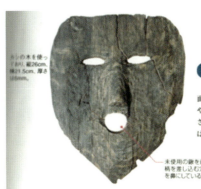

（図説 古代史、成美堂出版）

長野 剛 氏のイメージした卑弥呼像（2013）

纏向遺跡 刀剣の柄・鞘が出土 近くに武器工房存在か 桜井／奈良
毎日新聞2019年5月30日地方版

邪馬台国の最有力候補地とされる桜井市の纏向（まきむく）遺跡の発掘調査で、3世紀前半～4世紀前半とみられる遺構から刀剣に関連する木製品などが見つかった。刀剣の持ち手の柄（つか）1点や鞘（さや）2点で、専門家は「近くに武器の工房があった可能性がある」と指摘する。

（藤田）

纏向遺跡で見つかり、展示されている鹿角製の刀剣の柄＝奈良県桜井市芝の市立埋蔵文化財センター

水に浸けられている木製のさや＝奈良県桜井市芝の市立埋蔵文化財センター

桃核の出土

纏向と吉備は大量の桃核の出土でも繋がる。道教（鬼道に相通じる）では桃は仙花と呼ばれ不老長寿の象徴で、祭祀では必ず使用された。

纏向遺跡出土の桃の種の年代は卑弥呼の時代！

邪馬台国の有力候補地とされる奈良県桜井市の纏向遺跡で見つかった桃の種について、同市纏向学研究センターが放射性炭素（C14）年代測定法で分析したところ、概ね西暦135～230年に収まることがわかった。また、遺跡内の古墳から出土した土器付着物についても、C14年代測定法による分析で西暦100～200年との分析結果が出ている。これらの年代は、纏向遺跡は3世紀前後から存在したと云う考古学的知見と一致する。即ち、女王・卑弥呼（生年不明～247年）が邪馬台国を治めた年代と重なり、纏向遺跡は邪馬台国の都と結論付けられる。　　　　　（藤田）

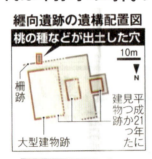

纏向遺跡から出土した桃の種＝平成22年9月、奈良県桜井市

産経新聞 2018.5.15

卑弥呼（倭迹迹日百襲姫）と吉備津彦（桃太郎）とは姉弟！

吉備では弥生後期の各遺跡から1万3000個余りの桃核が出土しており、特に倉敷市の弥生後期最大の墳丘墓である楯築遺跡の南の上東遺跡では9606個もの桃核が出土していた。しかも壱岐の遺跡についで国内二例目の波止場状遺跡からの出土であり、大量の土器や貨泉、卜骨なども同時に出土していた。
（桃核祭祀は吉備・邪馬台国の卑弥呼の鬼道か、岡將男、Net）＋藤田

⟷

卑弥呼の信奉する鬼道（幻術、妖術）とは当時中国の魏の国で盛んだった宗教で、道教の走りでありそれが日本に直輸入されたらしい。卑弥呼はこの新興宗教（明治維新で言えば西欧文化）で国を治めようとしたが、幸いにも倭国大乱が鎮まったことで鬼道の有用性が証明され、連合国家の長になれたのだそうだ。ところでなぜ鬼道と道教が同じかと言うと、纏向遺跡から大量の桃の種が出土したからだという。道教では桃は仙花と呼ばれ不老長寿の象徴で、祭祀では必ず使用されるものだという。　（NHKスペシャル　邪馬台国を掘る　古代の宗教戦争、NHK (2023/1/25) Net）＋藤田

桃太郎伝説、孝霊天皇の皇子彦五十狭芹彦命（ひこいさせりひこのみこと、吉備津彦命）、稚武彦命（わかたけひこのみこと）の兄弟は、ヤマト王権の将帥（四道将軍）として温羅（うら）と呼ばれる製鉄に優れた吉備国の武装勢力（地方豪族やそれに与する渡来人の集団と考えられている）を制圧するために吉備国に遠征しこれを平定したといわれている。さらに、両皇子の軍勢は讃岐国、出雲国にまで侵攻し、九州北部にまで達し、邪馬台国の支配を拡大させたと考えられる。ちなみに、このとき両皇子が連れて行った犬飼部、猿飼部、鳥飼部とよばれる役職の家臣の一人が、元首相犬養毅の祖先ともいわれる犬養健命（いぬかいたけるのみこと）であったといわれている。
（藤田）

纏向遺跡から出土した木材は邪馬台国時代の西暦232年に伐採された。

名古屋大学大学院環境学研究科（古気象学）中塚武教授らは、年輪セルロースの酸素同位体比から木材の1年単位の年代を割り出すことを可能にしている。彼らは、気候によって変動してきた過去2,600年間の木材の年輪のセルロース酸素同位体比をパターン化することに成功した。従って、遺跡から出土した木材の年輪ごとのセルロース酸素同位体比を測定し、既に分かっている2,600年間に亘る古代～現代の年輪酸素同位体比気候データと照合して、出土木材の年代を年単位で推定することが可能である。30年以上の年輪のある出土木材であれば正確な年代推定ができ、纏向遺跡からはこのような測定可能な木材が1点出土していた。その木材の年輪セルロース酸素同位体比の変動パターンから、3世紀の231年に伐採されたと推定された（右図）。かくして、纏向遺跡から出土した木材は邪馬台国の最盛期の231年に伐採されたと結論できた。
（藤田）

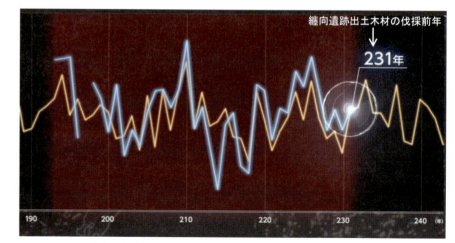

過去の年輪セルロースの酸素同位体比の変動パターン
（NHKスペシャル 2024/3/17　古代史ミステリー　第1集　邪馬台国の謎に迫る。）

漢鏡の編年と分布

2世紀前半まで、漢鏡の出土が九州で圧倒的に多いが、2世紀後半のニギハヤヒの東征の頃から九州以東での漢鏡の出土数と分布域が急速に拡大する。

> 岡村秀典氏の分類で6期（2世紀前半）までの漢鏡が、九州に圧倒的に多かったのに対し、最後の7期の漢鏡（2世紀後半から3世紀）は九州で衰退し、九州以東で出土数と分布域が急速に拡大することから、倭国乱の終息による各地の交流の活発化と邪馬台国の根拠を示し、邪馬台国の位置の特定にも大きな根拠を与えた。
> また、卑弥呼は魏と交流する前の三世紀初め、遼東半島の公孫氏から独占的に入手した画文帯神獣鏡を各地の首長に分配したが、その分布は畿内に集中していた。北部九州の玄界灘沿岸や、狗奴国と想定される濃尾平野にはほとんど分布していない。ところがヤマト王権が安定するにつれ、三角縁神獣鏡の分布範囲は飛躍的に拡大するとして、鏡の動きを通して倭政権の拠点と成長の過程を、岡村氏は裏付けた。
> （古代国家はいつ成立したか、都出比呂志）＋藤田

三角縁神獣鏡の謎

> 三角縁神獣鏡は魏と晋の王朝が邪馬台国に与えた特鋳鏡と西晋の滅亡により鏡が入手できなくなったために、日本で造り始めた模倣鏡がある。特鋳鏡の制作年代を卑弥呼が中国の魏に初めて使いを送った西暦239年から280年代までとし、また模倣鏡の制作年代を4世紀第1四半期（300～325年）から70～80年間に限定されると結論付けた。
> （邪馬台国から大和政権へ、福永伸哉）

漢鏡分布の変遷

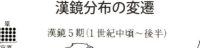

漢鏡5期（1世紀中頃～後半）

漢鏡6期（2世紀前半）

漢鏡7期第1段階（2世紀後半）

漢鏡7期第2段階（2世紀第3四半期～3世紀初め）

●＝完形鏡、▲＝破鏡

（鏡が語る古代史、岡村秀典）

中国鏡の分布の変化（岡村秀典「卑弥呼の鏡」による）
漢鏡4～6期の●は弥生遺跡出土鏡、○は古墳出土鏡、▲は破鏡。画文帯神獣鏡の●は完鏡、▲は破鏡

初期三角縁神獣鏡の領域

輸入品の三角縁神獣鏡を「前期」と名づけ（国産品は「後期」とする）、その出土地域は上図のようになる。（三角縁神獣鏡の初期分布からみたヤマトの国々、Net）

邪馬台国への行程

邪馬台国の所在地：邪馬台国の都は大和・纏向

『三国志』には、『魏書』という巻があり、その中の「東夷伝」のまたその中の「倭人の条」に、邪馬台国までの道筋が記載されている。この「倭人の条」のことを『魏志倭人伝』と呼び、邪馬台国の所在地論争の元となっている。その道筋を略すると次のようになる。
①倭国は朝鮮帯方郡（朝鮮半島中西部）から見ての東南の海に浮かぶ島国であり、山が多い国である。昔は百余国が並立し、漢の時代に朝見する者もあった。現在では、わが国と交流がある国は三十国ほどである。帯方郡より倭国に行くには、海上を海岸線に沿って南下し、その後東に向かい 朝鮮半島の南岸に至る。7000里程の航海である。
②朝鮮の海岸線を離れて1000里程海を渡ると対馬国に至る。その国は孤島で400里四方の大きさであり、土地は険しく深林が多く、道路はけものみちの様相を呈している。1,000戸あまりの民家があり、良い農地はなく、海産物を主食とし自活し、船にて朝鮮や倭国と交易を行っている。
③南に向かって1000里程進むと一大国（壱岐）に至る。300里四方の大きさで、竹林や雑木林が多く、3,000戸あまりの民家がある。多少の農地はあるが農作物で自活できるほどではなく、船にて朝鮮や倭国と交易を行っている。
④また南に向かって1000里程海を渡ると末盧国（唐津）に至る。山際の海岸沿いに4,000余戸あまりの民家があり、前を行く人が見えないほどに草木が茂る。住民は海の深い所、浅い所関係なく潜って魚貝類を捕獲する。
⑤<u>東南</u>へ500里程、陸路で進むと伊都国（糸島）に至る。1,000戸あまりの民家がある。王は存在するが邪馬台国に統属し、帯方郡の役人が往来し公使館もある。（女王国より<u>北</u>の伊都国には、一大率を置き諸国を監察させている。）
⑥東南に100里進むと奴国（那国）に至る。20,000戸あまりの民家がある。
⑦東に向かって100里進むと不彌国に至る。1,000戸あまりの民家がある。
⑧<u>南</u>方に向かうと投馬国に至る。海路で二十日間程の行程である。50,000戸程の民家がある。
⑨<u>南</u>方に向かうと邪馬台国に至る。女王が所在する都である。海路で十日間、陸路で1月程の行程。70,000戸あまりの民家がある。
注）『魏略』では、伊都国は「万余戸」とある。

『魏志倭人伝』の記載の様相から、編者の陳寿あるいはその部下の魏使は北九州は実際に視察したが、その先の女王国の邪馬台国には行っていないと考える。また、下線部の方角を90度左回りに回転させて東南を北東また北を西にして、邪馬台国へ方角の南を90度左回転させ東にすると、実際の地理と整合性のとれる方角となる。
（藤田）

『魏志倭人伝』の「當在會稽東治之東」は、「会稽は今の揚子江河口の南にある。東治はさらにその南の台湾島の向側にあたる。これらの地域の東方に邪馬台国がある。」と読める。邪馬台国畿内説をとる方々は『魏志倭人伝』の邪馬台国の方角が間違っており反時計回りに90度回転しているとみる。即ち、南は東に当たる。この当時の中国人の間違った方角感覚によると、邪馬台国は朝鮮半島の遥か南方の沖縄の北の中之島から台湾の東側に南北延びていると方角違えをしたと思われる。
（FB情報、明石 洋一）＋ 藤田

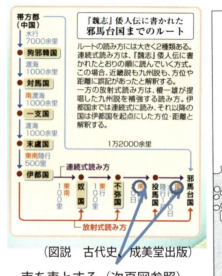

南を東とする（次頁図参照）

「混一疆理歴代国都之図」に見る
日本列島の位置（ヤマト王権、吉村武彦）

魏の地理認識を考えるうえで参考になるのが、1402年に朝鮮で作成された「混一疆理歴代国都之図」（上右図）である。中国の元代の地図をもとにしているといわれるが、日本列島を、九州を北とし、そこから南方に延びる列島として描いている。この地図が古くからの中国の地理認識を継承しているとすれば、邪馬台国は朝鮮半島の南に位置するとの認識であったのであろう。従って、<u>南</u>水行20日投馬国に至ると<u>南</u>水行20日陸行一月邪馬台国に至るには<u>南</u>を実際の<u>東</u>にと読み替えた方が理屈に適っている。従って、邪馬台国は九州ではなく近畿地方に存在したと考える方が矛盾しない。また、『魏志倭人伝』では、狗奴国は邪馬台国の南に位置するとしているが、これも方角違えで実際は東である。
（ヤマト王権、吉村武彦）＋ 藤田

『隋書俀（倭）国伝』

倭国は百済、新羅の東南、水陸三千里の大海の中に在る。山の多い島に居住している。魏の時、通訳を介して中国と交流したのは三十余国で、みな自ら王を称していた。夷人（倭人）は里数を知らない。ただ日を以って計算している。その国境は東西は五ヶ月行、南北は三ヶ月行でそれぞれ海に至る。地勢は東が高く西が低い。<u>邪靡堆（ヤビタイ）を都にする。すなわち、『魏志』の言うところの邪馬臺（ヤバタイ）である。古には、楽浪郡境</u>（『後漢書』、この頃帯方郡は存在しない）<u>及び帯方郡（魏志）から一万二千里離れていて、會稽（郡）の東にあり、儋耳に近いと言われてた。</u>
『隋書倭国伝』では、倭国は邪靡堆（ヤビタイ）を都にする。すなわち、魏志の言うところの邪馬臺（台）（ヤバタイ）である。また、隋書倭国伝で「古云去樂浪郡境及帶方郡並一萬二千里在會稽之東與儋耳相近」と云うように、魏志では邪馬台国は「當在會稽東治之東」とする。この記載から明らかなように、古代中国人（魏から隋）は、倭（ヤマト）国は台湾の東側にあると誤解していたことが分かる。
（藤田）

邪馬台国への道程

投馬国は出雲国（出雲王朝）

『魏志倭人伝』で注目される国には、不弥国と邪馬台国の間に登場する投馬国がある。投馬国が注目されるわけは、戸数が5万余戸という大国であり、これは邪馬台国の7万余戸に次ぐ第二の規模であることと、また、その道程の記載のされ方から、『魏志倭人伝』に出てくる国々は、距離的に見て、二つの大きな集団（対馬国〜不弥国と、邪馬台国〜狗奴国）に分けられるが、投馬国はその両者にも属していない、孤立した離れた地域に所在しているのではという感じなのである。投馬とはどこか。

	上古音	中古音	推定音
投馬	dug-mag	dδu-ma (mba)	ツマ

このサイトでは、上古音により近い発音から推測して、「投馬」国のことを「ツマ」国と解釈して、投馬国＝出雲国説を提唱したい。イツモの「イ」は母音の発語、音が軽いから自然に省かれる。「マ」と「モ」は同類音で相通ずるから、出雲と投馬両国名は全く一致する可能性が高い。この場合、『魏志倭人伝』に出てくる投馬国、邪馬台国までの水行を日本海沿岸航路と解釈していくことになる。

宋版『大平御覧』の「倭人伝」では、投馬が於投馬（エツモ）と書かれている。今日、出雲の人は出雲を「エヅモ」となまって言うから、この時代もそうで、中国人はそれを聞き取ったのかもしれない。また、投馬国の官名が異彩をはなっているのも注目だ。彌彌（ミミ）と彌彌那利（ミミナリ）である。実は、この「ミミ」がつく名称は、『記紀』では、出雲系や神代系に多く登場する名前である。これらの理由から、投馬国＝出雲国だと思われる。

（邪馬台国総論、Net）

<u>投馬国と考えられる古代出雲は、島根県安来市から妻木晩田遺跡（吉野ヶ里遺跡の5倍の面積）に及ぶ大国で、邪馬台国時代を含む弥生後期から古墳時代前期に栄えた。また、吉備が投馬国であるとの説があるが、吉備から河内あるいは紀伊へ水行10日は妥当であるが、そこから邪馬台国へ陸行1月かかるとはとても思えない。尚、邪馬台国時代の東行海路には日本海航路が瀬戸内海航路を優先していたと思われる。</u>
（藤田）

『魏志倭人伝』に記されているように、奴国は筑前と近江・湖西の2箇所にあった（参照、Ⓑ094）。

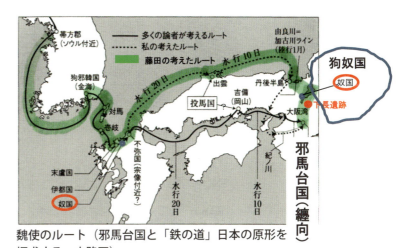

魏使のルート（邪馬台国と「鉄の道」日本の原形を探求する、小路田）

帯方郡から邪馬台国へのルート（緑太線）
帯方郡から不弥国（宗像周辺か）までのルートは確定している。不弥国から投馬国（左欄の説明のように、出雲国と思われる）までを、『魏志倭人伝』の「南方に向かうを東方に向かう」と読むと矛盾なく水行20日で出雲に着く。次の水行10日で小浜湾（小浜市）に着く。その後、お水送りのルート（次頁）を取って琵琶湖経由で宇治川・木津川を辿り大和（纒向）に向かうのが、水上交通が一般的であった当時としては一番蓋然性がある。このルートの中継地が野洲川河口の下長遺跡であろう。また、奴国を筑前と近江の2箇所に表示した（上図）。筑前の奴国が伊都国に圧倒され、奴国の嫡流の和邇氏が近江湖西に遷ったため、『魏志倭人伝』には2箇所の奴国の記載があると考えている。
（藤田）

『魏志倭人伝』には、奴国が二度登場 最初は筑前の奴国で、もう一つの奴国は、「女王の境界尽きる所」、即ち狗奴国（近江北部と美濃を中核とする）に入る前の女王国の東端に位置する。後者の奴国は、筑前の奴国の嫡流の和邇氏が遷った近江湖西の国で、筑前の奴国に因んで奴国と称したのではないか。
（藤田）

『魏志倭人伝』と『太平御覧』倭人伝の比較

邪馬台国

『魏志倭人伝』と『太平御覧』

●『魏志倭人伝』は南宋の書写本が底本。投馬国について
「南至投馬國 水行二十日 官曰彌彌 副曰彌彌那利 可五萬餘戸」とあり、
邪馬台国（邪馬壹（やまと）國）については
「南至邪馬壹國 女王之所都 水行十日陸行一月 官有伊支馬 次曰彌馬升 次曰彌馬獲支 次曰奴佳鞮 可七萬餘戸」とあります。

●『太平御覧』「四夷部」（「魏志曰く」として倭人伝の引用。北宋時代（AD 980頃）の通行本「魏志倭人伝」が底本）
投馬国について
「又南水行二十日至於投馬国、戸五万、置官曰彌彌、副曰彌彌那利」とあり、
邪馬台国については、
「又南水行十日、陸行一月至耶馬臺国、戸七万、女王之所都、其置官曰伊支馬、次曰彌馬叔、次曰彌馬獲支、次曰奴佳繧」とあります。

『太平御覧』倭人伝の注目するべき点は、旅程記事にて、里程から日程に切り替わる投馬国と邪馬台国(邪馬壱国)への道程が、行為の反復を意味する「又」にて接続されている点である。つまりこれは、旅程記事を直線的に読むべきことを明確に示している。更に、『魏志倭人伝』の「投馬国」であったところが、「於投馬国」となっている。「於投馬国」という表記で、それが九州北部から水路で二十日であるなら、それが「イヅモ国」であることは、明白である。
注）宋版『大平御覧』「倭人伝」では、投馬が於投馬(エツモ)と書かれている。今日、出雲の人は出雲を「エヅモ」となまって言うから、この時代もそうで、中国人はそれを聞き取ったのかもしれない。
（『魏書倭人伝』の探求（私本）、岡上祐 ＋ 藤田

「お水送り」と「お水取り」

　若狭彦神社（若狭国一宮）は、上社・下社の2社からなり、上社を若狭彦神社（祭神：若狭彦大神（彦火火出見尊））、下社を若狭姫神社（祭神：若狭姫大神（豊玉姫命））という。別称として遠敷明神とも呼ばれる。昔、実忠和尚が十一面悔過法要中に、全国の神の名前を唱えて勧請した時、若狭の国の遠敷明神（おにうみょうじん）だけが、遠敷川で魚をとっていたために勧請に遅れたので、その責任をとって明神が、「遠敷川から水を送る」と言った。すると、若狭井戸のところから二羽の黒白の鵜が飛び立ち、そこから霊水、閼伽井水が湧き出たという。奈良東大寺二月堂で行われる「お水取り」に先がけて行われる小浜市神宮寺の「お水送り」は、奈良と若狭が昔から深い関係にあったことを物語る歴史的な行事です。
（Wikipedia抜粋）

「お水送り」のルートは和邇氏が大和に進出したルートであり、かつ若狭から大和への物流ルート。　　　　　（藤田）

邪馬台国論争の混迷

　『魏志倭人伝』での邪馬台国への道程・里程・方角等の記述が今日の東アジアの科学的地理観に基づいておらずかつ不正確で、解釈次第で邪馬台国を日本列島のどこにでも位置付けることが可能である。この道筋・里程・方角の記述の不適格さが九州説と畿内説の確執をもたらし、もはやお互い修復不可能なレベルにまで達している。九州説の方々は帯方郡から邪馬台国の里程を万2千里と固執し、邪馬台国を九州内に収めようとする。畿内説の方々は、西晋の陳寿らの知識人の倭国の位置付けの不正確さの故に、倭人伝に記載の方角を90度左に回転させ、南を東、北を西と読む。そうすることによって、邪馬台国を畿内の大和に正確に位置付けることができる。
（藤田）

　邪馬台国に至る途中の投馬国は出雲国（出雲王朝）であり、日本海経路で邪馬台国に到達する。尚、弥生時代中期末の南海トラフ巨大地震による瀬戸内海沿岸の壊滅的破壊のため、1～3世紀当時関門海峡は通行困難で、九州と本州はほぼ陸続きであったと云う説もある。　　　（藤田）

下長遺跡：邪馬台（ヤマト）国時代の日本海からヤマトへの中継地か

下長遺跡（弥生時代後期から古墳時代前期＝邪馬台国の時代）
　古高町の工業団地一帯に3世紀に発達した集落跡がある。ここは、境川と呼ばれる守山市と栗東市との境にある川に近く、発掘すると大きな川跡がいくつも見つかった。この川を利用した村が形成され、両岸にはたくさんの住居跡も見つかっている。また、一角にはこの周辺を治めていた有力な豪族の館が発見されている。
　この下長遺跡は伊勢遺跡が衰退する時期に隆盛期を迎えており、栄えた時期には時間差が見られる。あたかも伊勢遺跡の跡を継承するように見える。伊勢遺跡の終焉とともにヤマト王権がスタートし、そこへの物資供給の拠点として重要性が増し、運用管理のための支配者が現れ、隆盛を極めたと思われる。　　　　　　　　　　（守山弥生遺跡研究会）＋ 藤田

儀杖（旧河道出土）

下長遺跡の威儀具と準構造船出土部片
　下長遺跡からは儀杖（ぎじょう）、柄頭（つかがしら）、団扇（うちわ）形木製品などの威儀具が出土している。儀杖には「組帯文（くみおびもん）」が、柄頭には「直弧文（ちょっこもん）」がそれぞれ施されている。これらの文様はヤマト王権と密接な関係のある地域でしか出土していないといわれ、この地域の豪族の権力の大きさが想像される。
　また、準構造船は舳先（へさき）と、丸木を刳（く）り込んだ船底に舷側板（げんそくばん）を桜の皮で結合した部分が出土した。船全体からみれば僅（わず）かな部分にすぎないが、古墳時代の造船技術をはっきりさせた発見である。
　琵琶湖を北上して山越えすると日本海、北陸へ、南下して淀川水系を下れば大阪湾、近畿へ、野洲川を遡上（そじょう）すると伊勢湾、東海へと通じることが可能。陸路が未発達であった古墳時代には、水上交通が輸送に大きな役割を果たしていたと想像される。守山はこれらの地域を結ぶ交通の要衝（ようしょう）にあって、豪族は水上交通により権力を増大していったと考えられる。　　　　　　　　　　　　　　　　　　（下長遺跡、Net）＋ 藤田

▲準構造船出土部片想定図

下長遺跡出土品

▼準構造船復元想像図

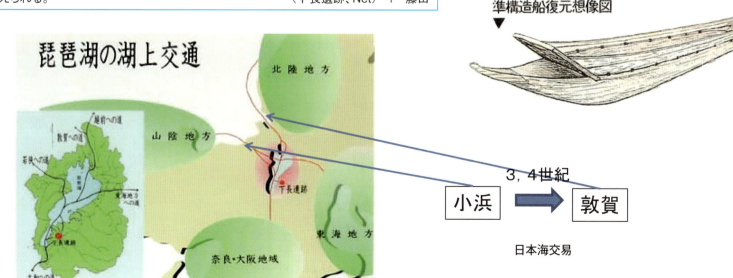

3,4世紀　小浜 → 敦賀

日本海交易

邪馬台国の統治機構

邪馬台国の四官

『魏志倭人伝』に邪馬台国の統治機構が紹介されている。それによれば、王を支える、四官が存在した。それは、「伊支馬」、「弥馬升」、「弥馬獲支」、「奴佳鞮」の四官である。天皇の名前を探せば垂仁天皇は伊支米（いくめ）、孝昭天皇は御真津（みまつ）、崇神天皇は御真木（みまき）という。四官のうち3つはそれぞれ天皇の名前だとすれば、そのそれぞれの御陵は垂仁天皇は奈良市、孝昭天皇は御所市、崇神天皇は天理市にある。四官の名前が天皇の名前に繋がり、それが御陵のある地域の名前に繋がっているとすれば、「伊支馬」は垂仁天皇の伊支米（いくめ）であり、いまでいう生駒市周辺の生駒（いこま）ではないか。同様に御所市周辺をミマス「弥馬升」＝葛城、天理市周辺をミマキ「弥馬獲支」＝三輪と言ったのではないか。そして四官の残りの「屋剛亭」は、ナカトであり、それらの真ん中ということではないか。奈良盆地をぐるっと囲み真ん中にも王を支える豪族がいた、と読める。（最後の2文には疑問符が付く。奴佳鞮は大和の国内か？）　　　　　（出雲と大和、村井康彦）＋ 藤田

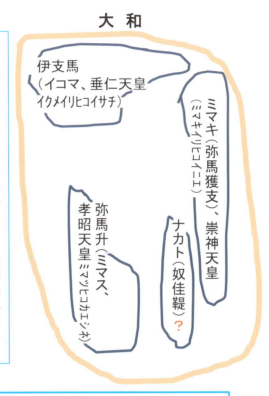

大 和

伊支馬（イコマ、垂仁天皇 イクメイリヒコイサチ）

ミマキ（弥馬獲支）、崇神天皇（ミマキイリヒコイニエ）

弥馬升（ミマス、孝昭天皇 ミマツヒコカエシネ）

ナカト（奴佳鞮）？

邪馬台国の読み

　古い時代には、上代特殊仮名遣いといい、「き・け・こ・そ・と・の・ひ・へ・み・め・よ・ろ」とその濁音の母音には甲類の音節「i・e・o」と乙類の音節「ï・ë・ö」があった。「台」は「と」と読むが、「と」の音には甲類と乙類があり、「台」は乙類である。つまり、邪馬台国の「台」の字は乙類であり、「やまと（あるいは、やまど）」と読む。現代語では「やまと国」が本来の読み方であろう。

　「やまと」は特定の地名を指すと思われるが、「やまと」の地名は全国各地にある。近畿地方の「大和」は乙類の「と」である。邪馬台国九州説の「やまと」と考えられる、九州の旧筑後国の山門郡や旧肥後国の菊池郡山門郷は甲類の「と」となる。したがって、音節でも、畿内説が有利である。　　　（ヤマト王権、吉村武彦）

『古事記』によると孝霊朝に吉備津彦が西道に派遣されたという。吉備津彦は吉備の反乱を制圧した後、さらに西行し、任那・伊都国連合を邪馬台国の支配下に置いたと考える。この西行に伴って庄内式土器や方形周溝墓が筑紫に伝搬したと思われる。　（藤田）

大和湖（奈良湖）の情景

大和湖は、弥生時代、邪馬台国時代、古墳時代と徐々に狭まり農地と居住地が拡がった。

　奈良湖推定図。下図によれば、縄文遺跡は水辺、湿地帯をさけて山麓の微高地に分布しているが、弥生時代の農耕集落（唐古鍵遺跡など）は湿地帯に分布している。面白いのは古墳時代から飛鳥時代の古墳や宮殿・宮都跡は稲作生産の拠点である水辺・湿地ではなく三輪山の山辺に分布している。やがては湿地の無い盆地南の飛鳥の地に遷っている。

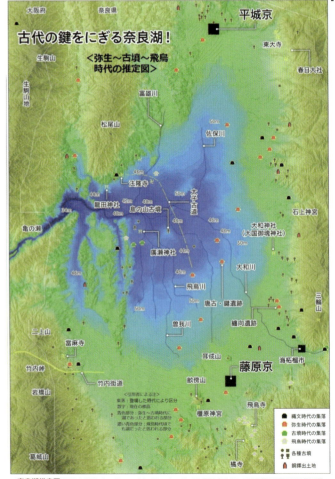

（大和湖（奈良湖）：生駒の神話、Net）

狗奴国　（大己貴の国の後継国、都：稲部遺跡、S字甕、東日本に拡散）

狗奴国（大己貴の国（玉牆の内つ国）の後継国）

狗奴国の神奈備は富士山と伊吹山か

3世紀中ごろ邪馬台国は任那・伊都国連合を支配下に置いたか

狗奴国は大国主の国

大国主の国は銅鐸の国であり、弥生時代後期では大己貴の国（玉牆の内つ国）（近江・伊勢遺跡が都か）と呼ばれたと考える。2世紀後半、ニギハヤヒはアメノヒボコと協働して東征し大国主勢力と戦う「倭国大乱」が起こった。ニギハヤヒ側が優勢となったが戦いは膠着状態となった。そこで、ニギハヤヒは大国主と和邇氏の巫女、卑弥呼を盟主に共立して邪馬台国（虚空見つ日本の国）を建てた。この建国に伴い都が近江の伊勢遺跡から大和の纒向遺跡に遷った。一方、大国主は伊吹山を神奈備とし北東近江と美濃を核とする大己貴の国の後継国、狗奴国を立て、邪馬台国との共存の道を選んだ。狗奴国の都は、近江の稲部遺跡と思われる。両国はしばらく平和裏に共存し、それぞれ西と東に拡大した。邪馬台国は南朝鮮と九州北部の任那・伊都国連合を勢力下に置き、狗奴国は東海地方から東日本一帯に勢力を伸ばした。邪馬台国の卑弥呼が高齢になり統治能力が弱まると邪馬台国と狗奴国は再び抗争するようになり、卑弥呼の死後倭国は再び大いに乱れた。卑弥呼の後継者、三上祝出自の台与（息長水依姫か）は日子坐王の妻になり邪馬台国の存続を図った。物部一派（ニギハヤヒとウマシマジ）らは、任那・伊都国連合から崇神天皇を招き入れ（崇神東征）、ヤマト王権（崇神王朝）を建てた。崇神天皇の御代、狗奴国側の戦況が不利になり、ニギハヤヒの子、天香久山（尾張氏の祖）の尾張侵攻を許した。垂仁天皇の御代、日子坐王の権勢は弱体化し、ヤマト王権は東国に勢力を伸ばした。その後景行天皇の御世、ヤマトタケルがさらに東征し、東海道や北陸道の国々を支配下においた。しかし、東征の帰りに狗奴国の神奈備の伊吹山（狗奴国の最後の砦）での戦いで敗死した。景行天皇自身も美濃に遠征している。次の成務天皇の御世に狗奴国が滅ばされ、ヤマト王権による倭国統一が完了した。ちなみに、スサノオが退治したのが八岐大蛇（ヤマタノオロチ）でヤマト王権が退治した伊吹山のヤマタノオロチとどちらもヤマタノオロチたる大国主勢力が敗北したことを暗示していると思う。
（藤田）

狗奴国は大己貴の国（玉牆の内つ国）の後継国と見なされる。この『日本書紀』記載の「玉牆の内つ国」は、当時の実際の国名としては修辞に満ちている。私見では、大己貴の国の実際の国名は狗奴国ではないかと考えている。

大己貴の国も狗奴国も大国主の国と考えられる。大国主は越から渡来したと思われる銅鐸を祭器にしていた。海神（海人）族と考えられる大国主もまた越から渡来したと推察する。狗奴国は奴国（海神族の国）に狗（いぬ）が付加した国名で、百越（越族）のうち犬祖伝説を有する一族（大国主一族）が渡来し出雲古国さらに大己貴の国（狗奴国かも）を建てたのであろうか。
（藤田）

崇神東征により、邪馬台国は終焉を迎えたが、狗奴国は崇神王朝に入っても存続した。景行朝には、狗奴国の最後の砦の伊吹山で日本武尊を敗死させたが、成務朝に日本武尊の息子の稲依別により、狗奴国は滅ぼされた。狗奴国の滅亡はヤマト王権が倭国全域を平定したことを意味する。
（藤田）

狗奴国の位置付け

先述のように（Ⓑ 171）、『魏志倭人伝』に記載の方角を南を東へと90度左に回転させると邪馬台国を大和にきちんと位置付けることが出来る。この方角の修正は倭人伝に記載のすべての方角に当てはめることができる。従って、邪馬台国は奴国（筑前）の東側にありその東側に狗奴国があることになる。こうすると邪馬台国を西日本に狗奴国を東日本と隣り合わせに位置付けることができる。（狗奴国の西端は、越前―近江湖北・湖東―美濃―伊賀―伊勢と考える。）邪馬台国と狗奴国をそれぞれ西日本と東日本に位置付けることにより、邪馬台国と狗奴国の積年にわたる抗争を地理的観点から妥当化できる。この狗奴国の位置付けは、S字甕や前方後方墳が東日本に分布していると云う考古学的証拠（幻の王国・狗奴国を旅する、卑弥呼に抗った謎の国へ、赤塚次郎）とも合致する。また、角鹿（敦賀）は狗奴国の外港か？
（藤田）

稲部遺跡は狗奴国の都か

狗奴国のS字甕、多孔銅鏃や前方後方墳（近江が発祥地か）の分布（Ⓑ 177）をみると近江の湖北・湖東は狗奴国の領域に入る。彦根市の稲部遺跡から邪馬台国時代の大型建物跡が出土した。この建物は邪馬台国の纒向遺跡の大型建物に匹敵する。稲部遺跡は狗奴国の都ではないのか？近くの豊郷は邪馬台国の台与（息長水依姫か）の出身地と考える識者もいる。

狗奴国は、湖東・湖北を治めて越前・角鹿からの日本海航路を確保し、美濃など東国への鉄などの物資の供給を絶やさないことが狗奴国の存続にとって必須なことであった。また、伊吹山麓は鉄鉱石が豊富で製鉄業が盛んで、伊吹山麓を抑えることが狗奴国の繁栄に不可欠である。従って、狗奴国の中核は近江北部や美濃にあると考えることは理にかなっており、稲部遺跡が狗奴国の都で、美濃の荒尾南遺跡もまた極めて重要な拠点であったと思われる。

三上祝出自の台与は日子坐王の妻になり、二人は崇神朝（瀬戸内海勢力）および狗奴国との共存をはかり、但馬、丹後、若狭、山城、近江と美濃を勢力下においた。垂仁朝になると日子坐王派は崇神勢力との政争に敗れ、狗奴国もまた没落していった。
（藤田）

稲部遺跡（彦根市）―狗奴国の都か

滋賀に邪馬台国時代の大型建物跡、鉄や土器出土
YOMIURI ONLINE, 2016年10月17日

滋賀県彦根市の弥生～古墳時代（2～5世紀）の大規模集落跡、稲部いなべ遺跡で、3世紀中頃では国内最大級の大型建物1棟の跡が出土し、市教育委員会が17日、発表した。

昨年6月からの調査で、建物約80棟の跡が出土した。このうち大型建物跡は幅11・6メートル、奥行き16・2メートル。同時期では、奈良県桜井市の纒向遺跡の大型建物跡（幅19・2メートル、奥行き12・4メートル）に次ぐ規模という。纒向遺跡の建物は、古代中国の史書『魏志倭人伝』に登場する邪馬台国の女王・卑弥呼の宮殿という説もある。

また、3世紀としては最大規模の鍛冶工房とみられる竪穴建物23棟以上の跡も確認。建物跡などから鉄片や鉄製の矢尻といった鉄関連遺物が計6キロ出土した。大和（奈良県）、越前（福井県）、尾張（愛知県）などで出土するのと同じ形状をした土器の破片も多数見つかった。各地から運ばれてきたとみられる。
（藤田加筆）

「国」を治めた首長の居館の可能性もある大型建物跡（彦根市）

稲部遺跡出土した鉄製の矢尻（左2つ）など鉄関連の遺物

彦根市にある弥生時代から古墳時代にかけての大規模な集落遺跡「稲部遺跡」から4年前に見つかった繊維の断片を詳しく調べた結果、古墳時代初期にあたるおよそ1800年前の矢を入れて背中に背負う「靫（ゆき）」と呼ばれる武具の一部だったことがわかりました。
（NHK News Web 2023/06/26）
（FB情報、澤田順子）

狗奴国と関連すると思われる遺跡群

林・藤島遺跡 ―近江北部と美濃を核とする狗奴国と関連か―

越前は、邪馬台国の卑弥呼時代（3世紀）に、鉄器の出土数が日本一多い地域である。翡翠の最先端工場である林・藤島遺跡（福井市泉田町）だけで、二千点もの鉄器が出土した。当時は貴重品だった鉄の工具も1100点と全国最多の出土数で、鉄を加工する鍛冶（かじ）の跡も見つかっている。九州や出雲の鉄器は、剣や鏃のような戦闘用や権力誇示用が多いのに対して、越前での鉄器は、実用的な道具が多いのが特徴。すなわち、鉄器利用の先駆者的な地域である。鉄器の流入は、北部九州を介さずに、北部朝鮮から直接したとも考えられる。四隅突出型墳丘墓、鉄鉱石の産地、そして、高句麗南下による流民との関係が考えられる。福井県内には玉造りの遺跡もあり、鉄と玉を中心とした交易の拠点で、大きな経済力を有したことを示す。「越前三国を拠点とする継体の通称『ヲホド王』のホドは火処で炉のことであり、『製鉄王』の意味があった」とする学説がある。
（[mixi]福井で鉄の大量出土、Net）＋
（YouTube 八俣遠呂智）＋ 藤田

荒尾南遺跡（大垣市）は、弥生時代の遺跡としては東海でも最大級の規模を誇る。この遺跡からは、多くの土器や石器、木製品などが出土している。大型船が描かれた土器や、土笛などの楽器類、様々なまつり道具などが見つかっており、当時の人びとの暮らしぶりや精神世界を垣間見ることができる。2000年の時を経て遺跡が語る、時空を超えた歴史のロマンを感じていただきたい。
（岐阜県博物館ウェブサイト、Net）＋藤田

荒尾南遺跡発掘調査　その3

銅鐸　　戦いの絵
井ノ向遺跡

1868年、坂井市春江町井向の農民が大小2個の銅鐸を発見。銅鐸には、2世紀の準構造船の線刻画があった。舳先がすり上がっており、マストの構造物がある。10人以上の乗員がみられる。当時の外航船か。　（八岐遠呂智、YouTube）

狗奴国 （大己貴の国の後継国）　　邪馬台国は前方後円墳と庄内式土器、狗奴国は前方後方墳とS字甕の世界

狗奴国の拡がり

3世紀代の卑弥呼の時代の話だ。当時ヤマトの纒向遺跡には女王・卑弥呼が30ヶ国を統治し、畿内〜瀬戸内〜北九州（任那を含む）までの西日本エリアを治めていた、右図の青い世界が邪馬台国連合である。一方、赤い領域は狗奴国の世界である。近江北部、美濃、伊勢湾・濃尾を基点とし東海〜太平洋沿岸〜中部山岳〜北関東平野までの広い領域が狗奴国連合である。まさしく天下分け目の関ヶ原の戦いのように、青と赤の2極化の世界が対峙していたのである。

邪馬台国連合は前方後円墳と庄内式土器、狗奴国連合は前方後方墳とS字甕の世界である。図右の写真がS字甕で、非常に薄くて軽い土器である。当時日常の煮炊きする必需品は甕である。この甕は製作された土地の生活空間や風土を反映しているという。甕は独り歩きしない、必ず人とともに移動する。私が居住している宇都宮市南部でもS字甕が見つかっている。そこは下野国でも最古の前方後方墳が築かれた茂原古墳群が所在する。また、上毛野氏の先祖は前方後方墳に葬られている。そこまで東海の人が進出してきたことが分かる。それほど当時は人の動きが激しかったのである。
（趣味悠遊・古代を訪ねて、門田康洋、Net）　藤田加筆

S字甕の分布　　S字甕は狗奴国製のハイテク土器で東国一円に広がる

第1次拡散期（東日本へ）
廻間I式末葉からII式前葉にかけて、東海系土器が主に東日本に広く拡散する現象がある。第1次拡散期と呼んでいる。おおむね西暦200年前後と推定し、S字甕B類の登場が象徴的である。供伴するS字甕A類の分布をトレースするとその分布経路と場所が推定できる。因みに東海系銅の代表的な存在である「多孔銅鏃（たこうどうぞく）」の分布も重ねると面白い。　　（S字甕研究室、Net）

第2次拡散期（近畿へ）
廻間II式後葉からIII式前葉にかけて、再び東海系土器（S字甕C類）が広がる現象が見られる。それは、第1次拡散期とまったく異なり、西へ，近畿へ動き始める。ベクトルを異にした現象と考えられる。おおむね西暦250年前後と推定。　　（S字甕研究室、Net）

廻間様式の代表がS字甕
三世紀の東海地域を考古学的な土器様式のまとまりでいうと、廻間様式によって代表される地域と考えている。ここでいう廻間様式とは以下の内容を含んでいる。濃尾平野低地部（尾張低地）に起源を持つ土器様式であり、S字甕（がめ）・パレス壺・ヒサゴ壺といったような、古くから固有名詞をもって語られている、独自の形を有する土器文化でもある。おおむね2世紀後葉に成立し、4世紀前半ごろまで継続する。分布範囲は、尾張低地部を中心として、その影響は伊勢湾沿岸部に広く見られ、こうした廻間様式の代表選手がS字状口縁台付甕（S字甕）であり、パレス壺・ヒサゴ壺でもある。
そのなかでとくにS字甕は、廻間様式とともに誕生する「軽量薄甕」と呼称してよい特殊な土器。さらに重要な点は、S字甕には不思議な規律が認められるという点で、S字甕を製作する場合には必ず特殊な混和（こんわ）材を含めなければいけないという約束事が認められる。その特殊な混和材とは三重県一志郡を流れる雲出（くもず）川の砂礫であることが次第に明らかとなってきた。つまりS字甕を製作するには、必ず雲出川の砂礫を混和材として用いるという厳格な規定が存在したことにほかならない。それはおそらくS字甕誕生にまつわる出来事から継承され、伝統化したものと推測しているが、とにかく廻間様式を代表するS字甕にはこうした宗教性に近い製作法が見られる。伊勢湾沿岸部に広く分布する3世紀前半期のS字甕は、すべてこうした約束事を厳格に守ってつくられていた。単なる炊飯用の道具だけではないと思われる。そこにはある種の習慣を共有するといった精神的な内容が加味されていたと考えておきたい。　　（ブログ　古代からの暗号、Net）　藤田加筆

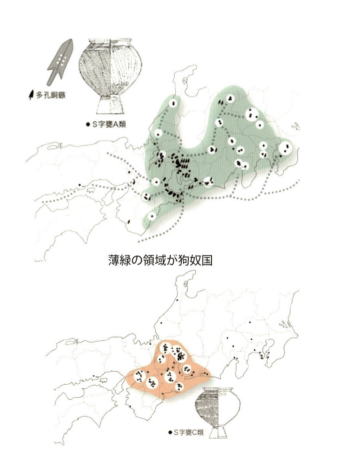

薄緑の領域が狗奴国

前方後円墳と前方後方墳

前方後円墳は邪馬台国纒向起源、前方後方墳は狗奴国近江北部起源

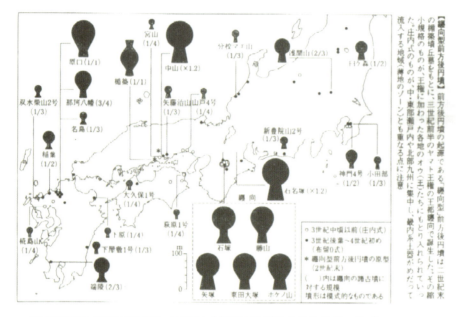

前方後円墳（邪馬台国型）の分布（古墳はなぜつくられたか、Net）

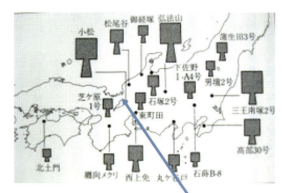

前方後方墳（狗奴国型）の分布（寺沢薫、2008）

近江の神郷亀塚古墳—最古級の前方後方墳（3世紀前半）狗奴国と関係か？

　滋賀県能登川町神郷亀塚古墳が、3世紀前半の最古級の前方後方墳と分かり、同町教委が1日発表した。3世紀前半は弥生時代から古墳時代への移行期とされ、亀塚古墳も弥生の周溝墓と同様、平地に築かれているが、古墳のような高い墳丘を持つ過渡的な形。前方後方墳の発生過程や、前方後円墳を造った大和の勢力に対抗した狗奴国（くなこく）との関係を考える上で貴重な資料。

　同町教委によると、埋葬部付近から弥生時代後期の土器が見つかり、3世紀前半と判断した。古墳の全長は約35.5メートル、周溝は最大幅が12メートル、深さ1.2メートル。後方部は奥がやや広がり、高さは約3.6メートルで、当時の墳丘の1.2メートルより高い。周辺には幾つかの集落があり、地域の有力者の墓とみられる。

　前方後方墳は東日本に多く、濃尾平野付近が発祥地とみられているが、亀塚古墳が過渡的な性格を示しているほか、滋賀県内では高月町でも3世紀半ばの小松古墳が見つかるなど古い前方後方墳が多く、近江が発祥地の可能性も出てきた。

　前方後方墳は、前方後円墳を象徴的な墳形とした大和の勢力と対立していた、東海地方の狗奴国の墳形とする見方もあり、同町教委は「近江が狗奴国連合の一つか、またはその有力地としての可能性が高まった」としている。

（最古級の前方後方墳、Net）藤田加筆

卑弥呼と対立の男王国は岐阜にあった　狗奴国東海説に迫る

産経ニュース　2021/4/26
【歴史シアター】

　古墳出現期の3世紀初頭（西暦200年前後）に築造されたとみられることが明らかになった岐阜県大野町の前方後方墳「笹山古墳」。全長は50～60メートルと同時期では最大級の規模を誇ることが判明し、近江（滋賀県）の影響を受けた土器も出土した。被葬者はかなり広範囲の地域を支配した首長クラスとみられるが、愛知、岐阜、三重の3県にまたがる濃尾平野は、「魏志倭人伝」（三国志魏志東夷伝倭人条）に、「邪馬台国」と敵対したと描かれている「狗奴国（くなこく）」の拠点で、その墓形を前方後方墳とする説がある。最初期の前方後方墳の判明は、そうした議論にも影響を与えることになりそうだ。

（藤田加筆）

笹山古墳で検出された周濠の跡。最古級の前方後方墳と確認された＝岐阜県大野町上磯（大野町教委提供）

卑弥呼の死、台与の即位（3世紀半ば）⇒箸墓古墳

箸墓古墳（卑弥呼の墓）

箸墓古墳（はしはかこふん、箸中山古墳）は、奈良県桜井市にある前方後円墳。宮内庁により「大市墓（おおいちのはか）」として第7代孝霊天皇皇女の倭迹迹日百襲姫命の墓に治定されている。

概要

纒向遺跡の箸中に所在する箸中古墳群の盟主的古墳であり、出現期古墳の中でも最古級と考えられている3世紀半ばすぎの大型の前方後円墳。この古墳を、『魏志倭人伝』が伝える倭国の女王、「卑弥呼」の墓とする（邪馬台国畿内説）。以前は築造年代が3世紀末から4世紀初頭とされ、卑弥呼が死亡したされる3世紀前半との時期にずれがあるため、その可能性は少ないといわれてきた。しかし1980年代以降に考古学的年代決定論が精度を増し、箸墓古墳の築造年代も卑弥呼の没年（248年から遠くない頃）に近い3世紀の中頃から後半とする説が主流となった。（岡上裕氏の文献考察（YouTube）によると、卑弥呼の死は247年となる。）

外表施設・遺物

前方部先端の北側の墳丘の斜面には、川原石を用いた葺石が存在していることが確認されている。この時期には埴輪列はまだ存在していないが、宮内庁職員によって宮山型特殊器台・特殊壺、最古の埴輪である都月型円筒埴輪などが採集されており、これらが墳丘上に置かれていたことは間違いない。また岡山市付近から運ばれたと推測できる特殊器台・特殊壺が後円部上でのみ認められるのに対して、底部に孔を開けた二重口縁の壺形土師器は前方部上で採集されており、器種によって置く位置が区別されていた可能性が高い。特殊器台や特殊壺などの出土から古墳時代初頭に築造された古墳であると考えられている。

埋葬施設は不明であるが、墳丘の裾から玄武岩の板石が見つかっていることから竪穴式石室が作られていた可能性があるという。この石材は、大阪府柏原市の芝山の石であることが判明している。従って、崇神紀に記す大坂山（二上山）の石ではない。

築造時期

墳丘形態や出土遺物の内容から白石太一郎ら(2012)によって最古級の前方後円墳であると指摘されていたが、陵墓指定範囲の外側の周辺部での発掘調査によって、墳丘の裾の幅10メートルの周濠の底から布留0式（ふるぜろしき）土器が出土し、古墳時代前期初頭の築造であることが確定した。研究者の年代観によって造営年代は若干の異同がある。広瀬和雄(2010)はその時期を3世紀中ごろ、白石太一郎(1999)は3世紀中葉過ぎ、寺沢薫(2008)は260〜280年頃、石野博信(2008)は3世紀後半の第四四半紀、西暦280年から290年にかけてとしている。

また箸墓古墳よりも古いと考えられている纒向石塚墳丘墓などの突出部と箸墓古墳の前方部との形状が類似していること、渡り土手を備えていること、周濠が墳丘の規模に比べ狭いことなどが分かってきた。それらのことから箸墓古墳は弥生時代の墳丘墓が飛躍的に巨大化したものであり、弥生墳丘墓の諸要素を継承したものであると考えられている。

意義

墳丘の全長約280メートル、後円部の高さ約30メートルで自然にできた小山と錯覚するほどの規模、全国各地に墳丘の設計図を共有していると考えられる古墳が点在している点、出土遺物に埴輪の祖形である吉備系の土器が認められる点などそれまでの墳墓とは明らかに一線を画している。また規模、埴輪などは以後の古墳のモデルとなったと考えられ当古墳の築造をもって古墳時代の開始と評価する研究者も多い。

被葬者

宮内庁によって第7代孝霊天皇の皇女、倭迹迹日百襲姫命（やまとととひももそひめのみこと）の墓として管理されているが、この古墳を卑弥呼の墓とする研究者もいる。その根拠としては、この古墳の後円部の直径が『魏志倭人伝』にある卑弥呼の円墳の直径「百余歩」にほぼ一致すること、後円部にある段構造が前方部で消失することから、前方部が後世に付け加えられた可能性があること、大規模な古墳の中では、全国でももっとも早い時期に築造されたものであることなどが挙げられているが現時点では正確なことは分からない。ちなみに魏・晋時代の一里は300歩で1里は435.6メートル、1歩はほぼ145センチメートルとなり100余歩は約145メートル強となる。

（箸墓古墳－Wikipedia抜粋）＋ 藤田加筆

2011年の歴史博物館の炭素14年代測定による年代推定によると、箸墓古墳の実年代は240〜260年と推定。しかし、INTCAL20較正曲線で測定値を補正すると250年頃と4世紀前半（300〜350年）の二つ候補がでるが、4世紀前半の可能性がより高いとされている。とはいえ、歴博は240〜260年の実年代は年輪年代を考慮しており訂正する必要がないとしている。

（藤田）

宮内庁の治定によれば、箸墓古墳の被葬者は第7代孝霊天皇の皇女の倭迹迹日百襲姫とされる。この姫は、ニギハヤヒと同一人とされる大物主の妻でもある。ニギハヤヒ（孝霊天皇、大物主）は卑弥呼（＝倭迹迹日百襲姫）を共立して邪馬台国を建てるにあたり、彼女を養女（皇女ではない）としたのではないか。

（藤田）

国土交通省国土画像情報（カラー空中写真）を基に作成（箸墓古墳－Wikipedia抜粋）

箸墓古墳を再検証 www.asahi.com

Ⓑ180

台与（とよ）の即位

台与／卑弥呼の後継者　歴史まとめ．Net

台与（壹與？）と中国王朝との外交
魏使の張政らは、檄をもって台与を告諭した。台与は、魏に帰任する張政に掖邪狗ら20人を同行させ、男女の生口30人と白珠5,000孔、青大句珠2枚、異文の雑錦20匹を貢いだ。また、『日本書紀』の「神功紀」に引用される『晋書』起居註に、泰始2年（266年）に倭の女王の使者が朝貢したとの記述がある。『魏志』（魏書三少帝紀によれば、同じ年に東夷が朝貢して禅譲革命の準備がなされたという記事があるので、この女王は台与で、魏に代って成立した晋の皇帝（武帝）に朝貢したと考えられている。　（藤田）

初期前方後円墳
初期ヤマト王権（3世紀中葉～4世紀中葉、魏と西晋が後ろ盾）の前方後円墳の葬送儀礼
1. 被葬者の北頭位
2. 水銀朱の多量使用
3. 三角縁神獣鏡を中心とする直径9寸（魏晋尺で約22cm）以上の大型鏡の多量副葬
（邪馬台国から大和政権へ、福永伸哉）

箸墓古墳
『魏志倭人伝』に見える「径百余歩」という卑弥呼の家に比定される。

箸墓伝説
『日本書記』には百襲姫による三輪山伝説・箸墓伝説が記される。これによると、百襲姫は大物主神（三輪山の神）の妻となったが、大物主神は夜にしかやって来ず昼に姿を見せなかった。百襲姫が明朝に姿を見たいと願うと、翌朝大物主神は櫛笥の中に小蛇の姿で現れたが、百襲姫が驚き叫んだため大物主神は恥じて御諸山（三輪山）に登ってしまった。百襲姫がこれを後悔して腰を落とした際、箸が陰部を突いたため百襲姫は死んでしまい、大市に葬られた。時の人はこの墓を「箸墓」と呼び、昼は人が墓を作り、夜は神が作ったと伝え、また墓には大坂山（現・奈良県香芝市西部の丘陵）の石が築造のため運ばれたという。　（藤田）

『日本書紀』の「箸墓伝説」や宮内庁の治定によると、箸墓には第7代孝霊天皇皇女の倭迹迹日百襲姫命が葬られていると思われる。箸墓の築造年代は、近年の炭素14年代測定法によると、卑弥呼が亡くなった3世紀中頃と推測されうる。従って、箸墓には倭迹迹日百襲姫命たる卑弥呼が埋葬されていると推察される。本書ではこの推察をもとに邪馬台国は孝霊天皇から開化天皇の御代に当たるとし、倭国大乱から崇神東征までの歴史を再構築している。　（藤田）

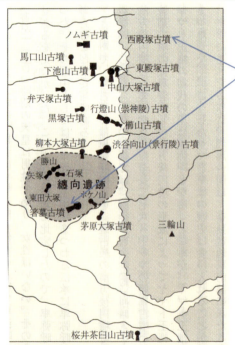

図2-3　纒向遺跡周辺地図（石川日出志『農耕社会の成立』より、一部改変）
（ヤマト王権、吉村武彦）

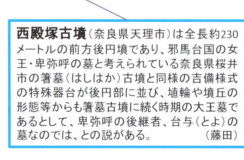

西殿塚古墳（奈良県天理市）は全長約230メートルの前方後円墳であり、邪馬台国の女王・卑弥呼の墓と考えられている奈良県桜井市の箸墓（はしはか）古墳と同様の吉備様式の特殊器台が後円部に並び、埴輪や墳丘の形態等からも箸墓古墳に続く時期の大王墓であるとして、卑弥呼の後継者、台与（とよ）の墓なのでは、との説がある。　（藤田）

崇神東征（3世紀末、神武東征譚の主要部分）

邪馬台国の終焉（ヤマト王権の始まり）

崇神東征とは、崇神（伊都国の王か）に率いられた、任那・伊都国連合勢力（主力は中臣氏と大伴氏）が久米人と隼人を伴い邪馬台国に侵攻し終焉させたものである。邪馬台国の物部氏（大彦）はこの侵攻に加担したと思われる。この東征により、大和と葛城の大国主勢力（ナガスネヒコら）は壊滅し、残存勢力（イセツヒコら）は狗奴国（東山道の近江、美濃など）へ逃れた。

『旧唐書』には、日本（任那から派生）は倭国の別種であると記載され、もともと小国であった日本が倭国を併合（崇神東征か）したと記されている。
『新唐書』でも、日本は、古くから交流のあった倭国とは別と捉えられており、日本の王の姓は阿毎氏であり、筑紫城にいた神武が大和を征服し天皇となり、600年頃に初めて中国と通じたと記述されている。
（藤田）

新羅の昔氏と大伴氏
新羅の王族には三氏があった。朴、昔、金である。朴氏は新羅の伝説的始祖であり、次いで昔氏、さらに金氏が継ぎその後の王権を独占した。
昔氏の始祖を脱解といい、「三国史記」によれば、倭国の多婆那から海を越えて到来し新羅王になった。しかし、不思議というか、昔氏については、その姓が韓国史から失われている。それは何故か。まず、考えられるのは、日本列島側と朝鮮半島側とに、またをかけて成立していた任那がなくなり、倭と韓とは、その後、異なった言語、文化をもつ異なった国として、それぞれ発展し、しかも後にはお互いに相争う事態となった。そのため、南朝鮮の倭人を出自とする昔氏は、倭の勢力につながる存在として抹殺されたのではないか。
ところで、倭王権を支えた一大氏族に大伴氏というのがある。伝説的始祖は神武東征の元帥であるが、この氏族には出自地の明示はない。しかし、神武東征伝説が任那の東遷に史的背景をもつとみるならば、大伴氏もまた九州しかも任那領域にいた大族であった可能性が高く、大和への征服戦争の主力軍をなしたのではないか。要するに昔氏とは大伴氏のことではないか。ちなみに伴と昔は韓音で相通じる。
（古代日本 異族伝説の謎、田中勝也）＋藤田

Wikipedia

大伴氏
「大伴」は「大きな伴造」という意味で、名称は朝廷に直属する多数の伴部を率いていたことに因む。また、祖先伝承によると来目部や靫負部等の軍事的部民を率いていたことが想定されることから、物部氏と共に朝廷の軍事を管掌していたと考えられている。なお、両氏族には親衛隊的な大伴氏と、国軍的な物部氏という違いがあり、大伴氏は宮廷を警護する皇宮警察や近衛兵のような役割を負っていた。
5世紀後半に現れた大伴氏の最初の実在人物とされる大伴室屋が雄略朝で大連となり、それまでヤマト王権に参画して勢力を誇っていた葛城氏に替わって大伴氏が急速に台頭する。
武烈朝で大連となった大伴金村の時代が全盛期で、その後継体・安閑・宣化・欽明まで5代にわたって大連を務める。この間、金村は越前国から継体天皇を皇嗣に迎え入れるなどの功績により、ヤマト王権内に確固たる地位を築いた。しかし、任那の運営を任されていたところ、欽明朝における任那4県の百済への割譲策について、同じ大連の物部氏から失政として咎められて失脚し、摂津国住吉郡（現大阪市住吉区帝塚山）の邸宅に引退した。以後、蘇我氏と物部氏の対立の時代に入る。
（Wikipedia抜粋）藤田加筆

中臣氏
中臣氏は、天孫降臨の際、瓊瓊杵尊に同伴した天児屋命（製鉄神：天児屋はタタラ炉（児）とそれを覆う金屋（天屋）を意味する）を祖とする。また、天岩戸にアマテラスが籠ったときに祝詞を読んだのが天児屋命である。任那出自の氏族であるとの説がある。子孫に、垂仁（すいにん）天皇に神祇祭祀を命じられた5人の大夫（まえつきみ）のひとり、大鹿嶋がいる。
仏教受容問題で物部氏さらに蘇我氏とも対立した。中臣鎌足は645年の大化の改新で活躍し、669年の死に臨んで、藤原姓を賜った。以後鎌足の子孫は藤原氏を名乗ったが、本系は依然として中臣を称し、代々神祇官・伊勢神官など神事・祭祀職を世襲した。
（Wikipedia抜粋）藤田加筆

神武東征譚は、天津神（三島神、ホアカリ、ニギハヤヒ、崇神）の東征を集合した倭国平定譚か
神武東征譚の主要部分は3世紀末の崇神東征譚

神武東征 神武天皇（カムヤマトイワレビコ）は、兄の五瀬命（イツセ）とともに、日向の高千穂で、葦原中国を治めるにはどこへ行くのが適当か相談し、東へ行くことにした。舟軍を率いて日向を出発して筑紫へ向かい、豊国の宇沙（現 宇佐市）に着くと、宇沙都比古（ウサツヒコ）・宇沙都比売（ウサツヒメ）の二人が仮宮を作って食事を差し上げた。そこから移動して、岡田宮で1年過ごした。さらに安芸国の多祁理宮（たけりのみや）で7年、吉備国の高島宮で8年過ごした。

　浪速国の白肩津に停泊すると、登美毘古（ナガスネヒコ）の軍勢が待ち構えていた。その軍勢との戦いの中で、イツセはナガスネヒコが放った矢に当たってしまった。イツセは、「我々は日の神の御子だから、日に向かって（東を向いて）戦うのは良くない。廻り込んで日を背にして（西を向いて）戦おう」と言った。それで南の方へ回り込んだが、イツセは紀国の男之水門に着いた所で亡くなった。

　カムヤマトイワレビコが熊野まで来た時、大熊が現われてすぐに消えた。するとカムヤマトイワレビコを始め兵士たちは皆気を失ってしまった。この時、熊野の高倉下（タカクラジ）が、一振りの太刀を持って来ると、カムヤマトイワレビコはすぐに目が覚めた。カムヤマトイワレビコがその太刀を受け取ると、熊野の荒ぶる神は自然に切り倒されてしまい、兵士たちも意識を回復した。カムヤマトイワレビコはタカクラジに太刀を手に入れた経緯を尋ねた。タカクラジによれば、タカクラジの夢にアマテラスと高木神が現れた。二神はタケミカヅチを呼んで、「葦原中国は騒然としており、私の御子たちは悩んでいる。お前は葦原中国を平定させたのだから、再び天降りなさい」と命じたが、タケミカヅチは「平定に使った太刀を降ろしましょう」と答えた。そしてタカクラジに、「倉の屋根に穴を空けてそこから太刀を落とすから、天津神の御子の元に運びなさい」と言った。目が覚めて自分の倉を見ると本当に太刀があったので、こうして運んだという。その太刀はミカフツ神、またはフツノミタマと言い、現在は石上神宮に鎮座している。

　また、高木神の命令で遣わされた八咫烏の案内で、熊野から大和の宇陀に至った。宇陀には兄宇迦斯（エウカシ）・弟宇迦斯（オトウカシ）の兄弟がいた。まず八咫烏を遣わして、カムヤマトイワレビコに仕えるか尋ねさせたが、兄のエウカシは鳴鏑を射て追い返してしまった。エウカシはカムヤマトイワレビコを迎え撃とうとしたが、軍勢を集められなかった。そこで、カムヤマトイワレビコに仕えると偽って、御殿を作ってその中に押機（踏むと挟まれて圧死する罠）を仕掛けた。弟のオトウカシはカムヤマトイワレビコにこのことを報告した。そこでカムヤマトイワレビコは、大伴連らの祖の道臣命（ミチノオミ）と久米直らの祖の大久米命（オオクメ）をエウカシに遣わした。二神は矢をつがえて「仕えるというなら、まずお前が御殿に入って仕える様子を見せろ」とエウカシに迫り、エウカシは自分が仕掛けた罠にかかって死んだ。

　忍坂の地では、土雲の八十建が待ち構えていた。そこでカムヤマトイワレビコは八十建に御馳走を与え、それぞれに刀を隠し持った調理人をつけた。そして合図とともに一斉に打ち殺した。その後、目的地である磐余の弟師木（オトシキ）を帰順させて兄師木（エシキ）と戦った。最後に、（ナガスネヒコ）と戦い、そこに邇芸速日命（ニギハヤヒ）が参上し、天津神の御子としての印の品物を差し上げて仕えた。そして、邇芸速日命はナガスネヒコを殺害する。こうしてカムヤマトイワレビコは荒ぶる神たちを服従させ、畝火の白檮原宮で即位した。

（『古事記』の記述（再掲）、Wikipedia抜粋）藤田加筆

天羽々矢（あめのはばや）は、『記紀』神話に現れる矢。「羽々」の意味は不詳だが、「羽のように大きい」もしくは「大蛇」と解する説がある。高皇産霊神（たかみむすひのかみ）が、天稚彦（あめわかひこ、天若日子）を葦原中国（あしはらのなかつくに）に下す際に、天鹿児弓（あめのかごゆみ）（天之麻迦古弓（あめのまかこゆみ）とも謂われる）と共に天稚彦に与えた。天羽々矢は、天之波波矢（あめのははや）、天之加久矢（あめのかくや）、天真鹿児矢（あめのまかごや）、とも云われる。

　東征に臨む神武天皇に対し、長髄彦は饒速日命が所持する天羽々矢を示し、自分が天津神に仕えていることを証明するが、饒速日命の手によって殺害される。　（Wikipedia抜粋）＋ 藤田

『日本書紀』に記載の神武東征の最終局面（Wikipedia抜粋）

　長髄彦と遂に決戦となった。連戦するが勝てず、天が曇り、雨氷（ひさめ）が降ってきた。そこへ金色の霊鵄があらわれ、磐余彦尊の弓の先にとまった。するといなびかりのようなかがやきが発し、長髄彦の軍は混乱した。このため、長髄彦の名の由来となった邑の名（長髄）を鵄の邑と改めた。今は鳥見という。長髄彦は磐余彦尊のもとに使いを送り、自分が主君としてつかえる櫛玉饒速日命（物部氏の祖）は天神の子で、昔天磐船に乗って天降ったのであり、天神の子が二人もいるのはおかしいから、あなたは偽物だと言った。長髄彦は饒速日命のもっている天神の子のしるしを磐余彦尊に示したが、磐余彦尊もまた自らが天神の子であるしるしを示し、どちらも本物とわかった。しかし、長髄彦はそれでも戦いを止めなかったので、饒速日命は長髄彦を殺し、衆を率いて帰順した。　（藤田加筆）

異説：神武の軍勢が熊野回りで大和に向かったとあるが、熊野経由は余りにも非現実的である。生駒山麓でナガスネヒコに敗れた神武軍勢は、再起を期そうと奈良盆地を東に迂回するため、紀ノ川から吉野川をへて宇陀野に出たのではないか。

（邪馬台国と「鉄の道」、小路田泰直）＋ 藤田

ニギハヤヒを廻る群像　（2世紀末から4世紀初め）

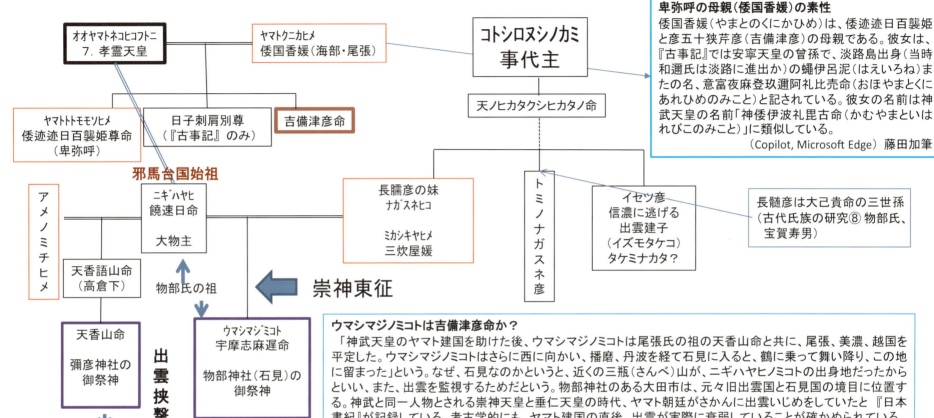

長髄彦（ナガスネヒコ）；大国主の子孫

『古事記』では那賀須泥毘古と表記され、また登美能那賀須泥毘古（トミノナガスネヒコ）あるいは登美毘古（トミビコ）とも呼ばれる。神武東征の場面で、大和地方で東征に抵抗した豪族の長として描かれている人物である。安日彦（あびひこ）という兄弟がいるとされる。

長髄彦は、登美夜毘売（トミヤヒメ）、あるいは三炊屋媛（ミカシキヤヒメ）ともいう自らの妹を、天の磐舟から斑鳩の峰白庭山に降臨した饒速日命（ニギハヤヒノミコト）の妻とし、仕えるようになる。（中世の戦国の武将山形の織田家や仙台の伊達家が長髄彦の子孫であると言われている。）神武天皇が浪速国青雲の白肩津に到着したのち、孔舎衛坂（くさえのさか）で迎え撃ち、このときの戦いで天皇の兄の五瀬命は矢に当たって負傷し、後に死亡している。その後、長髄彦は八十梟帥や兄磯城を討った皇軍と再び戦うことになる。このとき、金色の鵄が飛んできて、神武天皇の弓弭に止まり、長髄彦の軍は眼が眩み、戦うことができなくなった。長髄彦は神武天皇に「昔、天つ神の子が天の磐船に乗って降臨した。名を櫛玉饒速日命という。私の妹の三炊屋媛を娶わせて、可美真手という子も生まれた。ゆえに私は饒速日命を君として仕えている。天つ神の子がどうして二人いようか。どうして天つ神の子であると称して人の土地を奪おうとしているのか」とその疑いを述べた。天皇は天つ神の子である証拠として、天の羽々矢と歩靫を見せ、長髄彦は恐れ畏まったが、改心することはなかった。そのため、間を取り持つことが無理だと知った饒速日命（ニギハヤヒノミコト）に殺された。

（Wikipedia抜粋）藤田加筆

長髄彦の本拠地
河内と大和の一帯は鳥見（登美）とよばれ、長髄彦は鳥見の長であった。ニギハヤヒが河内にやってきて、長髄彦は妹の登美夜毘売を妻にした。その後、ニギハヤヒが桜井の外山に移動したのに伴い、長髄彦も桜井に移ったと思われる。
（藤田）

長髄彦は大国主の子孫
1. 富氏の伝承による原出雲系の系譜 （謎の出雲帝国、吉田大洋）
2. 長髄彦は大己貴命の三世孫 （古代氏族の研究⑧ 物部氏、宝賀寿男）
（藤田）

磐船神社－Wikipedia抜粋
交野市の南端、天野川の渓谷沿いにあり、「天の磐船」（あめのいわふね）とよばれる天野川を跨ぐように横たわる高さ約12メートル・長さ約12メートルの舟形巨岩を御神体としている。本殿はなく、巨岩の前に小さな拝殿があり、南側（上流）に社務所がある。神社の起源は不明であるが、饒速日命が天の磐船に乗って河内国河上の哮ヶ峯（たけるがみね）に降臨されたとの伝承がある。交野に勢力を保っていた肩野物部氏という物部氏傍系一族の氏神であり、一族が深く関わっていたといわれている。
（藤田加筆）

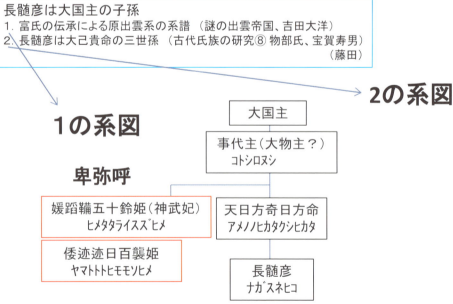

1の系図
卑弥呼
- 媛蹈韛五十鈴姫（神武妃） ヒメタタライスズヒメ
- 倭迹迹日百襲姫 ヤマトトトヒモモソヒメ

大国主 — 事代主（大物主？）コトシロヌシ — 天日方奇日方命 アメノヒカタクシヒカタ / 長髄彦 ナガスネヒコ

2の系図

大己貴命（海神族）在葦原中国 — 味鉏高彦根命 — 大穴持命（出雲）— 長髄彦命 / 下照姫

石切剣箭神社－Wikipedia抜粋
石切劔箭神社（いしきりつるぎやじんじゃ）は、大阪府東大阪市にある神道石切教の神社。「石切さん」「でんぼ（腫れ物）の神様」として親しまれ、本殿前と神社入り口にある百度石の間を行き来するお百度参りが全国的に有名。創建年代は、火災により社殿及び宝庫が悉く消失したため詳らかではないが、代々の社家「木積」家には、皇紀2年に生駒山中の宮山に可美真手命が饒速日尊を奉祀されたのを神社の起源とし、崇神天皇の御世に現本社に可美真手命が奉祀されたと伝わる。（藤田加筆）

邪馬台国の終焉

『記紀』の「国譲り」は、邪馬台国の出雲（大国主）勢力が崇神東征により掃討されたことを指している？

『古事記』「葦原中国の平定」＜第1章＞「アメノホヒの派遣」、＜第2章＞「アメノワカヒコの死」および＜第3章＞「国譲り」（下欄）は、いつの時代のどの出来事を反映しているのであろうか。「アメノホヒの派遣」は、紀元前後にスサノオが出雲を侵攻し、八岐大蛇（大国主か）を退治した後、アメノホヒとともに出雲王朝を建てたことを指し、「アメノワカヒコの死」は、ニギハヤヒの東征により引き起こされた倭国大乱の終結期にスクナビコナが殺害されたことを指すと思われる。＜第3章＞「国譲り」は如何なる事象をさしているのであろうか。私見では、この「国譲り」は、邪馬台国終焉時の崇神東征により、邪馬台国（大和・葛城）の出雲（大国主）勢力が掃討されたことを指していると考える。即ち、ナガスネヒコが殺害され、賀茂氏は葛城から山城に逃れ、タケミナカタやイセツヒコが信濃に追われたことを指すと考える。
（藤田）

『古事記』「葦原中国の平定」＜第三章＞国譲り

アマテラス大神は、再び「どの神を遣わしたらよいだろう」と言いました。オモイカネ神と高天原の神々は相談して、タケミカヅチ神にアメノトリフネ神とともに遣わすことにしました。二柱の神は、出雲国のイザサの小浜に天より降りてくると、剣を逆さまに刺し立てて その上にあぐらをかいてすわり、オオクニヌシ神にたずねました。「わたしは、アマテラス大神とタカギムスヒ神に遣わされて、命令を伝えるためにやって来ました。『あなたの支配する葦原中国は、わが御子が支配する国である』と、天つ御子に統治をお任せになりました。あなたの気持ちを聞かせてください。」オオクニヌシ神は答えました。「わたしは申し上げられません。わたしの子のコトシロヌシが申し上げるでしょう。」しかしながら、コトシロヌシ神は、漁をするため、御大（みほ）の岬に行き、また帰ってきていません。そこで、アメノトリフネ神を遣わして、コトシロヌシ神を呼び出すことにしました。やって来たコトシロヌシ神は、父のオオクニヌシ神に「おそれおおいことです。この国は、天つ神の御子に差し上げましょう。」と言って、乗ってきた船を踏みかたむけて、天の逆手を打って、船を青柴垣（あおふしがき）にして、隠れてしまいました。そこでタカミカヅチ神は、たずねました。「コトシロヌシ神は、同意しました。ほかに、この命令を申し伝えておくべき神はいますか。」と。オオクニヌシ神が「わたしの子にタケミナカタという神がおります。この子を除いてほかにはおりません。」と答えていると、そのタケミナカタ神が、千人がかかってやっと引くような大きな石を指先に持ち上げながらやって来て、「誰だ。わたしの国にやってきてひそひそと話をしているのは。まずは力競べをしようではないか。まずは、わたしがあなたの手を取ろう。」といい、タカミカヅチ神の手を取りました。するとタケミカヅチ神の手は、たちまちに氷柱（つらら）に変わり、また、たちまちに剣の刃となりました。それを見たタケミナカタ神が恐れおののいて、引き下がると、今度は、タケミカヅチ神がタケミカヅチ神の手を取ろうと、その手を引き寄せると、若い葦（あし）の芽を握りつぶすように、手を握りつぶして、投げ飛ばしたので、タケミナカタ神は、ただちに逃げ去ってゆきました。タケミカヅチ神は、それを追って科野国（しなののくに）の州羽海まで追いかけて、ついに殺そうとしたところ、タケミナカタ神は、「恐れ多いことです。わたしを殺さないでください。わたしは、この場所にいて、ほかの場所へは行きません。また、父のご命令にも、兄のコトシロヌシ神の言葉にも背きません。この葦原中国は、天つ御子の命令のままに差し上げましょう。」と言いました。タケミカヅチ神は、再び帰り来て、オオクニヌシ神に言いました。「あなたの子どもの、コトシロヌシ神もタケミナカタ神も天つ神の御子のご命令に従い、背くことはない、と言っていますが、あなたの気持ちはどうですか。」オオクニヌシ神は答えました。「わたしの子である二柱の神が同意したのなら、わたしもご命令に従い、

（つづき）
背きません。この葦原中国は、命令どおりに差し上げましょう。ただし、私の住まいは、天つ神の御子が日継（ひつぎ）を受け継ぐ時に住む御殿のように、宮柱を太く建て、高天原まで千木が届くように高くしてお祀りくだされば、私は曲がりくねった角の先に隠れておりましょう。また、わたしの子である百八十神（ももやそがみ）は、コトシロヌシ神が、諸神の先頭、あるいは後尾に立ってお仕えするならば、背いたりはしないでしょう。」と答えました。こうして、出雲の多芸志（たぎし）の小浜に天の御舎が造られました。水戸神の孫であるクシヤダマ神は料理人となって天つ神のためにご馳走を作ろうと、火を起こすため燧臼（ひきりうす）と燧杵（ひきりぎね）をつくって火を起こして、こう言いました。「わたしが起こした火を、高天原のカミムスビが新しく住む住まいにまで煙が届くように、底に深くの石まで焼き固まるまで、燃やしましょう。丈夫に作った縄を打ち投げて釣りをする漁師が釣った大きなスズキを、さわさわと引き寄せて、料理を乗せる台がたわんでしまうほど大量の魚料理をお供えしましょう。」こうしてタケミカヅチ神は、高天原に還り昇って、葦原中国の平定を アマテラス大神とタカギムスヒ神に申し上げました。

葦原中国平定

『古事記』「出雲の国譲り」の段において、建御雷（タケミカヅチ）は伊都之尾羽張（イツノオハバリ）の子と記述されるが、伊都之尾羽張は天之尾羽張の別名である。アマテラスは、タケミカヅチかその父イツノオハバリを下界の平定に派遣したいと所望したが、建御雷が天鳥船（アメノトリフネ）とともに降臨する運びとなる。

『日本書紀』では葦原中国平定の段で下界に降される二柱は、武甕槌とフツヌシである。この二柱がやはり出雲の五十田狭小汀（いたさのおはま）に降り立って、十握の剣（とつかのつるぎ）を砂に突き立て、大己貴命（おおあなむち、オオクニヌシのこと）に国譲りをせまる。タケミナカタとの力比べの説話は欠落するが、結局、大己貴命は自分の征服に役立てた広矛を献上して恭順の意を示す。ところが、二神の前で大己貴命がふたたび懐疑心を示した（翻意した？）ため、天つ神は、国を皇孫に任せる見返りに、立派な宮を住まいとして建てるとして大己貴命を説得した。
（Wikipedia抜粋）藤田加筆

崇神東征後の豪族・土豪の抵抗

『日本書記』では、長髄彦との戦いに続けて、大和盆地内の4か所帰順しない賊（①〜④）を退治する話をのせる。
①層富県（ソホノアガタ）のハタの丘岬の新城戸畔
大和国添県。現奈良市から大和郡山市の新木町にかけての地域。富雄川流域の全域
②高尾張邑の土蜘蛛
葛城地方 現御所市西南部であろう。
③和邇の坂下の居勢祝
天理市和爾地域である。
④臍見の長柄の猪祝
天理市長柄であろう。
（出雲と大和、村井康彦）

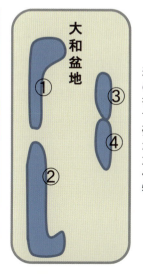

邪馬台国の四官のうちの中央部を除く三官を支えていた豪族・土豪たち（①〜④）が神武（崇神）の大和侵攻に激しく抵抗したことを物語っている。

大和の出雲勢力の鎮魂と挽歌（賀茂氏の山城への後退、出雲挟撃、鎮魂祭、出雲国造神賀詞）

上賀茂神社と下鴨神社

崇神東征による邪馬台国終焉の折、地祇系の賀茂氏の嫡流は葛城から山城に遷ったか
上賀茂神社の祭神は賀茂別雷命で、大国主の子神の阿遅鉏高日子根神（アジスキタカヒコネ）と同一視されている。

賀茂氏

賀茂氏には、天津系と地祇系との2系がある。神武天皇東征の途中、熊野から大和への道に迷った時に天上より派遣され、道案内をした **八咫烏** は、神皇産霊尊（カミムスビノミコト）の孫である鴨建角身命（カモタケツノミコト）の化身と伝えられる。奈良の八咫烏神社にまつられるのが天津系である。地祇系の賀茂氏は、高鴨神社の祭神である事代主や味鋤高彦根神（賀茂大御神、アジスキタカヒコネ）を祀っていた。
（Wikipedia抜粋）＋ 藤田

賀茂別雷神社（上賀茂神社）（光一郎撮影）
　祭神は賀茂別雷命（かもわけいかづちのみこと）であり、各地の加茂神社（賀茂神社・鴨神社）で祀られる。『記紀』神話には登場しない。神名の「ワケ」は「分ける」の意であり、「雷を別けるほどの力を持つ神」という意味であり、「雷神」ではない。『賀茂之本地』では阿遅鉏高日子根神と同一視されている。
（藤田）

賀茂御祖神社（下鴨神社）（光一郎撮影）
　賀茂別雷神社（上賀茂神社）とともに賀茂氏の氏神を祀る神社であり、両社は賀茂神社（賀茂社）と総称される。両社で催す賀茂祭（通称 葵祭）で有名。
　本殿には、右に賀茂別雷命（上賀茂神社祭神）の母の玉依姫命、左に玉依姫命の父の賀茂建角身命を祀るため「賀茂御祖神社」と呼ばれる。金鵄および八咫烏は賀茂建角身命の化身である。
　境内に糺の森（ただすのもり）、御手洗川、みたらし池がある。
（藤田）

賀茂氏

賀茂氏とは

　紀元前後のスサノオの出雲侵攻により、大国主（一族の敗残）と阿遅志貴高日子根神（アジスキタカヒコネ（多紀理毘売命との子、迦毛大御神、賀茂別雷命）は日本海沿岸を東に逃れた。ちなみに、アジスキタカヒコネは、出雲市の阿須伎神社、安来市の安来賀茂神社や邑南町の賀茂神社の祭神であり、出雲の出自であることが窺える。二人が丹後に至った頃、天孫の彦火明命の降臨があり、大国主とアジスキタカヒコネ、彦火明命の三世孫（倭宿禰）および少彦名とが力を合わせて、「大己貴の国」の国造りを行った。

　倭宿禰が大和・葛城に進出した折、アジスキタカヒコネが率いる鴨族も大和・葛城に同伴した。懿徳天皇（葛城王朝の始祖）は倭宿禰（アジスキタカヒコネかも）と考える。その頃、少彦名（神皇産霊の子）の後裔者も葛城に進出した。ちなみに、アジスキタカヒコネは、賀茂神社（上賀茂神社・下鴨神社）を始めとする全国のカモ（鴨・賀茂・加茂）神社の総本社と称している高鴨神社の祭神である。2世紀末、ニギハヤヒが大和に侵攻して、邪馬台国を建てた。しかし、葛城の出雲勢力はなお大きな力を保持していた。3世紀末には、崇神勢力の東征があり葛城の出雲勢力は壊滅した。このため、鴨族の多くは北上し出雲勢力を後背地とする山城に上賀茂神社・下鴨神社を建てた。

　賀茂氏には、天津系と地祇系との2系がある。神武天皇東征の途中、熊野から大和への道に迷った時に天上より派遣され、道案内をした八咫烏は、神皇産霊の孫である賀茂建角身命の化身と伝えられる。尚、少彦名は神皇産霊の子であり、天津系ということになる。奈良の八咫烏神社が天津系である。地祇系の賀茂氏は、葛城の高鴨神社の祭神であるアジスキタカヒコネ（賀茂大御神）を祀っていた。京都の賀茂神社は天津系と言われるが、古くはアジスキタカヒコネ（迦毛大御神）を祀る地祇系であったと思われる。

　また、丹後の倭宿禰が大和・葛城に進出した際、丹後の藤祭りを大和に持ち込んだと思われる。その後、崇神東征の折、鴨族が圧迫され山城に居を移した。それが山城での藤祭でのちに葵祭に変わり、丹後の藤祭も葵祭と変わったと推測される。
（藤田）

八咫烏の系譜（仮）

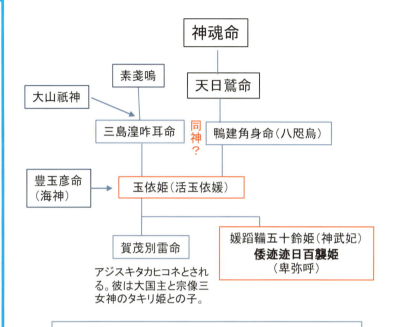

三島湟咋耳命もまた八咫烏で、三島湟咋耳命は鴨建角身命（八咫烏）と同神である。
（少女神　ヤタガラスの娘、みシまる湟咋耳）

八咫烏

賀茂建角身命（かもたけつぬみのみこと）

　山城の賀茂氏（賀茂県主）の始祖であり、賀茂御祖神社（下鴨神社）の祭神として知られる。『新撰姓氏録』によれば、賀茂建角身命は神魂命（かみむすびのみこと）の孫である。神武東征の際、高木神・天照大神の命を受けて日向の曾の峰に天降り、大和の葛城山に至り、八咫烏に化身して神武天皇を先導し、金鵄として勝利に貢献した。
（Wikipedia抜粋）

　天孫降臨時代の神武東征の発端（三島神の東征）時、導きの神（鴨建角身命（八咫烏））に大和侵攻の導きの役を演じさせたか。
（藤田）

八咫烏

（やたがらす）は、日本神話において神武東征（じんむとうせい）の際、高皇産霊尊（タカミムスビ）によって神武天皇のもとに遣わされ、熊野国から大和国への道案内をしたとされるカラス（烏）。一般的に三本足のカラスとして知られ古くよりその姿絵が伝わっている。
（Wikipedia抜粋）

八咫烏は天日鷲神の後裔

　八咫烏（ヤタガラス）は、『古事記』では神武東征の際、タカミムスビによって神武天皇のもとに遣わされ、熊野国から大和国への道案内をしたとされるカラス（烏）である。『日本書紀』では、同じ神武東征の場面で、金鵄（金色のトビ）が長髄彦との戦いで神武天皇を助けたとされており、天日鷲神の別名である天加奈止美命（あめのかなとみ）の名称が金鵄（かなとび）に通じることから、天日鷲神と同一視されることがある。また、八咫烏は、熊野三山においてカラスはミサキ神（死霊が鎮められたもの、神使）とされ、熊野大神（スサノオ）に仕える存在として信仰されている。

　一方、賀茂建角身命（カモタケツヌミ）は、山城の賀茂氏（賀茂県主）の始祖であり、賀茂御祖神社（下鴨神社）の祭神として知られる。尚、上賀茂神社の祭神は大国主の御子で下照姫の兄とされる、アジスキタカヒコネである。『新撰姓氏録』によれば、賀茂建角身命はカミムスビの孫である。（尚、スクナビコナはカミムスビの御子とされ、天日鷲命にあたる。）以上のように、神魂命➡天日鷲神（少彦名・天稚彦）➡賀茂建角身命（八咫烏）の系譜が、概ね妥当と考えられる。（B133参照）
（藤田）

物部神社（祭神：宇摩志麻遅命）と弥彦神社（祭神：天香山命＝天香語山命）

宇摩志麻遅命と天香山命はニギハヤヒを父とする異母兄弟。崇神東征後の出雲挟撃を目論んだか！

ウマシマジノミコトは、崇神天皇のヤマト王朝建国を助けた後、尾張氏の祖天香山（天香後山）命と共に、尾張、美濃、越国を平定した。ウマシマジノミコトはさらに西に向かい、播磨、吉備を経て石見に入ると、この地に留まった。

物部神社　石見国一宮

物部神社拝殿

　御祭神宇摩志麻遅命は、物部氏の御祖神として知られている。御祭神の父神である饒速日命は十種神宝を奉じ、天磐舟に乗って大和国哮峯に天降り、御炊屋姫命を娶られ御祭神を生まれた。御祭神は父神の遺業を継いで国土開拓に尽くされた。
　神武天皇御東遷のとき、忠誠を尽くされたので天皇より神剣師霊剣を賜った。また、神武天皇御即位のとき、御祭神は五十串を樹て、師霊剣・十種神宝を奉斎して天皇のために鎮魂宝寿を祈願された。（鎮魂祭の起源）
　その後、御祭神は天香山命と共に物部の兵を卒いて尾張・美濃・越国を平定され、天香具山命は新潟県の弥彦神社に鎮座された。御祭神はさらに播磨・丹波を経て石見国に入り、都留夫・忍原・於爾・曽保里の兇賊を平定し、厳瓮を据え、天神を奉斎され（一瓶社の起源）、安の国（安濃郡名の起源）とされた。次いで、御祭神は鶴に乗り鶴降山に降りられ国見をして、八百山が大和の天香具山に似ていることから、この八百山の麓に宮居を築かれた。（折居田の起源）
（御由緒　石見国一宮　物部神社、Net）＋ 藤田

彌（弥）彦神社（いやひこ（やひこ）じんじゃ）越後国一宮

彌彦神社拝殿（光一郎撮影）

　祭神の天香山命は、『古事記』に「高倉下」として登場する。社伝によれば、命は越後国開拓の詔により越後国の野積の浜（現 長岡市）に上陸し、地元民に漁撈や製塩、稲作、養蚕などの産業を教えたとされる。このため、越後国を造った神として弥彦山に祀られ「伊夜比古神」として崇敬された。
　このほか、彌彦の大神は、神武（崇神）天皇即位の大典の際に自ら神歌楽（かがらく）を奉奏したとされる。また、『先代旧事本紀』によれば、天照太神の孫神である饒速日尊と、天道日女命（あめのみちひめ）との間に生まれた神（天照太神の曾孫神）で、尾張氏等の祖神とされ、物部氏等の祖神である宇摩志摩治命（うましまぢ）とは母神を異にする兄弟神となっている。神武天皇の大和国平定後、勅命を受け越国を平定、開拓に従事したと伝える。
（Wikipedia抜粋）＋ 藤田

ウマシマジ命は、饒速日命が長髄彦の妹である三炊屋媛（みかしきやひめ）を娶って生まれた子で、天香山命（尾張氏の祖）が異母兄であるとする伝えがある（『先代旧事本紀』）。
　『古事記』によれば、初め長髄彦に従っていたが、神武（崇神）天皇の東征に際して長髄彦を殺し天皇に帰服し、以後自らの部族である物部（もののべ）を率いて皇城守護の任に当たったという。また『旧事本紀』によれば、神武（崇神）天皇即位の後、饒速日命の遺した10種の天璽瑞宝（あまつしるしのみづたから）を献上し、それを使って天皇と皇后の魂を鎮める呪術を行ったとされ、これを後世の鎮魂祭の初めとしている。
　宮中でも行われる鎮魂祭が、石上神宮、物部神社や彌彦神社でも取り行われている。この鎮魂祭は、長髄彦らの大国主命一族の国譲りの鎮魂のためであろうと考えている。
（藤田）

鎮魂祭　　天皇の御霊鎮めと崇神東征で敗北した大国主を中心とする出雲勢力への鎮魂

鎮魂祭（ちんこんさい、みたましずめのまつり）とは、宮中で新嘗祭の前日に天皇の鎮魂を行う儀式である。宮中三殿に近い綾綺殿にて行われる。一般的ではないものの、宮中と同日に行われている石上神宮や、彌彦神社や物部神社など、各地の神社でも行われる例もある（うち彌彦神社は年二回）。天皇に対して行う場合には「みたましずめ」「みたまふり」と言う。鎮魂祭はかつては旧暦11月の2度目の寅の日に行われていた（太陽暦導入後は11月22日）。この日は太陽の活力が最も弱くなる冬至の時期であり、太陽神アマテラスの子孫であるとされる天皇の魂の活力を高めるために行われた儀式と考えられる。また、新嘗祭（または大嘗祭）という重大な祭事に臨む天皇の霊を強化する祭でもある。第二次世界大戦以後は皇后や皇太子夫妻に対しても行われている。

宇気槽の儀
鎮魂の儀では、宇気槽（うきふね）と呼ばれる箱を伏せ、その上に女官が乗って桙で宇気槽の底を10回突く「宇気槽の儀」が行われる。これは日本神話の岩戸隠れの場面において天鈿女命が槽に乗って踊ったという伝承に基づくとされている。『古語拾遺』に「凡（およ）そ鎮魂の儀は、天鈿女命の遺跡（あと）なり」とある。かつてこの儀は、天鈿女命の後裔である猿女君の女性が行っており、「猿女の鎮魂」とも呼ばれていた。

魂振の儀
鎮魂の儀の後、天皇の衣を左右に10回振る魂振の儀が行われる。これは饒速日命が天津神より下された十種の神宝を用いた呪法に由来するとされる。『先代旧事本紀』には、饒速日命の子の宇摩志麻治命が十種の神宝を使って神武天皇の心身の安鎮を祈ったとの記述があり、「所謂（いはゆる）御鎮魂祭は此よりして始（おこ）れり」としている。

（Wikipedia抜粋）＋藤田

石上神宮の祭神にまつわる神話は有名だ。主祭神は、師霊（ふつのみたま）（平国之剣（くにむけのつるぎ））という神剣に鎮まれる霊威がご正体の布都御魂大神（ふつみたまのおほかみ）。布都のフツとは、剣が勢いよくフツと光って物を断ち切るさまを顕し、刀剣の威力を象徴するという神なのである。この神宿る剣は、かつて神代の時代に出雲の國譲りの交渉に赴いた建御雷神が携さえ、国土平定を成就させて大功を挙げた。

時が過ぎ、神武天皇が東征の折、熊野で荒ぶる神が化身した大きな熊が現れた。その毒気で正気を失い、皇軍の兵士もにわかに病み疲れ倒れてしまった。そのとき熊野に住む高倉下（たかくらじ）の許に夢とともに出現したのが、建御雷神が高天原から落雷のごとく倉を突き破って下し降ろした一振りの太刀。霊威の籠った師霊が再び現れ、これを高倉下が献上すると、神武天皇も兵士もたちまち回復して正気を取り戻した。佐士布都神（さじふつのかみ）とも甕布都神（みかふつのかみ）（『記』）ともいわれるこの神剣は、荒ぶる神をまたたく間に斬り仆してしまう。こうして熊野を平定した神武天皇は、その後も戦いを続け各地の国津神を従わせ、最後に物部氏の祖神となる饒速日命（『記』・邇芸速日命）をも帰順させて東征の大業を終結させる。

そして神武天皇は、宇麻志麻遅命に師霊・布都御魂大神の功績を称えて宮中での奉祀を命ずる。そのとき、父神・饒速日命が高天原の天津神から授かり、宇麻志麻遅命が継承していた天璽（あまつしるし）十種瑞宝（とくさのみづのたから）を献じ、これを神剣とともに奉斎する。即位の年の十一月、宇麻志麻遅命は宮殿において天皇と皇后のための長寿を祈り、この十種瑞宝をもって神業を執り行った。これがいまに伝えられる物部の鎮魂祭の起源とされる。のちに石上神宮の祭神の一柱となる布留御魂大神（ふるのみたまのおほかみ）は、この鎮魂に用いる天璽十種瑞宝に鎮まり、その起死回生の霊威という。

（奈良泰秀　H18年12月、抜粋）【62】神社の伝承（中）
－鎮魂祭の起源－、Net）＋ 藤田

踊る　天鈿女命

崇神（神武）の東征は、大彦とウマシマジが仕掛け、任那・伊都国連合の崇神天皇による、邪馬台国を終焉させるクーデターであったとみる。ナガスネヒコ（大国主系、出雲系、日本海系）はこのクーデターに抵抗したが、敢え無く敗死した。残存する出雲勢力を追い詰めたのが、ウマシマジと天香山命（ニギハヤヒを父とする異母兄弟）であり、石見に物部神社、越後に弥彦神社を創建し、出雲勢力を挟撃する体制を作り上げた。鎮魂祭は、皇居のほか、物部氏ゆかりの石上神宮、物部神社、弥彦神社で執り行われるが、この鎮魂祭は崇神東征で敗北した大国主を中心とする出雲勢力の鎮魂をもくろんだものであろう。

（藤田）

出雲国造神賀詞

「国譲り」に起因する出雲の神々の皇室への服属儀礼か
―謎の女神、賀夜奈流美命とは―

出雲国造神賀詞(いずものくにのみやつこのかんよごと)は、新任の出雲国造が天皇に対して奏上する寿詞。

出雲国造は都の太政官の庁舎で任命が行われる。任命者は直ちに出雲国に戻って1年間の潔斎に入司・出雲大社祝部とともに改めて都に入り、吉日を選んで天皇の前で奏上したのが神賀詞である。その性格としては出雲の神々の皇室への服属儀礼とみる見方が一般的である。『延喜式』にその文章が記述され、『貞観儀式』に儀式の内容が記されている。内容は天穂日命以来の祖先神の活躍と歴代国造の天皇への忠誠の歴史とともに、明つ御神と表現される天皇への献上物の差出と長寿を祈願する言葉が述べられている。

神賀詞で皇室を守護する出雲の神々として描かれているのは、謎の女神・賀夜奈流美命、大物主櫛長瓦玉命(おそらくニギハヤヒ)、阿遅須伎高孫根乃命(阿遅鉏高日子根神、アジスキタカヒコネ)、事代主(コトシロヌシ)である。(出雲の神々の系譜(下図)参照) アジスキタカヒコネとコトシロヌシは、大国主命の御子神である。ニギハヤヒはスサノオの後の天津神であり、国津神である出雲の神々に属するとは思えない。しかし、出雲や吉備で力を得て東征し、倭国大乱に勝利し邪馬台国を建て、大神神社の祭神の座を大国主から奪った。大物主は自ら大国主の和魂と称したことにより出雲系の神と見なされたものと考える。問題は出雲の神の賀夜奈流美命とは如何なる女神かということである。『出雲國造神賀詞』に「賀夜奈流美命ノ御魂ヲ飛鳥ノ神奈備ニ坐テ皇孫命ノ近守神ト貢置」とあることから、大国主神が皇室の近き守護神として、賀夜奈流美命の神霊を飛鳥の神奈備に奉斎した。この飛鳥坐(あすかにいます)神社の祭神の飛鳥神奈備三日女神〔あすかのかんなびみひめのかみ〕が賀夜奈流美命とされる。社伝では、飛鳥神奈備三日女神が大国主の娘、高比売神〔たかひめのかみ〕・下照姫神〔したてるひめのかみ〕・髙照光姫神〔たかてるみつひめのかみ〕であるとされている。大国主は、宗像三女神の沖津宮・多紀理媛神を妻とし阿遅鉏高日子根神と下照姫神(高比売神)をもうけ、また辺津宮・多岐津媛との間に事代主神と高照(光)姫神(天道日女、あめのみちひめ)をもうけた。下照姫は高天原から派遣された天稚彦(あめのわかひこ)と結ばれ、また高照姫の天道日女はニギハヤヒ(大年神?)と結ばれ天香語山命(高倉下)をもうけた。

賀夜奈流美命は、下照姫と高照姫(天道日女)合わせた女神の香用姫(かぐよひめ)で、加具夜姫(かぐやひめ)とも呼ばれたと考える。高照姫(天道日女)はニギハヤヒと結ばれ、天香語山命を産んだので、高照姫の方が加具夜姫と呼ばれるのに相応しい。実際、『大神分身類社鈔』によると、加夜奈留美命は高照姫の別名であるとされている。天香語山は別名高倉下で神武東遷の際に大活躍した、尾張連の祖である。

(飛鳥坐神社とは 飛鳥坐神社、Net. 出雲國造神賀詞、出雲国造、系図-古代史俯瞰 by tokyoblog. 天の王朝 天道日女・香用姫の正体、Net) + 藤田

飛鳥坐神社(奈良県高市郡明日香村)拝殿
祭神:八重事代主神、大物主神、飛鳥神奈備三日女神
(加夜奈留美神)、高皇産霊神

―謎の女神、賀夜奈流美命とは―

賀夜奈流美命とは、海神(海人)族の代々の女王の総称か?卑弥呼を日巫女(or日御子)とし、海神族の代々の女王の世襲名とすると、宗像三女神―下照姫―卑弥呼―台与―倭姫―神功皇后と世襲されてきたのであろうか。卑弥呼は海神族の国(奴国)の嫡流とされる和邇氏との関連が見られる。(藤田)

(賀夜奈流美命の系譜)

宗像三女神(海神族の女王)
⬇
下照姫 大国主と宗像女神の一柱、多紀理姫神との息女神。
⬇
卑弥呼 邪馬台国の女王。下照姫の後裔の三上祝の一族で、和邇氏の巫女か。
⬇
台与 卑弥呼の後継の台与は、卑弥呼の姪か。台与は息長水依姫と思われ、和邇氏一族と見なされる日子坐王の妻。
⬇
倭姫 垂仁天皇の皇女で、母は皇后の日葉酢媛命。日葉酢媛命は、息長水依姫と日子坐王の息子(丹波道主)の息女。
⬇
神功皇后 日子坐王の4世孫。三韓征伐には和邇氏武将の武振熊命を伴い、対馬の和珥津から新羅に侵攻。

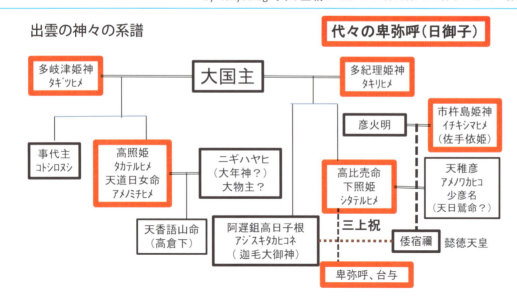

出雲の神々の系譜 / 代々の卑弥呼(日御子)

10章　考察（藤原氏の隆盛と物部氏の凋落）と論考9〜12

『日本書紀』と『古事記』の考察（2）Ⓑ192／藤原氏の隆盛と物部氏の凋落の『記紀』への反映（石上神宮と春日大社）Ⓑ194／論考9　大祓（中臣の祓）と素戔嗚命の天津罪；藤原氏による専制の確立Ⓑ200／論考10　卑弥呼（倭迹迹日百襲姫）は神武天皇妃の媛蹈鞴五十鈴姫である！Ⓑ201／論考11『記紀』の真相（1）八岐大蛇伝説は、『記紀』神話の根幹をなすものⒷ202／論考12『記紀』の真相（2）　神武天皇はニギハヤヒかⒷ203

　『記紀』の考察（2）では、『記紀』の考察（1）（Ⓑ011）に続き、『記紀』には有力氏族の藤原氏の意向が大きく反映していること、および近江の古代史が殆ど無視されていることなどを指摘したい。また、藤原氏の隆盛と物部氏の凋落とが各々石上神宮と春日大社の祭神のあり方に如何に映し出されているかを論じる。論考9〜12では、八岐大蛇伝説は『記紀』神話の根幹をなすものであること、八岐大蛇（大国主か）を退治したスサノオを模して、タケミカズチ（武甕槌）が創出されたと思われること、さらに、ニギハヤヒは倭国の最初の大国と呼べる邪馬台国を建てたが故に、ニギハヤヒを模して神武天皇が創出されたと思われることなどを論じる。

参照：第3部概略、年表等② 01
古の日本（倭）の歴史（前1世紀〜4世紀）－天孫族（伽耶族）の系譜　（図2）　Ⓑ 004

『日本書紀』と『古事記』の考察（2）

『記紀』の謎ーヤマト王権（崇神王朝）は、邪馬台国を引き継いだ！

『記紀』の神代と崇神東征により成立した崇神王朝以前の人代（神武～開化）の記述は、謎に満ちている。この謎は次に述べる事象を反映していると考える。

瓊瓊杵尊（ニニギ）を祖とする皇統（天孫族（任那・伊都国連合））の嫡流は、伊都国の中枢に受け継がれた。一方、大和・葛城にはまず三島神が遷り、ホアカリの三世孫の倭宿禰が遷り、ニギハヤヒが続き邪馬台国を建てて初めて倭国の過半（西日本）を支配するに至った。その後嫡流のミマキイリビコイニエ（崇神）が邪馬台国を引き継ぎ、ヤマト王権を建てた。ニニギの嫡流が支配するヤマト王権（飛鳥時代）を支える氏族にとって、各氏の素性は大きな関心事で、その祖を皇統系譜の何処に位置づけるかあるいはヤマト王権の樹立に如何に貢献したかは、その氏族の政治力や盛衰に大きく影響する。

『記紀』の成立時には、有力氏族は自らの系図を持っていたはずである。『記紀』に記載された皇統系譜は、これら氏族の系図に基本的に合うものでなくてはならず、慎重に検討されたはずである。このような熟慮を重ねた『記紀』の皇統系譜（瓊瓊杵から神武天皇を除き）、少なくともその世代数は充分に信頼できるものと考える。

しかしながら、神代および崇神朝以前の人代の記述は、互いに矛盾していることが多々あり、かつ全体的な統一性に欠け極めて難解である。個々の記述は、それなりの史実を反映していると思うが、ヤマト王権や有力氏族に都合のいいように改竄されていると思われる所が多々ある。この主原因は、崇神東征以前の前ヤマト王権は、天孫族とは直接関係しない大国主や天孫族傍流のニギハヤヒが支配する前ヤマト王権（葛城多氏王権、大己貴の国の支国（葛城王朝）や邪馬台国）であったためである。崇神東征は卑弥呼の死により衰退しはじめた邪馬台国を引き継いだものであり、崇神朝に始まるヤマト王権は、邪馬台国の政治基盤と物部氏や和邇氏らの支配層を引き継ぎ畿内で成立した。

藤原不比等ら『記紀』の編纂者は、崇神東征で成立したヤマト王権を10代遡らせ、神武東征がヤマト王権の始まりであるかのように装い、神武（崇神）以前の神代を神話として極めて曖昧にして、天孫族の歴史が「倭の歴史」であると強弁した。それ故に綏靖天皇から開化天皇の八代を欠史八代とされることも十分理解できる。　　　　　　　　　　　　　　　　　　　（藤田）

『古事記』・『日本書紀』の天孫族と藤原氏を利する作為

『古事記』と『日本書紀』の編纂は天智天皇の弟である天武天皇の命により行われ、8世紀以降の律令制国家の樹立のための歴史の理論的根拠と基盤となった。『古事記』は、712年、太朝臣安萬侶によって献上された。また、『日本書紀』は、720年、舎人親王らの撰で完成した。708年、右大臣正二位石上朝臣麻呂は長く空席であった左大臣に、藤原不比等が後継の右大臣に任ぜられた。この頃実際に政治を主導したのは、不比等だったと考えられている。藤原不比等と石上朝臣麻呂が『古事記』と『日本書紀』の編纂を牽引したと考えられる。藤原氏は中臣氏の出自とされ、石上麻呂は物部氏の出自である。したがって、葦原中国平定で藤原氏の祭神である武甕槌神と物部氏の祭神の経津主神が主たる役割を果たしたように物語られていることがよく理解できる。物部氏は吉備より河内を経由して大和に進出した。南朝鮮の出自と思われる中臣氏は崇神東征に同伴したと思われ、物部氏と中臣氏は共に河内を本拠とした。そのため、国生み神話が淡路島から始まり、また河内が畿内の中心になったことも理解できる。さらに、伊都国の勢力が南九州におよび、崇神東征に久米人や隼人が同伴した。そのため、日向が天孫降臨の舞台にされたと思う。

一方、藤原氏は物部氏の権勢を巧妙に抑えるため、神祇官神である中臣氏が奏上した大祓詞では、天津罪を犯したスサノオは悪神とされた。さらに、武甕槌神は『記紀』の編纂者が創案した架空の神と思われ、この架空の武甕槌神が春日大社の主祭神に祭り上げられると共に、石上神宮の主祭神もまた武甕槌神のもっていた剣に宿る布都御魂大神とされた。実際のところ、経津主命は布都御魂大神（布都御魂命ともいう）と同神で、スサノオが出雲で八岐大蛇（大国主か）を退治した際に使用した剣（布都御魂剣、天羽々斬剣）を神格化したもの考えられる。かくして、布都御魂命はスサノオと同神と考えられる。布都御魂剣は、スサノオの子孫であるニギハヤヒによって吉備より石上神宮に持ち込まれた。しかしながら、『記紀』の出雲の国譲りの主役はスサノオではなく武甕槌神とされた。スサノオは石上神宮の祭神から外され、祭神は布都御魂大神やニギハヤヒの子のウマシマジとされた。換言すれば、天照大神の嫡流の天之忍穂耳命の御子で天孫のニニギの子孫が支配した飛鳥時代に、スサノオの直系と思われる天津彦根神の子孫のニギハヤヒを祖とする物部氏は、『記紀』での出雲の国譲りでの主役の地位から外されることにより、飛鳥時代のヤマト王権の中枢から除外されたと推察する。

尚、天武天皇の崩御後、即位した持統天皇は、天武天皇の政策を引き継ぎ、完成させた。当然、『古事記』や『日本書紀』の編纂に持統天皇の意向も影響していると思われる。最高神、天照大神は、女帝の持統天皇の反映とも考えることができる。（藤田）

神武天皇はニギハヤヒとした方が、その称号「始馭天下之天皇」に相応しい

最初の神武東征は三島神の東征と見なされ、葛城多氏王権（神武から安寧天皇に当たる）が建てられた。そして、『海部氏勘注系図』にある倭宿禰が、第4代懿徳天皇に当たる。井光伝承は倭宿祢命が大和進出の際の出来事を神武東征伝承に取り込んだと思われる。この大和進出が葛城王朝の樹立に繋がった。次に、瀬戸内勢力の代表たるニギハヤヒ（9代孝霊天皇？）がアメノヒボコとともに河内から大和へ進出し、大国主と彦火明命（スクナビコナ）に代表される日本海勢力（大国主ら）との抗争（倭国大乱）が始まった。瀬戸内海勢力が優勢となり、奴国の流れを汲む和邇氏の巫女の卑弥呼を日本海勢力と共立して倭国大乱がおさまった。ここに、纏向を中心とする邪馬台国（虚空見つ日本（倭）の国）が成立した。邪馬台国は、任那を含む西日本全域を勢力下に置いた、倭国の最初の大国である。かくして、ニギハヤヒを神武天皇「始馭天下之天皇」とした方が、その称号」に相応しい。「御肇國天皇」の称号をもつ崇神天皇（第10代）と神武天皇は同一人物とされることがあるが、崇神天皇はニギハヤヒの建てた倭国の初めての大国の邪馬台国をただ引き継いで崇神王朝を建てたに過ぎない。　　　　　　　　　　　　　　　　　　　（藤田）

『記紀』に近江の古代史が殆ど記述されないわけ

弥生時代中期・後期さらに古墳時代を通じて、近江は、西国、東国と北国を結ぶ琵琶湖の水運を備えた交通の要衝であり、また倭国のなかで最も米の収穫量が多かったと思われ、鉄器・青銅器の製造も盛んであった。しかし、『記紀』には、近江の古代史が殆ど記述されず、また畿内からも外されている。

『記紀』の編纂に関与した天孫族の後裔にとって、3世紀までの近江は天孫族に敵対する出雲（大国主）勢力（大己貴の国や狗奴国）の拠点であった。ニギハヤヒの東征により、大己貴の国が解体され邪馬台国と狗奴国に分裂した。崇神王朝（ヤマト王権）は、崇神東征により邪馬台国を乗っ取ることにより成立した。邪馬台国の痕跡はなんとか『記紀』で辿れる。しかし、狗奴国（近江湖東・湖北と美濃を核とする東日本）となると『記紀』にその存在を暗示する記述すら全くない。このことは、景行朝で日本武尊が東征の最後に伊吹山を最期の砦とする狗奴国の残存勢力との戦いで敗死したことと深く関連していると思う。即ち、崇神王朝の倭国平定の大将軍が狗奴国勢力によって敗死させられたことはヤマト王権にとって受け入れられない恥辱であった。次の成務朝で日本武尊の息子により狗奴国は滅亡させられるが、近江勢力が再びヤマト王権に反抗することがないようにと近江・湖南に近江一宮の建部大社（日本武尊が祭神）が設けられた。また、不思議なことに『記紀』には富士山の記載が全くない。伊吹山とともに富士山もまた狗奴国の神奈備であったが故、富士山もヤマト王権にとっては忌避すべき存在であった。

壬申の乱で大海人皇子（後の天武天皇）に敵対した近江朝廷軍の主力は近江勢力であった。『日本書紀』の編纂を命じた天武天皇にとって近江は許されざる勢力と映ったので、近江の古代史が『記紀』で殆ど語られないようにし、近江を畿内から外したのではないかと推察している。尚、吉野、伊賀、伊勢より美濃から近江に侵攻した壬申の乱が、熊野・吉野から大和に侵攻した神武天皇軍の大和制圧の過程に反映されているとの見方もある。　　　　　　　　　　（藤田）

『記紀』の葦原中国平定で活躍する建御雷（武甕槌命、タケミカヅチ）は架空の神か

鹿島神社の主神　　香取神社の主神
（関東・東北の平定は、この二大軍神の加護に祈祷）

葦原中国平定

建御雷　　　　経津主神

中臣氏の祭神　　物部氏の祭神

「国譲り」で活躍した建御雷（武甕槌命、タケミカヅチ）について

・神産みにおいて伊弉諾尊（伊邪那岐・いざなぎ）が火神軻遇突智（カグツチ）の首を切り落とした際、十束剣「天之尾羽張（アメノオハバリ）」の根元についた血が岩に飛び散って生まれた三神の一柱である。

・「出雲の国譲り（葦原中国平定）」の段においては伊都之尾羽張（イツノオハバリ）の子と記述されるが、伊都之尾羽張は天之尾羽張の別名である。下界に降される二柱は、武甕槌とフツヌシである。（ちなみに、この武甕槌は鹿島神社の主神、フツヌシは香取神社の主神となっている。この二柱が出雲の五十田狭小汀（いたさのおはま）に降り立って、十握剣（とつかのつるぎ、十束剣）を砂に突き立て、大己貴命（おおあなむち、オオクニヌシのこと）に国譲りをせまる。『日本書記』

・三輪の神を祀らせるために崇神天皇が探させたというオオタタネコは『日本書紀』神代巻上には大物主の子の「大田田根子」、『古事記』では大物主の四世孫でタケミカヅチの子の「意富多多泥古」と記されている。（タケミカズチは大物主の子孫？）

・カムヤマトイワレビコはタカクラジに熊野の荒ぶる神を切り倒した太刀を手に入れた経緯を尋ねた。タカクラジによれば、アマテラスと高木神が夢に現れた。二神はタケミカヅチを呼んで、「葦原中国は騒然としており、私の御子たちは悩んでいる。お前は葦原中国を平定させたのだから、再び天降りなさい」と命じたが、タケミカヅチは「平定に使った太刀を降ろしましょう」と答えた。この太刀はミカフツ神、またはフツノミタマと言い、現在は石上神宮に鎮座している。

（藤田）

異説

タケミカヅチは元々は常総の土着の神でした。最初は単なる雷神だったハズです。雷は水を呼びます。イカヅチはイナヅマでありカミナリ。イナヅマを漢字で書くと「稲妻」。カミナリは「神鳴り」。雷が鳴ると神によって稲穂が稔る、つまりタケミカヅチは雷神であり、穀物神のはずです。それがタケミカヅチを氏神とする中臣氏（後の藤原氏）の出世によって武神（剣神）へと昇華したと思われます。

鹿島神宮はヤマトタケル東征の際に中継地点として利用されます。古代、この常総は大和朝廷から見ると辺境も辺境、僻地の土地です。ここから先は何があるか分からない未知の世界、魑魅魍魎が跋扈する危険な世界だったわけです。この土地に武神が配置されることが、大和朝廷にとっても安心だったのでしょう。

もともと渡来系の製鉄神を祀る中臣氏の東国の一派である、タケミカヅチ神を祖神とするのが中臣氏（鎌足など）は、後に藤原氏となる有力氏族です。この中臣氏に対する配慮として、国譲りでの圧倒的パワーと、神武東征での渋いサポートが割り振られたと言われています。その証拠に大活躍する国譲りですが、別の伝ではタケミカヅチは登場せずフツヌシ神だけで国譲りを成します。ちなみにフツヌシは香取神宮の祭神、タケミカヅチは鹿島神宮の祭神。もともとはフツヌシだけで国譲りをしたところを藤原氏への配慮からタケミカヅチが割り込んだと思われます。

この二柱はスサノオがヤマタノオロチを退治した際に使用した剣（＝フツノミタマ剣）を神格化したもの。同一神だった可能性もあります。

（タケミカヅチ、Net）　藤田加筆

崇神東征は、大彦らの瀬戸内海勢力とミマキイリビコイニエ（崇神）とが仕組んだ、大国主の流れを汲む出雲勢力（ナガスネヒコやイセツヒコなど）の掃討戦であったのではないか。

（藤田）

物部氏の総氏神である石上神宮の主祭神は、布都御魂大神（ふつのみたまのおおかみ、神体の布都御魂剣（武甕槌神（タケミカズチ）の剣）に宿る神霊）で、配神は布留御魂大神（十種神宝に宿る神霊）、布都斯魂大神（天羽々斬剣に宿る神霊）、宇摩志麻治命（ウマシマジ）他三神となっている。物部氏の氏神である石上神宮の祭神で疑問に思うのは、武甕槌神のもっていた剣に宿る布都御魂大神が主祭神となっていて、八岐大蛇（大国主と考える）を殺した天羽々斬剣（十握剣、布都御魂剣ともいう）に宿る神霊の布都斯魂大神が配神となっていることである。八岐大蛇を殺したスサノオやその子の物部氏の祖神の饒速日命（ニギハヤヒ）が主祭神でも配神でもなく、ニギハヤヒの子のウマシマジが配神になっていることが不可解である。一方、藤原氏（中臣氏）の総氏神の春日大社の主祭神は、武甕槌命（藤原氏守護神（常陸国鹿島の神））、経津主命（ふつぬしのみこと）（経津主大神、下総国香取の神）、天児屋根命（藤原氏の祖神）と比売神（天児屋根命の妻）の四柱である。藤原不比等が藤原氏の氏神である鹿島神（武甕槌命）を春日の御蓋山（みかさやま）に遷して祀り、春日神と称したのを始まりとする。しかし、「武甕槌神はこの春日山遷移のときはまだ登場せず、東国の「阿須波神」（雷神か）であった」とする（FB情報、Yi-Yin）。東国の武甕槌神（阿須波神）を祖神とする中臣氏は、後に藤原氏となる有力氏族である。この中臣氏に対する配慮として、出雲の国譲りで武甕槌神に圧倒的パワーと、神武東征での渋いサポートが割り振られたと思われる。その証拠に武甕槌神が大活躍する国譲りだが、別の伝では登場せず香取神宮の祭神の経津主命だけで国譲りを成す。すなわち、武甕槌神は『記紀』の編纂者が創案した架空の神と思われる。この架空の武甕槌神が春日大社の主祭神に祀り上げられると共に、石上神宮の主祭神もまた武甕槌神のもっていた剣に宿る布都御魂大神とされたのであろう。実際のところ、経津主命は布都御魂大神（布都御魂命ともいう）と同神で、スサノオが出雲で八岐大蛇（大国主か）を退治した際に使用した剣（布都御魂剣、天羽々斬剣）を神格化したもの考えられる。かくして、布都御魂命はスサノオと同神と考えられる。布都御魂剣は、スサノオの子孫であるニギハヤヒによって吉備より石上神宮に持ち込まれた。

（Facebook 藤田泰太郎タイムライン投稿抜粋2021/3/7）

藤原氏の隆盛と物部氏の凋落の『記紀』への反映（石上神宮と春日大社）

石上神宮　主催神：布都御魂剣に宿る神霊を主祭神

　布都御魂剣は本来スサノオの剣であったが、不思議にも武甕槌神の剣となっており、詐称されたか。また、石上神宮は物部氏の総氏神であるのに、不思議にも、物部氏の太祖のスサノオや祖のニギハヤヒが主祭神にも配神にも上げられていない。

石上神宮（いそのかみじんぐう）－Wikipedia抜粋
（物部氏の総氏神）

　石上神宮は、奈良県天理市にある神社。『日本書紀』に記された「神宮」は伊勢神宮と石上神宮だけであり、その記述によれば日本最古設立の神宮となる。

主祭神
布都御魂大神（ふつのみたまのおおかみ）－ 神体の布都御魂剣（ふつのみたまのつるぎ、武甕槌神（タケミカヅチ）の剣）に宿る神霊
配神
布留御魂大神（ふるのみたま-）－ 十種神宝に宿る神霊
布都斯魂大神（ふつしみたま-）－ 天羽々斬剣（あめのはばきりのつるぎ）に宿る神霊
（素盞嗚尊が八岐大蛇を斬ったときの十握剣。もともとこの剣が布都御魂剣とされていた。布都御魂剣と十種神宝は物部氏により石上神宮に持ち込まれた。）
宇摩志麻治命（うましまじのみこと）

　古代の山辺郡石上郷に属する布留山の西北麓に鎮座する。非常に歴史の古い神社で、『古事記』・『日本書紀』に既に、石上神宮・石上振神宮との記述がある。古代軍事氏族である物部氏が祭祀し、ヤマト王権の武器庫としての役割も果たしてきたと考えられている。神宮号を記録上では伊勢神宮と同じく一番古く称しており、伊勢神宮の古名とされる「磯宮（いそのみや）」と「いそのかみ」とに何らかの関係があるのかが興味深い。
　社伝によれば、布都御魂剣は武甕槌・経津主二神による葦原中国平定の際に使われた剣で、神武東征で熊野において神武天皇が危機に陥った時に、高倉下（夢に天照大神、高木神、建御雷神が現れ手に入れた）を通して天皇の元に渡った。その後物部氏の祖宇摩志麻治命により宮中で祀られていたが、崇神天皇7年、勅命により物部氏の伊香色雄命が現在地に遷し、「石上大神」として祀ったのが当社の創建である。
　社伝ではまた一方で、素盞嗚尊が八岐大蛇を斬ったときの十握剣が、石上布都魂神社（現・岡山県赤磐市）から当社へ遷されたとも伝えている。この剣は石上布都魂神社では明治以前には布都御魂剣と伝えていたとしている。
　天武天皇3年（674年）には忍壁皇子（刑部親王）を派遣して神宝を磨かせ、諸家の宝物は皆その子孫に返還したはずだが、『日本後紀』巻十二　桓武天皇　延暦二十三年（804年）二月庚戌条に、代々の天皇が武器を納めてきた神宮の兵仗を山城国葛野郡に移動したとき、人員延べ十五万七千余人を要し、移動後、倉がひとりでに倒れ、次に兵庫寮に納めたが、桓武天皇も病気になり、怪異が次々と起こり、使者を石上神宮に派遣して、女巫に命じて、何故か布都御魂ではなく、布留御魂を鎮魂するために呼び出したところ、女巫が一晩中怒り狂ったため、天皇の歳と同じ数の69人の僧侶を集めて読経させ、神宝を元に戻したとある。当時それほどまで多量の神宝があったと推測される。
　　　　　　　　　　　　　　　　　　　　https://www.isonokami.jp/about/index.html　　（藤田加筆）

拝殿（国宝）（光一郎撮影）

大鳥居

明治維新の後、大宮司になった国学者の菅政友が教部省の許可を得て禁足地を発掘した。その際の出土品の中に鉄剣が一振り有った。その形状から「素環頭内反太刀」と呼ばれる。これが霊剣に相違ないということで丸木を刳り貫いた容器に入れ、埋め戻したらしい。他の出土品から四世紀頃、埋められたと思われる。　　　（FB情報、箕岡義憲）

石上神宮摂社　出雲建雄神社（いずもたけおじんじゃ）　ニギハヤヒを祀る神社か？

延喜式内社で、草薙剣（くさなぎのつるぎ）の荒魂（あらみたま）である 出雲建雄神（いずもたけおのかみ）をお祀りしている。江戸時代中期に成立した縁起には、天武天皇（てんむてんのう）の御代に御鎮座になった由がみえる。それによると、布留邑智（ふるのおち）という神主が、ある夜、布留川の上に八重雲が立ちわき、その雲の中で神剣が光り輝いている、という夢を見た。明朝その地に行ってみると、8つの霊石があって、神が「吾は尾張氏の女が祀る神である。今この地に天降（あまくだ）って、皇孫を保（やすん）じ諸民を守ろう」と託宣されたので、神宮の前の岡の上に社殿を建ててお祀りしたということである。
（藤田）

江戸時代には、出雲建雄神は当神宮の御祭神 布都斯魂大神（ふつしみたまのおおかみ）の御子神と考えられ、そのため「若宮（わかみや）」と呼ばれていた。
（藤田）

　本来、布都御魂剣（ふつのみたまのつるぎ）は、紀元前後にスサノオ（物部の太祖）が出雲に侵攻した折、八岐大蛇（大国主のことか）を斬殺した剣を意味した。しかし、物部氏の総氏神の石上神宮では主祭神を布都御魂大神とし布都御魂剣に宿る武甕槌神の霊とされている。さらに、スサノオが八岐大蛇を切った剣を布都斯魂剣とし、天羽々斬剣（あめのはばきりのつるぎ）と同義としている。
　石上神宮摂社の出雲建雄神社は、草薙剣の荒魂である出雲武雄を布都斯魂剣に宿る神霊としてお祀りしている。しかし、江戸時代には、出雲建雄神は石上神宮の御祭神 布都斯魂大神の御子神と考えられて、摂社は「若宮」と呼ばれていた。出雲武雄が布都斯魂大神（スサノオ）の御子神とは、出雲武雄とはニギハヤヒ（物部の祖）のことではないのか。
（藤田）

天羽々斬剣（十握剣）
　アマテラスとスサノオの誓約の場面では、『古事記』ではスサノオが持っていた十拳剣からアマテラスが3柱の女神を産んでいる。最も有名なのはヤマタノオロチ退治の時にスサノオが使った十拳剣（別名「天羽々斬（あめのはばきり）」、"羽々"とは"大蛇"の意味）で、ヤマタノオロチの尾の中にあった草薙剣に当たって刃が欠けたとしている。
　この剣は石上布都魂神社（岡山県赤磐市にある神社、備前国一宮）に祀られ崇神天皇の代に石上神宮に遷された。石上神宮ではこの剣を布都斯魂剣と呼び、本殿内陣に奉安され祀られている。
（藤田）

岡山県赤磐市　石上布都神社所蔵　布都斯御魂模造刀、東大寺山古墳から同等の素環頭大刀が出土している。（石上神宮のフツノミタマと高倉下、Net）

フツノミタマ
　明治4年、石上神宮の境内から発掘された鉄製の内反（そ）りの環太刀（フツノミタマ）は、約2000年前（紀元前後）のものと推定されている。
（謎の出雲帝国、吉田大洋）

藤原氏の総氏神

春日大社と建御雷（武甕槌命）
建御雷は藤原氏の権勢に阿るために素戔嗚を模して創作された架空の神か

春日大社　中門・御廊
（光一郎撮影）

春日大社（かすがたいしゃ）は、奈良県奈良市春日野町にある神社。式内社（名神大社）、二十二社（上七社）の一社。
　全国に約1,000社ある春日神社の総本社である。ユネスコの世界遺産に「古都奈良の文化財」の1つとして登録されている。
　奈良時代の神護景雲2年（768年）に平城京の守護と国民の繁栄を祈願するために創建され、中臣氏・藤原氏の氏神を祀る。主祭神の武甕槌命が白鹿に乗ってきたとされることから、鹿を神使とする。
（Wikipedia 抜粋）　藤田加筆

主祭神は以下の4柱。総称して春日神と呼ばれ、藤原氏の氏神である。
武甕槌命 - 藤原氏守護神（常陸国鹿島の神）
経津主命 - 同上（下総国香取の神）
天児屋根命 - 藤原氏の祖神（河内国平岡の神）
比売神 - 天児屋根命の妻（同上）
　奈良・平城京に遷都された710年（和銅3年）、藤原不比等が藤原氏の氏神である鹿島神（武甕槌命）を春日の御蓋山（みかさやま）に遷して祀り、春日神と称したのを始まりとする。
（Wikipedia 抜粋）　藤田加筆

　中臣一門は全国各地にかなりの数の領地をもっていたそうで、その一派が東国の常総地方に領地をもっており、その関係で中臣（藤原）鎌足の父の御食子が常総に派遣された。従って、鎌足は常総の生まれの可能性が高い。御食子と鎌足は地元の雷神のタケミカヅチを鹿島神宮の祭神にして領民との融和を図り、東国経営を軌道に乗せた功績で、中央に戻った。
　鎌足の乙巳の変での活躍を契機に中臣（藤原）一門が絶大な権力をもつようになった。そのため地方神に過ぎなかったタケミカヅチを守護神とする中臣氏（藤原氏）に対する配慮として、『記紀』でタケミカヅチに国譲りでの圧倒的パワーと、神武東征での渋いサポートが割り振られたと思う。そして、藤原一門は総氏神の春日大社を創建し、そこの筆頭祭神に中臣氏（藤原氏）の守護神のタケミカズチを春日大社に遷した。
（藤田）

鹿島神宮と香取神宮　　ヤマト王権の東国経営と蝦夷侵攻の拠点

鹿島神宮（かしまじんぐう）は、茨城県鹿嶋市にある神社。常陸国一宮。全国にある鹿島神社の総本社。千葉県香取市の香取神宮、茨城県神栖市の息栖神社とともに東国三社の一社。また、宮中の四方拝で遥拝される一社である。

茨城県南東部、北浦と鹿島灘に挟まれた鹿島台地上に鎮座する。古くは『常陸国風土記』に鎮座が確認される東国随一の古社であり、日本神話で大国主の国譲りの際に活躍する武甕槌神（建御雷神、タケミカヅチ）を祭神とすることで知られる。古代には朝廷から蝦夷の平定神として、また藤原氏から氏神として崇敬された。所蔵文化財のうちで、「韴霊剣（ふつのみたまのつるぎ）」と称される長大な直刀が国宝に指定されている。鹿を神使とすることでも知られる。

祭神
武甕槌大神（建御雷神、たけみかつちのおおかみ）。
祭神について
　天孫降臨に先立つ葦原中国平定においては、経津主神とともに活躍したという。その後、神武東征に際してタケミカヅチは伊波礼毘古（神武天皇）に神剣（布都御魂）を授けた。一方、『常陸国風土記』では鹿島神宮の祭神を「香島の天の大神（かしまのあめのおおかみ）」と記し、この神は天孫の統治以前に天から下ったとし、『記紀』の説話に似た伝承を記す。しかしながら、「風土記」にもこの神がタケミカヅチであるとの言及はない。8世紀からの蝦夷平定が進むにつれて地方神であった「香島神」に中央神話の軍神であるタケミカヅチの神格が加えられたとする説があるほか中央の国譲り神話自体も常陸に下った「香島神」が中臣氏によって割り込まれて作られたという説がある。
（Wikipedia抜粋）　藤田加筆

香取神宮（かとりじんぐう）は、千葉県香取市にある神社。下総国一宮。

関東地方を中心として全国にある香取神社の総本社。宮中の四方拝で遥拝される一社である。

祭神
経津主大神（ふつぬしのおおかみ）
祭神について
　経津主の出自について、『日本書紀』には異伝として、イザナギ（伊弉諾尊）がカグツチ（軻遇突智）を斬った際、剣から滴る血が固まってできた岩群がフツヌシの祖であるとしている。その後『日本書紀』正伝では、天孫降臨に先立つ葦原中国平定においてタケミカヅチ（鹿島神宮祭神）とともに出雲へ派遣され、大己貴命と国譲りの交渉を行なったという。

経津主神は武甕槌神と関係が深いとされ、両神は対で扱われることが多い。例としては、経津主神を祀る香取神宮と、武甕槌神を祀る鹿島神宮とが、利根川を挟んで相対するように位置することがあげられる。経津主神の正体や神話の中で果たした役割については諸説がある。神名の「フツ」は刀剣で物が断ち切られる様を表し、刀剣の威力を神格化した神とする説がある。神武東征で武甕槌神が神武天皇に与えた布都御魂（ふつのみたま）の剣を神格化したとする説、物部氏の祭神であり、同族他氏の系図にも「フツ」が頻出することから物部氏の祖神である天目一箇神の別名とする説などがある。なお、『先代旧事本紀』では経津主神の神魂の刀が布都御魂であるとしている。布都御魂を祀る石上神宮が物部氏の奉斎社であり、かつ武器庫であったとされることから、経津主神も本来は物部氏の祭神で祖神であったが、後に擡頭する中臣氏の祭神である建御雷神にその神格が奪われたとする説がある。
（Wikipedia抜粋）　藤田加筆

鹿島・香取両神宮とも、古くより朝廷からの崇敬の深い神社である。その神威の背景には、大和朝廷により両神宮が軍神として信仰されたことにある。古代の関東東部には、現在の霞ヶ浦（西浦・北浦）・印旛沼・手賀沼を含む一帯に「香取海（かとりのうみ）」という内海が広がっており、両神宮はその入り口を扼する地勢学的重要地に鎮座する。この香取海はヤマト王権による蝦夷進出の輸送基地として機能したと見られており、両神宮はその拠点とされ、両神宮の分霊は朝廷の威を示す神として東北沿岸部の各地で祀られた。
（Wikipedia抜粋）　藤田加筆

鹿島神宮の祭神の武甕槌神は常総地方の雷神であるが、中臣氏（藤原氏）の権勢により、『記紀』の「国譲り」や「神武東征」での武神に格上げされたものと思う。一方、香取神宮祭神の経津主神は、物部氏の祖神と考える。布都御魂は、スサノオが八岐大蛇（大国主）を殺した十握剣（天羽々斬剣）である布都御魂剣に宿る神霊である。布都御魂剣は、スサノオの子孫であるニギハヤヒによって吉備より、石上神宮に持ち込まれた。
（藤田、Ⓑ148参照）

（鹿島神宮拝殿、Wikipedia）

（香取神宮拝殿、Wikipedia）

中臣（藤原）氏の系図

神統譜（天神系）の系図
天御中主神から藤原鎌足迄続いている。川岡氏が気になるのは「跨耳命」（雷大臣命）から真根子命、これは「壱岐真根子」だと思われる。神功皇后の時代、外敵から、倭国を護るため、雷大臣を対島に、壱岐真根子を壱岐に置いたと伝えられている。この雷大臣や壱岐真根子は神功皇后の時代に福岡市西区や糸島市に住んで居たのでは？壱岐真根子が武内宿禰の身代わりで切腹したと言われる場所が「真根子神社」として福岡市西区姪浜にある。又、壱岐真根子を祀る神社として、「壱岐神社」も近くにある。又、この系図には『古事記』に載せる資料を暗読したと言われる「稗田阿礼」も入っているが、この「稗田」姓の方々が糸島市には沢山住んでおられると聞いているが？更に「壹岐氏」の墓が福岡市中央区六本松にある。　　　　（FB投稿　川岡 保、2019/12/29）

中臣氏と藤原氏
　国常立尊から神代7代が続いているが、天児屋根（瓊瓊杵の時代に当たる）の前に伊弉諾、素戔嗚や天之忍穂耳命は出てきませんね。系図に、瓊瓊杵尊の降臨の時に同伴したという天児屋根命を見つけ、さらに邪馬台国の卑弥呼が魏に使い（難升米や伊聲耆）を送ったが、彼らは中臣氏の梨迹臣と伊世理で彼らの父は伊香津臣命で、これら3名もまた系図にあり悦にいっている。これら中臣氏の先祖は、任那・伊都国連合の任那（伽耶）にいたと考えている。その他、系図で知っているものといえば、鹿島神宮の神官として東国に赴任していた中臣御食子とその子の中臣（藤原）鎌足である。
　邪馬台国時代の梨迹臣と伊世理や神功皇后御代の雷大臣と真根子は年代的にうまく合致している。中臣一門は全国各地にかなりの数の領地をもっていたそうで、その一派が東国の常総に領地をもっており、その関係で中臣（藤原）鎌足の父の御食子が東国の常総に派遣された。従って、鎌足は常総の生まれの可能性が高い。なぜ鎌足は百済人といわれるのでしょうか。御食子と鎌足は地元の雷神のタケミカズチを鹿島神宮の祭神にして領民との融和を図り、東国経営を軌道に乗せた功績で、中央に戻ってこられたらしい。鎌足の乙巳の変での活躍を契機に藤原一門が巨大な権力をもつようになり、その影響で地方神に過ぎなかったタケミカズチを祖神とする中臣氏に対する配慮として、『記紀』でのタケミカズチに国譲りでの圧倒的パワーと、神武東征での渋いサポートが割り振られたと思う。そして、藤原一門は総氏神の春日大社を創建し、そこの筆頭祭神に藤原氏の守護神のタケミカズチを春日大社に遷した。
　　　　（川岡氏 FB投稿のディスカッションでの藤田のコメント）

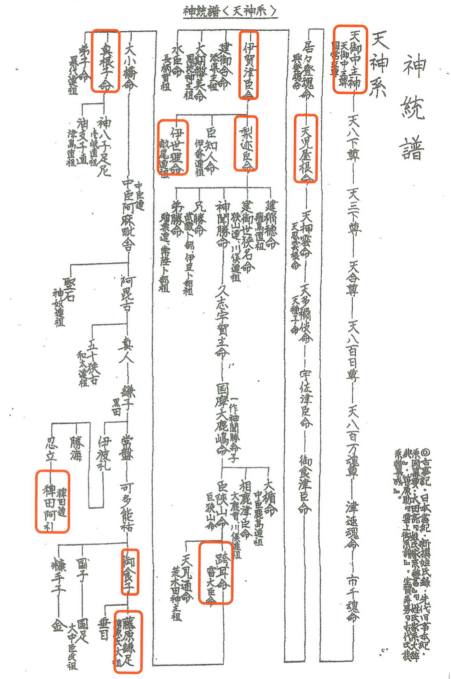

FB投稿　川岡保

『記紀』皇統系譜考

瓊瓊杵から神武までの日向三代は皇統譜に百越の始祖伝説を模して意図的に差し込まれた架空の三代である。従って、瓊瓊杵は神武と同世代人となる（Ⓑ100参照）。

『記紀』の神代皇統系譜には、飛鳥時代の天武天皇、持統天皇と藤原不比等の政略・思惑が色濃く表れている。また、『新羅本記』の新羅王家の系図（その原典？）を参考にしたと思われる節がある。というのは、イザナギは初代赫居世居西干、スサノオは第2代南解次次雄、ホアカリは脱解王（第4代脱解尼師今）、さらにアメノヒボコは第8代阿達羅尼師今の王子の延烏郎に当たると推察され、イザナギ、スサノオ、ホアカリとアメノヒボコの渡来した年代を推定できる。さらに、天照大神から神武に至る系譜（右図）は百越の始祖伝説に基づき作成されたと思われ、この神代の天皇系譜に海神（海人）族が深く関係していることを示唆する。この天照大神から崇神天皇に至る系譜は任那・伊都国連合の王権の系譜であると類推する。神武の父、タケウガヤフキアエズは九州のウガヤフキアエズ王朝の初代で、この王朝は崇神天皇に至るまで10代続いたと考える。崇神は東征し、大和にヤマト王権（三輪王朝）を建てた。尚、神代皇統系譜には、瓊瓊杵から神武までの日向三代が海神族の皇統への関与を慮って意図的に差し込まれている。この3代を除くと瓊瓊杵は神武と同世代人となる。

一方、大和・葛城の初代神武天皇から第9代開化天皇に至る系譜は、ヤマト王権以前に畿内に存在した大国主の国（浦安国と大己貴の国）各々の支国（葛城多氏王権（神武〜安寧）と葛城王朝（懿徳〜孝安）、さらにニギハヤヒの邪馬台国（孝霊〜開化）の王権の系譜であると推察する。

（藤田）

瓊瓊杵尊を祖とする皇統すなわち天孫族（任那・伊都国連合）の嫡流は、伊都国の中枢に受け継がれた。この嫡流は瓊瓊杵の兄の天火明の三世孫の倭宿禰の系統を正式の皇統とは認めない。天津神の系統は天忍穂耳命から瓊瓊杵―崇神に至る系列と天津彦根命から応神―継体に通じる饒速日と息長氏の系列があった。大和にはまず天火明の三世孫の倭宿禰が遷り、饒速日が続き、邪馬台国を建て倭国の大半を支配した。その後嫡流の崇神が邪馬台国を乗っ取りヤマト王権を建てた。さらに応神東征で息長氏が政権を掌握する。

ヤマト王権（飛鳥時代）を支える氏族にとって、各氏の素性は大きな関心事であり、その祖を皇統系譜の何処に位置づけるかあるいはヤマト王権の樹立に如何に貢献したかは、その氏族の政治力や盛衰に大きく影響する。

『記紀』が成立時には、有力氏族は自らの系図を持っていたはずである。『記紀』に記載された皇統系譜は、これら氏族の系図に基本的に合うものでなくてはならず、慎重に検討されたはずである。このような熟慮を重ねた『記紀』の皇統系譜、少なくともその世代数は充分に信頼できるものと考える。系譜の一代は四半世紀程度であろうと推量する。

しかしながら、応神朝以前の個々の記述や事績は、互いに矛盾していることが多々あり、かつ全体的な統一性に欠け極めて難解である。個々の記述は、それなりの史実を反映していると思うが、ヤマト王権や有力氏族に都合のいいように改竄されていると思われる所が多々ある。この主原因は、崇神東征以前の前ヤマト王権は、天孫族とは直接関係しない大国主や饒速日が支配する前ヤマト王権（浦安の国や大己貴の国の支国（葛城多氏王権や葛城王朝）や邪馬台国）であったためである。崇神東征は卑弥呼の死により衰退しはじめた邪馬台国の乗っ取りを諮ったものであり、崇神朝に始まるヤマト王権は、邪馬台国の政治基盤と物部氏や和邇氏らの支配層を引き継ぎ畿内で成立した。

天武天皇ら『記紀』の編纂者は、崇神東征のヤマト王権を10代遡らせ、神武東征がヤマト王権の始まりであるかのように装い、神武以前の神代を神話として極めて曖昧にして、天孫族の歴史が「倭の歴史」であると強弁した。それ故に綏靖天皇から開化天皇の八代を欠史八代とされたことも十分理解できる。

（藤田）

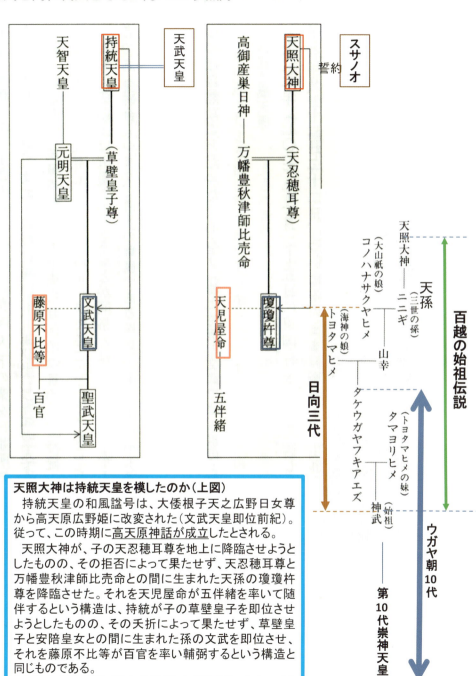

天照大神は持統天皇を模したのか（上図）

持統天皇の和風諡号は、大倭根子天之広野日女尊から高天原広野姫に改変された（文武天皇即位前紀）。従って、この時期に高天原神話が成立したとされる。

天照大神が、子の天忍穂耳尊を地上に降臨させようとしたものの、その拒否によって果たせず、天忍穂耳尊と万幡豊秋津師比売命との間に生まれた天孫の瓊瓊杵尊を降臨させた。それを天児屋命が五伴緒を率いて随伴するという構造は、持統が子の草壁皇子を即位させようとしたものの、その夭折によって果たせず、草壁皇子と安陪皇女との間に生まれた孫の文武を即位させ、それを藤原不比等が百官を率い輔弼するという構造と同じものである。

（古代の皇位継承、遠山美都男）＋（藤原氏、倉本一宏）

論考9　大祓（中臣の祓）と素戔嗚命の天津罪；藤原氏による専制の確立

藤原氏の守護神の武甕槌神（タケミカズチ）は架空の神か！

　大祓（おおはらえ）は天下万民の罪穢を祓うという儀式で、宮中と伊勢神宮で執り行われる。毎年6月と12月の晦日、すなわち、6月30日と12月31日に行われるものを恒例とするが、天皇即位後の最初の新嘗祭である大嘗祭の前後や、未曾有の疫病の流行、斎宮斎院の卜定、災害の襲来などでも臨時に執り行われる。大祓は中臣の祓とも言われる。中臣氏は物部氏とともに仏教受容問題で蘇我氏と対立した。中臣鎌足は645年の大化の改新で活躍し、669年の死に臨んで、藤原姓を賜った。以後鎌足の子孫は藤原氏を名乗ったが、本系は依然として中臣を称し、代々神祇官・伊勢神官など神事・祭祀職を世襲した。

　大祓では長文の大祓詞を奏上、あるいは宣り下して浄化する。大祓詞には地上で国の人間が犯す罪が主体の「国津罪」よりも農耕に関する慣行を破ることが主体の「天津罪」のほうを先に列挙しており、古代ではこちらのほうが共同体秩序を乱す大罪と考えていたことが窺える。高天原の秩序を乱したスサノオが、八十万神の合議により千座置戸（ちくらおきど）を科せられたうえで、神逐（かんやらい）すなわち追放刑に処せられたのは、共同体秩序の侵害者に対する内部的刑罰としての財産没収刑と追放刑（平和喪失）の神話的表現であったとみられる。天津罪として知られる畔放（あはなち）・溝埋（みぞうめ）・樋放（ひはなち）などの農業用水施設の破壊や、頻蒔（しきまき）（他人が播種した水田に重ねて種をまき、自分の耕作地であると主張する行為）・串刺（くしざし）（収穫期に他人の耕作した田にクシを刺し、自分の耕作地であると主張する行為）などの農業慣行違反等により共同体秩序が犯された場合に行われる大祓には、本来は八十万神のごとく共同体成員全員が参加しなければならなかったと推定される。

　大祓詞の内容をかいつまんで、現代語訳にする。「高天原という天津神がいる神の国から、天孫降臨された瓊瓊杵尊（ニニギ）が治められる大和の国は平和に治められている。その中で、天津罪、国津罪様々な罪が生まれる。その罪を消してしまう大祓という儀式をする準備をし、天津祝詞という天上から伝わった神聖な祝詞を唱えると、このような罪は、まるで朝の風や夕の風が吹きとばすように、鎌でばっさりと切り払われるように、消えていくだろう。こうして消えた罪や穢れは、瀬織津姫、速開津姫、気吹々主、速佐須良比咩が消し去ってくれるだろう。そして罪という罪が消え、この大祓の儀式で員人々に罪を祓い清めてくださることを参集した人に良く拝聴せよと宣り聞かせる。」

　天津罪とはスサノオの行為そのものである。「大祓祝詞」とは、実名こそ伏せられているが、暗にスサノオだけを集中的に攻撃しているともとれる。普通に考えると、「天津罪を犯したスサノオは、悪神の象徴であり、本来は"あってはならない神様"だ」ということになるが、逆に、「神々の行った罪を一身に背負って高天之原から消えていったスサノオこそ、神界のメシア（救世主）である」という解釈も成り立つ。そして、このスサノオの犯した罪を、贖罪「許して（帳消しに）してくれるのが、瀬織津姫ら"祓戸四神"だった。彼女らは水神や祓神、瀧神、川神である。瀬織津姫は九州以南では海の神ともされる。人の穢れを早川の瀬で浄めるとあり、これは治水神としての特性である。大祓詞には「高山の末短山の末より、さくなだりに落ちたぎつ速川の瀬に坐す瀬織津姫という神、大海原に持ち出でなむ」とある。勢いよく流れ下る川の力によって人々や社会の罪穢れを大海原に押し流してしまう、川に宿る大自然神であることがわかる。瀬織津姫と同一神ともみられる白山主神の菊理媛神は、『記紀』にわずかに見えるのみで、冥界という異境訪問をしたイザナギとその妻神イザナミの仲を取り持つ役割を果たすが、その実体は明確ではない。白山神が広く分布する北東日本海沿岸地域には、なぜか海神系の石部（磯部）神社が古社として多く分布する。こ

れらの諸問題の検討から「瀬織津姫＝菊理姫」との所見が得られ、同時に彼女はまた豊受大神にもあたるのではないかとの推論にいたった（越と出雲の夜明け、宝賀寿男）。東北地方に見られる「おシラさま」も瀬織津姫に通じる。瀬織津姫、菊理姫あるいは豊受大神らは紀元前後のイザナギ・イザナミ、さらにスサノオが倭国に渡来する以前の原始神道の時代（縄文時代からか）の神であると思われる。

　物部氏の総氏神である石上神宮の主祭神は、布都御魂大神（ふつのみたまのおおかみ、神体の布都御魂剣（武甕槌神（タケミカズチ）の剣）に宿る神霊）で、配神は布留御魂大神（十種神宝に宿る神霊）、布都斯魂大神（天羽々斬剣に宿る神霊）、宇摩志麻治命（ウマシマジ）他三神となっている。物部氏の氏神である石上神宮の祭神で疑問に思うのは、武甕槌神のもっていた剣に宿る布都御魂大神が主祭神となっていて、八岐大蛇（大国主と考える）を殺した天羽々斬剣（十握剣、布都御魂剣ともいう）に宿る神霊の布都斯魂大神が配神となっていることである。八岐大蛇を殺したスサノオやその子の物部氏の祖神の饒速日命（ニギハヤヒ）が主祭神でも配神でもなく、ニギハヤヒの子のウマシマジが配神になっていることが不可解である。一方、藤原氏（中臣氏）の総氏神である春日大社の主祭神は、武甕槌命（藤原氏守護神（常陸国鹿島の神））、経津主命（ふつぬしのみこと）（経津主大神、下総国香取の神）、天児屋根命（藤原氏の祖神）と比売神（天児屋根命の妻）の4柱である。藤原不比等が藤原氏の氏神である鹿島神（武甕槌命）を春日の御蓋山（みかさやま）に遷して祀り、春日神と称したのを始まりとする。しかし、「武甕槌神はこの春日山遷移のときはまだ登場せず、東国の「阿須波神」（雷神か）であった」とする（FB情報、Yi-Yin）。東国の武甕槌神（阿須波神）を祖神とする中臣氏は、後に藤原氏となる有力氏族である。この中臣氏に対する配慮として、出雲の国譲りで武甕槌神に圧倒的パワーと、神武東征での渋いサポートが割り振られたと思われる。その証拠に武甕槌神が大活躍する国譲りだが、別の伝では登場せず香取神宮の祭神の経津主命だけで国譲りを成す。すなわち、武甕槌神は『記紀』の編纂者が創案した架空の神と思われる。この架空の武甕槌神が春日大社の主祭神に祀り上げられると共に、石上神宮の主祭神もまた武甕槌神のもっていた剣に宿る布都御魂大神とされたのであろう。実際のところ、経津主命は布都御魂大神（布都御魂命ともいう）と同神で、スサノオが出雲で八岐大蛇（大国主か）を退治した際に使用した剣（布都御魂剣、天羽々斬剣）を神格化したもの考えられる。かくして、布都御魂命はスサノオと同神と考えられる。布都御魂剣は、スサノオの子孫であるニギハヤヒによって、吉備の石上布都魂神社より石上神宮に持ち込まれた。

　代々の神祇官である中臣氏が奏上した大祓詞では、天津罪を犯したスサノオは悪神とされた。藤原氏は物部氏の権勢を抑えるため、『記紀』の出雲の国譲りの主役をスサノオではなく武甕槌神とした。スサノオは石上神宮の祭神から外され、祭神は布都御魂大神やウマシマジとされたと思う。また、天照大御神の嫡流の天之忍穂耳命の御子で天孫のニニギの子孫が支配した飛鳥時代に、スサノオの直系と思われる天津彦根神の子孫のニギハヤヒを祖とする物部氏は、『記紀』での出雲の国譲りでの主役の地位から外されることにより、飛鳥時代のヤマト王権の中枢から除外されたと推察する。

（Wikipedia、コトバンク、神道の知識・作法／大祓詞－おおはらえことば／（Net）、瀬織津姫が封印された理由／（Net）、佐久奈度神社由緒記／（Net）、越と出雲の夜明け、宝賀寿男＋Facebook　藤田泰太郎タイムライン投稿抜粋 2020/7/30）

論考10　卑弥呼（倭迹迹日百襲姫）は神武天皇妃の媛蹈鞴五十鈴姫である！

　新羅王家第4代脱解王の時代（1世紀半ば）に瓊瓊杵尊（ニニギ）と天火明命（ホアカリ）のそれぞれ筑前と丹後への天孫降臨があったと思われる。また、日向三代はニニギと神武の間に詐称的に挿入された。天孫降臨から大和に崇神王朝（三輪王朝）が建てられるまでの近畿の前ヤマト王権（国）は、『海部氏勘注系図』、『但馬の国風土記』と『記紀』の該当系図を対応付けることで類推することができる（Ⓑ118）。前ヤマト王権の国々の系譜を、周知されている『記紀』の系譜（神武から開化まで）に対応させると、初代神武天皇から第3代安寧天皇までは、近江の浦安の国の支国、4代懿徳から6代孝安までは、大己貴の国（玉牆の内つ国）の支国（葛城王朝）、7代孝霊から9代開化までは、邪馬台国に当たる。『但馬の国風土記』によるとアメノヒボコは孝安朝のころに来倭したと思われる。

　2世紀中ごろ、アメノヒボコを同伴したニギハヤヒの東征によって引き起こされた倭国大乱は、ニギハヤヒ、大国主と和邇氏により卑弥呼が共立され邪馬台国が建てられることにより鎮められた。ニギハヤヒは、孝霊天皇に当たり、また大物主にも当たる。卑弥呼は孝霊天皇皇女の皇女倭迹迹日百襲姫である。（このニギハヤヒは天孫降臨時代のニギハヤヒの子孫と考える。）邪馬台国は『日本書紀』にある、ニギハヤヒの建てた「虚空見つ倭国」に当たると思われるが、『記紀』に卑弥呼は記載されていない。しかしながら、『桓檀古記』（訳 鹿島 昇）、『北倭記』、『倭人興亡史』には、卑弥呼が掲載されており、卑弥呼は神武天皇妃の媛蹈鞴五十鈴姫（ひめたたらいすずひめ）とされる（FBコメント、川岡保）。卑弥呼は宮内庁の治定で倭迹迹日百襲姫の陵墓とされる箸墓に葬られたと考えられている。神武天皇の妃となれば、天孫降臨の時代（1世紀半ば）の人格と思われる媛蹈鞴五十鈴姫が3世紀の卑弥呼に当たる訳はないと考えられるが、神武天皇は孝霊天皇（ニギハヤヒ）に当たると考えると、孝霊天皇が3世紀前後の人格であるので、神武天皇もまた3世紀前後の人格となる。（ニギハヤヒは代々続く世襲名か）従って、神武天皇妃の媛蹈鞴五十鈴姫もまた3世紀前後の人格と考えられる。『記紀』の編者は、2世紀半ばから末のニギハヤヒの東征と邪馬台国の建国譚を、神武天皇即位と媛蹈鞴五十鈴姫を皇后にした逸話を一緒に、1世紀半ばの天孫降臨の時代にすっぽり押し込んで、倭（ヤマト、日本）国の始まりとした。そう考えると必然的に、卑弥呼＝倭迹迹日百襲姫命＝媛蹈鞴五十鈴姫ということになる。（邪馬台国を建てたニギハヤヒ（大物主、孝霊天皇）は倭国の最初の大王と考えられ、倭迹迹日百襲姫命はその妃と推察される。従って、神武天皇はニギハヤヒを模して創出されたと思われる！）

　媛蹈鞴五十鈴媛とは、『古事記』によると、神武天皇の皇后候補を見つけてきた大久米命は、次のように述べた。「三嶋の湟咋（みぞくひ）の娘、名は勢夜陀多良比売（せやだたらひめ、玉櫛媛（玉依姫））を大物主神が見感（みめ）でて、朱塗りの矢に化けて川を下り、用便をするセヤダタラヒメのほと（女陰）を突いた。驚いたヒメが、その矢を床のそばに置くと、矢は麗しき壮夫となってヒメと結ばれた。生まれた子が比売多多伊須気余理比売（ひめたたらいすけよりひめ）である。」『日本書記』では、比売多多伊須気余理比売を「事代主神と三島溝橛（湟咋）耳神の娘とが結ばれ生める児、媛蹈鞴五十鈴媛」とする。この逸話から媛蹈鞴五十鈴媛は大物主（あるいは事代主）の娘ということになる。

　卑弥呼は、海神（海人）族の和邇氏（製鉄氏族）の巫女とされ、大国主と繋がる近江の三上

祝の出自とされる。媛蹈鞴五十鈴媛は、その名からわかるように、製鉄の際に送風に用いる蹈鞴と渇鉄鉱のこととされる五十鈴から成り立っている製鉄神の姫である。渇鉄鉱（五十鈴）からの製鉄は縄文時代に始まった製鉄であり、この製鉄に大国主も関係していたと思う。ちなみに、媛蹈鞴五十鈴媛は、大国主の子孫（事代主）あるいは大国主の和魂の大物主の娘である。このように、卑弥呼と媛蹈鞴五十鈴媛は似たような素性をもっている。

　卑弥呼と同人格とされる孝霊天皇の皇女の倭迹迹日百襲姫は、孝霊天皇やニギハヤヒと同人格とする大物主の妻でもある。『日本書記』には倭迹迹日百襲姫による三輪山伝説・箸墓伝説が記される。これによると、百襲姫は大物主神の妻となったが、大物主神は夜にしかやって来ず昼に姿は見せなかった。百襲姫が明朝に姿を見たいと願うと、翌朝大物主神は櫛笥の中に小蛇の姿で現れたが、百襲姫が驚き叫んだため大物主神は恥じて御諸山（三輪山）に登ってしまった。百襲姫がこれを後悔して腰を落とした際、箸が陰部を突いたため百襲姫は死んでしまい、大市に葬られた。時の人はこの墓を「箸墓」と呼び、昼は人が墓を作り、夜は神が作ったと伝える。また、前述の『古事記』の伝承には、「大物主神が朱塗りの矢に化けて川を下り、用便をする玉依姫の女陰を突いた。驚いたヒメが、その矢を床のそばに置くと、矢は麗しき壮夫となってヒメと結ばれた。生まれた子が比売多多伊須気余理比売（媛蹈鞴五十鈴媛）である。」とある。これら二つの伝承には相通じるものがある。

　以上のことは、『桓檀古記』、『北倭記』、『倭人興亡史』にある、卑弥呼は神武天皇妃の媛蹈鞴五十鈴姫であるとの記載を裏付ける。すなわち、卑弥呼と媛蹈鞴五十鈴姫は共に3世紀の同一人である。

（Facebook　藤田泰太郎タイムライン投稿 2020/4/10）

論考 11 『記紀』の真相（1） 八岐大蛇伝説は、『記紀』神話の根幹をなすもの

八岐大蛇（大国主か）を退治したスサノオを模して、タケミカズチ（武甕槌）が創出された。

『記紀』の真相（1）
【古墳時代の物部氏と中臣氏は共に河内を本拠としたため、国生み神話が淡路島から始まり、また河内が畿内の中心になったと思われる。さらに、天孫ニニギらが南九州に進出して久米人や隼人を支配下においていため、邪馬台国を崩壊させヤマト王権（三輪王朝）を建てるに至った、崇神東征に久米人や隼人が同伴した。この崇神東征での久米人や隼人の活躍に報いるため、実際の天孫降臨地の筑前の伊都国に代わり宮崎の日向の高千穂峰が天孫降臨の舞台にされたと考える。ニニギから神武天皇までの系譜（日向三代、海神（海人）族と大山祇神の伝説）が作為的に挿入された。さらに、藤原氏の守護神タケミカズチ（武甕槌）は本来中臣氏の崇めた常総の土着の雷神であった。藤原氏は、物部氏の太祖のスサノオを、『記紀』での出雲の国譲りでの主役の地位から巧妙に外し、藤原氏の守護神のタケミカヅチに主役を演じさせることにより、物部氏を飛鳥時代のヤマト王権の中枢から排除したと推察する。】

●飛鳥時代の 6 世紀半ば、仏教を受け入れるかどうかを巡り、排仏派の物部尾輿と、崇仏派の蘇我稲目が争った（崇仏論争）。587 年、稲目の息子の馬子が尾輿の息子の守屋を討ち滅ぼした（丁未の役）。これ以後、邪馬台国以来権力を振るった、さしもの物部氏も権勢に陰りがみられるようになり、蘇我氏の全盛が始まった。645 年、中大兄皇子・中臣鎌足ら、蘇我馬子の息子の入鹿を宮中で暗殺した（乙巳の変）。入鹿の父の蝦夷は自殺し、蘇我本家が滅亡。翌 646 年、皇子は難波の宮で改新の詔を宣する（大化の改新）。671 年、中大兄皇子（後の天智天皇）は近江令を施行後没する。672 年、古代日本最大の内乱である壬申の乱が起る。天智天皇の太子・大友皇子に対し、皇弟・大海人皇子（後の天武天皇）が地方豪族を味方に付けて反旗をひるがえした。反乱者である大海人皇子が朝廷軍に勝利し大友皇子が自殺という、類稀な内乱であった。翌 673 年、天武は飛鳥浄御原宮で即位し、唐に対抗できる国家体制の確立を図る。中臣鎌足改め藤原鎌足の息子の不比等が、天武天皇を補佐するようになる。

7 世紀の第 4 四半世紀、天武天皇の命により『古事記』と『日本書紀』の編纂が行われ、8 世紀以降の律令制国家の樹立のための日本の歴史の理論的根拠と基盤にしようとした。『古事記』は、712 年、太朝臣安萬侶によって献上された。また、『日本書紀』は、720 年、舎人親王らの撰で完成した。708 年、右大臣正二位石上朝臣麻呂は長く空席であった左大臣に、藤原不比等が後継の右大臣に任ぜられた。その当時の政治を主導したのは、不比等だったと云われる。藤原不比等と石上朝臣麻呂が『古事記』と『日本書紀』の編纂を牽引したと考えられる。藤原氏は中臣氏の出自とされ、石上麻呂は物部氏の出自である。したがって、葦原中国平定で藤原氏の祭神である武甕槌神と物部氏の祭神の経津主神（スサノオと同一神か）が主たる役割を果たしたように物語られている。

●『記紀』の八岐大蛇伝説は、『記紀』神話の根幹をなすものと考えている。この伝説はスサノオ（素戔嗚、第 2 代新羅王 南解次次雄？）とクシイナダヒメが、民を苦しめる八岐大蛇（大国主を指すか）を退治するというストーリーであるが、私は、物部の太祖神たるスサノオがクシイナダヒメの父方の大山祇神（三島神）の協力を得て、大国主などの出雲系神々を成敗するというのが八岐大蛇伝説の基本構造だと推察する。スサノオは大山祇神の娘（神大市姫）や孫娘（櫛名田姫）を妻とすることにより、大山祇神との協力関係を築いた。因みに、スサノオと神大市姫の間の御子が大年神で、大年神がニギハヤヒ（饒速日）であるとの説がある。4 世紀初めに崇

神王朝（ヤマト王権）が成立する前に、スサノオ（物部の太祖）やニギハヤヒ（物部の祖）が侵攻した出雲系の地域には、スサノオとクシイナダヒメを祭神とする神社が数多く存在する。
●紀元前後に物部氏の太祖のスサノオが出雲で八岐大蛇（大国主か）を退治した後、スサノオの後のニギハヤヒが 2 世紀半ばに吉備より河内を経由して大和に進出して邪馬台国を建てた。また、1 世紀半ばに瓊瓊杵（ニニギ）の天孫降臨に随伴したという天児屋命を祖とする中臣氏は 3 世紀末の崇神天皇の東征に同伴した。古墳時代の物部氏と中臣氏は共に河内を本拠としたため、国生み神話が淡路島から始まり、また河内が畿内の中心になったと思われる。さらに、天孫ニニギらが南九州に進出して久米人や隼人を制圧していたため、邪馬台国を崩壊させヤマト王権（三輪王朝）を建てるに至った、崇神東征に久米人や隼人が同伴した。この崇神東征での久米人や隼人の活躍に報いるため、実際の天孫降臨地の筑前の伊都国に代わり宮崎の日向の高千穂峰が天孫降臨の舞台にされ、また神武東征に出発地が日向となったと考える。さらに、ニニギから神武への系譜は、倭国の成立に貢献した海神族のために「海彦・山彦伝説」などの海神族と大山祇神の説話を「日向三代」として入れ込んだ。
●藤原氏は丁未の役以来権勢の陰りが見られた物部氏を巧妙に抑えるため、神祇官である中臣氏（藤原氏の元の氏、神祇官は依然として中臣氏が務める）が奏上した大祓詞で、天津罪を犯したスサノオを悪神とした。そして、中臣氏の勢力下の常総の土着の雷神であった武甕槌神を藤原氏の総氏神の春日大社の主祭神に祀り上げると共に、石上神宮の主祭神もまた武甕槌神のもっていた剣に宿る布都御魂大神とされた。実際のところ、経津主命は布都御魂大神（布都御魂命ともいう）と同神で、スサノオが出雲で八岐大蛇（大国主か）を退治した際に使用した剣（布都御魂剣、天羽々斬剣）を神格化したもの考えられる。かくして、布都御魂命はスサノオと同神と考えられる。布都御魂剣は、スサノオの後のニギハヤヒによって出雲から吉備そして石上神宮に持ち込まれた。このように、『記紀』の出雲の八岐大蛇退治や出雲の国譲りの主役はスサノオではなく武甕槌神とされた。

さらに、武甕槌神には神武東征での渋いサポートをも割り振られた。アマテラスと高木神が武甕槌（タケミカヅチ）に、「葦原中国は騒然としており、私の御子たちは悩んでいる。お前が葦原中国を平定させたのだから、再び天降りなさい」と命じたが、タケミカヅチは「平定に使った太刀（布都御魂剣）をタカクラジ（高倉下）の元に降ろしましょう」と答えた。高倉下がこの太刀をカムヤマトイワレビコ（神武）に渡すと、神武は目覚めて、荒ぶる神は自然に切り倒されてしまい、兵士たちも意識を回復した。

かくして、スサノオやニギハヤヒは石上神宮の祭神から外され、主祭神は布都御魂大神で物部氏の祖ニギハヤヒの子のウマシマジが配神とされた。換言すれば、天照大御神の嫡流の天之忍穂耳命の御子で天孫のニニギやニニギの降臨の同伴者の子孫が支配した飛鳥時代に、スサノオを太祖とし、スサノオの後のニギハヤヒを祖とする物部氏は、『記紀』での出雲の国譲りや神武東征での主役の地位から巧妙に外され、主役を藤原氏の守護神のタケミカヅチに演じさせることにより、飛鳥時代のヤマト王権の中枢から除外されたと推察する。

参照：古の日本（倭）の歴史（前 1 世紀〜4 世紀）―天孫族（伽耶族）の系譜（図2）Ⓑ 004
（Facebook 藤田泰太郎タイムライン投稿 2022/12/23）

論考 12 『記紀』の真相（2）　神武天皇はニギハヤヒか

『記紀』の真相（2）

【ニギハヤヒは、2世紀末に日本列島における最初の国と呼べる西日本の殆どを統べる大国の邪馬台国を建てた。『記紀』の編纂者は、このニギハヤヒを模して、神武天皇を創案した。神武東征とは、紀元1世紀半ばから3世紀末に亘る天孫族による倭国（西日本全域）の平定を意味し、三島神（三島湟咋耳）、ホアカリ（三世孫倭宿禰）、ニギハヤヒおよび崇神による東征を集合したものと解される。神武東征譚の主要部分は3世紀末の崇神東征譚であり、崇神東征により邪馬台国を継ぐ、ヤマト王権（崇神王朝）が成立した。】

「古の日本（倭）の歴史」（天孫族（伽耶族）の系譜（前1世紀～4世紀）によると（Ⓑ004）、瓊瓊杵尊（ニニギ）と彦火明（ホアカリ）の降臨は1世紀半ばの出来事と思われる。瓊瓊杵尊から神武天皇への三代の系譜（日向三代）は、百越の始祖伝説に酷似しており、大綿見神（おほわたつみ）と大山津見神（おほやまつみ）の系譜を天孫族の系譜に作為的に挿入されたと思える。従って、神武はニニギその人ではないかと考えられるが、天孫のニニギが1世紀半ばの弥生時代後期の初めの天孫降臨の時期に長期に亘る（16年間『古事記』、7年間『日本書紀』）大規模な東征ができるとは文献史学あるいは考古学的観点からあり得ないと思う。かくして、神武は架空の存在である可能性が極めて高い。

神武とニニギを同年代とし、神武から安寧天皇（1代から3代、葛城多氏王権）、懿徳から孝安天皇（4代から6代、葛城王朝）、孝霊から開化天皇（7代から9代、邪馬台国）と前ヤマト王権が続き、10代崇神天皇からヤマト王権（崇神王朝、西暦315年崇神即位）が始まる。（崇神天皇陵と治定されている行燈山古墳は4世紀半ばの築造ということも崇神元年は西暦315年であることを支持する。）かくして、神武東征譚とは、1世紀半ばから3世紀末までの葛城多氏王権、葛城王朝、邪馬台国の前ヤマト王権の各々で、最終的にヤマト王権（崇神王朝）を建てるに至った、伽耶出自の天津神々（三島神（実際は三島湟咋耳か）、ホアカリ（彦火明命三世孫の倭宿禰）、ニギハヤヒ（饒速日）、ミマキイリビコイリエ（崇神））による其々の東征を集合した倭国平定譚であると考えられる。この神武東征譚は、崇神東征譚を主要部にしていると思われる。尚、2世紀半ばの物部の祖ニギハヤヒ（大物主、孝霊天皇か）の東征により倭国大乱が引き起こされ、2世紀末に倭国大乱を制したニギハヤヒが、大国主と和邇氏と計らい卑弥呼（倭迹迹日百襲姫か）を女王に共立して、倭国を統べる最初の大国である纏向遺跡を核とする邪馬台国を建てた。さらに、崇神東征により、邪馬台国を引き継ぐヤマト王権（崇神王朝）が建てられた。以上のように推察することによって初めて、神武東征の異様なほどの長期間にわたる大規模な神武東征譚を文献的・考古学的に理解しえ、神武天皇は架空の存在であると推察しうる。

実際、神武東征には、倭宿禰、ニギハヤヒと崇神の東征の次のような痕跡が見られる。

1. 初代神武天皇の東征（1回目）は、弥生時代後期初頭（1世紀半ば）のことで、宮崎の日向を出立まず筑紫に向かった。この日向からの出立は、最後の東征の崇神東征に久米人や隼人を同行させたことに関係していると思う。実際の最初の神武東征は、三島神（三島湟咋耳命）の東征と思われる。伽耶沖の巨文島（三島）出自の大山祇神（三島神、三島大明神）（実際はその子孫、三島湟咋耳命か）が摂津三島に進出したことではないか。前述のように三島湟咋耳命の孫娘（媛蹈鞴五十鈴姫）が神武天皇の皇后となり、その父は大物主あるいは事代主と

されている。

この年代は天孫降臨の時期で、摂津の河内潟の時代に当たる。『記紀』の神武天皇東征の物語に、皇軍が生駒山のふもとの日下の入江にあった「河内国草香邑青雲白肩之津」に上陸したことが書かれていて、大和への入口の地として初めて「日下」の地が登場する。（「日下」はニギハヤヒの東征の到着地でもある。）

2. 第2回目の神武東征は、ホアカリの東征で、天火明命（ホアカリ）の三世孫の倭宿禰（神武東征の道案内をした珍彦（椎根津彦か））の葛城進出に当たる。ちなみに神武天皇が吉野山で出会ったとされる井光は倭宿禰の母である。

3. 第3回目の東征が、ニギハヤヒによる吉備（神武東征譚では吉備での滞在が最も長い）からの東征であり、倭国大乱を引き起こした。ニギハヤヒはアメノヒボコとともに「日下」に上陸した。ニギハヤヒはさらに大和川沿いに大和の三輪に至り、大和全域をほぼ掌握したと思われる。このニギハヤヒの東征が近江・湖南および、大己貴の国（玉牆の内つ国）を解体させた。そして、ニギハヤヒは、大国主と和邇氏の巫女である卑弥呼を共立し、卑弥呼を近江の伊勢遺跡から大和の纏向遺跡へと遷し、ここに「虚空見つ日本（倭）の国」とも呼ばれる邪馬台（やまと）国が成立した（2世紀末）。（ニギハヤヒは孝霊天皇および大物主に当たる。）また、近江北部から美濃を中心にする大己貴の国の後継国の狗奴国が建てられた。

4. 第4回目の東征がいわゆる崇神天皇による中臣氏、大伴氏や忌部氏と久米人や隼人を伴う東征で、神武東征譚の主要部分である。邪馬台国の終末期、狗奴国との抗争が起こっているところに、卑弥呼が死去し（3世紀半ば）、邪馬台国は弱体化した。このため、大国主の血を引く台与（息長水依姫＝日子坐王の妻か）を立て狗奴国との融和を図った。任那・伊都国連合からのニニギの嫡流と考えられる崇神（ミマキイリビコイリエ）の東征で、邪馬台国は崇神に乗っ取られ、ヤマト王権（崇神王朝）が建てられた。この崇神東征で長髄彦に代表される大和の大国主勢力は敗退した（出雲の国譲り）。また、崇神王朝の攻勢のため狗奴国は徐々に勢力を失っていき、成務朝に狗奴国は亡んだと思われる。

紀元前後から2世紀末に亘る三島神からニギハヤヒの各々の神々が建てた前ヤマト王権の国々（葛城多氏王権、葛城王朝、および邪馬台国）の中で実質的に大国と呼べるのは2世紀末にニギハヤヒが建てた邪馬台国のみである。邪馬台国は、任那を含む西日本のほぼ全域を統べる東アジアの大国となっていた。崇神天皇は崇神東征（一種のクーデター）により大国の邪馬台国を引き継ぎ、ヤマト王権（三輪（崇神）王朝）を建てた。尚、綏靖天皇から開化天皇までの八代は、これらの天皇の事績が極めて乏しい故をもって欠史八代といわれる。この乏しさは、神武東征譚に前ヤマト王権の国々の建国譚が含まれ、邪馬台国時代の天皇（孝霊～開化）の事績の一部が崇神と垂仁天皇の事績に組み込まれたためと思われる。

川岡保氏のFB投稿（2021/2/21、早良王国研究会）には、「『北倭記』の年表に西暦234年仇首（神武）死す、西暦247年には卑弥呼の死、壱与の即位」との記述がある。『梁書』には、卑弥呼が死去したのは249年の若干前とされており、この『北倭記』の卑弥呼の死の247年は『梁書』の249年の若干前とぴったりと一致する。すると、「234年に仇首（神武）死す」との記述の仇首（神武）とはどの大王（天皇）に当たるのであろうか。私見では、この仇首（神武）とは、年代的・人物的に見て2世紀末に邪馬台国を建てたニギハヤヒ即ち孝霊天皇のことを指すと思う。

Ⓑ204

　私のFB投稿「卑弥呼は神武天皇妃の媛蹈鞴五十鈴姫（ひめたたらいすずひめ）である！」（藤田泰太郎タイムライン 2020/4/10 参照）は、『桓檀古記』（訳 鹿島 昇）、『北倭記』、『倭人興亡史』には、卑弥呼が掲載されており、卑弥呼は神武天皇妃の媛蹈鞴五十鈴姫であるとの記載があるとの指摘（FBコメント、川岡保氏）に基づいたものであった。実際のところ、卑弥呼（媛蹈鞴五十鈴姫）は孝霊天皇皇女の倭迹迹日百襲姫に当たると思われ、また大物主の妻であった。（倭迹迹日百襲姫は孝霊天皇皇女ではなく養女だったか？）卑弥呼は、2世紀末に邪馬台国を建てた夫の大物主（ニギハヤヒ、孝霊天皇）が234年に死去した後の247年に亡くなり、箸墓古墳に葬られたと推察する。事実、天津神であるニギハヤヒの建てた大和の纏向を中心とする邪馬台（やまと）国は、西日本全域を統べる初めての大国であった。（邪馬台国の先行国の近江を中心とする大己貴の国（玉牆の内つ国）は、青銅器の「見る銅鐸」を祭器とする祭祀の国と思われ、統治機関として国と呼ばれうる段階ではなかったと考える。）かくして、邪馬台国を建てたニギハヤヒ（孝霊天皇）が神武天皇の称号「始馭天下之天皇」を受けるに相応しい。

　6世紀半ばから7世紀初めの飛鳥時代の藤原不比等を筆頭とする『記紀』の編纂者は、物部の祖のニギハヤヒを模して神武天皇を創案し、筆者（藤田）は神武東征を紀元1世紀半ばから3世紀末に至る、天津神による倭国平定とみなした。この創案の事実を隠蔽するためか『記紀』には邪馬台（やまと）国や卑弥呼の記述が一切みられず、邪馬台国を建てたニギハヤヒのことも殆ど語られない。かつて、弾正台 という、飛鳥～平安～明治時代まで藤原氏が「家系」を見張る機関があつた（FB情報、ヤタガラスの娘）。即ち、『記紀』に記した藤原氏の家系美化と皇室家系の神格化にほころびが露見しないよう、古代他家の古文書や系図を略奪し焚書してしまう機関だった。これらの古文書や系図には、『記紀』の真相（1）と（2）に記したように、倭国の成立の立役者はスサノオとニギハヤヒ（物部氏の太祖と祖）と記載されていたに違いない。筆者は3世紀前半～中葉、奈良県桜井市に築造されたホケノ山古墳（前方後円墳の原型）が、ひょっとしたらニギハヤヒ（孝霊天皇）の墳墓ではないかと夢想している。

参照：古の日本（倭）の歴史（前1世紀～4世紀）－天孫族（伽耶族）の系譜（図2）Ⓑ004
(Facebook　藤田泰太郎タイムライン投稿 2023/1/11)

『神武天皇御尊像』1940年（昭和15年）北蓮蔵画（Wikipedia）

ニギハヤヒと伝わる肖像（秋田県唐松神社）

四方拝は、毎年1月1日（元日）の早朝、宮中・神嘉殿の南庭で天皇が天地四方の神祇を拝する儀式である。天皇が黄櫨染御袍と呼ばれる束帯を着用し、伊勢神宮の皇大神宮・豊受大神宮の両宮に向かって拝礼した後、続いて四方の諸神祇を拝する。この時に天皇が拝する神々・天皇陵は、伊勢神宮、天神地祇、神武天皇陵・先帝三代の各山陵、武蔵国一宮（氷川神社）、山城国一宮（賀茂別雷神社と賀茂御祖神社）、石清水八幡宮、熱田神宮、常陸国一宮（鹿島神宮）、下総国一宮（香取神宮）である。

　日本国民の象徴である天皇が、毎年正月元旦に崇め・拝する神々や天皇陵のリストは　天皇家の歴史・成り立ちを知るうえで興味深い推量を可能にするものである。

（Wikipedia抜粋）＋　藤田

11章　近江王朝と崇神王朝、並びに前方後円墳の変遷

近江王朝（日子坐王）と崇神王朝（大彦）Ⓑ 206 ／ヤマト王権を支えた豪族Ⓑ 207 ／卑弥呼と台与（息長水依姫か）Ⓑ 209 ／日子坐王、近江王朝（但馬、丹後、若狭、近江、山城、美濃を含む）を建てる。日子坐王の勢力は垂仁朝まで維持Ⓑ 210 ／前方後円墳の変遷Ⓑ 212

　　古墳時代は、卑弥呼たる倭迹迹日百襲姫が巨大な前方後円墳の箸墓古墳に葬られたのを始期とする。3世紀半ば卑弥呼が亡くなり、邪馬台国は狗奴国の攻勢もあり混乱状態となり、男王（開化天皇か）を立てるが争乱状態となった。開化天皇の皇子の日子坐王は、妻の息長水依比売（台与か）を卑弥呼の後継にし、狗奴国との抗争を鎮めた。また、日子坐王は、和邇氏らの三丹・若狭・近江・美濃勢力（日本海勢力、近江王朝）をまとめ、開化天皇の異母兄弟の大彦の勢力（瀬戸内海勢力）と対抗した。3世紀末、大彦らの要請を受けた崇神天皇（ミマキイリビコイニエ）が東征し、大和・葛城を中心にした崇神王朝（ヤマト王権）を建て、邪馬台国を終焉させた（崇神即位：315年）。崇神王朝は近江王朝と暫く共存したが、垂仁朝に日子坐王の王子の狭穂彦が反乱を起こしたが敗北し妹の狭穂姫は兄に殉じた。この敗北の結果、近江王朝（日子坐王勢力）は衰退していった。また、箸墓古墳以降の前方後円墳の変遷を詳しく記載する。

参照：第4部概略、年表等② 07
古の日本（倭）の歴史（前1世紀〜4世紀）−天孫族（伽耶族）の系譜　（図2）　Ⓑ 004
論考4　卑弥呼（日御子？）の系譜　日御子は海神（海人）族の代々の女王かⒷ 038

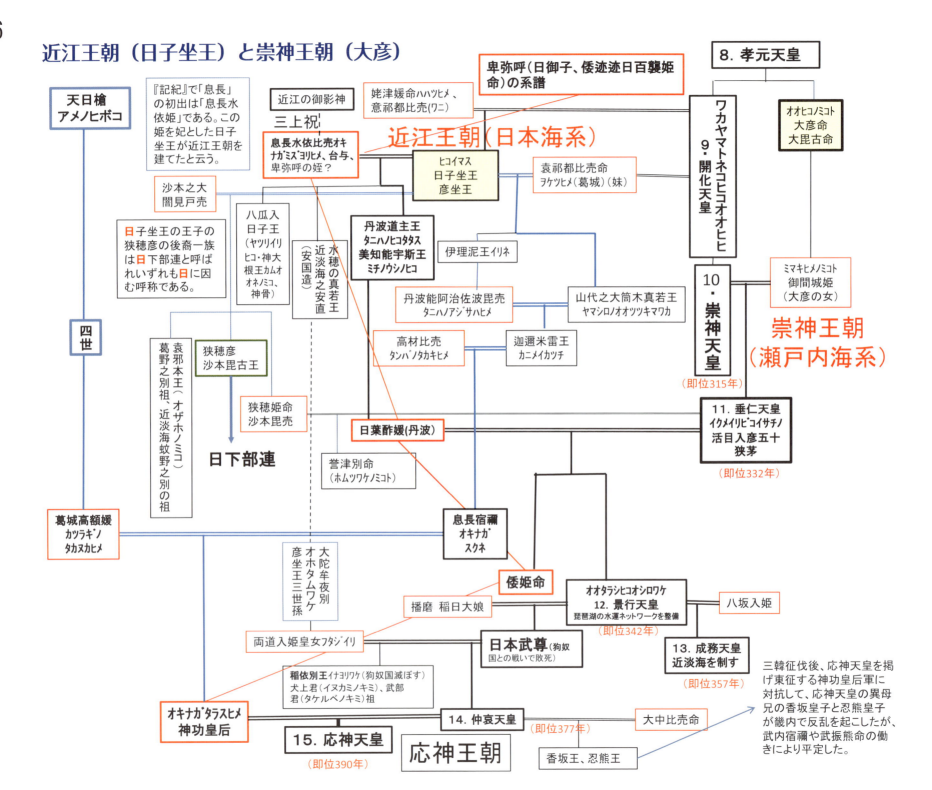

ヤマト王権を支えた豪族

ニギハヤヒは大歳神(大年神)か

原田常治氏の『古代日本正史』よれば、「饒速日＝大歳神」という説が唱えられている。そのほか、根拠は不明だが「大歳神は饒速日の若い頃の名前である」という俗説があり、出雲や播磨を中心に大歳神を祀る神社が多く、逆に大和以東にはそれが少ないという指摘もある。なお、大歳神を祀る神社は島根県西部に集中しており、大歳神は石見から吉備を経由して大和方面へ東征していったという説もある。
(饒速日(ニギハヤヒ)とは？Net) ＋ 藤田

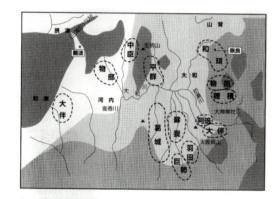

ヤマト地方の豪族勢力図
物部氏はヤマトよりも河内を重視していた。なぜなら、吉備とのつながりを保ち、いざとなれば海上封鎖でヤマトを孤立させることもできるからだ。
(物部氏の正体、関裕二)

豪族の系図、雑考

瓊瓊杵の伊都国への天孫降臨に同伴した氏族は、中臣氏(後の藤原氏)、大伴氏、佐伯氏、忌部氏、久米氏である。大伴氏は、倭人である新羅の昔氏が改称したと思われる。多氏は葛城の古族で、阿部氏や蘇我氏の祖は邪馬台国時代の孝元天皇である。蘇我氏に関しては新羅の金氏との関連が指摘されている。秦氏は明らかに中国系であるが、その多くは応神朝以降に渡来した。
(藤田)

邪馬台国・古墳時代 前期　豪族の系図

テーマB 古の日本(倭)の歴史(前1世紀～　267　4世紀)―天孫族(伽耶族)の系譜

Ⓑ207

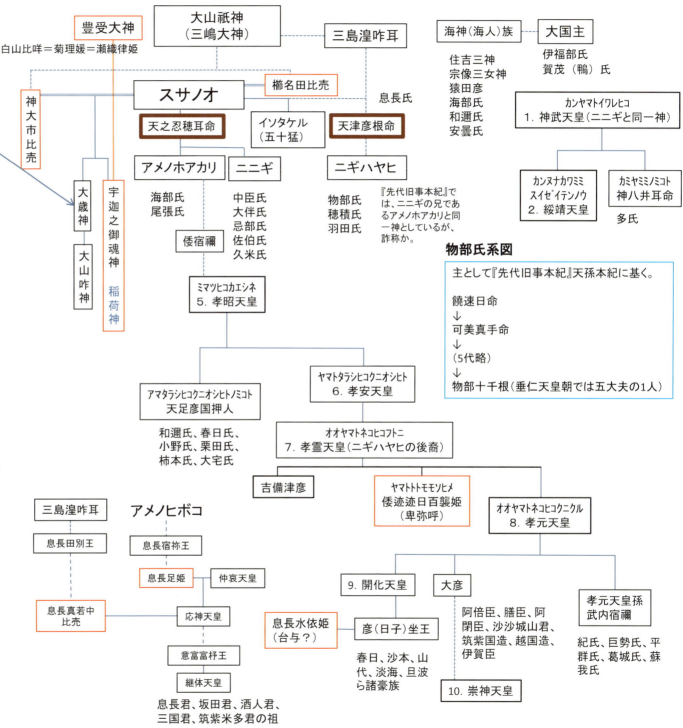

孝元天皇とその子孫

孝元天皇

- 父は第7代孝霊天皇、母は皇后で磯城県主(または十市県主)大目の娘の細媛命(細比売命)。
- 同母兄弟はいないが、異母兄弟に倭迹迹日百襲姫命・彦五十狭芹彦命(吉備津彦命)・稚武彦命らがいる。
- 孝元天皇は、海部氏勘注系図では彦火明命の九世孫、乙国彦に当たる。

子 →

三世孫 →

孫 ↓

対立

大彦命

四道将軍の一人。第8代孝元天皇と皇后鬱色謎命(うつしこめのみこと、内色許売命)との間に生まれた第1皇子である。同母兄弟として開化天皇(第9代)、少彦男心命(すくなひこをこころのみこと、少名日子建猪心命〈すくなひこたけゐこころのみこと〉)、倭迹迹姫命(やまとととひめのみこと)がいる。

子として『日本書紀』では御間城姫(みまきひめ、御真津比売命:第10代崇神天皇皇后)、武渟川別(たけぬなかわわけ、建沼河別命)の名が、『古事記』では加えて比古伊那許志別命(ひこいなごしわけのみこと)の名が見える。御間城姫は垂仁天皇(第11代)の生母であり、大彦命はその外祖父になる。

阿倍臣を始め、膳臣(かしわでのおみ)、阿閉臣(あへのおみ、阿敢臣)、沙沙城山君、筑紫国造、越国造、伊賀臣ら7氏の始祖。

武内宿禰(たけのうちのすくね/たけうちのすくね、景行天皇14年- 没年不詳)は、『記紀』に伝わる古代日本の人物。
- 『日本書紀』では「武内宿禰」、『古事記』では「建内宿禰」。「宿禰」は尊称。
- 景行・成務・仲哀・応神・仁徳の5代(第12代から第16代)の各天皇に仕えたという伝説上の忠臣である。紀氏・巨勢氏・平群氏・葛城氏・蘇我氏など中央有力豪族の祖ともされる。

日子坐王、彦坐王(ひこいますのおう)

『日本書紀』開化天皇紀によれば、第9代開化天皇と、和邇臣(和珥氏)遠祖の姥津命の妹の姥津媛(ははつひめのみこと)との間に生まれた皇子である。同書における子女に関する記載は、垂仁天皇紀において丹波道主命が子である旨のみである(ただし丹波道主命は彦湯産隅王の子という異伝も併記)。『古事記』では、息長水依比売を妻とし丹波道主命をもうけたとある。
『古事記』では、開化天皇と丸邇臣(和珥臣に同じ)祖の日子国意祁都命の妹の意祁都比売命(おけつひめのみこと)との間に生まれた第三皇子とする。
『古事記』に見えるように、彦坐王は春日・沙本・山代・淡海・旦波ら諸豪族を血縁で結ぶ地位に位置づけられている。このことから、彦坐王の系譜は和邇氏や息長氏を中心とする畿内北部豪族らにより伝えられたとする説があるほか、そうした畿内北部における広域的な連合政権の存在の暗示が指摘されている。なお、垂仁天皇朝に見える狭穂彦王(沙本毘古王)の反乱伝承から、「崇神‐垂仁」に対立する「彦坐王‐狭穂彦」の皇統があったとする説もある。
(Wikipedia抜粋)

天皇の皇子を「命(みこと)」とせずに「王」としたのは、『記紀』ともに日子坐王の条が初めて。また、『新撰姓氏録』によると、「日下(草香)部氏は、彦坐王の子、狭穂彦王の後(すえ)なり」とある。日下部氏は次の皇妃を出した。
- 雄略天皇皇后：仁徳天皇の皇子、大草香皇子の妹、草香幡梭姫。
- 継体天皇の元妃：尾張連草香の女、目子媛、安閑天皇と宣化天皇の母。
(藤田)

『日本書紀』景行天皇紀では、屋主忍男武雄心命と、菟道彦(紀直遠祖)の女の影媛との間に生まれたとする。孝元天皇紀では、孝元天皇(第8代)皇子の彦太忍信命を武内宿禰の祖父とすることから、武内宿禰は孝元天皇三世孫にあたる。なお、応神天皇紀では弟(母は不明)として甘美内宿禰の名が見える。
『古事記』では、孝元天皇皇子の比古布都押之信命(彦太忍信命)と、宇豆比古(木国造)の妹の山下影日売との間に生まれたのが建内宿禰(武内宿禰)であるとし、孝元天皇孫にあてる。同書においては、異母兄弟(長幼不詳)として味師内宿禰(甘美内宿禰)の名が見える。
(藤田)

武内宿禰(菊池容斎『前賢故実』、明治時代)

竹内宿禰の子(下線)
- 百済の辰斯王が天皇に礼を失したので、石川宿禰(蘇我氏の祖)は紀角宿禰(紀氏の祖)・羽田矢代宿禰(波多氏の祖)・木菟宿禰(平群氏の祖)とともに遣わされ、その無礼を責めた。これに対して百済は辰斯王を殺して謝罪した。そして紀角宿禰らは阿花王を立てて帰国したという。尚、平群氏は王権の馬の管理に携わる。
- 天皇は弓月の民を連れ帰るため襲津彦(葛城氏の祖)を加羅に遣わしたが、3年経っても襲津彦が帰ってくることはなかった。天皇は襲津彦が帰国しないのは新羅が妨げるせいだとし、平群木菟宿禰(へぐりのつく)と的戸田宿禰(いくはのとだ)(的(いくは)氏の祖)に精兵を授けて加羅に派遣した。新羅は愕然として罪に服し、弓月の民を率いて襲津彦と共に日本に来た。襲津彦は履中天皇(第16代)・反正天皇(第17代)・允恭天皇(第18代)の外祖父でもある。

(Wikipedia抜粋) ＋ 藤田

卑弥呼と台与（息長水依姫か）

（卑弥呼と台与は共に三上祝の一族であり、和邇氏と深い繋がりがある）

❶ 2世紀、大国主を盟主とした、中日本（近畿、北陸、東海と東山（美濃、信濃））の国家連合（大己貴の国（玉牆の内つ国））があり、その都は近江湖南の伊勢遺跡と思われる。この国は大国主と少彦名が創り上げたものである。

❷ 和邇氏が筑前の奴国より、若狭経由で近江に入る。湖西を勢力下におき、さらに琵琶湖から木津川経由で大和・葛城に至る。

❸ 2世紀半ば、アメノヒボコが山陰を侵し、但馬から播磨へと吉備勢力（ニギハヤヒ）の助けを得て南下する。倭国大乱が始まる。

❹ ニギハヤヒは大山祇神勢力を加えアメノヒボコと共に大和へ侵攻する。彼らは北上して大国主と少彦名の国（大己貴の国）と抗争状態に入る。

❺ 後漢より「中平」と紀年銘の鉄剣を賜った和邇氏も倭国大乱でニギハヤヒ側に加わり、ニギハヤヒ軍団は、近江東南部や美濃にまで侵攻した。この時少彦名を敗死させた。

❻ 卑弥呼は三上祝の一族で、三上祝は大国主と多紀理毘売との娘、下照姫の後裔である。また、卑弥呼は和邇氏の血を引く巫女である。ニギハヤヒと大国主は伊勢遺跡にいた卑弥呼を共立し、倭国大乱を鎮める（2世紀末）。卑弥呼は伊勢遺跡から纒向遺跡に遷る。ここにニギハヤヒが実権をもつ『日本書記』記載の「虚空見つ日本（倭、ヤマト）の国」（すなわち狭義の邪馬台国）が成立する。狭義の邪馬台国とは瀬戸内沿岸諸国、因幡、但馬、丹後、丹波、播磨、摂津、近江（湖北、湖東を除く）および大和、紀伊と阿波を含む。大国主勢力は、狗奴国（近江湖北・湖東から美濃さらに東山道、東海道や北陸道に広がり、大和、葛城、紀伊、阿波にも勢力残存）を建てる。尚、広義の邪馬台国は、任那・伊都国連合と狭義の邪馬台国から成る。

❼ ニギハヤヒは『記紀』の孝霊天皇に当たり、その皇女（養女？）倭迹迹日百襲姫が、卑弥呼に当たる。『海部氏勘注系図』には、8世孫日本得魂命（孝霊天皇に当たる）と十世孫乎縫命（開化天皇に当たる）の各々の王女が日女命（卑弥呼のことか）と記載されており、それぞれの亦名を倭迹迹日百襲姫（卑弥呼）と小豊姫（台与か）との記載がある。

❽ 239年 卑弥呼、魏に使い（難升米・都市牛利ら）を送り、親魏倭王に任じられ銅鏡百枚などを賜る。

❾ 3世紀の半ば（247年）卑弥呼が亡くなり箸墓古墳に葬られるが、瀬戸内海勢力である邪馬台国勢力と近江（湖北・湖東）と美濃を核とする狗奴国連合との抗争が始まる。そこで、三上祝の血を引く、卑弥呼の宗族（姪か）の台与を立て抗争をおさめた。台与は当時、淀川流域、さらに近江へと急速に勢力を拡大させていた息長氏の血を引く、息長水依姫と思われ、狗奴国の都と思われる稲部遺跡近傍の豊郷（とよさと、台与の里）から纒向遺跡に遷ったと考える。従って、台与は、卑弥呼、和邇氏、息長氏、三上祝、日子坐王の後ろ盾があり、かつ狗奴国との関係も深く、邪馬台国の卑弥呼の後継者として絶大な権勢を誇ったのであろう。

❿ 『魏志倭人伝』によると、台与は掖邪狗（和邇日子押人命？）らを随行させた上で張政らを帰還させた。その際、男女生口三十人を献上すると共に白珠五千孔、青大勾珠二枚および異文雑錦二十匹を貢いだ。台与は、開化天皇と和爾氏の女との子、日子坐王と結ばれる。日子坐王は近江、山城、丹後、但馬、若狭、美濃に勢力を伸ばし（近江王朝と呼ばれる）、狗奴国とも協調して一時期ヤマト王権を支えた。台与と日子坐王との子が丹波道主王とされる。神功皇后（オキナガタラスヒメ）はアメノヒボコと日子坐王の後裔である。

⓫ 4世紀初め、任那・伊都国連合の崇神天皇は、南九州の緒勢力と共に邪馬台国に侵攻する。ニギハヤヒの子、ウマシマジと天香山は、崇神天皇らを唯々諾々と迎え入れ、大和、葛城や紀伊の大国主勢力（ナガスネヒコら）を圧倒した。尚、崇神天皇の即位は315年と思われる。

⓬ ヤマト王権の侵攻により、狗奴国は圧迫され伊吹山一帯を最後の拠点とした。景行天皇の御代、ヤマトタケルの狗奴国侵攻には耐え、ヤマトタケルを敗死させた。成務天皇の御代に狗奴国は完全に滅んだと思われる。ここにヤマト王権の倭国支配が完遂した。

（藤田）

邪馬台国・古墳時代 前期　卑弥呼と台与の出自

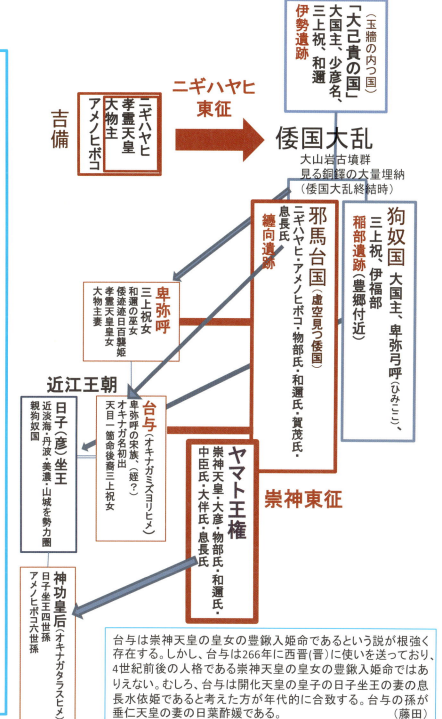

テーマB 古の日本（倭）の歴史（前1世紀〜4世紀）―天孫族（伽耶族）の系譜

台与は崇神天皇の皇女の豊鍬入姫命であるという説が根強く存在する。しかし、台与は266年に西晋（晋）に使いを送っており、4世紀前後の人格である崇神天皇の皇女の豊鍬入姫命ではありえない。むしろ、台与は開化天皇の皇子の日子坐王の妻の息長水依姫であると考えた方が年代的に合致する。台与の孫が垂仁天皇の妻の日葉酢媛である。

（藤田）

日子坐王、近江王朝（但馬、丹後、若狭、近江、山城、美濃を含む）を建てる。日子坐王の勢力は垂仁朝まで維持

日子坐王の系譜

日子坐王（ひこいますのおう）は、第9代開化天皇と和珥氏遠祖の姥津命（ははつのみこと）の妹の姥津媛命（ははつひめのみこと）との間に生まれた皇子で、第10代崇神（すじん）天皇の異母弟である。但馬・丹波一円を征定するため崇神天皇より四道将軍（しどうしょうぐん）のひとりとして遣わされた。四道将軍とは、『日本書紀』に登場する皇族の将軍で、大彦命（おおびこのみこと）は北陸へ、武渟川別命（たけぬなかわわけのみこと）は東海へ、吉備津彦命（きびつひこのみこと）は西道へ、日子坐王は但馬・丹波へ遣わされた4人の将軍のことである。有名な昔話「桃太郎」は吉備（岡山）へ派遣された吉備津彦がモデルで「浦嶋太郎」は日子坐王を祖とする浦嶋子がモデルである。

日子坐王の妃は、息長水依姫（おきながのみずよりひめ、滋賀県野洲市三上にある御上神社（みかみじんじゃ）に祀られている天之御影命（あめのみかげのみこと）（その六世孫の国忍富命））の娘である。天之御影命は、天照大御神の三男で多度大社に祀られている天津彦根の御子なので、天照大御神のひ孫ということになる。日子坐王と息長水依姫の王子は、丹波道主命（彦多都彦命）、八瓜入日子王（やつりいりひこのみこ・別名神大根王（かむおおねのみこと）、神骨）、水之穂真若王（みずのほまわかのみこと）（近淡海之安直の祖）である。日子坐王は、崇神天皇の勅命により、息子の丹波道主命（彦多都彦命）を連れて、丹波に遠征、玖賀耳の御笠（くがみみのみかさ）を退治した後、さらに美濃国各務郡岩田に下り、息子の八瓜入日子王ともに一帯を開発し、この地で亡くなったとされる。日子坐王の墓は、宮内庁により岐阜県岐阜市岩田西にある日子坐命墓に治定されている。

日子坐王は、若狭の闇見神社（くらみ）に祀られている沙本之大闇見戸売（さほのおおくらみとめ）との間に、狭穂彦王（日下部連・甲斐国造の祖）と狭穂姫命および袁邪本王（おざほのみこ）（葛野之別祖、近淡海蚊野之別の祖）を生んでいる。一方、丹波道主命は、丹波国久美浜の豪族・川上摩須の娘である川上摩須郎女（かわかみますのいらつめ）を娶り日葉酢媛命（ひばすひめのみこと）が生まれる。川上摩須郎女は、美濃でなくなり岐阜市内の方県津神社（かたがたつじんじゃ）に祀られている。

狭穂姫は、第11代垂仁天皇の皇后となったが、垂仁天皇の暗殺に失敗し、兄の沙穂彦とともに殺されている。それでも、垂仁天皇は、祖父の日子坐王の力や祖母の息長水依姫（台与）の血脈を必要としたと思われ、丹波道主命と川上摩須郎女の娘・日葉酢媛命を皇后に迎え、五十瓊敷入彦命、大足彦（第12代景行天皇）、倭姫命（やまとひめのこと）他を生んでいる。すなわち、五十瓊敷入彦と景行天皇は、日子坐王の曾孫である。景行天皇は、即位2年、播磨稲日大郎姫（はりまのいなびのおおいらつめ）を皇后とし、大碓皇子（おおうすのみこ）及び小碓尊（（おうすのみこと、後の日本武尊）の双子をもうけている。即位4年、美濃国に行幸、八坂入媛命を妃として稚足彦尊（成務天皇）、五百城入彦皇子らを得た。
（つづく）

日子坐王の妃は、上述の息長水依比売、沙本之大闇見戸売の他に、山代之荏名津比売（やましろのえなつひめ、苅幡戸辨）および袁祁都比売命（おけつひめのみこと、日子坐王の母の意祁都比売命の妹）である。袁祁都比売命との子が山代之大筒木真若王（やましろのおおつつきまわかのみこ）で、孫に迦邇米雷王が いる。その子に息長宿禰王、孫に息長帯比売命（神功皇后）がいる。この日子坐王の系譜より、日子坐王の勢力圏（近江王朝か）は、山城、近江、若狭、丹後、丹波、但馬、美濃で、北東近江と西美濃を核とする狗奴国勢力と協調関係を築いたことが分かる。息長氏は成務朝に滅ぼされた狗奴国の旧領の近江湖東・湖北さらに越前に進出して角鹿（敦賀）に達している。

日子坐王の四世孫である神功皇后は、越前、若狭、丹後、但馬の軍船を率い日本海を西行、三韓征伐の後に応神天皇（八幡神）を掲げ、住吉神を伴い畿内へ東征した。武内宿禰や武振熊命（和邇、彦国葺命の孫）の働きにより仲哀天皇の皇子、香坂王・忍熊王の反乱を平定し、ヤマト王権を息長氏の支配下に置き、応神王朝を樹立した。
（歴史勉強メモ：岐阜の覇者は日子坐王！、Net）＋（FB情報、西賀真紀）＋藤田

日子坐王と息長水依比売―息長水依姫は台与か

日子坐王は、第9代開化天皇と和珥氏遠祖の姥津媛命（ははつひめのみこと）との間に生まれた皇子である。『古事記』では、息長水依姫（おきながみずよりひめ）を妻とし丹波道主命をもうけたとある。丹波道主命の娘、日葉酢媛命は垂仁天皇の皇后で景行天皇の母である。

息長水依比売は、近江の三上祝が信奉する天之御影神（アメノミカゲ神）の女である。卑弥呼もまた三上祝の出自と考えられている。また、息長水依比売は『古事記』に見えるオキナガを冠する最初の人格である。息長氏はスサノオの嫡流で大王を輩出した氏族である。

卑弥呼の後を継いだ台与は卑弥呼の宗族で、卑弥呼の姪ではないかと考える識者もいる。さらに卑弥呼も台与も大国主の流れ（下照姫）を汲む三上祝の出自で、卑弥呼は和邇氏の巫女ともいわれ、台与は息長氏の血筋を引くと思われる。従って邪馬台国の末期には息長氏の先遺隊が摂津から近江に達していたことを示唆する。さらに息長水依姫は開化天皇の皇子の日子坐王の妻となったのであるから、卑弥呼の後を継いだ台与に当たると考えても年代的になんら問題ない。
（藤田）

日子坐王と台与：近江王朝説の周辺

邪馬台国・古墳時代 前期　日子坐王と台与：近江王朝説

近江王朝説

　昭和49年、近江王朝説を打ち出したのは、京都大学教授の林屋辰三郎氏である。『魏志倭人伝』によれば、国中が服さないほどの混乱をまねいた開化天皇の子孫が、大和国を脱出して、南 山城へ、ついで近江国にいたって、そこで近江王朝建てたという主張である。開化天皇の皇子、日子坐王、がその創始者に擬される。和邇・息長といった有力な豪族と連携して、崇神王朝と並立する近江王朝が出来上がった。
　この王朝は、琵琶湖水運を中軸として、日本海・瀬戸内海につながる交通の動脈をおさえて政治・経済に君臨し、さらには鉄生産を掌握し、くわえて渡来人たちの先進的な文化・文明を手中におさめた。そして、大和国へのまきかえしをはかり、崇神王朝の勢力を吸収して、応神天皇が応神王朝と呼ばれる新王朝を打ち立てることになったという。
（図説 滋賀県の歴史、木村至宏）　藤田加筆

近江王朝説考

　林屋氏の近江王朝説は日子坐王を中核に据える王朝と考えられる。日子坐王は天皇（大王と呼ばれた）の皇子で王と呼ばれる唯一の人格であり、近江王朝を担ったのではないかと考えても不思議ではない。さらに台与と考えられる息長水依姫を妻としたのであるからその権勢は甚大なものであったと考えられる。日子坐王の側についた氏族・豪族は和邇氏と息長氏を核に大国主系およびホアカリ系（丹後）の豪族であり、これらの氏族・豪族は概ね日本海系の北近畿勢力が結集したと考える。さらに台与は狗奴国に含まれる近江の豊郷（稲部遺跡か）にいたと考えられる。台与を擁立し邪馬台国と狗奴国の抗争をおさめたのであるから、狗奴国勢力もまたこの王朝に協力したのではないか。この日本海系勢力に対抗したのが邪馬台国を建てたニギハヤヒ直系の物部氏を中核とする瀬戸内海系勢力であろう。この勢力の中心にいたのが開化天皇と同じく孝元天皇の皇子である大彦であろう。瀬戸内海系勢力は3世紀末に任那・伊都国連合の王、崇神天皇の東征を促し、大和の日本海系勢力を圧倒した。この東征が神武東征譚の主要部分である。自論では崇神東征により日本海系勢力は後退したが、垂仁朝に日子坐王の子の狭穂彦が叛乱を起こし敗死するまでは日本海系勢力はかなりの力を維持していたと思われる。垂仁天皇の後の景行天皇の御代、皇子の日本武尊が西征後の東征の終わりに狗奴国の最後の砦と思われる伊吹山で敗死させられたと考えられる。その後景行天皇は狗奴国の拠点の近江・美濃に進出し、次の成務天皇の時代に狗奴国は滅び、ヤマト王権の倭国制圧が完了した。
（藤田）

日子坐王の薨去地－岐阜市、大津市、朝来市

伊波乃西神社（岐阜市岩田）

祭神　日子坐命
日子坐命の薨去にあたり、この美濃地方開拓の祖神として北山中腹に手厚く葬り崇めたてまつった。古来この墓所には社殿があり、ここを伊波乃西神社と称していたが、明治8年宮内省より御陵墓と認定されたため現地に遷宮し奉った。
（伊波乃西神社、Net）

石坐神社（大津市西の庄）
祭神：八大龍王宮　豊玉比古神（海津見神）彦坐王命
瀬田に設けられた近江国府の初代国造・治田連がその四代前の祖・彦坐王命を茶臼山に葬り、その背後の御霊殿山を神体山（神奈備）として祀ったのが創祀。
（石坐神社（大津市）、Net）

粟鹿（あわが）**神社**（兵庫県朝来市山東町粟鹿）
但馬國一宮（出石神社も一宮）
祭神：彦火々出見命、日子坐王、阿米美佐利命 - 大国主の子
粟鹿山麓粟鹿郷は、日子坐王 薨去終焉の地で、粟鹿神社裏二重溝堀、現存する本殿後方の円墳は王埋処の史跡である。（Wikipedia抜粋）藤田加筆

前方後円墳の変遷　　前方後円墳の変遷（１）

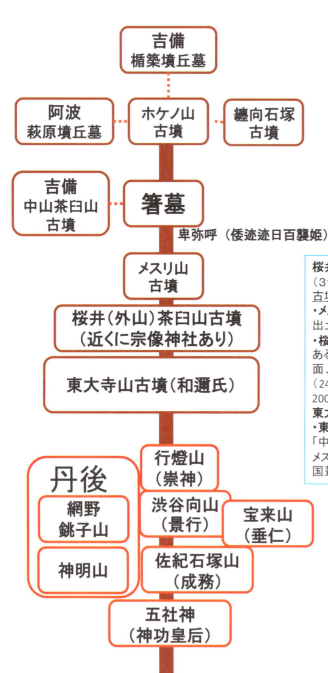

ホケノ山古墳
　周濠のあるホタテ貝型前方後円墳（葺石あり、築造年代三世紀前半～中葉、全長80m）、出土遺物：石囲い木槨、画文帯神獣鏡一面、内行花文鏡や画文帯神獣鏡の破片若干、素環頭大刀を含む鉄製の刀剣類10前後、銅鏃約60本、鉄鏃60本、尖突武器（への字形鉄器）若干、工具類等。（画文帯神獣鏡は公孫氏からもたらされたものか。）
（ニギハヤヒの陵墓？藤田）
　ホケノ山古墳と同じ埋葬施設：鳴門市の萩原1・2号墓、たつの市綾部山39号墓、京都府南丹市の黒田古墳、総社市の宮山古墳、加古川市の西条52号墳等。さらに、市原市 惣社の神門5号墳で、関東地方最古の前方後円墳（出現期型）。3世紀半ばの造営。当時は邪馬台国時代で、邪馬台国勢力が南関東に進出していた証拠か。邪馬台国の船団が東海沖を水行して南関東に至ったか。因みに、南関東の土器が纏向遺跡から出土している。　（藤田）

ホケノ山古墳（HiCE002：考古学概説）

桜井市外山の鳥見山周辺のメスリ山古墳と桜井茶臼山古墳（3世紀末から4世紀前半）（メスリ山古墳は大彦の墳墓で、桜井茶臼山古墳は武淳川別の墳墓か）
・メスリ山古墳
出土品：鉄製武器多数、槍200本、巨大な埴輪。
・桜井茶臼山古墳（石室の内部の石材と天井石に水銀朱）神武（崇神）あるいは台与陵説あり。出土品：銅鏡片384点（破壊と推定された鏡は81面、うち三角縁神獣鏡26面）。三角縁神獣鏡の1破片には正始元年（240）銘、魏の梯儁が倭国に詣でた年。盗掘されているため、当初は200－300面以上の銅鏡が副葬された可能性（産経新聞2023/9/8）。
東大寺山古墳群
・東大寺山古墳（天理市櫟本町、4世紀前半ないし半ば）
「中平」（184-190）紀年銘の鉄刀出土。東大寺山古墳群のなかでは最古。メスリ山古墳とほぼ同時期と推定され、崇神・垂仁朝の和邇氏の族長（彦国葺命か）の墳墓とみられる。　（藤田）

黒塚古墳（4世紀初頭、主体部未盗掘）
出土品：画文帯神獣鏡1面（被葬者の頭あたり）、三角縁の鏡33面（神獣鏡32面と盤竜鏡1面）、刀剣類・鉄鏃・槍、土器・甲冑の小札・工具、鉄製品、水銀朱、U字型鉄製品。東潮氏は、著書『邪馬台国の考古学』の中で、U字型鉄製品は『魏志倭人伝』に伝えられる「倭の朝貢（二回目、正始四年(243年)）に対して魏が伝授した 黄幢（こうどう）ではないか？」という仮説を立てている。　（藤田）

椿井大塚山古墳（木津市山城町）
三角縁神獣鏡36面以上と大量に出土した。（この古墳の所在地が木津川と淀川を利用する通路の要地であったことから、被葬者はヤマト王権の協力する有力者であると類推できる。）

（私の日本古代史、上田）

前方後円墳の変遷（２）

古墳時代 中期　前方後円墳の変遷

西都原古墳群

土師器と須恵器
土師器（埴輪を含む）とは明瞭に区別できる、須恵器（ろくろを使う）、伽耶より伝わる。

吉備氏の没落
雄略7年の吉備下道臣前津屋一族の誅殺、吉備上道臣田狭の謀反。雄略27年星川皇子と推媛が共謀して大蔵を占拠したが鎮圧され、砂鉄の産地の山部を没収される。これを境に吉備氏は急速に没落する。

吉備
- 造山
- 作山
- 両宮山

九州北部豪族 → 朝鮮半島古墳群（栄山江流域）

誉田御廟山（応神）
↓
大仙陵（仁徳）
↓
上石津ミサンザイ（履中）
↓
岡ミサンザイ（雄略）
↓
高島の鴨稲荷山（継体天皇の父、彦主人王、あるいは長子大郎子を埋葬？）
↓
高槻の今城塚（継体）
（石棺に阿蘇ピンク石）

荒田別、鹿我別
上毛野君の祖

毛野
- 神明山
- 浅間山

葛城氏の襲津彦、秦氏の帰化
応神天皇に、百済の弓月君（ゆつきのきみ）（秦氏の祖）が百済の民人を連れて帰化したいけれども新羅が邪魔をして加羅から海を渡ってくることができないことを告げる。天皇は襲津彦を加羅に遣わして百済の民を連れ帰ろうとするが、新羅が邪魔する。天皇は加羅に兵を派遣した。新羅の王はその軍勢に怖気づいて逃げ帰った。そして襲津彦はやっと弓月氏の民を連れて帰国した。弓月君は融通王で始皇帝の末裔？（藤田）

オオヒコノミコト
邪馬台国時代後期に南関東に進出か
｜
6代
｜
稲荷山古墳（埼玉県）─ オワケ
金錯銘鉄剣出土　雄略天皇に仕える

葛城氏の滅亡
葛城氏の特徴として、5世紀の大王家との継続的な婚姻関係が挙げられる。だがこのような関係には、一度両者間の協調関係に亀裂が生じると、次第に崩壊してしまうという脆弱性を内在していた。416年7月に地震があったが、玉田宿禰は先に先帝反正の殯宮大夫に任じられていたにもかかわらず、職務を怠って葛城で酒宴を開いていたことが露顕した。玉田は武内宿禰の墓に逃げたものの、允恭天皇に召し出されて武装したまま参上。これに激怒した天皇は兵卒を発し、玉田を捕えて誅殺させたのである。允恭天皇の崩御後は、王位継承をめぐって履中系王統・允恭系王統の対立が激化したと推測される。この過程で葛城氏の円大臣は血縁的に近い市辺押磐皇子らの履中系と結ぶこととなり、允恭系との対立をますます深めたのであろう。允恭系の安康天皇の即位によって劣勢に立たされた円大臣は勢力を回復すべく、次期大王として押磐皇子の擁立を画策したらしい。ところが安康天皇が暗殺され、円大臣がその下手人である眉輪王を自宅に匿う事件が起きた。大泊瀬皇子（後の雄略）の軍によって宅を包囲された大臣は、王の引き渡しを拒否し、娘と葛城の宅とを献上して贖罪を請うたが、皇子はこれを許さず、宅に火を放って円大臣・眉輪王らを焼殺した（眉輪王の変）。大王家とも比肩し得る雄であった葛城氏は、雄略とその配下の軍事力の前に、完全に潰え去ることとなったのである。（藤田）

平群氏の滅亡
『日本書紀』の所伝によると、応神朝から軍事氏族としての活躍が見え、履中朝に平群木菟宿禰（へぐりのつくのすくね）が国政に携わるようになった。葛城氏没落後の雄略朝以降、木菟の子の真鳥（まとり）が「大臣」を歴任して一族の興隆を極めた。しかし、仁賢天皇の崩御後、真鳥大臣は日本国王になろうと専横を極めて、国政をほしいままにしたため、天皇家をも凌ぐその勢力を怖れられ、稚鷦鷯太子（後の武烈天皇）の命を受けた大伴金村により、真鳥とその子の鮪（しび）は誅殺されたという（498年）。（Wikipedia抜粋）藤田加筆

広帯二山式冠・振じり環頭太刀出土（雄略・継体期威信財）

滋賀県立安土考古博物館蔵
東京国立博物館蔵

テーマB 古の日本（倭）の歴史（前1世紀〜4世紀）―天孫族（伽耶族）の系譜

埴輪は吉備の特殊器台が発展したものか？

埴輪は、3世紀後半から6世紀後半にかけて造られ、前方後円墳とともに消滅した。基本的に中空である。造り方は粘土で紐を作り、それを積み上げていきながら形を整えた。時には、別に焼いたものを組み合わせたりしている。また、いろいろな埴輪の骨格を先に作っておき、それに粘土を貼り付けるなどした。型を用いて作ったものはない。中心的な埴輪には、表面にベンガラなどの赤色顔料を塗布した。畿内では赤以外の色はほとんど用いられなかったが、関東地方では、形象埴輪にいろいろな彩色が施されている。

埴輪は、古墳の墳丘や造り出しなどに立て並べられ、大きく円筒埴輪と形象埴輪の2種類に区分される。さらに、形象埴輪を大きく分けると家形埴輪、器財埴輪、動物埴輪、人物埴輪の四種がある。形象埴輪からは、古墳時代当時の衣服・髪型・武具・農具・建築様式などの復元が可能である。

起源

埴輪の起源は、弥生時代後期後葉の吉備地方の首長の墓であると考えられている弥生墳丘墓（例えば、楯築墳丘墓）から出土する特殊器台・特殊壺（特殊器台型土器・特殊壺型土器とも呼称される）であるといわれている。3世紀中葉～後葉になると、前方後円墳（岡山市都月坂1号墳など）から最古の円筒埴輪である都月型円筒埴輪が出土している。この埴輪の分布は備中から近江までに及んでいる。最古の埴輪である都月形円筒埴輪と最古の前方後円墳の副葬品とされる大陸製の三角縁神獣鏡とが、同じ墓からは出土せず、一方が出るともう一方は出ないことが知られていた。しかし、ただ一例、兵庫県たつの市御津町の前方後円墳権現山51号墳では後方部石槨から三角縁神獣鏡が5面、石槨そばで都月型円筒埴輪が発見されている。なお、前方後円墳の出現は、ヤマト王権の成立を表すと考えられており、前方後円墳に宮山型の特殊器台・特殊壺が採用されていることは、吉備地方の首長がヤマト王権の成立に深く参画したことの現れだとされている。吉備勢力の東遷説もある。

『日本書紀』垂仁紀には、野見宿禰（のみのすくね）が日葉酢媛命の陵墓へ殉死者を埋める代わりに土で作った人馬を立てることを提案したとあり、これを埴輪の起源とする。しかし、考古学的に上記のような変遷過程が明らかとなっており、この説話は否定されている。

意義

元々、吉備地方に発生した特殊器台形土器・特殊壺形土器は、墳墓上で行われた葬送儀礼に用いられたものであるが、古墳に継承された円筒埴輪は、墳丘や重要な区画を囲い込むというその樹立方法からして、聖域を区画するという役割を有していたと考えられる。家形埴輪については、死者の霊が生活するための依代（よりしろ）という説と死者が生前に居住していた居館を表したものという説がある。古墳の埋葬施設の真上やその周辺の墳丘上に置かれる例が多い。器財埴輪では、蓋が高貴な身分を表象するものであることから、蓋形埴輪も同様な役割と考えられているほか、盾や甲冑などの武具や武器形のものは、その防御や攻撃といった役割から、悪霊や災いの侵入を防ぐ役割を持っていると考えられている。

人物埴輪や動物埴輪などは、行列や群像で並べられており、葬送儀礼を表現したとする説、生前の祭政の様子を再現したとする説などが唱えられている。このような埴輪の変遷は、古墳時代の祭祀観・死生観を反映しているとする見方もある。

（Wikipedia抜粋）　藤田加筆

産経新聞　令和3年10月5日　夕刊
「埴輪の考案者は相撲の神様」

埴輪の製造と、日本の国技といわれる相撲は、同一人物によって始められたという説話がある。『日本書紀』に登場する出雲の野見宿禰がその人だが、作り話にすぎないとみなされてきた。状況証拠は複数あるものの、決め手に欠けるからだ。そんな中、奈良市埋蔵文化財調査センター調査員らの研究チームが今夏、説話の舞台と考えられる埴輪製造拠点が奈良（平城京西）にあったとする論文を発表、伝説の裏付けへと前進した。　（藤田加筆）

武装男子立像（群馬県太田市出土）
東京国立博物館蔵、国宝

馬形埴輪
（東京国立博物館）

千葉県芝山古墳群（殿塚・姫塚）出土埴輪
ユダヤ人を模った埴輪と思われ、スサノオなど天津神や秦氏の一部はユダヤ系であるとのことと関連か。

箸墓など出現期の古墳

畿内地域における出現期古墳の分布

　右図にみられるように、奈良盆地東北部の大和川流域の本来の「やまと」の地域には、箸墓古墳（卑弥呼、倭迹迹日百襲姫の墓）、西殿塚古墳（台与の墓？）などの巨大古墳や中山大塚（同120メートル）、黒塚古墳（同130メートル）などの出現期古墳が集中している。これに対し、北部の淀川流域では、山城南部の相楽地域に椿井大塚山古墳が、山城北部の乙訓地域には前方後方墳である元稲荷古墳が、摂津の三島野地域の三島野古墳群には弁天山A一号墳（墳丘120メートル）などが、さらに北河内の交野市の交野古墳群には森一号墳（同106メートル）など、いずれも出現期に遡る有力な前方後円墳あるいは前方後方墳がみられる。

　これに対し、奈良盆地西南部の葛城地方や大阪平野中部の河内中・南部には、今のところ出現期の顕著な古墳はまったく見つかっていない。これらの地域に古墳が出現するのは、葛城では馬見古墳群の奈良県広陵町の前方後方墳の新山古墳（同130メートル）、南河内では大阪府柏原市の玉手山9号墳（同65メートル）など前期でもその第2段階をまたねばならない。

　弥生時代から、北の淀川流域と南の大和川流域とで弥生土器の様相が大きく異なる。北の淀川流域では各地に出現期古墳が点々とみられるのに対して、南の大和川流域では上流の奈良盆地東南部の「やまと」の地に限られ、しかもこの地に他の地域との古墳と隔絶した規模のものが見られる事は、この時期大和川流域では「やまと」の覇権が確立しており、それ以外の地域の勢力の古墳造営が規制されていたためではなかろうか。すなわち、この大和川流域こそが邪馬台国、ひいては初期ヤマト王権の本来的領域にほかならない。

（古墳とヤマト政権　古代国家はいかに形成されたか、白石太一郎）　藤田加筆

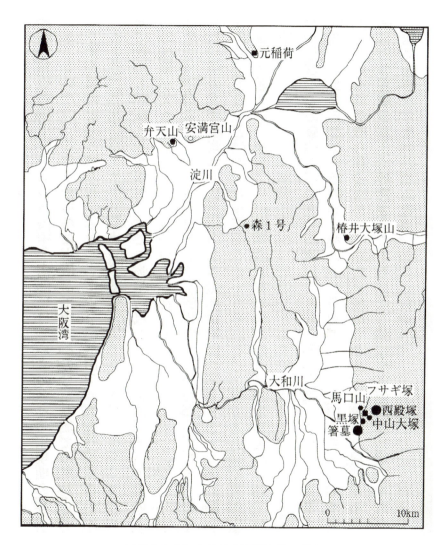

近畿中央部における出現期古墳の分布
● 前方後円墳
■ 前方後方墳
○ 墳丘墓

古墳群の変遷

柳本古墳群（天理市柳本町）
・行燈山古墳（崇神天皇陵）

↓ 政権交代

丹後の3大古墳
・蛭子山古墳（京都市謝野郡謝野町）
・網野銚子山古墳（京丹後市網野町）
・神明山古墳（京丹後市丹後町）

墳形が酷似

五色塚古墳（神戸市垂水区）
香坂王・忍熊王築造か

→ 忍熊王は福井県の劔神社の祭神であり、淀川系から日本海側まで大きな勢力をもっていたのではないか？

佐紀（盾列）古墳群（4世紀後半～）
・北西端（山陵町）　五社神古墳（神功皇后陵）
・西（山陵町・佐紀町）　佐紀石塚山古墳（成務天皇陵）、
　佐紀陵山古墳（垂仁天皇妃・日葉酢媛陵）
・東（佐紀町・法華寺町）
　ヒシアゲ古墳（磐之媛陵）
・関連古墳（尼ヶ辻町）　宝来山古墳（垂仁天皇陵）

富雄丸山古墳
国内最大の鏡（盾形銅鏡）と剣（蛇行剣）出土「金工の最高傑作」 狭穂姫陵（？）

富雄丸山古墳の所在地は、神武東征（3世紀末の崇神東征がメイン）で、神武に反抗した大国主の末の長髄彦の根拠地であり、また垂仁天皇の直轄地でもあった。この古墳の築造時期は4世紀半ば（若干後か）であり、長髄彦の活躍した時代（3世紀末）より1世紀近くも後なので、被葬者は垂仁朝関連の人物と思われる。垂仁朝の一大事件と言えば、狭穂彦の謀反が挙げられる。狭穂彦の妹の狭穂姫は垂仁天皇の妃であるのに狭穂彦の謀反に加担し兄に殉死した。このことと富雄丸山古墳は垂仁陵の近くにあることから大胆に推察して、その被葬者は狭穂彦ではなく狭穂姫ではないかと考える。
　垂仁朝は崇神朝から政変を伴って移行しており、垂仁朝は丹後などの日本海側の勢力の影響を強く受けている。ちなみに、狭穂彦と狭穂姫は日子坐王の子である。
（FB藤田タイムライン投稿2023/1/29）

柳本古墳群（天理市柳本町）
・渋谷向山古墳（景行天皇陵）

↓ 内乱

百舌鳥古墳群（大阪府堺市）
1．大仙陵古墳（仁徳天皇陵）
2．上石津ミサンザイ古墳（履中天皇陵）
3．田出井山古墳（反正天皇陵）

古市古墳群（羽曳野市・藤井寺市）
1．誉田御廟山古墳（応神天皇陵）
2．仲津山古墳（応神天皇皇后仲姫陵）
3．岡ミサンザイ古墳（仲哀天皇陵）
4．市野山古墳（允恭天皇陵）
5．軽里大塚古墳（日本武尊陵）
6．野中ボケ山古墳（仁賢天皇陵）
7．高屋城山古墳（安閑天皇陵）
8．白髪山古墳（清寧天皇陵）

大仙陵古墳（仁徳天皇陵）

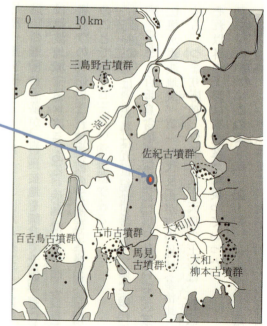

大阪と奈良の前方後円墳分布図（白石太一郎『考古学と古代史の間』より一部改変（ヤマト王権、吉村武彦）

百舌鳥古墳群と古市古墳群

祝 百舌鳥・古市古墳群を世界遺産登録
アゼルバイジャンで開催中の国連教育科学文化機関（ユネスコ）の世界遺産委員会は6日（令和元年7月）、日本が推薦していた「百舌鳥（もず）・古市（ふるいち）古墳群」（大阪府）を世界文化遺産に登録することを決めた。

成務朝の倭国の平定および応神東征により、倭国は隆盛期を迎え、倭国軍が強力な武力を背景に半島南部に進出するとともに、壮大な前方後円墳の建造を含む大土木事業が活発化する。また半島や中国との交流も日本海経路ではなく主に瀬戸内海経路をとるようになる。最大級の前方後円墳は、河内の古市・百舌鳥古墳群の誉田御廟山（応神陵）、大仙（仁徳陵）や上石津ミサンザイ（履中陵）で、その当時地方の有力豪族（吉備、日向や毛野）も巨大な前方後円墳を築造した。その後、倭国の勢力下にある半島南部の栄山江流域に前方後円墳群が造られた。また、古墳の石室が竪穴式から横穴式に変遷する。古墳時代後期（6世紀）になると古墳の規模は縮小へと向かった。
（藤田）

百舌鳥古墳群と古市古墳群
　5世紀代の巨大な前方後円墳は河内国（旧河内国は和泉国を含む）に集中している。その巨大古墳の第一位に位置するのが大山古墳（伝仁徳天皇陵、全長487m）で、百舌鳥古墳群に含まれる。第2位に位置するのが誉田山古墳（伝応神天皇陵、430m）で、古市古墳群に含まれる。なぜ、巨大な前方後円墳が河内に集中しているのか。
　日本神話の代表的なひとつに国生み神話がある。イザナギとイザナミによる「オノコロ嶋」をはじめとする島生み・国生みの神話である。この神話の原像は淡路島とその周辺の海人集団の島生み神話に由来すると思われるが、それが大阪湾上を起点に展開する国生み神話に昇華した時期は応神王朝の時代がふさわしい。また、大王の宮居伝承は大和に多いが、河内や難波にもある。たとえば、応神天皇、仁徳天皇、反正天皇、顕宋天皇の宮居は河内や難波に展開している。加えるに、ヤマト王権をになう有力氏族の本拠も河内の地域にあった。物部氏や大伴氏の本拠は大和にあったが、物部氏は河内の渋川郡のあたりに、大伴氏は摂津の住吉から河内の南部に勢力を保有していたことは史料で確認できる。また、藤原不比等の出身氏族である中臣氏も北河内から摂津にかけての地域に有力な本拠地があった。この藤原不比等は、『日本書記』や『古事記』の記述内容に大きな影響を与えた。（私の日本古代史、上田正昭）
　崇神王朝時代は日本海勢力と瀬戸内海勢力との覇権争いが見られた。神功皇后が三韓征伐の後に畿内に帰還する際、自分の皇子（応神天皇）とは異母兄にあたる香坂皇子・忍熊皇子が畿内で反乱を起こして戦いを挑んだ。神功皇后軍は武内宿禰や武振熊命（彦国葺命の孫）の働きによりこの反乱を平定した。それ以来瀬戸内海勢力が日本海勢力を圧倒したと思われ、半島と大和の往来は瀬田内海経由になった。大陸や朝鮮からの使節が大和に向かうとき、まず目に入ったのが河内の巨大な前方後円墳であり、倭国の国力を見せつけるのにこれらの古墳群が役立った。
（藤田）

河内政権（4世紀末～6世紀末））は、伽耶地域の首長と連携した。古市古墳群の前方後円墳には伽耶地域との技術的関連が窺える甲冑や刀剣などの鉄製品が数多く副葬されている。
（邪馬台国から大和政権へ、福永伸哉）

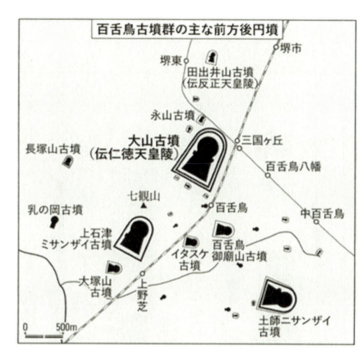

百舌鳥古墳群の主な前方後円墳

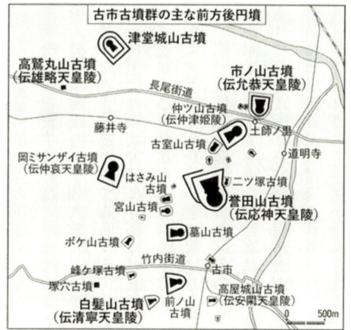

古市古墳群の主な前方後円墳

（私の日本古代史、上田正昭）

歴代天皇陵の築造年代

4世紀の歴代の天皇（皇后）は、崇神⇒垂仁⇒景行⇒成務⇒仲哀⇒神功である。仲哀陵は岡ミサンザイとされるが、築造年代からしてあり得ない。また、垂仁陵と景行陵の築造時期が逆転している。

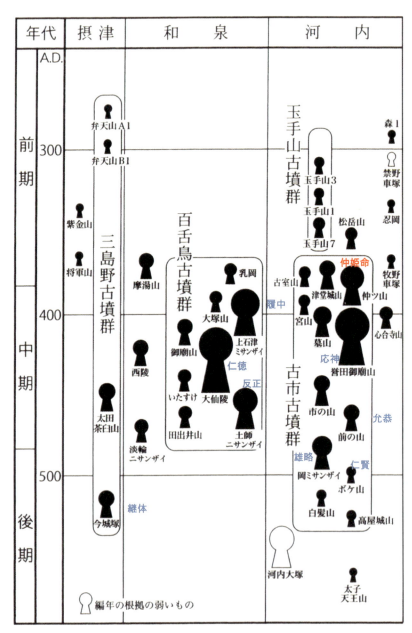

畿内における大型古墳編年図

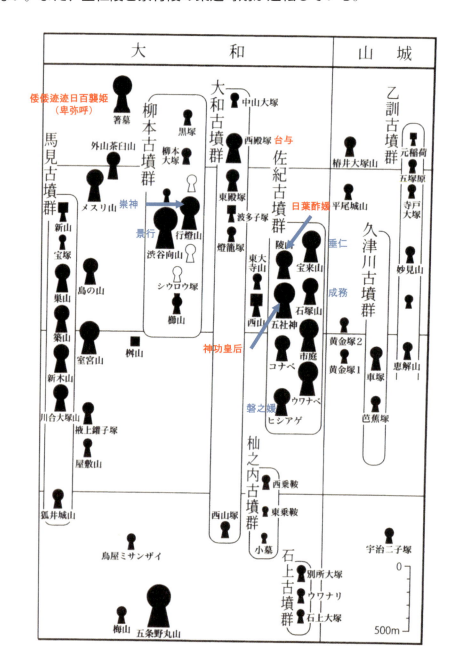

（天皇陵古墳を考える、白石太一郎他）p.144

12章 崇神王朝（倭国平定）

崇神王朝Ⓑ220／崇神朝（邪馬台国の終焉、四道将軍の派遣）、出雲神宝事件（出雲王朝の終焉）Ⓑ221／大物主神（ニギハヤヒ）と大国主の祟り、鎮花祭Ⓑ222／垂仁朝（五大夫による統治、出雲大社と伊勢神宮の創建）Ⓑ223／景行朝（日本武尊の西征・東征、伊吹山の狗奴国勢力により敗死）Ⓑ228／成務朝（狗奴国の終焉、倭国全域を平定）Ⓑ231／仲哀・神功朝（三韓征伐）Ⓑ232

　３世紀末の崇神東征により、崇神王朝（ヤマト王権）が誕生する。崇神即位は315年。しかし、日子坐王が束ねる日本海勢力（近江王朝）と近江北部・美濃を中核とし東日本に拡がる狗奴国の勢力（大国主勢力）が葛城など西日本諸国にも存在していた。葛城勢の武埴安彦王と妻の吾田媛が謀反を起こした。瀬戸内海勢力の吉備津彦が吾田媛を破り、大彦命と彦国葺命は武埴安彦を破った。この争いの結果、崇神天皇と大彦は安定した政権基盤を築いた。崇神天皇は、北陸道、東海道、西道（山陽道）と丹波（山陰道）のそれぞれに大彦、武渟川別（大彦の子）、吉備津彦および丹波道主王（日子坐王の子）を派遣し諸国を平定した。また、出雲神宝を管理していた出雲振根の不在中に弟の飯入根が神宝を奉献する。出雲振根は怒って飯入根を殺す。ヤマト王権は吉備津彦と武渟河別を派遣して出雲振根を誅殺（出雲神宝事件）。崇神朝につづく垂仁朝の五大夫は、彦国葺命（和邇氏）、武渟川別（阿倍氏）、大鹿嶋（中臣氏）、十千根　（物部氏）および武日（大伴氏）であり垂仁天皇を支えた。

　崇神の御代に疫病が流行り政情が不穏になった。そこで、大田田根子を祭主として大物主神（大国主の和魂）を祀り、市磯長尾市を祭主として倭大国魂神を祀ることで、疫病がはじめて収まり、国内は鎮まった。大国主は国譲りに応じる条件として「我が住処を、皇孫の住処の様に太く深い柱で、千木が空高くまで届く立派な宮を造っていただければ、そこに隠れておりましょう（『古事記』）としていたが、これに従って出雲大社が造られた。また、垂仁朝に天照大御神を祀る伊勢神宮が造営された。景行朝に日本武尊は西征し、熊襲建を謀殺する。さらに東征からの帰途、伊吹山に向かい神の化身と戦うが深手を負い大和への帰途亡くなる。これは、伊吹山は狗奴国の神奈備で狗奴国の残存勢力のために敗死したと考える。狗奴国は成務朝に日本武尊の御子の稲依別により滅ぼされ、ここにヤマト王権による倭国平定が完遂した。

　ヤマト王権による倭国平定が終わる４世紀後半になると倭国軍の南朝鮮への展開が活発化する。倭国軍が百済と高句麗に進出する中、369年、百済王世子奇生は友好のため七支刀を送る。409年高句麗に攻め込むが広開土大王に大敗する。これらの倭国軍の南朝鮮への侵攻が、神功皇后の「三韓征伐」に当たると考える。応神天皇を掲げた神功皇后軍により仲哀天皇の皇子（香坂王・忍熊王）が謀殺される。この内乱の終結により応神王朝が誕生する。

参照：第４部概略、年表等②07
古の日本（倭）の歴史（前１世紀〜４世紀）−天孫族（伽耶族）の系譜　（図２）　Ⓑ004

崇神王朝
崇神〜仲哀

崇神東征から倭国平定

① 崇神東征後の豪族・土豪の抵抗　『日本書記』では、長髄彦との戦いに続けて、大和盆地内の4か所の帰順しない賊を退治する。(『日本書紀』の葦原中国平定「出雲の国譲り」の段は、この時のことか？)

② 崇神天皇御代、東征で破れた葛城勢の鎮圧　孝元天皇の皇子で武埴安彦(タケルハニヤスヒコ)王と妻の吾田媛(アタヒメ)が謀反を起こすが、吉備津彦が武埴安彦の妻の吾田媛の軍を河内で破り、一方、大彦命と和邇の祖、彦国葺(ヒコクニブク)の軍は武埴安彦の軍を破った。崇神天皇の政権は安定した基盤を築くことになる。

③ 出雲挟撃　ウマシマジノミコトは、崇神天皇のヤマト建国を助けた後、尾張氏の祖の天香山命と共に、尾張、美濃、越国を平定した。ウマシマジノミコトはさらに西に向かい、播磨、丹波を経て石見に入ると、この地に留まった。

④ 四道将軍の派遣　大彦命を北陸に、武渟川別を東海に、吉備津彦を西道に、丹波道主を丹波に派遣した『日本書紀』。『古事記』では孝霊朝のとき、吉備津彦を吉備に派遣したとある。

⑤ 出雲神宝事件　崇神天皇のとき、出雲の神宝を天皇に献上した弟の飯入根(いいいりね)を兄の振根がだまし討ちにする。振根は朝廷の派遣した吉備津彦命と武渟川別命に殺された。(倭建命は出雲に入り、出雲建の太刀を偽物と交換して太刀あわせを申し込み、殺してしまう。(『日本書記』の出雲神宝事件と重なるか？)

⑥ 狭穂毘古の反乱　垂仁朝、狭穂毘古(日子坐王の子)が反乱を起こし、妹の狭穂毘売は兄に殉じた。

⑦ 倭建尊西征　倭建尊(日本武尊)、九州の熊襲建兄弟の討伐を命じられる。九州に入った倭建尊は、熊襲建の宴に美少女に変装して忍び込み、宴たけなわの頃にまず兄建を斬り、続いて弟建に刃を突き立てた。熊襲討伐後は吉備や難波の邪神を退治した。

⑧ 倭建尊東征　西方の蛮族の討伐から帰るとすぐに、景行天皇に東方の蛮族の討伐を命じられる。伊勢で倭姫命より草薙剣を賜る。駿河にて、草薙剣で草を掃い、迎え火を点けて敵を焼き尽くす。陸奥平定後、甲斐に入り、武蔵、上野を巡って、信濃に入り、尾張に到る。美夜受媛と結婚する。そして草薙剣をもたずに、伊吹山に出立する。山の神の祟りで病身となり、尾津から能褒野へ到り、能褒野の地で亡くなった。また、大伴氏の始祖とされる武日(たけひ)命が倭建命の東征に従軍し、倭建命は伊勢で薨じたが、武日命は無事に大和に帰還した。

　(倭建尊は、伊吹山を拠点とする大国主の流れを汲む狗奴国勢力(八岐大蛇)との戦いで敗死か。)

⑨ 近淡海国造の祖の大陀牟夜別(おおたむわけ)の娘に倭建尊と結婚した両道入姫がいる。成務朝、二人の子の稲依別(イナヨリワケ)王の忠犬(隼人？)が大蛇(八岐大蛇か)を退治した。稲依別王は、犬上君、建部君等の祖である。狗奴国の滅亡か。

⑩ ヤマト王権の確立　成務朝、「境を定め邦を開きて、近淡海に制したまいき」『古事記』とは、「伊吹山(狗奴国)を制し、近江をヤマト王権の支配下に置くことにより、ほぼ全国統一を果たし国々の境を定めた」との意であろう。

(藤田)

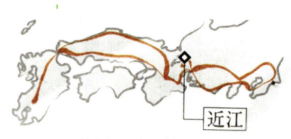

倭建命の西征・東征ルート

産経新聞　平成28年12月6日

瀬戸内海航路を開いたか

日本武尊(倭建命)

西征
熊襲討伐後は吉備や難波の邪神を退治

東征
吉備武彦とともに出発する。伊勢で倭姫命より草那芸剣を賜る。駿河にて、草那芸剣で草を掃い、迎え火を点けて敵を焼き尽くす。海路、相模から上総、さらに北上し、北上川流域(宮城県)に至る。陸奥平定後は、甲斐酒折宮へ入り、武蔵、上野を巡って鳥居峠(群馬・長野県境)で、吉備武彦を越(北陸方面)に遣わし、自らは信濃に入る。その信濃の坂の神を殺し、越を周った吉備武彦と合流して、尾張に到る。尾張で美夜受媛と結婚する。そして、草那芸剣を美夜受媛に預けたまま、伊吹山に出立する。山の神の祟りで病身となり、尾津から能褒野へ到る。朝廷には吉備武彦を遣わして報告させ、自らは能褒野の地で亡くなった。

(藤田)

吉備武彦
・娘は、ヤマトタケルの妃
・子の鴨別(かもわけ)は、仲哀天皇の熊襲征討に功績
・兄媛は応神天皇の妃

崇神朝（邪馬台国の終焉、四道将軍の派遣）、出雲神宝事件（出雲王朝の終焉）

崇神　崇神王朝の成立と諸国平定　　宝賀・貝田推論によると崇神即位315年（参照 Ⓑ009）

武埴安彦と吾田媛の反乱；アタヒメ、山代の女主勢力の王

崇神東征により、懿徳天皇の開いた葛城王朝に続くニギハヤヒの邪馬台国を倒して三輪山の麓に新しい王朝（三輪王朝・ヤマト王権）を建てた。その時破れた葛城王朝や邪馬台国の中核となった出雲系の人々（葛城勢力）は河内（大阪）や山城（京都府南部）に逃れ、再起を窺っていた。葛城勢力の巻き返しを恐れた崇神天皇は、即位の10年後、葛城勢の鎮圧にのり出す。孝元天皇の皇子で、山城、河内を根拠地とする武埴安彦（タケルハニヤスヒコ）王と妻の吾田媛（アタヒメ）が謀反を起こそうとしているとして、配下の武将に討伐を命じる。まず吉備津彦が武埴安彦の妻の吾田媛の軍を河内で破った。一方、大彦命と和邇の祖、彦国葺（ヒコクニブク）の軍は木津川を隔てて、武埴安彦に戦いを挑んだ。戦いは現在の京都府相楽郡の木津町、山城町、精華町から京田辺市を経て大阪府枚方市樟葉にまで及んだ。結果として武埴安彦の軍は彦国葺の軍に破れ、三輪山麓を根拠地とする崇神天皇の政権は安定した基盤を築くことになる。　　（崇神が統一国家への歩みを進めた第一歩が山代の併呑!!、Net）＋ 藤田

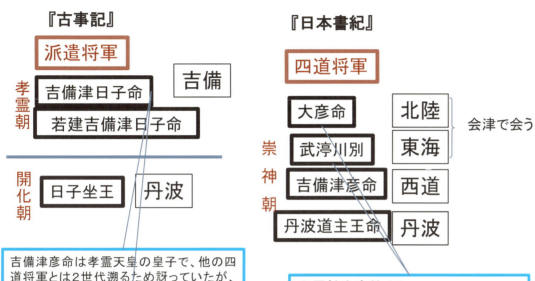

吉備津彦命は孝霊天皇の皇子で、他の四道将軍とは2世代遡るため訝っていたが、『古事記』の記述は『日本書紀』とは異なり、吉備津彦の吉備制圧（反乱か）は孝霊朝の事績としている。　　　　　　　（藤田）

『古事記』によると孝霊朝に吉備津彦が西道に派遣されたという。吉備津彦は吉備を制圧した後、さらに西行し、任那・伊都国連合を邪馬台国の支配下に置いたと考える。この西行に伴って庄内式土器や方形周溝墓が筑紫に伝搬したと思われる。（藤田）

出雲神宝事件（1）
　大和は矢田部造の武諸隅（たけもろずみ）（矢田部は物部氏）を出雲に遣わして、出雲神宝「（熊野大社に安置していた熊野大神の神宝、勾玉、八尺瓊勾玉か）、十握剣など」の奉献を求める。この時、神宝を管理していた出雲振根（いずもふるね）は筑紫に出掛けて留守だったので、弟の飯入根（いいいりね）が神宝を奉献する。筑紫から帰ってこれを知った出雲振根は怒って飯入根を殺す。飯入根の弟や子らが、このことを大和に訴えたので、大和は吉備津彦と武渟河別（たけぬなかわわけ）を派遣して出雲振根を誅殺する。　　　（藤田）

　『古事記』と『日本書紀』の記述に矛盾がある場合は、『古事記』の記述を優先する。例えば、『日本書紀』の崇神朝の四道将軍の派遣の事績にも疑義を呈する。例えば、大彦（孝元天皇の皇子）の銘が、稲荷山古墳（埼玉県）から出土した金錯銘鉄剣に刻まれている。このことは邪馬台国時代の孝元朝にすでに大彦が南関東に派遣されていたことを示唆している。　　　　　　　　　　　　　　　　　　　　　　　　　　　　　　　　　（藤田）

タケハニヤスヒコの反乱と地名

（オールカラーでわかりやすい！古事記・日本書記、多田元）

大物主神（ニギハヤヒ）と大国主の祟り、鎮花祭

　崇神記によれば崇神5-6年に疫病が流行り、死亡するものが多く、百姓は流離・反逆し、世情が不安定となった。天皇は御殿に祀っていた天照大神と倭大国魂の二神を、豊鍬入姫命（とよすきいりびめ；崇神の娘）と渟名城入姫（ぬなきいりびめ；崇神の娘）を御杖代として別々に祀ったがうまくいかなかった。神浅茅原で倭迹迹日百襲姫命が神懸かり、大物主神を祀るようにとのお告げを得、さらに、天皇と臣下が「大田田根子命を大物主神を祀る祭主とし、市磯長尾市（いちしのながおち）を倭大国魂神を祀る祭主とすれば、天下は平らぐ」という同じ夢を見たという。天皇は広く探させ、茅渟県の陶邑に大田田根子を見つけた。天皇に素生を聞かれると、大田田根子は「父を大物主大神、母を活玉依姫といいます。陶津耳の女です。」と答えている。また別に「奇日方天日方武茅渟祇の女」とも言われているとある。大田田根子を祭主として大物主神を祀り、長尾市を祭主として倭大国魂神を祀ることで、疫病ははじめて収まり、国内は鎮まった。そして、大田田根子は三輪君らの先祖であるとしている。　　　　　　　　　　（藤田）

大田田根子

　大田田根子（オオタタネコ）は、大物主の子とか四世孫とか言われている。大物主はニギハヤヒで孝霊天皇とも考えられる。ちなみに、孝霊天皇の和名はオオヤマトネコフトニで、孝元天皇はオオヤマトネコヒコクルクニで、開化天皇はワカヤマトネコヒコオオヒヒで、邪馬台国時代の天皇の和名はネコを共通にもつ。和邇氏の難波根子武振熊命は大田田根子とともに皇族以外でネコがつく数少ない例である。　　　　　　（藤田）

　大田田根子は大物主の四世孫で、大物主を孝霊天皇（ニギハヤヒ）と見ると武甕槌は崇神天皇のころとなり、崇神と神武を同一人物とする見解と年代的には合致する。しかし、前述 Ⓑ200のとおり、武甕槌は架空の人物と考える。　　　　　　　　　　　　　　　　　　（藤田）

大田田根子の系図『古事記』

陶津耳命（スエツミミノミコト）
｜
大物主神ーーー活玉依媛（イクタマヨリヒメ）
｜
櫛御方命（クシミカタノミコト）
｜
飯肩巣見命（イイカタスミノミコト）
｜
武甕槌（タケミカヅチ）
｜
大田田根子

鎮花祭（はなしずめまつり）

　崇神天皇の御代、大国魂神の祟りによって引き起こされた疫病流行を、二度とおこさぬようにするため、人々が考え出したのが鎮花祭である。これは大宝令にも定められているから、国家的行事である。『令義解』の「鎮花祭」の条に「大神と狭井の二神の祭りである。春の花の飛散する時、疫神も分散して散り疫神も分散して散り疫病を起こす。その鎮滅のために、必ずこの祭りを行う。故に鎮花という」とある。疫神の鎮滅と、花の飛散をつなぎ合わせて鎮花とした祭りで、毎年3月の吉日か、晦日に行うと定めている。祭神の2神とは、大国主の和魂と大神神社の境内の北側にある狭井坐大神荒魂神社で祀っている大国主神の荒魂の大国魂神である。特にこの荒魂を鎮める祭りなのである。神饌には百合根や忍冬の薬草が献上されて疫神治療の目的から「くすりまつり」ともいわれている。
　　　　（天皇家の祖先・息長水依姫を追って、松本昭）＋ 藤田

大神神社・鎮花祭

垂仁朝（五大夫による統治、出雲大社と伊勢神宮の創建）

垂仁　垂仁即位332年

五大夫が垂仁朝を支える。日子坐王の王子の狭穂彦王の叛乱を鎮め、崇神王朝を盤石なものにする。

五大夫（垂仁朝）

彦国葺命（和邇氏の祖、和邇氏系図参照）、武渟川別（阿倍氏の祖）、大鹿嶋（中臣氏の祖）、十千根（物部氏の祖）、武日（大伴氏の祖）

出雲神宝事件(2)

出雲の神宝については、垂仁二十六年条にも、物部十千根（もののべのとうちね、垂仁朝の5大夫の一人）に、神宝を調査させる話が出てくる。

Wikipedia

狭穂彦王の叛乱

『古事記』の伝承。狭穂毘売は垂仁天皇の皇后となっていた。ところがある日、兄の狭穂毘古（彦）に「お前は夫と私とどちらが愛おしいか」と尋ねられて「兄のほうが愛おしい」と答えたところ、短刀を渡され天皇を暗殺するように言われる。妻を心から愛している天皇は何の疑問も抱かず姫の膝枕で眠りにつき、姫は三度短刀を振りかざすが夫不憫さに耐えられず涙をこぼしてしまう。目が覚めた天皇から、夢の中で「錦色の小蛇が私の首に巻きつき、佐保の方角から雨雲が起こり私の頬に雨がかかった。これはどういう意味だろう」と言われ、狭穂毘売は暗殺未遂の顛末を述べた後、兄の元へ逃げてしまった。

反逆者は討伐せねばならないが、天皇は姫を深く愛しており、姫の腹には天皇の子がすくすくと育っていた。姫も息子を道連れにするのが忍びなく天皇に息子を引き取るように頼んだ。天皇は敏捷な兵士を差し向けて息子を渡しに来た姫を奪還させようとするが、姫の決意は固かった。髪は剃りあげて鬘にし腕輪の糸は切り目を入れてあり衣装も酒で腐らせて兵士が触れるそばから破けてしまったため姫の奪還は叶わない。天皇が「この子の名はどうしたらよいか」と尋ねると、姫は「火の中で産んだのですから、名は本牟智和気と名づけたらよいでしょう」と申し上げた。また天皇が「お前が結んだ下紐は、誰が解いてくれるのか」と尋ねると、姫は「旦波比古多多須美知能宇斯王に兄比売（日葉酢媛）と弟比売という姉妹がいます。彼女らは忠誠な民です。故に二人をお召しになるのがよいでしょう」と申し上げた。そうして炎に包まれた稲城の中で、狭穂毘売は兄に殉じてしまった。
（藤田）

誉津別命（本牟智和気（ほむつわけ）のみこと）－言葉を発するまで

『古事記』では、垂仁天皇の誉津別皇子についてより詳しい伝承が述べられている。天皇は尾張の国の二股に分かれた杉で二股船を作り、それを運んできて、市師池、軽池に浮かべて、皇子とともに戯れた。あるとき皇子は天を往く鵠を見て何かを言おうとしたので、天皇はそれを見て鵠を捕らえるように命じた。鵠は紀伊、播磨、因幡、丹波、但馬、近江、美濃、尾張、信濃、越を飛んだ末に捕らえられた。しかし皇子は鵠を得てもまだ物言わなかった。ある晩、天皇の夢に何者かが現れて「我が宮を天皇の宮のごとく造り直したなら、皇子はしゃべれるようになるだろう」と述べた。そこで天皇は太占で夢に現れたのが何者であるか占わせると、言語（物言わぬ）は出雲大神の祟りとわかった。天皇は皇子を曙立王、菟上王とともに出雲（現：島根県東部）に遣わし、大神を拝させると皇子はしゃべれるようになったという。その帰り、皇子は肥長比売と婚姻したが、垣間見ると肥長比売が蛇体であったため、畏れて逃げた。すると肥長比売は海原を照らしながら追いかけてきたので、皇子はますます畏れて、船を山に引き上げて大和に逃げ帰った。天皇は皇子が話せるようになったことを知って喜び、菟上王を出雲に返して大神の宮を造らせた。
（藤田）

大伴氏の始祖とされる武日（たけひ）命は、垂仁朝の五大夫の一人である。武日命は次の景行朝ではその40年（現在の年数に換算すると景行即位後10年）に倭建命の東征に従軍し、その帰路に甲斐国酒折宮で「靱（大伴）部（ゆげいのとも）」を賜ったと『日本書紀』にある。倭建命は伊勢で薨じたが、武日命は無事に大和に帰還したと思われる。

武日命の弟の平多底命も倭建命の東征に従い、遠征先の陸奥国に留まり蝦夷との戦いに当たった。靱大伴部などの祖とされる。武日命の子孫に陸奥方面に大伴氏の一族と称するものが多い。
（古代氏族の研究④　大伴氏　宝賀寿男）

出雲大社

スサノオによって殺された八岐大蛇（大穴持、大国主の別称）およびヤマト王権により成敗された出雲勢力を鎮魂するために、垂仁天皇の時が第1回目、斉明天皇の時が第2回目の造営

出雲大社（明治まで杵築大社）

　正式名称は「いづもおおやしろ」であるが、一般には主に「いづもたいしゃ」と読まれる。祭神は大国主大神である。二拝四拍手一拝の作法で拝礼する。明治維新に伴う近代社格制度下において唯一「大社」を名乗る神社であった。創建以来、天照大神の子の天穂日命を祖とする出雲国造家が祭祀を担ってきた。
　出雲大社の創建については、日本神話などにその伝承が語られている。以下はその主なものである。
　大国主神は国譲りに応じる条件として「我が住処を、皇孫の住処の様に太く深い柱で、千木が空高くまで届く立派な宮を造っていただければ、そこに隠れておりましょう」と述べ、これに従って出雲の「多芸志（たぎし）の浜」に「天之御舎（あめのみあらか）」を造った。　　　　　　　　　　　　（『古事記』）
　高皇産霊尊は国譲りに応じた大己貴神に、「汝の住処となる「天日隅宮（あめのひすみのみや）」を、千尋もある縄を使い、柱を高く太く、板を厚く広くして造り、天穂日命に祀らせよう」と述べた。　　　　　　　　　（『日本書紀』）
　所造天下大神（＝大国主神）の宮を奉る為、皇神らが集って宮を築いた。
　　　　　　　　　　　　　　　　　（『出雲国風土記』出雲郡杵築郷）
　神魂命が「天日栖宮（あめのひすみのみや）」を高天原の宮の尺度をもって、所造天下大神の宮として造れ」と述べた。　　（『出雲国風土記』楯縫郡）
　崇神天皇60年7月、天皇が「武日照命『日本書紀』（建比良鳥命『古事記』）」（天穂日命の子）が天から持って来た神宝が出雲大社に納められているから、それを見たい」と言って献上を命じ、武諸隅（タケモロスミ）を遣わしたところ、飯入根（いいいりね）が、当時の当主で兄の出雲振根に無断で出雲の神宝を献上。出雲振根は飯入根を謀殺するが、朝廷に誅殺されている。　　（『日本書紀』）
　垂仁天皇の皇子本牟智和気（ほむちわけ）は生まれながらに唖であったが、占いによってそれは出雲の大神の祟りであることが分かり、曙立王と菟上王を連れて出雲に遣わして大神を拝ませると、本牟智和気はしゃべれるようになった。奏上をうけた天皇は大変喜び、菟上王を再び出雲に遣わして、「神宮」を造らせた。　　　　　　　　　　　　　　　　　　　　　　　（『古事記』）
　659年（斉明天皇5年）、出雲国造に命じて「神之宮」を修造させた。
　　　　　　　　　　　　　　　　　　　　　　　　　　　（『日本書紀』）
　伝承の内容や大社の呼び名は様々であるが、共通して言えることは、天津神（または天皇）の命によって、国津神である大国主神の宮が建てられたということであり、その創建が単なる在地の信仰によるものではなく、古代における国家的な事業として行われたものであることがうかがえる。
　尚、出雲大社の社伝においては、垂仁天皇の時が第1回、斉明天皇の時が第2回の造営とされている。　　　　（出雲大社−Wikipedia抜粋）　藤田加筆

出雲大社はスサノオによって殺された八岐大蛇（大穴持、大国主の別称）を鎮魂するために造営されたと考える。　　　　　　　　　　　　　　　（藤田）

境内（千木のある建物が本殿）（光一郎撮影）

「金輪御造営差図」。3本の丸太を金輪で束ねた柱が9本というものすごさ。千家尊祐氏蔵

古代の御本殿の模型（Wikipedia）

出雲大社境内の敷石は、心御柱および側柱の発掘地点がわかるようになっている

（葬られた王朝、梅原 猛）

素鵞社と八岐大蛇伝説

　素戔嗚は出雲大社の裏にある摂社素鵞社に祀られており、その裏には八雲山という霊山がある。八雲山は八岐大蛇の伝説とも関係があると言われている。　　　　　　　　　　　　　（Copilot with Bing Chat）＋ 藤田

熊野大社　　祭神の櫛御気野命は素戔嗚命とされているが、実際は大国主か

（出雲国一宮、出雲では出雲大社より格上）

熊野大社（松江市八雲町熊野）　出雲大社と共に出雲国一宮、火の発祥の神社として「日本火出初之社」（ひのもとひでぞめのやしろ）とも呼ばれ、意宇六社の一つ。紀伊国の熊野三山も有名だが、社伝によると熊野村の住人が紀伊国に移住したときに分霊を勧請したのが熊野本宮大社の元であるとしている。

祭神は伊邪那伎日真名子 加夫呂伎熊野大神 櫛御気野命で素戔嗚尊の別名であるとする。「伊邪那伎日真名子（いざなぎのひまなご）」は「イザナギが可愛がる御子」の意、「加夫呂伎（かぶろぎ）」は「神聖な祖神」の意としている。「熊野大神（くまののおおかみ）」は鎮座地名・社名に大神をつけたものであり、実際の神名は「櫛御気野命（くしみけぬのみこと）」ということになる。「クシ」は「奇」、「ミケ」は「御食」の意で、食物神と解する説が通説である。これは『出雲国造神賀詞』に出てくる神名を採用したものであり、『出雲国風土記』には「伊佐奈枳乃麻奈子坐熊野加武呂乃命（いざなひのまなご　くまのにます　かむろのみこと）」とある。現代では櫛御気野命と素戔嗚尊とは本来は無関係であったとみる説も出ているが、『先代旧事本紀』「神代本紀」にも「出雲国熊野に坐す建速素盞嗚尊」とあり、少なくとも現存する伝承が成立した時にはすでに櫛御気野命が素戔嗚尊とは同一神と考えられていたことがわかる。
（Wikipedia抜粋）　藤田加筆

熊野大社本殿

出雲神宝事件とは日本書紀崇神六十年条に記されている、吉備津彦命と武淳川別が出雲振根を誅殺し、出雲神宝「（熊野大社に安置していた熊野大神の神宝、勾玉（八尺瓊勾玉か）など」を奪う事件である。出雲神宝は熊野大社に安置されていたのであるから、出雲では後世に造成された出雲大社より神格が上と考えられていた。

このことからわかるように、大国主の治めていた古代出雲の征服者である天津神のスサノオが熊野大社の祭神であるとは思えず、櫛御気野命とは大国主ではないかと思う。また、熊野は鉄鍛冶に通じるとの説があり、大国主もまた製鉄に関係していたとの説もある。さらに、大国主がスサノオとの抗争に敗れ、紀伊に逃れたとの神話があるように、出雲の熊野大社と紀伊の熊野三山との結びつきを暗示するのではないか？
（藤田）

熊野は湯屋である

金屋がたたら炉の覆い屋根とすると、たたら炉の中にあるのは溶けた鉄である。それを湯という。したがって金屋は湯屋（ゆや）となる。ゆやは熊野とも書かれる。熊野大社が火の発祥の神社として考えられているが、熊野神社と名のつく神社に火祭りが多い。熊野が湯屋であればその理由がわかる。

出雲とはいかなる地か。古代以来つい最近（近世）まで、我が国最大の鉄の生産地であった。日本の神々は殆ど例外なく、鉄の生産地出雲を故郷としていたのである。その神々が鉄の生産と流通に関わっていたと考えて何の不思議があろうか。
（邪馬台国と「鉄の道」、小路田泰直）

出雲国造

天穂日命を祖とする出雲国造（いずものくにのみやつこ）は、出雲国（現在の島根県東部地方）を上古に支配した国造。その氏族の出雲氏の長が代々熊野大社と出雲大社の祭祀と出雲国造の称号を受け継いだ。律令制度以前の国造の多くは直（あたい）の姓（かばね）を与えられていたが、出雲氏は吉備氏とともに、直より格の高い臣（おみ）の姓をもっていた。他に臣の姓が与えられたのは、葛城氏、蘇我氏、阿部氏などの中央の有力豪族だけである。そして、出雲氏は新たな国造がたつたびに官邸におもむき、自家が大和朝廷に従ったいきさつを伝える「出雲国神賀詞（いずものくにのみやつこかんよごと）」を奏上していた。
（藤田）

日本の神々の総元締めが大国主の命である。したがって、出雲一宮の熊野大社の祭神、櫛御気野命（くしみけぬのみこと）はもともと大国主の命で、古代出雲がスサノオに征服され、熊野大社の祭神が入れ替わったのではないか。ちなみに、たたら炉のふいごを吹くことからきているの伊福（いふく）部氏の始祖は大国主である。
（藤田）

伊勢神宮　（Wikipedia 抜粋）

出雲大社と同じく垂仁朝に創設

古来「神宮」と呼ばれるのは、伊勢（イセ）神宮と石上（イソノカミ）神宮のみである。さらに、伊勢神宮の古名は「磯宮（イソノミヤ）」であり、イセとイソの繋がりを強く示唆する。

伊勢神宮には、太陽を神格化した天照坐皇大御神（天照大御神）を祀る皇大神宮と、衣食住の守り神である豊受大御神を祀る豊受大神宮の二つの正宮があり、一般に皇大神宮は内宮（ないくう）、豊受大神宮は外宮（げくう）と呼ばれる。内宮と外宮は離れているため、観光で内宮のみ参拝の人が多いが、まず外宮を参拝してから内宮に参拝するのが正しいとされている。
　広義には、別宮（べつぐう）、摂社（せっしゃ）、末社（まっしゃ）、所管社（しょかんしゃ）を含めた、合計125の社宮を「神宮」と総称する。この場合、所在地は三重県内の4市2郡に分布する。
　伊勢神宮は皇室の氏神である天照坐皇大御神を祀るため、皇室・朝廷の権威との結びつきが強い。
（藤田加筆）

主祭神
・皇大神宮：内宮（ないくう）天照坐皇大御神（あまてらしますすめおおみかみ）- 一般には天照大御神として知られる。
・豊受大神宮：外宮（げくう）豊受大御神（とようけのおおみかみ）

創祀神話
・天孫・邇邇芸命が降臨した際、天照大御神は三種の神器を授け、その一つ八咫鏡に「吾が児、此の宝鏡を視まさむこと、当に吾を視るがごとくすべし（『日本書紀』）」として天照大御神自身の神霊を込めたとされる。この鏡は神武天皇に伝えられ、以後、代々の天皇の側に置かれ、天皇自らが観察していた。八咫鏡は第10代崇神天皇の治世に大和笠縫邑に移され、皇女豊鍬入姫がこれを祀ることとされた。
・崇神天皇5年、疫病が流行り、多くの人民が死に絶えた。
・崇神天皇6年、疫病を鎮めるべく、従来宮中に祀られていた天照大神と倭大国魂神（大和大国魂神、大国主との説あり）を皇居の外に移した。
・崇神天皇7年2月、大物主神、倭迹迹日百襲姫命に乗り移り託宣する。11月、大田田根子（大物主神の子とも子孫ともいう）を大物主神を祀る神主とし（これは現在の大神神社に相当し、三輪山を御神体としている）、市磯長尾市（いちしのながおち）を倭大国魂神を祀る神主としたところ、疫病は終息し、五穀豊穣となる。
・天照大神を豊鍬入姫命に託し、笠縫邑（現在の檜原神社）に祀らせ、その後各地を移動した。
・垂仁天皇25年3月、天照大神の祭祀を皇女の倭姫命に託す（元伊勢伝承）。
・垂仁天皇25年に現在の伊勢神宮内宮に御鎮座した。倭大国魂神を渟名城入媛命に託し、長岡岬に祀らせたが（現在の大和神社の初め）、媛は身体が痩せ細って祀ることが出来なかった。
・『日本書紀』垂仁天皇25年3月の条に、「倭姫命、菟田（うだ）の篠幡（ささはた）に祀り、更に還りて近江国に入りて、東の美濃を廻りて、伊勢国に至る。」とあり、皇女倭姫命が天照大御神の神魂（すなわち八咫鏡）を鎮座させる地を求め旅をしたと記されているのが、内宮起源説話である。この話は崇神天皇6年の条から続き、『古事記』には崇神天皇記と垂仁天皇記の分注に伊勢大神の宮を祀ったとのみ記されている。移動中に一時的に鎮座された場所は元伊勢と呼ばれている。
・外宮は平安初期の『止由気神宮儀式帳』（とゆけじんぐうぎしきちょう）によれば、雄略天皇22年7月に丹波国（後に丹後国として分割）の比沼真奈井原（まないはら）から、伊勢山田原へ遷座したことが起源と伝える。
（Wikipedia抜粋）　藤田加筆

『古事記』の豊宇気毘売神（とようけひめのかみ）＝豊受大御神（『日本書紀』には登場しない神様、羽衣伝説の天女）

　伊弉冉尊（いざなみ）の尿から生まれた稚産霊（わくむすび）の子とされている。神名の「ウケ」は食物のことで、食物・穀物を司る神である。ゆえに五穀豊穣の神とも言われる。
　伊勢神宮外宮の社伝によると、雄略天皇の夢枕に天照大神（＝伊勢内宮の神）が現れ、「自分一人では食事が安らかにできないので、丹波国の比沼真奈井（ひぬまのまない）にいる御饌の神、等由気大神（とようけのおおかみ）を近くに呼び寄せなさい」と言われたので、丹波国から伊勢国の度会に遷宮させたとされている。即ち、元々は丹波国の神とされている。実際に丹波地方には、豊受大神を祀る下記神社がある。これらは伊勢神宮内宮・外宮の神様が、現在地へ遷る以前に一時的に祀られたという伝承を持つ神社・場所ということで、総称して「元伊勢」とも言う。
―外宮の神・豊受大神だけのものを記載―
比治真奈井の伝承の神社
・比沼麻奈為神社　京都府京丹後市
・奈具神社　京都府京丹後市
・籠神社摂社　真名井神社
※籠神社（京都府宮津市）は丹波ではなく、丹後の一宮であるが、ここも豊受大神を祀っている。「元伊勢」の一つ。
・豊受大神社　京都府福知山市
その他
・小津神社（豊受大神（別名と考えられるウカノミタマを祀る）滋賀県守山市の伊勢遺跡の近傍　（伊勢神宮の外宮に祭られている豊受大神とは、どんな神様ですか？　YAHOO知恵袋、Net）＋ 藤田

天照大御神と伊勢神宮

天照大（御）神（アマテラスオオミカミ）は、日本神話の主神。高天原を統べる主宰神で、皇祖神とされる。『記紀』においては、太陽神の性格と巫女の性格を併せ持つ存在。

天照大神とは、栲幡千千姫、櫛稲田姫、豊受大神、卑弥呼と台与、さらに神功皇后を集合し、さらに持統天皇を反映させ、皇統の最高神として祀り上げられたか

天照大御神とは

　京都府宮津市の籠神社の祭神であり、海部氏の祖神彦火明命のまたの名は、天照國照彦火明命、天照御魂命神というから、アマテルというのはもともと男性神格といえる。豊受大御神は籠神社奥宮天真奈井神社の主祭神とされている。この神社にある磐座の主座は豊受大神である。また、磐座西座には、天照大神、伊邪那岐大神、伊邪那美大神である。後世、天照大御神は豊受大神に因んだ女性神格をもった皇祖神として崇められ、天照大御神は伊勢神宮の内宮に、豊受大神は外宮に祀られた。このことと伊勢神宮の外宮先祭という外宮を内宮より重んじる慣習とが関連していると思われる。

　和邇氏の巫女とも云われる卑弥呼とその姪？である台与は、豊受大神、大国主と和邇氏の血筋を引いていると考える。というのは、卑弥呼と台与を集合させているアマテラスを伊勢に祀ったのは丹波道主の孫にあたる丹後に縁の深い倭姫命である。そして、籠神社は元伊勢と呼ばれる。また、邪馬台国を建てるに当たって女王に共立された卑弥呼は、大己貴の国の都の伊勢遺跡から邪馬台国の都の纏向遺跡に遷されたと思われる。

　天照大御神の弟神はスサノオであり、その妻は櫛稲田姫である。スサノオは新羅から北九州さらに出雲へと侵攻し、ヤマタノオロチ（大国主か）を退治したことになっている。櫛稲田姫は櫛田宮（佐賀県神埼町の吉野ヶ里付近）の女神で、後に伊都国の櫛田神宮に遷ったと考える。櫛稲田姫がアマテラスではないかとも云える。また、天孫の邇邇芸と彦火明の母である高木神の娘の栲幡千千姫（万幡豊秋津師比売命）がアマテラスとされたことも充分に考えられる。

　またアマテラスの妹姫とされる稚日女命は和歌山県葛城町の丹生都比売神社の祭神の丹生都比売大神であるとの説がある。伊勢から紀ノ川河口の間の中央構造線沿いには水銀鉱床群があり水銀朱を産する。大和と伊勢は水銀朱の大産地で、それぞれ伊勢神宮と日前国縣神宮（丹生都比売神社近辺）が中央構造線の東西の端に鎮座している。また、舞鶴市に丹生神社があり、往古よりこの地は水銀の産地として名高い。したがって、アマテラスは、水銀朱の産地と関係付けられる豊受大神と稚日女命ではないかとも云われる。

　卑弥呼と台与の血脈を継ぐ神功皇后は、皇統における最初の女帝である。神功皇后は三韓征伐を成し遂げた女傑であり、アマテラスとして集合されたと考えうる。

　さらに、『古事記』や『日本書紀』の編纂が、天武天皇の命により行われた。天武天皇の崩御後即位した持統天皇が、天武天皇の政策を引き継ぎ、完成させたもので、当然、『記紀』の編纂にも持統天皇の意向が影響していると思われる。最高神、天照大御神は、女帝の持統天皇の反映ともとることができる。

　以上を鑑みると天照大神とは、豊受大神、栲幡千千姫、櫛稲田姫、稚日女命、卑弥呼と台与、神宮皇后を集合し、さらに持統天皇を反映させ、皇統の最高神として祀り上げられたものと解する。

（藤田）

伊勢にまつわる話

1. 伊勢神宮の伊勢は、イザナギ・イザナミの故国、伽耶の伊西国の伊西に因むものであるとの説がある。イザナギ・イザナミは、まず丹後に渡来したのち近江に入り多賀に落ち着いた。それ故、丹後の籠神社は元伊勢と呼ばれ、多賀の南の弥生遺跡が伊勢遺跡と呼ばれたと考える。
2. 海神（海人）族ともみなされる大国主は、スサノオの出雲侵攻に敗れ東遷し、丹後・若狭から近江に遷り伊吹山を神奈備として湖北・湖東・湖南を核とする大己貴の国（玉牆の內つ国）を建てた。海神族の和邇氏は奴国の嫡流で、奴国が伊都国に圧倒された折、丹後に遷ったと考えられる。猿田彦もまた海神族であった。和邇氏は丹後より若狭さらに近江の湖西に遷り、そこを根拠地とした。猿田彦は湖西の白鬚神社の祭神であり、また伊勢神宮内宮の近くには猿田彦神社がある。このことから、猿田彦にもまた和邇氏および伊勢との関係がある。
3. 大国主の血筋で、和邇氏の巫女と考えられる卑弥呼は、近江の伊勢遺跡から大和の纏向遺跡に遷され、ニギハヤヒ、大国主と和邇氏により邪馬台国の女王に共立された。
4. 伊勢神宮の内宮は卑弥呼と見なされる天照大神を祀り、また外宮には丹後の比治の真奈井（ひじのまない）にいる御饌の神、豊受大神（等由気太神、とゆけおおかみ）を祀っている。
5. 伊勢神宮外宮の主祭神の豊受大神は、元伊勢籠神社から遷ったと見なされている。豊受大神の別名と考えられるウカノミタマを祀る小津神社が滋賀県守山市にあり、同市に弥生時代後期の伊勢遺跡があることとの関連性が注目される。

（藤田）

景行朝（日本武尊の西征・東征、伊吹山の狗奴国勢力により敗死）

景行　景行即位 342 年

日本（倭）武尊
（やまとたけるのみこと）

第12代景行天皇の皇子で、第14代仲哀天皇の父にあたる。熊襲征討・東国征討を行ったとされる日本古代史上の伝説的英雄である。東征のおわりに、伊吹山に立てこもった狗奴国勢力により敗死させられる。

Wikipedia

『古事記』に記載の日本武尊の敗死（Wikipedia抜粋）
　素手で伊吹の神と対決しに行った倭建命の前に、牛ほどの大きさの白い大猪が現れる。日本武尊（倭建命）は「この白い猪は神の使者だろう。今は殺さず、帰るときに殺せばよかろう」と言挙げをし、これを無視するが、実際は猪は神そのもので正身であった。神は大氷雨を降らし、命は失神する。山を降りた倭建命は、居醒めの清水（山麓の関ケ原町また米原市とも）で正気をやや取り戻すが、病の身となっていた。
　弱った体で大和を目指して、当芸・杖衝坂・尾津・三重村（岐阜南部から三重北部）と進んで行く。地名起源説話を織り交ぜて、死に際の倭建命の心情が描かれる。そして、能煩野（三重県亀山市）に到った倭建命は「倭は国のまほろば　たたなづく　青垣　山隠れる　倭し麗し」から、「乙女の床のべに　我が置きし　剣の大刀　その大刀はや」に至る4首の国偲び歌を詠って亡くなるのである。　　　　　　（藤田加筆）

日本武尊を祀る**建部大社**（たけべたいしゃ）（Wikipedia抜粋）
近江国一宮

主祭神は次の通り。
本殿：日本武尊（やまとたけるのみこと）　本殿相殿神：天照皇大神（あまてらすすめおおかみ）
相殿神は、天照皇大神でなく天明玉命（あめのあかるたまのみこと）とする場合も見られる。
権殿：大己貴命（おおなむちのみこと）大神神社（大和国一宮）からの勧請。
社伝では、日本武尊の死後の景行天皇46年、日本武尊の妃・布多遅比売命が神勅によって、御子・建部稲依別命とともに住んでいた神崎郡建部郷千草嶽（現在の東近江市五個荘伊野部町付近の箕作山）の地に日本武尊を「建部大神」として祀ったのが創建とされる。建部郷の「建部」の名は日本武尊をしのんで名代として名付けられたことに因むといい、他にも各地に設けられている。のち、天武天皇4年（675年）に近江の守護神として、現在地の栗太郡勢多（瀬田）へ遷座したという。遷座後、元の千草嶽の麓には神護景雲2年（768年）に聖真大明神と建部大明神が設けられたとされ、現在は建部神社が建てられている。天平勝宝7年（755年）には、大己貴命が大神神社から勧請され、権殿に祀られたという。　　（藤田加筆）

（建部大社、光一郎撮影）

建部大社　日本武尊は、東国征討ののち伊吹山の悪鬼（狗奴国の大国主か）によって敗死した。日本武尊の死後の景行天皇46年、日本武尊の妃・布多遅比売命が神勅によって、神崎郡建部郷千草嶽の地に日本武尊を「建部大神」として祀ったのが創建とされる。のち、天武朝に近江の守護神として、現在地の栗太郡勢多（瀬田）へ遷座したという。建部大社はもともとヤマト朝廷側の大国主系勢力に対する備えとして、建てられたのではないか。天平勝宝年間に、大己貴命が大神神社から勧請され、権殿に祀られたという。意味深である。　　　　　（藤田）

草薙剣

三種の神器の草薙剣は天皇の持つ武力の象徴。ヤマト王権の大将軍の日本武尊は妻の宮簀媛の元に草薙剣を預けたまま伊吹山の悪神（大国主の流れを汲む狗奴国の末裔か）によって殺された。最期に「剣の太刀、ああその太刀よ」と草薙剣がないことを嘆いて逝去。

草薙剣を祀る熱田神宮（あつたじんぐう）

愛知県名古屋市熱田区にある神社。式内社（名神大社）、尾張国三宮。三種の神器の1つ、草薙剣（くさなぎのつるぎ）を祀る神社として知られる。ただし、剣は壇ノ浦の戦いで遺失したとも熱田神宮に保管されたままともいわれている。

主祭神熱田大神（あつたのおおかみ）。熱田大神とは草薙剣の神霊のこととされるが、明治以降の熱田神宮や明治政府の見解では、熱田大神は草薙剣を御霊代・御神体としてよらせられる天照大神のことであるとしている。しかし、創建の経緯などからすると日本武尊と非常にかかわりの深い神社であり、熱田大神は日本武尊のことであるとする説も根強い。

相殿には、天照大神、素盞嗚尊、日本武尊、宮簀媛命、建稲種命と草薙剣に縁のある神が祀られている。素盞嗚尊は、八岐大蛇（ヤマタノオロチ）退治の際に、ヤマタノオロチの尾の中から草薙剣を発見し、天照大神に献上した。天照大神は、その草薙剣を天孫降臨の際に迩迩芸命（ににぎのみこと）に授けた。日本武尊は、草薙剣を持って蝦夷征伐を行い活躍したあと、妃の宮簀媛命のもとに預けた。宮簀媛命は、熱田の地を卜定して草薙剣を祀った。建稲種命は宮簀媛命の兄で、日本武尊の蝦夷征伐に副将として従軍した。

第12代景行天皇の時代、日本武尊が東国平定の帰路に尾張へ滞在した際に、尾張国造乎止与命（おとよのみこと）の娘・宮簀媛命と結婚し、草薙剣を妃の手許へ留め置いた。日本武尊が伊勢国能褒野（のぼの）で亡くなると、宮簀媛命は熱田に社地を定め、剣を奉斎鎮守したのが始まりと言われる。そのため、三種の神器のうち草薙剣は熱田に置かれているとされ、伊勢神宮に次いで権威ある神社として栄えることとなった。
（Wikipedia抜粋）藤田加筆

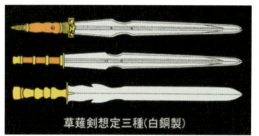

草薙剣想定三種（白銅製）

熱田神宮司社家4～5人が禁を犯してこの御神体を覗き見た。その時の印象を絵にしたものが上図である。　　　（古代の舶載刀剣と鋼材、Net）

天叢雲剣

（あめのむらくものつるぎ）は、三種の神器の一つ。草薙剣（くさなぎのつるぎ）、草那芸之大刀（くさなぎのたち）の異名である。熱田神宮の神体となっている。三種の神器の中では天皇の持つ武力の象徴であるとされる。

スサノオ（素戔嗚尊）が、出雲国でヤマタノオロチ（八岐大蛇）を倒し、その尾から出てきた剣が、草薙剣である。『日本書紀』には「ある書がいうに、元の名は天叢雲剣。大蛇の居る上に常に雲気が掛かっていたため、かく名づけたか」とある。スサノオは「これは不思議な剣だ。どうして自分の物にできようか」『紀』と言って、高天原の天照大神（アマテラス）に献上した。剣は天孫降臨の際に、天照大神から三種の神器としてニニギ（瓊瓊杵尊）に手渡され、再び葦原中国へと降りた。

ニニギが所有して以降、皇居内に天照大神の神体とされる八咫鏡とともに祀られていたが、崇神天皇の時代に、皇女トヨスキイリヒメ（豊鍬入姫命）により、八咫鏡とともに皇居の外で祀られるようになった。『古語拾遺』によるとこの時、形代の剣（もう一つの草薙剣）が作られ宮中に残された。

垂仁天皇の時代、ヤマトヒメ（倭姫命）に引き継がれ、トヨスキイリヒメから、合わせて約60年をかけて現在の伊勢神宮・内宮に落ち着いた。

景行天皇の時代、草薙剣は伊勢国のヤマトヒメから、東国の制圧（東征）へ向かうヤマトタケル（日本武尊）に渡された。相模国（記）・駿河国（紀）で、敵の放った野火に囲まれ窮地に陥るが、剣で草を刈り払い（記のみ）、迎え火を点け脱出する。東征の後、ヤマトタケルは尾張国で結婚したミヤズヒメ（宮簀媛）の元に剣を預けたまま、伊吹山の悪神を討伐しに行く。しかし山の神によって病を得、大和国へ帰る途中で、最期に「剣の太刀、ああその太刀よ」（記）と草薙剣を呼んで亡くなってしまった。ミヤズヒメは剣を祀るために熱田神宮を建てた。
（Wikipedia抜粋）藤田加筆

> 伊吹山の悪鬼とは大国主か。狗奴国、尾張国造も大国主と関係が深い。日本武尊は尾張国造の奸計により殺されたのではないか。　　　（藤田）

> ヤマト王権の大将軍である景行天皇の皇子の日本武尊は伊吹山の悪神（大国主の流れを汲む狗奴国の末裔か）によって殺された。日本武尊の異母兄弟である成務天皇の治績に「近淡海に制したまいき」とある。これは成務天皇の時代に伊吹山の悪神すなわち狗奴国を滅ぼし、倭国平定を完了し、行政組織として国と郡が設置されたのではないか。　　　（藤田）

草薙剣はスサノオにより殺された八岐大蛇（大国主のことと考えている）の尾からでてきたということは、スサノオが出雲に侵攻した紀元前後の出雲では大国主のもとで砂鉄から鉄を作るタタラ製鉄（野ダタラと云う方が適切か）が行われていたことを強く示唆する。出雲では古代から草薙剣のような強靭でしなやかな鉄を作る技術が培われており、スサノオはこの製鉄技術を奪取しようと出雲に侵攻したとも考えられる。八岐大蛇の尾から出てきた草薙剣は、スサノオーニギハヤヒー天香語山（高倉下）－天村雲－倭姫－日本武尊－宮簀媛－熱田神宮と渡ったと推察する。天香語山は崇神東征後に尾張に進出した。　　　（藤田）

三種の神器（八尺瓊勾玉と草薙の剣は天津神が出雲の大国主から奪い取った戦利品で、八咫鏡は天津神の元々の神器か）

日本神話において、天孫降臨の際に天照大神が瓊瓊杵尊に授けたとされる三種類の宝物、八咫鏡・八尺瓊勾玉・草薙剣の総称。この内、八尺瓊勾玉・草薙剣は併せて剣璽と称される。天皇の践祚に際し、これら神器のうち、八尺瓊勾玉ならびに鏡と剣の形代を所持することが皇室の正統たる帝の証しであるとして、皇位継承と同時に継承される。草薙剣は熱田神宮に、八咫鏡は伊勢の神宮の皇大神宮にそれぞれ神体として奉斎されている。八咫鏡の形代は宮中三殿の賢所に、八尺瓊勾玉は草薙剣の形代とともに皇居・吹上御所の「剣璽の間」に安置されている。しかし同皇居内に皇族らが住みながらその実見は未だになされていない。
（Facebook 藤田泰太郎タイムライン投稿 2020/5/17）

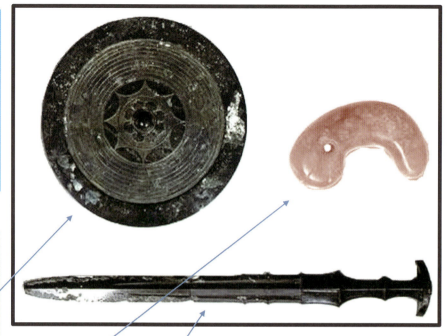

（1）天皇と神社（11）三種の神器（蒲生八幡神社）、Net　三種の神器の想像図

八咫鏡（やたのかがみ）
『記紀』神話で、天照大神が天の岩戸に隠れた岩戸隠れの際、石凝姥命が作ったという鏡。天照大神が岩戸を細く開けた時、この鏡で天照大神自身を映し、興味を持たせて外に引き出し、再び世は明るくなった。のちにこの鏡は天照大神が瓊瓊杵尊に授けたといわれる。右図は、八咫鏡とサイズが同じ（直径48cm）といわれる伊都国の都と考えられる平原遺跡から出土した内行花文鏡である。スサノオの孫、瓊瓊杵尊は伊都国の王と考えている。
（Wikipedia抜粋）　藤田加筆

八尺瓊勾玉（やさかにのまがたま）（瓊は赤玉を意味する、出雲の花仙山の赤メノウ製か）
『記紀』神話では、岩戸隠れの際に後に玉造連の祖神となる玉祖命が作り、八咫鏡とともに太玉命が捧げ持つ榊の木に掛けられた。後に天孫降臨に際して瓊瓊杵尊に授けられたとする。
（Wikipedia抜粋）

『日本書紀』崇神六十年条に記されている出雲神宝事件とは、熊野大社（出雲）に安置されていた勾玉などの神宝をヤマト王権が奪う事件である。この勾玉が八尺瓊勾玉に当たるのではないか。
（藤田）

草薙剣（くさなぎのつるぎ）
草薙剣は天叢雲剣とも言われ、三種の神器の中では天皇の持つ武力の象徴であるとされる。『記紀』神話において、スサノオが出雲国でヤマタノオロチ（八岐大蛇、大国主か）を退治した時に、大蛇の体内（尾）から見つかった神剣である。スサノオは、八岐大蛇由来の神剣を高天原のアマテラスに献上した。続いて天孫降臨に際し他の神器と共にニニギノミコトに託され、地上に降りた。景行天皇の時代、伊勢神宮のヤマトヒメノミコトは、東征に向かうヤマトタケルに草薙剣を託す。ヤマトタケルの死後、草薙剣は神宮に戻ることなくミヤズヒメ（ヤマトタケルの妻）と尾張氏が尾張国で祀り続けた。これが熱田神宮の起源であり、現在も同宮の御神体として祀られている。
（Wikipedia抜粋）

草薙剣は八岐大蛇の尾から出てきた。その後、スサノオからニギハヤヒに渡り、さらに天香語山、天叢雲（天村雲）、倭姫、日本武尊、宮簀媛と渡り、熱田神宮に神体として祀られた。ちなみに、ヤマトタケルは、天香語山の後裔の尾張国造乎止与命（おとよのみこと）の娘・宮簀媛命と結婚し、草薙剣を妃の手許へ留め置いたので、熱田神宮に祀られるようになった。
（藤田）

天皇即位の最初の儀式『剣璽等承継の儀』は、宮殿のなかで一番格式の高い正殿『松の間』で行われます。よくテレビのニュース番組などで、ピカピカに光った板張りの大きな部屋でモーニング姿の新首相が天皇陛下から信任を受ける儀式の模様が流れますが、そこで使われている部屋といえば、わかりやすいかもしれません。儀式では新天皇が侍従長より三種の神器と、天皇と日本国家の印鑑である国璽（こくじ）と御璽（ぎょじ）を受け取り、承継されます。三種の神器という言葉はよく使われますが、正式には天皇の継承権を保持される方だけが保有を許される"神物"という意味で、この儀式では三種のうちで八尺瓊勾玉（やさかにのまがたま）と草薙剣（くさなぎのつるぎ）のみが継承されます。
（ニュースサイトで読む: https://biz-journal.jp/2019/05/post_27747 ）

三種の神器のなかで八尺瓊勾玉と草薙の剣は、天孫族が出雲の大国主から奪い取ったいわば戦利品である。しかし、八咫鏡は天孫族が初めから所持していた神器である。『剣璽等承継の儀』で、八尺瓊勾玉と草薙剣のみが継承されるのは、これらが大国主から倭国の支配権を譲り受けた証の神器であることによるのではないか。
（藤田）

成務朝（狗奴国の終焉、倭国全域を平定）

成務　成務即位357年　　狗奴国の終焉　ヤマト王権による倭国平定の完了

成務朝、倭（日本）武尊の御子、稲依別により、狗奴国が滅ぼされた。即ち、狗奴国の王、大国主（八岐大蛇）が殺された。

日本武尊の異母兄弟である成務天皇の治績に「近淡海に制したまいき」とある。これは成務天皇の時代に伊吹山の悪神（八岐大蛇）すなわち大国主の狗奴国を滅ぼし、ヤマト王権を確立し、行政組織に国と郡が設置されたことではないのか。稲依別王が成敗した大蛇とは八岐大蛇（大国主）のことであろう。また、忠犬とは犬祖民族の吐蕃やヤオ族を基層とする隼人のことではあるまいか。（藤田）

産経新聞　平成28年12月6日
第12部　天皇への系譜＜1＞　大蛇（大国主か）を退治した忠犬
＜近淡海の安国造が祖、意冨多牟和気（おほたむわけ）が女（むすめ）、布多遅比売（ふたじひめ）に娶ひて、生みませる御子、稲依別（イナヨリワケ）王＞
　倭建命の御子6人のなかで、琵琶湖周辺に勢力があったことを示すのがイナヨリワケだ。
＜稲依別王は、犬上君、建部君等の祖＞その血筋は多賀神社の社家につながる。
＜川沿いに大蛇が住み、通りかかる村人に危害を加えていた。これを退治するために、稲依別王は猟犬の小石丸をつれてやってきた＞多賀大社の元宮といわれる大瀧神社には、すぐ横を流れる犬上川の急流と奇岩巨岩がつくる「大蛇が淵」を舞台にしたイナヨリワケの伝承が残っている。＜末の下で休息していると、小石丸が吠えかかり、眠ろうとすると、ますます吠えるので、小石丸の首を切ってしまった。すると首は、松の枝に潜んでいた大蛇の喉にかみつき、大蛇と一緒に落ちた。イナヨリワケは忠犬の首をはねたことを悔やみ、祠を建てた。＞犬上の郡名は、この伝承に由来する犬神、あるいは犬咬みが転じたとされる。『大瀧神社（多賀大社奥宮）縁起』
　イナヨリワケの時代にあたる4世紀中ごろから後半には、琵琶湖畔には墳長100メートルを超える琵琶湖三大古墳が築かれた。安土瓢箪山古墳（近江八幡市）、荒神山古墳（彦根市）、晩年の12代景行天皇が皇居とした高穴穂宮（大津市）に近い膳所茶臼山古墳である。「3つの古墳はいずれも琵琶湖に面しており、ヤマト王権が東国や日本海に繋がる琵琶湖の水運ネットワークを整備したことを示している。
（藤田加筆）

成務天皇（稚足彦尊（わかたらしひこのみこと）
1. 成務天皇は「境を定め邦を開きて、近淡海に制したまいき」『古事記』
2. 都は志賀高穴穂宮（しがのたかあなほのみや、現在の滋賀県大津市穴太）。『古事記』に「若帯日子天皇、近つ淡海の志賀の高穴穂宮に坐しまして、天の下治らしめしき」とある。
3. 武内宿禰を大臣とした。
4. 諸国に令して、行政区画として国　郡（くにこおり）・県　邑（あがたむら）を定め、それぞれに造長（くにのみやつこ）・稲置（いなぎ）等を任命して、山河を隔にして国県を分かち、阡陌（南北東西の道）に随って邑里（むら）を定め、地方行政機構の整備を図った。
（藤田）

『古事記』序文に**成務天皇**は「境を定め邦を開きて、近淡海に制したまいき」とかかれている。成務は『日本書紀』によれば「国群に造長（国造のこと）を立て」たという。つまり列島の地域行政組織「国」と「県」が設置されたのであり、国土統治のうえで大きな治績と評されたのである。
（ヤマト王権、吉村武彦）

室町時代に描かれた「多賀参詣曼荼羅」の大瀧神社（多賀大社の奥宮）の絵の恐竜みたいなのが「火」を噴いています。その首に犬が咬みついたという伝承なんですが、初期の神社は、（大国主の）崇りを鎮める為に建てられたと考えると、結構納得がいきます。
（FB情報、澤田順子）

No.19　大和朝廷の政治

（いっきに学び直す日本史　古代・中世・近世　教養編、安藤達朗）

軍事・外交を担った犬神君

『日本書記』は、15代応神天皇と、異母兄弟の籠坂王と忍熊王の兄弟が皇位を争った時、犬神君の倉見別（クラミワケ）が籠坂王らの側に付き、東国の兵を興したと記す。クラミワケはイナヨリワケの子とみられ、ヤマトタケルが東征で従えた勢力を子孫が受け継ぎ、軍事を担ったことを示唆する。
　応神紀以降はしばらく、犬神氏の記事は見えないが、冠位十二階の上から3番目の人物として犬上御田鍬が登場。遣隋使と遣唐使に派遣されており、犬神君は外交にも長じていたことを窺わせる。（藤田加筆）

近江国とかつての12郡

（大国主対物部氏、藤井耕一郎）

仲哀・神功朝（三韓征伐）

仲哀 仲哀即位 377 年　　神功皇后と三韓征伐　神功皇后が新羅出兵を行い、南朝鮮（現在の韓国）を服属下においたとされる戦争

神功皇后は夫の仲哀天皇の九州（中・南）の熊襲征伐に随伴した。仲哀天皇が熊襲の矢で落命、神功皇后はその遺志を継いで熊襲征伐を達成した。その後神宮皇后は三韓征伐に向かった。

> **神功皇后（三韓征伐）**
> 　三韓征伐は、神功皇后が新羅出兵を行い、朝鮮半島の広い地域を服属下においたとされる戦争を指す。神功皇后は、仲哀天皇の后で応神天皇の母である。経緯は『古事記』『日本書紀』に記載されているが、朝鮮や中国の歴史書にも関連するかと思われる記事がある。『日本書紀』によれば、仲哀天皇の御代、熊襲、隼人など大和朝廷に反抗する部族が蜂起したとき、神功皇后が神がかりし、「反乱軍の背後には三韓の勢力がある。まず三韓を征討せよ」との神託を得た。神功皇后は、兵を率いて三韓へ出航した。このとき、住吉大神の和魂が神功皇后の身辺を守り、荒魂は突風となり、神功皇后の船団を後押し、新羅に侵攻した。新羅が降伏した後、三韓の残り二国（百済、高句麗）も相次いで日本の支配下に入った。ただし三韓とは馬韓・弁韓・辰韓を示し高句麗を含まない朝鮮半島南部のみの征服と考えられる。　　　（Wikipedia抜粋）藤田加筆
>
> 新羅は殆ど無抵抗で神功皇后の軍門に下った。これは神功皇后を日御子（卑弥呼）と見なしたためではないか。　　（藤田）

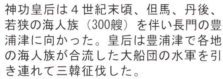

神功皇后は4世紀末頃、但馬、丹後、若狭の海人族（300艘）を伴い長門の豊浦津に向かった。皇后は豊浦津で各地の海人族が合流した大船団の水軍を引き連れて三韓征伐した。
　　　　　（FB 投稿、西賀真紀）

新羅征伐を前に釣り占いをする神功皇后と武内宿祢。月岡芳年筆

三韓征伐に向かう船（想像図）、「いずし古代学習館」（兵庫県出石町袴狭）

出石町の袴狭遺跡（はかざ）遺跡から出土した木板に、4世紀代のものと思われる船団が線刻されている。

七支刀　　三韓征伐は372〜409年、七支刀が百済王から倭王に贈られたのは372年か

古墳時代 中期　七支刀

　七支刀（しちしとう）は、古代倭王家に仕えた豪族物部氏の武器庫であったとされる奈良県天理市の石上神宮に伝来した鉄剣。全長74.8cm
　七支刀は、石上神宮に伝来した古代の鉄剣である。その由来は早くに忘れられ、神宮ではこれを「六叉の鉾（ろくさのほこ）」と呼び、神田にその年はじめて苗を植える儀式に神を降ろす祭具として用いていたという。1874年（明治7年）に石上神宮大宮司となった菅政友は、水戸藩出身で「大日本史」編纂に参加した経歴のある歴史研究者でもあった。大宮司としてこの社宝をつぶさに観察する機会を得た菅は、刀身に金象嵌銘文が施されていることを発見し、さらに剣の錆を落として、はじめてその銘文の解読を試みた。以来その銘文の解釈・判読を巡って研究が続いている。

銘文
〔表〕
泰■四年■月十六日丙午正陽造百錬■七支刀■辟百兵宜供供（異体字、尸二大）王■■■作
また
泰■四年十■月十六日丙午正陽造百錬■七支刀■辟百兵宜供供侯王■■■■作
〔裏〕
先世（異体字、口人）来未有此刀百済■世■奇生聖（異体字、音又は晋の上に点）故為（異体字、尸二大）王旨造■■■世
また
先世以来未有此刀百濟■世■奇生聖音故為倭王旨造■■■世

年紀の解釈
　銘文の冒頭には「泰■四年」の文字が確認できる。年紀の解釈に関して「太和（泰和）四年」として369年とする説（福山敏男、浜田耕策ら）があり、この場合、東晋の太和4年（369年）とされる。「泰」は「太」と音通するため。
　浜田耕策による2005年における研究では、次のとおり発表された。
〔表面〕
泰和四年五月十六日丙午正陽造百練□七支刀出辟百兵宜供供侯王永年大吉祥
<判読>
太和（泰和）四年五月十六日丙午の日の正陽の時刻に百たび練った□の七支刀を造った。この刀は出でては百兵を避けることが出来る。まことに恭恭たる侯王が佩びるに宜しい。永年にわたり大吉祥であれ。
〔裏面〕
先世以来未有此刀百濟王世□奇生聖音（又は晋）故為倭王旨造傳示後世
<判読>
先世以来、未だこのような（形の、また、それ故にも百兵を避けることの出来る呪力が強い）刀は、百済には無かった。百済王と世子は生を聖なる晋の皇帝に寄せることとした。それ故に、東晋皇帝が百済王に賜われた「旨」を倭王とも共有しようとこの刀を「造」った。後世にも永くこの刀（とこれに秘められた東晋皇帝の旨）を伝え示されんことを。
　山尾幸久は、裏面では百済王が東晋皇帝を奉じていることから、369年に東晋の朝廷工房で造られた原七支刀があり、百済が372年正月に東晋に朝貢して、同年6月には東晋から百済王に原七支刀が下賜されると、百済では同年にこれを模造して倭王に贈ったとの解釈を行っている。また、当時の東晋では、道教が流行しており、七支刀の形態と、その百兵を避けることができるとする呪術力の思想があったとする。
　浜田耕策は山尾幸久の分析を踏まえたうえで、百済王が原七支刀を複製して、刀を倭王に贈るという外交は、当時、百済が高句麗と軍事対立にあったため、まず東晋と冊封関係を結び、次いで倭国と友好関係を構築するためだったとしている。
（Wikipedia抜粋）藤田加筆

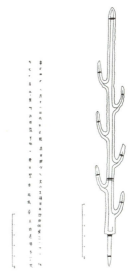

372年6月に東晋から百済王に原七支刀が下賜されると百済では同年にこれを模造して倭王に贈ったと思われる。広開土王碑文によると、391年に倭国が三韓を破り、臣民としたとある（三韓征伐か）。即ち、七支刀が百済王から倭王に贈られたのは三韓征伐の19年前となる。

広開土王陵碑文　　5世紀初頭（414年）に建立

倭軍は鉄で重武装した高句麗軍の騎兵に対抗できなかったのではないか

広開土王碑（こうかいどおうひ）は、高句麗の第19代の王である広開土王（好太王）の業績を称えるために息子の長寿王によって414年（碑文によれば甲寅年九月廿九日乙酉、9月29日（旧暦））に建てられた石碑である。好太王碑とも言われ、また付近には広開土王の陵墓と見られる将軍塚・大王陵があり、広開土王陵碑とも言われる。

1880年に中華人民共和国吉林省通化地級市集安市で発見された。高さ約6.3メートル・幅約1.5メートルの角柱状の碑の四面に総計1802文字が刻まれ、純粋な漢文での記述がなされている。風化によって読めなくなっている文字もあるが、辛卯年（391年）条に倭の記事や干支年が『三国史記』などと1年異なるなど4世紀末から5世紀初の朝鮮半島の歴史、古代日朝関係史を知る上での貴重な史料となっている。

碑文は三段から構成され、一段目は高句麗の開国伝承・建碑の由来、二段目に広開土王の業績、三段目に広開土王の墓を守る「守墓人烟戸」の規定が記されている。碑文では広開土王の即位を辛卯年（391年）としており、文献資料（『三国史記』『三国遺事』では壬辰年（392年）とする）の紀年との間に1年のずれがあることが広く知られている。また、この碑文から、広開土王の時代に永楽という元号が用いられたことが確認された。

□辛卯年条の解釈
ここでは倭に関する記述のある二段目の部分（「百残新羅舊是属民由来朝貢而倭ロ<未卯年来渡海破百残■■新羅以為臣民」）について通説により校訂し訳す。

百残新羅舊是属民由来朝貢而倭以辛卯年来渡■破百残■■新羅以為臣民。

そもそも新羅・百残（百済の蔑称か？）は（高句麗の）属民であり、朝貢していた。しかし、倭が辛卯年（391年）に■を渡り百残・■■（「百残を■■し」と訓む説もある）・新羅を破り、臣民となしてしまった。なお、「■を渡り」は残欠の研究から「海を渡り」とされていたが異論もある。　　　　　　（Wikipedia抜粋）藤田加筆

4世紀末の朝鮮

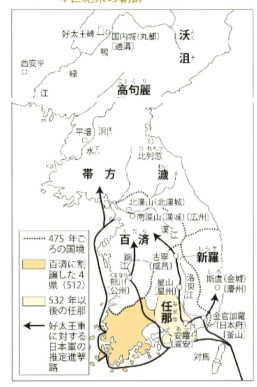

（いっきに学び直す日本史　古代・中世・近世　教養編、安藤達朗）

韓国系および朝鮮系の学者の碑文改竄説があるが、倭国に過去、征服されていたという事実を認めたくないと。いうなわば恣意的に歴史をミスリードさせようとしたものであろう。391年に倭国が、百残・■・■・新羅を破り、臣民としたとあるが、このことが三韓征伐にあたると考えても年代的な矛盾はない。

倭軍の半島への侵攻

4世紀末になると倭が朝鮮半島へ進出を始め、391年に倭が百済□□新羅を破り臣民とした。393年に倭が新羅の都を包囲したのをはじめ、たびたび倭が新羅に攻め込む様子が記録されている。百済はいったん高句麗に従属したが、397年、阿シン王の王子腆支を人質として倭に送って国交を結び、399年に倭に服属した。倭の攻撃を受けた新羅は高句麗に救援を求めると、好太王は新羅救援軍の派遣を決定、400年に高句麗軍が新羅へ軍を進めると新羅の都にいた倭軍は任那・加羅へ退き、高句麗軍はこれを追撃した。これにより新羅は朝貢国となった。402年、新羅もまた倭に奈忽王の子未斯欣を人質に送って属国となった。404年、高句麗領帯方界まで攻め込んだ倭軍を高句麗軍が撃退した。405年、倭の人質となっていた百済王子の腆支が、倭の護衛により帰国し百済王に即位した。409年、倭軍は好太王に大敗。5世紀、好太王長子の長寿王の時代には朝鮮半島の大部分から遼河以東まで勢力圏を拡大し、当初高句麗系の高雲を天王に戴く北燕と親善関係を結んだ。この時代には領域を南方にも拡げ、平壌城に遷都した。　（Wikipedia抜粋）藤田加筆

倭軍は高句麗軍の騎兵に対抗できなかったのではないか
（倭の五王、河内春人）

13章　応神王朝の成立

> 応神王朝の成立Ⓑ 236 ／ヤマトの陸の軍神（宇佐神宮）Ⓑ 237 ／ヤマトの海の軍神（住吉大社）Ⓑ 239 ／倭国軍の南朝鮮への進出、秦氏の渡来Ⓑ 240 ／息長氏考、息長氏の系譜Ⓑ 242

　応神天皇の東征により、応神王朝が樹立された（宝賀・貝田推論Ⓑ 009 によると、応神即位は 390 年）。応神東征とは、河内の物部氏や中臣氏と結託したスサノオや大山祇神の流れを汲む息長氏出自の応神天皇の宇佐神宮からの東征である。成務朝の倭国の平定および応神東征により倭国は隆盛期を迎え、倭国軍が強力な武力を背景に南朝鮮に進出するとともに、壮大な前方後円墳の建造を含む大土木事業が活発化する。また中国や半島との交流も日本海経路ではなく主として瀬戸内海経路をとるようになる。最大級の前方後円墳は、河内の古市・百舌鳥古墳群の誉田御廟山（応神陵）、大仙（仁徳陵）や上石津ミサンザイ（履中陵）で、その当時の地方の有力豪族（吉備、日向や毛野）も巨大な前方後円墳を築造した。

　応神天皇の母の神功皇后の「三韓征伐」のように、応神王朝になる頃から倭国軍の朝鮮半島進出が盛んになった。それに伴って半島からの渡来人が目立ってきた。応神朝には、百済より和邇吉師（王仁）が渡来し、『論語』と『千字文』をもたらした。また、葛城襲津彦や倭軍の精鋭の助けにより、新羅の妨害を排し弓月君（秦氏の先祖）の民が百済より渡来してきた。この頃、海部（あまべ）、山部などの土木技術者も渡来した。これら渡来人の助けで大堤や巨大古墳を築くなどの大型の土木工事が行われた。仁徳朝（即位：414 年）には、大阪湾沿岸部の河内平野一帯で、池・水道・堤などの大規模な治水工事が行われた。また、難波の堀江の開削を行って、現在の高麗橋付近に難波津が開かれ、当時の瀬戸内海物流の一大拠点となった。

　応神王朝を開いた応神天皇は息長氏の出自の神功皇后（息長帯姫）を母とする。息長氏はスサノオの御子とされる天津彦根命を祖とする製鉄氏族である。息長氏の『記紀』での初出は息長水依姫で『古事記』、邪馬台国終焉期の女王の台与であると考えている。物部氏の祖のニギハヤヒも天津彦根の後で、息長氏の祖の三島湟咋耳命は天津彦根の御子とされる。このように息長氏はスサノオの流れを汲み、物部氏や三島神と深い関係をもち、応神天皇のみならず継体天皇をも輩出した皇統の嫡流と云える氏族である。この氏族の足跡（息長氏考）と息長氏の系譜を示す。

参照：第 4 部概略、年表等② 07
古の日本（倭）の歴史（前 1 世紀～ 4 世紀）－天孫族（伽耶族）の系譜　（図 2）　Ⓑ 004

応神王朝の成立　宝賀・貝田推論Ⓑ009によると応神元年は西暦390年

（応神‐仁徳‐履中‐反正‐允恭‐安康‐雄略‐清寧‐顕宗‐仁賢‐武烈）
←即位に政変あり→

応神東征
応神東征とは、スサノオの嫡流たる息長氏の本隊（皇統の中核）によるヤマト王権の掌握を意図したものである。息長氏の支隊の近江への進出は開化朝のことであり、神宮皇后（息長帯姫）は、邪馬台国の台与（息長水依姫）の夫である日子坐王の四世孫である。景行・成務朝には息長氏は近江に至る淀川水系に本格的に進出し、越前の角鹿（敦賀）に達していた。尚、近江穴太に都する成務朝では武内宿禰（葛城の襲津彦や蘇我氏の祖）を大臣にしている。

神功皇后は三韓征伐後の東征において、応神天皇（八幡神）を掲げ、住吉神を伴い、武内宿禰や武振熊命（和邇、彦国葺命の孫）を武将とし、両将の働きにより仲哀天皇の皇子、香坂王・忍熊王の反乱を平定し、ヤマト王権を息長氏の支配下に置いた。さらに、近江に進出し日本海沿岸（敦賀）に達し、日本海航路をも掌握した。ここに丹後の影響を排した皇統によるヤマト王権（応神王朝）が成立した。この応神王朝の成立により、丹波・但馬の勢力は後退し、南朝鮮や中国との交流や交易も日本海経路ではなく、瀬戸内海経路を取るようになる。また、新羅より養蚕などの産業や高度の建築・土木技術を持った秦氏が大挙渡来してきて、応神王朝の興隆に尽くした。（藤田）

応神天皇
父は先帝仲哀天皇で、母は神功皇后とされるが、異説も多い。その理由は異常に出産が遅れたことにある。父として「是に皇后、大神と密事あり」（住吉大社の『神代記』）とある住吉大神や、あるいはまた武内宿禰とする考えもある。このような出生の神秘性は、本来応神天皇が前王朝との血統上のつながりを持たず、新王朝の開祖であるとされたことを物語っている。九州から東進してきた誉田別（応神天皇）は河内の豪族の品陀真若王の家に婿として入り、品陀（誉田）の地名を冠するようになった。
（Wikipedia抜粋）藤田加筆

神功皇后
仲哀天皇の皇后。『日本書紀』では気長足姫尊（おきながたらしひめのみこと）・『古事記』では息長帯比売命（おきながたらしひめのみこと）・大帯比売命・大足姫命皇后。父は開化天皇玄孫・息長宿禰王（おきながのすくねのみこ）で、母は天日矛裔・葛城高顙媛（かずらきのたかぬかひめ）。『日本書紀』などによれば、神功元年から神功69年まで政事を執り行なった。夫の仲哀天皇が香椎宮にて急死（『天書紀』では熊襲の矢が当たったという）。その後に熊襲を討伐した。それから住吉大神の神託により、お腹に子供（のちの応神天皇）を妊娠したまま筑紫から玄界灘を渡り朝鮮半島に出兵して新羅の国を攻めた。新羅は戦わずして降服して朝貢を誓い、高句麗・百済も朝貢を約したという（三韓征伐）。

渡海の際は、お腹に月延石や鎮懐石と呼ばれる石を当ててさらしを巻き、冷やすことによって出産を遅らせたとされる。月延石は3つあったとされ、それぞれ長崎県壱岐市の月讀神社、京都市西京区の月読神社、福岡県糸島市の鎮懐石八幡宮に奉納されたと言われている。その帰路、筑紫の宇美で応神天皇を出産し、志免でお紙目を代えたと伝えられている。他にも壱岐市の湯ノ本温泉で産湯をつかわせたなど、九州北部に数々の伝承が残っており、九州北部に縁の深い人物であったと推測される。また八幡神と同じくその言い伝えは北は関東から近畿の大津や京都や奈良や大阪の住吉大社は元より瀬戸内海を挟んで広島や岡山そして四国にも数多くの伝承があり、九州はもとより日本全土にもその言い伝えは数多く存在する。数々の言い伝えが存在して戦前ではまさに有名人であり偉人でもあった。

神功皇后が三韓征伐の後に畿内に帰るとき、自分の皇子（応神天皇）には異母兄にあたる香坂皇子、忍熊皇子が畿内にて反乱を起こして戦いを挑んだが、神功皇后軍は武内宿禰や武振熊命（彦国葺命の孫）の働きによりこれを平定したという。今でも全国各地で神功皇后の三韓征伐を祝うための山車が存在しており、その業績をたたえる祭りが多い。（Wikipedia抜粋）藤田加筆

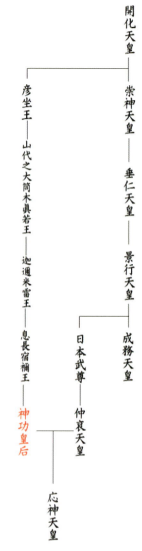

開化天皇 ─ 崇神天皇 ─ 垂仁天皇 ─ 景行天皇 ─ 成務天皇

彦坐王 ─ 山代之大筒木眞若王 ─ 迦邇米雷王 ─ 息長宿禰王 ─ **神功皇后**

日本武尊 ─ 仲哀天皇 ─ 応神天皇

旧高額5円切手 1908年

弥生時代 中期　応神東征

ヤマトの陸の軍神（宇佐神宮）

八幡神は大和朝廷の守護神

【宇佐神宮（宇佐八幡宮）】
・祭　神：**応神天皇**（誉田別命 ほんだわけのみこと）（＝八幡神）
　　　　　比売大神：多岐津姫命（たぎつひめのみこと）、
　　　　　　　　　　　市杵嶋姫命（いちきしまひめのみこと）
　　　　　　　　　　　多紀理姫命（たぎりひめのみこと）
　　　　　神功皇后（息長帯姫命 おきながたらしひめのみこと）
・由　緒：全国四万余社の八幡宮の総本宮。宇佐に初めて八幡神が顕れたのは欽明天皇の御代で、御許山（おおもとさん）に鎮座。同天皇三十二年（571）に現本殿のある亀山の麓の菱形池の辺に神霊が顕れ、「我は誉田天皇広幡八幡麻呂（ほんだのすめらみことひろはたのやはたまろ）なり」と告げたので、この地に祀られた。これが宇佐神宮の始まりという。延喜式神名帳には八幡大菩薩宇佐宮、比売大神、大帯姫廟神社の三座として名神大社とある。

　現今、八幡神宮もしくは八幡神社と呼ばれるものは、全国に一体いくつぐらいあるのだろうか？諸縁起によれば、日本全国に八幡とつく神社は3万とも4万社とも言われている。八幡神社の総本山という表記にしても、京都府八幡市の「石清水八幡宮」にも、宇佐神宮にも、「全国八幡宮の総本山」という表記が見られる。一体「八幡宮」というのはどんな神様で、どこから始まっているのだろうか。なぜ日本中に「はちまんさん」があり、我々日本人はなぜさしたる疑問も抱かずに、家の氏神様としてすんなり「はちまんさん」を受け入れているのだろうか？

　【八幡宮は現在日本中で祀られ広く知られているが、もともとは宇佐周辺で信仰されていた「地方神」だった。宇佐に初めて八幡神が顕（あらわ）れたのは欽明天皇三十二年（571）で、宇佐の御許山（おもとさん）に顕れたと言う。その後宇佐地方の神として大神（おおが）氏と辛島（からしま）氏によって祀られた。しかし、その神が一体どんな神だったかについてはわかっていない。】これは、大分県立歴史博物館が発行している「総合案内」に書かれた「八幡神について」の部分に書かれた文章である。ここに言う大神氏、辛島氏とは一体何物なのか？またどうして「どんな神だったかについてはわかっていない。」のか。

　欽明天皇と言えば、仏教伝来の時の天皇として古代史では有名である。伝来の年をめぐっても諸説あり、『日本書紀』では欽明十三年（552）とされ、また「元興寺縁起」では欽明七年の戊午年（538）となっている。一説によれば、古来より豊前地域は秦氏やその一族である漢氏の居住していた地域とされ、新羅系加羅人と思われる秦氏の故地である「加羅」から、辛島（からしま）という名前も来ているという。辛島氏も秦氏一族なのだ。「八幡」は「はちまん」ではなく「やはた」が古名で、「八」は多さを表し「八咫の鏡」の「八」と同義だという。「幡」は「秦」とも「旗」とも言われる。八幡とは文字通り、多数の「秦氏」が住むところ、あるいは多数の「秦＝旗」が立つ所なのだ。そして欽明の出自も豊前辺りだという。この説によれば、八幡神は新羅からの外来神で、宇佐においては新羅系加羅人の氏神だったという事になる。欽明天皇御代の国際的な記事として見逃せないのは「任那日本府」の滅亡である。

　この地方の神に過ぎない宇佐八幡神が、一躍全国的な神へ展開していく画期が訪れる。養老四年（720）の大和朝廷による隼人出兵である。隼人出兵にあたって朝廷は八幡神を守護神とするが、この出兵が朝廷の勝利に終わり、八幡神は朝廷の守護神となるのである。
（つづく）

（つづき）
　その後の藤原広嗣（ひろつぐ）の乱などにおいても守護神として敬われ、中央神としての性格を持つようになる。そして天平勝宝元年（749）の東大寺大仏造営を援助した功績で、八幡神は皇族に与えられる一品（いっぽん）という位を得た。皇族と同等のあつかいを受けることになった八幡神は、やがて大帯（おおたらし）姫神が息長帯（おきがなたらし）姫、つまり神功皇后に擬せられ、その結果として八幡大神は神功皇后の子・応神天皇と認識されるようになった。なぜ応神天皇とその母である神功皇后を、近畿地方でなく、宇佐で祀るのか。宇佐八幡宮の祭神は、延喜式（905～927年撰述）によれば、八幡大菩薩宇佐大神、大帯姫神、比咩（姫）神の三神とある。最後の比咩神とは宇佐地方・御許山の神であるが、宗像の三姫神と対比して論じられる事もある。比咩大神は三人の真ん中に鎮座していて、主神の扱いである。この神は一体どんな神なのか。宗像三女神といわれるのは、『日本書紀』の「一書」にあるだけである。

　時代はくだり都が平安京へ移ると、八幡神は都の西南の男山に勧請（かんじょう：遷座）された。石清水八幡宮の創設である。さらに武士の頭領たる源氏が八幡神を信仰し、康平六年（1063）には鎌倉へ勧請して、鶴岡八幡宮を創設した。こうして八幡神は、時の権力と結びついて全国展開を遂げてゆくのであるが、その過程で宇佐神宮は石清水八幡宮の支配下となり、九州の有力神社という立場になっていった。鎌倉幕府の成立により、地頭が諸国へ派遣され、各地に源氏が信仰する八幡神を祀った。こうして全国に広まった鎮守としての八幡宮は、やがて「ムラの守護神」となっていき、村人達から「五穀豊穣」、生活の「安穏」を祈る神として信仰されたのである。

　宇佐神宮にはほかの神社とは違った参拝の作法がある。"二拝四拍手一拝"と言って他の神社とは違う。四拍手を打つ神社はここと出雲大社くらいで、その由来をめぐる議論も盛んである。また、比売大神をめぐっても宗像大社の三女神との対比や、ヒメ大神という名前から、比売＝ヒメ＝姫子＝日女子（＝天照大神）＝卑弥呼という図式がある。　（宇佐神宮http://inoues.net/ruins/usajingu.htm抜粋）＋藤田

古墳時代 中期　応神天皇（八幡神）

テーマB 古の日本（倭）の歴史（前1世紀～ 297 4世紀）―天孫族（伽耶族）の系譜

宇佐神宮　Wikipedia

―謎の女神、宇佐神宮の比売大神とは―

宇佐神宮の祭神に比売大神（宗像三女神）と神功皇后が挙げられている。比売大神は、先に議論した賀夜奈流美命Ⓑ191とは同一神か？
　卑弥呼を日御子（日巫女）とし、海神（海人）族の代々の女王の世襲名とすると、宗像三女神－下照姫－卑弥呼－台与－倭姫－神功皇后と世襲されてきたのであろうか。

（比売大神（賀夜奈流美命）の系譜）

宗像三女神（海神族の女王）：多岐津姫命、市杵嶋姫命、多紀理姫命
下照姫　大国主と宗像女神の一柱、多紀理姫神との息女神。
卑弥呼　邪馬台国の女王。下照姫の後裔の三上祝の一族で、和邇氏の巫女か。
台与　卑弥呼の後継の台与は、卑弥呼の姪か。台与は息長水依姫と思われ、和邇氏一族と見なされる日子坐王の妻。
倭姫　垂仁天皇の皇女で、母は皇后の日葉酢媛命。日葉酢媛命は、息長水依姫と日子坐王の息子（丹波道主）の息女。
神功皇后　日子坐王の4世孫。三韓征伐には和邇氏武将の武振熊命を伴い、対馬の和珥津から新羅に侵攻。

ヤマトの軍神

陸の軍神　八幡神は、日本で信仰される神で、清和源氏をはじめ全国の武士から武運の神（武神）「弓矢八幡」として崇敬を集めた。誉田別命とも呼ばれ、応神天皇と同一とされる。神仏習合時代には八幡大菩薩（はちまんだいぼさつ）とも呼ばれた。八幡神は応神天皇の神霊で、571年に初めて宇佐の地（宇佐神宮）に示顕したと伝わる。応神天皇（誉田別命）を主神として、比売神（宗像三女神）、応神天皇の母である神功皇后を合わせて八幡三神として祀っている。

海の軍神　住吉神は．底筒男命（そこつつのおのみこと）、中筒男命（なかつつのおのみこと）、表筒男命（うわつつのおのみこと）の総称である。住吉大神ともいうが、この場合は住吉大社にともに祀られている神功皇后を含めることがある。伊邪那岐尊が、黄泉国から伊邪那美命を引き戻そうとするが果たせず、筑紫で禊を行った。このとき、瀬の深いところで底筒男命が、瀬の流れの中間で中筒男命が、水表で表筒男命が、それぞれ生まれ出たとされる。
　神功皇后が三韓征伐より帰還した時、神功皇后への神託により天火明命の流れを汲む田裳見宿禰が、住吉三神を祀ったのに始まる。八幡神である応神天皇の母の神功皇后を加えた住吉大神は、八幡神の祖神とされ、応神王朝の守護神とされる。また八幡神が陸の軍神であるのに対して住吉神は海の軍神ともされる。

宇佐神宮

住吉大社

ヤマトの海の軍神（住吉大社）

住吉神社
三大住吉神社
住吉大社（大阪市）-摂津国一宮、住吉神社（下関市）-長門国一宮、住吉神社（福岡市）-筑前国一宮
祭神：住吉三神
底筒男命（そこつつのおのみこと）、中筒男命（なかつつのおのみこと）、表筒男命（うわつつのおのみこと）。伊邪那岐尊と伊邪那美命は国生みの神として大八島を生み、またさまざまな神を生んだが、伊邪那美命が火之迦具土神を生んだときに大火傷を負い、黄泉国（死の世界）に旅立った。その後、伊邪那岐尊は、黄泉国から伊邪那美命を引き戻そうとするが果たせず、「筑紫の日向の橘の小戸の阿波岐原」で、黄泉国の汚穢を洗い清める禊を行った。このとき、瀬の深いところで底筒男命が、瀬の流れの中間で中筒男命が、水表で表筒男命が、それぞれ生まれ出たとされる。
（Wikipedia抜粋）　藤田加筆

住吉大社（大阪市）-摂津国一宮
（藤田民枝撮影）

住吉大社（大阪市）- 摂津国一宮
祭神：住友三神、神功皇后
『日本書紀』神功皇后摂政前紀によれば、住吉三神（筒男三神）は神功皇后の新羅征討において皇后に託宣を下し、その征討を成功に導いた。そして神功皇后摂政元年、皇后は大和への帰還中に麛坂皇子・忍熊皇子の反乱に遭い、さらに難波へ向かうも船が進まなくなったため、務古水門（むこのみなと：兵庫県尼崎市の武庫川河口東岸に比定）で占うと住吉三神が三神の和魂を「大津の渟中倉の長峡（おおつのぬなくらのながお）」で祀るように託宣を下した。そこで皇后が神の教えのままに鎮祭すると、無事海を渡れるようになったという。一般にはこの「大津の渟中倉の長峡」が住吉大社の地に比定される。（Wikipedia抜粋）　藤田加筆

津守氏（つもりうじ）は、「津守」を氏の名とする氏族。住吉大社（大阪府大阪市住吉区）の歴代宮司の一族で、古代以来の系譜を持つ氏族である。
出自
　津守氏は、天火明命の流れをくむ一族であり、摂津国住吉郡の豪族の田蓑宿禰の子孫である。田蓑宿禰が「七道の浜」（大阪府堺市七道）（当時は住吉郡）において新羅征伐から帰還した神功皇后を迎えた時、神功皇后が住吉三神の神功があったことから、田蓑宿禰に住吉三神を祀（まつ）るように言い、田蓑宿禰の子の豊吾団（とよのごだん）に津守の姓を与えたのが始まり。津守とは「津（港）」を「守る」という意味。

住吉神社（福岡市）-筑前国一宮

住吉神社（福岡市）- 筑前国一宮
福岡市中心部、那珂川のかつての河口付近に鎮座する、航海守護神の住吉三神を祀る神社である。全国には住吉神社が2,000社以上分布し、一般には大阪の住吉大社がその総本社とされるが、これに対して当社が全ての住吉神社の始源になるとする説がある。
（Wikipedia抜粋）　藤田加筆

住吉神社（下関市）- 長門国一宮
旧社格は官幣中社で、現在は神社本庁の別表神社。『日本書紀』神功皇后摂政前紀によれば、三韓征伐の際、新羅に向う神功皇后に住吉三神（住吉大神）が神託してその渡海を守護し、帰途、大神が「我が荒魂を穴門（長門）の山田邑に祀れ」と再び神託があり、穴門直践立（あなとのあたえほんだち）を神主の長として、その場所に祠を建てたのを起源とする。（Wikipedia抜粋）　藤田加筆

住吉神社（下関市）-長門国一宮

倭国軍の南朝鮮への進出、秦氏の渡来

応神天皇の母の神功皇后の「三韓征伐」のように、応神王朝になる頃から倭国軍の朝鮮半島進出が盛んになった。それに伴って、秦氏を始めとする半島からの渡来人が目立ってきた。

秦氏

『日本書紀』によると応神天皇14年に弓月君(ゆづきのきみ：新撰姓氏録では融通王)が朝鮮半島の百済から百二十県の人を率いて帰化し秦氏の基となったというが、加羅(伽耶)または新羅から来たのではないかと考えられている(新羅は古く辰韓＝秦韓と呼ばれ秦の遺民が住み着いたとの伝承がある)。ハタ(古くはハダ)という読みについては朝鮮語のパダ(海)によるとする説のほか、機織や、新羅の波旦という地名と結び付ける説もある。

その後、大和のみならず、山背国葛野郡(現在の京都市右京区太秦)、同紀伊郡(現在の京都市伏見区深草)や、河内国讃良郡(現在の大阪府寝屋川市太秦)など各地に土着し、土木や養蚕、機織などの技術を発揮して栄えた。山背国からは丹波国桑田郡(現在の京都府亀岡市)にも進出し、湿地帯の開拓などを行った。雄略天皇の時代には秦酒公(さけのきみ)が各地の秦部、秦人の統率者となったという。欽明天皇の時代には秦大津父(おおつち)が伴造となり大蔵掾に任ぜられたといい、本宗家は朝廷の財務官僚として活動したらしい。

秦氏の本拠地は山背国葛野郡太秦が分かっているが、河内国讃良郡太秦にも「太秦」と同名の地名がある。これを検討すると、河内国太秦には弥生中期頃の高地性集落(太秦遺跡)が確認されており、付近の古墳群からは5～6世紀にかけての渡来人関係の遺物が出土(太秦古墳群)している。秦氏が現在の淀川の治水工事として茨田堤を築堤する際に協力したとされ、枚方の熱田神宮が広隆寺に記録が残る河内秦寺(廃寺)の跡だったとされる調査結果もある。そして、伝秦河勝墓はこの地にある。また、山背国太秦は秦河勝が建立した広隆寺があり、この地の古墳は6世紀頃のものであり、年代はさほど遡らないことが推定される。秦氏が現在の桂川に灌漑工事として葛野大堰を築いた点から山背国太秦の起点は6世紀頃と推定される。よって、河内国太秦は古くから本拠地として重視していたが、6世紀ごろには山背国太秦に移ったと考えられる。

山背国においては桂川中流域、鴨川下流域を支配下におき、その発展に大きく寄与した。山背国愛宕郡(現在の京都市左京区、北区)の鴨川上流域を本拠地とした賀茂氏と関係が深かったとされる。秦氏は松尾大社、伏見稲荷大社などを氏神として祀り、それらは賀茂氏の創建した賀茂神社とならび、山背国でもっとも創建年代の古い神社となっている。秦氏の末裔はこれらの社家となった。

秦氏で最も有名な人物が秦河勝である。彼は聖徳太子に仕え、太秦に蜂岡寺(広隆寺)を創建したことで知られる。またほぼ同時代に天寿国繡帳(中宮寺)の製作者として秦久麻の名が残る。

『隋書』「巻八十一 列傳第四十六 東夷 俀國」に「又至竹斯國又東至秦王國 其人同於華夏 以爲夷州疑不能明也」と風俗が中国と同じである秦王国なる土地(瀬戸内海沿岸付近？)が紹介されているが、これを秦氏と結び付ける考えもある。また佐伯好郎は1908年(明治41年)1月、『地理歴史 百号』(主宰 喜田貞吉)に収載の「太秦(禹豆麻佐)を論ず」において秦氏は景教(キリスト教のネストリウス派)徒のユダヤ人であるとの説をとなえ、またルーツを古代イスラエルに求めたり、八幡神(やはたのかみ)信仰の成立に深く関わったと考える人もいる。実際、景教(キリスト教ネストリウス派)が中央アジアの古代遊牧民国家や中国に与えた影響は非常に大きいため、今後さらなる研究が待たれる。

八色の姓では忌寸の姓を賜り、その後、忌寸のほか、公、宿禰などを称する家系があった。

平安遷都に際しては葛野郡の秦氏の財力・技術力が重要だったとする説もある。平安時代には多くが惟宗氏を称するようになったが、秦氏を名乗る家系(楽家の東儀家など)も多く残った。東家、南家などは松尾大社の社家に、西大路家、大西家などは伏見稲荷大社の社家となった。伏見稲荷大社の社家となった羽倉家、荷田家も秦氏の出自という説がある。また、高僧を含めて僧侶にも秦氏の出身者が、あまたいる。

(秦氏とは 河原姓のルーツ探し、Net) ＋ 藤田

秦氏の氏神とする木嶋坐天照御魂神社
(京都市右京区太秦森ケ東町)

秦河勝・『前賢故実』より

秦氏（弓月君）はカザフスタンの弓月国の出自で新羅（旧秦韓の地）から渡来か

弓月君（ゆづきのきみ/ユツキ）は、『日本書紀』に記述された、秦氏の先祖とされる渡来人である。『新撰姓氏録』では融通王ともいい、秦の帝室の後裔とされる。『日本書紀』による帰化の経緯は、まず応神天皇14年に弓月君が百済から来朝して窮状を天皇に上奏した。弓月君は百二十県の民を率いての帰化を希望していたが新羅の妨害によって叶わず、葛城襲津彦の助けで弓月君の民は加羅が引き受けるという状況下にあった。しかし三年が経過しても葛城襲津彦は、弓月君の民を連れて帰還することはなかった。そこで、応神天皇16年8月、新羅による妨害の危険を除いて弓月君の民の渡来を実現させるため、平群木菟宿禰と的戸田宿禰が率いる精鋭が加羅に派遣され、新羅国境に展開した。新羅への牽制は功を奏し、無事に弓月君の民が渡来した。

弓月君は、『新撰姓氏録』によれば、秦始皇帝三世孫、孝武王の後裔である。孝武王の子の功満王は仲哀天皇8年に来朝、さらにその子の融通王が別名・弓月君であり、応神天皇14年に来朝したとされる。渡来後の弓月君の民は、養蚕や織絹に従事し、その絹織物は柔らかく「肌」のように暖かいことから波多の姓を賜ることとなったのだという命名説話が記されている。その後の子孫は氏姓に登呂志公、秦酒公を賜り、雄略天皇の御代に禹都萬佐（うつまさ：太秦）を賜ったと記されている。『日本三代実録』によると、功満王は秦始皇帝十二世孫である。（子の融通王は十三世孫に相当。）

『三国志』魏書辰韓伝によれば朝鮮半島の南東部には古くから秦の亡命者が移住しており、そのため辰韓（秦韓）と呼ばれるようになったという。『宋書』倭国伝では、通称「倭の五王」の一人の珍が元嘉15年（438年）「使持節都督倭・百済・新羅・任那・秦韓・慕韓六国諸軍事安東大将軍倭国王」を自称しており、明確に秦韓を一国として他と区別している。その後の倭王の斉、興、武の記事にも引き続き秦韓が表れる。弓月君の帰化の伝承は、この辰韓、秦韓の歴史に関係するとも考えられている。
　　　　　　　　　　　　　　　　　　　　（Wikipedia抜粋）藤田加筆

弓月と兵主神　内藤湖南氏(京都帝国大学教授・東洋史)は、「奈良県三輪山傍の穴師の弓月嶽にある大兵主神社(奈良県桜井市穴師)は『史記封禅書』に、秦の始皇帝が山東地方で祀っていた「天主（天の神）、地主（地の神）、兵主（武器の神）、陰主（陰を知る神）、陽主（陽を知る神）、月主（月の神）、日主（太陽の神）、四時主（四季の神）」の八神のうち根本尾神である兵主神を祀る神社だから秦氏の祖の弓月君と結びつく」としている。兵主神は秦氏によって日本に持ち込まれた。

秦氏の故郷、弓月国
秦氏の故郷・弓月国（クンユエ）は、中央アジアのカザフスタン内にあり、東の一部が、シンチャンウイグル自治区にかかっている。天山山脈のすぐ北側に位置し、南にはキルギスタンが接している。昔、この地は、クルジア(Kuldja・弓月城)と呼ばれていた。
　　　　　　（備前西大寺地名考　金山の考察　Net、丸谷憲二）

（秦氏１（歴史）monmo のブログ- Yahoo！ブログ）

Ⓑ242

息長氏考、息長氏の系譜

息長（おきなが）の『記紀』での初出は、邪馬台国最後の大王（開化天皇）皇子の日子坐王の妃の息長水依姫である。応神王朝の創始者の神功皇后（息長帯姫）と応神天皇、さらに古墳時代後期最初の天皇の継体天皇もまた息長氏の出自である。このように、息長氏は天皇系譜の嫡流と云える。

息長氏考

❶ 山津照神社の伝によれば、息長氏祖は国之常立神（神世一代）とされている。息長氏族は天津彦根命の出自である。本来、スサノオ神（五十猛神）（八幡神）の後裔であり、宇佐国造支流の出であって、当初は九州北部にあった。息長氏の嫡系は、讃岐から吉備東部を経て播磨西部に遷り、さらに東方に向かい畿内の摂津・河内さらに大和に入って、前王統から大王位を簒奪した応神を出した。応神その人と母の神功皇后が息長氏の出である。

息長の意義としては、製鉄など金属精錬の折に鞴（ふいご）（蹈鞴（たたら）を用いて空気を送り火を起こすときの息を長く引く状態からつけられたものとする説が妥当である。

❷ 大山祇神は、伊予の大三島神社や摂津の鴨三島神社の祭神であり、イザナギ・イザナミの神生みによって生まれた〝山の神〟の〝大山津見神〟を指す『古事記』。伊予国風土記逸文・大山祇の神・御島条によれば、「乎知郡（ヲチ）の御島（現愛媛県越智郡大三島）においでになる神の御名は大山祇（おおやまつみ）の神。又の名は〝和多志（ワタシ：渡し）の大神〟である。この神は百済から渡っておいでになり、摂津国の御島（三島）においでになった神である」とある。

大山祇神と息長氏とは関連があると考える。摂津・三島の溝咋神社の主神の一人である五十鈴媛命は神武天皇の皇后になられた方である。その祖父は三島湟咋耳命（みしまみぞくいみみのみこと）で、広くこの地域を治めていた。皇統の嫡流とも考えられる息長氏が近江・江北に遷る前、息長水依比売、息長帯日売（神功皇后）と応神天皇を出したころは淀川水系の摂津・三島を根拠地にしていたと思われる。さらに、息長氏の出自と思われる継体天皇の御陵は今城塚古墳（いましろづかこふん）（大阪府高槻市郡家新町（ぐんげしんまち）、摂津国三島郡）と考えられている。前方後円墳の今城塚古墳は6世紀前半では最大級の古墳である。

❸ 「息長」の語が史料に最初に見えるのは、天目一箇命（天御影命）後裔からでて日子（彦）坐王の妻となった「息長水依比売」（丹波道主命の母）とされる。この女性は『古事記』に見えており、これが史料のなかで「息長」名乗りの最古と

される。卑弥呼は、三上祝（大国主系）からでており、同じ宗族の息長水依比売が台与に当たると考える。

❹ 神功皇后こと息長帯姫尊（おきながたらしひめのみこと）の父は開化天皇玄孫・息長宿禰王（おきながのすくねのみこ）で、母は天日矛裔・葛城高顙媛（かずらきのたかぬかひめ）である。神功皇后と仲哀天皇との皇子の応神天皇の出生には謎が多い。異常に出産が遅れたことに加え、父として「是に皇后、大神と密事あり」（住吉大社の『神代記』）とある住吉大神や、あるいはまた武内宿禰とする異説もある。このような出生の神秘性が、本来応神天皇が前王朝との血統上のつながりを持たず、新王朝の開祖であるとされたことを物語っている。すなわち、応神天皇は息長氏の出で、九州から東進してきた誉田別（応神）は河内の豪族の品陀真若王の家に婿として入り、品陀（誉田）の地名を関するようになった。この応神が前王統から大王位を簒奪した。

❺ 応神天皇の皇子若野毛二俣王の子、意富富杼王の時に息長氏の嫡流は近江・江北に遷ったと見られる。しかし、息長水依比売は3世紀の後半の邪馬台国終焉時の比売と考えられるので、この時期に息長氏の先遣族は既に近江に達していたのではないか。息長氏の最終的な根拠地であった江北の坂田郡は、美濃・尾張や越方面への交通の要衝であり、水路では天野川（息長川）の河口にある琵琶湖水運の良港・朝妻津（米原市朝妻筑摩に湊跡）を押え、そこから湖南の大津や琵琶湖北岸の塩津、さらに若狭・越前ともつながることから、交易活動の中心であった。息長氏は、江北の豊富な鉄などの鉱物資源を活用した鍛冶氏族であり、農業生産はともかくとしても、多くの古墳を含む息長・坂田古墳群を残したから、相当の力をもった古代豪族であった。継体天皇を出したのも、この強大な経済力が基盤となっていると思われる。尚、継体天皇は応神天皇の五世孫とされる。

❻ 『古事記』・『日本書紀』によると継体天皇は応神天皇の5世孫であり、父は彦主人王である。天皇は、近江国高嶋郷三尾野（現在の滋賀県高島市あたり）で誕生したが、幼い時に父を亡くしたため、母の故郷である越前国高向（たかむく、現在の福井県坂井市丸岡町高椋）で育てられた。男大迹王として5世紀末の越前地方（近江地方説もある）を統治していた。『日本書紀』によれば、506年に武烈天皇が後嗣

息長氏出自の天皇

応神天皇（Wikipedia）

を定めずに崩御したため、大連・大伴金村、物部麁鹿火、大臣・巨勢男人らが協議して、越前にいた男大迹王にお迎えを出した。男大迹王は心の中で疑いを抱き、河内馬飼首荒籠（かわちのうまかいのおびとあらこ）に使いを出し、大連大臣らの本意を確かめてから即位の決心をした。翌年58歳にして河内国樟葉宮（くすばのみや）において即位し、武烈天皇の姉（妹との説もある）にあたる手白香皇女を皇后とした。継体は、ようやく即位19年後の526年、大倭（後の大和国）に都を定めることができたが、その直後に百済から請われて救援の軍を九州北部に送った。しかし新羅と結んだ磐井によって九州北部で磐井の乱が勃発して、その平定に腐心している。『日本書紀』の記述では継体が507年に即位してから大和に都をおくまで約20年もかかったのは、皇室（実態はヤマト王権）内部もしくは地域国家間との大王位をめぐる混乱があったこと、また、継体政権（ヤマト王権）は九州北部の地域国家の豪族を掌握できていなかったことに起因しているとの示唆がある。

❼ 531年、継体天皇は皇子の勾大兄（安閑天皇）に譲位（記録上最初の譲位例）し、その即位と同日に崩御した。『日本書紀』では、『百済本記』を引用して、天皇と皇子が同時に亡くなったとし、政変で継体以下が殺害された可能性（辛亥の変説）を示唆している

❽ 舒明天皇の和号諡号は、息長足日広額天皇（おきながたらしひひろぬかのすめらみこと）である。その意味は、息長氏が養育した額の広い（聡明な）天皇とある。息長山田公が舒明天皇の殯において弔辞を担当したので、舒明天皇の「壬生」（養育係）であった可能性が高い。

❾ 息長氏は敏達天皇から天武天皇の時代には政治の前面に現れたことはないが、天皇の身内（養育係等）で、隠然たる実力を有していたと思われる。これが、天武天皇の御世に完成した『記紀』に息長氏が皇統とし頻繁に登場する一つの理由であるとも思われる。

（古代氏族の研究⑥ 息長氏、宝賀寿男）＋ 藤田

足羽山の継体天皇像（福井県福井市）（Wikipedia）

Ⓑ244

息長氏系図

（古代氏族の研究⑥ 息長氏 大王
を輩出した鍛冶氏族 宝賀寿男）

```
                          大山祇神              素戔嗚

建緒組命 ←---  三島湟咋耳命  ←  天津彦根命  ---→  ニギハヤヒ
   │         │
息長田別命      アカル姫
   │         アメノヒボコ妃        天御影命
息長宿禰王      神武妃           （天目一箇命）
   │         媛蹈鞴五十鈴姫
   │                          6世孫・国忍富命
息長日子王   応神天皇
                神功皇后                                卑弥呼
                （仲哀皇后、   倭姫命 － 息長水依姫（台与） － 倭迹迹日百襲姫    日御子（卑弥呼）の系譜上で繋がる。
息長真若彦王     息長足姫）                                                 →摂津国住吉郡に居住
```

忍坂大中姫
允恭皇后 太郎子王 →近江国坂田郡に移遷

```
私非王
   │
彦主人王 ─ 振媛
```

『記紀』での「息長」の初出は、日子坐王の妻
となった息長水依姫である。息長氏の先遺隊
は崇神東征に先行し、近江に至ったのでは
ないか。
　　　　　　　　　　　　　　　　（藤田）

```
意富富杼王  継体天皇

阿居乃王     欽明天皇  宣化天皇  安閑天皇
息長君
```

邪馬台国を建てた物部氏の祖神のニギ
ハヤヒと応神王朝を建てた応神天皇と
その母の神功皇后（オキナガタラスヒ
メ）は、共に天子の天津彦根命の後裔
と考えられる。息長一族で神武天皇妃
の祖父とされる三島湟咋耳は、天津彦
根命の御子神であり、かつ大山祇神の
子孫で、神功皇后の祖先である。また、
ニギハヤヒは天津彦根命の孫神とされ
る。このように物部氏と息長氏はスサ
ノオの直系と考えられ、三島神（大山
祇神）との関係が深い。
　息長氏は近江に進出し、湖東・湖北
での製鉄による莫大な富と北陸への交
通の要衝を押さたことにより絶大な権
勢をもつようになったと思われる。因
みに現在の皇室の直系と考えられる継
体天皇も息長氏との関係が極めて深い。
　　　　（古代史族の研究⑥と⑧、宝賀寿男）
　　　　　　　　　　　　　　　　＋ 藤田

```
息長真手王

伊多葉王   広媛 ─ 敏達天皇
息長真人祖
```

舒明天皇の和号諡号は、息長足日広額天皇
（オキナガタラシヒロヌカノスメラミコト）である。その意味
は、息長氏が養育した額の広い（聡明な）天皇
とある。息長山田公が舒明天皇の殯において
弔辞を担当したので、舒明天皇の「壬生」（養
育係）であった可能性が高い。

```
忍坂彦人大兄皇子

舒明天皇
```

息長氏は敏達天皇から天武天皇までの時代の政治の前面に現れた
ことはないが、天皇の身内（養育係等）で、隠然たる実力を有していた
と思われる。したがって、天武天皇の御世に完成した『記紀』に息長氏
が皇統として頻繁に登場する一つの理由であるとも思われる。（藤田）

```
天武天皇  天智天皇
```

14章　論考13

論考13　『日本書紀』の作為・改竄・粉飾・潤色Ⓑ246

　　還暦のころから「古の日本（倭）の歴史」に本格的に携わり、15年の歳月が流れた。その間、多かれ少なかれ『記紀』に関ってきたと云うことができる。特に『日本書紀』は古代の日本国の正史でありながら、そこには皇室や藤原氏などの有力氏族に忖度したと思われる作為・改竄・粉飾・潤色された箇所が多くみられる。これらを指摘することが、神道や『記紀』が深く根付いている日本人の生活や文化に益するか否か分からないが、自分なりに真実の日本古代史を明らかにすべきだと考え、『記紀』とくに『日本書紀』の作為・改竄・粉飾・潤色点をを列挙する。

（藤田泰太郎）

参照：古の日本（倭）の歴史（前1世紀〜4世紀）－天孫族（伽耶族）の系譜　（図2）　Ⓑ004

論考 13 『日本書紀』の作為・改竄・粉飾・潤色

1. 歴代天皇の没年は『古事記』と『日本書紀』ではかなり差がある。『古事記』に記載の39代推古天皇から10代崇神天皇までの没年をプロットすると直線上に乗り、崇神天皇の没年は316年である。一方、『日本書紀』では、神武天皇を辛酉革命説で紀元前7世紀に設定したため、仁徳天皇以前の歴代天皇の在位期間と『古事記』記載の在位期間とは年代が遡るにつれてかけ離れていく。尚、辛酉革命説をとると神功皇后の在位時期は3世紀となり、『魏志倭人伝』の邪馬台国の卑弥呼の実年代と重なるようになる。この『日本書紀』の皇統系譜の長大化は、紀元前16世紀に遡る中国王朝の歴史に外交上張り合うためとも思われる。（Ⓑ 010 参照）

2. 宝賀・貝田推論によると崇神天皇の即位は西暦315年となり、神武から開化（彦火明から平縫命）までの各王の在位期間を四半世紀（父子相続の場合の平均値）とすると瓊瓊杵（ニニギ）や彦火明（ホアカリ）の天孫降臨の時期は1世紀半ばとなる。ニニギは南九州の日向の高千穂の峰に降臨したとされているが実際は北九州の伊都国の日向に降臨し、一方ホアカリは丹後に降臨した。『日本書紀』でニニギが日向の高千穂の峰に降臨したというのは、崇神東征を支えた隼人や久米人の功績に報いるために改竄されたものと解する。（Ⓑ 009、Ⓑ 099、Ⓑ 100 参照）

3. イザナギ・イザナミは、紀元前1世紀に隠岐経由で丹後に渡来し、近江の多賀大社付近に降臨したと云われる。イザナミ・イザナミの国生み伝説は淡路島から始まっているが、実際は隠岐から始まったと推察する。淡路島からの国産みは、中臣氏と物部氏とが共に大阪湾岸に拠点を形成していたためと思われる。尚、イザナミとイザナギが産んだ神々は、弥生時代中期後葉にすでに倭国に存在した神々であろう。（Ⓑ 015、Ⓑ 016 参照）

4. 大国主は、『日本書紀』によるとスサノオの息子、『古事記』・『日本書紀』の一書や『新撰姓氏録』によるとスサノオの六世孫、あるいは『日本書紀』の別の一書によると七世孫などとされている。しかしながら、大国主は弥生時代中期の国々の王の総称で国により様々な別称を持っていた。従って、大国主が紀元前後に侵攻してきたスサノオの息子あるいその子孫ではありえない。（Ⓑ 044 参照）

5. スサノオは皇祖神天照大御神の夫とされ、皇統における最初の実在性が高い人格である。天孫のホアカリが第4代新羅王の脱解王だとすると、第2代新羅王の南解次次雄がスサノオにあたる。『記紀』の八岐大蛇伝説は、『記紀』神話の根幹をなすものであろう。すなわち、物部の太祖神たるスサノオがクシイナダヒメの父方の大山祇神（三島神）の協力を得て、大国主などの出雲系神々を成敗するというのが八岐大蛇伝説の基本構造である。かくして、八岐大蛇の尾から出てきた草薙剣が天照御大神に献上され、それが天皇の権威の表徴たる三種の神器の一つとなる。ちなみに、八岐大蛇を斬殺した布都御魂剣は、スサノオの後のニギハヤヒの東征で掲げられ、葛城・大和を制圧後、物部氏の総氏神の石上神宮に神宝として納められた。（Ⓑ 065、Ⓑ 071、Ⓑ 076、148 参照）

6. 紀元前後にスサノオは筑紫・出雲に侵攻し、八岐大蛇たる大国主を倒した。敗残の大国主一族（アジスキタカヒコネら）は東遷して丹後に移り、さらに近江に至った。2世紀初め、大己貴（大国主の別称）は少彦名と共に、近江・湖南の伊勢遺跡を都とする「大己貴の国」（『日本書紀』では（玉牆の内つ国）、狗奴国と呼ばれたかもしれない）を建てた。この国は「見る銅鐸」を祭祀とする国であり、近畿・中部地方西部を束ねた。（Ⓑ 049、Ⓑ 081 参照）

7. スサノオは大伽耶の出自で秦韓のユダヤ人の血を引く倭人と思われる。紀元前後に北九州に渡来し、伊都国を建てた。伊都国は倭面土（ヤマト、ヘブライ語か）国とも呼ばれた。スサノオは出雲に侵攻して筑紫から出雲に至る日本海側の国々を支配していた。『後漢書』には「107年、倭面土国王 帥升等が後漢の安帝と謁見した」とある。漢の時代の「師升」の発音は、シウ・シャであり、スサノオ（須佐之男）のスサを連想させ、帥升とはスサノオのことと思われる。スサノオは江の川を遡って三次に達し、三次から芦田川を下って吉備に達するスサノオルートを開いた。スサノオの末のニギハヤヒは吉備で力を蓄え、2世紀半ばアメノヒボコや大山祇神の子孫とともに、「十種の瑞宝」、「布都御魂剣」や「天羽々矢」を携え、河内へと東征した（ニギハヤヒの東征）。ニギハヤヒは大和・葛城を侵し、さらに北上して「大己貴の国」の都の伊勢遺跡（近江・湖南）を侵した。ニギハヤヒは、大己貴と和邇氏（奴国の嫡流で2世紀に近江・湖西に東遷）と協議して卑弥呼（7代孝霊天皇の皇女の倭迹迹日百襲姫）を女王として共立して、纏向遺跡を都とする邪馬台国を建てた（『日本書紀』の「虚空見日本（倭）」国にあたる）。ニギハヤヒは孝霊天皇に当たり、また大物主でもあると推察する。大己貴は近江湖東・湖北に後退し、「大己貴の国」の後継国の狗奴国を建てた。邪馬台国は西日本全域に広がり、また狗奴国は東日本に拡大した。（Ⓑ 129、Ⓑ 162、Ⓑ 032（論考3）参照）

8. 皇統のニニギから神武に至る系譜（日向三代）は、百越の始祖伝説に類似しており、皇統に山性神格（大山祇神）と水性神格（大綿津見神）とを取り込むために挿入された可能性が高い。この日向三代を省くと、ニニギと神武は同世代人あるいは同一人となる。このことは、『日本書紀』及び『古事記』の一書に、ホアカリはニニギの兄と記されていることと符合する。尚、『新撰姓氏録』では、第4代新羅王（昔氏の祖、脱解王）は稲飯命（神武の兄）だとしている。（Ⓑ 101、Ⓑ 104 参照）

9. 初代神武天皇は天孫降臨の1世紀半ばに東征したことになる。この最初の東征は、神武天皇と三島神との関わりを考えると、多氏を伴った三島神の東征と考える。この東征により「多氏葛城王権」（初代神武より3代安寧まで）が成立した。次のホアカリ（実際は三世孫の倭宿禰）の東征で「葛城王朝」（4代懿徳より6代孝安まで）が建てられた。次に続くのがニギハヤヒの東征によって建てられた邪馬台国（7代孝霊より9代開化まで）で、ニギハヤヒが孝霊天皇でかつ大物主であると考える。さらに3世紀末の崇神東征により、邪馬台国が滅びヤマト王権（崇神王朝、三輪王朝）が成立した。

　第2代綏靖天皇から9代の開化天皇までを欠史八代の天皇と呼び彼らの存在が史学会では公式には認められていない。このことは偏にこれらの天皇には事績が乏しいという理由からである。しかしながら、これらの前ヤマト王権の国々の建国譚は神武東征譚に含ませてしまい、また邪馬台国の天皇達の事績は崇神天皇や垂仁天皇の事績に含めてしまっているからである。このことは『日本書紀』において、神武天皇と崇神天皇のそれぞれを「始馭天下之天皇」と「御肇國天皇」と尊称し、どちらも「はつくにしらすすめらみこと」と呼べる（神武は「天下」を治め崇神は「国」を治めたとの意味か）。神武と崇神天皇にこれらの尊称をあたえたことと、

2代から9代の天皇の事績がないこととは密接に関係していると考える。（Ⓑ 103、Ⓑ 106、Ⓑ 203（論考 12）参照）

10.『海部氏勘注系図』の始祖　彦火明（ホアカリ）からその十世孫の平縫命までの系図は、初代神武天皇から9代開化天皇までの天皇系図に対応させることができる。『先代旧事本記』では、天照国照彦天火明櫛玉饒速日尊として、ニギハヤヒとホアカリを同一人とみなし、さらに2代目を天香語山、3代目を天村雲となっている。しかし、『新撰姓氏録』ではニギハヤヒは、天神（高天原出身、皇統ではない）、ホアカリは天孫（天照大神の系）とし両者を別とする。従って、『海部氏勘注系図』の初代から3代までは、『先代旧事本記』の系譜が意図的に入れ込まれたものと考える。因みに、ホアカリとニギハヤヒはそれぞれ天子の天之忍穂耳命と天津彦根命の御子とされている。

　ホアカリの三世孫の倭宿禰（4代懿徳天皇にあたる）が葛城に進出して葛城王朝（6代孝安天皇まで）を建てた（ホアカリの東征）。尚、1世紀半ばの神武東征で神武にあたるのが大山祇神（三島神）と思われ、多氏を伴って東遷して建てたのが「葛城多氏王権」で初代神武から3代安寧天皇までに当たる。尚、『海部氏勘注系図』のホアカリの三世孫（倭宿禰）から十世孫（平縫命）までの系譜は、天皇系図の4代懿徳天皇から9代開化天皇までの系譜と対応させることができる。さらにニギハヤヒの活動域は北九州と吉備を中心とする瀬戸内海沿岸で、丹後などの近畿の日本海側での活動が低いこともホアカリとニギハヤヒの同人説に馴染まない。（Ⓑ 117 〜 Ⓑ 119 参照）

11.『魏志倭人伝』に記載されている邪馬台（ヤマト）国や卑弥呼は、『記紀』に一切記されていない。しかし、『日本書紀』に記載のニギハヤヒが建てた「虚空見日本（倭）国」が邪馬台国であると推察できる。また『日本書紀』には孝霊天皇皇女の倭迹迹日百襲姫が纏向遺跡の一角に聳える箸墓古墳に葬られたとの記載がある。また、宮内庁は箸墓古墳を倭迹迹日百襲姫の陵墓と治定している。さらに、箸墓古墳は、考古学的な年代決定法により247年に亡くなった卑弥呼の墓ではないかと推察されている。従って、卑弥呼は倭迹迹日百襲姫であると高い蓋然性をもって云える。卑弥呼が死去した後、邪馬台国は不安定化した。男王が立ったが争乱はおさまらず千余人にのぼる死者がでた。そこで台与（『記紀』に全く記載なし）が邪馬台国の女王に立てられ、争乱が収まった。この男王とは開化天皇のことと推察する。台与は266年に西晋に使いを送っており、3世紀半ば過ぎに女王になったと考えられる。台与は卑弥呼の姪ではないかと云われ、年代的にみて開化天皇の皇子の日子坐王の妻となった息長水依姫が台与ではないかと推察する。尚、『海部氏勘注系図』には、八世孫日本得魂命（孝霊天皇と同世代）と十世孫平縫命（開化天皇と同世代）の各々の王女が日女命と記載されており、それぞれの亦名を倭迹迹日百襲姫（卑弥呼）と小豊姫（台与か）との記載がある。（Ⓑ 119、Ⓑ 179、Ⓑ 209 参照）

12.『記紀』には、大己貴の国の後継国の狗奴国もその神奈備の一つと思われる富士山もまた全く記載されていない。ニギハヤヒが近江・湖南の大己貴の国の都を侵し、邪馬台国を建てた。狗奴国は近江・湖東／湖北の稲部遺跡を核とし美濃から東日本に広がった。4世紀の中頃にヤマトタケルの東征があり、『古事記』は相模で、『日本書記』は駿河で火攻めに遭遇して草薙剣で焼き払って窮地を脱する。その後、東征の帰りに伊吹山で山の神に祟られ敗死する。富士山周辺での苦戦と伊吹山での敗死は、4世紀まで残存していた狗奴国勢力によるものではないのか。この狗奴国勢力は成務天皇の御代に滅びたと思われる。富士山は東国のまつ

ろわぬ勢力の象徴となったため、ヤマト王権から忌み嫌われたのではないか。（Ⓑ 024（論考1）、Ⓑ 228、Ⓑ 231 参照）

13. 邪馬台国の女王の台与と夫の日子坐王は、北近畿を勢力下に置き、狗奴国とも友好関係にあったと思われる。この日子坐王の勢力に対抗したのが、開化天皇の異母兄弟である大彦が束ねた瀬戸内海勢力であろう。大彦らは邪馬台国の支配下にあった任那・伊都国連合の王（ミマキイリヒコイリエ、崇神天皇）に働きかけ東征を促した。3世紀末、崇神は、中臣氏、大伴氏や忌部氏と共に、久米人や隼人を伴い東征した（崇神東征、崇神即位はAD315）。この東征が神武東征譚の主要部分とされ、瀬戸内沿岸の国々および大和・葛城・紀伊・阿波の大己貴勢力を一掃して、ヤマト王権（崇神王朝、三輪王朝）を建てた。ヤマト王権（崇神・垂仁・景行）は徐々に北近畿勢力を圧迫し、成務朝には狗奴国を滅ぼし、東北を除く倭国の全域を支配下においた。ここに天孫族による倭国の平定が完了した。（Ⓑ 209 〜 Ⓑ 211 参照）

14. 息長氏はスサノオの嫡流で大王（天皇）を輩出した氏族である。『記紀』における息長氏の初出は、『古事記』の息長水依姫の記述である。息長水依姫は、邪馬台国の女王の台与と考えられ、近江の三上祝が信奉する天之御影神（アメノミカゲ神）の女であり、卑弥呼もまた三上祝の出自と考えられている。卑弥呼とは日御子のことと考えられる世襲名であり、宗像三女神—下照姫—卑弥呼—台与—日葉酢媛—倭姫—息長帯姫（神功皇后）と続いたと思われる。また、神功皇后は日子坐王の四世孫でアメノヒボコの六世孫である。かくして、息長氏の血脈の神功皇后の御子が応神天皇であり、また、応神天皇の五世孫の継体天皇も息長氏に属する。このように息長氏は天皇家の嫡流ともいえる氏族である。（Ⓑ 242 〜 Ⓑ 244 参照）

15.『記紀』の神武天皇は、邪馬台国を建て初めて倭国を統べたニギハヤヒを模して創出されたものと思う。神武東征譚の主要部分は崇神東征譚であり、邪馬台国の出雲勢力を制圧しヤマト王権（崇神王朝）を建てたという建国譚であると思う。また、神武東征とは、1世紀半ばから3世紀末に至る、三島神、ホアカリ、ニギハヤヒそして崇神の東征を統合した倭国平定と捉えられる。また、八岐大蛇伝説で表象されるヤマトによる出雲制圧の主役は、物部氏の太祖のスサノオと思われるが、スサノオが主役から外され藤原氏の守護神の武甕槌（タケミカヅチ）が主役になっている。さらに、物部氏の総氏神の石上神社の祭神の布都御魂剣は本来八岐大蛇（大国主）を退治した神剣であるが、不思議なことにこの剣の所持者がスサノオではなくタケミカヅチとされている。これらのことは、邪馬台国時代から飛鳥時代前葉まで倭国を実質的に支配して来た（即ち天皇を補佐してきた）氏族の物部氏の権勢が藤原氏に移ったことと深く関連していると考える。（Ⓑ 202（論考11）、Ⓑ 203（論考12）参照）

16. 崇神天皇ら任那出自の勢力は大和の地に入ってからも自らを「任那」と号したのではないか。任那と日本は音韻上重なる。崇神王朝を継ぐ大和政権は任那滅亡にともなう新しい時代に対応して、国家的自立と自負を表明するため、「任那」の栄光の記憶を復活し、しかも「日の御子」の治める国にふさわしく「日本」という国号を立てたと推察しうる。（Ⓐ 06、Ⓑ 063 参照）

（Facebook 藤田泰太郎タイムライン投稿 2023/10/15 抜粋）

第5部　古墳時代後期・飛鳥時代　概略

第5部　古墳時代後期・飛鳥時代
1. 古墳時代後期（6世紀、継体天皇〜崇峻天皇）

継体天皇は応神天皇の五世孫であり、父は彦主人王である。近江国高嶋郷三尾野で誕生したが、幼い時に父を亡くしたため、母の故郷である越前国高向で育てられて、男大迹王として5世紀末の越前地方を統治していた。506年に武烈天皇が後嗣を定めずに崩御したため、大連・大伴金村、物部麁鹿火、大臣・巨勢男人らが協議して、越前にいた男大迹王にお迎えを出した。男大迹王は心中疑いを抱き、河内馬飼首荒籠に使いを出し、大連大臣らの本意を確かめてから即位の決心をした。翌年、河内国樟葉宮において即位し、武烈天皇の姉にあたる手白香皇女を皇后とした。継体は、即位19年後の526年、ようやく大倭（後の大和国）に都を定めることができた。（百済本記を基にして継体紀から年号が定まる。また、継体天皇は直接に以降の皇統に繋がることが確認されている。）

継体天皇6年（512年）、大伴金村は、高句麗によって国土の北半分を奪われた百済からの要求を入れて任那4県を割譲し、百済と結んで高句麗、新羅に対抗しようとしたが、かえって任那の離反、新羅の侵攻を招いた。527年、ヤマト王権の近江毛野は6万人の兵を率いて、新羅に奪われた南加羅・喙己呑を回復するため、任那へ向かって出発した。この計画を知った新羅は、筑紫の有力者であった磐井へ贈賄し、ヤマト王権軍の妨害を要請した。磐井は挙兵し、火の国と豊の国を制圧するとともに、倭国と朝鮮半島とを結ぶ海路を封鎖して朝鮮半島諸国からの朝貢船を誘い込み、近江毛野軍の進軍を阻んで交戦した。継体天皇は大伴金村・物部麁鹿火・巨勢男人らに将軍の人選を諮問したところ、麁鹿火が将軍に任命された。528年、磐井軍と麁鹿火率いるヤマト王権軍が、筑紫三井郡にて交戦し、激しい戦闘の結果、磐井軍は敗北した。その後531年、継体天皇は皇子（安閑天皇）に譲位し、その即位と同日に崩御した。『百済本記』では、天皇と皇子が同時に亡くなったとし、政変で継体以下が殺害された可能性（辛亥の変説）を示唆している。継体陵とされる今城塚古墳からの出土と思われる阿蘇ピンク石（当時石棺に使用）が発見されている。

大伴金村は、安閑、宣化、欽明天皇の時代にも大連として権勢を保ち、屯倉の設置などに励んだ。しかし、欽明天皇の代に入ると天皇と血縁関係を結んだ蘇我稲目が台頭し、金村の権勢は衰え始める。さらに欽明天皇元年（540年）には新羅が任那地方を併合するという事件があり、物部尾輿などから外交政策の失敗（先の任那四県の割譲時に百済側から賄賂を受け取ったことなど）を糾弾され失脚して隠居する。これ以後、大伴氏は衰退した。

雄略朝以来、倭は百済と同盟関係にあり、高句麗の南下と高句麗の影響を受けた新羅の侵攻に対抗してきた。512年、倭国は任那四県を百済に割譲した。また、513年、百済より五経博士が渡来、538年、百済の聖名王により仏教が公伝した。古墳石室も竪穴式石室に代わって、朝鮮風の横穴式石室が主流となった。554年、聖名王が新羅で戦死する。そしてついに、562年には任那が新羅によって滅亡させられる。かくして、古来（縄文時代

前期）より維持してきた南朝鮮の倭国の領土をすべて失うことになる。このことは、任那・伊都国連合の出自と思われる崇神・応神天皇を掲げる皇統にとり由々しき事態であり、ヤマト王権は、任那滅亡以来、度々任那の回復を図るがことごとく失敗した。

6世紀半ばに大陸から伝わった仏教を受け入れるかどうかを巡り、反対（排仏）派の物部尾輿と、導入（崇仏）派で渡来系の子孫ともいわれる蘇我稲目が争った（崇仏論争）。552年、百済の使者から仏教の説明を受けた欽明天皇は「これほど素晴らしい教えを聞いたことはない」と喜び、群臣に「礼拝すべきか」と問うたところ、蘇我稲目は賛成し、物部尾輿は「外国の神を礼拝すれば国神の祟りを招く」と反発した。そこで天皇が稲目に仏像を預けて礼拝させたところ、疫病が流行したため、尾輿は「仏教を受け入れたせいだ」と主張。寺を燃やし、仏像は難波に流し捨てたという。第2段階は585年、稲目の息子にあたる馬子は寺院を建立し、仏像を祀っていたが、疫病が流行したため、尾輿の息子にあたる守屋が敏達天皇に仏教受容をとりやめるよう進言。馬子の建てた寺に火をつけ、仏像を流し捨てる。用明天皇即位後も両氏は仏教を巡って対立するが、やがて諸豪族を率いた馬子が守屋を討ち滅ぼし（衣摺の戦い）、寺院の建立も盛んに行われるようになった。これ以後、邪馬台国以来権力を振るった、さしもの物部氏も権勢に陰りがみられるようになり、蘇我氏の全盛が始まる。この戦い後、馬子は泊瀬部皇子を皇位につけた（崇峻天皇）。この間、581年には、中国は文帝により長い分裂の時代を終えて再び統一され、国号を隋とし中央集権体制を敷いた。崇峻天皇は傀儡で政治の実権は馬子が持ち、これに不満な天皇は馬子と対立した。592年、馬子は東漢駒に崇峻天皇を暗殺させた。その後、馬子は豊御食炊屋姫を擁立して皇位につけた（推古天皇）。天皇家史上初の女帝である。

2. 飛鳥時代（6世紀末〜8世紀初頭、推古天皇〜元明天皇）

推古天皇を中心とした三頭政治（聖徳太子（厩戸皇子）は皇太子となり、蘇我馬子と共に天皇を補佐）が始まり、天皇を中心とした中央集権体制を目指した。593年、太子は四天王寺を建立する。594年、仏教興隆の詔を発した。595年、高句麗の僧慧慈が渡来した。馬子は日本最初の本格的な伽藍配置をもつ飛鳥寺を建立する。598年、隋が高句麗に侵攻。600年、新羅征討の軍を出し、調を貢ぐことを約束させる。601年、太子は斑鳩宮を造営した。602年、再び新羅征討の軍を起こした。同母弟・来目皇子を将軍に筑紫に2万5千の軍衆を集めたが、来目皇子の死去のため、遠征は中止となった。603年、冠位十二階を定めた。氏姓制ではなく才能を基準に人材を登用し、天皇の中央集権を強める目的であった。604年、十七条憲法を制定した。607年、小野妹子と鞍作福利を使者とし隋に国書を送った。翌年、返礼の使者である裴世清が訪れた。607年、太子は法隆寺を建立する。612年、隋の煬帝、高句麗に遠征するも敗退。618年、李淵が隋の煬帝を殺害し、唐を建国。620年、太子は馬子と議して『国記』、『天皇記』などを編纂。622年、斑鳩宮で倒れ、

そのまま逝去。皇極の御代になると、蘇我氏の専横が目立つようになる。蘇我蝦夷は入鹿を勝手に大臣にする。642年、百済が新羅の諸城を攻める。643年、新羅が唐に援軍を請う。同年、入鹿は蘇我氏と対立してきた聖徳太子の子、山背大兄王を斑鳩に襲撃した。王は、自分の挙兵によって戦が起き、人々が死ぬのは忍びないとして、自害。この事件により蘇我氏の権勢はますます高まり、蝦夷の横暴と若い入鹿の強硬な政治姿勢に次第に朝廷の中で孤立を深めていった。

　645年、中大兄皇子・中臣鎌足ら、蘇我入鹿を宮中で暗殺する（乙巳の変）。蘇我蝦夷は自殺し、蘇我本家が滅亡。翌646年、皇子は難波の宮で改新の詔を宣する（大化の改新）。薄葬令、品部廃止の詔が出される。646年、冠位19階を制定する。653年、遣唐使を送る。中大兄皇子、幸徳らを難波宮に残し、飛鳥に移る。658年、唐が高句麗へ派兵。660年、唐・新羅が百済を滅ぼす。661年、中大兄皇子が称制す。663年、百済復興を目指し、新羅軍を撃破すべく2万7千の軍を派遣するも、唐軍に白村江の戦で大敗する（百済の役）。664年、冠位26階を制定. 兵士・民部・家部の制「甲氏の宣」を施行。唐の使者郭務悰が来日。対馬、壱岐、筑紫に防人を配置し、筑紫に水城を築き、唐・新羅の来襲に備える。667年、中大兄皇子、大津の宮に遷都。唐・新羅が高句麗へ侵攻。668年、天智が即位。高句麗が滅亡する。670年、全国的に戸籍を作る（庚午年籍）。671年、近江令を施行. 太政官制開始。天智天皇没する。

　672年、古代日本最大の内乱である壬申の乱が起る。天智天皇の太子・大友皇子に対し、皇弟・大海人皇子（後の天武天皇）が地方豪族を味方に付けて反旗をひるがえしたものである。反乱者である大海人皇子が朝廷軍に勝利し大友皇子が自殺という、類稀な内乱であった。翌673年、天武は飛鳥浄御原宮で即位し、唐に対抗できる国家体制の確立を図る。681年、飛鳥浄御原令の編纂を開始し、草壁皇子を皇太子とする。681年、『帝紀』『旧辞』などの筆録・編集開始（『日本書記』）の詔。「禁式92条」の制定。日本および天皇の称号を用いる。藤原不比等、天武・草壁を補佐。684年、天武が後の藤原京を巡行、八色の姓の制定。685年、四十八階冠位制を施行。686年、天武が没する。689年、草壁皇子が没する。690年、持統が即位する。飛鳥浄御原管制を施行。戸令により、庚寅年籍を作る。694年、藤原京へ遷都。696年、高市皇子が没する。697年、持統が譲位し、文武が即位。701年、大宝律令を施行。703年、持統が没する。707年、藤原不比等の官僚として活躍を認め200戸の封土を与える。文武が没し、元明が即位。710年、平城京に遷都。712年、太朝臣安萬侶が『古事記』を献上。713年、諸国に『風土記』の編纂を命じる。714年、首皇子が立太子になる。715年、元明が譲位して、元正が即位。718年、養老律令が完成。720年、舎人親王らが『日本書記』を奏上。藤原不比等没する。721年、元明が没する。724年、元正が譲位し、聖武が即位する。

3. 飛鳥・白鳳文化の開化と日本の国家体制の確立 と都城の建設

　倭国は百済と同盟関係を組み、高句麗の南下とその影響を受けた新羅の侵攻に当たり、512年には百済に任那四県を割譲した。また、538年、百済の聖名王により仏教が公伝した。しかし、554年、聖名王が新羅で戦死する。ついに、562年には任那が新羅によって滅亡させられる。658年、唐が高句麗へ派兵。660年、唐・新羅が百済を滅ぼす。さらに、667年、唐・新羅が高句麗へ侵攻。668年、高句麗が滅亡する。この任那、百済さらに高句麗の滅亡により、五月雨的に、南朝鮮の倭人の帰来、仏僧・知識人・工人が倭国に避難、渡来した。かくして、推古朝を頂点として大和を中心に仏教文化の飛鳥文化が開花した。飛鳥文化の時期は、一般に仏教渡来から大化の改新までをいう。朝鮮半島の百済や高句麗を通じて伝えられた中国大陸の南北朝の文化の影響を受けた、国際性豊かな文化でもある。多くの大寺院が建立され、仏教文化の最初の興隆期であった。それに続く、白鳳文化とは、645年（大化元年）の大化の改新から710年（和銅3年）の平城京遷都までの飛鳥時代に華咲いたおおらかな文化であり、法隆寺の建築・仏像などによって代表されるものである。なお、白鳳とは『日本書紀』に表れない元号（逸元号などという）の一つである（しかし『続日本紀』には白鳳が記されている）。天武天皇の頃には使用されたと考えられており、白鳳文化もこの時期に最盛期を迎えた。

　ヤマト王権は大化の改新以降、強大な唐に対抗できる国家体制を確立しようとした。この時代は、刑罰規定の律、行政規定の令という日本における古代国家の基本法を、飛鳥浄御原令、さらに大宝律令で初めて国家体制を敷いた重要な時期と重なっている。681年、天武は『日本書紀』の編纂開始の詔を出し、日本および天皇の称号を用いた。日本は任那の同義語であり、ヤマト王権は天皇家の故地である任那の滅亡にともなう新しい時代に対応して、国家的自立と自負を表明するため、'任那'の栄光の記憶を復活し、しかも'日の御子'の治める国にふさわしく'日本'という国号を立てたのではあるまいか。天武朝では新しい国家の首都である藤原京の造営が始まったが、この宮が日本で最初の都市といえる。それまで、天皇ごと、あるいは一代の天皇に数度の遷宮が行われていた慣例から三代の天皇（持統・文武・元明）に続けて使用された宮となったことが大きな特徴としてあげられる。政治機構の拡充とともに壮麗な都城の建設は、国の内外に律令国家の成立を宣するために必要だったと考えられる。藤原京は宮を中心に据え条坊を備えた最初の宮都建設となった。藤原京から平城京への遷都は文武天皇在世中の707年に審議が始まり、708年には元明天皇により遷都の詔が出された。唐の都「長安」や北魏洛陽城などを模倣して建造され、710年に遷都された。さらに、712年、『古事記』、太朝臣安萬侶によって献上される。720年、舎人親王らにより日本の正史である『日本書記』が奏上される。

古墳時代 後期・飛鳥時代

507年（継体元）	継体天皇、河内の樟葉宮で即位。
511年（継体5）	山背筒城宮へ遷都。
512年（継体6）	百済に伽耶の4県割譲。
513年（継体7）	百済より五経博士渡来、伽耶の己モンと多沙を割譲。
518年（継体12）	弟国宮へ遷都。
526年（継体20）	磐余玉穂宮へ遷都。
527年（継体21）	近江毛野ら倭国軍の伽耶派遣を阻み、筑紫国造磐井の反乱起こる。
528年（継体22）	物部麁鹿火が磐井を斬殺し、乱を鎮圧。磐井の子葛子が屯倉を献上。
531年（継体24）	継体没する。
534年（安閑元）	倭国勾金橋宮へ遷都。（北魏分裂、鄴を都とする東魏建国）
535年（安閑2）	諸国に屯倉を設置。安閑没し、宣化即位。（長安を都とする西魏が建国）
536年（宣化元）	檜隈廬入野宮へ遷都。
538年（宣化3）	百済の聖名王により仏教伝来。（百済、泗沘城に遷都）
539年（宣化4）	宣化没し、欽明即位。
540年（欽明元）	磯城島金刺宮へ遷都。秦人・漢人の戸籍を作る。
550年（欽明11）	（北斉建国）
551年（欽明12）	百済、高句麗より漢山城を奪回。しかし翌年、新羅に奪われる。
552年（欽明13）	百済の聖名王より仏教公伝。崇仏・廃仏派の争い起こる。
554年（欽明15）	百済が救援を要請。百済より医、歴博士らが渡来、五経博士交代。（百済聖名王、新羅で戦死）
555年（欽明16）	吉備に白猪屯倉を設置。
556年（欽明17）	備前児嶋郡に屯倉を設置。倭国高市郡に韓人大身狭屯倉、高麗人小身狭屯倉を設置。紀国に海部屯倉を設置。
562年（欽明23）	**（任那日本府が新羅によって滅亡）**
569年（欽明30）	白猪屯倉の田部の丁籍を検定。
571年（欽明32）	欽明没する。
572年（敏達元）	敏達即位し、百済大井宮に遷都。蘇我馬子、大臣になる。
574年（敏達3）	白猪屯倉の田部の増籍、名籍を作成。
581年（敏達10）	蝦夷の族長が来朝し、服属儀礼を行う。（楊堅が隋を建国し、高句麗・百済が朝貢する）
584年（敏達13）	蘇我馬子石川の宅に仏像を建造。
585年（敏達14）	敏達が没し、陽明が磐余池辺雙槻宮で即位。崇仏派の蘇我馬子と排仏派の物部守屋の間の対立が激化。

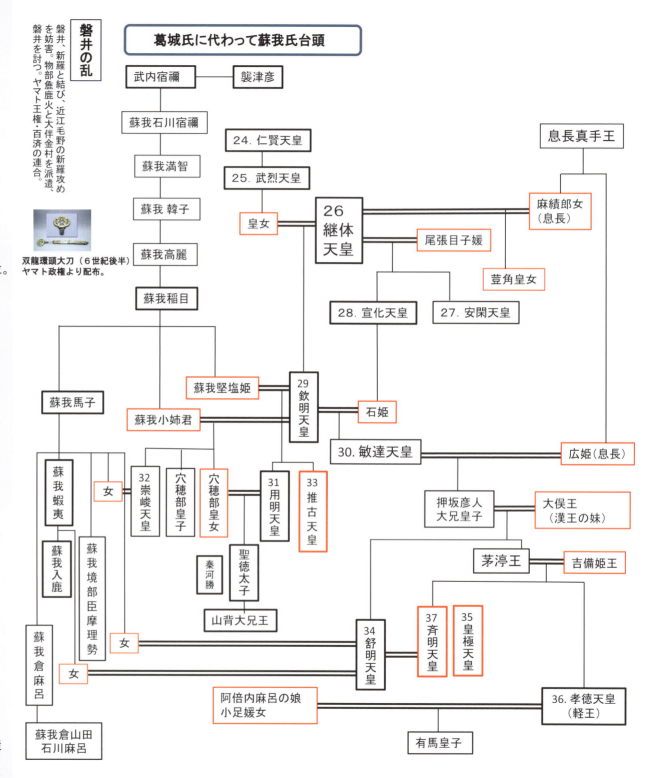

586年(用明元)	穴穂部皇子が殯宮で炊屋姫皇后(後の推古天皇)を奸しようとするが、美輪君逆によって阻止さる。
587年(用明2)	用明没する。仏教に帰依せんことを群臣に諮る。物部氏と蘇我氏対立し、蘇我馬子、物部守屋を滅ぼす(丁未の役)。崇峻が倉梯の宮で即位。
588年(崇峻元)	百済が仏舎利、僧、寺工を献上。飛鳥寺の造作を開始 同年、崇峻天皇即位。
589年(崇峻2)	(隋が陳を滅ぼし、中国を統一)
592年(崇峻5)	蘇我馬子が崇峻を暗殺。推古が豊浦宮で即位する。
593年(推古元)	厩戸皇子(聖徳太子)が皇太子に立てられ、摂政となる。四天王寺を建立。
594年(推古2)	三宝(仏・法・僧)隆盛の詔を出す。
595年(推古3)	慧慈(エジ)が高句麗より来日。
596年(推古4)	飛鳥寺(法興寺)完成。
598年(推古6)	(隋、高句麗侵攻)
600年(推古8)	新羅に派兵.初の遣隋使を送る。(『隋書』によれば、倭国より遣使)
601年(推古9)	斑鳩宮を建立。
602年(推古10)	新羅派遣軍を組織するが、来目皇子の病気で中止。観勒が百済より来航し、暦法、天文遁甲や方術等を伝える。
603年(推古11)	小墾田宮へ遷都。秦河勝が蜂岡寺(広隆寺)の造作を開始。冠位十二階制定を制定。(隋、2代皇帝煬帝が即位)
604年(推古12)	憲法十七条を制定。
607年(推古15)	『日本書紀』によれば、小野妹子らの遣隋使を送る。(「日出る処の天子‥‥‥」の国書を持参)
608年(推古16)	隋の裴世清、来日。高向玄理、南淵請安、僧旻らの遣隋使を送る。
610年(推古18)	僧曇徴が高句麗より来日。
612年(推古20)	(隋の煬帝、高句麗に遠征)
614年(推古22)	犬上小田鍬らの遣隋使を送る。
618年(推古26)	(隋の煬帝が殺害される。李淵が唐を建国)
620年(推古28)	厩戸の皇子、蘇我馬子が「天皇紀」「国記」を編纂。
622年(推古30)	厩戸の皇子没する。
623年(推古31)	新羅の使者が来日。626年(推古33) 蘇我馬子没する。(李世民が即位)
628年(推古35)	推古没する。
629年(欽明元)	欽明が即位。
630年(欽明2)	初の遣唐使送る。岡本宮への遷都。
632年(欽明4)	唐の使者、高表仁が来日。
636年(欽明8)	岡本宮が焼亡し、田中宮へ遷都。
637年(欽明9)	蝦夷が反乱。
639年(欽明11)	百済宮・百済大寺(吉備池廃寺)の造作開始。
640年(欽明12)	百済宮への遷都。
641年(欽明13)	欽明没す。

古墳時代 後期・飛鳥時代

継体天皇

『古事記』、『日本書紀』によると継体天皇は応神天皇5世の子孫であり、父は彦主人王である。近江国高嶋郷三尾野(現在の滋賀県高島市あたり)で誕生したが、幼い時に父を亡くしたため、母の故郷である越前国高向(たかむく、現在の福井県坂井市丸岡町高椋)で育てられて、男大迹王として5世紀末の越前地方(近江地方説もある)を統治していた。

『日本書紀』によれば、506年に武烈天皇が後嗣定めずして崩御したため、大連・大伴金村、物部麁鹿火、大臣巨勢男人らが協議した。越前にいた応神天皇の5世の孫の男大迹王にお迎えを出した。男大迹王は心の中で疑いを抱き、河内馬飼首荒籠(かわちのうまかいのおびとあらこ)に使いを出し、大連大臣らの本意を確かめて即位の決心をした。翌年58歳にして河内国樟葉宮(くすばのみや)において即位し、武烈天皇の姉(妹との説もある)にあたる手白香皇女を皇后とした。

継体は、ようやく即位19年後の526年、大倭(後の大和国)に都を定めることができたが、その直後に百済から請われて救援の軍を九州北部に送った。しかし新羅と結んだ磐井によって九州北部で磐井の乱が勃発して、その平定に苦心している。『日本書紀』の記述では継体が507年に即位してから大和に都をおくまで約20年もかかっており、皇室(実態はヤマト王権)内部もしくは地域国家間との大王位をめぐる混乱があったこと、また、継体(ヤマト王権)は九州北部の地域国家の豪族を掌握できていなかったことを示唆している。

531年に、皇子の勾大兄(安閑天皇)に譲位(記録上最初の譲位例)し、その即位と同日に崩御した。『日本書紀』では、『百済本記』を引用して、天皇と皇子が同時に亡くなったとし、政変で継体以下が殺害された可能性(辛亥の変説)を示唆している。

越前を統治していた男大迹王は百済の武寧王と親交を結び、503年に武寧王から人物画像鏡を贈られている。
(英雄たちの選択、NHK)

福井県の足羽(あすわ)神社に立つ継体天皇の像。継体天皇は越前(福井県)で育ったといわれる。

継体天皇と阿蘇ピンク石

継体天皇の真の陵とされる今城塚古墳に関わって阿蘇ピンク石が発見されたと報道されている。「石橋の材料 実は継体天皇の石棺 高槻古墳から破片流出」という記事が、11月11日に各紙(産経新聞、奈良新聞など)に報道されている。長さ110センチのピンク石、石橋で使われていたが付近の寺跡に置かれていたとのことだった。「この石棺は無かったのではないか、破片しか出てこないじゃないか」と聞いたことがあるが、逆転の見事な発見である。
(継体天皇と阿蘇ピンク石、奈良・桜井の歴史と社会、Net)

東乗鞍古墳の阿蘇ピンク石石棺

③05

飛鳥時代

312

642年（皇極元）　皇極が即位、小墾田宮に遷都。
（百済が新羅の諸城を攻める。泉蓋蘇文が高句麗でクーデターを起こす。）

643年（皇極2）　飛鳥板蓋宮へ遷都。蘇我入鹿、斑鳩宮を襲い、山背大兄王（聖徳大子の子）を自殺させ、上宮王家を滅亡させる。
（百済が扶余豊璋らを倭に送る。新羅が唐に援軍を請う。）

645年（大化元）　中大兄皇子・中臣鎌足ら、蘇我入鹿を宮中で暗殺する。蘇我蝦夷自殺し、蘇我本家滅亡（乙巳の変）。軽皇子が即位、孝徳天皇となる。東国国司を派遣し、校田・造籍を命じる。難波豊碕宮へ遷都。
（唐が高句麗に総攻撃を開始）

646年（大化2）　改新の詔を宣する。（大化の改新）薄葬令、品部廃止の詔が出される。

649年（大化5）　冠位19階を制定する。右大臣、蘇我倉山田石川麻呂自殺。

650年（白雉2）　（唐の高宗が百済・高句麗に新羅との和平を命じる）

652年（白雉3）　（百済・高句麗が新羅に侵攻）

653年（白雉4）　遣唐使を送る。中大兄皇子、孝徳らを難波宮に残し、飛鳥に移る。

654年（白雉5）　遣唐使を送る。孝徳天皇難波宮で没する。

655年（斉明元）　皇極天皇重祚し、斉明天皇となる。飛鳥板蓋宮が焼亡、飛鳥河原宮に遷都。

656年（斉明2）　後飛鳥岡本宮へ遷都。斉明、多武峰に両槻宮を建立する。

658年（斉明4）　阿部比羅夫が水軍を率いて蝦夷（日本海側・北海道）を討つ。有馬皇子（孝徳子）を謀反の罪で処刑。
（唐が高句麗へ派兵）

659年（斉明5）　遣唐使を送る。

660年（斉明6）　（百済の鬼室福信らが救援と扶余豊璋の帰国を要請）
唐・新羅が百済を滅ぼす

661年（斉明7）　斉明、百済救援のため北九州へ、しかし朝倉宮で没する。中大兄皇子が称制す。

663年（天智2）　新羅へ2万7千の軍を派遣するも、**白村江の戦（はくすきのえのたたかい）で大敗**する。
（百済王子豊璋が謀反の疑いで鬼室福信を処刑）

664年（天智3）　冠位26階を制定。兵士・民部・家部の制「甲氏の宣」を施行。唐の使者郭務悰が来日。対馬、壱岐、筑紫に防人を配置し、筑紫に水城を築く。

665年（天智4）　大宰府周辺に朝鮮式山城を造営。唐の使者郭徳高が来日。

667年（天智6）　大津の宮に遷都する。
（唐・新羅が高句麗へ）

668年（天智7）　天智が即位する。
（高句麗が滅亡する）

藤原氏
中臣鎌足が大化の改新の功により天智天皇に賜った「藤原」の姓が、子の藤原不比等の代に認められたのに始まる。鎌足が中臣氏の出身であるため、祖は中臣氏と同じく天児屋命と伝える。
従って、藤原氏も伽耶の出自と考えられる。

藤原氏の始祖

白村江の敗戦により、日本は朝鮮の鉄鉱石を原料に使用できなくなり、（あっという間に、吉備などのわずかな日本の鉄鉱山は枯渇し、交易で鉄鉱石または製品を輸入することはできたにしても）豊富に存在した砂鉄に製鉄の原料を移行せざるを得なくなった。

蘇我馬子

蘇我倉麻呂　蘇我蝦夷
蘇我入鹿
蘇我倉山田石川麻呂
遠智娘
姪娘

中臣鎌子　中臣鎌足　藤原鎌足

藤原不比等
橘諸兄
藤原多比能

長屋王の変

藤原四兄弟
藤原武智麻呂（藤原南家開祖）
藤原房前（藤原北家開祖）
藤原宇合（藤原式家開祖）
藤原麻呂（藤原京家開祖）
光明皇后（光明子）

橘奈良麻呂
藤原仲麻呂
藤原乙麻呂
藤原広嗣

橘奈良麻呂の乱
藤原仲麻呂の乱

興福寺（阿修羅像）
—藤原氏の氏寺—

茅渟王　吉備姫王

34 舒明天皇
37 斉明天皇
35 皇極天皇
36 軽皇子（孝徳天皇）

乙巳の変

38 天智天皇（中大兄皇子）

皇子（大海人）40.天武天皇
41.持統天皇
43 元明天皇

壬申の乱

39 弘文天皇（大友皇子）

舎人親王
草壁皇子
吉備内親王
藤原宮子
施基親王

47 淳仁天皇
長屋王
44 元正天皇
42 文武天皇（軽皇子）

淡海三船

45 聖武天皇

藤原広嗣の乱

46 孝謙天皇（48 称徳天皇）

道鏡
48 孝謙天皇
井上内親王
49 光仁天皇
高野新笠

50 桓武天皇
早良皇子

協調関係
敵対関係

669年（天智8）	新羅の使者が来日する。藤原の鎌足が没する。遣唐使送る。
670年（天智9）	全国的に戸籍を作る。（庚午年籍）（新羅が旧百済領に侵攻）
671年（天智10）	近江令を施行。太政官制開始．唐の使者郭務悰が来日 天皇没す。
672年（天武元）	大海人皇子が兵を起こす（壬申の乱）。近江朝廷軍大敗し、大友皇子自殺。
673年（天武2）	天武、飛鳥浄御原宮で即位。
675年（天武4）	部曲廃止の詔を発布。
676年（天武5）	封土制を改訂。（唐が安東軍護符を平壌から移転 **新羅、朝鮮半島を統一**）
681年（天武10）	飛鳥浄御原令の編纂を開始する。草壁皇子を皇太子とする。「帝紀」「旧辞」などの筆録・編集（日本書記）開始の詔。「禁式92条」の制定。日本と天皇の称号の使用。藤原不比等、草壁皇子を補佐。
684年（天武13）	天武が後の藤原京を巡行。八色の姓の制定。
685年（天武14）	四十八階冠位制を施行。
686年（朱雀元）	天武が没する。大津皇子の謀反事件。
689年（持統3）	草壁皇子が没する。庚寅年籍の作成開始。
690年（持統4）	持統が即位する。飛鳥浄御原管制を施行。戸令により、庚寅年籍を作る。（則天武后が即位）
694年（持統8）	藤原京へ遷都。
696年（持統10）	高市皇子が没する。
697年（文武元）	持統が譲位し、文武が即位。（渤海が建国する）
701年（大宝元）	粟田真人らを30年ぶりに遣唐使として送る。大宝律令を施行。この頃、国号日本制定か？
703年（大宝2）	持統が没する。
707年（慶雲元）	藤原不比等に200戸の封土を与える。文武が没し、元明が即位。
708年（和銅元）	武蔵国から銅を献上する。改元する。和同開珎を発行する。
710年（和銅3）	平城京に遷都する。
712年（和銅5）	古事記、太朝臣安萬侶によって献上さる。（唐、玄宗即位）
713年（和銅6）	諸国に「風土記」の編纂を命じる。
714年（和銅7）	首皇子が立太子になる。
715年（霊亀元）	元明が譲位して、元正が即位。
717年（霊亀2）	多治比県守、藤原宇合らを遣唐使として送る。
718年（養老2）	養老律令が完成。
720年（養老4）	舎人親王らが「日本書記」を奏上。藤原不比等没する。
721年（養老5）	元明が没する。
724年（神亀元）	元正が譲位し、聖武が即位する。

飛鳥時代

追加年表

729年　長屋王の変
740年　藤原広嗣の乱。藤原広嗣が政権への不満から九州の太宰府で挙兵したが、官軍により鎮圧される
749年　東大寺の盧舎那仏像 の鋳造が完了（長登銅山（山口県美祢市）より銅供給）
756年　橘奈良麻呂の乱
755-763年　唐で安禄山の乱
764年　藤原仲麻呂の乱

蘇我入鹿誅殺の場面　（「多武峰縁起絵巻」より）

参考資料（著作、図説、その他）

【参考著作】

赤塚次郎（2009）『幻の王国・狗奴国を旅する　卑弥呼に抗った謎の国へ』風媒社

麻井玖美（1978）『古代近江物語』国書刊行会

足立倫行（2012）『倭人伝、古事記の正体　卑弥呼と古代王権のルーツ』朝日新聞出版　朝日新書 372

アダム・ラザフォード（2017）『ゲノムが語る人類全史』（垂水雄二［訳］篠田謙一［解説］）文藝春秋

東潮（2012）『邪馬台国の考古学』角川選書

安藤達朗（2016）『いっきに学び直す日本史　古代・中世・近世　教養編』東洋経済新報社

井沢元彦（1993）『逆説の日本史　古代黎明編　封印された「倭」の謎』小学館

井沢元彦（1995）『〔古代史大推理〕縄文都市国家の謎　驚異の「三内丸山遺跡」全解読』（考古の森研究会［編・著］）スコラ

石川日出志（2010）『農耕社会の成立　シリーズ日本の古代史①』岩波新書 1271

石野博信（2008）『邪馬台国の候補地　纒向遺跡』シリーズ「遺跡を学ぶ」051　新泉社

石野博信（編）（2015）『石野博信討論集　倭国の乱とは何か「クニ」への胎動』新泉社

石野博信・石崎善久・小山田宏一・杉原和雄・瀬戸谷晧・高野陽子・山本三郎（奈良県香芝市二上山博物館編）『邪馬台国時代の丹波・丹後・但馬・大和』学生社

石野博信・高島忠平・西谷正・吉村武彦（2011）『研究最前線　邪馬台国　いま、なにが、どこまでいえるのか』朝日新聞出版　朝日選書 878

一然著（1997）『完訳　三国遺事』明石書店

井上秀雄（2004）『古代朝鮮』講談社学術文書 1678

上田正昭（2012）『私の日本古代史（上）天皇とは何ものか－縄文から倭の五王まで』新潮社　新潮選書

上田正昭（2012）『私の日本古代史（下）古事記は偽書か－継体朝から律令国家成立まで』新潮社　新潮選書

上田正昭（2013）『渡来の古代史　国のかたちをつくったのは誰か』角川学芸出版　角川新書 526

宇治谷孟（1988）『日本書記（上）全現代語訳』講談社学術文庫 833

宇治谷孟（1988）『日本書記（下）全現代語訳』講談社学術文庫 834

宇野正美（1992）『古代ユダヤは日本に封印された』日本文芸社

梅原猛（2010）『葬られた王朝　古代出雲の謎を解く』新潮社

梅原猛（2011）『海人と天皇（上）日本とはなにか』朝日新聞出版 朝日文庫

梅原猛（2011）『海人と天皇（中）日本とはなにか』朝日新聞出版 朝日文庫

梅原猛（2011）『海人と天皇（下）日本とはなにか』朝日新聞出版 朝日文庫

梅原猛（2013）『縄文の神秘』学研パブリッシング　学研 M 文庫

太田明（1992）『日本古代遺跡の謎と驚異─遺跡ネットワークが語る壮大な「地球幾何学」の驚異！』ラクダブックス　日本文芸社

大谷光雄（1976）『古代の歴日』雄山閣出版

大津透（2017）『天皇の歴史①　神話から歴史へ』講談社学術文庫 2481

大塚初重（2012）『「考古学」最新講義　古墳と被葬者の謎にせまる』祥伝社

大橋信弥（1984）『日本古代国家の成立と息長氏』吉川弘文館

大平裕（2013）『知っていますか、任那日本府　韓国がけっして教えない歴史』PHP 研究所

貝田禎造（1985）『古代天皇長寿の謎─日本書記の謎を解く─』ロッコウブックス

岡村秀典（2017）『鏡が語る古代史』岩波新書 1664

岡谷公二（2016）『伊勢と出雲　韓神と鉄』平凡社新書 821

荻原千鶴（1999）『出雲国風土記』全訳注 講談社学術文庫

鹿島昇（訳）（1982）『桓壇古記　シルクロード興亡史』新國民社（歴史と現代社）

加藤鎌吉・仁藤敦史・設楽博己（2013）『NHK さかのぼり日本史外交編［10］飛鳥～縄文こうして国が生まれた－なぜ、列島に「日本」という国ができたか』NHK 出版

加藤鎌吉（2017）『渡来氏族の謎』祥伝社新書 510

加藤晋平（1988）『日本人はどこから来たか：東アジアの旧石器文化』岩波新書 新赤版 26

門脇禎二（1976）『出雲の古代史』NHK ブックス 268

門脇禎二（2000）『葛城と古代国家』講談社学術文庫 1429

蒲池明弘（2017）『火山で読み解く古事記の謎』文春新書 1122

川端祐人・海部陽介（2017）『我々はなぜ我々だけなのか　アジアから消えた多様な「人類」たち』講談社　BLU BACKS B-2037

河内春人（2018）『倭の五王　王位継承と五世紀の東アジア』中公新書 2470

菊池山哉（1967）『蝦夷と天ノ朝の研究』東京史談会 1966

木下正史（2013）『日本古代の歴史①　倭国のなりたち』吉川弘文館

金容雲（2009）『日本語の正体　倭の大王は百済語で話す』三五館

金達寿（1985）『日本古代史と朝鮮』講談社学術文庫 702

金達寿（1986）『古代朝鮮と日本文化　神々のふるさと』講談社学術文庫 1986

日下雅義（2012）『地形からみた歴史　古代景観を復元する』講談社学術文庫 2143

倉本一宏（2017）『藤原氏－権力中枢の一族』中公新書 2464

倉橋日出夫（2005）『古代出雲と大和朝廷の謎』学研 M 文庫く 9-1

後藤明（2017）『世界神話学入門』講談社現代新書 2457

後藤聡一（2010）『邪馬台国近江説－纒向遺跡「箸墓＝卑弥呼の墓」説への疑問』淡海文庫 45　サンライズ出版

小路田泰直（2011）『邪馬台国と「鉄の道」日本の原形を探求する』歴史新書　洋泉社

小山修三（1984）『縄文時代―コンピュータ考古学による復元』中公新書

佐藤洋一郎（2016）『食の人類史』中公新書 2367

佐藤洋一郎（2019）『稲の日本史』角川ソフィア文庫

斎木雲州（2007）『出雲と大和のあけぼの－丹後風土記の世界』大元出版

斎藤成也（2017）『日本人の源流－核 DNA 解析でたどる』河出書房新社

斎藤成也・関野吉晴・片山一道・武光 誠（2019）『大論争　日本人の起源』宝島社新書

斎藤成也（編）（2020）河合洋介、木村亮介、松波雅俊、鈴木留美子）『最新 DNA 研究が解き明かす。日本人誕生論』秀和システム

坂 靖・青柳泰介（2011）『葛城の王都・南郷遺跡群』シリーズ「遺跡を学ぶ」079　新泉社

坂本政道（2013）『出雲王朝の隠された秘密　ベールを脱いだ日本古代史III』ハート出版

澤井良介（2010）『邪馬台国近江説－古代近江の点と線 ―』幻冬舎ルネッサンス

崎谷 満（2008）『DNA でたどる日本人 10 万年の旅』昭和堂

佐治芳彦（1984）『謎の宮下文書』徳間書店

篠田 謙一（2005）『DNA で語る日本人起源論』岩波現代全書 073

篠田 謙一（2007）『日本人になった祖先たち－ DNA から解明するその多元的構造』NHK Books 1078、NHK 出版

篠田 謙一（2016）「ホモサピエンスの本質をゲノムで探る」『現代思想（特集 人類の起源と進化）』2016 年 5 月号

篠田 謙一（2017）『ホモサピエンスの誕生と拡散』歴史新書、洋泉社

篠田 謙一（2019）『新版　日本人になった祖先たち－ DNA が解明する多元的構造』NHK Books 1255、NHK 出版

司馬遼太郎（2005）『街道をゆく No.02　湖西のみち　近江散歩』朝日ビジュアルシリーズ（週刊）、朝日新聞社

白石太一郎（1999）『古墳とヤマト政権－古代国家はいかに形成されたか』文春新書 036

白石太一郎他（2012）『天皇陵古墳を考える』学生社

関 裕二（2002）『消された王権・物部氏の謎　オニの系譜から解く古代史』PHP 研究所　PHP 文庫 514

関 裕二（2006）『物部氏の正体　大豪族消滅に秘められた古代史最大のトリック』東京書籍

関 裕二（2013）『ヤマト王権と十大豪族の正体』PHP 研究所　PHP 文庫 648

関 裕二（2014）『古代史で読み解く桃太郎伝説の謎』祥伝社黄金文庫 645

大地 舜（1999）『沈黙の神殿』PHP 研究所

高田貫太（2017）『海の向こうから見た倭国』講談社現代新書 2414

多田 元（2014）『オールカラーでわかりやすい！古事記・日本書記』西東社

新谷尚紀（2009）『伊勢神宮と出雲大社　「日本」と「天皇」の誕生』講談社選書メチエ 434

高山貴久子（2013）『姫神の来歴　古代史を覆す国つ神の系図』新潮社

武澤秀一（2011）『伊勢神宮の謎を解く－アマテラスと天皇の「発明」』ちくま新書 895

武澤秀一（2013）『伊勢神宮と天皇の謎』文春新書 908

谷川健一（1995）『青銅の神の足跡』小学館ライブラリー 69

谷川健一（1999）『日本の神々』岩波新書 618

武光 誠（2006）『「古代日本」誕生の謎　大和朝廷から統一国家へ』PHP 研究所 PHP 文庫

武光 誠（2013）『出雲王国の正体　日本最古の神政国家』PHP 研究所　PHP 文庫

千城 央（2014）『近江にいた弥生の大倭王　水稲伝来から邪馬台国まで』サンライズ出版 別冊淡海文庫 23

田中勝也（1986）『異端日本古代史書の謎』大和書房

田中勝也（1988）『古代日本異族伝説の謎』大和書房

堤 隆（2004）『黒曜石 3 万年の旅』日本放送出版協会　NHK ブックス 1015

遠山美都男（2007）『古代の皇位継承　天武系皇統は実在したか』吉川弘文館

寺沢 薫（2008）『王権誕生』日本の歴史 02（講談社学術文庫）

都出比呂志（2011）『古代国家はいつ成立したか』岩波新書 1325

出羽弘明（2004）『新羅の神々と古代日本－新羅神社の語る世界』同成社

出村政彬（2021）『ヤポネシア　日本人の起源』日経サイエンス 2021，8，30-37（協力：大橋 順、篠田謙一、藤尾慎一郎、斎藤成也）

鳥越憲三郎（1992）『古代朝鮮と倭族　神話解読と現地踏査』中央公論新社　中公新書 1085

鳥越憲三郎（1994）『弥生の王国　北九州古代国家と奴国の王都』中央公論社 中公新書 1171

鳥越憲三郎（1987）『神々と天皇の間：大和朝廷成立の前夜』朝日文庫

戸矢 学（2012）『三種の神器　玉・鏡・剣が示す天皇の起源』河出書房新社

戸矢 学（2016）『ニギハヤヒ 「先代旧事本記」から探る物部氏の祖神』（増補新版）河出書房新書

戸矢 学（2014）『富士山、2200 年の秘密　なぜ日本最大の霊山は古事記に 無視されたのか』かざひの文庫

中井 均 [編著]（2013）『滋賀県謎解き散歩』新人物文庫　中経出版

中川 毅（2017）『人類と気候の 10 万年史　過去に何が起きたのか、これから何が起こるのか』BLUE BACKS B-2004　講談社

中橋孝博（2015）『倭人への道　人骨の謎を追って』吉川弘文館　歴史文化ライブラリー 402

中堀 豊（2005）『Y 染色体からみた日本人』岩波科学ライブラリー 110　岩波書店

長野正孝（2015）『古代史の謎は「海路」で解ける　卑弥呼や「倭の五王」の海に漕ぎ出す』PHP 研究所　PHP 新書 968

長野正孝（2015）『古代史の謎は「鉄」で解ける　前方後円墳や「倭国大乱」の実像』PHP 研究所　PHP 新書 1012

長野正孝（2017）『古代の技術を知れば「日本書記」の謎が解ける』PHP 研究所 PHP 新書 1115

永田和宏（2017）『人はどのように鉄を作ってきたか　4000年の歴史と製鉄の原理』ブルーバックス B-2017 講談社

長浜浩明（2010）『日本人のルーツの謎を解く　縄文人は日本人と韓国人の祖先だった！』展転社

長浜浩明（2014）『韓国人は何処から来たか』展転社

長浜浩明（2015）『国民のための日本建国史－すっきり分かる日本の国のはじまりと成り立ち』アイバス出版

長浜浩明（2019）『日本の誕生－皇室と日本人のルーツ』ワック

西谷正（2014）『市民の考古学③　古代日本と朝鮮半島との交流史』同成社

橋本輝彦・白石太一郎・坂井秀哉　2014『邪馬台国からヤマト王権へ』奈良大ブックレット04　ナカニシヤ出版

橋口達也（2007）『弥生時代の戦い』（株）雄山閣

原田常治（1976）『記紀以前の資料による　古代日本正史』同志社

原田幹（2013）『東西弥生文化の結節点・朝日遺跡』シリーズ「遺跡を学ぶ」088　新泉社

伴とし子（2004）『前ヤマトを創った大丹波王国　国宝「海部系図」が解く真実の古代史』新人物往来社

伴とし子（2007）『禁断の秘史ついに開く　卑弥呼の孫トヨはアマテラスだった』明星出版

広瀬和雄（2010）『前方後円墳の世界』岩波新書1264

朴炳植（1988）『スサノオの来た道』毎日新聞社

福永伸哉（2001）『邪馬台国から大和政権へ』大阪大学新世紀セミナー　大阪大学出版会

藤井耕一郎（2011）『大国主対物部氏　はるかな古代、出雲は近江だった』河出書房新社

藤井耕一郎（2012）『竹内宿禰の正体　古代史最もあやしい謎の存在』河出書房新社

藤井耕一郎（2015）『サルタヒコの謎を解く』河出書房新社

藤堂明保・竹田昇・影山輝國（2010）『[全訳注] 倭国伝　中国正史に描かれた日本』講談社学術文庫

平林章仁（2013）『謎の古代豪族　葛城氏』祥伝社新書326

平林章仁（2017）『蘇我氏と馬飼集団の謎』祥伝社新書513

宝賀寿男（2008）『越と出雲の夜明け－日本海沿岸地域の創世史』法令出版

宝賀寿男（2012）『古代氏族の研究①　和珥氏－中国江南から来た海神族の流れ』青垣出版

宝賀寿男（2013）『古代氏族の研究④　大伴氏－列島現住民の流れを汲む名流武門』青垣出版

宝賀寿男（2014）『古代氏族の研究⑥　息長氏－大王を輩出した鍛冶氏族』青垣出版

宝賀寿男（2016）『古代氏族の研究⑧　物部氏－剣神奉斎の軍事大族』青垣出版

宝賀寿男（2017）『「神武東征」の原像 <新装版>』青垣出版

松本昭（2017）『古代天皇史探訪　天皇家の祖先・息長水依姫を追って』アールズ出版

真弓常忠（1997）『古代の鉄と神々』（改訂新版）学生社

みしまる湟咋耳（2022）『小女神 ヤタガラスの娘』幻冬舎

三浦佑之（2002）『口語訳　古事記（完全版）』文藝春秋

三浦佑之（2016）『風土記の世界』岩波新書1604

水谷千秋（2011）『謎の大王　継体天皇』文春新書192

水谷千秋（2013）『継体天皇と朝鮮半島の謎』文春新書925

水谷慶一（1980）『謎の北緯34度32分をゆく 知られざる古代』日本放送出版協会

水野祐 [監修]（1992）『イラスト・チャートでわかる　逆説の日本古代史』KKベストセラーズ

溝口睦子（2009）『アマテラスの誕生－古代王権の源流を探る』岩波新書1171

村井康彦（2013）『出雲と大和』岩波新書1405

室谷克美（2010）『日韓がタブーにする半島の歴史』新潮新書360

森浩一（2013）『敗者の古代史』中経出版

森浩一（2013）『日本の古代（1）　倭人の登場』中公文庫

森浩一・東潮・田中俊明（1989）『韓国の古代遺跡　2百済・伽耶篇』中央公論社

茂在寅男（1992）『古代日本の航海術』小学館ライブラリー33

山崎春雄・久保純子（2017）『日本列島100万年史　大地に刻まれた壮大な物語』BLUE BACKS B2000 講談社

八幡和郎（2015）『最終解答 日本古代史　神武東征から邪馬台国、日韓関係の起源まで』PHP研究所　PHP文庫700

ユージン・E・ハリス（2016）『ゲノム革命－ヒト起源の真実－』（水谷淳 [訳]）早川書房

吉井巖（1967）『天皇の系譜と神話』塙書房

吉田大洋（1980）『謎の出雲帝国　天孫一族に虐殺された出雲神族の怒り』徳間書店

吉村作治（1990）『< グラフィティ・歴史謎事典 >⑭　古代文明　天文と巨石の謎』光文社文庫

吉村武彦（2010）『ヤマト王権　シリーズ日本古代史②』岩波新書1272

ロバート・テンプル（1998）『知の起源』（並木伸一郎 [訳]）角川春樹事務所

渡部雅史（2012）『大和朝廷成立の謎－古代出雲王国から邪馬台国へ』幻冬舎ルネッサンス

【図　説】

『最新世界史図説　タペストリー　最新版』（2015）帝国書院編集部（川北稔、桃木至朗 [監修]）帝国書院

『図解　古代史　旧石器時代～律令国家成立まで写真と地図で解説』（2007）成美堂出版編集部（東京都歴史教育研究会 [監修]）成美堂出版　SEIBIDO MOOK

『別冊宝島2283　日朝古代史　嘘の起源』（2015）（株）はる製作室（編集）（室谷克実 [監修]）宝島社

『別冊宝島2151　日本神話の地図帳　地図とイラストで読む「古事記」「日本書記」』（2014）武光誠（編著）宝島社

『別冊宝島2163　神社と日本人　神社は何を祀り、人を導いてきたのか？』（2014）島田裕巳 [監修] 宝島社

『古代豪族　古代史研究の最前線』（2022）洋泉社編集部（編）洋泉社

『ここまでわかった！邪馬台国』（2011）「歴史読本」編集部（編）新人物文庫667

『ここまでわかった！古代豪族のルーツと末裔たち』（2011）「歴史読本」編集部（編）新人物

文庫 714

『ここまでわかった！「古代」謎の 4 世紀』（2014）「歴史読本」編集部（編）新人物文庫
　　　750

『図説 滋賀県の歴史』（1987）河出書房新社（責任編集　木村至宏）

【その他】

「古の日本（倭）の歴史」の論説の展開に、上述の著作の他、学術論文、新聞記事、テレビ放
　　　送番組、インターネット情報（Facebook（FB）、YouTube を含む）および個人的
　　　情報）を、各章の該当箇所に引用している。

「縄文・弥生時代を通して稲作の伝搬・展開」および「日本語の起源」に関する論説は、『日
　　　本人の起源』（伊藤俊幸氏のインターネット論文）http://www.geocities.jp/ikoh12/
　　　に依るところが大である。また、個々の事象の説明には、インターネット百科事
　　　典であるウィキペディア（Wikipedia）の記述の多くを引用した。しかるに、『日
　　　本人の起源』（伊藤俊幸氏のインターネット論文）の掲載されていた、Yahoo! ジオ
　　　ティーズ（geoties）は、2019 年 3 月末をもってサービス終了となっている。移行
　　　先、不明。

「日本人の成り立ち」に関連した知見のいくつかは、「科研費　新学術領域研究　ヤポネシア
　　　ゲノム　季刊誌（2019 ～ 2023）」から得た。

あとがき

　筆者は、近江商人の里（五個荘）で生まれ、優麗な三上山を対岸に眺められる湖族の浦（堅田）で育ち、生来の歴史好きで謎に満ちた近江の古代史に興味を抱いていた。明治時代に三上山の麓の大岩山古墳から国内最大級の銅鐸が多数見つかり、また 20 世紀末には、守山市で弥生時代後期の伊勢遺跡という我が国最大級の大規模遺跡がみつかった。伊勢遺跡は、大己貴の国（玉牆の内つ国）の都ではないか？ 卑弥呼は伊勢遺跡より邪馬台国の纒向遺跡に遷った。さらに、2016 年、彦根市で大規模集落跡の稲部（いなべ）遺跡が見つかった。この遺跡は、纒向遺跡を都とする邪馬台国に対抗した狗奴国の都ではないか？ これらの古墳や遺跡は、近江が『古の日本（倭）の歴史』の主な舞台だったことを示唆する。

　筆者は、ゲノム科学の素養があったので、最近急速に発展した旧石器人、新石器人さらには古代人のゲノム解析に大いに興味をもち、その成果を漁ったところ、人類学・考古学はもはやゲノム解析がなければ成り立たなくなっていることを知るに至った。このことがきっかけで、生来の興味の対象であった『古の日本（倭）の歴史』に還暦の頃から入り込んでいった。古希を過ぎるころには我田引水ながらも旧石器時代から飛時代に至る筆者なりの倭の歴史を構築できるようになった。喜寿を迎え、自分で一応満足できる完成版（最新版）を公表するに至った。

　『古の日本（倭）の歴史』をお読み頂ければわかるように、文献史学、考古学さらには太古人・古代人のゲノム解析を含む広範な知見を鑑み、かつ先人の日本古代史研究に敬意を払いつつ、筆者独自の古代日本史観を提示できたように思う。まず、近年のゲノム学の進展により明白にされた「日本人成立のモデル」を提唱した。さらに、瓊瓊杵や彦火明の天孫降臨は 1 世紀半ばの出来事であることを論証し、紀元前 1 世紀から 4 世紀までの日本古代史を皇統を軸にして再構成した。

　弥生時代の倭国の主人公は大国主であり、2 世紀初めに近畿を中心とする大己貴の国（玉牆の内つ国）を建てた。2 世紀半ばの饒速日の東征、さらに 3 世紀初めの邪馬台国建国により、大己貴の国は解体され、饒速日の邪馬台国と大己貴の国の後継国の狗奴国に分裂した。3 世紀末の 崇神東征（神武東征の主要部分）により邪馬台国内の大国主勢力が一掃され、大和にヤマト王権（崇神王朝）が建てられた。この倭の歴史の構築で、『記紀』では殆ど無視されている近江の古代史を浮かび上がらせた。日本の古代史の先人方にとってとても受け入れられない筆者の特異な見解が多々あると思う。老齢のゲノム科学者が 15 年に亘って推敲を重ねて纏めた古代史にも新規な見解や洞察があり、今後の日本の古代史の展開への指標・道標になろうかと考えている。

　最後に、この度の「古の日本（倭）の歴史」の書籍化は、株式会社「翔雲社」編集部の野上弘子女史の卓越したスキルやアシスタントに負うところ大であり、謝意を表します。

令和 6 年 9 月 1 日　藤田 泰太郎

■著者紹介

藤田 泰太郎（ふじた やすたろう）

　昭和22年（1947）生まれ。京都大学農学部卒業。博士（農学）。米国立衛生研究所（NIH）客員准教授、浜松医科大学助手を経て福山大学教授。京都大学院生時代より福山大学の退職までの半世紀、枯草菌のゲノム科学と代謝制御の分子生物学に従事し、107編の英文学術論文・総説を執筆した。これらの総被引用件数は2024年に13,000件に達し、h指数は49。著書は共著・編者のもの14点。2017年福山大学を退職後、日本古代史に本格的に取り組み、2019年「古の日本（倭）の歴史」（Net解説論文、https://www.yasutarofujita.com/）の初版、2021年に改訂版、2023年には最新版を公開している。

古の日本（倭）の歴史
一介のゲノム科学者による新しい日本古代史

2024年12月13日 初版第1刷発行

著　　者　藤田 泰太郎
発行者　池田 勝也
発行所　株式会社翔雲社
　　　　　〒252-0333　神奈川県相模原市南区東大沼2-21-4
　　　　　TEL　042-765-6463　FAX　042-765-6464
　　　　　振替　00960-5-165501
　　　　　https://www.shounsha.co.jp/
発売元　株式会社星雲社（共同出版社・流通責任出版社）
　　　　　〒112-0005　東京都文京区水道1-3-30
　　　　　TEL　03-3868-3275　FAX　03-3868-6588
印刷・製本　株式会社アルキャスト

落丁・乱丁本はお取り替えいたします。本書の一部または全部について、無断で複写、複製することは著作権法上の例外を除き禁じられております。
©2024 Yasutaro Fujita
ISBN978-4-434-34663-7　C3021
Printed in Japan